'I'iwi（イイヴィ）
イイヴィ、オオ［**'ō'ō**］、アパパネ［**'apapane**］、マモ［**mamo**］などの鳥の羽毛からマント、ケープ、レイなどが作られた

'Awapuhi ke'oke'o（ホワイトジンジャ）

'Awapuhi melemele（イエロージンジャ）

Lehua（レフア）

'Ilima（イリマ）

Pua kenikeni（プアケニケニ）

Loke lau（グリーンローズ）

'Ohai ali'i（オハイアリッイ）

Kukui（ククイの実）

Kukui（ククイの花）

Kī（ニオイシュロラン）

‘Ulu（パンの木の実）

Hala（パンダナス）

Lei Pīkake（ピカケのレイ）

Pua pīkake（ピカケの花）

Lāʻau liʻiliʻi pīkake
（ピカケの茂み）

Pua kupaloke（トゥバローズの花）

Lei Kupaloke（トゥバローズのレイ）

Hawai'i Volcanoes National Park
(ハワイ火山国立公園)

火山の女神ペレが住むというHale ma'uma'u（ハレマウマウ火口）へ
捧げものを投げ入れHula kahiko（古典フラ）を奉納する

Kumu hula : Rae Fonseca（クム フラ：レイ フォンセカ）
Hālau Hula 'o Kahikilaulani（ハーラウ フラ オ カヒキラウラニ）

Mauna Kea（マウナケア）：mauna［山］kea［白い］という意味を持つ海抜4,205mの山．雪が降る季節にはスキーが楽しめる．

Hale kilo hōkū o Iāpana
(日本の天文台：すばる望遠鏡)

'Iolani Palace（イオラニ宮殿）
第7代ハワイ国王カラーカウア王の生誕日（11月16日）を記念した
セレモニーのために飾られている．

Nēnē（ハワイ州鳥　ネネ）

日本語－ハワイ語辞典
JAPANESE-HAWAIIAN DICTIONARY

西沢 佑 著

Produced by Yū Nishizawa

（株）千倉書房

Copyright © 2009
Yū Nishizawa
All rights reserved

Cover design by Dietrich Varez.
Layout by AG^2.

Photographs
P. Bishop Museum, Honolulu.
Barry Maier, Reiko Maier, Honolulu.
A. Miyashita (National Astronomical Observatory of Japan), Hilo.

Edited by F. Tanaka.

Distributed by Chikura-shobo Co., Ltd. Tokyo.
Printed in Japan 2009

Aloha kākou

　『ハワイ語−日本語辞典』出版以来、再びこの辞典を通してみなさまにお目にかかることが出来ますことは大変な喜びでございます。また、初めてお目に掛かるみなさまに、「ハワイ語に興味を持ってくださりありがとう」と心よりお礼申しあげます。

　この度の『日本語−ハワイ語辞典』は、多くのみなさまからのご要望をもとに企画され、制作する運びとなりました。特に、ハワイ語辞典の出版後、読者の方から「何々は、ハワイ語で何といいますか？」という質問をたくさんいただくようになりました。例えば、生まれてくる赤ちゃんの名前、新商品のネーミング、お店や会社の名前、ペットの愛称・・・などなど。調べてお返事することはとても大変でしたが、その反面こんなにも多くの方がハワイ語に興味を持って下さるようになったという喜びのほうが大きかったように思います。

　このようにハワイ語に関心を持って下さる方が多くなったことには色々な要因があると思いますが、ひとつにはハワイ語と日本語には共通性があると言う点です。つまり現在分かっている世界の言葉の中で、母音を中心にしている言語は日本語とポリネシア語（ハワイ語も仲間の一つ）だけということです。その上、ローマ字読みができることや、hilahila（ひらひら）huahua（ふあふあ）などの繰り返し語（畳語といいます）も大変多いことも共通しており、言語感覚がとても似ている点で、わたしたち日本人には親しみやすい言葉であると思います。

　ハワイのホノルル空港に到着、そしてイミグレーションまで移動のために乗る"wikiwiki bus"。このwikiwiki（うぃきうぃき）とは、「速い」という意味ですが・・・このバスは、決して速くはありません。まあ、歩くより速いかもしれませんが・・・。ある雑誌にこのバスを「うきうきバス」と書いてありました。「うきうき（ukiuki）」とはハワイ語で「いらいらする」という意味です。何となく「うきうきバス」のほうがぴったり！と感じるのはわたしだけでしょうか・・・。

　言語に興味を持って調査を進めて行くと、人類学の分野にまで及ん

でしまいます。しかし、わたしは学者ではありませんので、今後は人々が移り住みその地に定着した物などのルーツを、楽しみながら調べて行きたいと思っております。特に、ハワイに伝わる子供たちの遊びです。たとえば、「おてだま」、「あやとり」、「おはじき」、「凧あげ」、「けんだま」など、日本の形式とは少し異なりますが大変興味を感じます。他に「腕ずもう」や小石を使う囲碁のような遊びなどもあります。

今回の辞典も前回同様、一人でも多くの方にハワイ語に興味を持って頂きたいという願いを込め、言葉を調べる辞典ではなく、楽しみながら読む辞典というコンセプトのもとに制作いたしました。また、みなさまにこの辞典をより活用していただけるよう、基礎程度ですが「ハワイ語の文法」を巻末に掲載いたしましたのでご参照ください。

この度の制作にあたり、表紙のカバーは、前回同様ハワイ島在住のアーティスト Mr. Dietrich Varez のご協力により彼の版画を使わせて頂くことになりました。またハワイ現地における調査の協力及び写真を提供下さいました、オアフ島在住のフォトグラファー Mr. Barry Maier と、奥様のグラフィックデザイナー Ms. Reiko Maier。そして、長い期間何度も座礁した船を助けるがごとく、作業を後押しして出版まで漕ぎ着けて下さった編集者の田中文雄様、みなさまの kōkua（協力）にこの紙面をお借りして心からお礼申し上げます。

Me ke aloha pumehana
2009 年 5 月
西沢　佑

画像等出典：カバー版画　　Dietrich Varez
　　　　　　口絵写真等　　ビショップ博物館
　　　　　　　　　　　　　Barry Maier
　　　　　　　　　　　　　宮下曉彦／国立天文台
　　　　　　本文内カット　Dietrich Varez

この辞典の活用のために

　この辞典を活用してハワイアンネームを付けたり、短い日記なども初めは文法などにこだわらず、書いてみたらいかがでしょうか。単語の羅列でかまいません。そのうちに文法も理解できるようになります。そう！ハワイ語で作詞にも挑戦してみましょう。

カメハメハ大王の名前の由来
　その昔、ハワイでは生まれてくる子供の名前は、夢の中でのお告げによるもの、また、生まれたときの回りの状況などで名づけられるという風習があったようです。例えば、カメハメハ大王の名前は、**ka**（か：冠詞）、**mehameha**（めはめは：孤独）と言うことから「孤独な人」と言う意味です。これは大王が生まれた時の状況に由来するものです。彼が生まれたある夜のこと、ひとつの彗星が閃光を放って夜空を横切りました。夢のお告げでは、今日生まれる子は、将来島を統治するほどの力を持っていると言うことでした。このことが、当時の大首長アラパイに知れたら大問題になると思い、生まれたばかりの子供をチーフに頼み隔離して育ててもらうことになりました。そして、カメハメハが5歳になった時、大首長アラパイの死去を機に、ロイヤルコートに戻されました。そのような由来から「孤独な人」と名づけられました。

ハワイアンネームを付けたいのですが・・・
　お手紙を下さったKさん、赤ちゃんの名前の中から**Mahina**（まひな：お月さま）を選ばれました。そして漢字表記は、「真日奈」ちゃんとなりました。妹さんは、いつも太陽のほうへ顔を向け、明るい子に育つようにと、**Nānālā**（ななら：ひまわり）、そして、漢字表記は、「奈々来」ちゃんとなりました。ハワイ語がご縁で、今でも家族そろって遊びにいらして下さいます。そのうえ嬉しいことに、二人のお子さんとママは最近フラの練習を始められ、パパはウクレレの練習を始めたということです。
　ある日、一人の男性から問い合わせがありました。「**会社の新商品をハワイ語でネーミングしたいのですが、時計はハワイ語で何と言うのですか**」・・・。

わたしはその男性に「できれば他の名前を考えたほうが宜しいかと思いますが・・・、時計は、ハワイ語で **Uaki**（うあき）です」とお返事いたしました。このように、ネーミングはとても大切ですから、意味はもちろんのことサウンズも大切に考えてみて下さい。

美しいハワインネーム

美しい花	Puanani（ぷあなに）	pua（花）nani（美しい）
幸せな目	Makaleʻa（まかれʻあ）	maka（目）leʻa（幸せ）
美しいレイ	Leinani（れいなに）	lei（レイ）nani（美しい）
白い山	Maunakea（まうなけあ）	mauna（山）kea（白い）
空の星	Hōkūlani（ほくらに）	hōkū（星）lani（空の）

　上の名前はほんの一例です。ミドルネームとしてハワイアンネームを付けてみませんか。ちなみにわたしは **Māpuana**（まぷあな）という名前です。意味は、『風に運ばれてくる花などの香り』です。ハワイアンネームで呼び合うのも楽しそうですね。名前を考える時の注意として、「花」などの修飾される名詞は、「美しい」などの前に来ます。しかし、長い歴史の中で、英語による影響かと思いますが、語順が文法通りでない語も多く見受けられます。例えばオアフ島にある「天国の海」と言われている美しいビーチ **Lanikai**（らにかい）は、1924年の土地分割の際に間違えて命名されたようです。正確には kai は「海」、lani は「天国」ということで「天国の海」であれば **Kailani**（かいらに）と称されるところだったようです。また、日本でも多くの方がフラを楽しむようになりましたが、Hālau（ほらう）は「（フラの）スタジオ」、hula（ふら）は「フラダンス」ということで、フラのグループおよびスタジオ名などは、古くから『 Hālau Hula + ʻo + 固有名詞など 』が多く使われています。しかし近年では『Hula Hālau + ʻo + 固有名詞など』の語順もハワイで一般的に使われております。今後ハワイ語は、どのような道を歩んでいくのでしょうか。じっと見守って行きたいと思います。なお、文法に関しては、巻末の《ハワイ語について》をご参照下さい。

Y.N.

凡 例

I 見出し語

　　形容詞，副詞を伴った表現（ハワイ語では動詞），動詞の過去形，受動態，使役形なども見出し語となっている．

　　見出し語の排列は原則として辞書順．音引き [ー]，ハワイ語のオキナ [ʻ] はないものとして同音語の後に配置してある．

　　名詞は，原則として名詞，名詞に助詞が付き状況等を表わすもの，形容詞形，複合語の名詞の順を原則としている．

　　動詞は，終止形を見出し語にして辞書順である．

　　名詞がないもの，動詞の終止形がないものは，語幹を同じくする語や複合語をなるべく近くになるように配置した．

II 見出し語，訳語

みだしご【見出し語表記形】ハワイ語
（発音）．〔分野〕分野の解説文．の順で構成している．

みだしご：かな表記、辞書順である．動植物名，外来語はカタカナ表記である．固有名詞や動植物名の一部，料理の一部，間投詞などに「ハワイ語：カタカナ表記」を見出しに使っている語がある．

【見出し語表記形】：【 】内は見出し語の「漢字等での表記」でJISの範囲内で表示してある．但し，あばた［痘痕］，うちわ［団扇］など熟語訓，人称代名詞の「あなた，わたし」．「こそあど」などの指示詞の類はかな書きにしてある．【 】外，および【 】における（ ）表記は「常用漢字」表記である．

《見出し語表記形》：擬音語，カヌー，偶像，季節，フラ，ヘイアウ，レイなど見出し語と様相・状況とが一体化し，まとまっている一部の語に使ってある．

【〜】：JIS外の漢字，熟語訓，間投詞，一部の接続詞などは〜で示している（助詞は文脈によっている）．また，同一文が同一の箇所に再度現れる場合，擬音語の一部にも使用している．

【abc...】：日本語への外来語はアルファベットで表示してある．英語以外からの外来語には国名を表記してある．なお品詞や格を正確に反映しているものではない．（例．alcohol中毒の，alchoholic）．

　　魚名，植物名などは同じ漢字でも，使われている地域（国）により種が異なることがあるので注意を要する．

ハワイ語：同一の見出し語に複数のハワイ語がある場合は原則 abc 順である．hoʻo, hō などの接辞のついた語は元の語の後に続けてある．

　　ハワイ語中にある [.] はアクセン

トユニット記号である．特に注意を要するところのみ表示してある．また地名表記などに使われている［-］もアクセントユニット記号であり1語である．

綴りの異形：綴りの異形にはハワイ語に複数の音があった場合と借用語表記の統一過程のものとがある．ハワイ語の綴りの異形は並記し，発音記号を入れてある．ハワイ語への（主に英語からの）借用語でハワイ語で使われないアルファベット（d, t, s..）などでの綴りの異形は「…は異形.」で示してある．

（発音記号）：発音記号は「ひらがな」で表記してある．［v］の音に近い「ヴ」だけは「カタカナ」で表記してある．これは日本語の「アエイオウ」等，母音，子音ともほぼ同じためである．［'］はオキナ：声門閉鎖音．［-］はカハコー：長音である．［w］は［w, v］音のどちらでもよいとされるが、統一性はとってある．

〔借用語〕：借用語は語源を示してある．〔ギリシャ語〕，〔ラテン語〕は主にBible［聖書］によるものである．

〔分野〕：分野を〔 〕内に示し解説を加えてある．〔歴史〕，〔民族〕，〔宗教〕，〔ギ神（ギリシャ神話）〕などである．

loa'a型の見出し語：受身の日本語がないものがあり能動態で表記してある．用例等でloa'a型であることを示している．スティティブ動詞の「〜した」とあるのは過去形の意味ではない．

III 文法用語

日本語の文法用語の他に英文法などの用語を使っている．

主な名詞の格と日本語の格助詞との対応．

主格：「〜は，〜が」；主語．
呼格：「〜よ」；呼びかけ．
対格：「〜を」；直接目的．
属格：「〜の, のもの」；所有，帰属．
与格：「〜に」；間接目的．
奪格：「〜から，〜によって」；分離・離脱・原因などを表す．
所格：「場所・位置」を示す．

活用：動詞，形容詞などの変化をいう．
曲用：名詞の格変化などをいう．
オノマトペ［onomatopoeia］：擬音語・擬声語であるが，本書中の「音」では様相を示しているものも含んでいる．
重複形：繰り返し語，日本語の「畳語」に相当する．

IV 記述記号その他

⇒：参照先を示す．参照先がハワイ語などの場合は見出し語のみを示している．

《ハワイ語について》：巻末にハワイ語の品詞，語順など文法の概要を取り上げた．その他，横書き基準なども巻末に記述した．

日本語－ハワイ語辞典
JAPANESE-HAWAIIAN
DICTIONARY

あ

ああ【～】'ā('あ). aī(あい). auē(あうえ).〔間投詞〕.

アアようがん【アア溶岩】'a'ā('あ'あ).〔地学〕アア［式］溶岩：表面のあらい玄武岩質の溶岩.

アーチ【(家のとびらの上部などの) arch】hoaka(ほあか).〔建築〕.
【(虹などのように)アーチ形になる】pi'o(ぴ'お).

アーママ〔ハワイ〕'āmama(あまま).〔宗教〕キリスト教以前に行なわれていた祈りが終わった, 完了した. 祈りの最後に唱えられた言葉；祈りを終える.

アーメン【amen】'amene('あめね). キリスト教で祈りの終わりに唱える言葉；アーメンと唱える.

アーモンド【熱帯産のalmondの木】kamani haole(かまに_はおれ). ⇒カマニ・ハオレ.

あい【愛】aloha(あろは). ⇒アロハ.
【愛の魔力, 愛の魔力を使う】hana aloha(はな_あろは).

あいいろ【(濃い)藍色】pano(ぱの).

あいか【哀歌】kanikau(かにかう). mele kanikau(めれ_かにかう).
【(直接死者に呼びかけて歌う)哀歌・葬送歌】kaukau(かうかう).

あいがん【哀願】noi, nonoi(のい, ののい).
【(詠唱される)哀願の祈り】kānaenae(かなえなえ).

あいがんする【哀願する】kāhoahoa(かほあほあ). noi, nonoi(のい, ののい).

あいきょうのある【愛嬌［敬］のある】onaona(おなおな). ho'ōnaona(ほ'おなおな).

あいくち【匕首】pahi 'ō(ぱひ_'お). pāhoa(ぱほあ).

あいさつ【挨拶】'ano'ai('あの'あい). ha'i'ōlelo(は'い'おれろ). ⇒アロハ. どうじょう【同情】.
【挨拶をする】'ano'ai('あの'あい). oha(おは).〔用例〕アロハ《あいさつ》などを参照.

あいしょう【愛称】inoa kapakapa(いのあ_かぱかぱ). ⇒なまえ【名前】.

あいじょう【愛情】aloha(あろは). 'ano'i('あの'い). pumehana(ぷめはな).〔用例〕愛情を込めて. Me ke aloha pumehana.
【愛情のある関係を持つ】pilialoha(ぴりあろは).
【愛情の籠った贈り物】makana aloha(まかな_あろは).
【愛情のない】aloha 'ole(あろは_'おれ).
【愛情の表現】ho'ālohaloha(ほ'あろはろは).
【愛情を表現する】ho'ālohaloha(ほ'あろはろは).

あいじん【愛人】ipo(いぽ). kāne manuahi(かね_まぬあひ).〈逐語〉不倫の男友達.
【愛人と寝る】moe ipo(もえ_いぽ).

アイス・クリーム【ice cream】'aikalima

('あいかりま). haukalima（はうかりま）.〈逐語〉クリーム状に固まった氷.

アイス・スケートをする【ice skate をする】holohau（ほろはう）.〈逐語〉氷走.

あいずする【(手や扇などを振って)合図する】ani（あに）. hoʻāni（ほʻāに）. ani peʻahi（あに_ペʻあひ）. pulelo（ぷれろ）.

アイスプラント【ice plant】ʻākulikuli lei（ʻākくりくり_れい）.〔植物〕Lampranthus glomeratus：マツバギク属の草；ピンク，ローズ，オレンジ色の花で，細長い葉を持つアフリカから来た植物；レイに使われる.

あいする【愛する】hoʻoheno（ほʻおへの）. kaunu（かうぬ）. nipo（にぽ）. niponipo（にぽにぽ）.

あいするひと【愛する人】ʻanoʻi（ʻあのʻい）. ipo（いぽ）.

あいするもの【愛する物】puni（ぷに）.

あいそうのよい【愛想の良い】ʻakeu（ʻあけう）. māhie, māhiehie（まひえ，まひえひえ）.

あいだ【(位置, 場所, 距離, 範囲の)間】loko（ろこ）.〔所格の名詞〕i, ma- が前に付き，i loko, maloko と使う.
【(物と物との)間】waena（わえな）.〔所格の名詞〕. i, ma- が前に付き，i waena o, mawaena o と使う.
【(…している)間】ʻoiai（ʻおいあい）.〔接続詞〕.〔用例〕わたしが学校にいた間,…. ʻOiai au i ke kula, ...
【(私が…の)間】iaʻu（いあʻう）.
【(彼[彼女]は…の)間】iāia（いāいあ）.〔文法〕iaʻu, iāia は，…の時，…するやいなやなどにも使う.
【(空間的または時間的に)間にある事物】kōwā（こōわ）.

あいちゃくのあるもの【愛着のある物】mea nui（めあ_ぬい）.

あいて【(対戦)相手】hoa paio（ほあ_ぱいお）. mea kūʻē（めあ_くūʻē）. ʻaoʻao kūʻē（ʻあおʻあお_くūʻē）.
【(対戦)相手を負かす】pepehi（ぺぺひ）.
【(共同作業の)相手】kōkoʻo（こōこʻお）. lua（るあ）.
【相手と2人】kōkoʻolua, koʻolua（こōこʻおるあ, こʻおるあ）.

あいとう【哀悼】minamina（みなみな）.
【(死者に)哀悼の意を表する】kūmākena（くūまāけな）.
【哀悼歌】⇒あいか【哀歌】.

あいとうする【哀悼する】uē（うē）.

アイ・パア〔ハワイ〕ʻai paʻa（ʻあい_ぱʻあ）.⇒ハワイりょうり【ハワイ料理】を参照.

あいぶする【愛撫する】hamo（はも）. ipoipo, hoʻipo, hoʻipoipo（いぽいぽ, ほʻおいぽ, ほʻおいぽいぽ）. hoʻoheno（ほʻおへの）. kūwili, kūwiliwili（くūヴぃり, くūヴぃりヴぃり）.【(かわいい子供などを)愛撫する】mili, milimili（みり, みりみり）.

あいぼ【愛慕】ʻupu（ʻうぷ）.

あいぼする【愛慕する】ʻupu（ʻうぷ）.

あいようの【愛用の】milimili（みりみり）.

あいらしい【愛らしい】heno, heno-heno（へlo，へのへの）.

アイロン【iron】'aiana（'あいあな）.〔英語〕.
【（洋服などに）アイロンをかける】'aiana（'あいあな）.
【アイロン台】papa 'aiana（ぱぱ_'あいあな）.

あう【会う】hālāwai（はらわい）.

アウエー〔ハワイ〕auē（あうえ）.〔間投詞〕ああ．⇒かんとうし【間投詞】.

あえぐ【喘ぐ】ahaaha（あはあは）. 'ōnini（'おにに）.

あえてする【敢えて…する】ho'okohu（ほ'おこふ）.

あお【青・青い色】〔色彩〕日本語の青（紫から緑まで含む）に較べハワイ語の青はより個別・具体的である．⇒みどりいろ【緑色】.
【（薄い色の）青い色】'āhinahina（'あひなひな）.
【（紫がかった）青】pōpolohua（ぽぽろふあ）.
【（海の）青い色】'ainakini（'あいなきに）.
【（深い海などの）青い色】uli（うり）.
【（闇のような暗く濃い）青い色】lipo, lipolipo（りぽ，りぽりぽ）. pano（ぱの）. uli（うり）.
【（制服のような濃い）青】polū（ぽる）.〔英語：blue〕. ブルーブラック.

あおあざのいろ【（打撲傷の）青痣の色】uli（うり）.

アオイソウ【葵草】'ala'ala wai nui（'あら'あら_わい_ぬい）.〔植物〕アオイソウの全種：自生の小さな水分の多い薬草.

あおくする【青くする】ho'ouli（ほ'おうり）.

アオサ（シーレタス）【sea lettuce の一般総称】līpahapaha（りぱはぱは）.〔植物〕Ulva fasciata と Monostroma oxyspermum：食用の緑藻だが，あまり好まれない.

あおざめた【（病気の後など）青ざめた】mamae（ままえ）.〔用例〕青ざめた顔．Maka mamae.

あおみつけざい【（洗たくに使われる）青み付け剤】kolū（こる）.〔英語：bluing〕.

あか【（船底の）淦】liu（りう）.
【淦を汲み出す】ukuhi（うくひ）.

あか【深紅色・緋色の）赤】'ula（'うら）. 'ula'ula（'うら'うら）.
【（オーヘロ・ベリーのような）赤い色】helo（へろ）. ⇒オーヘロ.
【（生傷や赤土のような）赤い色】kole（これ）．熟しかけたココナッツの果肉を'ilikole という.
【赤く充血した目】mākole（まこれ）.
【赤み】nono（のの）.
【赤み掛かった】'ōmea（'おめあ）.
【赤毛】'ehu（'えふ）．白人でなくポリネシア人の赤みがかった色あいの髪の毛；赤みがかった色あいの髪の毛の人.

アカエイ【赤海鰩魚】hīhīmanu（ひひまぬ）.〔魚〕Dasyatidae. と Actobatus narinari：アカエイの一種. lupe（るぺ）, hailepo（はいれぽ）も同様.

あかくする【赤くする】hōʻula（ほˉʻうら）. hōʻulaʻula（ほˉʻうらʻうら）.

あがく【足掻く】ʻāpuʻepuʻe（ʻāぷʻえぷʻえ）. naku（なく）.

あかくなる【赤くなる】ʻula（ʻうら）.〔用例〕顔を赤らめる. Piʻi ka ʻula.
【(拡がった虹など) 赤くなった (色の網状組織)】kōkō ʻula（こˉこˉ_ʻうら）.
【(紅葉した葉など) 赤くなった】mākole（まˉこれ）.【(肌などがぱっと) 赤くなった】pūnono（ぷˉのの）.

あかちゃん【赤ちゃん】keiki（けいき）. pēpē（ぺˉぺˉ）. kama（かま）.
【赤ちゃんを生む】hoʻohānau（ほʻおはˉなう）.

アカトウガラシ【赤唐辛子 (の全種)】nīoi（にˉおい）.

アカマツカサ【赤松毬】ʻūʻū（ʻūˉʻūˉ）.〔魚〕Myripristis. イットウダイ科アカマツカサ属の魚類の総称.

あがめる【崇める】haipule（はいぷれ）. hoʻomana（ほʻおまな）.
【崇めるべき】weliweli（うぇりうぇり）.

あからがおの【(日焼けなどによる) 赤ら顔の】nono（のの）.

あかり【明かり】ao（あお）. lama（らま）. malama（まらま）. kukui（くくい）.〔用例〕電気のライト. Kukui uila.
【明かりを消した】pio（ぴお）.
【明かりを消す】hoʻopio（ほʻおぴお）.
【明かりを点ける】hōʻā（ほˉʻあ）. kuni ahi（くに_あひ）.
【明かり窓】ʻīpuka（ʻīˉぷか）.

あがる【上がる】ea（えあ）.〔様相〕上昇する. eʻe（えʻえ）.〔様相〕山に登る, 乗船する.
【上がらせる】hoʻopiʻi（ほʻおぴʻい）.
【上がる・揚がる】piʻi（ぴʻい）.
【上がる】aea（あえあ）.〔様相〕水面下から上がる.
【上がること】piʻina（ぴʻいな）.

あかるい【(物事などに) 明るい】akaaka, akaka（あかあか, あかか）.
【(月の光など) 明るい】kōnane（こˉなね）.【(光であふれて) 明るい】laʻe, laʻelaʻe（らʻえ, らʻえらʻえ）.【(前途など) 明るい】mālamalama（まˉらまらま）.【(日光など) 明るい】ʻōlali（ʻōˉらり）.【(雲ひとつなく) 明るい】paʻihi（ぱʻいひ）.

あかるくする【(前途を) 明るくする】hoʻomālamalama（ほʻおまˉらまらま）.

あかるさ【明るさ】ʻōlali（ʻōˉらり）.

あき【秋】hāʻule lau（はˉʻうれ_らう）.〈逐語〉葉が落ちること. laʻa ʻula（らʻあ_ʻうら）.〈逐語〉(葉の) 赤い季節.

あきあきさせる【飽き飽きさせる】māluhiluhi（まˉるひるひ）.

あきち【(キャンプやスポーツのための) 空き地】kahua（かふあ）.

あきらかな【明らかな】akaaka, akaka（あかあか, あかか）. ʻike maka（ʻいけ_まか）.
【明らかにする】hoʻākaaka（ほʻāˉかあか）. hoʻomōakaaka（ほʻおもˉあかあか）.
【明らかに見えるようにする】huaʻi（ふあʻい）.

あきらめる【諦める】ha'alele（は'あれれ）. waiho loa（わいほ_ろあ）.

あくいのある【悪意のある】'a'anema（'あ'あねま）. na'au 'ino'ino（な'あう_'いの'いの）.

あくいをおこさせる【悪意を起こさせる】ho'opi'i（ほ'おぴ'い）. ho'opi'ipi'i（ほ'おぴ'いぴ'い）.

あくしゅ【握手】lūlū lima（るる_りま）.
【（固い）握手を交わす】pūlima（ぷりま）.

あくしゅう【悪臭】pilau（ぴらう）.
【（痛烈な）悪臭】hohono（ほほの）.
【（沼のような）悪臭】pilo（ぴろ）.
【（沼地など）悪臭のある】maea（まえあ）.
【悪臭を放つ】pilau（ぴらう）.

あくしゅする【握手する】lūlū lima（るる_りま）.

あくしゅみな【悪趣味な】kohu 'ole（こふ_'おれ）.

あくじをはかる【悪事を図る】'ōhumu（'おふむ）.

アクセント【（強勢の）accent】kālele（かれれ）. kālele leo（かれれ_れお）. ko'iko'ina（こ'いこ'いな）.
【アクセントユニット】paukū kālele（ぱうく_かれれ）.

あくたいをつく【悪態をつく】'a'ana（'あ'あな）. kūamuamu（くあむあむ）.

あくま【悪魔，悪魔のような】kiapolō（きあぽろ）. diabolo. は異形.〔英語：diabolic〕.

あくむ【悪夢】pahulu（ぱふる）. ho'opahulu（ほ'おぱふる）. moe 'ino（もえ_'いの）.
【悪夢を見る】ho'opahulu（ほ'おぱふる）. moe 'ino（もえ_'いの）.

あげあぶら【揚げ油】'aila palai（'あいら_ぱらい）.

あけしめする【（板簾などを）開け閉めする】'ōlepe（'おれぺ）.

あげつな【揚げ綱】⇒ハリヤード.

あけのみょうじょう【明けの明星】Hōkūao（ほくあお）.〔天文〕朝日の出る前に見える金星［ヴィーナス］. Kukui Wana'ao（くくい_わな'あお）. 〈逐語〉早朝の光.

あけぼの【曙】ao（あお）.

あける【（戸などを）開ける】ho'ohāmama（ほ'おほまま）.【（オーブンなどを）開ける】hu'e（ふ'え）.【開ける】wehe（ヴぇへ）.
【（少し）開ける】makala（まから）.
【（ドアなどを少しだけ）開ける】weke（うぇけ）.
【開けること】wehena（ヴぇへな）.
【開けさせる】ho'owehe（ほ'おヴぇへ）.

あげる【（上に）上げる】hāpai（はぱい）. hi'ilawe（ひ'いらヴぇ）.

あげる【（たこなどを）揚げる】ho'olele（ほ'おれれ）.【（帆などを）揚げる】'u'u（'う'う）.

あご【顎】ā（あ）. 'auwae（'あうわえ）. 〈比喩〉冷淡な，横柄な. papa niho（ぱぱ_にほ）.
【顎のある，掛りのある，逆刺さかとげ

のある】kukū（くく）．
【顎の弛たるみ，顎の垂れ肉】ka‘olo（か‘おろ）．‘olo（‘おろ）．

アコーディオン【accordion】pila ‘ume‘ume（ぴら_‘うめ‘うめ）．

あこがれ【憧れ】li‘a（り‘あ）．
【憧れの】li‘a（り‘あ）．

あこがれる【憧れる】li‘a（り‘あ）．nipo, niponipo（にぽ，にぽにぽ）．

あごひげ【顎鬚】‘umi‘umi（‘うみ‘うみ）．

アコヤガイ【阿古屋貝】pā（ぱ）．〔貝〕Pinctada margaritifera.

あさ【朝】kakahiaka（かかひあか）．〔用例〕早朝．Kakahiaka nui. お早うございます．Aloha kakahiaka.

あざ【(色の濃い) 痣】ila（いら）．
【痣が出来た】mala（まら）．
【(皮膚に青黒い) 痣を作る】ho‘ouli（ほ‘おうり）．

あさい【浅い】pāpa‘u（ぱぱ‘う）．
【浅い皿】pā（ぱ）．

アサガオ【朝顔】koali, kowali（こあり，こわり）．〔植物〕Ipomoea種：アサガオの種類．

あさぐろいはだ【浅黒い肌】‘ili kea（‘いり_けあ）．〔容貌〕黒い肌のハワイ人よりもやや浅黒いハワイ人の肌．
【浅黒い顔色（をした）】‘ili pala uli（‘いり_ぱら_うり）．

あざける【嘲る】ma‘ewa, mā‘ewa‘ewa（ま‘えヴぁ，まｰ‘えヴぁ‘えヴぁ）．

あさせ【(土砂による河口や港の) 浅瀬】pu‘e one（ぷ‘え_おね）．【(漁場の) 浅瀬】kai lawai‘a（かい_らわい‘あ）．

あさぶくろ【麻袋】‘eke（‘えけ）．‘eke huluhulu（‘えけ_ふるふる）．

アザミ【薊（の一種）】pua kala（ぷあ_から）．〔植物〕Cirsium vulgare：アザミの一種のキルシウムブルガレ．

アザミゲシ【薊芥子】pua kala（ぷあ_から）．〔植物〕Argemone glauca：熱帯アメリカ原産のアザミゲシ属の草の総称；特に葉と果実にとげが多く，黄色または白色のケシに似た花が咲く；麻酔薬を含む黄色がかった汁は，ハワイ人によって痛みを和らげるのに使われた．

あざやかな【(色などが) 鮮やかな】‘a‘ai（‘あ‘あい）．

あさやけ【朝焼け】alaula（あらうら）．

あざわらいのはっせい【嘲笑いの（不意の）発声】‘aikola（‘あいこら）．

あざわらう【嘲笑う】‘aka‘aka（‘あか‘あか）．henehene（へねへね）．ho‘ohenehene（ほ‘おへねへね）．pāhenehene（ぱｰへねへね）．ma‘ewa, mā‘ewa‘ewa（ま‘えヴぁ，まｰ‘えヴぁ‘えヴぁ）．ho‘oma‘ewa（ほ‘おま‘えヴぁ）．wahāwahā（わはｰわはｰ）．

あし【足】kū‘au wāwae（くｰ‘あう_ヴぁｰヴぁえ）．wāwae（ヴぁｰヴぁえ）．
【足で水を撥はねかす】kāpeku（かｰぺく）．〔様相〕驚いた魚のように足で水を跳ねかす．〈比喩〉騒々しい，行動などが粗暴な．
【(酔っぱらいなどが) 足で床を打つ】pīhole（ぴｰほれ）．
【足の裏】kapua‘i（かぷあ‘い）．
【足の痙攣けいれん】wāwae huki（ヴぁｰヴぁえ_ふき）．

【足の甲】**poho wāwae**（ぽほ_ヴぁヴぁえ）. **poli wāwae**（ぽり_ヴぁヴぁえ）.
【足のサイズ】**kapuaʻi**（かぷあʻい）.
【足の指】**manamana wāwae**（まなまな_ヴぁヴぁえ）.
【（暖かくするために）足を引き寄せる】**pupue**（ぷぷえ）.
【足跡】**hoʻomaʻawe**（ほʻまʻあうぇ）. **kapuaʻi**（かぷあʻい）. **keʻehana**（けʻえはな）. **meheu**（めへう）.
【足飾り［足首飾り］, 足飾りを着ける】**kūpeʻe**（くぺʻえ）.
【（犬の歯で作った）足飾り】**kūpeʻe niho ʻīlio**（くぺʻえ_にほ_ʻいりお）.
【足かせ, 足かせをはめる】**kūpeʻe**（くぺʻえ）.
【足首】**puʻupuʻu wāwae**（ぷʻうぷʻう_ヴぁヴぁえ）.
【足首の関節】**kuʻekuʻe wāwae**（くʻえくʻえ_ヴぁヴぁえ）.
あし【（沼地に生える）葦】**ʻohe**（ʻおへ）.
アシカ【海驢】**liona kai**（りおな_かい）. 〈逐語〉海のライオン.
アジアンタム【adiantum】⇒イヴァイヴァ.
アジサイ【紫陽花】**pōpōhau**（ぽぽはう）.
アジサシ【鰺刺】**kala**（から）. **noio**（のいお）. 〔鳥〕カモメ類. Anous tenuirostris melanogenys：ハワイに生息する薄黒いアジサシの総称；クロアジサシやセグロアジサシなど.

あじのない【（気の抜けたビールのように）味のない】**mahū**（まふ）.
あじのよい【味の良い】**ʻono**（ʻおの）.
アジのようぎょ【鰺（科の魚）の幼魚】**pāpiopio**（ぱぴおぴお）. 〔魚〕アジ科の魚ウルア［ulua］の小さい時の呼び名. **pāpio**（ぱぴお）も同様.
あしば【（建築現場の）足場】**ʻolokeʻa**（ʻおろけʻあ）.
あす【明日, 明日は】**ʻapōpō**（ʻあぽぽ）.
アスタリスク【asterisk】**kaha kuhi**（かは_くひ）. ⇒さんしょうふ【参照符】.
あせ【汗, 汗をかく】**hou**（ほう）.
あせない【（色等が）褪せない】**paʻa**（ぱʻあ）.
あそこに（で）【あそこに（で）】**ai laila**, **aia i laila**（あい_らいら, あいあ_い_らいら）. laila はマーカーの後に続き, いろいろな意味を持つ. 〔用例〕あの場所［土地］の. Kō laila. あそこから. Mai laila. ⇒しじし【指示詞】, マーカー.
【あそこ】**ʻō**（ʻお）.
【あそこに】**maʻō**（まʻお）.
あそび【遊び】**pāʻani**（ぱʻあに）.
【（幼年時代の）遊び仲間】**hoa kamaliʻi**（ほあ_かまりʻい）.
【遊び好きな】**paʻapaʻani**（ぱʻあぱʻあに）.
あそぶ【遊ぶ】**pāʻani**（ぱʻあに）.
あたえる【与える】**hāʻawi**（はʻあヴぃ）. **hō**（ほ）. **hoʻolako**（ほʻおらこ）.
【与えずにおく】**hoʻopaʻa**（ほʻおぱʻあ）.
【（永久的に）与えられた】**lilo loa**（り

あたたかい

ろ_ろあ）.

あたたかい【（気温など）暖かい】'āhea-hea（'あへあへあ）. mahana（まはな）.

あたたかくする【（心など）暖かくする】ho'opumehana（ほ'おぷめはな）.

あたたかさ【（気温などの）暖かさ】mahana（まはな）.

【暖かさを引き起こす】ho'omahana（ほ'おまはな）.

あたたまる【（火に当って）暖まる】lala（らら）.

【（火などで）暖まること】lalana（らな）.

あたためる【暖める】ho'opumehana（ほ'おぷめはな）.

あたま【（人間の）頭】po'o kanaka（ぽ'お_かなか）.

【頭から（先に）飛び込む】lelepo'o（れれぽ'お）.

【頭から潜る】kūlou po'o（くろう_ぽ'お）.

【頭の上を飾る】poni（ぽに）. ho'oponi（ほ'おぽに）.

【頭のてっぺん】piko（ぴこ）.

【頭の良い】akamai（あかまい）. lawa（らヴぁ）.

【頭を上げる】aea（あえあ）.

【頭を覆う，頭を覆う物】pūlo'u（ぷろ'う）.

【（重荷・悲痛・苦悩などで）頭を下げた】lu'ulu'u（る'うる'う）.

【（首長への尊敬や謙遜を示すように）頭を下げて歩く】kolo, kolokolo（ころ, ころころ）.

【頭を下げる】kūlou（くろう）. kūnou（くのう）. kūlou po'o（くろう_ぽ'お）.

アタマジラミ【頭虱】'uku po'o（'うく_ぽ'お）.

アダム【Adam】'Akamu（'あかむ）. Adamu. は異形.〔英語〕.

あたらしい【新しい】hou（ほう）. 'ano hou（'あの_ほう）. mea hou（めあ_ほう）. malihini（まりひに）.

【新しい形を取る】ho'ololi（ほ'おろり）.

【新しい種類】'ano hou（'あの_ほう）.

【新しい情報[物]】mea hou（めあ_ほう）.〔用例〕新しい物は何ですか. He aha ka mea hou?

【新しい出発】maka hou（まか_ほう）.

あたりにあわせる【当りに合わせる】koni（こに）.〔漁法〕釣針にかかった魚などをぐいと引く.

あちらこちら【あちらこちら】kēlā…kēia（けら…けいあ）.〔用例〕あちらこちら安い店に行った. Ua hele au i kēlā me kēia hale kū'ai emi loa.

【～に】hele（へれ）.〔用例〕あちこち走り回る. Holo hele. li'ili'i（り'いり'い）.

【～に行く】'auana（'あうあな）. mā'alo'alo（ま'あろ'あろ）.

【～に行くことの好きな】puni hele（ぷに_へれ）.

【～に漂う】pūlewa（ぷれヴぁ）.

【（船などが）～へ揺れる】luli（るり）.

あちらへ【(ある場所から)あちらへ】 'ē ('え).

あつい【(雲などが)厚い】mākolu (まこる). mānoa (まのあ).

あつい【(かまどの石など)熱い】ahuli'u (あふり'う).【熱い・暑い】hanahana (はなはな). ikiiki (いきいき). ikīki (いきき). wela (うぇら).

あついた【厚板】papa lā'au (ぱぱ_らー'あう).

あつかましい【厚かましい】kīwini (きヴぃに). maha'oi (まは'おい). pākīkē (ぱきけ).

あつがみ【厚紙】pepa mānoanoa (ぺぱ_まのあのあ).

あつくおおった【(埃などが)厚く覆った】mākolu (まこる).

あつくする【厚くする】ho'omānoa (ほ'おまのあ).

あつくする【熱くする】ho'owela (ほ'おうぇら).

あつくるしい【暑苦しい】ikiiki (いきいき).〔気候〕息苦しいほどの暑さと湿気；強烈な不快.

あつさ【暑さ，熱さ】'ōwela ('おうぇら).
【暑さによって枯れた】ka'e'e (か'え'え).

あっしゅくする【(下方へ押すことにより)圧縮する】'uī ('うい).
【圧縮した】poepoe (ぽえぽえ).

あっする【圧する】kaomi (かおみ).
【(マッサージをする時や，粉をこねる時のように)圧する】lomi (ろみ), 'ōpā ('おぱ).

あっせいてきな【圧制的な】ko'iko'i (こ'いこ'い).

あっとうする【圧倒する】po'ipū (ぽ'いぷ).
【圧倒した】kapakū (かぱく).

あっぱくする【圧迫する】hoka (ほか). ho'okē (ほ'おけ). ho'olu'ulu'u (ほ'おる'うる'う).

あっぷくする【圧服する】ho'oūpē (ほ'おうぺ).

アップリケをほどこしたキルティング【appliqueを施したquilting】kapa 'āpana (かぱ_'あぱな). kapa lauとも呼ばれる.〈逐語〉一定の長さのタパ布.

アップル【apple】'āpala ('あぱら).〔英語〕.

あつまり【集まり】'aha ('あは). anaina (あないな). 'ao'ao ('あお'あお). pōhai (ぽはい).
【(大きな)集まり】ho'olaule'a (ほ'おらうれ'あ).

あつまる【集まる】anaina (あないな). pōhai (ぽはい). pūku'i (ぷく'い).
【集まること】'ohina ('おひな).
【集まった】mui (むい).
【集まった人々】anaina (あないな).

あつめる【集める】hō'ili'ili (ほ'いり'いり), 'ohina ('おひな). ho'olau (ほ'おらう).
【集めること】'ohi ('おひ). 'ohina ('おひな).

あてにする【当てにする】hilina'i (ひりな'い).

あと【(通った)跡】ho'oma'awe (ほ

'おま'あうぇ).

【(通った[引きずった])跡について行く】kolo（ころ）.

【(通った)跡を歩く】ma'awe, mā'awe'awe（ま'あうぇ, ま'あうぇ'あうぇ）.

【跡を追う】ho'oma'awe（ほ'おま'あうぇ）.

【跡を追うこと】meheu（めへう）.

アドビ（一）【adobe】pōhaku lepo（ぽはく_れぽ）. 日干しれんが.

あとざん【後産】ēwe（ēヴぇ）. 'iewe（'いえヴぇ）.

あとずさりする【後退りする】pu'e'eke（ぷ'え'えけ）.

あとに【(位置的に)後に】muli（むり）.

【(時間的に)後に, 後で】muli（むり）.

【後に下がる】mene（めね）.

【後について行く】hai（はい）. hahai（ははい）.

【(…の)後に続いて】muli（むり）.

【(人・物の)後に続く】alualu（あるある）.

【(…の)後に来る】ukali（うかり）.

あとの【後の, 後に, 後で】hope（ほぺ）.

アドバイザー【adviser】hoa kūkā（ほあ_くか）.

あとばらいではらう【後払いで払う】uku manawa（うく_まなわ）.

あともどりする【後戻りする】ho'i hope（ほ'い_ほぺ）.

あな【穴・孔】puka（ぷか）. 【(洞穴, 墓穴のような)穴】ana（あな）. lua（るあ）. 【(魚が隠れる割れ目のような)穴】naho（なほ）. 【(銃口などの)穴】waha（わは）.

【穴だらけの】nono（のの）.

【(魚取りの時のように)穴に手を突っ込む】nao（なお）.

【(…に)穴を開けた】nono（のの）.

【(ドリルなどで)穴を開ける】wili（うぃり）. ho'owili（ほ'おうぃり）.

【(先端で突いて)穴を開ける】'ō, 'ō'ō（'お, 'お'お）.

【(…に)穴を開ける】'ou（'おう）.

【穴を作る】ho'opuka（ほ'おぷか）. ho'owaha（ほ'おわは）.

【穴に栓をする】kiki（きき）.

【(詰めものをして)穴をふさぐ】kiki（きき）. 'umoki（'うもき）.

あなあけき【穴開け機】wili（うぃり）.

あなた【(呼びかけとしての)あなた】eia ala, eia lā（えいあ_あら, えいあ_ら）. e ia nei（え_いあ_ねい）. ei nei（えい_ねい）. 夫婦の間で愛情をこめて言われる.

あなた【(人称代名詞の)あなた】二人称の人称代名詞は以下である. 単数, 複数（3人以上）の他に双数（2人）がある. 主格は['o]で, 対格・与格は[iā]などのマーカーによって示される. 属格は所有詞で示される.

あなた（は／が, を, に）【あなた（は／が, を, に）】'oe（'おえ）.〔二人称・単数・主格・対格・与格〕.

あなたたちふたり（は／が, を, に）【あなたたち2人（は／が, を, に）】'olua（'おるあ）.〔二人称・双数・主

格・対格・与格〕.
【あなたたち3人以上（は／が，を，に）】**'oukou**（'おうこう）.〔二人称・複数・主格・対格・与格〕.
あなた（の，のもの），あなたたち（の，のもの）〔文法〕属格は所有詞を使うが，所有の対象により A-型，O-型，K のない所有詞となる.
【あなた（の，のもの）】**kāu**（かう）. **kou**（こう）.〔二人称・単数・属格〕.〔文法〕kāu, kou の k のない所有詞は āu, ou となる.
【あなたたち2人（の，のもの）】**kā 'olua**（か＿'おるあ）. **kō 'olua**（こ＿'おるあ）.〔二人称・双数・属格〕.
【あなたたち3人以上（の，のもの）】**kā 'oukou**（か＿'おうこう）. **kō 'oukou**（こ＿'おうこう）.〔二人称・複数・属格〕.
あなたのために【あなたの為に】**nāu**（なう）. **nou**（のう）.〔文法〕単数.「あなたによって」と使われることもある.
あに・あね【（自分と同性の）兄・姉】**kaikua'ana, kaiku'ana**（かいくあ'あな，かいく'あな）. 呼びかけとして最も使われる言い方は **kua'ana**（くあ'あな）である.
【（妹から見て）兄】**kaikunāne**（かいくなね）. 呼びかけとして最も使われる言い方は **kunāne**（くなね）である.
【（弟から見て）姉】**kaikuahine**（かいくあひね）. 呼びかけとして最も使われる言い方は **kuahine**（くあひね）である.

アヌヘア〔ハワイ〕**anuhea**.〔感覚〕森林地帯の高地のような涼しく快い香り.
あの（あちらの）【あの［あちらの］】**kēlā**（けらー）.〔指示詞〕.〔文法〕話し手，聞き手から離れた距離にある物［人］を示す時に使われる.
【あの】**ia**（いあ）.〔指示代名詞〕ia には前述［前記］の意味もある. また ia は三人称単数の人称代名詞.
【あの彼［彼女］】**kēlā**（けらー）.〔指示代名詞〕話し手，聞き手から離れた距離にある物［人］を示す時に使われる.
【あの時】**laila**（らいら）. laila はマーカーの後に続き，いろいろな意味を持つ.〔用例〕それから. Ā laila. そこに［で］. I laila. あそこに［で］. Malaila.
【あの場所の】**kō laila**（こー らいら）.
【（前述の）あの人】**ua kanaka lā**（うあ＿かなか＿らー）.〔文法〕マーカー ua と nei または lā で前述を表す.
【あの世，あの世の支配者】**Milu**（みる）. ⇒ミル.
あばたのある【（天然痘などによる）〜のある】**hākuma**（はーくま）.
あばらぼね【肋骨】**iwi 'ao'ao**（いヴぃ＿'あお'あお）.
あばれまわる【暴れ回る】**hae**（はえ）.
あばれもの【暴れ者】**'a'ano**（'あ'あの）.
【暴れ者のように振る舞う】**hō-'a'ano**（ほー'あ'あの）.
あぶく【泡】⇒あわ【泡】.
あぶみ【鐙，鐙金】**'ili ke'ehi**（'いり＿け'えひ）.

【(馬にまたがって)鐙に足を掛ける】ke‘ehi（け‘えひ）.
あぶら【(各種の)油[脂]】‘aila（‘あいら）.〔英語：oil〕. hinu（ひぬ）.
【油を差す】‘aila（‘あいら）.
【油[グリス・ワセリンなど]をすり込む】hamo（はも）. kāhinu（かひぬ）. kākele（かけれ）.
【油をすり込んだ】hamo（はも）.
【(聖式で頭に)油を注ぐ[塗る]】poni（ぽに）. ho‘oponi（ほ‘おぽに）.
【油を塗る】‘aila（‘あいら）. ho‘opē（ほ‘おぺ）.
【脂染みた】‘ōhinu（‘おひぬ）.
【油っこい】kelekele（けれけれ）. ‘ūkele（‘うけれ）.
【油っこい食物】liliha（りりは）.
【脂っこくさせる】ho‘olali（ほ‘おらり）.
【(豚肉の脂肪など)脂っぽい】lali（らり）.
あぶらえ【油絵】ki‘i pena（き‘い_ぺな）.〈逐語〉彩色した絵.
アフリカ【Africa, アフリカの, アフリカ人】‘Apelika（‘あぺりか）. Aferika. は異形.〔英語〕.
あぶる【(肉・魚などを)炙る[焙る]】kō‘ala（こ‘あら）. kunu（くぬ）.
【あぶった】‘ōhinu（‘おひぬ）.
あふれる【溢れる】hanini（はにに）. hū（ふ）.【(満たしておいた水などが)溢れる】pi‘ipi‘i（ぴ‘いぴ‘い）.
【(目に涙を)溢れさせる】‘ale（‘あれ）.【(パン種を入れて)あふれさせる】ho‘ohū（ほ‘おふ）.

【溢れる泉】māpuna（まぷな）.
【溢れるばかりの】‘ale‘ale（‘あれ‘あれ）.
【溢れるほどに満たした】kūneki（くねき）.
アヘン【阿片】‘opiuma（‘おぴうま）.〔英語：opium〕ケシから採った濃縮液；麻酔・催眠・鎮痛・収斂などの効果がある.
アボカド【avocado】pea（ぺあ）.〔植物〕Persea americana.
アーホレ〔ハワイ〕āhole（あほれ）.〔魚〕Kuhlia sandvicensis：淡水および海水に生息するハワイ固有の魚．別名「海豚」とも呼ばれる．稚魚はāholehole（あほれほれ）.
あま【天】lani（らに）.
【天の川】I‘a（い‘あ）. Lālani（ららに）. Hōkū-noho-aupuni（ほくのほあうぷに）.
あま【雨】⇒あめ・あま【雨】を参照. あまがさ【雨傘】, あまだれ【雨垂れ】, あまど【雨戸】, あまどい【雨樋】, あまみず【雨水】も同様.
あまい【(味覚の)甘い】momona（ももな）.
【甘い香りのする】puīa（ぷいあ）.
【甘く心に訴える】hone（ほね）. 香水の香りや恋の思い出が甘く人の心に訴えること.
【甘やかす】ho‘okamalani（ほ‘おかまらに）. pai（ぱい）.
【甘味のある水】wai momona（わい_ももな）.
あまくする【甘くする】ho‘omomona

(ほ'おももな).

アマトウガラシ【甘唐辛子】nīoi pūha'uha'u (におい_ぷは'うは'う). 〔植物〕トウガラシの一変種.ピーマン, シシ唐, パプリカ, バナナトウガラシなど.

あまぬの【(織り目の細かい) 亜麻布】pulu, pulupulu (ぷる, ぷるぷる).

あみ【(魚取り用の長い) 網】'aku'iku'i ('あく'いく'い). 〔漁法〕水面を棒でたたきながら魚を追い込む漁に使われる. pāku'iku'i (ぱく'いく'い). pāloa (ぱろあ). 【(魚取り用の) 網】'upena ('うぺな). 'upena は網状のもの, クモの巣の意味もある. 〔用例〕漁網を作るときの網の目を測るゲージ. haha kā 'upena. 【(運搬用の) 網】kōkō (ここ). 【(頭髪用の) 網】'upena lauoho ('うぺな_らうおほ). 【(カツオなどを取るために) 網を打つ】hī (ひ).

【網を作る針や糸巻き】hi'a (ひ'あ).

アミ〔ハワイ〕'ami ('あみ). 〔フラ〕腰を回転するフラダンスのステップ; このステップを踏む. 'ami'ami も同様.

あみあわさった【編み合わさった】kaupe'a (かうぺ'あ). kāwili (かうぃり).

あみど【(窓などの金網製の) 網戸】uea hakahaka (うえあ_はかはか). 〈逐語〉空間針金.

あみばり【(手編み用の) 編み針】kui ulana (くい_うらな).

あみぼう【編み棒】kui ulana (くい_うら

な).

あみめ【網目 [編み目]】maka (まか). maka kui (まか_くい). maka 'upena (まか_'うぺな).

【(マットなどの) 編み目】pū'ao (ぷ'あお).

あむ【(毛髪や麦わらなどを) 編む】hili (ひり). hilo (ひろ). lino (りの). ulana (うらな).

【(レイなどを) 編んだ物】hili (ひり). 【(麦わらなどを) 編んだ物】ulana (うらな).

あめ・あま【雨】ua (うあ). 〔用例〕長雨. Ua loa. 【(非常に冷たいにわか) 雨】kili hau (きり_はう). 【(温暖な・かすかな・静かな) 雨】kili nahe (きり_なへ).

【雨がパタパタ・パラパラ音を立てる】nū (ぬ).

【雨がぱらぱら降った】helele'i, helelei (へれれ'い, へれれい).

【雨が降る】'awa ('あわ). ho'ohelele'i (ほ'おへれれ'い). ua (うあ). 【雨が猛烈に降る】hanini (はにに). 'iliki ('いりき). ho'oloku (ほ'おろく). loku (ろく). 〈比喩〉深い感動 (苦痛・悲痛) を感じる.

【雨が突然にどっと降る】'u'u ('う'う). 【雨が静かに降る】kili, kikili (きり, ききり). 【(非常に冷たいにわか) 雨が降る】kili hau (きり_はう). 【(温暖な・かすかな・静かな) 雨が降る】kili nahe (きり_なへ).

【雨が降ること】kūloku (くろく).

【雨によって植物などがなぎ倒され

た】kūloku（くろく）.
【雨に打たれた】loha（ろは）.
【雨を降らせる】ho'oua（ほ'おうあ）.
【雨（降り）の】ua（うあ）.
【雨の多い月】ho'oilo, ho'īlo（ほ'おいろ, ほ'いろ）.
【雨のしぶき】noe（のえ）.
【雨傘】māmalu（ままる）.
【雨垂れ】kili, kikili（きり, ききり）. paka（ぱか）. paka ua（ぱか_うあ）.
【雨戸】'ōpe'ape'a（'おぺ'あぺ'あ）.
【雨樋】hā（は）. 'o'oma（'お'おま）.
【（土の濁りで赤くなって流れる）雨水】wai 'ula（わい_'うら）.
アメリカ【America, アメリカの, アメリカ人】'Amelika（'あめりか）. America. は異形.〔英語〕.
【アメリカ合衆国】'Amelika Huipū（'あめりか_ふいぷ）.
【アメリカ人】haole（はおれ）.
【アメリカセンダングサ】ko'oko'olau（こ'おこ'おらう）.〔植物〕Bidens 種：米国原産キク科の植物の全種；この葉はハワイ人たちに薬用〔強壮剤〕として使われる.
【アメリカナデシコ】ponimō'ī li'ili'i（ぽにも'い_り'いり'い）. ⇒ビジョナデシコ.
【アメリカネム】'ohai（'おはい）.〔植物〕Samanea saman：南米産サガリバナ科の大木.
あやとり【綾取り, 綾取りをする】hei（へい）.
あやまった【誤った】hewa（へヴぁ）.

【誤った方針をとる】hele hewa（へれ_へヴぁ）.
あやまり【誤り】hewa（へヴぁ）. pa'ewa（ぱ'えヴぁ）.
【誤りを引き起こす】ho'ohewa（ほ'おへヴぁ）.
あやまる【誤る】hewa（へヴぁ）.
あやまる【謝る】mihi（みひ）.
あら【粗】ke'e, ke'eke'e（け'え, け'えけ'え）.〔用例〕軽蔑する. Nānā ke'e.
アラー〔ハワイ〕'alā（'あら）. 水の作用で摩滅した比較的不透明な火山の石. タロイモをすりつぶすもの, おの, 石を打ちながら踊る踊りなどに使われる.
あらい【（手ざわりが）粗い】'ōpu'upu'u（'おぷ'うぷ'う）.
あらいおとす【洗い落とす】kaka（かか）. māwae（まわえ）.
あらいきよめること【（家族討議によって）精神的に洗い清めること】ho'oponopono（ほ'おぽのぽの）.
あらいながす【（激しい流水などが）洗い流す】hu'e（ふ'え）.
あらいぬいめでぬう【荒い縫い目で縫う】kāholo（かほろ）.
あらう【洗う】holoi（ほろい）.
【洗った】ho'oholoi（ほ'おほろい）.
あらうみ【荒海】kai pupule（かい_ぷぷれ）.〈逐語〉狂気じみた〔不安な〕海.
あらかじめ【予め】'ē（'え）.
【予め知る, 予め理解する】kū'ike（く'いけ）.
あらさがしする【粗探しする】loi（ろ

い）．
あらし【嵐】'ino, 'ino'ino（'いの, 'いの'いの）．
あらたにする【新たにする】ho'ōpio（ほ'おぴお）．
あらたまる【改まる】kāhuli（かふり）．
アラビアすうじ【アラビア数字】huahelu（ふあへる）．
あらまぁ【～】auwē（あうう゛ぇ）．auē（あうえ）．〔間投詞〕．
あらゆる【有らゆる】like 'ole（りけ_'おれ）．kēlā…kēia（けら…けいあ）．〔用例〕あれもこれもあらゆるものすべて．kēlā mea kēia mea.
あられ【霰】huahekili（ふあへきり）．〈逐語〉雷の実．makahekili（まかへきり）．〈逐語〉雷の目．
あらわす【表す】hō'ike（ほ'いけ）．【（考え・意図などを）表す】ho'omohala（ほ'おもはら）．
あらわれる【現れる】kū（く）．oni（おに）．'ō'ili（'お'いり）．〔用例〕種・球根などが芽生える．'Ō'ili ka maka. pua（ぷあ）．puka（ぷか）．【（そっと）現われる】ki'ei（き'えい）．
あらをみつけだす【粗を見つけ出す】'ōhumu（'おふむ）．
アリ【蟻】naonao（なおなお）．nonanona（のなのな）．
ありあわせのものをたべる【有り合わせの物を食べる】kūpu'u, kupupu'u（くぷ'う, くぷぷ'う）．
ありがたくおもっている【有り難く思っている】ho'omaika'i（ほ'おまいか'い）．

あるいてのぼる【歩いて登る】pi'i（ぴ'い）．
あるいは【（接続詞としての）或いは】a i 'ole（あ_い_'おれ）．'ano'ai（'あの'あい）．o（お）．paha（ぱは）．
あるきまわる【（当てもなく）歩き回る】'ae'a（'あえ'あ）．hō'ae'a（ほ'あえ'あ）．ki'ihele（き'いへれ）．【歩き回る人】ki'ihele（き'いへれ）．
あるく【歩く】au（あう）．hele（へれ）．hele wāwae（へれ_ヴぁヴぁえ）．【（ゆっくり）歩く】ka'i（か'い）．ka'i hele（か'い_へれ）．【（素早く）歩く】kalalī（からり）．【（ぬかるみや草原の中などを）歩く】naku（なく）．【（気どって）歩く】ha'aheo（は'あへお）．
アルコールちゅうどくの【alcohol 中毒の】'ona lama（'おな_らま）．'ona mau（'おな_まう）．
アルト【alto】'aeko（'あえこ）．aeto. は異形．〔音楽〕中高音．
あるとくていのひとにぞくする【或る特定の人［人々］に属する】pono'ī（ぽの'い）．
あるひと【或人】kekahi（けかひ）．【（…で）ある人】ke（け）．Ka mea e の短縮形．
アルファベット【alphabet, アルファベットの文字】hua palapala（ふあ_ぱらぱら）．〈逐語〉執筆文字．pī'āpā（ぴ'あぱ）．'alepapeka（'あれぱぺか）．alepabeta. は異形．〔英語〕．〔文法〕ハワイ語で使われるアルファベットは次の12文字である．A, a. E, e. H, h. I,

i. K, k. L, l. M, m. N, n. O, o. P, p. U, u. W, w.

あれ【あれ】**aia hoʻi**（あいあ_ほʻい）．〔間投詞〕突然言う時に使われる．

あれ【あれ】**kēlā**（けら）．〔文法〕指示詞．話し手，聞き手から離れている．

あれこれ【あれこれ】**kēlā…kēia**（けら…けいあ）．〔用例〕あれこれすべて．kēlā me/mea kēia mea.

あれた【（海が）荒れた】**ʻāpikipiki**（ʻあぴきぴき）．

あれち【荒れ地】**mānā**（まな）．**ulunahele**（うるなへれ）．

あれら【あれら】**lākou**（らこう）．〔文法〕人称代名詞と同じ．格はマーカーで示す．

アロエ【aloe】**ʻaloe**（ʻあろえ）．〔植物〕アロエの全種．

アロハ〔ハワイ〕**aloha.** アロハは愛・愛する（愛される）の意味を持つ名詞・ステイティブ動詞である．強調語 nō を伴うことも多い．
《名詞》愛，愛情，思いやり，好意，親切，慈悲，あわれみ，同情，愛される人，恋人，愛人．
《動詞》愛する，親切［慈悲・同情・愛情］などを示す，尊ぶ，崇拝する．
《状態動詞（日本語の形容詞，副詞）》最愛の，親切な，あわれみ深い，愛らしい．
〔用例〕神の愛．Aloha Akua. 愛国心．Aloha ʻāina. 王制主義者．Aloha aliʻi.
《あいさつ》**Aloha ʻoe.** あなたが愛され［歓迎］されますように（1人の相手に対する親愛のあいさつ）．**Aloha kāua.** わたしたちに友情［愛情］がありますように（1人の相手に対する親愛のあいさつ）．**Aloha kākou.** わたしたち（3人以上）に友情［愛情］がありますように．
《あいさつ》**Aloha.** 歓呼して迎える．呼びかけで「やあ」，別れのあいさつとして「さようなら」，悲しみの表現として「ああ」．
《（手紙などの）あいさつ》**Aloha.** 手紙の書き始めや最後の「よろしく」，「さよなら」．日本語の「よろしく」に相当する文として次がある．レイナニ（人名）の愛［あいさつ］をもって．Me ke aloha o Leinani.
《（毎日の）あいさつ》**Aloha** ＋時刻を示す語．〔用例〕おはようございます．Aloha kakahiaka. （昼前後の）こんにちは．Aloha awakea. （午後の）こんにちは．Aloha auinalā. こんばんは．Aloha ahiahi. これらのあいさつは宣教師たちによって伝えられた．

アロハ・オエ〔ハワイ〕**aloha ʻoe**（あろはｰʻおえ）．あなたが愛され［歓迎され］ますように．⇒アロハ．

あわ［あぶく］【泡】**ʻehu**（ʻえふ）．**huʻa**（ふʻあ）．**pōhāhā wai**（ぽほは_わい）．
【泡立つ】**lapalapa**（らぱらぱ）．**puaʻi**（ぷあʻい）．
【泡だらけにする】**kopa**（こぱ）．**sopa.** は異形．〔英語：soap〕．

アワ，アワアワ〔ハワイ〕**ʻawa, ʻawaʻawa**（ʻあわ，ʻあわʻあわ）．〔植物〕Piper methysticum：ポリネシア産コ

ショウ属の低木．ポリネシア語はカワ，カワカワ [kawa, kawakawa].
【アワ酒】'awa（'あわ）．〔醸酵〕アワの根を醗酵させて作る酒．飲む人に麻薬的陶酔感を与える．儀式の際に飲まれた．

あわてさせた【慌てさせた】pi'oloke（ぴ'おろけ）．

あわててはなす【慌てて話す】'ai kepakepa（'あい_けぱけぱ）．

あわてふためいて【慌てふためいて】holokē（ほろけ̄）．

あわてる【慌てる】lale（られ）．

アワビ【鮑】'opihi malihini（'おぴひ_まりひに）．〈逐語〉外国産のオピヒ貝．〔海産物〕'opihi はカサ貝の種類をいう．

あわれみ【哀れみ】aloha（あろは）．⇒アロハ．

あわれをさそう【哀れを誘う，哀れを誘う調子】walohia（わろひあ）．

あんいな【安易な】hikiwale（ひきヴぁれ）．

アンカー【anchor】'anakā（'あなか̄）．〔英語〕．〔用例〕いかりを下ろせ．Leikō ka 'anakā!

あんきする【暗記する】ho'opa'ana'au（ほ'おぱ'あな'あう）．
【暗記した】pa'a（ぱ'あ）．pa'a-na'au（ぱ'あな'あう）．

アンケート【enquête：仏語】ho'opihapiha（ほ'おぴはぴは）．pa'i hakahaka（ぱ'い_はかはか）．

アンコール【encore】hana hou（はな_ほう）．

あんせいしょくの【（洞窟・海・密集した森林など）暗青色の】lipo（りぽ）．

あんぜん【安全】maluhia（まるひあ）．
【安全な】papa'a（ぱぱ'あ）．
【安全ピン】kui kaiapa（くい_かいあぱ）．〈逐語〉おしめピン．

あんそくび【安息日】Kāpaki（か̄ぱき）．Sabati. は異形．〔英語：Sabbath〕．Lā Kāpaki（ら̄_か̄ぱき）．〔宗教〕安息日は宗教によって異なる．ユダヤ教では土曜日，キリスト教では日曜日，回教では金曜日．
【安息日再臨派】⇒セブンスデイアドベンティスト．

アンチョビー【anchovy】nehu（ねふ）．〔魚〕Stolephorus purpureus：カタクチイワシ科の小さな魚；ハワイでは最も重要なマグロのえさ．

あんていしたしごと【安定した仕事】hana pa'a（はな_ぱ'あ）．

あんないする【案内する】alaka'i（あらか'い）．ka'i（か'い）．

あんないしゃ【案内者】alaka'i（あらか'い）．

あんないしょ【案内書】hō'ike（ほ̄'いけ）．

あんらく【安楽】'olu（'おる）．
【安楽な時を過ごす】ho'onanea（ほ'おなねあ）．ho'o'olu（ほ'お'おる）．

い

い【胃】'ōpū（'お̄ぷ̄）．
【（食べ過ぎて）胃が痛むほど詰め込んだ】lā'iki（ら̄'いき）．

【胃の中のガス】makani（まかに）.
【（ガスとしばしば下痢を伴う）胃の不快】manawahua（まなわふあ）.

イーストきん【yeast 菌】hoʻohū（ほʻおふ）.

イーナイ〔ハワイ〕ʻīnaʻi（ʻいなʻい）.ポイ［Poi：昔のハワイの主食］のつけ合わせ（通常，肉・魚・野菜など）.

イイヴィ，イヴィ〔ハワイ〕ʻiʻiwi, ʻiwi. ⇒ミツスイドリ.

いいえ【〜】ʻaʻole（ʻあʻおれ）.〔用例〕もちろん違うよ. ʻAʻole loa!

いいかえす【言い返す】panepane（ぱねぱね）.

いいふらす【言い触らす】hoʻolaha（ほʻおらは）.

いいまわし【言い回し】kāleo（かれお）.

いいん【委員】komikina（こみきな）. komisina. は異形.〔英語：commissioner〕.

【委員会】ʻaha（ʻあは）. kōmike（こみけ）. komite. は異形.〔英語：committee〕.

いう【言う】ʻī（ʻī）. haʻina（はʻいな）. pēia（ぺいあ）.〔用例〕そのように彼はわたしに言いました. Pēia mai ʻo ia iaʻu. pēlā（ぺら）.〔用例〕あきこさんは言った. Pēlā aku ʻo Akiko. wahi（わひ）. 日本語の「誰々曰く」という語. 通常 wahi の後に a または o, ko, kō などの所有詞+発言者（または代名詞）と続く.〔用例〕だれがそう言ったのか. Wahi a wai?

【言うこと】haʻina（はʻいな）. kāleo（かれお）.

【言ったこと】haʻina（はʻいな）. kāleo（かれお）.

【言われている】wawā（わわ）.

イヴァイヴァ〔ハワイ〕ʻiwaʻiwa（ʻいヴぁʻいヴぁ）.〔植物〕アジアンタム［Adiantum種］の全種：ハコネソウ・クジャクソウなどのシダ類.

イヴィクアモオ〔ハワイ〕iwikuamoʻo（いヴぃくあもʻお）. 首長の私的な要求や個人的な財産のことに従事したり，個人的な命令を実行する信頼された首長の近親者；一族.

いえ【家】hale（はれ）.

【家々】kauhale（かうはれ）. ⇒カウハレ.

【家に泊まる】hoʻohale（ほʻおはれ）.

【家の一部に属する物】mea hale（めあ_はれ）.

【家の管理人】mālama hale（まらま_はれ）.

【家の所有者】haku hale（はく_はれ）. mea hale（めあ_はれ）.

【家の土台】kahua hale（かふあ_はれ）.

【家のない人】kuewa（くえヴぁ）.

【家へ迎え（入れ）る】hoʻohale（ほʻおはれ）.

【家を持つ】hale（はれ）.

イエイエ〔ハワイ〕ʻieʻie（ʻいえʻいえ）.〔植物〕Freycinetia arborea：ハワイ固有の枝を茂らせはい登るツタなどの植物.

イエバエ【家蝿】nalo（なろ）.〔昆虫〕普通のイエバエとその他の同類の2枚羽の昆虫.

イエロージンジャ【yellow ginger】'awa-puhi melemele（'あわぷひ_めれめれ）.〔植物〕Hedychium flavescens：ショウガ属の植物の一種；黄色い花が咲く.

イエローストライプ【yellow srtripes】hilu（ひる）.〔魚〕サンゴ礁にいるベラ科の魚.

イオイオ〔ハワイ〕ioio.（ネックレスに使われるククイナッツにほどこされたような）彫刻の丸いみぞ；キルティングのステッチによってできる窪くぼみ.

いおう【硫黄】kūkaepele（くかえぺれ）.〈逐語〉ペレ（火山の女神）の糞ふん. lua'i pele（るあ'い_ぺれ）. lepopele（れぽぺれ）.〈逐語〉火山の土.

イオラニ〔ハワイ〕'Io-lani（'いおらに）. ホノルルにある宮殿と学校名.〈逐語〉王室のタカ.

イカ【～】he'e（へ'え）. ⇒タコ.

いが【（栗などの）毬】kukū（くくー）.

いがいな【意外な】kamaha'o（かまは'お）.

いかがですか【～】pehea（ぺへあ）.〔用例〕ごきげんいかがですか. Pehea 'oe?

いがく【医学】lā'au（らー'あう）.【医学の】kauka（かうか）. lā'au（らー'あう）. lapa'au（らぱ'あう）.

イカスミ【イカ（またはタコの）墨】weka（うぇか）.

いかり【錨】'ānakā（'あなかー）.〔英語：anchor〕. hekau（へかう）.〔海語〕昔のいかりは石を削って作られた.
【（船などを）錨で固定する】hekau（へかう）.
【錨を降ろさせる】ho'omau（ほ'おまう）.
【（魚釣りをしているカヌーなど）錨を下ろす】lana, lanalana（らな, らならな）.
【（砂の中に）錨をしっかり固定する】ho'omau（ほ'おまう）.

いかり【怒り】huhū（ふふー）. inaina（いないな）. nāuki（なーうき）. ukiuki（うきうき）.【（軽い）怒り】hahana（ははな）.
【怒りが一杯の】makawela（まかうぇら）.
【怒りで動揺した】inaina（いないな）.
【怒りの発言】pi'ipi'i ōlelo（ぴ'いぴ'い_'おれろ）.
【怒りをかき立てる】ho'oinaina（ほ'おいないな）.
【怒り狂う】hae（はえ）.

いかる【怒る】⇒おこる【怒る】.

いかん【遺憾】minamina（みなみな）.

いき【息】aho（あほ）. ea（えあ）.〔英語：air〕.
【（驚きなどで）息が止まる】hikilele（ひきれれ）. kā'ili（かー'いり）.【（臨終で）息が止まる】mauli'awa（まうり'あわ）.
【息を切らす】nae（なえ）.
【息を切らして】pauaho（ぱうあほ）.
【疲れた時などに）息を吸ってヒューと吐く】hoe（ほえ）.

【(…の)息を止める】'umi（'うみ）.
【息を吐き出す】hā（はー）. haha（はは）.
【息を（優しくふっと）吹き掛ける】hiohio（ひおひお）.
【息を吹き込む】ho'ohanu（ほ'おはぬ）.

いぎ【異議】kū'ē（くー'えー）.

いきおい【勢い】ikaika（いかいか）.
【勢いのある】kilakila（きらきら）.

いきおいよくやる【(力を入れて)勢いよくやる】hao（はお）.

いきかえる【生き返る】ala hou（あら_ほう）. ola hou（おら_ほう）.【(気絶の後)生き返る】pohala（ぽはら）.
【生き返った】ola hou（おら_ほう）.
【生き返らせる】ho'ohanu（ほ'おはぬ）. ho'ōla hou（ほ'おーら_ほう）.
【生き返ること】ala hou（あら_ほう）. ola hou（おら_ほう）.

いきぎれ【息切れ】'api'api（'あぴ'あぴ）. nae（なえ）.
【息切れを起こす】ho'opauaho（ほ'おぱうあほ）.

いきぎれする【息切れする】ahaaha（あはあは）.
【息切れした】pauaho（ぱうあほ）.〈比喩〉落胆させた, 絶望的な, がっかりした, 疲れ切った.

いきくれた【(旅人などが)行き暮れた】pō（ぽー）.

いきしょうちんの【意気消沈の】māna'ona'o（まーな'おな'お）.

いきどおり【憤り】huhū（ふふー）. ukiuki（うきうき）.

いきぬき【息抜き】pohala（ぽはら）.

いきのよい【(葉や新鮮な魚など)生きの良い】kāmakamaka（かーまかまか）.

いきぶつ【遺棄物】kae（かえ）.

いぎょう【医業】lapa'au（らぱ'あう）.〔用例〕内科医. Kauka lapa'au.

イギリスの【English, イギリス人】haole（はおれ）. ⇒えいこく【英国】.

いきる【生きる, 生きている】ola（おら）.

いく【行く】hele（へれ）.〔文法〕hele のあとに続く方向を示す語［マーカー］によって「行く」, 「来る」の意味になる.〔用例〕行く. Hele aku. 来る. Hele mai. haele（はえれ）. uhaele（うはえれ）.〔文法〕haele は主語が双数（2人）または複数の場合. uhaele は主語が複数(3人以上)の場合. 用法は hele とほぼ同じ. hō（ほー）.〔文法〕方向を示す語［マーカー］が後に続く.〔用例〕さあ行きましょう. E hō a'e kāua. ho'i（ほ'い）.〔文法〕「行く」の意味の他にマーカー mai を伴い「戻る」の意味がある.
【行かせる】ho'ohele（ほ'おへれ）.

いくじのない【意気地のない】ha'aha'a（は'あは'あ）. ma'ule（ま'うれ）.

いくたの【幾多の】like 'ole（りけ_'おれ）.

いくつ, いくら【幾つ, 幾ら】'ahia（'あひあ）. 'ehia（'えひあ）.〔疑問詞〕(数量・程度). ⇒ぎもんし【疑問詞】.
【幾つづつ】pāhia（ぽーひあ）.〔間投詞〕
【(値段は)幾ら】'ehia（'えひあ）.

いくども【幾度も】pīnaʻi（ぴなʻい）.
いくぶん【幾分】kauwahi（かうわひ）.
いくらか【幾らか】ʻano（ʻあの）.〔用例〕いくらか良い．ʻAno maikaʻi.
【幾らかの】wahi（わひ）.
いけ【池】loko（ろこ）．luawai（るあわい）．【（海辺近くの）池】puʻuone（ぷʻうおね）．【（小さい）池】kūkiʻo（くきʻお）.
いけい【畏敬，畏敬の念を起こさせる】ʻeʻehia（ʻeʻえひあ）.
いけすのしきりかべ【生け簀の仕切り壁】kuapā（くあぽ）.
いけにえ【生け贄】heana（へあな）．hai（はい）．haina（はいな）．mōhai（もはい）．
【（神に）生け贄を捧げる】hai（はい）．mōhai（もはい）．
【（神に）生け贄を捧げること】hai（はい）．haina（はいな）．mōhai（もはい）．
いけん【意見】manaʻo（まなʻお）．
【意見が異なる】hukihuki（ふきふき）．
【意見の相違】kūʻēʻē（くʻえʻえ）．
【意見を述べる】haʻi manaʻo（はʻい＿まなʻお）．
【意見を変更させる】hoʻohuli manaʻo（ほʻおふり＿まなʻお）．
【意見を変更する】huli manaʻo（ふり＿まなʻお）．
【意見を求める】huli manaʻo（ふり＿まなʻお）．
いげん【威厳】kapukapu（かぷかぷ）．lani（らに）．

【威厳に打たれた】ano（あの）．anoano（あのあの）．
【威厳のある】hanohano（はのはの）．hoʻohie（ほʻおひえ）．ʻihi（ʻいひ）．kiʻekiʻe（きʻえきʻえ）．
いこう【意向】manaʻo（まなʻお）．
いこくのち【異国の地】ʻāina ʻē（ʻあいな＿ʻえ）．
いこじな【意固地な】hoʻolana（ほʻおらな）．
イコール【equal】like（りけ）．
いごん【遺言，遺言書】⇒ゆいごん【遺言】．
いざこざ【〜】pilikia（ぴりきあ）．
【いざこざを起こす】hoʻohihia（ほʻおひひあ）．
いさましい【勇ましい】kilakila（きらきら）．
いさん【遺産】waiwai（わいわい）．waiwai hoʻoilina（わいわい＿ほʻおいりな）．
いし【石】haku（はく）．pōhaku（ぽはく）．〔用例〕たくさんの石があります．Nui nā pōhaku.
【石の欠片かけら】unu（うぬ）．
【石の杭】ʻeho（ʻえほ）．特に土地の境界を示すために使われた石の杭．
【石の山】ʻeho（ʻえほ）．〔漁法〕漁師が網の一方を石のかたまりで固定し，他の一方から魚を追い込むために使われる海中の石ころの山．
【石を刻む，石を刻み形を付ける】kālai pōhaku（からい＿ぽはく）．
【（組み合わせた）石を敷く】hoʻoniho（ほʻおにほ）．

いし

【(…に)石を投げつける】hailuku（はいるく）.

【(塀などに)石をはめ込む】hoʻoniho（ほʻおにほ）.

【石頭の，石頭の人】loko hāiki（ろこ_ほいき）.

【石切り場】lua ʻeli pōhaku（るあ_ʻえり_ぽはく）.〈逐語〉石を掘り出す穴.

【石製の［石の］神像】ʻeho（ʻえほ）. kū ʻula（くー_ʻうら）.〔宗教〕魚を誘引するために使われた石製の神.

【石切断機】kālai pōhaku（かーらい_ぽはく）.

【(ココナッツの繊維や人間の髪の毛などで作られた)石投げ器，石投げ器で石を投げる】maʻa（まʻあ）.

いし【意思・意志】kauoha（かうおは）. makemake（まけまけ）. manaʻo（まなʻお）.

【意志を後世に残す】hoʻīli, hoʻoili（ほʻいーり，ほʻおいり）.

いしき【意識】ʻike hoʻomaopopo（ʻいけ_ほʻおまおぽぽ）.

【意識を失う】pau ka ʻike（ぱう_か_ʻいけ）. kauhola（かうほら）.

【意識を取り戻す】hoʻōla hou（ほʻおーら_ほう）pohala（ぽはら）.

いじする【維持する】kākoʻo（かーこʻお）.〔様相〕つっかい棒などで形状を維持する.【(生命などを)維持する】hānai（はーない）.

いしつの【異質の】ʻē（ʻえー）.

いじのわるい【意地の悪い】ʻaʻanema（ʻあʻあねま）. mākonā（まーこなー）.

【意地の悪い振る舞いをする】hoʻomākonā（ほʻおまこなー）.

【意地悪く批評する】ʻaʻanema（ʻあʻあねま）.

いじめる【虐める】meʻo, meʻomeʻo（めʻお，めʻおめʻお）.

イシモチ【石持】〔魚〕⇒テンジクダイ．

いしゃ【医者】kauka（かうか）.〔英語：doctor〕.

いじょう【以上】keu（けう）.〔用例〕40以上．Kanahā ā keu. mua（むあ）.

いじょうな【異常な】ʻano ʻē（ʻあの_ʻえー）. kāmehaʻi（かーめはʻい）. kupaianaha, kupanaha（くぱいあなは，くぱなは）. mea ʻē（めあ_ʻえー）.

いす【椅子】noho（のほ）.〔用例〕ロッキングチェアー．Noho paipai.

イスズミ【伊寿墨・伊須墨】nenue（ねぬえ）.〔魚〕Kyphosus bigibbus, K. cinerascens：ミナミイスズミやテンジクイサキなど，船を追いかける習性のあるイスズミ科の魚．nanue とも呼ばれる．

いずみ【泉】hāpuna（はーぷな）. puna（ぷな）. pūnāwai（ぷーなーわい）.

いずれの【何れの】hea（へあ）.〔疑問詞〕マーカー（i, ma-, mai, no, ʻo など）の後に続く．

イセエビ【伊勢海老】ula（うら）. Panulirus marginatus と P. pencillatus：イセエビ科の食用エビの総称；殻からにとげがあり，大きなはさみがない点でウミザリガニと異なる．【イセエビ（の類）】ula pāpapa（うら_ぱーぱぱ）. セミエビ，ウミザリガニの類．

いぜん【以前，ずっと以前，よほど以前】aku nei（あく_ねい）．
【以前に】mua（むあ）．
いそいで【急いで】wawe（ヴぁヴぇ）. hikiwawe（ひきヴぁヴぇ）．
【急いで行く】āwīwī（´あうぃうぃ）. lale（られ）. wiki, wikiwiki（うぃき，うぃきうぃき）．〔用例〕行軍における速歩．Hele wiki.
【急いでする】lale（られ）．
【急いで逃げる，急いで出発する】mio（みお）．
いそうろう【(首長にたかる)居候】'āne'e ali'i（´あね´え_あり´い）．
いそぐ【急ぐ】alawiki（あらうぃき）. 'āwiki（´あうぃき）. 'āwikiwiki（´あうぃきうぃき）．〔用例〕急げ．E 'āwiki mai 'oe! au（あう）. pūlale（ぷられ）. wiki, wikiwiki（うぃき，うぃきうぃき）．
【急がせる】ho'okāholo（ほ´おかほろ）. ho'olale（ほ´おられ）. ho'owiki（ほ´おうぃき）. ho'ohikiwawe（ほ´おひきヴぁヴぇ）．
イソゴンベ【磯権兵衛】po'opa'a（ぽ´おぱ´あ）．〔魚〕Cirrhitus pinnulatus.〈逐語〉堅い頭．
いた【板】laupapa（らうぱぱ）．〔用例〕板塀．Pā laupapa. papa lā'au（ぱぱ_ら´あう）．
【(容器などを補修する)板切れ】poho（ぽほ）．
【板簾すだれ】'ōpe'ape'a（´おぺ´あぺ´あ）．
いたい【痛い】Auī!（あうい）．〔間投詞〕痛みの表現．
【痛い喉】pu'u'eha（ぷ´う_´えは）．
いだいな【偉大な】nui（ぬい）．
いたずら【～】'eu（´えう）．
【いたずらをする】hone（ほね）. ho'okolohe（ほ´おころへ）．
【いたずら好きな】'āpiki（´あぴき）. 'epa（´えぱ）. 'eu（´えう）. kolohe（ころへ）．
【いたずらっ子】'āpiki（´あぴき）. 'eu（´えう）. kolohe（ころへ）. kupu'eu（くぷ´えう）．
いただき【(山などの)頂】'aki（´あき）. pane（ぱね）．〔文法〕冠詞は ka でなく ke を使う．kaupoku（かうぽく）．
いたましい【痛ましい】lu'ulu'u（る´うる´う）．
いたみ【(激しく繰り返す)痛み】'aki（´あき）. 'a'aki, 'aki'aki（´あ´あき，´あき´あき）．〈比喩〉激しく非難する，鋭い口調で素早く言う．【(喉の)痛み】'ako, 'ako'ako（´あこ，´あこ´あこ）．〈比喩〉押えがたい欲望．【痛み】hu'i（ふ´い）．[様相] 歯・頭・心などがずきずき痛むこと．【(わき腹など局部的な)痛み】'ūmi'i（´うみ´い）．
【痛みのある】'eha（´えは）. 'eha'eha（´えは´えは）．
【痛みを引き起こす】ho'omala（ほ´おまら）. ho'owalania（ほ´おわらにあ）．【(窮屈な姿勢で着席していたため)痛みを引き起こす】hō'ōpā（ほ´おぱ）．
いたむ【痛む】'eha（´えは）. 'eha'eha（´えは´えは）．【(窮屈な姿勢で着席し

いためる

ていたためにずきずき）痛む】'ōpā（'おぱ）.【(不慣れな運動の後などにずきずきと）痛む】mala（まら）.【(目の痛みなどズキズキ）痛む】lili'u（りり'う）.

いためる【痛める】ho'opō'ino（ほ'おぽ'いの）.

イタリア【イタリア，イタリアの，イタリア人，イタリア語】Ikalia（いかりあ）. Italia. は異形.〔英語：Italy, Italian〕.

いたるところに【至る所に】hele（へれ）. kīko'olā（きこ'おら）.
【至る所に行く】hele wale（へれ_われ）.
【至る所捜す［調べる］】huli pau（ふり_ぱう）.
【(見聞などのために）至る所を探索する人】'i'imi（'い'いみ）.

いち【1・一】kahi（かひ）. 1.〔数詞〕kahi は数を数える場合には接頭辞 'e- をつけ，'ekahi（'えかひ）と使う. 接頭辞 'a- をつけた，'akahi（'あかひ）は第一，一番目などの序数詞となる. なお助数詞（個，人，列目，番目）は文脈による. 2. 接辞となり一を表す.〔用例〕協定. Ku'ikahi. 一部. Kekahi. 月曜日. Pō'akahi.

いち【位置】kūlana（くらな）. wahi（わひ）.
【位置を変える】au（あう）. oi（おい）.

いちがつ【1月】'Ianuali（'いあぬあり）. Ianuari. は異形.〔英語：January〕.

いちげきをくわえる【一撃を加える】hahau（ははう）. kā（か）. pepehi（ぺぺひ）.

いちご【一語】hakina 'ōlelo（はきな_'おれろ）.

いちご【苺】'ōhelo papa（'おへろ_ぱぱ）.

イチジク【無花果】piku（ぴく）. fiku. は異形.〔植物〕Ficus carica.

いちじのひなんしょ【一時の避難所】pāpa'i（ぱぱ'い）.

いちじんのかぜ【一陣の風】loku（ろく）. 'ōnini（'おにに）.

いちぞく【一族】'ohana（'おはな）.

いちだん【一団】huihui（ふいふい）.

いちだんとなっておどるフラダンス【一団となって踊るフラダンス】hula-hula（ふらふら）.

いちど【一度】kuakahi（くあかひ）.
【一度に】pau pū（ぱう_ぷ）.
【一度に少しずつ】li'ili'i（り'いり'い）.〔用例〕小売り売買. Kū'ai li'ili'i.

いちにんまえ【(食物などの）1人前】'okana（'おかな）.

いちねんせいのはな【1年生の花】pua makahiki（ぷあ_まかひき）.

いちば【市場】mākeke（まけけ）.〔英語：market〕.【（大きな）市場】mākeke nui（まけけ_ぬい）.

いちばんうえにのる【（…の）一番上に乗る】'a'e（'あ'え）. 'a'e'a'e（'あ'え'あ'え）.

いちばんうえの【一番上の，一番高い】kōkī（こき）.

いちばんさきの【一番先の】mua（む

いちばんの【一番の】kū kahi（く̄_かひ）.

いちばんめの【一番目の】kuakahi（くあかひ）.

いちばんよいものにあこがれる【一番良い物に憧れる】pi'ikoi（ぴ'いこい）.

いちぶ【一部】'āpana（'あ̄ぱな）. hapa（はぱ）.【(切断された)一部】mokuna（もくな）.

【一部ある】hapa（はぱ）.

【一部白人の人，一部白人の血の】hapa haole（はぱ_はおれ）.〔様相〕個人または現象が, 一部白人と一部ハワイ人の混ざった.

いちぶぶんはらう【一部分払う】uku hapa（うく_はぱ）.

いちめんにひろがっている【(陸地または海などが)一面に広がっている】kāhela（か̄へら）.

いちような【一様な】kohu（こふ）. kohu like（こふ_りけ）.

いちらんひょう【一覧表】papa helu（ぱぱ_へる）.

【一覧表を作る】helu（へる）.

いちりゅうの【一流の】po'okela（ぽ'おけら）.

いちりんしゃ【(手押し)一輪車】ka'a huila kahi（か'あ_ふいら_かひ）.

いちれつにならんでいる【一列に(揃って)並んでいる】kūlike（く̄りけ）.

いつ【(問い掛けの)何時】āhea（あ̄へあ）.〔疑問詞〕未来を示す疑問詞. 過去の事柄について質問する場合はināhea（いな̄へあ）を使う.

いつうをひきおこす【胃痛を引き起こす】ho'onalulu（ほ'おなるる）.

いつかあるひ【何時か或日, いつか外の日】kekahi lā（けかひ_ら̄）.

いっかん【(紙などの)一巻】'ōwili（'お̄うぃり）.【(生地などの)一巻】kūka'a（く̄か'あ）.

いっき【一揆】'olohani（'おろはに）.

いっきにおりる【一気に降りる】kaha, kahakaha（かは, かはかは）.

いっけん【一見】'alawa（'あらわ）.

いっこう【一行】pū'ulu（ぷ̄'うる）.

いっしゅうねんのしゅくえん【1周年の祝宴】'aha'aina piha makahiki.（'あは'あいな_ぴは_まかひき）.〔行事〕子供の1歳の誕生日, または記念日を祝うすべての祝宴.〈逐語〉1年の完了を祝う会.

いっしょ【(2人・二つ)一緒】kaulua（かうるあ）.〈比較〉独りでいる. kaukahi.

【(…と)一緒に】me（め）.【(一団のように)一緒に】ho'okahi（ほ'おかひ）.

【(…さんと)一緒に】māua 'o（まう̄あ_'お）. lāua 'o（ら̄うあ_'お）.〔用例〕わたしとキモさんは. Māua 'o Kimo. プアレイさんとキモさんは. Pualei lāua 'o Kimo.

【一緒に行く】hahai（ははい）.

【一緒にいる】'alo（'あろ）. 'a'alo（'あ'あろ）.

【一緒にさせる】ho'opili（ほ'おぴり）.

【一緒にした】huihui（ふいふい）.

いっしんどうたいの

【一緒に住む人】hoa noho（ほあ_の ほ）.
【（2人・二つ）一緒にする】kaulua（かうるあ）.
【一緒になる】pili（ぴり）.〔用例〕一緒になりましょう. E pili kāua. pili pū（ぴり_ぷ）.
【一緒に働く，一緒に働く人の集団】laulima（らうりま）.
いっしんどうたいの【一心同体の】puwalu, pualu（ぷわる，ぷある）.
いっせいに【一斉に】papau（ぱぱう）.
【一斉に集まる】huihui ā kōlea（ふいふい_ā_これあ）.〈比喩〉kōlea〔鳥：ムナグロ〕の群れが一斉に集まる習性があることから例えられた.
【一斉に接近した】pīna'i（ぴな'い）.
【（触ると敏感に反応する葉のように）一斉に閉じた】'ōpili（'ōぴり）.
いっそうおおい【一層多い】keu（けう）. しばしばāを伴う.〔用例〕もうまったく腕白な. He keu ā ke kolohe!
いっそうおおきい【一層大きい】keu（けう）.
いっそく【（糸などの）一束】'ōwili（'ōうぃり）.
いったいとなった【一体となった】alu（ある）.
いったいになる【一体になる】pili pū（ぴり_ぷ）.
いったりきたりする【行ったり来たりする】ho'okā'alo（ほ'おかー'あろ）.
いったん【（布などの）一反】kūka'a（くーかーあ）. 'ōwili（'ōうぃり）.
いっち【一致】lōkahi（ろーかひ）.〔用例〕意見が全員一致の. Mana'o lōkahi.
【一致して】puwalu, pualu（ぷわる，ぷある）.
いっちする【一致する】ho'okūlike（ほ'おくーりけ）.
【一致した】holo（ほろ）.
いっちだんけつした【一致団結した】hui kahi（ふい_かひ）.
いつつ【五つ】〔数詞〕. ⇒ご.
いっつい【一対】kaulua（かうるあ）.
【一対にする】kaulua（かうるあ）.
いっていの【一定の】mau（まう）.
【（行進，パレードのように）一定の足どりで進む】ka'i（か'い）.
イットウダイ【～】'ala'ihi（'あら'いひ）.〔魚〕イットウダイ科のさまざまな種類.
いっぱいにのばす【（手足・翼などを）一杯に伸ばす［広げる］】kīko'o（きこ'お）.
いっぱんの【（世間）一般の】kenelala（けねらら）. generala. は異形.〔英語：general〕.
【一般の人々】maka'āinana（まか'ā いなな）.
いっぷうかわった【一風変わった】'āpiki（'ā ぴき）.
【一風変わった人】mea 'ē（めあ_'ē）.
いっぺん【一片】paukū（ぱうくー）.
いっぽいっぽすすむ【一歩一歩進む】peki（ぺき）.
いっぽうにへんした【一方に偏した［傾いた］】kapakahi（かぱかひ）.
いっぽうにかたむく【一方に傾く】huli

‘ao‘ao（ふり_‘あお‘あお）．

いっぽうにまがる【（どちらか）一方に曲がる，〜に向く】kepa（けぱ）．

いつもおなじように【いつも同じように】oia mau nō（おいあ_まう_のー）．ご機嫌いかがですか．"Pehea ‘oe?"の返事として言われる．

いつわ【逸話】mo‘olelo pōkole（も‘おれろ_ぽこれ）．

いつわり【偽り】‘alapahi（‘あらぱひ）．【偽りの】poholalo（ぽほらろ）．wahahe‘e（わはへ‘え）．

いつわる【偽る】wahahe‘e（わはへ‘え）．

いてんさせる【移転させる】‘oloka‘a（‘おろか‘あ）．

いでんの【遺伝の】kumu（くむ）．

いと【糸】lopi（ろぴ）．ropi．は異形．〔英語：rope〕．ma‘awe, mā‘awe‘awe（ま‘あうぇ，まー‘あうぇ‘あうぇ）．
【糸に通したもの】hili（ひり）．
【糸のような】hilo（ひろ）．
【（細い）糸を作る】ho‘oma‘awe（ほ‘おま‘あうぇ）．
【糸を紡ぐ】‘ōmilo（‘おーみろ）．
【糸を通す】kui（くい）．レイの花や魚など穴をあけた物に糸を通す．ビーズなどを糸に通す．【（レイを作るために花などに）糸を通す】mānai（まーない）．レイを作る針も mānai と言う．ハワイ島では hānai，マウイ島では mākila，カウアイ島では mōkila と呼ばれていた．
【糸巻き】pōka‘a（ぽーか‘あ）．
【糸状のもの】hili（ひり）．

いど【緯度】lakikū（らきくー）．latitu．は異形．〔英語：latitude〕．

いど【井戸】luawai（るあわい）．
【井戸水】wai māpuna（わい_まーぷな）．wai puna（わい_ぷな）．

いどう【移動】‘oni（‘おに）．
【（すべての）移動する星】hōkū lele（ほーくー_れれ）．hōkū lewa（ほーくー_れヴぁ）．
【（車で引く）移動住宅】ka‘a hale（か‘あ_はれ）．

いどうする【（あちこち）移動する】‘a‘au（‘あ‘あう）．hele（へれ）．kālewa（かーれヴぁ）．〔様相〕場所を移動する．風によって雲が移動する．【（空の星のように）移動する】lele（れれ）．【（行ったり来たりして）移動する】uene（うえね）．
【移動させる】hō（ほー）．ho‘ohele（ほ‘おへれ）．

いとこ【従兄弟・従姉妹】
◇従兄弟・従姉妹の呼び方として整理されたものが以下である．これは兄弟に対する呼び方と同じである．
【（同性で年上の）従兄弟・従姉妹】kaikua‘ana, kaiku‘ana（かいくあ‘あな，かいく‘あな）．呼びかけとして最もよく使われる言い方は kua‘ana（くあ‘あな）である．
【（同性で年下の）従兄弟・従姉妹】kaikaina（かいかいな）．呼びかけとして最もよく使われる言い方は kaina（かいな）である．
【（女性から見て男性の）従兄弟】kaikunāne（かいくなーね）．呼びかけ

いとしい

として最もよく使われる言い方は kunāne（くなね）である。
【（男性から見て女性の）従姉妹】kaikuahine（かいくあひね）．呼びかけとして最もよく使われる言い方は kuahine（くあひね）である。
◇ほかにも従兄弟・従姉妹の呼び方には多数ある．
【従兄弟・従姉妹】hoahānau（ほあㅡほなう）．【（年下の親しい）従兄弟・従姉妹】pōki'i（ぽきʻい）．
【従兄弟】makua kāne（まくあ_かね）．複数形は mākua kāne（まくあ_かね）．
【従姉妹】makuahine（まくあひね）．複数形は mākuahine（まくあひね）．
【（女性から見て年上の男性の）従兄弟】kāne makua（かね_まくあ）．
【（女性から見て年下の男性の）従兄弟】kāne ʻōpio（かね_ʻōぴお）．
【（男性から見て義理の）従姉妹】wahine（わひね）．

いとしい【愛しい】ʻanoʻi（ʻあのʻい）．
【（子供など）愛しい】mili, milimili（みり，みりみり）．

いどむ【（…に）挑む】ʻaʻa（ʻあʻあ）．

いなか【田舎】kalana（からな）．
【田舎者】kuaʻāina（くあʻあいな）．
【田舎者のように振る舞う】hoʻo-kuaʻāina（ほʻおくあʻあいな）．

イナゴ【蝗】ʻūhini（ʻうひに）．

いなずま【稲妻】uila, uwila（ういら，うぃら）．
【稲妻などが断続的・瞬間的に光を放つ】hoʻouila, hōʻuila（ほʻおういら，ほʻういら）．
【稲妻の閃光】lapa uila（らぱ_ういら）．

いななく【（馬が）嘶く】ihihī（いひひ）．

イナモナ〔ハワイ〕ʻinamona（いなもな）．キャンドルナッツの仁にんをひきつぶし，塩を加えて作られる調味料．

いにかなう【意に叶う】leo ʻole（れおʻおれ）．

いにん【委任〔委託〕】komikina（こみきな）．komisina. は異形．〔英語：commission, commissioner〕．
【委任状】palapala hoʻāmana（ぱらぱら_ほʻあまな）．palapala hoʻokohu（ぱらぱら_ほʻおこふ）．

いにんする【委任する】komikina（こみきな）．

イヌ（ケンの読みも含む）【犬】ʻīlio（ʻいりお）．
【（獰猛どぅもうな）犬，（癖の悪い）犬】ʻīlio hae（ʻいりお_はえ）．
【犬の歯の首飾り】lei niho ʻīlio（れい_にほ_ʻいりお）．
【小さな巻き毛の原産犬】ʻīlio ʻīʻī（ʻいりお_ʻいʻい）．
【原産犬，茶色の犬】ʻīlio mākuʻe．（ʻいりお_まくʻえ）．
⇒ブラッドハウンド，ブルドック，ぼくようけん【牧羊犬】，りょうけん【猟犬】．

イヌホオズキ【犬酸漿】pōpolo（ぽぽろ）．〔植物〕Solanum nigrum または S. nodiflorum：ありふれた雑草で，白い花が咲き，食用になる黒い実がなる；ハワイ人の薬として重要な草植

物．
【イヌホオズキの実】hua pōpolo（ふあ_ぽぽろ）．

イヌワシ【犬鷲】'aeko kula（'あえこ_くら）．〔鳥〕北半球に生息し，頭・首の後ろ羽が黄金色．

いねむりする【居眠りする】hiamoe iki（ひあもえ_いき）．

いのち【命・生命】ola（おら）．
【命を与える，命を吹き込む】hō-'īnana（ほ‾'いなな）．

いのり【祈り】pule（ぷれ）．〔用例〕主の祈り．Ka Pule a ka Haku．pule ho'opōmaika'i（ぷれ_ほ'お‾ぽまいか'い）．
【祈りを終える，祈りが完了した】'āmama（'‾あまま）．⇒アーママ．

いのる【祈る】pule（ぷれ）．

いばる【威張る】ho'okelakela（ほ'おけらけら）．

いはん【違反】hala（はら）．halahala（はらはら）．

いびきをかく【鼾をかく】ihu hānuna（いふ_はぬな）．

いふ【畏怖】'e'ehia（'え'えひあ）．
【畏怖の念】ilihia（いりひあ）．
【畏怖の念に打たれた】ilihia（いりひあ）．
【畏怖の念を起こさせる】'e'ehia（'え'えひあ）．

イプ〔ハワイ〕ipu．1．水差し・皿・茶碗など容器や器の総称．2．ヒョウタン製の太鼓（1個のヒョウタンで作られた物，または大きさの違う2個のヒョウタンをつないで作られた物もある）．

イプ・アイナ〔ハワイ〕ipu 'aina（いぷ_'あいな）．〔生活用品〕食べ物を入れる容器．

イプ・カイ〔ハワイ〕ipu kai．〔生活用品〕肉皿，肉汁が充分にはいる深皿；肉汁を入れる船形の容器．

イプ・パイ〔ハワイ〕ipu pa'i（いぷ_ぱ'い）．〔楽器〕ヒョウタン製の太鼓．〈逐語〉たたく（ための）ヒョウタン．

イプ・フラ〔ハワイ〕ipu hula．〔楽器〕2つのヒョウタンを重ね，縫い合わせた踊り用の太鼓．イプ・ヘケ［ipu heke］も同様．

イプ・ヘケ〔ハワイ〕ipu heke．〔楽器〕上の部分もあるヒョウタンで作られた太鼓．

いふく【衣服】lole komo（ろれ_こも）．〈逐語〉着る（ための）衣服．uhikino（うひきの）．
【衣服の飾り】hu'a lole（ふ'あ_ろれ）．
【(…の) 衣服を脱がせる】wehe（ヴェへ）．

いぶる【(完全燃焼していない材木などが) 燻る】pī（‾ぴ）．

いぶん【(物語や原典の) 異文】mana（まな）．

いぼ【疣】'ilikona（'いりこな）．〈逐語〉固い皮膚．pu'u（ぷ'う）．

いま【居間】lumi ho'okipa（るみ_ほ'おきぱ）．〈逐語〉愉快な部屋．

いま【今】'ānō（'‾あの）．kēia manawa（‾けいあ_まなわ）．kēia ao（‾けいあ_あお）．
【今でも】na'e（な'え）．

いみ

【今なお】na'e（な'え）.
【今にも】koe（こえ）.
いみ【意味】mana'o nui（まな'お_ぬい）.
【意味がなくなる】kūpihipihi（くぴひぴひ）.
【意味のない】'ano 'ole（'あの_'おれ）.
【意味もなく恐れて】maka'u wale（まか'う_われ）.
いみん【(外国からの)移民,(入国)移住者】e'e moku（え'え_もく）.
【移民局】Pulo E'e Moku（ぷろ_え'え_もく）. Buro E'e Moku. は異形.
イム〔ハワイ〕imu. 地下かまど：地面に掘った穴に熱く焼いた石を入れ,その上にキーの葉［ティーの葉：laukī］を敷き豚や芋などを置く. その上にバナナの葉や茎をかぶせ,再び土をかけて数時間蒸し焼きにする. このような料理に使われるかまど；イムの中で料理された食物. ウム［umu］も同様.
イメージ【(映像・肖像の) image】aka（あか）.
いもうと【妹】hānau hope（はなう_ほぺ）. pōki'i（ぽき'い）.〔用例〕その人の実の妹. Pōki'i kaina.
【(姉から見て)妹】kaikaina（かいかいな）. 呼びかけとして最も使われる言い方は kaina（かいな）で,これは兄から見た弟と同じである.
【(兄から見て)妹】kaikuahine（かいくあひね）. 呼びかけとして最も使われる言い方は kuahine（くあひ

ね）である.
イモガイ【芋貝】pūpū 'alā（ぷぷ_'あら）.〔貝〕Conus 種：イモガイ属の多数の海産巻貝の総称；殻は円錐えんすい形で色が美しい；肉食性で餌をとるための毒腺がある；おもに熱帯産.
いもむし【芋虫】'anuhe（'あぬへ）. mū（む）. nuhe（ぬへ）. pe'elua（ぺ'えるあ）.
イモリ【井守】mo'o（も'お）.〔両生類〕広義のイモリ.
いやく【違約】'āpiki（'あぴき）.
いやくの【医薬の,医薬で処置する】lapa'au（らぱ'あう）.
いやしい【(身分などが)卑しい】ha'a-ha'a（は'あは'あ）. ho'oha'aha'a（ほ'おは'あは'あ）.
いやす【(傷・痛みなどを)癒す】'aki（'あき）. 'a'aki, 'aki'aki（'あ'あき,'あき'あき）. lapa'au（らぱ'あう）.
【(喉の乾きを)癒した】kena（けな）.
いやなかおをする【嫌な顔をする】maku'e（まく'え）.
いやなにおい【(腐った魚や肉などの)嫌な臭い】hauna（はうな）.
【嫌なにおいの元になる】ho'ohauna（ほ'おはうな）.
【嫌なにおいがする】ueko（うえこ）.
いやにこりしょうな【嫌に凝り性な】kamawae（かまわえ）.
イヤリング【earring】kulapepeiao（くらぺぺいあお）.〈逐語〉耳(のための)金.
いらいらする【苛々する】ukiuki（うきうき）.

いらだつ【苛だつ】ukiuki（うきうき）.
【苛立たせた】'a'aka（'あ'あか）.
uluhua（うるふあ）.
【苛立たせる】ho'ouluhua（ほ'おるふあ）.
【苛立たせること】ho'onauki（ほ'おなうき）. ho'onāukiuki（ほ'おなうきうき）.
【苛立った】ukiuki（うきうき）.

いりあいけん【入会権】konohiki（このひき）.〔土地区分〕首長下の土地区分〔ahupua'a〕の頭かしらの支配下にある土地の所有権；このような権利は, konohiki権と呼ばれることもある.

イリイリ〔ハワイ〕'ili'ili（'いり'いり）. ダンスやコーナネ〔kōnane〕ゲームに使われるような小さな石. ⇒コーナネ.

いりうみ【入海】kū'ono（くう'おの）.

いりえ【入江】awa（あわ）. hana-（はな）. hono-（ほの）. ⇒ホノ. muliwai（むりわい）.

いりぐち【入口】⇒でいりぐち【出入口】.

いりたまご【炒り卵】hua kai（ふあ_かい）.

イリマ〔ハワイ〕'ilima（'いりま）.〔植物〕Sidaの全種. 特にS. fallax：大小の自生の低木；イリマはオアフ島の島花.

いる【（矢・弓などを）射る】pana（ぱな）.

いるい【（一般的に）衣類】'a'ahu（'あ'あふ）.

イルカ【〜】nai'a（ない'あ）.

いれさせる【入れさせる,（差し）入れさせる】ho'ō（ほ'お）.

いれずみ【（連続した模様の）入れ墨】uhi（うひ）.
【入れ墨をする】kākau（かあかう）. kākau kaha（かあかう_かは）.
【入れ墨をすること】kākau（かあかう）.

いれば【入れ歯】niho ho'okomo（にほ_ほ'おこも）.

いれもの【入れ物】kula（くら）.〔用例〕ガソリン用のドラム缶. Kula kakalina. poho（ぽほ）. pū'olo（ぷう'おろ）.

いれる【入れる】hahao（ははお）. ho'okomo（ほ'おこも）.

いろ【色】kala（から）.〔英語：color〕. waiho'olu'u（わいほ'おる'う）.
【淡い色, 淡い色の】puakea（ぷあけあ）. 夕焼け雲のような白とピンクの間のほのかな色.
【（全ての）濃い色】maku'e（まく'え）.
【（日の出・火炎などの）燃えるような色】wena（うぇな）.〔用例〕真っ赤に燃えるような色. wena 'ula.
【（日焼けで）色が黒くなった】'ai lā（'あい_らあ）.
【色褪せた】'āwe'awe'a（'あうぇ'あうぇ'あ）. kuakea（くあけあ）. mā（まあ）.
【色白の人】kea（けあ）. 'ili kea（'いり_けあ）.

いろいろまじった【色々混じった】kīko'olā（きこ'おらあ）.

いわ【（とがった, または水の作用で摩滅したきめの荒い）岩】'a'ā pu'upu'u

（ʻaʻā_puʻupuʻu）.
【岩に描かれた線画】kiʻi, kiʻi pōhaku（きʻい, きʻい_ぽはく）.〔歴史〕先史時代人の描いた［刻んだ］岩石線画［彫刻］.
【岩の多い】mākō（まこ）.

いわい【(個人の栄光・名誉をたたえる)祝い】hana hoʻohiwahiwa（はな_ほʻおひヴぁひヴぁ）.

いわう【祝う】hoʻomaikaʻi（ほʻおまいかʻい）.

イワガニ【岩蟹】paiʻea（ぱいʻえあ）.〔食用カニ〕イワガニ科のカニ（たぶん grapsids の一種）.

イワシ【(缶詰にした) 鰯】makalē（まかれ）.

いんかく【陰核】ʻioʻiʻo（ʻいʻおʻいʻお）. keʻo（けʻお）.

いんぎんな【(首長の言葉などが) 慇懃な】weliweli（うぇりうぇり）.

インク【ink】ʻīnika（ʻいにか）. 筆記用・印刷用のインク.〔英語〕.

いんけい【陰茎】ule（うれ）.

いんご【隠語】ʻōlelo huna（ʻおれろ_ふな）.〈逐語〉隠された意味を持つ言葉.

いんこう【咽喉】puʻumoni, puʻumoniʻai（ぷʻうもに, ぷʻうもにʻあい）.

いんさつ【印刷】paʻi（ぱʻい）.
【(新聞の中にあるような) 印刷した写真】kiʻi palapala（きʻい_ぱらぱら）.
【印刷機】mīkini paʻi nūpepa（みきに_ぱʻい_ぬぺぱ）. paʻi palapala（ぱʻい_ぱらぱら）. papa paʻi（ぱぱ_ぱʻい）.
【印刷所】hale paʻi（はれ_ぱʻい）.
【印刷物】kāpala（かぱら）. paʻi hakahaka（ぱʻい_はかはか）.

いんさつする【印刷する】kākau kaha（かかう_かは）. paʻi（ぱʻい）. paʻi palapala（ぱʻい_ぱらぱら）.

いんしゅ【飲酒】inu lama（いぬ_らま）. ラムまたはその他の酒類を飲む.
【飲酒パーティ】ʻaha inu（ʻあは_いぬ）.

いんしょう【印章】kila（きら）. sila. は異形.〔英語：seal〕.

いんしん【(膣の) 陰唇】kapa（かぱ）. lehelehe（れへれへ）.

いんぞく【姻族】⇒しんぞく【親族】.

インターン【intern】kōkua kauka（こくあ_かうか）.〈逐語〉医者の助手.

インチ【inch】ʻīniha（ʻいには）. 2.54cm.

インディアン【Indian of America：アメリカのインディアン】ʻIlikini, ʻInikini（ʻいりきに, ʻいにきに）.

インド【印度, 印度の】ʻInia（ʻいにあ）.〔英語：india〕. 東インド人も同様.
【印度人】ʻIniana（ʻいにあな）.〔英語：indian〕.

いんとう【咽頭】ana（あな）. kaniʻāʻī（かにʻあʻい）. puʻu（ぷʻう）.

インドソケイ【印度素馨 (の総称および種類)】melia（めりあ）.〔植物〕プルメリアも同様.

イントネーション【intonation】kiʻinaleo（きʻいなれお）.〔文法〕疑問文の一つはピッチを変えてを作る. イントネーションはインフレクション［inflection］とも呼ばれる.

いんのう【陰嚢】ʻeke（ʻえけ）. laho

（らほ）. **'olo**（'おろ）.
いんぷ【陰阜】**pu'ukole**（ぷ'うこれ）.
インフルエンザ【influenza】**palū**（ぱるー）.
いんぼうをくわだてる【（…に反対して）陰謀を企てる】**kipi**（きぴ）.
いんりょう【（茶・コーヒー・ビール・牛乳など水以外の）飲料】**mea inu**（めあ_いぬ）.
【飲料水】**wai inu**（わい_いぬ）.
いんをおす【印を押す】**kuni**（くに）.

う

ウアケア〔ハワイ〕**uakea**.〔気象〕マウイ島東部のハーナ［Hāna］地方にかかる有名な霧.〈逐語〉白い雨.
ウイスキー【whiskey】**wekekē**（うぇけけー）.〔英語〕.
ヴィーナス【Venus】⇒あけのみょうじょう【明けの明星】.
ウィリウィリ〔ハワイ〕**wiliwili**〔植物〕Erythrina sandwicensis：ハワイに生息するマメ科の植物.
ウインクする【wink する】**'āwihi**（'あーうぃひ）.
ウーケーケー〔ハワイ〕**'ūkēkē**（'うーけーけー）.〔楽器〕弓のような形の楽器の一種：長さ約40〜60cm, 幅約4cmで2〜3本の弦が張ってあり, これをはじいて演奏する.
ウール【wool, ウール地】**hulu hipa**（ふる_ひぱ）.
ウエ〔ハワイ〕**ue**〔フラ〕フラダンスのステップ.

うえ【飢え】**pōloli**（ぽろり）.
【飢えた】**make 'ai**（まけ_'あい）.〈逐語〉食べ物を欲する. **pōloli**（ぽろり）. **umauma nahā**（うまうま_なほー）.
うえ（に・へ）【上（に・へ）, より上（に・へ）】**luna**（るな）.〔所格の名詞〕マーカーの i, ma- を伴い, i luna, maluna と表記する.
【上の世代】**kua-**（くあ）. 後に付く数よりも二つ上の世代を表す. 今日では後に付く数よりも一つ上を表す場合もある.〔用例〕kuahā は6世代または5世代. hā= 4.
【上へ向かう】**a'e**（あ'え）.
ウェー, ヴェー〔ハワイ〕**wē**（うぇ, ヴぇ）.〔文法〕W の音.
ウエーター【waiter】**'ā'īpu'upu'u**（'あー'いーぷ'うぷ'う）. **kuene**（くえね）.
うえこみ【植え込み】**kanu**（かぬ）. **pū**（ぷー）.
ウエスト【waist】**pūhaka**（ぷーはか）.
うえつける【植え付ける】**lūlū**（るーるー）.
ウエハース【wafer】**uepa**（うえぱ）.〔英語〕.〔カソリック〕ミサ用の聖餅_{せいべい}.〔食品〕薄く焼いた柔らかい洋菓子.
ウエヘ〔ハワイ〕**'uehe**（'うえへ）.〔フラ〕フラダンスのステップ.
ウェリナ〔ハワイ〕**welina**.〔解説〕aloha に似ている愛情のこもったあいさつ.
うえる【植える】**kanu**（かぬ）.〔用例〕作物, 植物. Mea kanu.
うかせる【浮かせる】**ho'olana, ho'o-**

うかぶ

lanalana（ほʻオらな，ほʻオらならな）.

うかぶ【(空中に) 浮かぶ】lewa, lelewa, lewalewa（れヴぁ，れれヴぁ，れヴぁれヴぁ）. hoʻolewa（ほʻオれヴぁ）.

うかんでいる【浮かんでいる】ʻālewa, ʻālewalewa（ʻアれヴぁ，ʻアれヴぁれヴぁ）. lana, lanalana（らな，らならな）.

うき【(魚網についている) 浮子】mouo（もうお）.

うき【雨季】laʻa ua（らʻア_うあ）. hoʻoilo, hoʻīlo（ほʻオいろ，ほʻイーろ）. wā ua（ワー_うあ）.

うきに【浮き荷】īkā（イーカー）.〔海語〕海中に漂う貨物と海辺に打ち上げられた貨物.

うくもの【(板またはすべての) 浮く物】mouo（もうお）.

ウクレレ〔ハワイ〕ʻukulele（ʻウくれれ）.〔楽器〕.〈逐語〉跳はねるノミ.

うけおう【請け負う】hoʻāʻo（ほʻアーʻお）.

うけとりにん【受取人】ilina（いりな）.

うけながす【受け流す】hoʻokāpae（ほʻオカーぱえ）. pale（ぱれ）. hoʻopale（ほʻオぱれ）.

うけみ【受身】ʻiae（ʻいあえ）. leo pili ʻia mai（れお_ぴり_ʻいあ_まい）.〔文法〕受身はマーカー ʻia で作る. 動作主を示すマーカーは e である.〔用例〕バナナは子供に食べられる. ʻAi ʻia i ka maiʻa e ke keiki. 子供はバナナを食べる. ʻAi i ke keiki i ka maiʻa.

〔文法〕ハワイ語には受身の意味を持つ動詞があり, loaʻa 型（loaʻa はしばしば loa と短く発音される）と呼ばれる. loaʻa, hiki, lilo, maopopo などである.

うける【受ける】loaʻa（ろあʻア）.

うげん【(ダブルカヌー[双胴船]の) 右舷】ʻākea（ʻアーけあ）.

うごいている【動いている】hele（へれ）.

うごく【動く】au（あう）. kaʻi hele（かʻイ_へれ）. ʻoni（ʻおに）.〔用例〕ウナギのようにのたくる. ʻOni ā puhi.【(ぐいと) 動く】ue（うえ）.【(チェッカーのこまなどを) 動かす】kaʻi hele（かʻイ_へれ）.【(てこなどで) 動かす】uma（うま）.【(上の方へぐいと) 動かす】ʻunu（ʻウぬ）.

【動かせる】hoʻoneʻe（ほʻオねʻえ）.

【動かない】paʻakikī（ぱʻアきキー）.

【(自動車など) 動かなくなった】mau（まう）.

【動くこと】au（あう）. mōkio（モーきお）.〔英語：motion〕.

うごき【動き】ʻoni（ʻおに）. mōkio（モーきお）.〔英語：motion〕.

【(手斧などの激しい) 動き，(手斧などを激しく) 動かす】hauhana（はうはな）.

【動きが迅速な】māmā（マーマー）.

【動きの遅い】kaʻalolohi（かʻアろろひ）.

【動きやすい】pūlewa（プーれヴぁ）.

ウコン【鬱金】lena（れな）. ʻōlena（ʻオーれな）.〔植物〕Curcuma domestica：東インド産のショウガ科の植物；香辛料や食用着色料に，また布

ウサギ【兎】lāpaki（ らぱき）. rabati. は異形．〔英語：rabbit〕. 'iole lāpaki（'いおれ_らぱき）.

ウシ【牛】pipi（ぴぴ）. bipi. は異形．〔英語：beef〕. ⇒おうし【雄牛】.
【（特に投げ縄で）牛の足を縛る】kūpe'e pipi（く ぺ'え_ぴぴ）.
【牛の胃（臓物料理用）】'ōpū pipi（'おぷ_ぴぴ）.
【牛のひき肉】'i'o pipi i wili 'ia（'い'お_ぴぴ_い_うぃり_'いあ）.
【牛の群】pū'a pipi（ぷ'あ_ぴぴ）.
【牛飼い】paniolo（ぱにおろ）.

ウジ【蛆】ilo, iloilo（いろ, いろいろ）. ko'e（こ'え）.

うしなう【失う】ho'olilo（ほ'おりろ）.
【失った】nalo（なろ）. nalowale（なろわれ）.
【（永久的に）失っている】lilo loa（りろ_ろあ）.
【失わせる】ho'onalo（ほ'おなろ）.
【失われる】lilo（りろ）.

うしろ【後ろ】kua（くあ）.〔用例〕後ろに. Ma ke kua.
【（馬や豚などの）後四半部】'ūhā（'うは）.〔用例〕鶏の足. 'Ūhā moa. 'ūhāhope（'うは_ほぺ）.
【後ろに】muli（むり）.
【後ろに下がる】mene（めね）.
【（ガウンのすそなどを）後ろに引き摺る】kōwelo, koelo（こうぇろ, こえろ）.

うしろ（に・へ）【後ろ（に・へ）】hope（ほぺ）.〔所格の名詞〕マーカーの i, ma- を伴い, i hope, mahope と表記する．

うすあかり【薄明り】mali'o（まり'お）.

うすい【（生地や紙が）薄い】lahi（らひ）. nahi（なひ）.

うずうずするような【～】hu'ihu'i（ふ'いふ'い）.

うすおり【（ベールなどの）薄織】'a'amo'o（'あ'あも'お）.

うすがみ【薄紙】pepa lahilahi（ぺぱ_らひらひ）.

うずき【（咽などの）疼き】mane'o（まね'お）. 'ōpili（'おぴり）.
【（傷などが）疼きを感じさせる】koni（こに）.

うすぎたない【薄汚い】'āpulu（'あぷる）.

うずく【疼く】'eha（'えは）. 'eha'eha（'えは'えは）.

うすくきざむ【薄く刻む】poke（ぽけ）.

うすくきる【薄く切る】kaha, kahakaha（かは, かはかは）. poke（ぽけ）.

うすくけずる【薄く削る】kahi（かひ）.

うずくまる【蹲る・踞る】kukuli（くくり）.〔様相〕足を体の下に入れて動物のように座る. pue（ぷえ）. pūku'i（ぷく'い）.〔様相〕寒さから身を保護する時のように体を折り曲げてうずくまる.

うすぐらい【薄暗い】'a'aki（'あ'あき）. 'āhiwa（'あひヴぁ）. pano（ぱの）. poahi（ぽあひ）. pōhina（ぽひな）. poehi（ぽえひ）.
【薄暗い色】⇒いろ【色】.

うすぐろい【薄黒い】'āhiwa（'あひ

うすぐろくする【薄黒くする】ho'ouli（ほ'おうり）.

うずしお【渦潮】wai au（わい_あう）.〈逐語〉渦を巻く水.

うずまかせる【（水などをぐるぐる回し）渦巻かせる】milo（みろ）.

うずまきじょうになった【（ゆとりのあるスカートのように円筒形で）渦巻き状になった】pūheheo（ぷへへお）.

うすめた【（液体に水などを加えて）薄めた】pa'ipa'i（ぱ'いぱ'い）.

うすめる【薄める】pa'ipa'i（ぱ'いぱ'い）.

ウズラ【鶉】manu kapalulu（まぬ_かぱるる）.〔鳥〕〈逐語〉ヒューと飛ぶ鳥.

うそ【嘘】'alapahi（'あらぱひ）.
【嘘を吐く】'alapahi（'あらぱひ）. ho'okalekale（ほ'おかれかれ）. 'imi 'ōlelo（'いみ_'おれろ）. ho'opunipuni（ほ'おぷにぷに）. wahahe'e（わはへ'え）.〈逐語〉よく滑る口.
【嘘の】wahahe'e（わはへ'え）.
【嘘吐き】ho'opunipuni（ほ'おぷにぷに）. wahahe'e（わはへ'え）.

うた【（あらゆる種類の）歌】mele（めれ）.〔文法〕mele の前の冠詞は ka も ke も使われる.【（フラダンスに使われる）歌】hula（ふら）.【（哀悼の）歌［哀悼歌］】kanikau（かにかう）.
【歌の祭典】'aha hīmeni（'あは_ひめに）.
【歌の主題】puana（ぷあな）. 歌のテーマ，歌の主旋律も同様.
【歌の初め】puana（ぷあな）. 歌の始めにある簡潔な折り返し句.〔用例〕簡潔な折り返し句を告げる. Ha'ina 'ia mai ana ka puana.
【（フラダンスなどの）歌の一節】pale（ぱれ）.
【歌を歌う】hula（ふら）. kanikau（かにかう）.【歌を歌う・聖歌を歌う】mele（めれ）.
【（歌［聖歌］）を歌わせる】ho'omele（ほ'おめれ）.
【歌を（即興そっきょうに）作る】paha（ぱは）.

うたいはじめる【歌い始める】puana（ぷあな）.

うたうひと【歌う人】pu'ukani（ぷ'うかに）.

うたがい【疑い】hopohopo（ほぽほぽ）.
【疑い深い】maloka, ho'omaloka（まろか, ほ'おまろか）.
【（人が）疑いを抱く, 疑いを抱いている】kānalua（かなるあ）.
【疑いを懸ける】ho'ohuoi（ほ'おふおい）.
【疑わしい】hopohopo（ほぽほぽ）.

うたたね【転た寝】hiamoe iki（ひあもえ_いき）.

うち（に・へ）【内・内側（に・へ）】loko（ろこ）.〔所格の名詞〕マーカーの i, ma- を伴い, i loko, maloko と表記する.

うちき【内気】hilahila（ひらひら）.
【内気な】'āhē（'あへ）. ha'aha'a

（は‘あは‘あ）. **hilahila**（ひらひら）. **ūpē**（ウ̄ペ）. **wiwo**（ヴぃヴぉ）.

うちくだく【打ち砕く】**kā**（カ̄）.

うちたおす【打ち倒す】**huli pū**（ふり_プ̄）. **kahuli**（かふり）. **kula‘i**（くら‘い）. **‘ōpe‘a**（‘オ̄ペ‘あ）.
【打ち倒す原因となる［振りをする］】**ho‘okahuli**（ほ‘おかふり）.

うちつける【（物を激しく）打ち付ける】**kākā**（カ̄カ̄）. **pa‘i**（ぱ‘い）.
【（雨などが強く）打ち付ける】**ka‘alina**（か‘ありな）.

うちのばす【（金属などを）打ち延ばす】**ku‘i, ku‘iku‘i**（く‘い、く‘いく‘い）.

うちのめす【（棒やむちなどで）打ちのめす】**hahau**（ははう）.

うちひしがれた【（悲しみに）打ち拉がれた】**nū**（ヌ̄）. **ūpē**（ウ̄ペ）.

うちまかす【打ち負かす】**lanakila**（らなきら）.
【（完全に）打ち負かした】**‘auhe‘e**（‘あうへ‘え）.

うちやぶる【（競技などで）打ち破る】**ho‘ōhule**（ほ‘オ̄ふれ）.
【打ち破った】**‘auhe‘e**（‘あうへ‘え）.

うちゅうくうかん【宇宙空間】**lewa luna lilo**（れヴぁ_るな_りろ）.

うちわ【～，うちわで扇ぁぉぐ】**pe‘ahi**（ペ‘あひ）.

うつ【（激しく続けざまに）打つ】**hau**（はう）. **ho‘ohāhā**（ほ‘オハ̄ハ̄）. **kākā**（カ̄カ̄）. **kū**（ク̄）, **kukū**（くク̄）. **ku‘i, ku‘iku‘i**（く‘い、く‘いく‘い）.【（強く）打つ】**‘āku‘iku‘i**（‘ア̄く‘いく‘い）.【（鞭で）打つ】**hili**（ひり）.【（棒などで）打つ】**hoa**（ほあ）.
【（ゴツン・ドシン・ドン・バタッと）打つ】**naku‘i**（なく‘い）.
【打たれる】**hauhia**（はうひあ）.

うづき【雨月】**Kā‘elo**（カ̄‘えろ）. 雨がちの月の名前. 11月〜2月で島によって異なる.

うつくしい【美しい】**hiluhilu**（ひるひる）. **makalapua**（まからぷあ）. **nani**（なに）. **u‘i**（う‘い）.
【美しい外見の】**nohea**（のへあ）.
【（青々とした）美しい緑の草木】**uluwehi**（うるヴぇひ）.
【美しい物，美しい装飾品】**kāhiko**（カ̄ひこ）.
【（人が）美しい】**u‘i**（う‘い）.

うつくしくする【美しくする】**ho‘ohiehie**（ほ‘おひえひえ）. **ho‘onani**（ほ‘おなに）. **ho‘ou‘i**（ほ‘おう‘い）. **ho‘owehi**（ほ‘おうぇひ）.

うつくしくなる【美しくなる】**ho‘ohiehie**（ほ‘おひえひえ）.

うつくしさ【美しさ】**nani**（なに）.

うつす【（権利などを）移す】**ho‘olilo**（ほ‘おりろ）.

うったえる【訴える】**ho‘opi‘i**（ほ‘おぴ‘い）.

うっとりさせる【～】**ho‘ohoihoi**（ほ‘おほいほい）. **punihei**（ぷにへい）. **ho‘opunihei**（ほ‘おぷにへい）.
【～ような】**‘ume**（‘うめ）.

ウツボ【～】**puhi paka**（ぷひ_ぱか）.〔魚〕Lycodontis flavimarginatus：ウツボの一種. **puhi ‘ōni‘o**（ぷひ_‘オ̄に‘お）.〔魚〕Lycodontis melegris：ウツボの一種.

〈逐語〉斑点のあるウナギ．

うつる【移る】'oni（'おに）．⇒いどう【移動】．

うつわ【（木またはヒョウタンで出来た）器】'umeke（'うめけ）．pā ipu（ぱ_いぷ）．
【（ポイを入れる）器】'umeke 'ai（'うめけ_'あい）．⇒ポイ．

うつわのうちがわのめん【器の内側の面】waha（わは）．

うつわのそうしょう【器の総称】ipu（いぷ）．⇒イプ．

うで【腕】lima（りま）．poli（ぽり）．〔用例〕腕の中で．Ma ka poli iho nei．
【腕が良い】mikioi（みきおい）．〔様相〕技能や腕前がよい，することが優美で見事な．
【（手おけ・バケツなどを）腕に抱えて運ぶ】kālawe（かーらうぇ）．
【腕の骨】'au lima（'あう_りま）．〔身体〕肘より下の腕の骨．
【腕を組み合って，腕を組み合って進む】kui lima, kuikui lima（くい_りま，くいくい_りま）．

うでずもう【腕相撲】uma（うま）．
【（立ち）腕相撲】pā uma（ぱ_うま）．〔遊戯〕立ったまま向き合い，お互いの片手を組み合わせ，先に相手の手を自分の胸につけた方が勝ちとなる．

うでとけい【腕時計】uaki, waki（うあき，わき）．uati．は異形．〔英語：watch〕．uaki pūlima（うあき_ぷーりま）．〈逐語〉手首時計．⇒とけい【時計】．

うてき【雨滴】paka（ぱか）．paka ua（ぱか_うあ）．

うでわ【腕輪】apo lima（あぽ_りま）．kūpe'e（くーぺ'え）．
【腕輪を着ける】kūpe'e（くーぺ'え）．

ウナギ【鰻（の種類）】kuna（くな）．puhi（ぷひ）．puhi ūhā（ぷひ_うーはー）．〔魚〕Conger cinereus：ウナギの一種．
【ウナギの住む穴】lua puhi（るあ_ぷひ）．
【ウナギの稚魚】'ōilo（'おーいろ）．

うなされる【魘される】moe 'ino（もえ_'いの）．pahulu（ぱふる）．

うなずくまたはくびをよこにふる【（賛否を表すために）頷くまたは首を横に振る】luli（るり）．

うなだれる【項垂れる】emi（えみ）．
【項垂れる】luhe（るへ）．〔様相〕人が病気などでぐったりする．

うなり【唸り】kani（かに）．'u'inakolo（'う'いなころ）．
【唸り声】kani（かに）．動物・人の唸り声，吠え声．

うなる【唸る】auwē（あううぇー）．auē（あうえー）．hae（はえ）．nā（なー）．'ū（'うー）．
【唸らせる】ho'ohae（ほ'おはえ）．
【唸ること】nū, nūnū（ぬー，ぬーぬー）．

ウニ【雲丹・海胆・海栗】hā'uke'uke（はー'うけ'うけ）．〔棘皮 きょくひ 動物〕Colobocentrotus atratus：食用になるウニの種類．hāwa'e（はーわ'え）．Tripneustes gratilla．'ina（'いな）．Echinometra種など：小粒のウニ．wana（わな）．Diadema paucispinum, Echinothrix diadema．

うぬぼれ【自惚れ】ha'aheo（は'あへお）. ho'oki'eki'e（ほ'おき'えき'え）.
【自惚の強い】ho'okano（ほ'おかの）. ho'oki'eki'e（ほ'おき'えき'え）. kaena（かえな）. na'au ho'oki'eki'e（な'あう_ほ'おき'えき'え）.

うぬぼれる【自惚れる】ho'okano（ほ'おかの）.
【自惚れた】hō'oio（ほ'おいお）.

うね【(タパ布を打つ道具に彫刻されている）畝，（綾織ぁゃぉりの布切れの）畝】nao（なお）.

うねる【(波が）うねる】ho'ohua（ほ'おふあ）.
【(海など) うねること】nape（なぺ）.
【(波が) うねっている】'āpi'ipi'i（'あぴ'いぴ'い）.
【(絹布などの波形模様が）うねっている】'āpi'ipi'i（'あぴ'いぴ'い）.

うば【乳母】waiū（わいう）.

うばいとる【(腕力で) 奪い取る】kā'ili（かあ'いり）.

うばう【奪う】'aihue（'あいふえ）. ho'onele（ほ'おねれ）.
【(永久的に) 奪われた】lilo loa（りろ_ろあ）.

うぶげ【産毛】heu（へう）.
【産毛で覆われた】pūhuluhulu（ぷふるふる）.

ウマ【馬】lio（りお）. 〔用例〕馬に乗る（馬の背に乗る）. Holo lio. Kau lio.
【(回転木馬の) 馬】lio lā'au（りお_らあ'あう）. 〈逐語〉木の馬.
【(作業台の) 馬】lio lā'au（りお_らあ'あう）.

うまくあやつる【(闘鶏などを) 上手く操って…させる】kīkaha（きかは）.

うまれ【生まれ】kumulipo（くむりぽ）.
【生まれ変わった】hānau hou（はなう_ほう）.
【生まれ故郷】one hānau（おね_はなう）.

うみ【海】kai（かい）. 〔用例〕海のそばで，海の近くに. a kai. 海の方にある. i kai. 海辺で，海の方にある，海に向かって. makai.
【海の泡】hu'ahu'a kai（ふ'あふ'あ_かい）. huna kai. hune kai（ふな_かい, ふね_かい）.
【海のしぶき】huna kai. hune kai（ふな_かい, ふね_かい）.
【海の生物】i'a（い'あ）. 〔解説〕魚またはすべての海洋の生物（ウナギ・カキ・カニなど）. naka（なか）. 〔解説〕陸貝の一種を naka という.
【海ザリガニ（の類）】ula pāpapa（うら_ぱぱぱ）.

ウミガメ【海亀】honu（ほぬ）.
【海ガメの甲羅こぅら】una（うな）.

うみべのきょじゅうしゃ【海辺の居住者】noho kai（のほ_かい）.

うむ【(子を, 卵を) 生［産］む】hānau（はなう）. ho'ohua（ほ'おふあ）.
【(赤ちゃんを) 生む】ho'ohānau（ほ'おはなう）.
【生まれた子】hānau（はなう）.

うめきごえをあげる【呻き声を上げる】nū（ぬう）. nūnū（ぬうぬう）.

うめく【(痛み・悲しみなどで) 呻く】auwē（あううぇ）. auē（あうえ）.

nā（な）. 'ū（'う）.
【呻くような声で言う】ho'onū（ほ'おぬ）.

うめる【埋める】uhi（うひ）.

うもう【羽毛】hulu, huluhulu（ふる, ふるふる）. hulu manu（ふる_まぬ）.

うら【浦】⇒いりえ【入江】. ホノ. わん【湾】.

うら【裏】huli（ふり）. lole（ろれ）.
【（企てなどの）裏をかく】ho'ohoka（ほ'おほか）.

うらがえしにする【裏返しにする】lole（ろれ）.

うらぎり【裏切り】'āpiki（'あぴき）. pahele（ぱへれ）.

うらぎる【裏切る】'epa（'えぱ）. ho'opuni（ほ'おぷに）.
【裏切った】hoka（ほか）. puni（ぷに）. walewale（われわれ）.
【裏切る原因となる】ho'ohoka（ほ'おほか）.

うらじ【（衣類の）裏地】kua（くあ）.

ウラジロ【裏白（科の全種）】uluhe（うるへ）.〔植物〕Dicranopteris, Hicriopteris, Sticherus：ハワイに生息するウラジロ科の全種.

うらみ【恨み】inaina（いないな）.
【恨み掻き立てる】ho'oinaina（ほ'おいないな）.

うららかな【（雲ひとつない空のように）麗らかな】māla'e（まら'え）.

ウリーウリー〔ハワイ〕'ulī'ulī（'うり'うり）.〔楽器〕ヒョウタンの中に種子を入れ、てっぺんに鳥の羽を取りつけた物；羽の付いてない物もある.
【ウリーウリーを振る】hō'ulī'ulī（ほ'うり'うり）.

うる【得る】loa'a（ろあ'あ）. ⇒手に入れる.

ウル〔ハワイ〕'ulu. 'ulu maika（'うる,'うる_まいか）.〔遊戯〕マイカ［maika］ゲームに使われる丸く滑らかな石. ⇒マイカ.

うる【売る（または買う）】ho'olilo（ほ'おりろ）. kū'ai（く'あい）. ⇒かう【買う】.
【売りに出されている土地】'āina kū'ai（'あいな_く'あい）.
【売り場】'oihana（'おいはな）.

うるうどし【閏年】makahiki lele 'oi（まかひき_れれ_'おい）.〈逐語〉前方に飛ぶ年.

うるさい【煩い】ho'onauki（ほ'おなうき）. ho'onāukiuki（ほ'おなうきうき）.
【煩がらせた】pīhoihoi（ぴほいほい）. uluhua（うるふあ）.
【煩がらせる】ho'okolohe（ほ'おころへ）. ho'opīhoihoi（ほ'おぴほいほい）. ho'opilikia（ほ'おぴりきあ）. ho'ouluhua（ほ'おうるふあ）.

うれしい【嬉しい】hau'oli（はう'おり）. hoihoi（ほいほい）.
【嬉しいもの】puni（ぷに）.
【嬉しがらせる】. ho' ole' a, ho'ole'ale'a（ほ'おれ'あ, ほ'おれ'あ）. ulumāhiehie（うるまひえひえ）.

うれしそうな【嬉しそうな】ohohia（おほひあ）.

【嬉しそうな目】maka leʻa（まか＿れ‘あ）.
うれてあまい【熟れて甘い】pala（ぱら）.
うれる【熟れる】pala（ぱら）. oʻo（お‘お）.
うろあな【（木の幹などの）虚穴】pūhā（ぷほ）. pūhā lāʻau（ぷほ＿ら‘あう）.
うろうろする【（いかにも欲しそうな目で）うろうろする】meʻo, meʻomeʻo（め‘お，め‘おめ‘お）.
うろこ【（魚の）鱗】unahi（うなひ）. unahinahi（うなひなひ）.
【鱗状の】unahi（うなひ）. unahi-nahi（うなひなひ）.
うろつきまわる【うろつき回る】ʻaʻau（‘あ‘あう）.
うわぎ【上着】kuka（くか）.
うわぐつ【（室内用の軽い）上靴】pale wāwae（ぱれ＿ヴァヴぇ）.
うわさ【噂】nēnē（ねね）. hoʻonēnē（ほ‘おねね）. lohe pepeiao（ろへ＿ぺぺいあお）.
【噂が広がる，うわさが流布する】nakulu（なくる）.
【噂の原因となる】hoʻowā（ほ‘おわ）.
【噂されている】wawā（わわ）.
【（人の）噂話】lawe ʻōlelo（らヴぇ＿‘おれろ）. lohe ʻōlelo（ろへ＿‘おれろ）.
【（人の）噂話で心配をかき立てる】ʻimi ʻōlelo（‘いみ＿‘おれろ）.
【噂話を知らせる】pekapeka（ぺかぺか）.
【噂話を広げる人】holoholo ʻōlelo（ほろほろ＿‘おれろ）.
【噂話を広める】lawe ʻōlelo（らヴぇ＿‘おれろ）.
うわばき【上履き】⇒うわぐつ【上靴】.
うわむきにまがる【上向きに曲がる】ʻihuʻihu（‘いふ‘いふ）.〔様相〕カヌーのへさき（舳先）のように上向きに上がること.〈比喩〉冷笑的な.
うん【運】laki（らき）.〔英語：lucky〕.
【運が悪い】pohō（ぽほ）. pakalaki（ぱからき）.〔英語：unlucky〕.
【運の良い】laki（らき）. pōmaikaʻi（ぽまいか‘い）.
【運を運ぶ】hoʻolaki（ほ‘おらき）.
うんえい【運営】hoʻohana（ほ‘おはな）.
うんが【運河】alawai（あらわい）.
うんざりする【～】manakā（まなか）. māluhiluhi（まるひるひ）. hoʻomāluhiluhi（ほ‘おまるひるひ）.
【うんざりさせる】hoʻouluhua（ほ‘おうるふあ）. manakā（まなか）.
うんちん【運賃】uku（うく）.
うんてんする【（車などを）運転する】hoʻokele（ほ‘おけれ）. kalaiwa（からいヴぁ）.〔英語：drive〕.〔用例〕車を運転する. Kalaiwa kaʻa.
【（車などの）運転者】kalaiwa（からいヴぁ）.〔英語：driver〕.〔用例〕車の運転者. Kalaiwa kaʻa.
うんどうじょう【運動場】kahua leʻa, kahua leʻaleʻa（かふあ＿れ‘あ, かふあ＿れ‘あれ‘あ）.
うんどうちゅうの【運動中の】hele（へれ）.

うんぱんにん【運搬人】lawe（らヴぇ）.
うんゆきかん【運輸機関】ka'a 'ōhua（か'あ_'おふあ）. バスやタクシーのように料金を取り乗客を運ぶ乗り物.

え

え【絵】ki'i（き'い）. ki'i pena（き'い_ぺな）.〈逐語〉彩色した絵.
え【(やりなどの) 柄】'au（'あう）.
エアー〔ハワイ〕'eā（'えあ）. そうですか, そうですよね. ⇒かんとうし【間投詞】.
エアーエアー〔ハワイ〕'eā'eā（'えあ'えあ）. 歌詞の最後に付いてリズムを保ち, 景気をつける働きをする言葉.
えいえんの【永遠の】manawakolu（まなわこる）.
【永遠の眠り】hiamoe loa（ひあもえ_ろあ）.
えいが【映画】ki'i 'oni'oni（き'い_'おに'おに）.
えいきゅう【永久】pa'a（ぱ'あ）. loa（ろあ）.
【永久に去る】ha'alele loa（は'あれれ_ろあ）.
【永久にとどまる】noho loa（のほ_ろあ）.
【永久の】manawakolu（まなわこる）.
えいきゅうばな【永久花】nani mau loa（なに_まう_ろあ）.〔植物〕Helichrysum bracteatum：乾いてからも形や色の変わらない花；キク科のムギワラギク属やチチコグサ属の植物など. pua pepa（ぷあ_ぺぱ）.〔植物〕特にムギワラギク：オーストラリア原産の草；もみがらのような黄・橙・赤・白色などの花を先につける.〈逐語〉紙の花.
えいご【英語】'ōlelo haole（'おれろ_はおれ）.
えいこう【栄光】hanohano（はのはの）. ho'ohanohano（ほ'おはのはの）.
【栄光を与える】ho'okapukapu（ほ'おかぷかぷ）.
えいこく【英国, 英国の, 英国人】Pelekane（ぺれかね）. Pelekania（ぺれかにあ）も同様. Beretania. は異形.〔英語：Britain〕. ⇒イギリスの.
えいしょう【詠唱】oli（おり）. ⇒オリ. hula（ふら）. フラダンスに使われる詠唱.
【詠唱者】olioli（おりおり）. mea oli（めあ_おり）.
【(長く発音する母音と, ごく短い句を用いて) 詠唱するやり方】ho'āeae（ほ'あえあえ）.
えいしょうする【詠唱する】hula（ふら）.【(系図のような名前の書いてある表を) 詠唱する】helu（へる）.
えいせいか【衛生課［局］】Papa Ola（ぱぱ_おら）.
えいせいめんをつける【衛生綿を着ける】hume（ふめ）. humehume（ふめふめ）. 生理用ナプキンをつける.
えいぞう【映像】aka（あか）.
えいぞくする【永続する】loa, loloa（ろあ, ろろあ）.
えいへい【衛兵】koa kia'i（こあ_きあ'い）.

軍の番兵.

えいゆう【英雄】kupuʻeu（くぷ‿ʻえう）. meʻe（めʻえ）.

えいよある【栄誉ある】hanohano（はのはの）.

えいよをあたえる【栄誉を与える】hoʻohiwahiwa（ほʻおひヴぁひヴぁ）. hoʻohanohano（ほʻおはのはの）.

えいよをもとめる【正当な理由もなく栄誉を求める】piʻikoi（ぴʻいこい）.

えいりにする【鋭利にする】hōʻoi（ほʻおい）. hoʻohuini（ほʻおふいに）. hoʻowini（ほʻおうぃに）.
【鋭利にした】huini（ふいに）.

エーカー【acre】ʻeka（ʻえか）.〔英語・面積〕約 4,046.8m².

エース【Ace】ʻeki（ʻえき）.〔ゲーム〕トランプで最強の 1 の札, エース.

エヴァ〔ハワイ〕ʻEwa（ʻえヴぁ）.〔地名〕ホノルルの西方にある地名；方角用語としても使われる.

えきじる・えきじゅう【（タロイモなどの植物の葉や海草から絞った）液汁】ʻae（ʻあえ）.

えきたい【（海水以外のすべての）液体】wai（わい）.

えきりょう【液量】ana waina（あな‿わいな）.〔計量〕ミルク・油など液体の日常品の体積を計る単位.

えぐりだす【抉り出す】pōʻalo（ぽʻあろ）.

えぐる【抉る】poʻo（ぽʻお）.

えさ【（釣り・わななどに用いる）餌】maunu（まうぬ）.
【餌を与える】hōʻai（ほʻあい）.

【豚などが（鼻で地を掘って）餌を捜さがす】ʻeku（ʻえく）.〈比喩〉カヌーのへさき.

えじき【餌食】heana（へあな）.

エソ【狗母魚】ʻulae（ʻうらえ）.〔魚〕Saurida gracilis：エソ科の魚の総称；口が大きく, トカゲのような頭をした細長い海水魚.

えだ【枝, 大枝】lālā（ら̄ら̄）. mana（まな）.
【（実がたくさんなって）枝がしなっている】loʻu（ろʻう）.
【枝を出す, 枝を張る, 枝を繁しげらす】lālā（ら̄ら̄）. hoʻolālā（ほʻおら̄ら̄）. mana（まな）. manamana（まなまな）.

えだあみのいす【枝編みの椅子】noho ʻie（のほ‿ʻいえ）.

エッグパイ【egg pie】pai hua（ぱい‿ふあ）. カスタード・パイも同様.

エネルギッシュな【energetic】mahi（まひ）.

えのぐ【絵の具, …に絵の具を塗る】pena（ぺな）.

エビ【海老, 小海老の一般総称】ʻōpae（ʻō ぱえ）.
【（海に生息するすべての）小海老】ʻōpae kai（ʻō ぱえ‿かい）.
【（とげのある）海老】ʻōpae kākala（ʻō ぱえ‿か̄から）.
【（淡水に生息する）小海老の種類】ʻōpaekalaʻole（ʻō ぱえからʻおれ）. ʻōpae kuahiwi（ʻō ぱえ‿くあひヴぃ）.〈逐語〉山エビ. ʻōpae kolo（ʻō ぱえ‿ころ）.〈逐語〉腹ばってい

くエビ．

えふで【絵筆】hulu pena（ふる_ぺな）．

エボシガイ【烏帽子貝】pīʻoe（ぴ‘おえ）．〔貝〕エボシガイ・フジツボなどの総称．

エホバ【Jehovah】lēhowa（いぇほヴぁ）．lehova. は異形．

エメラルド【emerald】ʻōmaʻomaʻo（‘おま‘おま‘お）．pōhaku ʻōmaʻomaʻo（ぽはく_‘おま‘おま‘お）．

えら【（魚の）鰓】ʻapi（‘あぴ）．ʻapiʻapi（‘あぴ‘あぴ）．oʻa（お‘あ）．
【鰓で呼吸する】ʻapi（‘あぴ）．ʻapiʻapi（‘あぴ‘あぴ）．

えらぶ【選ぶ】koho（こほ）．wae（わえ）．hoʻowae（ほ‘おわえ）．
【選ばれた人〔物〕】hiwa（ひヴぁ）．
【選ばれる】ʻohi（‘おひ）．
【選ぶふりをする】hoʻowae（ほ‘おわえ）．

えり【衿・襟】kala（から）．〔英語：collar〕．ʻāʻīkala（‘あ‘いから）．

えりすぐった【選りすぐった】hulu（ふる）．laha ʻole（らは_‘おれ）．

えりぬく【選り抜く】ʻohi（‘おひ）．

えりまき【襟巻き】lei ʻāʻī（れい_‘あ‘い）．

えりわける【選り分ける】wae（わえ）．

エルサレム【Jerusalem】lelukalema（いえるかれま）．lerusalema. は異形．〔地理〕ユダヤ・パレスチナの古首都；古くからキリスト教徒・ユダヤ教徒・回教徒の巡礼の聖都．

エレエレ〔ハワイ〕ʻeleʻele（‘えれ‘えれ）．〔海藻〕Enteromorpha prolifera：緑色で丈は長い，食用．

えん【円】poe, poepoe（ぽえ，ぽえぽえ）．⇒えんけい【円形】．
【円の半径】kukuna（くくな）．
【円の中心】kikowaena（きこわえな）．〔幾何〕円心．

えんかい【宴会】ʻahaʻaina（‘あは‘あいな）．【（ハワイ式の）宴会】lūʻau（る‘あう）．pāʻina（ぱ‘いな）．

えんかいする【延会する】malolo（まろろ）．

えんかくの【遠隔の】loa, loloa（ろあ，ろろあ）．

えんがんけいびいん【沿岸警備員】kiaʻi kai（き‘い_かい）．〈逐語〉海の監視．

えんき【延期】paneʻe（ぱね‘え）．

えんきする【延期する】hoʻopaneʻe（ほ‘おぱね‘え）．
【延期した】paneʻe（ぱね‘え）．

えんぎのわるい【縁起の悪い】pahulu（ぱふる）．hoʻopahulu（ほ‘おぱふる）．

えんきょりの【遠距離の】mamao（まま お）．

えんけい【円形】poe, poepoe（ぽえ，ぽえぽえ）．
【円形の物】apo（あぽ）．lina（りな）．
【（木またはヒョウタンで出来た）円形の容器】ʻumeke（‘うめけ）．
【（フレアスカートのように）円形〔円筒形〕の】pūheheo（ぷへへお）．
【（競技場などの）円形場】lina（りな）．

えんげい【園芸】mahi pua（まひ_ぷ

あ）.
【園芸用の小地面】ulu kanu（うる_かぬ）.
えんこ【円弧】kaula（かうら）.
えんこ【塩湖】loko pa'akai（ろこ_ぱ'あかい）.〈逐語〉塩分を含んだ湖［池］.
えんしゅうをする【演習をする】paikau（ぱいかう）.
えんじゅくする【円熟する】o'o（お'お）.
えんしょう【炎症】'ūpehupehu（'ūぺふぺふ）.
【炎症を起こした】kole（これ）.〔用例〕（風邪で）炎症を起こした鼻. Kole ka ihu.
【炎症を起こした目】maka 'ula'ula（まか_'うら'うら）.〈逐語〉赤い目. mākole（まこれ）.
えんじょする【（動きを）援助する】kōkua（こくあ）.
エンジン【engine】mīkini（みきに）.
えんぜつ【演説】ha'i'ōlelo（は'い'おれろ）.
えんぜつする【演説する】ha'i'ōlelo（は'い'おれろ）. kākā'ōlelo（かか'おれろ）.〈逐語〉言葉を受け流す.
えんそう【塩層】ālia（ありあ）.
えんそうかい【演奏会】'aha mele（'あは_めれ）.
えんそうする【演奏する】ho'okani（ほ'おかに）.（快活な曲を）演奏する】'uhene（'うへね）.
えんだいな【（計画など）遠大な】hāloa（ほろあ）.
えんちゅう【円柱】kolamu（こらむ）.〔英語：column〕.
えんちょうする【延長する】ho'oli'uli'u（ほ'おり'うり'う）. ho'olō'ihi（ほ'おろ'いひ）.
えんでん【塩田】hāhāpa'akai（はほぱ'あかい）.
【塩田地帯】ālia（ありあ）.
エンドウ【豌豆】pāpapa（ぱぱぱ）.
【エンドウ豆】pī（ぴ）.
えんとつ【（汽船・工場などの）煙突】puka uahi（ぷか_うあひ）.
えんぴつ【鉛筆】peni（ぺに）. penikala（ぺにから）.〔文法〕冠詞は ka でなく ke を使う.
えんぽう【遠方】loa（ろあ）.
【遠方から来る】hele loa（へれ_ろあ）.
【遠方に［へ］行く】hele loa（へれ_ろあ）. hala loa（はら_ろあ）.
【遠方への旅行者】'imi loa（'いみ_ろあ）.
えんりょがちな【遠慮がちな】malu（まる）.

お

お【（魚の）尾】pewa（ぺヴぁ）.【（犬・猫・豚などの）尾】huelo（ふえろ）.
オアフ〔ハワイ〕O'ahu（おあ'ふ）.〔地理〕オアフ島：ハワイ諸島の一島.
おい【甥】keiki hanauna（けいき_はなうな）.
【甥の子供】mo'opuna（も'おぷな）.
おいかける【追い掛［翔・駆］ける】alualu（あるある）. hahai（ははい）.
おいくつですか〔質問〕⇒なに【何】.

おいしい【美味しい】kaekae（かえかえ）. 'ono（'おの）.

おいしくつくる【美味しく作る】hō-'ono（ほ'おの）. hō'ono'ono（ほ'おの'おの）.〔用例〕食欲をそそる物（薬味，ドレッシング，ソース，調味料など）を作る．Hō'ono'ono 'ai.

おいしげる【生い茂る】lupa, lupalupa（るぱ，るぱるぱ）. māhua, māhuahua（まふあ，まふあふあ）. ohiohi（おひおひ）. ulu, uluulu（うる，うるうる）.

おいた【老いた】'ele（'えれ）. makule（まくれ）.〔用例〕老人．'Elemakule. ⇒ろうじん【老人】．

おいだす【（場所・団体などから）追い出す】ho'oku'u（ほ'おく'う）. paku（ぱく）.

おいたてる【追い立てる】'āha'i（'あは'い）. 'āha'iha'i（'あは'いは'い）. ho'onaholo（ほ'おなほろ）. peu（ぺう）.

おいちらした【追い散らした】puehu（ぷえふ）.

おいていく【置いて行く，置いて行くこと，置き場】waiho（わいほ）.

おいはらう【追い払う】ho'okuke（ほ'おくけ）. ho'oku'u（ほ'おく'う）. kīpa'i（きぱ'い）. kipaku（きぱく）. paku（ぱく）.

おう【（畜牛や魚などを）追う】hō'ā（ほ'あ）.

【追って行く】ma'awe, mā'awe-'awe（ま'あうぇ，ま'あうぇ'あうぇ）.

おう【王，王の，王者の】ali'i（あり'い）. mō'ī（も'い）. kini（きに）.〔英語：king〕.

【王に冠を戴かせる】poni mō'ī（ぽに_も'い）.

おうい【王位】noho ali'i（のほ_あり'い）.

【王位に就かせる】poni mō'ī（ぽに_も'い）.

おうかくまく【横隔膜】houpo（ほうぽ）.

おうかん【王冠】lei ali'i（れい_あり'い）. pāpale ali'i（ぱぱれ_あり'い）. kalaunu（からうぬ）. karauna. は異形．〔英語：crown〕.

おうぎ【扇】pe'ahi（ぺ'あひ）.

【（レースなど）扇形で飾られた】nihoniho（にほにほ）.

【扇形に飾った】ho'onihoniho（ほ'おにほにほ）.〔様相〕ぎざぎざをつけたデザインにする．切り目のあるデザインにする．

【扇蟹（の一種の小さな蟹）】kūmimi（くみみ）.

【扇葉椰子（の全種）】loulu（ろうる）.〔植物〕Pritchardia.

おうきゅう【王宮】hale ali'i（はれ_あり'い）.

おうけのけんり【（婚姻に関する）王家の権利】naha（なは）．首長が異父［母］姉妹と結婚すること；彼らの子孫は首長の席に参席する権利［kapu noho］を与えられた；このような結婚に関わる．

《高貴の生まれの兄［弟］と姉［妹］による結婚》nī'aupi'o（に'あうぴ

おうこく【王国】aupuni（あうぷに）.
おうし【雄牛】pipi kāne（ぴぴ_かね）. pipi pulu（ぴぴ_ぷる）. pulu（ぷる）. bulu. は異形.〔英語：bull〕.
【雄牛の目】kikowaena（きこわえな）.
おうじ【王子】keiki aliʻi（けいき_ありʻい）.
おうしつしゅごにん【（高貴な首長の家族の）王室守護人】kahu aliʻi（かふ_ありʻい）.
おうじょ【王女】kamāliʻi wahine（かまりʻい_わひね）. kama aliʻi wahine の短縮形.
おうじる【応じる】lohe, lohelohe（ろへ, ろへろへ）.
おうだん【黄疸】lena, lenalena（れな, れなれな）.〔病理〕.
おうち【凹地】ʻalu（ʻある）. napoʻo（なぽʻお）, nāpoʻopoʻo（なぽʻおぽʻお）. poho（ぽほ）.
おうちょうをじゅりつする【王朝を樹立する】kūkulu（くくる）.
おうと【嘔吐】⇒はく【吐く】.
おうど【黄土】ʻalaea（ʻあらえあ）. 塩の着色・薬・染色などに使われる水溶性コロイド状の黄土色の土.
おうねつびょう【黄熱病】piwa lenalena（ぴヴァ_れなれな）.〔病理〕.
おうへいな【横柄な】ʻaʻano（ʻあʻあの）. hō' auwae（ほʻあうわえ）. hoʻokiʻekiʻe（ほʻおきʻえきʻえ）.
おうほう【応報】pānaʻi（ぱなʻい）.
おうぼうな【横暴な】ʻaʻano（ʻあʻあの）.
オウム【鸚鵡】manu aloha（まぬ_あろは）.〔鳥〕オウム科の鳥のうち大形のものの総称；多くは白または薄い色.
おうめん【凹面, 凹面形】ʻoʻoma（ʻおʻおま）. ⇔とつめん【凸面】.
【凹面形に形作る】hōʻoʻoma（ほʻおʻおま）.
【凹面の, 凹状の, 凹形の】kewe（けヴぇ）. ʻoʻoma（ʻおʻおま）.
おえる【終える】hoʻōki（ほʻおき）. hoʻopau（ほʻおぱう）.
【終えた】pau（ぱう）.
おーい【～】hūi（ふい）.〔間投詞・現代用語〕. ūi（うい）.〔間投詞〕.
オーオー〔ハワイ〕ʻōʻō（ʻおʻお）.〔鳥〕Moho nobilis：黒色のミツスイドリ.
オーコレハオ〔ハワイ〕ʻokolehao.〔酒〕同じ名前の鉄製の蒸留器の中で, ニオイシュロラン［kī］の根から蒸留される酒；最近では, 米またはパイナップルの汁から造られるジン.〈逐語〉鉄製の底.
オードブル【hors-d'oeuvre：仏語】pūpū（ぷぷ）. ⇒ぜんさい【前菜】.
オーパカパカ〔ハワイ〕ʻōpakapaka〔魚〕Pristipomoides microlepis：フエダイ科の一種.
オーヒア〔ハワイ〕ʻōhiʻa.〔植物〕⇒フトモモ, マライフトモモ, トマト.
オープア〔ハワイ〕ʻōpua.〔気象〕水平線近くに層をなしたような一陣の雲；このような雲が生じる.
オープレ〔ハワイ〕ʻōpule.〔魚〕Anampses cuvier, A. godeffroyi：ベラ科の魚.
オーブン【（パンなどを焼く）oven】ʻoma（ʻおま）.

オーヘロ〔ハワイ〕**'ōhelo**（'ōヘろ）.〔植物〕Vaccinium reticulatum：自生のツルコケモモ属の低木．赤または黄色の水分の多い小さな果実で食用になり，ハワイアンブルーベリーとして知られている．；昔はペレという火山の女神に捧げられた．**オーヘロベリー**は英語への転訛．

オーミル〔ハワイ〕**'ōmilu**.〔魚〕ウルア［ulua］の一種．

オーラパ〔ハワイ〕**'ōlapa**.〔フラ〕詠唱者または暗唱者［ho'opa'a］の歌にあわせて踊る踊り手；現在は歌やヒョウタンの太鼓の伴奏にあわせて踊るすべての踊り．

オール【oar】**hoe**（ほえ）．⇒**かい**【櫂】．

オオアリアケカズラ【大有明葛】**nani ali'i**（なに_あり'い）．〔植物〕Allamanda catharitica：熱帯南米産のキョウチクトウ科アリアケカズラ属．〈逐語〉王の美しさ（品格のある美）．

おおい【（量が）多い】**nui**（ぬい）．
【（更に）多い】**keu**（けう）．〔用例〕60以上．Kanaono ā keu.

おおい【覆い】**pale uhi**（ぱれ_うひ）．**wahī**（わひ）．
【覆いを取る】**hua'i**（ふあ'い）．**hu'e**（ふ'え）．**wehe**（ヴぇへ）．

おおいそぎの【大急ぎの】**holokikī**（ほろきき）．

おおいに【大いに】**loa**（ろあ）．**lua**（るあ）．**pono**（ぽの）．
【大いに望む】**ho'opuni**（ほ'おぷに）．

おおう【（毛布で体などを）覆う】**'a'ahu**（'あ'あふ）．**uhi**（うひ）．【（蓋ふたをするように）覆う】**po'i**（ぽ'い）．〔文法〕冠詞は ka でなく ke を使う．
【（大きな巻波などが完全に）覆う】**po'ipū**（ぽ'いぷ）．
【覆うこと】**uhi**（うひ）．
【（隠匿・保護・保温などのために）覆う物】**uhina**（うひな）．

おおうねり【大うねり】**'aui**（'あうい）．

おおえだ【大枝】**manamana nui**（まなまな_ぬい）．

おおかぜ【大風】**kelawini**（けらうぃに）．〔英語：gale+wind〕〈逐語〉強風．

オオカバマダラ【大樺斑】**lepelepe-o-Hina**（れぺれぺ-お-ひな）．〔昆虫〕Danaus plexippus：大きな赤みがかった茶色のチョウで，白と黒の斑点がある．

オオカミ【狼】**'īlio hae**（'いりお_はえ）．**lupo**（るぽ）．

おおきい【（肥満体の人のように）大きい】**'a'alina**（'あ'ありな）．【（面積などが）大きい】**mākō**（まこ）．【（形・数量などが）大きい】**nui**（ぬい）．
【大きい数】**helu nui**（へる_ぬい）．
【大きい手】**lima nui**（りま_ぬい）．

おおきくする【大きくする】**ho'omāhua**（ほ'おまふあ）．**ho'onui**（ほ'おぬい）．

おおきくなる【（波などが異常に）大きくなる】**'āhua**（'あふあ）．【（植物などが）大きくなる】**kupu, kupukupu**（くぷ，くぷくぷ）．
【（帆などが）大きくうねる】**poholua**（ぽほるあ）．**pūnohu**（ぷのふ）．

おおきさ【大きさ】**kīko'o**（きこ'お）．

nui（ぬい）．
おおきな【大きな】mākō（まこ）．nui（ぬい）．
おおくぎ【大釘】kui（くい）．kui nao（くい_なお）．
おおぐちをあける【大口を開ける】hāmama（ほまま）．
おおくの【多くの】makawalu（まかわる）．〈逐語〉8つの目．
おおくらだいじん【大蔵大臣】kuhina waiwai（くひな_わいわい）．
おおげさにいう【大袈裟に言う】pālau（ぱらう）．
おおごえ【大声】leo nui（れお_ぬい）．【大声で言う】ho'ōho（ほ'おほ）．'uā（'うあ）．
【大声で知らせる】'uā（'うあ）．
【（喜びや苦痛のために）大声で泣く】kūwō, kūō（くーうぉ, くーお）．
【大声で話す】leoleo（れおれお）．leo nui（れお_ぬい）．
【大声で呼ぶ】eō（えお）．kani（かに）．【（助けを求めるために）大声で呼ぶ】ualo（うあろ）．walo（わろ）．
【大声の】'ikuwā（'いくわ）．
【（あちこちで）大声を出す】'owā, 'oā（'おわ, 'おあ）．
おおざら【（楕円形の木製の平らな）大皿】kāloa（かろあ）．【特に魚・肉用の）大皿】papa lā'au（ぱぱ_ら'あう）．pā pālahalaha（ぱー_ぱらはらは）．〔文法〕冠詞は ka でなく ke を使う．
おおすぎる【多すぎる】keu（けう）．〔用例〕もうまったくわんぱくすぎる．He keu ā ke kolohe!

おおぜい【大勢】ho'omū（ほ'おむ）．kini, kinikini（きに, きにきに）．lehulehu（れふれふ）．
おおぞら【大空】aouli（あおうり）．lani pa'a（らに_ぱ'あ）．〈逐語〉頑丈な空．
おおつなみ【大津波】kai a Pele（かい_あ_ぺれ）．⇒たかなみ【高波】．
おおどおり【大通り】alaloa（あらろあ）．alanui（あらぬい）．
おおなみ【大波】'aui（'あうい）．kai nui（かい_ぬい）．
おおばかもの【大馬鹿者】hepa（へぱ）．
オオバコ【大葉子】laukahi（らうかひ）．〔植物〕Plantago major：大きく広がった葉が地面から直接はえ，細長い花茎に小さな花を穂状につける雑草．〈逐語〉ひとえの葉．
おおばさみ【大鋏】'ūpā nui（'ūぱ_ぬい）．羊毛や植木の刈り込みなどに使用する．
オオハマボウ【大浜朴】hau（はう）．〔植物〕Hibiscus tiliaceus：アオイ科の常緑木．別名はユウナ（奄美, 沖縄地方），ヤマアサ．
オオプ〔ハワイ〕'o'opu（'お'おぷ）．〔魚〕ハゼ科に属する魚の総称：海岸近くの海水に生育するものと，淡水に生育するものがいるが，双方に生育するものもいる．
おおみそか【大晦日】Ahiahi Makahiki Hou（あひあひ_まかひき_ほう）．
おおもじ【大文字】hua nui（ふあ_ぬい）．
おおやけに【公に】laulā（らうらー）．

おおやけのたちばをとる【公の立場を取る】kū ākea（くーあけあ）.
おおわれた【（霧・雲などに）覆われた】pa'apū（ぱ'あぷー）.
おか【丘】hila（ひら）.〔英語：hill〕.〔用例〕ダイヤモンド・ヘッド. Kaimana-Hila. olo（おろ）. pu'u（ぷ'う）.〔用例〕火山性の小さい丘. pu'u pele.
【丘の頂上】piko（ぴこ）.
【丘の連なり】pae pu'u（ぱえーぷ'う）.
おかえしをする【お返しをする】pāna'i（ぱーな'い）.
おかしいことをする【（笑いを引き起こすために）可笑しいことをする】ho'okolohe（ほ'おころへ）.
おかす【（法律を）犯す】'a'e（'あ'え）. 'a'e'a'e（'あ'え'あ'え）.
おかず【御数】⇒イーナイ.
おかまいなしに【（忠告など）お構い無しに】'oia ana nō（'おいあーあなーのー）.
おがわ【小川】'a'alu（'あ'ある）. kahawai（かはわい）.
おかん【悪寒】anu（あぬ）. anuanu（あぬあぬ）. 'ini'iniki, 'īnikiniki（'いに'いにき, 'いーにきにき）. 寒さなどでぞくぞくする. 時には歌の中で 'īnisinisi（'いーにしにし）とも歌われる.
おきあがる【起き上がる】ala（あら）.
おきかえ【置き換え】pani hakahaka（ぱにーはかはか）.
おきてでかける【起きて出掛ける】kū hele（くーへれ）.
おきどけい【置時計】uaki, waki（うあき, わき）. uati. は異形.〔英語：watch〕.⇒とけい【時計】.
オキナ〔ハワイ〕'okina（'おきな）.〔文法〕ハワイ語の子音の一つ,〔'〕で表す.⇒せいもんへいさおん【声紋閉鎖音】.
おきにいり【お気に入り】punahele（ぷなへれ）.
【お気に入りの子供】kamalani（かまらに）.
おきよめ【（日本でいう）お清め】'aha'aina make（'あは'あいなーまけ）.〔行事〕会葬者を慰めるためになされる葬式のもてなし.
おきる【起きる】ala（あら）. ho'āla（ほ'あーら）.
おきわすれる【（うっかり）置き忘れる】waiho wale（わいほーわれ）.
【置き忘れた】nalo（なろ）.
おく【置く】kau（かう）.【（特定の場所に）置く】waiho（わいほ）.
おくがいべんじょ【屋外便所】lua（るあ）. lua li'ili'i（るあーり'いり'い）.
おくさま【既婚婦人の姓・姓名に付けて】…の奥様】wahine（わひね）.〔用例〕並木夫人（ミセス・ナミキ）. Namiki wahine.
おくちにすむ【奥地に住む】noho uka（のほーうか）.
おくび【噫】kīhā（きーはー）.⇒げっぷ【～】.
おくびょうな【臆病な】'āhē（'あーへー）.
おくびょうもの【憶病者】maka'u wale（ま

かʻう_われ).
おくゆきのある【(洞穴など) 奥行きのある [深い]】kūlipo (くりぽ).〈比喩〉極端に,激しい.**kūʻono, kūʻonoʻono**(くʻおの, くʻおのおの).
おくりもの【(首長に捧げられる儀式上の) 贈り物】hoʻokupu (ほʻおくぷ).**makana**(まかな).
【贈り物をする】**makana**(まかな).
おくる【(品物などを) 送る】**hoʻīli, hoʻoili**(ほʻいり_ほʻおいり).**hoʻouna**(ほʻおうな).
おくれる【遅れる】**kaʻunē**(かうね).
【遅れた】**lohi**(ろひ).
【遅らせる】**hoʻokali**(ほʻおかり).**hoʻolohi**(ほʻおろひ).**hoʻopaneʻe**(ほʻおぱねʻえ).
オゴ【海髪】**manauea, manauwea**(まなうえあ, まなううぇあ).〔海草〕Gracilaria coronopifolia:小さな赤い海草の一種;今日ではしばしば日本語と同じくオゴ [ogo] と呼ばれる.
おこす【(寝ている人を) 起こす】**hoʻāla**(ほʻあら).
【(人に感情などを) 起こさせる】**pai**(ぱい).
【起こされる】**alahia**(あらひあ).〔文法〕ala の受動態.ala+hia.
【起こせ】**alahia**(あらひあ).〔文法〕ala の命令法.ala+hia.
おこり【(物事の) 起こり】**kumu kahi**(くむ_かひ).**ʻōmaka**(ʻおまか).
おこりっぽい【怒りっぽい】**keʻekeʻe**(けʻえけʻえ).**kekē**(けけ).**kekē niho**(けけ_にほ).**nauki**(なうき).**nāukiuki**(なうきうき).強意語は**nāuki**(なうき).
おこる【怒る】**huhū**(ふふ).【(大変) 怒る】**hūʻena**(ふʻえな).【(ガミガミと金切り声で怒る) 怒る】**kekē**(けけ).
【怒った】**huhū**(ふふ).【(大変) 怒った】**hūʻena**(ふʻえな).
【怒って話す】**leoleo**(れおれお).
【怒らせる】**hoʻohae**(ほʻおはえ).**hoʻohuhū**(ほʻおふふ).**hoʻoukiuki**(ほʻおうきうき).
おさ【長】⇒おう【王】.
【長に相応しい血統】**ʻula aliʻi**(ʻうら_ありʻい).
おさえておく【(突っかい棒をして) 押えておく】**kākoʻo**(かこʻお).
おさえる【(感情など) 抑える】**ʻauʻa**(ʻあうʻあ).
おさめる【(国・国民を) 治める】**aliʻi**(ありʻい).〈比喩〉思いやりのある.
おじ【伯父・叔父】**makua kāne**(まくあ_かね).複数形は **mākua kāne**(まくあ_かね).
【(親愛語として主に年上の男性を指す) おじさん】**ʻanakala**(ʻあなから).〔英語:uncle〕.
おしあう【押し合う】**kuke**(くけ).
【押し合って入る】**hoʻokē**(ほʻおけ).
おしあげる【押し上げる】**peu**(ぺう).
おじいさん【お爺さん】⇒そふぼ【祖父母】.
おしいる【押し入る】**komo wale**(こも_われ).
おしえる【教える】**aʻo**(あʻお).〔文法〕

教えると「教わる」の違いは文脈で理解できるが，より明確にする場合は aku, mai または受身を使う．〔用例〕わたしはハワイの大学で学びました．Ua aʻo mai au ma ke kulanui o Hawaiʻi. 彼女は母親に教わった．Ua aʻo ʻia ʻo ia e kona makuahine. **hoʻonaʻauao**（ほʻなʻあうあお）．**kuhikuhi**（くひくひ）．【教えること】**aʻo**（あʻお）．**kumu aʻo**（くむ_あʻお）．

オジギソウ【御辞儀草】**pua hilahila**（ぷあ_ひらひら）．〔植物〕Mimosa pudica. unijuga の変種：マメ科の草；葉が刺激によって開閉する性質がある．

おしくだく【押し砕く】**hanapēpē**（はなぺぺ）．

おしげもなくあたえる【惜し気もなく与える】**manawaleʻa**（まなわれʻあ）．

おしこみごうとう【押し込み強盗】**wāwahi hale**（わわひ_はれ）．

オジサン【伯父さん】**moano**（もあの）．〔魚〕⇒モアノ．

おしすすむ【（ぬかるみや草原の中などを）押し進む】**naku**（なく）．【（結果を考えずやみくもに）押し進む】**ʻonou poʻo**（ʻおのう_ぽʻお）．〈逐語〉頭を突く．【（群衆の間など）押し進む】**peu**（ぺう）．

おしすすめる【（目的・要求などを）押し進める】**hoʻokoʻokoʻo**（ほʻおこʻおこʻお）．**hoʻolale**（ほʻおられ）．**kauleo**（かうれお）．【仕事などを先に）押し進める】**neʻe**（ねʻえ）．

おしだす【押し出す】**ʻou**（ʻおう）．

おしちや【（日本で言う）御七夜（にあたる祝宴）】**ʻahaʻaina māwaewae**（ʻあはʻあいな_まわえわえ）．⇒しゅくえん【祝宴】．

おしっこ【～】⇒にょう【尿】．

おしつける【（無理強いに）押し付ける】**pupuʻe**（ぷぷʻえ）．

おしつぶす【押し潰す】**hanapēpē**（はなぺぺ）．**hoʻopē**（ほʻおぺ）．**lomi**（ろみ）．【（粉をこねる時のように）押しつぶす】**ʻōpā**（ʻおぱ）．【押しつぶさせる】**hōʻōpā**（ほʻおぱ）．【押しつぶした】**pē**（ぺ）．

おしとおす【（…を）押し通す】**wāhi**（わひ）．

おしのける【押し除ける】**hoʻokāpae**（ほʻおかぱえ）．**pale**（ぱれ）．

おしゃべり【お喋り】**ili ʻōlelo**（いリ_ʻおれろ）．**kaulaʻi iwi**（かうらʻい_いヴぃ）．〈逐語〉骨をさらす．**pekapeka**（ぺかぺか）．〔様相〕他人の私事をしゃべりたがる人．
【お喋りな】**ʻama**（ʻあま）．

おしやる【押しやる】**ʻonou**（ʻおのう）．

おしろいいれ【～入れ】**poho pauka**（ぽほ_ぱうか）．

オシロイバナ【おしろい花】**nani ahiahi**（なに_あひあひ）．〈逐語〉夕方の美しさ．〔植物〕Mirabilis jalapa：オシロイバナ属のありふれた庭草；日没に赤・白・黄や雑色の花をつける．**pua ahiahi**（ぷあ_あひあひ）も同様．

おしわけてすすむ【押し分けて進む】

ho‘okē（ほ‘おけ）.

おす【(牛などの) 雄】laho（らほ）.

おす【押す】kaomi（かおみ）. kuke（くけ）. ‘onou（‘おのう）. pahu（ぱふ）. uma（うま）.

おずおずした【怖ず怖ずした】wiwo（ヴぃヴぉ）.

おせじでほめる【お世辞で誉める】malimali（まりまり）. ho‘omalimali（ほ‘おまりまり）.

おせん【汚染】ho‘ohaumia ‘ana, ho‘opelapela ‘ana（ほ‘おはうみあ_‘あな, ほ‘おぺらぺら_‘あな）. 【(水などが) 汚染された】lepolepo（れぽれぽ）.

おそい【遅い】ka‘unē（か‘うね）. li‘u（り‘う）. lohi（ろひ）. mili ‘apa（みり_‘あぱ）.

おそいかかってつかむ【(ワシやタカなどが) 襲いかかって掴む】‘āpo‘ipo‘i（‘あぽ‘いぽ‘い）.

おそう【襲う】po‘i（ぽ‘い）. po‘ipū（ぽ‘いぷ）. pu‘e（ぷ‘え）. pu‘e wale（ぷ‘え_われ）.

おそくする【遅くする】ho‘olohi（ほ‘おろひ）. ka‘uka‘u（か‘うか‘う）.

おそれ【畏れ】ano（あの）. anoano（あのあの）. 【畏れ多い】‘e‘ehia（‘え‘えひあ）.

おそれ【恐れ】maka‘u（まか‘う）. ho‘omaka‘u（ほ‘おまか‘う）. weli（うぇり）. 【恐れを誘発する】ho‘oweli（ほ‘おうぇり）.

おそれた【恐れた】maka‘u（まか‘う）.

おそれて【恐れて】hopohopo（ほぽほぽ）. weli（うぇり）.

おそれぬ【(何物をも) 恐れぬ】wiwo ‘ole（ヴぃヴぉ_‘おれ）.

おそろしい【恐ろしい】liha（りは）. māna‘ona‘o（まな‘おな‘お）. weliweli（うぇりうぇり）.

おそわる【教わる】⇒おしえる【教える】.

おだてる【(人を) 煽てる】pai（ぱい）.

おたふくかぜ【お多福風邪】‘ā‘īpahāha（‘あ‘いぱほは）.〈逐語〉はれた首. ‘auwaepahāha（‘あうわえぱほは）.〈逐語〉ふくれたあご.

おだやかさ【穏やかさ】la‘i（ら‘い）.

おだやかな【(天候や気持ちが晴れて) 穏やかな】kāla‘e（から‘え）. la‘e, la‘ela‘e（ら‘え, ら‘えら‘え）. la‘i（ら‘い）. māla‘e（まら‘え）.【(海などが) 穏やかな】la‘i（ら‘い）. malino, manino（まりの, まにの）. nia（にあ）. pohu（ぽふ）.【(心が落ちついて) 穏やかな】mālie（まりえ）. maluhia（まるひあ）. nahenahe（なへなへ）.
【穏やかな海】kaiolohia（かいおろひあ）.〈比喩〉心の幸せ. kai wahine（かい_わひね）.〈逐語〉女らしい海.
【穏やかな海水面】kai ho‘olulu（かい_ほ‘おるる）.
【(香りを運んでくる) 穏やかな風】moani（もあに）.
【穏やかな話し方をする】nahenahe（なへなへ）.

おだやかになった【穏やかになった】

pohu（ぽふ）.
おちた【落ちた】hā'ule（ほ＿'うれ）.
【落ちた種［実］】hua hā'ule（ふあ＿ほ'うれ）.〈比喩〉友達のない.〔現代用語〕私生児；流産で失われた胎児.
おちついた【落ち着いた】maluhia（まるひあ）.
おちつかせる【(神経・感情を) 落ち着かせる】ho'oma'alili（ほ'おま'ありり）.
おちる【落ちる】hā'ule（ほ＿'うれ）.
【(垂直な所からまたはその向こう側に) 落ちる】hina（ひな）.
【落ちること】'āluna（'ーあるな）.
おったもの【織った物】ulana（うらな）.
おっと【夫】kāne（かね）.
【(その昔の1人の妻に対する複数の) 夫達】punalua（ぷなるあ）.
【(死んだ) 夫】kāne make（かね＿まけ）.
【(内縁の) 夫】kāne manuahi（かね＿まぬあひ）.
【夫になる】kāne（かね）.
【(女性から見て) 夫の兄】kāne makua（かね＿まくあ）.
【夫のいない女性［人］】kāne 'ole（かね＿'おれ）. wahine kāne 'ole（わひね＿かね＿'おれ）.
【(女性から見て) 夫の弟】kāne 'ōpio（かね＿'おぴお）.
【夫の父，夫の母】-hūnōai（ふのあい）.通常 makua の後に付き，makua-hūnōai（まくあふのあい）となる.性別は男［kāne］または女［wahine］をつけることによって示される.〔用例〕夫の父. makuahūnōwai kāne. 夫の母. makuahūnōwai wahine.
【夫を失った】kāne make（かね＿まけ）.〔用例〕未亡人. Wahine kāne make.
オットマン【ottoman】ke'ehana（け'えはな）. すべての足のせ台.
おっとりした【～】akahele（あかへれ）.
おできができる【(頭などに) 御出来が出来る】ho'omaka（ほ'おまか）.
おてだま【お手玉, お手玉で遊ぶ】ho'oleilei（ほ'おれいれい）.【(ジャグリングのような) お手玉芸】kī-olaola（きおらおら）.
おてん【汚点】pala（ぱら）.
おと【音】kani（かに）. あらゆる種類の音.
【(雷のような) 音がとどろく】ku'i, ku'iku'i（く'い，く'いく'い）.
【音のしない】hāmau（ほまう）. la'i（ら'い）.【(水面など) 音のしない】lana, lanalana（らな，らならな）.
【音の出る皮】'ili kani（'いり＿かに）. ドラムに使われるような音の出る皮.
【音を立てる】kani（かに）.【(木の葉や波が) 音を立てる】nehe（ねへ）.
【音を響かせる】ho'okani（ほ'おかに）. leo, leleo（れお，れれお）.
◆擬音語（オノマトペ：onomatopeia）. 日本語の擬音を辞書順にし，対応するハワイ語を表示. ハワイ語ではオノマトペであるか不明の語も含む.
《カサカサ［サラサラ］いう音［鳴る音］》'u'inakolo（'う'いなころ）.
【―という音を立てる】ho'onakeke

おと

（ほ‘おなけけ）. nehe（ねへ）. ‘oē（‘おえ）.
【―という音を立てること】nakeke（なけけ）.
《カタカタ・カチカチ・ガチャガチャいう音》kanikē（かにけ）. nakulu（なくる）. pa‘ina（ぱ‘いな）.
【―という音を立てる】kawewe（かヴェヴェ）.
《ガタガタという音を立てる》ho‘onakeke（ほ‘おなけけ）.
【―という音を立てること】nakeke（なけけ）.
《カラカラ音を立てる》naku‘i（なく‘い）.
《ガラガラ・ゴロゴロいう音》palalā（ぱらら）.
【―という音を立てる】halalū（はらる）. naku‘i（なく‘い）.
《鐘・どらなどが）ガーンと音を立てる》kē（け）.
《ガンガン音を立てる》‘ikuā, ‘ikuwā（‘いくあ, ‘いくわ）.
《（小児・ブタなど）キーキー言う［泣く］》wī（うい）. すべてのかん高い音.
《鳩が）クウクウ鳴く》nū（ぬ）.
《（風・滝・雨など）ゴウゴウと音を立てる》ho‘okāwōwō（ほ‘おかうぉうぉ）. kawewe（かうぇうぇ）. nāku‘i（なく‘い）. nākolo（なころ）. nākolokolo（なころころ）. nū（ぬ）.
《（雷など）ゴロゴロ音を立てる》nākolo（なころ）. nākolokolo（なころころ）.

《（速度を上げるために馬を急ぎ立てるような）シッという音》mūkā（むか）.
《（トイレの水を流したときなど）シューッと音を立てる》hī, hīhī（ひ, ひひ）.
《（鈴などが）チリンチリンと音を立てる》wī（うい）.
《（雨・歩く音など）パラパラ・パタパタいう音》nakulu（なくる）.
【―という音を立てる】hū（ふ）. nū（ぬ）.
《（火・戸など）パチパチ, パタッ, パチンと音をたてる》pa‘ina（ぱ‘いな）. ‘u‘ina（‘う‘いな）.
《（波・木の葉・水・風など）ヒューヒュー音をたてる》‘oē（‘おえ）.
《（豚が）ブウブウ鳴く》nū（ぬ）.
《（ハエ・ハチなど）ブンブンいう音》mumuhu（むむふ）. ‘oē（‘おえ）.
【―という音を立てる】hū（ふ）. nū（ぬ）.
《（唇を開いて鳴らす）ポンという音》mūkā（むか）.

◆その他の音（音に関する表現）.
《雄鶏おんどりが鳴く》‘o‘ō（‘お‘お）.
《雄鶏おんどりが急に羽ばたいたり, 水の表面を手でぱしゃりと打つ音などの突然の音》po‘a（ぽ‘あ）.
《風の音》wī（うい）.
《キスをするように唇をすぼめ, 空気を吸ったり吐いたりすることによって起る吸い込む時の音》mūkī（むき）.
《歯ぎしりの音》wū（うい）.

57

おとうと【弟】hānau hope（ほなう_ほペ）. pōkiʻi（ぽきʻい）. 〔用例〕その人の実の弟. Pōkiʻi kaina.
【（兄から見て）弟】kaikaina（かいかいな）. 呼びかけとして最も使われる言い方は kaina（かいな）で，これは姉から見た妹と同じである.
【（姉から見て）弟】kaikunāne（かいくなね）. 呼びかけとして最も使われる言い方は kunāne（くなね）である.

おとこ【男，男の，男らしい】kāne（かね）. 〔用例〕雄牛. Pipi kāne. ⇒だんせい【男性】.
【男の子】keiki, keiki kāne（けいき，けいき_かね）.
【男の声】leo kāne（れお_かね）.
【男やもめ】kāne wahine make（かね_わひね_まけ）. 〈逐語〉死んだ妻の夫.

おとしあな【落とし穴，落とし穴で捕らえる】hei, hoʻohei（へい，ほʻおへい）.

おどしの【脅しの】hoʻonanā（ほʻおなな）.

おとす【（ものを）落とす】hoʻohāʻule（ほʻおはʻうれ）. 【（威厳などを）落とす】hoʻohaʻahaʻa（ほʻおはʻあはʻあ）.

おとった【（…より）劣った】ʻaʻaiole（ʻあʻあいおれ）. 〈比喩〉天寿を全うせず死にかけている人々のような.
【身分・地位など）劣った】haʻahaʻa（はʻあはʻあ）.

おとなしい【大人しい】laka（らか）. mālie（まりえ）. malu（まる）.

おとなしさ【大人しさ】akahai（あかはい）.

おどり【踊り】hula（ふら）. ハワイの民族舞踊. hulahula（ふらふら）. パートナーと踊る社交ダンス，アメリカのダンス，一団となって踊るフラダンス. ⇒フラ.
【（宗教的祭祀での）踊り】haʻa（はʻあ）.

おどる【踊る】hula, hulahula（ふら，ふらふら）.

おとろえる【衰える】hoʻonāwali（ほʻおなわり）.
【衰えさせる】hoʻomae（ほʻおまえ）.

おどろかす【驚かす，驚かせる】hoʻokāhāhā（ほʻおかはは）. hoʻopūʻiwa（ほʻおぷʻいヴぁ）.

おどろき【驚き】hoʻokāhāhā（ほʻおかはは）. makahehi（まかへひ）.
【（激しい）驚き】pūʻiwa（ぷʻいヴぁ）.
【驚きの間投詞】kai（かい）. ⇒かんとうし【間投詞】.
【驚きを誘発する】hoʻohaʻohaʻo（ほʻおはʻおはʻお）.

おどろく【驚く】haʻohaʻo（はʻおはʻお）. kāhāhā（かはは）.
【驚くばかりの】kāmehaʻi（かめはʻい）. kamahaʻo（かまはʻお）.
【驚くべき】kāmehaʻi（かめはʻい）. kamahaʻo（かまはʻお）. kupaianaha, kupanaha（くぱいあなは，くぱなは）.
【（何か）驚くべきことになる，～をする】hoʻokamahaʻo（ほʻおかまはʻお）.
【驚くべき人】kupuʻeu（くぷʻえう）.
【驚いた】haʻohaʻo（はʻおはʻお）. makaʻu（まかʻう）. pūʻiwa（ぷʻい

ヴぁ）．
【驚いて叫ぶ】puoho（ぷおほ）．
おなか【お腹】⇒はら【腹】．
　【お腹が満たされた】mā'ona（まˈあな；但し mā'ana とは書かない）．
おなじ【同じ】like, like pū（りけ，りけ＿ぷ），kohu ike（こふ＿いけ），ho'okahi（ほˈおかひ）．
　【同じ格好をしている】kūlike（くりけ）．
　【同じ結果です】'oia ana nō（ˈおいあ＿あな＿のー）．
　【同じ様子で】oia mau nō（おいあ＿まう＿のー）．ご機嫌いかがですか［Pehea 'oe?］の返事として言われる．
おなじく【（…と）同じく】me（め）．
　〔用例〕あなたと同じく．Like me 'oe.
オナモミ【巻耳】kīkānia（きかーにあ）．〔植物〕Xanthium 種．
おなら【屁】makani（まかに）．
　【おならをする】hi'u（ひˈう）．makani（まかに）．palalē（ぱられー）．
　【（聞き取れるほどの）おならをする】pūhi'u（ぷーひˈう）．pūhi'u は無作法であるとみなされる．
　【（音のしない）おならをする】hio（ひお）．pūhihio（ぷーひひお）．
オニカマス【〜】kākū（かくー）．〔魚〕Sphyraena barracuda：カマス科の海産魚の総称；細長く食肉性の熱帯・亜熱帯の海魚；ある種のものは食用になる．
おにごっこ【鬼ごっこ】pio（ぴお）．
おね【尾根】hiwi（ひヴぃ）．kualapa（くあらぱ）．

おの【斧】ko'i（こˈい）．lipi, lipilipi（りぴ，りぴりぴ）．
おば【（親族関係での）伯母・叔母】makuahine（まくあひね）．複数形は mākuahine（まーくあひね）．
　【（親愛語としての主に年上の女性を指す）おばさん】'anakē（ˈあなけー）．anate. は異形．〔英語：aunt〕．
おばあさん【お婆さん】⇒そふぼ【祖父母】，ろうじょ【老女】．
おばけ【お化け】akua lapu（あくあ＿らぷ）．lapu（らぷ）．
　【（ハロウィンの日の子供たちのように）お化けの真似事をする】ho'olapu（ほˈおらぷ）．
おはじき【御弾き】kinikini（きにきに）．昔は丸い小石や種が使われた．
　【おはじきで遊ぶ】kinikini（きにきに）．
おはようございます〔あいさつ〕aloha kakahiaka（あろは＿かかひあか）．
おび【帯】'a'a（ˈあˈあ）．a'apūhaka（あˈあぷーはか）．kā'ai（かーˈあい）．kāko'o（かーこˈお）．
おびえさせる【怯えさせる】ho'olī'ō（ほˈおりーˈおー）．ho'omaka'u（ほˈおまかˈう）．
おびきいれる【（タコなどを）誘き入れる】miki（みき）．
おひつじ【（去勢しない）雄羊】hipa kāne（ひぱ＿かーね）．〈逐語〉男（の）羊．
おびている【（…の性質を）帯びている】'ā-（ˈあー）．〔文法〕漠然とした意味を持つ語に付く接頭辞．⇒せっとうじ

おひれ

【接頭辞】.
おひれ【尾鰭】hi'u（ひ'う）.
おぶつ【汚物】'eka（'えか）. lepo（れぽ）.
おぶっていく【(子供などを)負って行く】waha（わは）.
おぼえがき【覚書】puke ho'omana'o（ぷけ_ほ'おまな'お）.
おぼえる【覚える】ho'opa'a（ほ'おぱ'あ）.
おぼれる【溺れる】holoāi'a（ほろあい'あ）. piholo（ぴほろ）.
おぼん【御盆】⇒トレー、ぼん【盆】.
おまつり【お祭り】⇒まつり【祭り】.
オムレツ【omelet】hua pākā（ふあ_ぱか）.
おめでとう【御目出度う】Ho'omaika'i（ほ'おまいか'い）.
おもい【重い】kaumaha（かうまは）.〈比喩〉悲しい,（意気）消沈した.
【重い荷を負わせる】ho'okaumaha（ほ'おかうまは）.〈比喩〉悩ます, しいたげる.
【重いものを持ち上げる】amo（あも）.
おもい【思い】mana'o（まな'お）.
【思い上がった】hō'oio（ほ'おいお）.
【思い起こす】ho'omana'o（ほ'おまな'お）
【思い焦がれる】nipo（にぽ）. niponipo（にぽにぽ）. 'upu（'うぷ）.
【思い出させる】ho'omana'o（ほ'おまな'お）.
【思い出させる物, 思い出させる事】ho'ono'ono'o（ほ'おの'おの'お）.
【思い出す】hā'upu（ほ'うぷ）.

ho'omana'o（ほ'おまな'お）.
【思い通りにする】kākele（かけれ）.〔様相〕思いのまま当てもなく歩き, 自分が望むようなことをする.
【思いもよらない】'ano'ai（'あの'あい）.
おもいやり【思い遣り】aloha（あろは）. ⇒アロハ. pumehana（ぷめはな）.
【思い遣りのある】leo 'ole（れお_'おれ）. 'olu（'おる）. pumehana（ぷめはな）.
【思い遣りを持って扱う】ho'olaka（ほ'おらか）.
おもう【思う】no'ono'o（の'おの'お）.
おもおもしい【重々しい】mākolu（まこる）.
おもくにもつをつんだ【(大変)重く荷物を積んだ】kaumaha lua（かうまは_るあ）.〈比喩〉とても悲しい.
おもさ【重さ】kaumaha（かうまは）. kaupaona（かうぱおな）. paona（ぱおな）. weka（うぇか）. weta. は異形.〔英語：weight〕.
おもしろい【面白い】hoihoi（ほいほい）. ho'omāke'aka（ほ'おまけ'あか）. nanea（なねあ）.
おもしろくあそぶ【面白く遊ぶ】ho'ole'ale'a（ほ'おれ'あれ'あ）.
おもちゃ【玩具】mea pā'ani（めあ_ぱ'あに）. milimili（みりみり）.
おもて【表】alo（あろ）.
【表裏を逆にする】lole（ろれ）.
おもに【重荷】luhi, luhiluhi（るひ, るひるひ）.
おもんずる【重んずる】ho'ohulu（ほ

'おふる).【(特に失われる危険にさらされている物を大いに)重んずる】minamina (みなみな).

【重んじた】hulu (ふる).

おや【〜】'a (あ). kā (か).〔間投詞〕軽い非難や驚きの叫び.

おや【親】makua (まくあ).複数形は mākua (まくあ).

【親としての権威】mana makua (まな_まくあ).

【親の役目を務める,親としてみなす,親として扱う】ho'omakua (ほ'おまくあ).

おやかた【親方】luna (るな).

おやゆび【(手の)親指】manamana lima nui (まなまな_りま_ぬい).〈逐語〉大きな指. manamana nui (まなまな_ぬい). lima nui (りま_ぬい).

およぎをおそわる【泳ぎを教わる,泳ぎを教える】hō'au (ほ'あう).

およぐ【泳ぐ】'au ('あう).

【泳ぐ時のひれや手の動き】halo (はろ).

および【及び】ā, a (あ,あ).

オランダ【Holland, オランダの】Hōlani (ほらに).

オランダカラシ【阿蘭陀辛子】lēkō (れこ).〔植物〕Naturtium microphyllum.

オランダミツバ【阿蘭陀三葉】⇒セロリ.

オリ〔ハワイ〕oli.〔音楽〕踊りの付かない歌,およびその歌を歌う(特に長いフレーズを一息で歌い,またフレーズの最後を独特な声を震わせる唱法を使う場合もある).

【オリの歌い手,オリ主唱者】mea oli (めあ_おり).

おり【檻】pā (ぱ).

オリアナ〔ハワイ〕'oliana (おりあな).〔植物〕Nerium oleander と indicumの種類:一般的な装飾用の低木.

おりかえしく【(詩歌の各節の終わりの)折り返し句】ha'ina (は'いな).

【折り返し句を歌う】ha'ina (は'いな).〔用例〕折り返し句を告げる. Ha'ina 'ia mai ana ka puana. ha'ina を再び歌う. Ha'ina hou.

おりかえす【折り返す】pelu (ぺる).

おりこむ【折り込む】'āwili ('あうぃり).

おりたたむ【折り畳む】'āpikipiki ('あぴきぴき). 'opi ('おぴ). 'opi'opi ('おぴ'おぴ).〔用例〕折り畳み式テーブル. Pākaukau 'opi'opi.

おりとる【(サツマイモの細いつるなどを)折り取る】haha'i (はは'い).

おりはし【織端】ka'e pa'a (か'え_ぱ'あ).織物の耳.〈逐語〉固い端.

オリーブのき【olive の木】'oliwa ('おりヴぁ). oliva. は異形.〔英語〕.〔植物〕Olea europaea.

おりまげる【折り曲げる】hō'alu (ほ'ある).

おりまぜる【織り交ぜる】'āwili ('あうぃり).

おりもの【(透き通った)織物】'a'amo'o ('あ'あも'お).

おりめ【折り目】'āpikipiki ('あぴきぴき). 'opi ('おぴ).

【折り目を付ける】'opi ('おぴ).

おりる【下りる・降りる】iho（いほ）．kūpou, kūpoupou（くぽう，くぽうぽう）．

【（自動車などから）降りる】lele（れれ）．

【降りること】'āluna（'あるな）．

おる【（折り紙など）折る】pelu（ぺる）．

【（ポキンと）折る】ha'i, haki（は'い，はき）．

おる【織る】lino, linolino（りの，りのりの）．〔歴史〕ハワイでは編むが主であった．なお，タパは叩いて繊維をからめたフェルト状の布⇒あむ【編む】，タパ．

オルガン【organ】'okana（'おかな）．

オレ〔ハワイ〕'Ole（'おれ）．〔ハワイ暦〕月の7日・8日・9日・10日・21日・22日の夜．これらはnā 'Ole（な_'おれ）と呼ばれた．'Oleには「無」という意味があることから，これらの日には漁や種まきまたは何か重要なことを始めるには縁起が悪いとされた．

おれた【（えんぴつの先などが）折れた】'akumu（'あくむ）．

おれやすい【折れ易い】pōhae（ぽはえ）．

オレンジ【orange】'alani（'あらに）．〔植物〕果実・木ともにオレンジの全種．

おろかさ【愚かさ】hūpō（ふぽ）．

おろしうりの【卸売りの】kūka'a（くか'あ）．

おろしがね【下ろし金】wa'u（わ'う）．

おろす【（チーズやリンゴなどを）下ろす】wa'u（わ'う）．〔用例〕ヤシの実を削る．Wa'u niu.

おろす【（網などを）降ろす】ku'u（く'う）．

おろそかにする【疎かにする】nānā 'ole（なな_'おれ）．

オロナー〔ハワイ〕olonā（おろな）．〔植物〕Touchardia latifolia：自生の低木；樹皮から取れるとても強く丈夫な繊維は，魚を取る網や物を運ぶ網，また鳥の羽で作られたケープの基部のほかいろいろな物に使われた．

おわり【終わり】hope（ほぺ）．panina（ぱにな）．

おわる【終わる】oki（おき）．

【終わりを付ける】ho'ōki（ほ'おき）．

【終わった】muku（むく）．mukumuku（むくむく）．pau（ぱう）．

【終わって】muku（むく）．mukumuku（むくむく）．

おんかい【音階】alapi'i mele（あらぴ'い_めれ）．pākōlī（ぽこり）．

	HAW	伊	独	米	日
	Pā（ぱ）	do	C	C	ハ
	Kō（こ）	re	D	D	ニ
	Lī（り）	mi	E	E	ホ
	Hā（は）	fa	F	F	ヘ
	Nō（の）	so	G	G	ト
	Lā（ら）	la	A	A	イ
	Mī（み）	ti	H	B	ロ

【音階の音符】leo mele（れお_めれ）．

おんがく【音楽】mele（めれ）．

【音楽の符号】hua mele（ふあ_めれ）．

【音楽会】'aha mele（'あは_めれ）．

おんきょう【音響】leo, leleo（れお，

れれお）．

おんけい【恩恵】pōmaika'i（ぽまいか‘い）．

おんけんな【穏健な】akahele（あかへれ）．

おんじょうのある【温情のある】pumehana（ぷめはな）．

おんしらずの【恩知らずの】aloha 'ole（あろは_‘おれ）．

オンス【ounce】'aunaki, 'aunake, 'auneki（‘あうなき，‘あうなけ，‘あうねき）．〔英語〕1オンスは28.35グラム．金の1オンスは31.1035グラム．

おんせい【音声】leo, leleo（れお，れれお）．

おんせつ【音節】hopuna 'ōlelo（ほぷな_‘おれろ）．leo, leleo（れお，れれお）．

おんてい【音程】kani（かに）．kī（き）．〔英語：key〕．5線上の音部記号．

おんど【温度】wela（うぇら）．
【温度を量る】ana wela（あな_うぇら）．
【温度計】ana wela（あな_うぇら）．

おんどり【雄鶏】moa kāne（もあ_かね）．〈逐語〉男の鶏．
【雄鶏が鳴く】'o'ō（‘お‘お）．
【雄鶏の尾の羽】ko'o（こ‘お）．

おんな【(成人した) 女，(青年女子などが) 成人した女になる】wahine（わひね）．複数形はwāhine（わひね）．〔用例〕その女たち．Nā wāhine.
【(成人した) 女のように振る舞う】ho'owahine（ほ‘おわひね）．
【女首長】ali'i（あり‘い）．

おんぷ【音符】kānāwai mele（かなわい_めれ）．

おんりょう【怨霊】pahulu（ぱふる）．

おんわでやさしい【(目または性質など) 温和で優しい】onaona（おなおな）．

か

か【課】**kīhapai**（きはぱい）仕事や事務所の課.

か【蚊】**makika**（まきか）.〔英語：mosquito〕.

ガ【蛾】**pulelehua**（ぷれれふあ）.

カーエケエケ〔ハワイ〕**kā'eke'eke**（か'えけ'えけ）.〔楽器〕通常，一方が空いている 30〜100cm 位の長さの違う竹の筒；竹の筒を演奏する.

カーヴェル〔ハワイ〕**kāwelu**（かヴぇる）.〔フラ〕フラダンスのステップ. 英語ではカラーカウア・ステップとも呼ばれる.

カーヴェレ〔ハワイ〕**kāwele**（かヴぇれ）.〔音楽〕よく聞き取れて明確な発音の歌の種類；このように歌う.

カーキいろ【khaki 色】**kākī**（かき）.

カーテン【curtain】**pākū**（ぱく）. **pale**（ぱれ）.

ガーデニア【gardenia】**kiele**（きえれ）.〔植物〕Gardenia augusta：アカネ科クチナシ属

ガードル【girdle】**'a'a**（'あ'あ）. **kāko'o**（かこ'お）. **kāliki**（かりき）.〔服飾〕女性用下着のガードル.
【ガードルを締める】**kāliki**（かりき）.

カーネ〔ハワイ〕**Kāne**（かね）.〔神話〕ハワイの偉大な 4 人の神の中の主要な神.

カーネ〔ハワイ〕**Kāne**（かね）. ハワイ暦月の 27 日目の夜の名前.

カーネーション【carnation（の一種）】**ponimō'ī**（ぽにも'い）.〔植物〕Dianthus caryophyllus. ⇒ハイビスカス. ハエ・ハワイ'イ.

カーヒリ〔ハワイ〕**kāhili**（かひり）.〔歴史〕支柱の先に多数の鳥の羽を房状につけた物. 王室を象徴する.
【カーヒリを持ち運ぶ】**pa'a kāhili**（ぱ'あ_かひり）.
【カーヒリを持ち運ぶ人】**lawe kāhili**（らヴぇ_かひり）. **pa'a kāhili**（ぱ'あ_かひり）.

カーヒリジンジャー【カーヒリ ginger】⇒キバナシュクシャ【黄花縮砂】.

カーヘア〔ハワイ〕**kāhea**（かへあ）.〔フラ〕歌い手への合図と同時に踊り手による節の 1 行目の独唱.

カーホロ〔ハワイ〕**kāholo**（かほろ）.〔フラ〕フラダンスの「ヴァンプ」というステップ；このステップを踏む.

カーマウ〔ハワイ〕**kāmau!**（かまう）.〔間投詞〕乾杯の発声.「あなたの健康を祝して」という意味が込められている.

カーライモク〔ハワイ〕**kālaimoku**（からいもく）.〔官職〕大・公使館の参事官, 総理大臣；これらの官職を遂行する.〈逐語〉島を管理する.

ガーリック【garlic】**kālika**（かりか）. **galika**. は異形.〔英語〕.

カーリー〔ハワイ〕**kālī**（かり）.〔レイ〕レイを作る時に花や貝に通した, または松明として使うキャンドルナッツをつなぐために使われた糸.

カール【（毛髪などの）curl】**milo**（みろ）.

カーロア〔ハワイ〕**Kāloa**（か̄ろあ）. ハワイ暦月の3晩の名前，カナロア[Kanaloa]という神を祭った夜.
【カーロアの第1夜目】**Kāloa Kū Kahi**（か̄ろあ_く̄_かひ）.〔ハワイ暦〕ハワイの暦月の24番目の夜.
【カーロアの第2夜目】**Kāloa Kū Lua**（か̄ろあ_く̄_るあ）.〔ハワイ暦〕ハワイの暦月の25番目の夜.
【カーロア最後の夜】**Kāloa Pau**（か̄ろあ_ぱう）.〔ハワイ暦〕ハワイの暦月の26番目の夜.

かあさん【母さん，母ちゃん】**māmā**（ま̄ま̄）.〔英語：mama〕.

カアプニ〔ハワイ〕**kaʻapuni**（かʻあぷに）.〔フラ〕「島一周」と呼ばれるフラダンスのステップ.

かい【海と陸にいる貝の一般総称】**pūpū**（ぷ̄ぷ̄）.
【海貝の一種】**pūpūau, pūpū ʻawa**（ぷ̄ぷ̄あう，ぷ̄ぷ̄_ʻあわ）.〔貝〕Drupa ricinas, Purpura aperta.

かい【櫂】**hoe**（ほえ）.〔カヌー〕カヌー用の短い幅広のかい.〔用例〕カヌーを前方にこぎなさい. Hoe aku i ka waʻa.〈比喩〉「自分の役目を果しなさい」，「継続しなさい」，「やり続けなさい」という意味.
【櫂で（カヌーを）安定させる】**hoʻokū**（ほʻおく̄）.
【櫂で支える】**kīpu**（き̄ぷ）. 波に揺れるカヌーをかいで押えておく，または支える.
【櫂の肋材】**io**（いお）. カヌー用のかい・パドルの肋材.

かいいん【会員】**lālā**（ら̄ら̄）.
かいがいいじゅうみん【海外移住民】**panalāʻau**（ぱなら̄ʻあう）.
かいかいしている【開会している】**noho**（のほ）.
がいかく【外殻】**iwi**（いヴぃ）. ココナッツ・キャンドルナッツ・ヒョウタン・卵・貝などの外殻.〔用例〕ココナッツの外殻. Iwi pūniu.〈比喩〉頭蓋骨.
かいかしている【開花している】**mohala**（もはら）.
かいかする【開花する】**makalapua**（まからぷあ）.
かいかつな【快活な】**ʻama**（ʻあま）. **ʻolu**（ʻおる）.
かいかつにする【快活にする】**hōʻolu**（ほ̄ʻおる）.
かいかん【会館】**holo**（ほろ）.〔英語：hall〕.
かいがん【海岸】**kahakai**（かはかい）.
【海岸地帯の居住者】**kō ā kai**（こ̄_あ̄_かい）.
【海岸線に入り込む】**hoʻokūʻono**（ほʻおく̄ʻおの）.
がいかん【（物の）外観】**nānaina**（な̄ないな）.
【外観を美しくする】**ulumāhiehie**（うるま̄ひえひえ）.
【外観を醜くする】**hoʻomāʻinoʻino**（ほʻおま̄ʻいのʻいの）. **māʻinoʻino**（ま̄ʻいのʻいの）.
かいき【会期】**kau**（かう）.【(州議会の) 会期】**ʻaha kau kānāwai**（ʻあは_かう_か̄な̄わい）.

かいぎ【会議】kūkā, kūkākūkā（くかー, くかーくかー）.〔用例〕会議出席者．'Aha kūkā. pūku'i（ぷくぅい）.
【会議を催す】kākā kama'ilio（くかー_かまぅいりお）.〈逐語〉ぺちゃくちゃ話し合う．
かいぎばしょ【(首長たちが集まる) 会議場所】moana（もあな）.
かいきゅう【(社会) 階級】papa（ぱぱ）.
【階級の高い】mamao（ままお）.
かいきょう【海峡】kōwā（こわー）. wā（わー）. ⇒すいろ【水路】.
かいぎょうい【開業医】⇒ないかい【内科医】.
かいぐんしょうかん【海軍将官, 海軍大将】'akimalala,（ぁきまらら）. adimarala. は異形．〔英語：admiral〕.
かいけい【会計】pilawaiwai（ぴらわいわい）.
【会計の】waihona（わいほな）.
【会計係】pu'ukū（ぷぅくー）.
かいけつすべきなんもん【解決すべき難問, ～謎】naneha'i（なねはぅい）.〈逐語〉謎を告げる．
かいけつびょう【壊血病】pu'upu'u（ぷぅぷぅう）.〔病理〕ビタミンCの欠乏によって起こる病気．
がいけん【(人間などの全体の) 外見】hi'ona（ひぅおな）. kohu（こふ）.
【外見が似ている】kohu（こふ）.
かいげんれい【戒厳令】kānāwai koa（かーなーわい_こあ）.
かいごう【会合】'aha（ぁは）. hālāwai（はーらーわい）. mui（むい）. pūku'i（ぷくぅい）.
【会合の手はずを整える】ho'ohālāwai（ほぅおはーらーわい）.
【会合の（日時・場所の）取り決めをする】ho'opa'a manawa（ほぅおぱぅあ_まなわ）.
かいごうする【会合する】anaina（あないな）. hui（ふい）. pūku'i（ぷくぅい）.
がいこく【(すべての) 外国】kahiki（かひき）.
【外国生まれの人】haole（はおれ）. malihini（まりひに）.
【(植物・豚など) 外国から持ち込まれたもの】haole（はおれ）.
【外国の】haole（はおれ）. kūwaho（くーわほ）.
【外国語】'ōlelo 'ē（ぅおーれろ_ぅえー）.【外国語（特に英語）】namu haole（なむ_はおれ）. namuだけでも英語を示す．
【外国語を話す】namu（なむ）.
【外国語を話すふりをする】ho'onamu（ほぅおなむ）.
【外国人】kanaka 'ē（かなか_ぅえー）. mea 'ē（めあ_ぅえー）. ⇒はくじん【白人】.
かいこする【解雇する】ho'oku'u（ほぅおくぅう）. ho'opau（ほぅおぱう）.
かいこする【回顧する】⇒かいそうする【回想する】.
がいこつ【骸骨】iwi kanaka（いヴぃ_かなか）.
かいころく【回顧録】puke ho'omana'o（ぷけ_ほぅおまなぅお）.

かいし【開始】maka mua（まか_むあ）.

かいしがたい【解し難い】pohihihi（ぽひひひ）.

かいしゅうはきょうかいせいの【会衆派教会制の】Kalawina（からうぃな）.

かいすい【海水】kai（かい）.
【（禁忌を清めるまたは取り除くために）海水を撒く】pī kai（ぴ_かい）.

がいする【害する】'ino, 'ino'ino（'いの, 'いの'いの）. ho'o'ino（ほ'お'いの）.

かいせん【会戦】kaua（かうあ）.

かいせん【疥癬】kāki'o（かき'お）.〔病理〕伝染性皮膚炎.

かいそう【海草】limu（りむ）.
【海草（の種類）】alani（あらに）. Dictyota種：茶色の海草，細長い節に分かれていて味は苦い. limu kala（りむ_から）. Sargassum echinocarpum：一般的な茶色の長い海草. limu kohu（りむ_こふ）. Asparagopsis taxiformis：柔らかい多汁組織の小さな海草. 食用の海草の中では有名で最も好まれる. limu koko とも呼ばれる.

かいそうする【回想する】huliau（ふりあう）.
【（昔を）回想する】hā'upu（は'うぷ）. kau'eli'eli（かう'えり'えり）.

かいそくの【快速の】holo（ほろ）.

かいだん【階段】alahaki（あらはき）.〔地形〕特に海岸の崖や絶壁に切り込まれた階段. 'anu'u（'あぬ'う）. alapi'i（あらぴ'い）.

がいちゅう【害虫】huhu（ふふ）. 木や果実などに穴をあけて食害する昆虫.
【（木・布・植物を食べる）害虫の一般総称】mū（む）.

かいちゅうでんとう【懐中電灯】kukui pa'a lima（くくい_ぱ'あ_りま）〈逐語〉手に持つ灯火.

かいちゅうとけいのくさり【懐中時計の鎖】kaula uaki（かうら_うあき）.

かいていしている【開廷している】noho（のほ）.
【（裁判所の）開廷期】⇒さいばんしょ【裁判所】.

かいていでんせん【海底電線】uea moana（うえあ_もあな）.

かいてき【快適】'olu（'おる）.

かいてん【回転】⇒まわす【回す】, まわる【回る】,
【（車輪などの）回転】kaka'a（かか'あ）.
【回転を起こす】ho'oka'a（ほ'おか'あ）.
【回転している】niu（にう）. niniu（ににう）.
【回転研摩盤】hoana ka'a（ほあな_か'あ）.

かいてんする【回転する】ka'a（か'あ）. kaka'a（かか'あ）. 'ōka'a（'おか'あ）. 'ōlepe（'おれぺ）. poahi（ぽあひ）. pōniu（ぽにう）.
【回転させる】ho'okaka'a（ほ'おかか'あ）. ho'ōlepe（ほ'おれぺ）. ho'onaue（ほ'おなうえ）. pōka'a（ぽか'あ）.【（ダンスをしていて腰を）回転させる】ho'olewa（ほ'おれヴぁ）.

かいとう【回答】pane（ぱね）.

かいとう【(問題などの)解答】wehena（うぇへな）.
がいとう【外套】'ahu（'あふ）. kuka（くか）. ⇒コート.【(袖なしの)外套】koloka（ころか）.〔英語：cloak〕.〔服飾〕マント，ケープ.
かいならす【飼い馴らす】laka（らか）. ho'olaka（ほ'おらか）.
【飼い馴らした】laka（らか）.
【飼い馴らしてない】hihiu（ひひう）.
かいのしきかん【下位の指揮官】hope po'o（ほぺ_ぽ'お）.
かいのレイ【貝のレイ】⇒レイ.
かいばつ【海抜】nu'u（ぬ'う）.
かいはつする【開発する】ho'omohala（ほ'おもはら）.
がいひ【(動物などの)外皮】'ili luna（'いり_るな）.
かいひする【(質問などを)回避する】kaupale（かうぱれ）.
がいぶに【外部に】waho（わほ）.〔所格の名詞〕. i, ma- の後に続く.〔用例〕外に行きなさい. E hele 'oe i waho.
がいぶの【外部の】kūwaho（くわほ）. waho（わほ）.
かいへいする【(食物をかむ口が)開閉する】'ūpā（'うぱ）.
【(全ての)開閉する道具】'ūpā（'うぽ）.〔解説〕植木ばさみ・はさみ・火ばさみ・ふいご・大工の製図用コンパスなどすべての開閉する道具.
がいへき【外壁】paia（ぱいあ）.
かいほう【解放】kū'oko'a（く'おこ'あ）. lipaki（りぱき）. libati. は異形.〔英語：liberty〕.
かいほうする【解放する】ho'okala（ほ'おから）. ho'oku'u（ほ'おく'う）. ho'opakele（ほ'おぱけれ）.
【解放させた】'auhe'e（'あうへ'え）.
【解放した】hemo（へも）.
カイマナヒラ〔ハワイ〕Kaimana-hila.〔英語：diamond hill〕. オアフ島にある山の名前. ダイヤモンド・ヘッド.
がいむだいじん【外務大臣】kuhina o nā 'āina 'ē（くひな_お_な_'あいな_'え）.
かいめい【解明】ho'ākaaka（ほ'あかあか）.
【(物事の理解を)解明する光】mālamalama（まらまらま）.
かいめん【海面】'ilikai（'いりかい）.〈逐語〉海の表面.
がいめん【外面】alo（あろ）.
かいめんじょうの【海綿状の，海綿質の】ho'okalekale（ほ'おかれかれ）.
かいよう【潰瘍】pūhā（ぷは）.
【潰瘍性の】'a'ai（'あ'あい）.
かいよう【海洋】moana（もあな）. 外洋も同様.
【海洋〔外洋〕を旅する】'aumoana（'あうもあな）.
【海洋学，海洋学者】kilo moana（きろ_もあな）.〈逐語〉公海を観察したり研究する.
かいわ【会話】kama'ilio 'ana（かま'いりお_'あな）.
【会話を始める】ho'owala'au（ほ'おわら'あう）.
【会話の】kama'ilio（かま'いりお）.

カイワリ【貝割り】ulua（うるあ）．〔魚〕幾種類ものアジ科カイワリ属の海魚：釣りの対象になる食用魚．

がいをおよぼす【害を及ぼす】lapa（らぱ）．

かいんぎいん【（州議会の）下院議員】lunamakaʻāinana（るなまかʻあいなな）．

かう【買う（または売る）】hoʻolilo（ほʻおりろ）．kūʻai（くʻあい）．〈逐語〉食物を立たせる．〔用例〕買う．Kūʻai mai. 売る．Kūʻai aku. 買い物に行く．Kūʻai hele. 買った土地．ʻĀina kūʻai.

ガヴァ【guava】kuawa（くあヴぁ）．〔英語・植物〕Psidium guajava：熱帯・亜熱帯アメリカ原産，液果状の実からジャム・ゼリー・ジュースなどが作られる．

カウアイとう【カウアイ島，カウアイ島民】Kauaʻi（かうあʻい）．〔地理〕ハワイ諸島の一島．

カウハレ〔ハワイ〕kauhale. ハワイ人の家の集団；その昔ハワイの家は男性が食事する家，女性が食事する家，寝るための家，料理をするための家，カヌーをいれておく家など数々の家から成っていた．〈逐語〉複数の家．

カウボーイ【cow boy：牛飼い】paniolo（ぱにおろ）．paniola（ぱにおら）．メキシコから来たカウボーイたちが，自分たちはエスパニョール［Español, Spaniola］だと言ったことから，訛ってパニオロと呼ぶようになった．本来のスペイン人［Paniolo］と区別するため paniolo pipi と使うこともある．

カウンター【counter：食堂の細長い台】pākaukau（ぱかうかう）．〔調度〕⇒つくえ【机】．

かえしぬい【返し縫い，返し針で縫う】humu hoʻi（ふむ_ほʻい）．

かえす【返す】hoʻihoʻi（ほʻいほʻい）．

カエル【蛙】poloka（ぽろか）．lana（らな）．rana. は異形．〔ラテン語：rāna〕．

かえる【帰る】hoʻi（ほʻい）．hoʻi hope（ほʻい_ほぺ）．hoʻi hou（ほʻい_ほう）．【帰らせる】hoʻi（ほʻい）．

かえる【変える】hoʻohuli（ほʻおふり）．hoʻolilo（ほʻおりろ）．hoʻololi（ほʻおろり）．loli, lolilolì（ろり，ろりろり）．

かえん【火炎】ʻā（ʻあ）．ula ahi（うら_あひ）．

【火炎の】ʻā（ʻあ）．

かお【顔】maka（まか），helehelena（へれへれな）．

【顔が美しい】maikaʻi（まいかʻい）．

【顔が（きりっとして）立派な】maikaʻi（まいかʻい）．

【顔をしかめる】makuʻe（まくʻえ）．

かおだちのととのった【顔立ちの整った】kūmū（くむ）．nohea（のへあ）．uʻi（うʻい）．

かおだちのよいひと【顔立ちの良い人】nohea（のへあ）．uʻi（うʻい）．

かおつき【顔つき】helehelena（へれへれな）．maka（まか）．

かおり【香り】ʻaʻala（ʻあʻあら）．〈比喩〉高い身分の，高貴な．【（森林地帯の高地のような涼しく快い）香り】anuhea（あぬへあ）．【（特に風に吹

かれて漂う）香り】**māpu**（まぷ）. **māpuana**（まぷあな）【（強い）香り】**paoa**（ぱおあ）.
【香りの良い】**ʻaʻala**（ʻあʻら）. **ʻala**（ʻら）. **hōʻala**（ほ̄ʻら）. **hoʻokūpaoa**（ほʻおく̄ぱおあ）.【（心地好く）香りの良い】**onaona**（おなおな）.
【香り（など）が漂っている】**māpu**（ま̄ぷ）.
【（風が）香りを運ぶ】**moani**（もあに）.

かかえる【（タパ布などを両腕に）かかえる】**hakuhaku**（はくはく）.

かかく【価格】**kumu**（くむ），**kumu kūʻai**（くむ_く̄あʻい）.〔用例〕高価な. kumu kūʻai nui.
【価格を下げる】**hoʻēmi**（ほʻē みえ）.

かがく【科学】**akeakamai**（あけあかまい）.

かかと【踵】**kuʻekuʻe wāwae**（くʻえくʻえ_ヴァヴェ）. **hila**（ひら）.〔英語：heel〕.

かがみ【鏡】**aniani**（あにあに）. **aniani kilohi**（あにあに_きろひ）.

かがむ【屈む】**ʻalu**（ʻある）.

かがめる【（頭・背などを）屈める】**hōʻalu**（ほ̄ʻある）.

かがやかせる【輝かせる】**hōʻuiki**（ほ̄ʻういき）.

かがやき【輝き】**ʻalohi**（ʻあろひ）. **ʻanapa**（ʻあなぱ）. **hoaka**（ほあか）. **ʻōlali**（ʻお̄らり）. **ʻōlino**（ʻお̄りの）. **ʻōlinolino**（ʻお̄りのりの）.

かがやく【（月光のように）輝く】**aʻiaʻi**（あʻいあʻい）.
【（きらきら）輝く】**ʻalohi**（ʻあろひ）. **lohi**（ろひ）. ʻalohi の短縮形. **hoaka**（ほあか）. **huali**（ふあり）. **lino, linolino**（りの, りのりの）. **ʻōlali**（ʻお̄らり）. **ʻōlino, ʻōlinolino**（ʻお̄りの, ʻお̄りのりの）.
【（磨かれた石や貝など）輝く】**hinuhinu**（ひぬひぬ）.
【（月が）輝く】**kōnane**（こ̄なね）.
【（露などで）輝く】**liko**（りこ）.
【（月, 太陽が）輝く】**pā**（ぱ̄）.
【輝く月光】**kōnane**（こ̄なね）.

かがりめ【縢り目】**kāmoe**（か̄もえ）. きちんと同方向に寄りかかるようにかがわれているかがり目.

かかる【掛かる】⇒「飛び掛かる，降り掛かる」,「虹が掛かる, わなに掛かる」など参照.

かがる【縢る】**humuhumu ulana**（ふむふむ_うらな）.〔用例〕スカートの裾をかがりなさい. E humuhumu ulana ʻoe i ka pelu a ka palekoki.

かき【夏期】**Ikiiki**（いきいき）.

かぎ【鉤, 鉤針】**lou**（ろう）.
【鉤で吊るす, 鉤で引っ掛ける】**hoʻolou**（ほʻおろう）.

かぎ【ドアや門などの鍵】**kī**（き̄）.〔英語：key〕.

かきあつめる【掻き集める［取る］】**koe**（こえ）.

かぎがたにまげる【鉤形に曲げる】**huka**（ふか）.

かききずをつける【掻き傷を付ける】**walu**（わる）.

かきたてる【（関心・好奇心などを）掻き立てる】ho'āla（ほ'あら）．

かぎつける【（匂いを）嗅ぎ付ける】honi（ほに）．

かぎつめ【（猫・鷹などの）鉤爪】māi'u'u（まい'う'う）．miki'ao（みき'あお）．

かきとめゆうびんぶつ【書留郵便物】leka i ho'opa'a 'ia（れか_い_ほ'おぱ'あ_'いあ）．

かきね【垣根】pā la'alā'au（ぱ_ら'あらう）．

かぎのて【（ドアーなどの）鉤の手】huka（ふか）．〔英語：hook〕．

かぎばり【鉤針】kui lihilihi（くい_りひりひ）．〔道具〕レース編みのかぎ針．pāuma（ぱうま）．〔道具〕麻袋を作るのに使われる大きな湾曲した針．

かきまぜる【（魚の群れなどを）掻き混ぜる】ho'owili（ほ'おうぃり）．
【掻き混ぜた】'āwili（'あうぃり）．

かきまわす【（水などを）掻き回す】ho'olepe（ほ'おれぺ）．【埃や泥などを）掻き回す】kaiehu（かいえふ）．

かきみだす【掻き乱す】ho'oloku（ほ'おろく）．ho'oluhi（ほ'おるひ）．naku（なく）．
【掻き乱される】ho'oluhiluhi（ほ'おるひるひ）．
【（人心を）掻き乱した】pi'oloke（ぴ'おろけ）．

かきものつくえ【（引き出し付き）書き物机】papa palapala（ぱぱ_ぱらぱら）．

かきゅうの【下級の】holina（ほりな）．

かく【（名詞の）格】'aui（'あうい）．〔文法〕ハワイ語ではマーカーにより名詞の格を表す．日本語の格助詞との対応がある．

かく【（果実）の核】haku（はく）．

かく【角，角度】huina（ふいな）．

かく【書く】kākau（かかう）．〔用例〕作家．Mea kākau.
【書くこと】kākau（かかう）．
【書くことを教える［教わる］】a'o（あ'お）．

かぐ【家具】lako hale（らこ_はれ）．pono hale（ぽの_はれ）．

がくいをさずける【学位を授ける】ho'opuka（ほ'おぷか）．

かくぎ【閣議】'aha kuhina（'あは_くひな）．

かくげん【（因襲的）格言】'ōlelo no'eau（'おれろ_の'えあう）．a'o palapala（あ'お_ぱらぱら）．

かくされた【隠された】ho'onalonalo（ほ'おなろなろ）．huna（ふな）．
【隠された意味】kaona（かおな）．ハワイの詩や歌にあるような隠された意味．mana'o ho'onalonalo（まな'お_ほ'おなろなろ）．
【隠された謎】nane huna（なね_ふな）．
【隠された秘密】huna（ふな）．

がくしき【学識】na'auao（な'あうあお）．
【学識のある】pa'a（ぱ'あ）．

かくじつに【確実に】'oia'i'o（'おいあ'い'お）．

がくしゅう【学習】a'o（あ'お）．

がくじゅつたいかい【学術大会】'aha-'ōlelo nui（'あは_'おれろ_ぬい）.

かくしょうする【確証する】'āpono（'あぽの）. hō'oia'i'o（ほ'おいあ'い'お）.

かくしん【確信】mana'opa'a（まな'おぱ'あ）. mana'olana（まな'おらな）.
【確信した】mana'opa'a（まな'おぱ'あ）.

かくす【隠す】hūnā（ふな）.
【隠すためにうずくまる】'āpo'ipo'i（'あぽ'いぽ'い）.
【（慎重に）隠す】ho'ohūnā（ほ'おふな）.

がくせい【学生】haumana, haumāna（はうまな, はうまな）.
【学生寮［会館］】hale noho haumāna（はれ_のほ_はうまな）. アメリカの学生寮は日本のそれより多様な施設・機能を持っている. 寝るだけの施設なら hale moe.

がくたい【楽隊】hui puhi 'ohe（ふい_ぷひ_'おへ）.

かくだいきょう【拡大鏡】aniani ho'onui 'ike（あにあに_ほ'おぬい_'いけ）.〈逐語〉見えるものを大きくするガラス.

かくだいする【拡大する】ho'onui（ほ'おぬい）.〔用例〕拡声器, ラウドスピーカー. Ho'onui leo.
【拡大した】laha, lahalaha（らは, らはらは）.

カクテル【cocktail】lama pa'ipa'i 'ia（らま_ぱ'いぱ'い_'いあ）.〈逐語〉混合したラム酒.

がくどう【学童】keiki hele kula（けいき_へれ_くら）.〈比較〉がくせい.

かくとくする【（特に努力や苦労をして）獲得する】ki'i（き'い）.【（力ずくで）獲得する】na'i（な'い）.

かくとう【格闘】⇒たたかい【戦い】, たたかう【戦う】.
【（ボクシングのような）格闘技】mokomoko（もこもこ）.〔伝統文化〕お祭などで飛び入り自由の格闘試合が行われた.

かくどをつける【角度を付ける】ho'oke'e, ho'oke'eke'e（ほ'おけ'え, ほ'おけ'えけ'え）.

がくねんをあらわすすうじ【（小・中・高校の）学年を表す数字】heluna papa（へるな_ぱぱ）.

がくふ【岳父】⇒つま【妻の父】.

かくべつに【格別に】'oi（'おい）.

がくもんのある【学問のある】na'auao（な'あうあお）. pa'a（ぱ'あ）.

がくゆう【学友】hoa kula（ほあ_くら）.

がくようひん【学用品】lako kula（らこ_くら）.

かくりつする【確立する】ho'okumu（ほ'おくむ）. ho'okūpa'a（ほ'おくぱ'あ）.

かくりびょうとう【隔離病棟】hale ho'omalu（はれ_ほ'おまる）. 伝染病患者などを隔離する家や場所.

かくりょう【閣僚】kuhina（くひな）.
【閣僚懇談会】'aha kuhina（'あは_くひな）.

かくれる【隠れる】hūnā（ふな）.

【隠す，隠れる，隠れた】hūnā（ふ
ーな）.
【隠れている】moemoe（もえもえ）.
【隠れ家】malu（まる）.
【隠れ場】lulu（るる）. pu'uhonua
（ぷうほぬあ）.
カケ〔ハワイ〕kake（かけ）.〔音楽〕
首長が，または首長のために，手を
加えて作った［作られた］歌.
【カケを語る［伝える］】ho'okake
（ほ'おかけ）.
かげ【陰・影】aka（あか），huaka（ふ
あか）.
【陰になった】māmalu（ままる）.
【陰のある】malu（まる）.
【(鬱陶<small>うっとう</small>しい) 影を投げかける】
ho'ōmalu（ほ'おまる）.
【影を落とす】ho'oaka（ほ'おあか）.
【陰を作る】ho'omāmalu（ほ'おまま
る）.
がけ【崖】pali（ぱり）.
【崖の階段】alahaki（あらはき）.
【崖っ縁】hono（ほの）.【(丘の突き
出た) 崖っ縁】ka'e（か'え）.
かけい【家系，家系を朗読［朗唱］す
る】kū'auhau（くー'あうはう）.
【家系歌，家系歌を歌う】koihonua
（こいほぬあ）.
かけうりかんじょう【掛け売り勘定】
hō'ai'ē（ほー'あい'えー）.
かけおりる【(急速に) 駆け降りる】
kūpou, kūpoupou（くーぽう，くーぽうぽ
う）.
かけがね【掛け金】kī（きー）.〔英語：
key〕.

【(ドアなどを) 掛け金で締める】
ho'opa'a（ほ'おぱ'あ）.
かけくぎ【掛け釘】lou（ろう）.
かげぐち【陰口】lawe 'ōlelo（らヴぇ
'おーれろ）. lohe 'ōlelo（ろへ'おーれ
ろ）. nēnē（ねーねー）. ho'onēnē（ほ
'おねーねー）.
【陰口の原因となる】ho'owā（ほ'お
わー）.
かけごと【賭け事】'ai（'あい）. pili（ぴ
り）.
【賭け事をする】piliwaiwai（ぴりわ
いわい）.
かけた【(刃の先など) 欠けた】'akumu
（'あくむ）. nele（ねれ）. pōka'o（ぽー
か'お）.
かけている【欠けている，欠けている状
態】'olohaka（'おろはか）.
かけどけい【掛時計】uaki, waki（うあき，
わき）. uati. は異形.〔英語：watch〕.
⇒とけい【時計】.
かけひ【懸樋・筧】'auwai papa（'あうわ
い_ぱぱ）.
かけぶとん【掛け布団】kapa moe（かぱ
_もえ）.〈逐語〉寝る（ための）タパ.
kapa poho, kapa pohopoho（かぱ_
ぽほ，かぱ_ぽほぽほ）.〔生活用品〕
様々な色や模様のパッチワークした
掛けぶとん. kapa pulu（かぱ_ぷ
る）.〔生活用品〕中に詰め物をした
キルト仕上げの掛けぶとん.〈逐語〉
詰め物のカバー.
かける【掛ける】ho'onui（ほ'おぬい）.
helu māhua（へる_まーふあ）.【(記号
の）［×］】kaha ho'onui（かは_ほ

かける

'おぬい）．
【掛け算】ho'onui（ほ'おぬい）．
かける【賭ける】pili（ぴり）．piliwai-wai（ぴりわいわい）．
かける【（ハンガーなどを）掛ける】kau（かう）．
かこ【（時制の）過去】wā i hala（わ_い_はら）．〔文法〕完了した行為を表すマーカー ua を動詞の前に置き過去を表す．動詞句は ua が i に変わる．
かご【（人を乗せる）駕籠，駕籠で運ぶ】'auamo（'あうあも）．mānele（まねれ）．
かご【籠】'eke（'えけ）．〔生活用品〕物を入れるかご．
かこい【囲い】nini（にに）．pā（ぱ）．【囲い地，囲った地面，囲いを造る】pā（ぱ）．
かこう【河口】muliwai（むりわい）．〔地形〕高潮で砂州の後ろ側などに海水が入り込んで大きくなった河口近くの淵を muliwai という．nuku wai（ぬく_わい）．
かこくな【過酷な】ko'iko'i（こ'いこ'い）．
かこをおもいだす【過去を思い出す】huliau（ふりあう）．
かこをふりかえる【過去を振り返る】kau'eli'eli（かう'えり'えり）．
かさい【火災】ahi（あひ）．
【火災警報】kāhea pau ahi（かへあ_ぱう_あひ）．
【火災報知器】kāhea pau ahi（かへあ_ぱう_あひ）．
【火災保険】'inikua pau ahi（'いにくあ_ぱう_あひ）．

カサガイ【笠貝】'opihi（'おぴひ）．
【貝】Cellana 科：ツタノハガイ科の海産巻き貝の総称；岩に付着し殻は巻かず笠形で，下側に広い口が開いている．
かざかみ【風上】kua（くあ）．【（ハワイ諸島の）風上側】Ko'olau（こ'おらう）．
【風上の】kua（くあ）．
かざしも【風下】lalo（らろ）．〔所格の名詞〕．【（ハワイ諸島の）風下側】Kona（こな）．
【風下の】lalo（らろ）．
かざった【飾った】kīnohi, kīnohinohi（きのひ，きのひのひ）．
かさなる【重なる】'ili'ili（'いり'いり）．
かさのほね【傘の骨】nī'au（にー'あう）．
かさぶた【瘡蓋】pāpa'a（ぱぱ'あ）．pihi（ぴひ）．
【（傷口などに）瘡蓋が出来始める】olomio（おろみお）．
かざまど【風窓】'īpuka（'いぷか）．
かざりつけ【飾り付け】kīnohi, kīnohi-nohi（きのひ，きのひのひ）．wehi（うぇひ）．
かざりつける【飾り付ける】ulumā-hiehie（うるまひえひえ）．
かざりリボン【飾り ribbon】kaula lei（かうら_れい）．puapua（ぷあぷあ）．
かざる【飾る】ho'onani（ほ'おなに）．ho'owehi（ほ'おうぇひ）．ho'o-ulumāhiehie（ほ'おうるまひえひえ）．
かさん【加算［法］】⇒足し算．
【加算器】mīkini helu（みきに_へ

る).

かざん【火山】pele（ぺれ）. lua pele（るあ_ぺれ）.
【火山の爆発】lua'i（るあ_'い）. lua'i pele（るあ'い_ぺれ）.
【火山の女神】⇒ペレ.
【火山岩（の全種）】'ā pele（'ā_ぺれ）.
【火山性の小山】pu'u pele（ぷ'う_ぺれ）.
【火山灰】lehu pele（れふ_ぺれ）.

かし【(すべての種類の)菓子, パン菓子】mea 'ono（めあ_'おの）.〈逐語〉おいしいもの.

かし【歌詞】hua mele（ふあ_めれ）.
【歌詞を繰り返すサイン】ho'i hou（ほ'い_ほう）.

かじ【舵】hoe uli（ほえ_うり）.
【舵を取［執］る】ho'okele, ho'o-kelekele（ほ'おけれ, ほ'おけれけれ）. uli（うり）.
【舵を取る人】uli（うり）.

かじかむ【〜】lōlō（ろろ）, mā'e'ele（まー'え'えれ）, mā'ele（まー'えれ）.
【(寒さで)かじかんだ】mā'e'ele（まー'え'えれ）, mā'ele（まー'えれ）.

かしこい【賢い】lawa（らヴぁ）. no'eau（の'えあう）. no'iau. は異形.〔用例〕賢いことわざ・格言. 'Ōlelo no'eau.

かしつ【過失】hala, halahala（はら, はらはら）. hewa（へヴぁ）.

かじつ【果実】hua（ふあ）.
【(熟した)果実が落ちる】ku'uwelu（く'ううぇる）.

かしつけ【貸し付け】hō'ai'ē（ほー'あい'ē）.

かじってたべる【(魚などを少しずつ)齧って食べる】'aki'aki（'あき'あき）.

カジノキ【梶の木・楮の木】wauke（わうけ）.〔植物〕Broussonetia papyrifera: 東アジア産のクワ科のコウゾ属の木；その樹皮を用いてタパ布が作られた.

かじや【鍛冶屋】ku'i hao（く'い_はお）.

かしゅ【歌手】pu'ukani（ぷ'うかに）.

カシュウイモ【何首烏薯】hoi（ホイ）〔植物〕Dioscorea bulbifera, 異名 D. sativa：ヤマノイモ属の多年草. 根茎は食用.

かじょう【箇条】ikamu（いかむ）. itamu. は異形.〔英語：item〕.

かじる【(少しずつ)かじる】nali（なり）, nalinali（なりなり）. namu（なむ）.

かしん【(貴族の)家臣】'ōhua（'ōふあ）.

かじん【歌人】haku mele（はく_めれ）.

ガス【gas】ea（えあ）.〔英語：air〕. eamāmā（えあまーまー）.

かす【滓】ko'ana（こ'あな）. oka（おか）. 'ōpala（'ōぱら）.
【滓が沈下する】ko'ana（こ'あな）.

かず【数】nui（ぬい）.
【数を確認する】helu（へる）.
【数を数える】heluhelu（へるへる）. ⇒すうし【数詞】,

かすがい【鎹, 鎹で締める】'ūmi'i（'ūみ

かすかな【幽かな】lipo（りぽ）.
【かすかな染しみ】'āwe'awe'a（'あうぇ'あうぇ'あ）.
かすかにひかる【(穴・裂け目・幅の狭いすき間を通した光が) 幽かに光る】'uiki（'ういき）.
かすかにみえること【幽かに見えること】'āwe'awe'a（'あヴぇ'あヴぇ'あ）.
カスタードパイ【custard pie】pai hua（ぱい_ふあ）.
かする【擦る】hani（はに）.
【擦った】pohole（ぽほれ）.
かすれた【(声が) 掠れた】hā（はー）. hano（はの）.
かすんだ【霞んだ】niniu（ににう）.
かぜ【風】makani（まかに）.【(穏やかな) 風】kolonahe（ころなへ）.〈逐語〉静かな忍び寄り.
【風が (ゴウゴウ) 音を立てる】nū（ぬー）.
【風が強まること】ulu（うる）.
【風が吹く】makani（まかに）. pā（ぱー）. pua（ぷあ）.【風が心地よく吹く】aniani（あにあに）. hiohio（ひおひお）.
【風が (鋭く) 身を切る】'iniki（'いにき）.
【風で (葉などが) 揺れる】kāluhe（かーるへ）.
【風に抵抗すること】kūmakani（くーまかに）.
【風に吹かれたしぶき】kilihune（きりふね）.
【風に吹かれた (滝の) 水】wai puhia（わい_ぷひあ）.
【風に吹かれる雨】lele ua（れれ_うあ）.
【(しぶきなど) 風に吹き散らされた】pulelehua（ぷれれふあ）.
【(雲などが) 風によって流れる、〜動く】kālewa（かーれヴぁ）.
【風の当らない場所】lulu（るる）.
【風の音】wī（うぃー）.
【風の戦そよぎ】nei（ねい）.
【風の強い】kūlepe（くーれぺ）.
【風の強い海】kaio'o（かいお'お）.〔様相〕このような状態の海になる.
【風のない】'āheahea（'あへあへあ）.
【(枝などが) 風の中でたわむ】kāluhe（かーるへ）. 'upa'i（'うぱ'い）.
【風の中に浮遊する】ku'uwelu（く'うヴぇる）.
【(穏やかな) 風やにわか雨などが…に沿って移動する】kolo, kolokolo（ころ, ころころ）.
【風通しの良い】holomakani（ほろまかに）.〈逐語〉風が走ること.
【風避け】kūmakani（くーまかに）. pālulu makani（ぱるる_まかに）.
かぜ【風邪 (を引く)】anu（あぬ）. anuanu（あぬあぬ）.
かせい【火星】Hōkū-'ula（ほーくー'うら）. Maleka（まれか）.〔英語：Mars〕.
かせいふ【家政婦】kahu mālama hale（かふ_まらま_はれ）. mālama hale（まらま_はれ）.
かせぐ【稼ぐ】loa'a（ろあ'あ）.
かせつ【仮説, 仮定】koho mua（こほ_むあ）.

かせつとうひょうしょ【(選挙の)仮設投票所】ke'ena koho pāloka（け'えな_こほ_ぱろか）.

かぞえきれない【数え切れない】kuakini（くあきに）.

かぞえる【数える】helu（へる）.【(順にまたは連続して)数える】helu papa（へる_ぱぱ）.

かぞく【家族】'ohana（'おはな）.【家庭で行う祈祷のために集まる】'ohana（'おはな）.〔キリスト教〕正しくは pule 'ohana であるが，pule［祈り］を省略して 'ohana とだけ言う.【家族の祈り，家族の祈りを捧げる】pule 'ohana（ぷれ_'おはな）.

かそくする【加速する】ho'ohikiwawe（ほ'おひきヴぁヴぇ）.

カソリック【Catholic】Kakōlika（かこりか）. Katolika. は異形. プロテスタント［新教徒］に対して，旧教徒. Pope（ぽぺ）.〔英語：Pope［ローマ教皇］〕.

ガソリン【gasoline】kakalina（かかりな）. 'ailea（'あいれあ）.〔文法〕'aila［オイル］と ea［エアー］の短縮形.

かた【肩】po'ohiwi（ぽ'おひヴぃ）.【肩先，山の肩】kihi po'ohiwi（きひ_ぽ'おひヴぃ）. 'ūhā（'うは）.【肩が(凝って)痛い】mala（まら）.【肩の痛みを引き起こす】ho'omala（ほ'おまら）.【(ショールなどを無造作に)肩に掛ける】'ōpe'a（'おぺ'あ）.

かたい【堅い・固い・硬い】ka'e'e（か'え'え）. kano（かの）. kola（こら）. konakona（こなこな）. pa'akikī（ぱ'あきき）. 'o'ole'a（'お'おれ'あ）.【(斧などに使われたような)硬い石(の総称)】pōhaku pa'a（ぽはく_ぱ'あ）.【堅い皮】'ili kani（'いり_かに）.【大きく堅い茎】kano（かの）. バナナの房などを支えているような大きく堅い茎.【堅い土地】kahua pa'a（かふあ_ぱ'あ）.〈比喩〉安全.

かだいなようきゅうをする【(骨のおれる仕事などでブウブウ言って)過大な要求をする】ho'o'ū, hō'ū（ほ'お'う, ほ'う）.

かたかけ【肩掛け, 肩掛けを身に付ける】kīhei（きへい）.

がたがたの【～の】ka'a mola（か'あ_もら）.〔様相〕ねじや釘などがゆるんだ状態.

がたがたゆれる【がたがた揺れる】holu（ほる）.〔様相〕飛行機などがたがた揺れる.

かたがわへまがる【片側へ曲がる】huli 'ao'ao（ふり_'あお'あお）.

かたぎ【(自生の)堅木】'a'ali'i（'あ'あり'い）.〔植物〕Dodonaea. の全種.

かたくする【堅くする】ho'okano（ほ'おかの）. hō'o'ole'a（ほ'お'おれ'あ）. ho'opa'a（ほ'おぱ'あ）.

かたくなったひふ【固くなった皮膚】⇒たこ【胼胝】.

かたくにぎる【固く握る】uma（うま）.

かたくひきしまった【固く引き締まった】mālō（まろ）.

かたぐるまにしてつれていく 【(子供などを) 肩ぐるまにして連れて行く】 hiʻikua (ひ‘いくあ).

かたこし【肩輿】⇒こし【輿】.

かたち【形】kino (きの).
【形が崩れている】ʻewa (‘えヴぁ).
【形の良い】popohe (ぽぽへ).
【形作る】hōʻomoʻomo (ほ‾‘おも‘おも).

かたな【刀】pahi kaua (ぱひ_かうあ).

かたにいれてつくる【型に入れて造る】hōʻomoʻomo (ほ‾‘おも‘おも).

カタバミ【酢漿草】ʻihi (‘いひ).〔植物〕Oxalis の全種.

かたまり【(石けんや金などの)塊】ʻaukā (‘あう_か).

かたまり【(吹き出ものなどの)固まり】puʻu (ぷ‘う).

かたまりだらけの【固まりだらけの】puʻupuʻu (ぷ‘うぷ‘う).

かたマント【肩 mantle】kīpuka (き‾ぷか).〔服飾〕短い肩マント; 袖なしの外套がいとう.

かたむける【傾ける】kulana (くらな).

かためる【固める】kano (かの).

カダヤシ【蚊絶やし】iʻa makika (い‘あ_まきか).〔魚〕Gambusia affinis : 蚊の幼虫を食べる魚の総称; 米国南東部に生息し, 蚊の発生を防ぐために世界各地に輸出されているタップミノーなど.

かたりあう【語り合う】pāpāʻōlelo (ぱ‾ぱ‾‘お‾れろ).

かたる【語る】haʻi (は‘い).

かたるひと【語る人】haʻiʻōlelo (は‘い‘お‾れろ).

かち【価値】kūpono (く‾ぽの).minamina (みなみな).waiwai (わいわい).
【価値の高い】waiwai (わいわい).
【価値のない】hua ʻole (ふあ_‘おれ).ʻole loa (‘おれ_ろあ).
【価値のない遂行】hoʻopau mana-wa (ほ‘おぱう_まなわ).
【価値もない】ʻole loa (‘おれ_ろあ).ʻole wale (‘おれ_われ).

かちくをつかってはたらく【(特にカウボーイのように)家畜を使って働く】hana pipi (はな_ぴぴ).

かちょう【家長】makua aliʻi, makualiʻi (まくあ_あり‘い, まくあり‘い).

かつ【勝つ】eo (えお).lanakila (らなきら).
【(競技などで)勝つ】hoʻōhule (ほ‘お‾ふれ).

カツオ【鰹】aku (あく).〔魚〕Katsuwonus pelamis. lai (らい).〔魚〕アジ科イケカツオ属の魚.

カツオノエボシ【鰹の烏帽子】paʻimalau (ぱ‘いまらう).〔海洋生物〕Physalia: カツオノエボシ属の大きな海洋生ヒドロ虫の総称; 大きな袋状の器官で浮かび, そこから多くの突起が下がっている.

かっき【活気】holo hele (ほろ_へれ).張り切って立ち回る活気.
【活気付ける】hoʻomālamalama (ほ‘おま‾らまらま).
【活気のある】kāʻeuʻeu (か‾‘えう‘えう).

【活気のない】manakā（まなかー）. mania（まにあ）.

がっき【学期】kau（かう）.〔学制〕2学期制度で半学期，1学期（6ヶ月間）.

がっき【楽器】pila hoʻokani（ぴら_ほʻおかに）.〔現代用語〕主に弦楽器.

【楽器を演奏する】hoʻokani（ほʻおかに）.

かっくうする【滑空する】kīkaha（きーかは）.

かっこ【括弧】kahaapo（かはあぽ）. 丸かっこ，かぎかっこ.〈逐語〉取り囲みの印.

がっこう【学校】kula（くら）. kula には「学校の教師をする，通学する，授業があるなど」の意味がある.
《幼稚園》kula kamaliʻi（くら_かまりʻい）.〈逐語〉子供の学校. papa mālaaʻo（ぱぱ_まらあʻお）.
《小学校》kula kamaliʻi（くら_かまりʻい）.
《高等学校》kula kiʻekiʻe（くら_きʻえきʻえ）.
《大学，総合大学，カレッジ：単科大学》kulanui（くらぬい）.（昔は）高等学校.〈逐語〉大きな学校.
《私立学校》kula uku（くら_うく）.〈逐語〉金を払う学校.
《国公立学校》kula aupuni（くら_あうぷに）.
《師範学校，教師養成学校》kula kumu（くら_くむ）.
《陸軍士官学校》kula koa（くら_こあ）.
《神学校》kula kahuna pule（くら_かふな_ぷれ）. カトリック神学校.〈逐語〉神父の学校.
《日曜学校》kula Kāpaki（くら_かーぱき）. kula Sabati. は異形.
《夜間学校》kula pō（くら_ぽー）.
《寄宿学校》kula hānai（くら_はーない）.〈逐語〉食事を出す学校. kula noho paʻa とも呼ばれる.
【学校長】kahu kula nui（かふ_くら_ぬい）. luna kula（るな_くら）.

がっこうそう【鵞口瘡】ʻea（ʻえあ）.〔病理〕乳幼児に起こりやすい伝染病.

がっこつ【顎骨】iwi ā（いヴぃ_あー）.〔解剖〕下あごの骨.

かっさいする【喝采する】hoʻōho（ほʻおーほ）.

がっしょうだん【合唱団】papa puʻukani（ぱぱ_ぷʻうかに）.

かっしょく【（ハワイ人の肌のような）褐色】ʻula（ʻうら）.
【（日に焼けて）褐色の】nono（のの）.

がっしりした【～した】mānoa（まーのあ）. paʻa（ぱʻあ）. pūkonakona（ぷーこなこな）. puʻipuʻi（ぷʻいぷʻい）.

がっしりする【～する】hoʻopaʻa（ほʻおぱʻあ）.

かってな【勝手な】paʻakikī（ぱʻあききー）.

かつてない【嘗てない】ʻakahi（ʻあかひ）.

かつどう【（すべての）活動】hana（はな）.
【活動し過ぎる】lapa（らぱ）.
【活動に入いる】ulele（うれれ）.

【活動的な】'akeu（'あけう）. 'ālapa（'あらぱ）. 'eleu（'えれう）. miki（みき）.

カッとさせる【〜】ho'owela（ほ'おうぇら）.

かっぱつな【活発な】'akakē（'あかけ）.〔様相〕人の邪魔をしたり、もんちゃくを起こす時など. 'akeu（'あけう）. 'anapau（'あなぱう）. 'eleu（'えれう）. kā'ala'ala（かー'あら'あら）.〔様相〕幼児または動物の子供のように活発な.

かっぱつになる【活発になる】ho'olapa（ほ'おらぱ）.

かっぱらう【掻っ払う】poholalo（ぽほらろ）.

カップ【cup, カップのような】'a'apu（'あ'あぷ）. 'apu（'あぷ）.〔生活用品〕ココナッツの実を半分に割って作ったカップ. kī'aha（きー'あは）.〔生活用品〕コーヒーや紅茶用のカップ.

【（手のひらのくぼみや葉を包み込んで）カップを形作る】hō'a'apu（ほー'あ'あぷ）.

【（キー［kī］の葉で）カップの形を作る】kī'apu（きー'あぷ）.

かっぷくのよい【恰幅の良い】poupou（ぽうぽう）. pu'ipu'i（ぷ'いぷ'い）.

がっぺいした【合併した】ku'ikahi（く'いかひ）.

かつら【鬘】lauoho ku'i（らうおほ_く'い）. ohoku'i（おほく'い）.

かつれい【割礼, 割礼を行なう】'oki poepoe（'おき_ぽえぽえ）.〈逐語〉丸く切る. これは聖書における婉曲語句で、ハワイ語の言い方は、ペニスを切る, kahe ule, kaha ule であった.
【割礼を行なう】kahe ule（かへ_うれ）.〈逐語〉ペニスを切る.
【割礼を行なったペニス】ule kahe（うれ_かへ）.〈逐語〉切ったペニス.

かてい【家庭】home（ほめ）.〔英語：home〕
【家庭裁判所】⇒さいばんしょ.
【家庭用品】pono hale（ぽの_はれ）.

かていほう【仮定法】'ōuli mana'o（'おうり_まな'お）. 'ōuli ku'ikē（'おうり_く'いけ）.〔文法〕1. 英語の仮定法のように直接的でない遠回しな言い方として使われる語に paha（ぱは）がある；paha は pēlā や 'a'ole の後に続けてよく使われるが、単独で文や節の始めには使われない.〔用例1〕または、あるいは、もしくは. ā...paha.〔用例2〕2または3. 'Elua ā 'ekolu paha.
2. 分岐を示す語として i, inā があり、inā + e（未来）, inā + i（過去）と使う.〔用例〕あなたは海水浴をするなら、病気にはならない. Inā e 'au'au kai 'oe, 'a'ole ma'i. もし海水浴をしたならば、病気にはならなかった. Inā i 'au'au kai 'oe, 'a'ohe ma'i.

かど【角】huina（ふいな）.
【角のある】kihikihi（きひきひ）.〔様相〕角がいっぱいの、いくつもの角がある.
【角の頂点】kihi（きひ）.〔用例〕街角. Kihi alanui.
【角のない】nia（にあ）.

【角柱】pou kihi（ぽう_きひ）.
【角ばった】ke'eke'e（け'えけ'え）.
かど【過度】pākela（ぱけら）.
【過度に話す】ho'owaha（ほ'おわは）.
【過度の】lele'oi（れれお'い）. loa（ろあ）. pākela（ぱけら）.
カトリック【Catholic】⇒カソリック.
かながた【金型】ana（あな）.
かなきりごえでおこる【金切り声で怒る】kekē（けけ）.
【金切り声の，金切り声で叫ぶ】alawī（あらうぃ）.
かなぐつ【金靴】⇒ていてつ.
かなしい【悲しい】niniu（ににう）.
かなしそうな【悲しそうな】lu'ulu'u（る'うる'う）.
【(とても) 悲しそうな】kaumaha lua（かうまは_るあ）.〈逐語〉とても重い.
かなしみ【悲しみ】ho'oneo（ほ'おねお）.
【悲しみに襲われた】kūpouli（くぽうり）.
【悲しみの (大袈裟な) 表現】mānewanewa（まねヴぁねヴぁ）.
【悲しみを与える】ho'omāino（ほ'おまいの）.
かなしむ【悲しむ】kūmākena（くまけな）.
かなた【かなた】'ō（'お）.
かなづち【金槌，金槌で打つ［たたく］】hāmale（はまれ）. hamare. は異形.〔英語：hammer〕.
カナッペ【canapé：仏語】pūpū（ぷぷ）. ⇒ぜんさい.

かなてこ【金梃】kolopā（ころぱ）.〔英語：crowbar〕.
かなとこ【(鍛冶屋などが使う) 鉄床】kua hao（くあ_はお）.
かなぼうひき【金棒引き】⇒おしゃべり.
かなり【可也・可成】'ane'ane（'あね'あね）. nō（の）.〔用例〕かなり良い. Maika'i nō.
カナリア【canary】⇒めいきん【鳴禽】.
カナロア〔ハワイ〕Kanaloa.〔神話〕ハワイの偉大な神．4大神の1人.
かなわ【金輪】apo（あぽ）. hupa（ふぱ）.〔英語：hoop〕
カニ【蟹 (の一般総称)】pāpa'i（ぱぱ'い）.【(一般の黒い) 蟹】'alamihi（'あらみひ）.〔海洋生物〕Metopograpsus thukuhar.【蟹 (の一種)】'a'ama（'あ'あま）.〔海洋生物〕Grapsus grapsus tenuicrustatus：海辺の岩場を渡り歩く大きくて黒い食用になるカニ.
がにまたの【蟹股の】naha（なは）.
カニレフア〔ハワイ〕Kanilehua. ヒロ［Hilo：ハワイ島の地名］に降る有名な霧のような雨の名前. ⇒レフア.
カヌー【canoe】wa'a（わ'あ）.
《カヌー船団》'au wa'a（'あう_わ'あ）.
《カヌーの製造者》kahuna kālai wa'a（かふな_からい_わ'あ）.
《カヌーの船首と船尾にかぶせる波よけ板》kuapo'i（くあぽ'い）.
《カヌーの船尾》muli（むり）.
《カヌーの先端の部分》manu（まぬ）.
《カヌーの彫刻師》kālai wa'a（からい

い_わ'あ).
《カヌー・レース》heihei wa'a（へいへい_わ'あ).
《カヌーを作る》ho'owa'a（ほ'おわ'あ).
《カヌーを置くために囲われた場所》pā wa'a（ぱ_わ'あ).
《カヌーをとどめ置くところ》'aki（'あき). lona（ろな).
《カヌーを奉納する》ho'ola'a wa'a（ほ'おら'あ_わ'あ).
《単一胴のカヌー》kaukahi（かうかひ). wa'a kaukahi ともいう.
《双胴のカヌー》kaulua（かうるあ). wa'a kaulua ともいう.
《長くて軽く，スピードのでるカヌー》kialoa（きあろあ).

かね【鐘】pele（ぺれ).
【鐘の舌】'ulu（'うる).
【鐘の音】kanikē（かにけ).〔様相〕ゆるやかに一定の間を置いて鳴る鐘の音，鐘が静かに鳴る.

かね【金】kālā（かーらー), moni（もに)〔英語：money〕
【金を支払う】kīko'o（きーこ'お).
【(銀行から) 金を引き出す】kīko'o（きーこ'お).
【金を要求する】'imi kālā（'いみ_かーらー).

かねつした【加熱した】ahuli'u（あふり'う).

かねもちの【金持ちの】waiwai（わいわい).

かのじょ【彼女】⇒かれ【彼】を参照.性差はない.

かのじょら【彼女等】⇒かれら【彼等】を参照.性差はないが，双数，複数がある.

カパ〔ハワイ〕kapa.古代ポリネシア語のタパ〔tapa〕が転訛しハワイ語のkapaとなった.⇒タパ.

カバー【cover】'ili（'いり). pale uhi（ぱれ_うひ). uhi（うひ). wahī（わひー).

カバイロハッカチョウ【樺色八哥鳥(の一種)】piha'ekelo（ぴは'えけろ).〔鳥〕Acridotheres tristis：カバイロハッカチョウ属の一種.ムクドリ科の鳥.

かばん【鞄】'eke（'えけ). paiki（ぱいき).

かはんすう【過半数】hapa nui（はぱ_ぬい).

かび【黴，黴が生えた】kūkaeloli（くーかえろり).〈逐語〉ナマコ（海鼠）のふん.
【黴臭い】pa'ū（ぱ'うー). ueko（うえこ).
【黴臭い匂い】pelekunu（ぺれくぬ).

がびょう【画鋲】kui pahu（くい・ぱふ).〈逐語〉押しくぎ.

かびん【花瓶】poho mea kanu（ぽほ_めあ_かぬ).

カプ〔ハワイ〕kapu.古代ポリネシア語のタプ〔tapu〕が転訛しハワイ語のkapuとなった.⇒タブー.

カプウォー〔ハワイ〕kapuwō（かぷうぉー) kapuō（かぷおー) は異形.〔宗教〕神聖な司祭館付近や，儀式の重要な部分における禁忌を知らせる嘆願

カプ・ノホ〔ハワイ〕kapu noho. 首長の参列に同席する人に課せられた禁忌命令. 首長の食器・入浴水・その他の品物にかかわる人の全てに課せられた禁忌命令.

カブ, カブラ【蕪】ananū（あなぬ）. 'uala pilau（'うあら_ぴらう）.〈逐語〉匂いがあるサツマイモ.

カフスボタン【cuff botton】pihi pūlima（ぴひ_ぷりま）.

カブトムシ【甲虫・甲虫】'ūhini lele（'うひに_れれ）. ⇒コオロギ, バッタ.

かふん【花粉】'ehu pua（'えふ_ぷあ）.

かべがみ【壁紙】pepa hale（ぺぱ_はれ）.

かほうに【下方に】iho（いほ）.〔文法〕方向を示す語［マーカー］.〔用例〕下る, 降りる. Hele iho. lalo（らろ）.〔所格の名詞〕.

カボチャ【南瓜（の一般総称）】pū（ぷ）. ipu pū（いぷ_ぷ）.

かま【鎌】pahi keke'e（ぱひ_けけ'え）.〈逐語〉屈曲したナイフ.

カマスサワラ【かます鰆】ono（おの）.〔魚〕Acanthocybium solandri：サバ科；味の良い食用魚.

かまど【竈】umu（うむ）. ⇒ちかかまど.
【竈で焼く】ho'olua（ほ'おるあ）. kālua（かるあ）.
【竈で料理する】kahu（かふ）.
【竈の番をする, ～人】kahu（かふ）.
【竈の火を起こす】kahu（かふ）. ho'okahu（ほ'おかふ）.
【竈を作る】ho'oumu（ほ'おうむ）.

カマニ〔ハワイ〕kamani.〔植物〕⇒テリハボク. kamani は「滑らかな, 光沢のある」という意味でも使われる.〔用例〕頭の禿げた. Kamani ke po'o.

カマニ・ハオレ〔ハワイ〕kamani haole.〔植物〕Terminalia catappa：kamani に外見上似ている木または熱帯産のアーモンドの木,

カマプアア〔ハワイ〕Kama-pua'a（かまぷあ'あ）. 伝説に出てくる有名な豚の神の名前. 時には人間に姿を変えたと伝わっている.

がまん【我慢】ahonui（あほぬい）.
【我慢できないほど無礼な】kekē niho（けけ_にほ）.
【我慢強い】ahonui（あほぬい）. ho'omanawanui（ほ'おまなわぬい）. 'ōpū ahonui（'おぷ_あほぬい）.〈逐語〉長い呼吸の気質.
【我慢強い人】'ōpū ahonui（'おぷ_あほぬい）.
【我慢強さ】ho'omanawanui（ほ'おまなわぬい）.

がまんする【我慢する】ahonui（あほぬい）.〈逐語〉大きい息.

かみ【神, 神の】akua（あくあ）.
【（家族や自分が信仰する）神】'aumakua（'あうまくあ）. 複数形は'aumākua（'あうまくあ）.
【神としてあがめる, 神とみなす】ho'ākua（ほ'あくあ）.
【神のような】ho'ākua（ほ'あくあ）.
【神のような力】⇒マナ.
【神にささげた】hō'ano（ほ'あの）.
【神にささげられた】'iu, 'iu'iu（'い

う，'いう'いう）．
【神にささげる，神のために生け贄として供える，神のために別にしておく】mōlia（もりあ）．
【神に仕える，神を尊ぶ】mālama（まらま）．
【神に取り付かれた】ulu（うる）．
【神の掟おきて】．'ōlelo kauoha（'おれろ_かうおは）．'ōlelo paipai（'おれろ_ぱいぱい）．
【神の世界】pō（ぽ）．
【神の彫像】ki'i akua（き'い_あくあ）．
【神への祈り】⇒レレア．
【神への奉納】mōhai（もはい）．
【神を讃たたえる】pule ho'opōmaika'i（ぷれ_ほ'お ぽまいか'い）．

かみ 【髪】lauoho（らうおほ）．oho（おほ）．
【髪にくしを入れてない】ākepa-kepa（あけぱけぱ）．
【髪の毛で編んだひも】wili oho（うぃり_おほ）．⇒ペンダント．
【髪の毛を切る】'oki（'おき）．
【髪の毛を束ねずに垂らす】lū helele'i（るー_へれれ'い）．
【髪を洗う】holoi lauoho（ほろい_らうおほ）．kopa lauoho（こぱ_らうおほ）．

かみ 【紙】pepa（ぺぱ）．〔英語：paper〕．

ガミガミいう 【がみがみ言う】'ai kepakepa（'あい_けぱけぱ）．kekē（けけー）．kekē niho（けけー_にほ）．kekē nuku（けけー_ぬく）．〔様相〕kekē niho より言葉数が多くがみがみと怒鳴る．nanā（なー）．

かみきる 【（サトウキビの樹皮などを）咬み切る】'aki, 'aki'aki（'あき，'あき'あき）．nali, nalinali（なり，なりなり）．

かみそり【剃刀】pahi 'umi'umi（ぱひ_'うみ'うみ）．

かみとじ 【紙綴じ，紙貼りの表紙】humuhumu puke 'ili pepa（ふむふむ_ぷけ_'いり_ぺぱ）．

かみどめ【髪留め】'ūmi'i lauoho（'うみ'い_らうおほ）．

かみなり【雷】hākikili（はーききり）．hekili（へきり）．
【雷が鳴る】hekili（へきり）．kili, kikili（きり，ききり）．
【雷がゴロゴロいう】nākolo（なころ）．nākolokolo（なころころ）．⇒おと【音】を参照．
【雷の轟とどろき】kili, kikili（きり，ききり）．

かみばさみ 【髪挟み】'ūmi'i lauoho（'うみ'い_らうおほ）．

かみばさみ 【紙挟み】'ūmi'i pepa（'うみ'い_ぺぱ）．

かみやすり【紙鑢】pepa kalakala（ぺぱ_からから）．

かむ 【咬む・噛む】'aki, 'aki'aki（'あき，あき'あき）．'a'aki,（'あ'あき）．〔様相〕一咬みして放す，繰り返し咬む，少しずつ咬む，ぱくっと咬む．
【（食べ物を）噛む（しかし飲み込まない）】mama（まま）．nau（なう）．
【（閉じた口で食物を）噛む】namu（なむ）．nau（なう）．〔用例〕噛みタバコ．Paka nau. 噛みタバコを噛む．

Nau paka.

ガム【(chewing) gum】**kamu**（かむ）.〔用例〕ガムを噛む．Nau kamu.

カメ【亀】**honu**（ほぬ）．海ガメ・陸ガメの総称．

カメハメハチョウ【～】**pulelehua**（ぷれれふあ）．⇒オオカバマダラ．

カメラ【camera】**pahupaʻikiʻi**（ぱふぱʻいきʻい）.〈逐語〉肖像を印刷する箱．

かもじ【髪文字】**ohokuʻi**（おほくʻい）.〈逐語〉加えた髪の毛．

かもつせん【貨物船】**moku lawe ukana**（もく_らヴェ_うかな）．

かやく【火薬】**waipahū**（わいぱふ）.〈逐語〉爆発性の液体．

カヤツリグサ【蚊屋吊り草（の一種）】**ʻakaʻakai**（ʻあかʻあかい）.〔植物〕Scirpus validus.

かゆい【痒い】**maneʻo**（まねʻお）．【痒いこと】**ʻako**（ʻあこ）．**ʻakoʻako**（ʻあこʻあこ）．

かゆみ【痒み】**kākiʻo**（かきʻお）.〔病理〕皮膚の膿疱のうほうのかゆみ．

かようさい【歌謡祭】**ʻaha mele**（ʻあは_めれ）．

かようび【火曜日】**Pōʻalua**（ぽʻあるあ）．略記はＰ２．『Māmaka Kaiao』では**Poʻalua**（ぽʻあるあ）を採用．〈逐語〉第２番目の日．

から【…から】**mai**（まい）．⇒ほうこう【方向を示す語】を参照．

カラ〔ハワイ〕**kala**．〔魚〕ツマリテングハギ，テングハギ，テングハギモドキ：ニザダイ科クロハギ属の数種類の魚．

カラー【collar】**ʻāʻīkala**（ʻあʻいから）．〈逐語〉襟首．

からいばりする【空威張りする】**hōʻaʻano**（ほʻあʻあの）．

からかう【～】**hae**（はえ）．**hone**（ほね）．**hoʻohenehene**（ほʻおへねへね）．**pāhenehene**（ぱへねへね）．**wahapaʻa**（わはぱʻあ）．

からからとりだす【（豆などを）殻から取り出す】**pōʻalo**（ぽʻあろ）．

ガラガラなる【がらがら鳴る】**ʻulīʻulī**（ʻうりʻうり）．
【がらがら鳴らす】**hōʻulīʻulī**（ほʻうりʻうり）．
【がらがら鳴る音】**nehe**（ねへ）．**palalā**（ぱらら）．

がらくた【～】**ʻōpala**（ʻおぱら）．

カラス【烏・鴉】⇒ハワイカラス．

ガラス【glass】**aniani**（あにあに）．
【（博物館にあるような）ガラスケース】**pahu aniani**（ぱふ_あにあに）．

からだ【体・身体】**kino**（きの）．
【（手足の痺しびれ・麻痺などで）体が震える】**kuolo**（くおろ）．
【体から排せつされる液体】**wai**（わい）．
【（服などが）体にぴったり合う】**pili pono**（ぴり_ぽの）．
【体の（すべての様々の）丸い部分】**puʻu**（ぷう）．
【体の（すべての様々の）盛り上がっているもの】**puʻu**（ぷう）．
【体を覆う物】**uhikino**（うひきの）．
【体をくねらせて進む】**ueue, uweuwe**（うえうえ，うヴェうヴェ）．

【（ウナギなどが）体をよじる】napanapa（なぱなぱ）.
【体を曲げる［屈_{かが}む］】'alu（'ある）.
【（悲しくてまたは大笑いして）体を曲げる】lo'u（ろ'う）.
【（寒さなどで）体を丸く縮こませる】pue（ぷえ）. pupu'u（ぷぷ'う）.

からの 【空の】haka（はか）. hakahaka（はかはか）.〔様相〕すき間や空間がいっぱいある. ka'ele（か'えれ）.〔様相〕ポイをつぶす板・船殻・どんぶりなどが空の，または中身がない.

からまる 【絡まる】wili（うぃり）.
【（ひもなどが）絡まった】kā'ekā（かー'えかー）. mau（まう）.
【絡み合わせる】hihi（ひひ）. ho'ohihi（ほ'おひひ）. 'āwili（'あうぃり）.
【絡み合わせた】hihia（ひひあ）. kāwili（かーうぃり）.
【（つる・木の根などが）絡み付く】'akolo（'あころ）. kō'ai（こー'あい）.
【絡み付かせる】ho'ani（ほ'あに）.

カリア〔ハワイ〕kalia.〔植物〕Elaeocarpus bifidus：ホルトノ科ホルトノキ属エラエオカルプスの一種；昔は火おこし材として，また草ぶき小屋の建設に使われた．樹皮は綱や索類に使われた．

かりいれる 【（穀物を）刈り入れる】'ohi（'おひ）.

カリカリにやけた 【（豚肉など）カリカリに焼けた】pāpa'a（ぱーぱ'あ）.

かりたてる 【（行動に）駆り立てる】

hō'eleu（ほー'えれう）.【（ある方向へ）駆り立てる】lale（られ）.

かりぬい 【仮縫い】holoholo（ほろほろ）. humu ho'oholoholo, humuhumu ho'oholoholo（ふむ_ほ'おほろほろ，ふむふむ_ほ'おほろほろ）. kāholo（かーほろ）.〔用例〕仮縫いの糸. Lopi kāholo.【仮縫い（の着付け）】ho'okūkū（ほ'おくーくー）.

かりぬいする 【仮縫いする】holoholo（ほろほろ）.

かりの 【仮の】kūikawā（くーいかわー）.

かりる 【借りる】hō'ai'ē（ほー'あい'えー）.【借物】'ai'ē（'あい'えー）.
【借り切る】ho'olimalima（ほ'おりまりま）.

カリフォルニア【California】Kaleponi（かれぽに）. カリフォルニア州：米国太平洋岸の州.

カリフラワー【cauliflower】kāpiki pua（かーぴき_ぷあ）.〈逐語〉花（の）キャベツ.

かりょう 【科料】ho'opa'i（ぱ'い）. uku ho'opa'i（うく_ほ'おぱ'い）.

かる 【刈る】'ako（'あこ）. 'ako'ako（'あこ'あこ）.

かるい 【軽い】iki（いき）.〔用例〕軽い眠り. hiamoe iki.
【（水に浮くように）軽い】'ālana（'あーらな）.【（体重が）軽い】māmā（まーまー）.〈比喩〉（痛み・うずき・苦痛などが）和らいだ．
【軽い怒り】hahana（ははな）.
【軽く触れる】hani（はに）.

かるいし 【（こするのに使われる）軽石

'ana（'あな）. ho'ōne（ほ'おね）.
かるいベッドカバー【(生地が薄く)軽いベッドカバー】kīhei moe（きへい‾もえ）.
カルテット【quartet】leokū pāhā（れおく‾ぱは）.
カルビンはの【Calvinistic：会衆派教会制の】Kalawina（からうぃな）.
かれ【彼】三人称の人称代名詞は以下である．性の別はないが，彼［彼女］としてある．単数，複数（3人以上）の他に双数（2人）の別がある．
かれ（は／が）【彼［彼女］は／が】ia（いあ）．〔三人称・単数・主格〕．'o ia（'お_いあ）．〔文法〕マーカー［'o］+［ia］で［ia］と同様．
かれ（を／に）【彼［彼女］（を／に）】iāia（いあいあ）．〔三人称・単数・対格・与格〕．〔文法〕マーカー［iā］+［ia］であるが一語で表記する．この iāia には，彼［彼女］は…の間，彼［彼女］は…やいなやの意味もある．
かれらふたり（は／が，を，に）【彼等2人（は／が，を，に）】lāua（らうあ）．〔三人称・双数・主格・対格・与格〕．
かれら（3人以上）（は／が，を，に）【彼等3人以上（は／が，を，に）】lākou（らこう）．〔三人称・複数・主格・対格・与格〕．
かれ（の，のもの），かれら（の，のもの）〔文法〕属格は所有詞を使って表すが，所有の対象により A-型，O-型，K のない所有詞となる．
【彼の［彼女の］】kāna（かな）．kona（こな）．〔三人称単数・属格〕．〔文法〕kāna, kona の k のない所有詞は āna, ona となる．
かれのために【彼のために［彼女のために］】nāna（なな）．nona（のな）．〔文法〕「彼［彼女］によって」と使われることもある．
【彼等2人の】kā lāua（か‾らうあ）．kō lāua（こ‾らうあ）．〔三人称・双数・属格〕．
【彼等3人以上の】kā lākou（か‾らこう）．kō lākou（こ‾らこう）．〔三人称・複数・属格〕．
かれじしん【彼自身】⇒じしん（…自身）．
ガレージ【garage】hale ka'a（はれ_か'あ）.
かれた【(声が)嗄れた】hā（は）. hano（はの）.
カレッジ【college】⇒がっこう【学校】.
かれる【枯れる】mae（まえ）.
カレンダー【calender】'alemanaka（'あれまなか）.
カロ〔ハワイ〕kalo（かろ）．〔植物〕Colocasia esculenta：タロイモ．古代ポリネシア語のタロ（talo）が転訛しハワイ語の kalo となった．
かろう【過労】ho'opa'u（ほ'おぱ'う）. 【過労させる】ho'oluhi（ほ'おるひ）.
かろうじて【～】'ane'ane（'あね'あね）. 【(病人などが)かろうじてそっと動く】pupū（ぷぷ）.
ガロン【gallon】kālani（からに）. galani. は異形．〔容量の単位〕3.785 リッター（米ガロン）．

かわ【(皮膚，外皮，果物や野菜などの)皮】'alu'alu（'ある'ある）.【(布団・枕の)皮・側がゎ】hulumanu（ふるまぬ）.〔生活用品〕布団も枕も鳥の羽毛が入れられていたのでこのように呼ばれた.【皮】'ili（'いり）.〔皮製品〕獣の皮，なめし皮，手綱・ファンベルトなど種々の皮ひも.【(牛)皮】'ili pipi（'いり_ぴぴ）.
【皮にエンボス［emboss］加工する】kuni（くに）.
【(獣類などの)皮を剥はぐ】hole（ほれ）. pahi（ぱひ）.
【(果物などの)皮を剥むく】hole（ほれ）.
【(調理したタロイモのように)皮を剥むいた】pohole（ぽほれ）.
【皮製品】'ili holoholona（'いり_ほろほろな）.
【(新しい)皮製品】'ili hinuhinu（'いり_ひぬひぬ）.〈逐語〉輝く皮.
【皮紐】'ili（'いり）. kalapu（からぷ）. kalabu. は異形. kaula 'ili（かうら_'いり）. kaula pa'a lima（かうら_ぱ'あ_りま）.〈逐語〉手に持つ綱.
【皮紐で結び付ける】kalapu（からぷ）. kalabu. は異形.〔英語：club〕.
かわ【川】kahawai（かはわい）. muliwai（むりわい）.
【川（など）が流れること】kūloku（くろく）.
【川の支流】mana（まな）.
【川の水源】kumu wai（くむ_わい）.
がわ【側】'ao'ao（'あお'あお）.〔用例〕反対側に. Ma kekahi 'ao'ao. kapa（かぱ）.

かわいい【可愛い】hiwahiwa（ひヴぁひヴぁ）. nohea（のへあ）.
【可愛い子供】kama lei（かま_れい）.
かわいがる【可愛がる】hamo（はも）. ho'oheno（ほ'おへの）. mili, milimili（みり，みりみり）. nēnē（ねね）. ho'onēnē（ほ'おねね）. pai（ぱい）.
【(子供などを)可愛がる】hi'ipoi（ひ'いぽい）.
かわいた【乾いた】malo'o（まろ'お）.
【服などが部分的に）乾いた】mae（まえ）.
かわいらしい【可愛らしい】heno, henoheno（への，へのへの）. hō'onaona（ほ'おなおな）. laua'e,（らうあ'え）. u'i（う'い）.
かわかす【乾かす】ho'omalo'o（ほ'おまろ'お）.
カワ，カヴァ，カワカワ〔ポリネシア語〕⇒アワ，アワアワ.
かわききった【(土地などが)乾き切った】pā（ぱ）.
かわききらした【(太陽で)乾き切らした】pāpa'a lā（ぱぱ'あ_ら）.
かわきをいやす【(咽の)渇きをいやす】kani（かに）.
かわく【乾く】malo'o（まろ'お）.
かわせ【為替】⇒てがた（為替)手形.
【為替手形】palapala kīko'o（ぱらぱら_きこ'お）. pepa kīko'o（ぺぱ_きこ'お）. pila kīko'o（ぴら_きこ'お）. pila（ぴら）. bila. は異形.〔英語：bill〕.
【為替手形を作成する】pila（ぴら）.

bila. は異形.

カワハギ【皮剥ぎ】'ō'ili（'お'いり）.〔魚〕小さく堅いうろこに覆われている. ⇒モンガラカワハギ.

かわりめ【（季節や年代などの）変わり目】manawa（まなわ）.

かわりやすい【変わりやすい】ewa（えヴぁ）. pūlewa（ぷれヴぁ）.

かわる【（生活態度や持論などが）変わる】huli（ふり）. hulihuli（ふりふり）.【（見た目など）変わる】kāhuli（かふり）.【（状況などが）変わる】lilo（りろ）.

かん【棺［お棺，棺桶］】mānele（まねれ）. pahu（ぱふ）. pahu kupapa'u（ぱふ_くぱぱ'う）.
【棺を運ぶ】mānele（まねれ）.

かんいんをおこなう【姦淫を行う】moekolohe（もえころへ）.

かんうする【（鳥が）換羽する】māunu（まうぬ）.

がんか【眼窩】naho（なほ）. pona（ぽな）.

かんがい【灌漑】hanawai（はなわい）.【灌漑用の樋】kula wai（くら_わい）.

かんがいする【灌漑する】ho'okahe（ほ'おかへ）.〔農業〕土地に水を注ぐ［引く］.

かんがえる【考える，考えること】no'ono'o（の'おの'お）.
【考えさせる】ho'ono'ono'o（ほ'おの'おの'お）.

かんがえをふきこむ【（良いまたは悪い）考えを吹き込む】ho'oloko（ほ'おろこ）.

かんかく【（キルティングの縫い目と縫い目の）間隔】koana（こあな）.
【（物と物との間の）間隔】wā（わ）.
【間隔を開けること】koana（こあな）.

かんかく【（能力などの）感覚】'ike（'いけ）.〔用例〕痛みなどの感覚. 'ike i ka 'eha.
【（麻痺してしまった足のように）感覚を失った】mā'e'ele（ま'え'えれ）, mā'ele（ま'えれ）.
【（寒さのため）感覚をなくした】'ōpili（'おぴり）.

かんがっき【（金）管楽器】pū（ぷ）. ⇒ホラガイ【法螺貝】.

ガン【雁】⇒ハワイガン【ハワイ雁】.
【雁が鳴く，雁の鳴き声】unele（うねれ）.

かんきのさけび【（歌の中にあるような）歓喜の叫び】'uhene（'うへね）.

がんきゅう【眼球】'ōnohi（'おのひ）. pona（ぽな）.

がんきん【元金】kumupa'a（くむぱ'あ）.

かんきんされる【監禁される】pa'ahao（ぱ'あはお）.

がんぐ【玩具】⇒おもちゃ【玩具】.

かんけいする【関係する】pili（ぴり）.
【関係させる】ho'opili（ほ'おぴり）. pili（ぴり）.

かんげいする【歓迎する】kāhea（かへあ）.

かんけいない【関係ない】'oko'a（'おこ'あ）.

かんげいのうた【歓迎の歌】mele kāhea（めれ_かへあ）.〔フラ〕昔のフラダ

かんけつな

ンス学校にて新入生を歓迎するために歌われた歌.

かんけつな【簡潔な】**pōkole**（ぽこれ）.

かんげんでだます【甘言で騙す】**mali-mali**（まりまり）.

かんこ【鹹湖】⇒えんこ【塩湖】. かんすい【鹹水】.

かんこうりょこう【観光旅行】**ka'ahele**（か'あへれ）.
【観光旅行する】**ka'ahele**（か'あへれ）. **ka'apuni**（か'あぷに）.

かんこつ【寛骨】**iwi hua**（いヴぃ_ふあ）.〔解剖〕骨盤の側面を成す一対の骨の一つ；それぞれは3つの堅い骨，すなわち腸骨・座骨・恥骨から成る.

がんこな【頑固な】**kā'i'ī**（かー'いー'ーい）. **konā**（こなー）. **kūna'e**（くーな'え）. **lae pa'a**（らえ_ぱ'あ）.〔様相〕頑強で，心を閉ざして新しい考えを受けつけない.〈逐語〉けわしい額 ⇒ひたい【額】. **loko hāiki**（ろこ_はーいき）. **pa'a**（ぱ'あ）.
【頑固な人】**loko hāiki**（ろこ_はーいき）.

かんごふ【看護婦［士］】**kahu ma'i**（かふ_ま'い）.

かんさつする【（人の行動など接近して）観察する】**hākilo**（はーきろ）. **kilo**（きろ）.【（航行の目的のために風を）観察する，そのように観察する人】**kilo makani**（きろ_まかに）.【（植物の成長などを）観察する】**nānā**（なーなー）.
【観察される】**kilohia**（きろひあ）.
〔文法〕kilo に受動態を表す接尾辞 [-hia] が付いた語. 命令法「観察せよ」も同様.

かんし【（ハワイ語の）冠詞】**pilimua**（ぴりむあ）.〔文法〕ハワイ語には定冠詞 ka, ke. 不定冠詞 he（単数），nā（複数）がある. ⇒ていかんし，ふていかんし.

かんしする【（密かに）監視する】**kiu**（きう）.

かんして【（…に）関して】**no**（の）. **pili**（ぴり）などを使って表現する.〔用例〕彼女［彼］については. E pili ana iāia. 彼女［彼］の〜に関しては. E pili ana kona, ...

かんしゃ【感謝】**mahalo**（まはろ）.
【（神の恩寵ちょうに対する）感謝を唱える】**pule ho'omaika'i**（ぷれ_ほ'おまいか'い）.
【感謝祭】**Lā Ho'ālohaloha**（らー_ほ'あろはろは）.〈逐語〉愛情表現の日. 過去1年間の神恩を感謝する法定休日で，11月の第4木曜日. **Lā Ho'omaika'i**（らー_ほ'おまいか'い）.〈逐語〉感謝するための日.

かんしゃする【（…に）感謝する】**mahalo**（まはろ）.〔用例〕大変ありがとうございます. Mahalo nui loa. **ho'omaika'i**（ほ'おまいか'い）.

かんしゃのいのり【（食前［食後］の）感謝の祈り】**pule**（ぷれ）. **pule ho'opōmaika'i**（ぷれ_ほ'おぽーまいか'い）. **pule ho'omaika'i**（ぷれ_ほ'おまいか'い）.
【感謝の祈りをささげる】**pule ho'omaika'i**（ぷれ_ほ'おまいか'い）.

かんしゃのいをあらわす【感謝の意を表す】hōʻalohaloha（ほーʻあろはろは）hoʻomaikaʻi（ほʻおまいかʻい）．

かんじゃ【患者】maʻi（まʻい）．

かんしゃくのつよいきしょう【癇癪の強い気性】pīʻena（ぴーʻえな）．

かんしゅ【看守】mākaʻi（まーかʻい）．wilikī（うぃりきー）．

かんしゅうほう【慣習法】kānāwai maʻamau（かーなーわい_まʻあまう）．

かんしょう【環礁】loko kai（ろこ_かい）．
【環礁に囲まれた海面】kai kohola（かい_こほら）．loko kai（ろこ_かい）．

かんじょう【感情】puʻuwai（ぷʻうわい）．
【（激しい・悪い）感情】manawa ʻino（まなわ_ʻいの）．
【感情が激する】hoʻolapa（ほʻおらぱ）．
【感情の高ぶった】hahana（ははな）．
【感情を害する】mahole（まほれ）．
【感情を刺激する】hoʻowela（ほʻおうぇら）．
【感情を支配する】kauleo（かうれお）．
【感情を損なう】hoʻoukiuki（ほʻおうきうき）．
【感情を損ねた】huhū（ふふー）．
【感情的な不安】hoʻīloli（ほʻいーろり）．
【感情的な不安を受ける】hoʻīloli（ほʻいーろり）．

かんじょうがき【勘定書き】palapala kūʻai（ぱらぱら_くーʻあい）．pilawai（ぴらわいわい）．

かんじょうどうろ【（島の）環状道路】alaloa（あらろあ）．〔交通〕フリーウェイ．

がんじょうな【頑丈な】ʻoʻoleʻa（ʻおʻおれʻあ）．pūkonakona（ぷーこなこな）．

がんしょうのしま【（低い）岩礁の島】moku pāpapa（もく_ぱーぱぱ）．

かんじる【感じる】ʻike（ʻいけ）．ʻikeʻike（ʻいけʻいけ）．

かんしんをしめさない【関心を示さない】hōʻauwae（ほーʻあうわえ）．

かんすい【鹹水】wai paʻakai（わい_ぱʻあかい）．塩分を多量に含んだ水．

かんせい【閑静】kuapapa（くあぱぱ）．laʻi（らʻい）．

かんせい【完成】piha（ぴは）．pihana（ぴはな）．

かんぜい【関税】kuke（くけ）．〔英語：duty〕．

かんせいする【完成する】hoʻopiha（ほʻおぴは）．【（カヌーなどを）完成する】kaʻaoki（かʻあおき）．
【完成した】kūpau（くーぱう）．paʻa（ぱʻあ）．

がんせいの【癌性の】ʻaʻai（ʻあʻあい）．

がんせき【岩石】pōhaku（ぽーはく）．

かんせつ【関節】ʻami（ʻあみ）．ʻamiʻami（ʻあみʻあみ）．
【（指などの）関節】kuʻekuʻe（くʻえくʻえ）．puʻupuʻu（ぷʻうぷʻう）．
【関節を回す】ʻami（ʻあみ）．ʻamiʻami（ʻあみʻあみ）．

かんせんどうろ【幹線道路】alanui（あらぬい）．〔交通〕alanui は広い道路一般

を言う．⇒かんじょうどうろ．

かんぜん【完全】hemolele（へもれれ）．ʻokoʻa（ʻおこʻあ）．

【完全な】hemolele（へもれれ）．holoʻokoʻa（ほろʻおこʻあ）．piha（ぴは）．pihapiha（ぴはぴは）．

【完全に】apau（あぱう）．holoʻokoʻa（ほろʻおこʻあ）．leʻa（れʻあ）．lilo（りろ）．loa（ろあ）．ʻokoʻa（ʻおこʻあ）．pau（ぱう）．pono（ぽの）．pū（ぷ）．〔文法〕これらの語は重ねて用いて意味を強めたり，また複合語ともなる．

〔loa の用例〕病気などが完全に直った［回復した］．Ola loa. 完全に熱中した．Lilo loa. 完全に見捨てる．Waiho loa. 完全に去る．Haʻalele loa.

〔pau の用例〕完全に取りつかれる．Pau. 完全に破壊される．Pau. 私たちは終わった．Pau iā kākou. ペレ（火山の女神）に完全に焼き殺され，サメ［manō］に完全に食い殺される．つまり「真実を語らねば殺されるのだ」という意味の呪いの言葉．Pau Pele, pau manō.

〔pono の用例〕完全に終わった．Pau pono. 完全に満たした．Piha pono. 完全に明確かつ知性的な考え．Piha pono ka manaʻo.

〔pū の用例〕完全に壊された，完全に終わった．Pau pū. 完全にひっくり返した．Kahuli pū.

【完全に終えた】kūpau（くぱう）．

【（雲や大きな巻き波などが）完全に覆う】poʻipū（ぽʻいぷ）．

【（神にささげた豚のように）完全に黒い】hiwa（ひヴぁ）．

【完全に信頼［信任・信用］する】lelepau（れれぱう）．

【完全に放免する】huikala（ふいから）．

かんぞう【食用の肝臓】ake（あけ）．

かんそうさせる【（木材などを）乾燥させる】hoʻomaloʻo（ほʻおまろʻお）．

かんそうした【（洗濯ものなど）乾燥した】maloʻo（まろʻお）．【（土地が）乾燥した】kōʻā（こʻあ）．

かんそうしてあじのない【（風味のない肉のように）乾燥して味のない】pōkaʻo（ぽかʻお）．〈比喩〉うんざりするような．

かんそうばな【乾燥花】⇒えいきゅうばあ．

かんたい【歓待】hoʻokipa（ほʻおきぱ）．pāheahea（ぱへあへあ）．

かんたい【艦隊】pūʻulu kaua（ぷʻうる_かうあ）．

かんだい【寛大】lokomaikaʻi（ろこまいかʻい）．

【寛大な心】manawaleʻa（まなわれʻあ）．

かんだかいこえ【甲高い声，甲高い声を上げる】huini（ふいに）．

かんだたべもの【（子供に食べさせるために，大人が）噛んだ食物】māna ʻai（まな_ʻあい）．

カンタループメロン【melon】ipu ʻala（いぷ_ʻあら）．〔植物〕Cucumis melo の種類．cantalupensis：マスクメロンの一種；果肉はオレンジ色．

かんたん【感嘆】mahalo（まはろ）. makahehi（まかへひ）.

かんたんする【感嘆する】mahalo（まはろ）.

かんたんな【簡単な】ma'alahi（ま'あらひ）.

かんたんふ【感嘆符(!)】kiko pū'iwa.（きこ_ぷ'いヴぁ）.

かんちする【(釣糸の引き具などを) 感知する】lohe, lohelohe（ろへ, ろへろへ）.

かんちょう【干潮】kai make（かい_まけ）. ⇒ひきしお【干き潮】.

かんつう【姦通】moekolohe（もえころへ）.〈俗語〉不法の交合［交接］. 【姦通に誘い込む】ho'omoekolohe（ほ'おもえころへ）. 【姦通の】moekolohe（もえころへ）. manuahi（まぬあひ）.〔用例〕私生子. Keiki manuahi.

かんづく【感づく】ho'ohuoi（ほ'おふおい）.

かんづめのかん【缶詰めの缶】kini（きに）.〔英語：tin〕.

かんどうさせる【感動させる】hō'eu'eu（ほ'えう'えう）. 【感動させた】ulu（うる）.

かんとうし【間投詞】'ōlelo ho'ōho（'おれろ_ほ'おほ）. 日本語の間投詞（人に呼びかけたり, 呼びかけに応じたりする発声）に相当する語. 次はその極一部である.
《「ああ」と嘆く発声》auē（あうえ）.
《「はい. はい, そうです」という肯定の返事》ae（あえ）.
《「いいえ. いいえ, 違います」という否定の返事》a'ole（あ'おれ）.
《ええっ. おーい. そうですか, そうですよね. まあ. もし. やあ》ūi（うい）.
《ええっ. おーい. そうですか, そうですよね》'eā（'えあ）.
《「おーい. やぁー」という呼び掛け》hūi（ふい）. 答えは 'eō（'えお）.
《まぁ, なんとたくさん, なんとすごい》kai（かい）.〔用例〕まぁ, 何とひどい. Kai ke kolohe!
《誕生日おめでとう》Hau'oli lā hānau!（はう'おり_らー_はなう）. 乾杯の時には Hānau!と発声する.
《驚きや怒りの間投詞》kāhūhū（かふふ）.
《より大きな効果を示すために, 長く発音される不快・困惑の間投詞》kaī, kaīī（かい, かいい）.

かんどうのことば【感動の言葉】pi'ipi'i 'ōlelo（ぴ'いぴ'い_'おれろ）.

かんとく【監督】haku hana（はく_はな）. luna（るな）. luna hana（るな_はな）.【(聖公会監督派の) 監督】pīhopa（ぴほぱ）. bihopa. は異形.〔英語：bishop〕.
【監督権を獲得する】ho'opuni（ほ'おぷに）. puni（ぷに）.
【監督者・監督官】haku hana（はく_はな）. luna kia'i（るな_きあ'い）.

かんぬき【閂】lā'au ke'a（らー'あう_け'あ）.〔建築〕門を閉じておく棒.

かんねん【観念】mana'o（まな'お）.

かんぱい【(喝采などの発声の) 乾杯】

かんぱいさせた

kāmau!（か̄まう）. huli pau!（ふり_ぱう）. ‘ōkole maluna!（‘お̄これ_まるな）. hipahipa!（ひぱひぱ）.〔英語：hip〕.

かんぱいさせた【(スポーツで) 完敗させた】’ōhule（‘お̄ふれ）.

カンパチ【間八】kāhala（か̄はら）.〔魚〕Seriola dumerili：アジ科ブリ属の魚.

かんばつ【旱魃】malo‘o（まろ‘お）.

がんばん【岩盤】kūpapakū（く̄ぱぱく̄）.【岩盤の上に立つ】kūpapakū（く̄ぱぱく̄）.

がんぺき【岩壁】‘ali（‘あり）. ‘a‘ali（‘あ‘あり）.

かんべんする【勘弁する】kala（から）.

がんぼう【願望】hia（ひあ）. makahehi（まかへひ）. makemake（まけまけ）. mana‘o（まな‘お）.

かんぼく【潅木】la‘alā‘au（ら‘あら̄‘あう）.【(自生の) かん木】pāpala（ぱ̄ぱら）.〔植物〕Charpentiera.

かんぽつ【(地盤の) 陥没】‘alu（‘ある）. po‘o（ぽ‘お）.

カンマ【comma】⇒コンマ.

かんむり【(花などの) 冠】pō‘aha（ぽ̄‘あは）. kolona（ころな）. korona. は異形.〔英語：crown〕.

がんやく【丸薬】huaale（ふああれ）.〈逐語〉飲み込む種.

かんゆ【肝油】‘aila koka（あいら_こか）. ‘aila koda. は異形.

かんようご【慣用語】‘ikeoma（‘いけおま）.〔英語：idiom〕.

かんようてきな【慣用的な】‘ikeoma（‘いけおま）.

かんような【(人が) 寛容な】waliwali（わりわり）.

かんり【官吏】noho ‘oihana（のほ_‘おいはな）.

かんり【管理】ho‘oponopono ‘ana（ほ‘おぽのぽの_‘あな）.
【管理者】haku hana（はく_はな）.
【管理人】kahu mālama（かふ_ま̄らま）. luna（るな）. luna ho‘ohana（るな_ほ‘おはな）. mālama（ま̄らま）.

かんりいいんかい【監理委員会】Papa Luna Kia‘i（ぱぱ_るな_きあ‘い）.〔行政〕米国の多くの州，特に中西部および東部の諸州にある郡政の執行機関で，町・郡区・市・都市区などから選出された15名から100名におよぶ委員で構成されている.

かんりょう【完了】panina（ぱにな）.
【完了した】pau（ぱう）. puni（ぷに）.

かんれいにしたがって【慣例に従って】pa‘alula（ぱ‘あるら）.

がんをつける【眼を付ける】‘āwihi（‘あ̄うぃひ）.〔仕草〕挑発するような目付きをする.

き

き【木】kumulā‘au（くむら̄‘あう）. lā‘au（ら̄‘あう）. nahele（なへれ）.
【木と木を (こつこつ) たたく音】ko‘ele（こ‘えれ）.
【木を切る人】kua lā‘au（くあ_ら̄‘あう）.

き【気】mana‘o（まな‘お）.

【気が狂った振りをする】ho‘opupule（ほ‘おぷぷれ）.
【気が遠くなる】ho‘oma‘ule（ほ‘おま‘うれ）. makapōuli（まかぽうり）.
【気が乗らない】ka‘uka‘u（か‘うか‘う）.〔様相〕ものごとをする気になれない.
【気がふさいだ】kūpouli（くぽうり）.
【気に入りの】hiwahiwa（ひヴぁひヴぁ）. milimili（みりみり）.
【気に入る】puni（ぷに）.
【気にかける】nānā（なな）.
【気にさわる】ukiuki（うきうき）.
【気を失う】make（まけ）.〔宗教〕キリスト教以前の概念で，make は霊の世界へ入ることを意味し，make loa は魂も完全に死んでしまういわば第二の死を表す.
【気を狂わせる】ho‘opupule（ほ‘おぷぷれ）.
【気を付け】⇒ちょくりつふどうのしせいをとる〔～〕.
【気を付けろ】Uoki! Uwoki!（うおき，ううぉき）.

キア〔ハワイ〕kia-.〔カヌー〕カヌーの型式に付く接頭辞.〔用例〕長くて軽く，スピードの出るカヌー. kialoa.

キアヴェ〔ハワイ〕kiawe.〔植物〕Prosopis pallida：マメ科の植物.

キー〔ハワイ〕kī（き）.〔植物〕ニオイシュロラン．古代ポリネシア語のティー［tii］が転訛しハワイ語の kī となった．⇒ティー．ニオイシュロラン．

キーケパ〔ハワイ〕kīkepa（きけぱ）.〔服飾〕女性が身に着けるタパ布またはサロン；これらの布は，片腕のわきから体をおおうように巻き，反対側の肩で布の両端を結んで着る.

キーパー〔ハワイ〕kīpā（きぱ）.〔遊戯〕chee-fah というチャイナ（China, 清時代）の賭けごと；この賭けごとをする.

キープカ〔ハワイ〕kīpuka（きぷか）. 近接の森林地帯と比較して木がまばらな地帯のような形状の変化．特に新しい溶岩流に囲まれた古い溶岩地に，植物が生えたりしている所．

キイチゴ【（ハワイ固有の）木苺】‘ākala（‘あから）.

きいろ【黄色】lena（れな）. mele, melemele（めれ，めれめれ）. ‘ōlenalena（‘おれなれな）. pualena（ぷあれな）.
【黄色で彩色する［描く］】ho‘omelemele（ほ‘おめれめれ）.
【黄色がかった】lena, lenalena（れな，れなれな）.
【（紅葉した葉など）黄色くなった】mākole（まこれ）.
【黄色の】lena, lenalena（れな，れなれな）. melemele（めれめれ）.

キイロハギ【黄色剥ぎ】lau‘īpala（らう‘いぱら）.〔魚〕Zebrasoma flavescens：あざやかな黄色の魚でサンゴ礁にいる.

きえる【（光りなどが次第に）消える】mae（まえ）.

キオ〔ハワイ〕ki‘o（き‘お）.〔漁業〕サバヒーやボラなどの魚のはらご［卵

塊〕を貯蔵するための小さな池.
きおく【記憶】lono（ろの）.
きおくする【記憶する】ho'opa'a（ほ'おぱ'あ）. ho'opa'ana'au（ほ'おぱ'あな'あう）.
　【記憶した】pa'a（ぱ'あ）. pa'a-na'au（ぱ'あな'あう）.
きかい【機械】mīkini（みきに）〔英語：machine〕.
　【機械学】mekanika（めかにか）.〔英語：mechanic〕.
きがい【危害】hana kolohe（はな_ころへ）.
　【危害を加える】hana kolohe（はな_ころへ）.
きかがく【幾何学】anahonua（あなほぬあ）.
きかさせる【帰化させる】ho'okupa（ほ'おくぱ）.
きかざる【着飾る】kāhiko（かひこ）.
きかっしょく【黄褐色】⇒カーキいろ【khaki 色】.
きかん【期間】au（あう）. kau（かう）. wā（わ）.
　【（会計年度などの）期間の区分】mahele manawa（まへれ_まなわ）.
きかん【気管】kani'ā'ī（かに'あ'い）.
きかんしゃ【機関車】ka'aahi（か'ああひ）.〈逐語〉火の荷馬車.
きがんする【祈願する】ho'opōmaika'i（ほ'おぽまいか'い）.
キキ〔ハワイ〕kiki.〔カヌー〕⇒つめもの【詰め物】.
きき【危機】make（まけ）.
ききしる【聞き知る】pā（ぱ）.

ききなさい【（通常，命令的に）聞きなさい】'Auhea!（'あうへあ）.
ききゅう【気球】pāluna（ぱるな）. baluna. は異形.〔英語：balloon〕.
ききん【飢饉】pōloli（ぽろり）. wī（うい）.
　【飢饉に苦しむ】wī（うい）.
きく【聞く】kalelei（かれれい）. lohe, lohelohe（ろへ，ろへろへ）.
キクラゲ【木耳】pepeiao akua（ぺぺいあお_あくあ）.〔植物〕Auricularia auricula.
きけいの【奇形の】hapaku'e（はぱく'え）.
きげきてきな【喜劇的な】ho'omāke-'aka（ほ'おまけ'あか）. hō'aka'aka（ほ'あか'あか）.
きけん【危険】mea pō'ino（めあ_ぽ'いの）.
　【危険から逃げる】'auhe'e（'あうへ'え）.
　【危険を顧みない】ho'okanane'o（ほ'おかなね'お）.
　【危険な】kūnihi（くにひ）.
きげん【起源】kinohi（きのひ）. kū（く）. kumu kahi（くむ_かひ）. 'ōmaka（'おまか）.
キコシクロハワイミツスイ【黄腰黒ハワイ密吸い】⇒ミツスイドリ【蜜吸鳥】.
ぎこちない【〜】hemahema（へまへま）.
きこり【樵】kua lā'au（くあ_ら'あう）.〈逐語〉樹木（を）切る.
きこん【（イエイエというつる草の）気根】'ie（'いえ）.
きこんじょせい【既婚女性】wahine

male（わひね_まれ）. wahine mare. は異形.

ぎざぎざの【～の】nihoa（にほあ）.
【ぎざぎざをつけたデザインにする】ho'onihoniho（ほ'おにほにほ）.

きざし【兆し】'ōuli（'おうり）.

きざみめのある【刻み目のある】kepa（けぱ）.

きし【岸・岸辺】kahakai（かはかい）. uka（うか）.
【（海から見て）岸の方へ】uka（うか）.
【（荷物などを）岸へ置く】ho'oīkā（ほ'おいか）.
【（荷物などを）岸へ投げる】ho'oīkā（ほ'おいか）.

きじ【記事】mo'olelo（も'おれろ）.

ぎし【義歯】niho ho'okomo（にほ_ほ'おこも）.

ぎじえ【（貝の真珠層で作った）擬似餌】lūhe'e（るへ'え）. mūhe'e（むへ'え）. pā（ぱ）.

ぎじどう【議事堂】hale aupuni（はれ_あうぷに）.

きしむ【（接合個所などが）軋む，軋る】'u'ina（'う'いな）.

きしゃ【汽車】ka'aahi（か'ああひ）.

きしゅ【騎手】holo lio（ほろ_りお）.

きしゅくがっこう【寄宿学校】⇒がっこう【学校】.
【（学生の）寄宿舎】⇒がくせい【学生寮［会館］】を参照.

ぎじゅつしゃ【技術者】wilikī（うぃりき）.

きしょう【起床】alana（あらな）.

ぎじろく【（集会などの）議事録】mo'olelo（も'おれろ）.
【議事録を取っておく】ho'opa'a mo'olelo（ほ'おぱ'あ_も'おれろ）.

キス【kiss】honi（ほに）. ihu（いふ）.
【キスをする】honi（ほに）

きず【傷】'ālina（'ありな）. kīnā（きな）. kīna'u（きな'う）.
【傷を与える】ka'alina（か'ありな）.
【傷を癒やす】ola（おら）.
【傷を付けた】pohole（ぽほれ）.

きずあと【傷跡】'ālina（'ありな）. lina（りな）. pihi（ぴひ）.
【傷跡のある】'a'alina（'あ'ありな）.
【傷跡を残した】'a'ali（'あ'あり）.
【傷跡を残す】ho'olina（ほ'おりな）.

きずきあげる【築き上げる】kāpili（かぴり）.

きずついた【（体面・評判など）傷付いた】'ino'ino（'いの'いの）.【恐怖・悲痛で】傷付いた】mā'e'ele（ま'え'えれ），mā'ele（ま'えれ）.

きずつける【傷付ける】ho'opō'ino（ほ'おぽ'いの）. 'ino, ino'ino（'いの，'いの'いの）. mahole（まほれ）.
【（木材・金属などを）傷付ける】hanapēpē（はなぺぺ）.

きずものにする【傷物にする】hō'ino-'ino（ほ'いの'いの）. mā'ino'ino（ま'いの'いの）.

ぎせい【犠牲】mōhai（もはい）.
【犠牲に供する】hai（はい）.
【（神に）犠牲を捧げる】mōhai（もはい）.

ぎせいしゃ【犠牲者】heana（へあな）.

きせいちゅう【寄生虫】naio（ないお）.
【（植物に付く）寄生虫】pōnalo（ぽなろ）.
【（人や動物の毛にたかる）寄生虫を捜す】hā‘uke（はう̄け）.

きせき【基石】pōhaku kihi（ぽはく_きひ）.〔建築〕.

きせきてきなちから【奇跡的な力】⇒マナ.

きせつ【季節】kau（かう）. すべての季節（特に夏）. la‘a（ら‘あ）. manawa（まなわ）. wā（わ̄）.
《雨季》la‘a ua（ら‘あ_うあ）.
《植物がなかなか育たなかったり，枯れたりする季節》la‘a make（ら‘あ_まけ）.〈逐語〉死んだ季節.

きぜつさせる【気絶させる，気絶した振りをする】ho‘oma‘ule（ほ‘おま‘うれ）.

きせる【（他の人に服を）着せる】ho‘okomo（ほ‘おこも）.
【（誰かにすてきな服を）着せる】ho‘okāhiko（ほ‘おか̄ひこ）.

きせん【汽船】mokuahi（もくあひ）.〈逐語〉火の船. mokumāhu（もくま̄ふ）.〈逐語〉蒸気の船.
【汽船運賃】uku moku（うく_もく）.
【汽船航路】laina mokuahi（らいな_もくあひ）.

ぎぜんしゃをよそおう【偽善者を装おう】ho‘okamani（ほ‘おかまに）.

きそ【基礎】kahua（かふあ）.〈比喩〉原理・原則の布告.〔用例〕土地区分についてのモンロー（米国の第5代大統領）原則. Ka Monroe kahua kālai ‘āina. kumu（くむ）. mole（もれ）.
【基礎をしっかり置く】ho‘okahua（ほ‘おかふあ）.
【基礎の，基礎となる）】honua（ほぬあ）.
【基礎知識】‘ike kumu（‘いけ_くむ）.

ぎぞう【偽造】‘āpuka（‘あ̄ぷか）.

きぞうひん【寄贈品】ha‘awina（は‘あヴぃな）.

きそく【規則】kānāwai（か̄な̄わい）. loina（ろいな）. lula（るら）. rula. は異形.〔英語：rule〕.

きぞく【貴族】ali‘i（あり‘い）.
【貴族の】lani（らに）.

きた【北】‘ākau（‘あ̄かう）.

ギター【guitar】kīkā（き̄か̄）.〔英語〕.

きたアメリカ【北アメリカ，北アメリカの】‘Amelika ‘Ākau（‘あめりか_‘あ̄かう）.

きたい【気体】ea（えあ）.〔英語：air〕.

きたいする【期待する】mana‘olana（まな‘おらな）.

きたかぜのなまえ【（強い）北風の名前】Ho‘olua（ほ‘おるあ）.

きたない【汚い】‘eka（‘えか）. hawa（はわ）. lepo（れぽ）. lepolepo（れぽれぽ）. pelapela（ぺらぺら）.
【汚い鼻】ihu ‘eka（いふ_‘えか）.〈比喩〉見くびったあだ名.

キタマクラ【北枕】pu‘uōla‘i（ぷ‘うお̄ら‘い）.〔魚〕Canthigaster rivulata：フグ科.

きち【機知】akamai（あかまい）.

ぎちょう【議長，下院の議長】luna ho‘omalu（るな_ほ‘おまる）.

【(会議などで)議長をする】ho'omalu（ほ'おまる）．

きちょうひん【貴重品】waiwai（わいわい）．

きちんとした【(身なりなど)～】pa'ihi（ぱ'いひ）．

きつい【(洋服などが)きつい】lā'iki（らぃき）．〔用例〕腕にぴったりとした長袖．Lima lā'iki. pipiki（ぴぴき）．【きつい帯】pū'ali（ぷ'あり）．

きつえん【喫煙】puhi paka（ぷひ_ぱか）．puhi baka. は異形．

きつえんする【喫煙する】puhi（ぷひ）．

きづかって【気遣って】wiwo（ヴィヴォ）．

きつくする【(靴ひもなど)～】ho'opa'a（ほ'おぱ'あ）．

きつくつめこんだ【きつく詰め込んだ】pū'uki'uki（ぷ'うき'うき）．

きっこうかなあみ【亀甲金網】uea maka 'upena（うえあ_まか_'うぺな）．〔金属製品〕編み目が1インチの6角形の金網で，特に鶏舎に用いられる．〈逐語〉網の目の針金.

きっすいの【生粋の】kama'āina（かま'あいな）．

キツネベラ【狐ベラ】'a'awa（'あ'あヴァ）．〔魚〕Bodianus bilunulatus：くちびるが厚く歯は強力；体色の美しいものが多く食用に珍重される種類もある．

きっぷ【切符】likiki（りきき）．

きてい【規定】lula（るら）．rula. は異形．〔英語：rule〕．

きとう【亀頭】pōheo（ぽへお）．

きとう【祈祷】pule（ぷれ）．【祈祷の熟練者】kahuna pule（かふな_ぷれ）．【祈祷のために空けておく日，祈祷のために時間を取っておく】kūpule（くぷれ）．

きとうかい【祈祷会，祈祷集会】'aha pule（'あは_ぷれ）．kūlana pule（くらな_ぷれ）．

きとうし【祈祷師】kalokalo（かろかろ）．

きぬ【絹】kalika, kilika（かりか，きりか）．〔英語：silk〕．【(錦織りの)絹】kilika lau（きりか_らう）．

きぬた【(カパ[kapa]を打つ)砧】kua（くあ）．砧は板または石で作られる．

きねん【記念】ho'omana'o 'ana（ほ'おまな'お_'あな）．【記念となる】ho'omana'o（ほ'おまな'お）．

きねんさいのしゅくえん【記念祭の祝宴】'aha'aina ho'omana'o（'あは'あいな_ほ'おまな'お）．

きねんひ【記念碑，記念塔】kia ho'omana'o（きあ_ほ'おまな'お）．

きねんび【記念日，記念祭】lā ho'omana'o（らー_ほ'おまな'お）．【(例年の)記念日】piha makahiki（ぴは_まかひき）．【(年1回の)記念日を持つ】piha makahiki（ぴは_まかひき）．

ぎねん【疑念】hopohopo（ほぽほぽ）．

きのあらいきしょう【気の荒い気性】pī'ena（ぴ'えな）．

きのう【昨日，昨日は】nehinei（ねひ

ねい）．nehinei には通常 i が前に来る．

ぎのうがたくえつした【技能が卓越した】mikioi（みきおい）．

きのきいた【気の利いた】akamai（あかまい）．

きのくるった【気の狂った】hehena（へへな）．

キノコ【茸】kūkaelio（く̄かえりお）．からかさ形の多肉質のキノコの総称．pepeiao akua（ぺぺいあお_あくあ）．〔植物〕Auricularia auricula．

きのじゅうじか【木の十字架】lā'au ke'a（ら̄'あう_け'あ）．〔キリスト教〕木製の磔はりつけ台．

きのぬけた【気の抜けた】ānea（あ̄ねあ）．mahū（まふ̄）．

きのまばらなちたい【木のまばらな地帯】⇒キプカ．

きのみ【（ハワイ原産でない）木の実（の総称）】kukui haole（くくい_はおれ）．
【（ココナッツなどの）木の実を割る】kōhi（こ̄ひ）．

きのみき【木の幹】kumu（くむ）．

キノ・ラウ〔ハワイ〕kino lau．〔伝承〕時には炎となり，またある時は若い少女や醜い老婆となる火山の女神ペレのように霊的身体によってとられる数多くの姿．

きば【牙】niho（にほ）．

キバナキョウチクトウ【黄花夾竹桃】nohomālie（のほまーりえ）．〔植物〕Thevetia peruviana：キョウチクトウ属の一種．〈逐語〉じっとしている．

キバナシュクシャ【黄花縮砂】kāhili（か̄ひり）．〔植物〕Hedychium gardnerianum：ショウガ科シュクシャ属の植物；ハワイではカーヒリジンジャーと呼ばれている．

きばらし【気晴らし】hana ho'onanea（はな_ほ'おなねあ）．

きばんだいろ【黄ばんだ色】'ōlenalena（'お̄れなれな）．

きばんだはくしょく【黄ばんだ白色】mea（めあ）．

きびしい【（労働など）厳しい】'a'aka（'あ'あか）．ko'iko'i（こ'いこ'い）．

きびん【機敏】akamai（あかまい）．
【機敏さ】miki（みき）．
【機敏な】'eleu（'えれう）．'eu'eu（'えう'えう）．lehua（れふあ）．miki（みき）．miki'ala（みき'あら）．

きひんのある【気品のある】hīhīmanu（ひ̄ひ̄まぬ）．

きふ【（教会などの）寄付】lūlū（る̄る̄）．manawale'a（まなわれ'あ）．

きぶ【基部】kahua（かふあ）．

ぎふ【義父】makua kāne kōlea（まくあ_か̄ね_こ̄れあ）．

きふじん【貴婦人】leke（れけ）．lede．は異形．〔英語：lady〕

きふるしてぼろぼろの【着古してぼろぼろの】lu'a（る'あ）．

きぶんをさわやかにする【（…の）気分を爽やかにする】ho'ōpio（ほ'お̄ぴお）．

きへい【騎兵，騎兵隊】kaua lio（かうあ_りお）．〈逐語〉馬戦．

きへいちゅうたい【騎兵中隊】pū'ali koa（ぷ̄'あり_こあ）．

きぼ【規模】nui（ぬい）.
ぎぼ【義母】makuahine kōlea（まくあひね_これあ）.
きぼう【希望】manaʻolana（まなʻおらな）.
きほんてきなきてい【基本的な規定】lula kumu（るら_くむ）.
きほんとなる【基本となる】honua（ほぬあ）.
きほんほうしん【（政治上の綱領などの）基本方針】kahua hana（かふあ_はな）.
きまえよくあたえる【気前よく与える】leo ʻole（れおʻおれ）.
きまぐれ【気紛れ】manaʻo ulu wale（まなʻお_うる_われ）.
【気紛れな, 気紛れな人】pipine（ぴぴね）.
きまること【（…によって）決まること】aia（あいあ）.
きみじかな【気短な】nauki（なうき）. nāukiuki（なうきうき）. 強意語はnāuki（なうき）.
きみ・きみたち【君・君達】⇒あなた. あなたたち.
きみつの【機密の】hūnā（ふな）.
きみのわるいさびしいばしょ【気味の悪い寂しい場所】ano（あの）. anoano（あのあの）.
きむずかしい【気難しい】ʻaʻaka（ʻあʻあか）. kamawae（かまわえ）. wae（わえ）. hoʻowae（ほʻおわえ）.
ぎむ【義務】hana（はな）. kuleana（くれあな）.〔文化〕権利［kuleana］という語は義務・責任という意味を合わせ持つ. pono（ぽの）.
【義務を負わせる】kau（かう）.
【義務［約束・契約など］を果たす】hoʻokō（ほʻおこ）.
【義務形】kauoha（かうおは）.〔文法〕「〜しなければならない」と義務を表わすときの動詞にpono（ぽの）がある. loaʻa型の動詞.〔用例〕わたしは行かなければならない. Pono au e hele. Pono iaʻu ke hele.
きめのあらい【肌理の粗い】hākuma（はくま）.
【（しわが寄った, または吹き出ものが出来た皮膚のように）きめの粗い】ʻāʻaua（ʻあʻあうあ）.
きめのこまかいすな【肌理の細かい砂】hune one（ふね_おね）.
キモ〔ハワイ〕kimo.〔遊戯〕通例, ゴムまりをつきながら決められた道順に沿って地面で金属品や玉などを投げたり, つかんだり, 位置を変えたりするジャックスという子供の遊びによく似たゲーム.
きもち【気持】puʻuwai（ぷʻうわい）.
【（食べ過ぎたあとのように）気持ちが悪いほど満腹の】hoʻokūkū（ほʻおくく）.
【気持ちの良い】laʻe, laʻelaʻe（らʻえ, らʻえらʻえ）.
【気持ちの悪い】hoʻopailua（ほʻおぱいるあ）.
【気持ち良くする】hōʻolu（ほʻおる）.
きもの【着物】lole（ろれ）.
【着物を着る】hoʻokomo（ほʻおこも）.
きものジラミ【着物虱】ʻuku kapa（ʻうく

ぎもん

_かぱ).〔昆虫〕〈逐語〉タパ布に付くシラミ.

ぎもん【疑問】**nīnau**（に̄なう）. **nina-ninau**（になになう）.

ぎもんし【疑問詞】**paniinoa nina-ninau**（ぱにいのあ_になになう）. ⇒なに【何】を参照.
《どうして》**aha**（あは）.〔用例〕なぜなんですか. He mea aha?
《どうして》**pehea**（ぺへあ）. 状況や理由, 方法を問う疑問詞.〔用例〕お元気ですか. Pehea ʻoe?
《どうして》**pehea**（ぺへあ）. 事柄を問う疑問詞.〔用例〕どんなこと［もの］か分からない, Pehea lā!
《どこから, どこに》**no hea**（の_へあ）. 場所を問う疑問詞.〔用例〕あなたはどこからきましたか. No hea mai ʻoe?
《幾いくつ》**ʻehia**（ʻえひあ）. 通常, 数などの質問として「いくつ」, 「どのくらい」, 「値段はいくら」.〔用例〕何時ですか. Hola ʻehia?

ぎもんふ【疑問符［?］】**kiko nīnau**（きこ_に̄なう）.

ぎもんぶん【疑問文】〔文法〕. ハワイ語の疑問文はイントネーションで行うものと, 疑問詞を使うものがある. ⇒ぎもんし【疑問詞】.

ぎゃくさつ【虐殺】**luku**（るく）.

ぎゃくさつする【虐殺する】**luku**（るく）.

きゃくせん【客船】**moku lawe ʻōhua**（もく_らヴぇ_ʻお̄ふあ）.

ぎゃくたい【虐待】**hana ʻino**（はな_ʻいの）. **paʻi**（ぱʻい）.

ぎゃくたいする【虐待する】**hainā**（はいな̄）. **hana ʻino**（はな_ʻいの）. **hoʻomāino**（ほʻおまいの）. **hoʻopale**（ほʻおぱれ）.【(恐ろしく) 虐待する】**kuʻi pehi**（くʻい_ぺひ）.〈逐語〉強打を浴びせる.

ぎゃくむきになる【逆向きになる】**huli**（ふり）. **hulihuli**（ふりふり）.

ぎゃくもどりする【逆戻りする】**hoʻi hope**（ほʻい_ほぺ）.

ギャザーをよせる【(スカートなどの) gathers を寄せる】**hōʻaluʻalu**（ほ̄ʻあるʻある）.

きゃしゃな【華奢な】**lahi, lahilahi**（らひ, らひらひ）.

ぎゃっこうする【逆行する】**peki**（ぺき）.〔英語：back〕.

キャッサバ【cassava】**manioka**（まにおか）.〔英語・植物〕Manihot esculenta：熱帯産トウダイグサ科キャッサバ属の植物の総称；根茎は多量の澱粉を含む.

キャッツアイ【cat's-eys】**pani pūpū**（ぱに_ぷ̄ぷ̄）.〔宝石の一種〕猫目石.

キャベツ【cabbage】**kāpiki**（か̄ぴき）.〔英語〕.

キャラコ【calico】⇒めんぷ.

ギャロップ【gallop：全速, ギャロップで駆ける】**holoʻanai**（ほろʻあない）.〔乗馬〕.

キャンデー【candy】**hoʻomomona**（ほʻおももな）. **kanakē**（かなけ̄）.

キャンドルナッツ【candlenut】**hua kukui**（ふあ_くくい）. **kuikui**（くい

くい）．kukui の古い語形（ニイハウ島では使われている）．
【キャンドルナッツの木立ち】**ulu kukui**（うる_くくい）．

キャンプサイト【camp site：軍隊・ボーイスカウト・旅行者の野営地】**kahua**（かふあ）．**moana**（もあな）．⇒やえいする．

きゅう【9・九】**iwa**（いヴぁ）．**1.**〔数詞〕iwa は数を数える場合には接頭辞 'e-をつけ、'eiwa（'えいヴぁ）と使う．接頭辞 'a-をつけた、'aiwa（'あいヴぁ）は第九、九番目などの序数詞となる．なお助数詞（個、人、列目、番目）は文脈による．**2.** 接辞となり九を表す．

きゅう【球，球体】**poepoe**（ぽえぽえ）．
【球の形をした物】**pōpō**（ぽぽ）．

きゅうあいする【求愛する】**ho'onipo**（ほ'おにぽ）．**ipoipo, ho'oipo, ho'oipoipo**（いぽいぽ，ほ'おいぽ，ほ'おいぽいぽ）．**kaunu**（かうぬ）．

きゅうか【休暇】**ho'omahana**（ほ'おまはな）．

きゅうかいさせる【（しばらくの間）休会させる】**ho'omalolo**（ほ'おまろろ）．

ぎゅうかわ【牛皮】**'ili pipi**（'いり_ぴぴ）．

きゅうかをとる【休暇を取る】**ho'o-maha**（ほ'おまは）．

きゅうぎ【球技】**kinipōpō**（きにぽぽ）．
【球技の選手】**pā'ani kinipōpō**（ぱ'あに_きにぽぽ）．
【球技をする】**kinipōpō**（きにぽぽ）．**pā'ani kinipōpō**（ぱ'あに_きにぽぽ）．

きゅうきゅうしゃ【救急車】**ka'a lawe ma'i**（か'あ_らヴぇ_ま'い）．

きゅうくつな【窮屈な】**hāiki**（はいき）．

きゅうけいしょ【休憩所】**kaulana**（かうらな）．

きゅうげきなかんちょう【（岩礁がむき出しになるほどの）急激な干潮】**kai a malō, kai a malo'o**（かい_あ_まろ，かい_あ_まろ'お）．〈逐語〉乾いた海．

きゅうけつどうぶつ【吸血動物】**omo koko**（おも_ここ）．

きゅうこうか【急降下】**māpu**（まぷ）．**māpuana**（まぷあな）．

きゅうこうする【急行する】**pūlale**（ぷられ）．

きゅうこうばいの【急勾配の】**nihi**（にひ）．**lihi**（りひ）．
【急こうばいの小山】**pali**（ぱり）．

きゅうこん【球根】**hua kanu**（ふあ_かぬ）．

きゅうし【（地下茎や根から出る）吸枝】**pōhuli**（ぽふり）．

きゅうじ【給仕】**'ā'īpu'upu'u**（'あ'いぷ'うぷ'う）．
【（食事の）給仕をする，（男の）給仕人】**kuene**（くえね）．〔用例〕女性の給仕人．**kuene wahine**.
【給仕をする】**lawelawe**（らヴぇらヴぇ）．
【給仕人】**kuene**（くえね）．

きゅうしする【休止する】**malolo**（まろろ）．

きゅうじつ【休日】**lānui**（らぬい）．

きゅうしゅう【（猛鳥などの）急襲】māpu（まぷ）. māpuana（まぷあな）.

きゅうしゅうする【急襲する】pākaha（ぱかは）.

きゅうしゅうする【吸収する】omo（おも）. moni（もに）.

きゅうじょした【救助した】ola pāna'i（おら_ぱな'い）.

きゅうじょしゃ【救助者】ho'ōla（ほ'おら）.

きゅうす【急須】ipu kī（いぷ_き）.

きゅうすいしゃ【給水車】ka'a wai（か'あ_わい）.

きゅうせいぐん【救世軍】Pū'ali Ho'ōla（ぷ'あり_ほ'おら）.

きゅうせいしゅ【救世主】Mekia（めきあ）. Mesia. は異形.〔英語：Messiah〕.

きゅうせんきょうてい【休戦協定】'aelike（'あえりけ）.

きゅうそく【休息】maha, mahamaha（まは, まはまは）. mahana（まはな）. ho'omahana（ほ'おまはな）. pohala（ぽはら）.
【休息を取る】ho'omaha（ほ'おまは）.
【休息を要求する】hō'olu'olu（ほ'おる'おる）.

きゅうそくする【休息する】mahamaha（まはまは）.

きゅうそくな【急速な】alamimo（あらみも）. alapine（あらぴね）. alawiki（あらうぃき）. miki（みき）. wawe（わヴぇ）. wiki（うぃき）.

きゅうそくにうごく【急速に動く】kāholo（かほろ）.

きゅうてい【宮廷】hale ali'i（はれ_あり'い）.

きゅうどう【弓道】pana pua（ぱな_ぷあ）.

きゅうな【急な】kāholo（かほろ）.

ぎゅうにく【牛肉】pipi（ぴぴ）. bipi. は異形.〔英語：beef〕.
【牛肉の大切身】ku'eku'e pipi（く'え く'え_ぴぴ）.〔食品〕牛の膝の肉.

きゅうやくせいしょ【旧約聖書】Kauoha Kahiko（かうおは_かひこ）.

きゅうよう【休養】nanea（なねあ）.
【休養のため退職させる】hō'olu'olu（ほ'おる'おる）.

キュウリ【胡瓜】ka'ukama（か'うかま）.〔英語：cucumber〕. 外国から持ち込まれたキュウリ.

きゅうりょう・きゅうよ【給料・給与】uku（うく）. uku hana（うく_はな）.
【給与が十分な】lako（らこ）.
【給料を支払う】uku（うく）. uku hana（うく_はな）.

ぎょう【（文字の）行,（詩の）一行】laina（らいな）.〔英語：line〕.

きょうあくな【凶悪な】lawehala（らヴぇはら）.

きょうい【驚異】makahehi（まかへひ）.
【驚異の原因となること】ho'aiwaiwa（ほ'あいヴぁいヴぁ）.
【驚異を誘発する】ho'oha'oha'o（ほ'おは'おは'お）.

きょういく【教育】a'o（あ'お）. a'o palapala（あ'お_ぱらぱら）.
【教育する, 教育を受ける】a'o（あ

‘お）．⇒おしえる【教える】，おそわる【教わる】．
【教育を受ける】ho‘ona‘auao（ほ‘おな‘あうあお）．ho‘ā‘o（ほ‘ā‘お）．
きょういくいいんかい【教育委員会】Papa Ho‘ona‘auao（ぱぱ_ほ‘おな‘あうあお）．〔社会制度〕州・郡・市町村の主として公立初等・中等学校を指導管理する任命制または公選制の委員会．
きょういくじょうの【教育上の】ho‘ona‘auao（ほ‘おな‘あうあお）．
きょういくせいど【教育制度】‘oihana ho‘ona‘auao（‘おいはな_ほ‘おな‘あうあお）．
きょういん【教員】kumu kula（くむ_くら）．
きょうおん【強音】kaulele（かうれれ）．〔韻律〕．
きょうかい【境界】anapuni（あなぷに）．kapa（かぱ）．kapakapa（かぱかぱ）．kaupale（かうぱれ）．lihi, lihilihi（りひ，りひりひ）．mokuna（もくな）．palena（ぱれな）．
【境界を示すもの】‘ao‘ao（‘あお‘あお）．
【（石の）境界線】nini（にに）．
【境界線を標しるす】kaupalena（かうぱれな）．
きょうかい【協会】‘ahahui（‘あはふい）．hui（ふい）．
【協会を結成する】hui（ふい）．ho‘ohui（ほ‘おふい）．
きょうかい【（組織としての）教会】luakini（るあきに）．‘ekalekia（‘えかれきあ）．ekalesia．は異形．〔キリスト教〕．
【教会の教区】kīhapai（きはぱい）．
きょうかいどう【教会堂】hale hālāwai（はれ_はらわい）．hale pule（はれ_ぷれ）．〈逐語〉祈りの建物．
きょうかく【胸郭】houpo（ほうぽ）．
きょうがく【驚愕】pū‘iwa（ぷ‘いヴぁ）．
きょうかしょ【教科書】a‘o（あ‘お）．
きょうき【狂気】hehena（へへな）．
【狂気の】hehena（へへな）．pupule（ぷぷれ）．pulepule（ぷれぷれ）．
きょうぎ【協議】kūkā, kūkākūkā（くか，くかくか）．kūkā kama‘ilio（くか_かま‘いりお）．
【協議会】‘aha kūkā（‘あは_くか）．‘aha mokupuni（‘あは_もくぷに）．〔キリスト教〕各島の教会信者の代表者たちによる島の協議会．
きょうぎ【競技】ho‘okūkū（ほ‘おくく）．〔用例〕歌のコンテスト．Ho‘okūkū hīmeni．【（知力または体力の）競技】ho‘opāpā（ほ‘おぱぱ）．
【競技会】‘aha maha（‘あは_まは）．〔行事〕模擬戦などの競技試合をするための場所や集まり．〈逐語〉レクレーションのための集まり．
【競技会を催す】ho‘okūkū（ほ‘おくく）．
【競技場】kahua ho‘ouka（かふあ_ほ‘おうか）．〔施設〕競技やコンテストに使われる場所．
ギョウギシバ【行儀芝】mānienie（まにえにえ）．〔植物〕Cynodon dacty-

lon：ハワイでは芝生によく使われる．

きょうきゅう【供給】lako（らこ）．
【供給が十分な】lako（らこ）．
【供給量】lako（らこ）．

きょうきゅうする【供給する】hoʻolako（ほʻおらこ）．hoʻolawa（ほʻおらヴぁ），hoʻolawalawa（ほʻおらヴぁらヴぁ）．

ぎょうぎよくふるまう【行儀良く振る舞う】noho pono（のほ_ぽの）．

きょうぐう【境遇】kūlana（くﾗな）．

きょうこう【（ローマ）教皇】Pope（ぽぺ）．〔英語：Pope〕．

きょうこうをきたした【恐慌を来した】ʻaʻā（ﾗあʻあ）．

きょうこく【峡谷】ʻalu（ʻある）．ʻaʻalu（ʻあʻある）．awāwa（あﾜわ）．kahawai（かはわい）．〔地形〕水の流れがあるなしにかかわらず山峡，渓谷．
【峡谷の絶壁側】lapa（らぱ）．Hana-（はな）．Hono-（ほの）：hana, honoともに湾などの絶壁側を指す．〔用例〕Hanapēpē. 地名．〈逐語〉砕かれた入江．Honoliʻi. 地名．〈逐語〉小さな谷．

きょうこつ【胸骨】iwi umauma（いヴぃ_うまうま）．【（鶏などの）胸骨】pāuma（ぱうま）．

きょうこにする【強固にする】hana paʻa（はな_ぱあ）．

ぎょうざ【餃子】pepeiao（ぺぺいあお）．〔食べ物〕耳［pepeiao］の形に似ていることからこう名づけられた．

きょうし【教師】kumu（くむ）．kahu kula（かふ_くら）．特に中学校の教師．【（初等・中等学校の）教師】kumu kula（くむ_くら）．

きょうじゅ【教授】kumu aʻo（くむ_あʻお）．polopeka（ぽろぺか）．〔英語：professor〕．
【教授になる】polopeka（ぽろぺか）．
【教授の】polopeka（ぽろぺか）．

ぎょうしょうする【行商する】kālewa（かﾚヴぁ）．かつて商品は運搬用のてんびん棒の前後につるされ，ゆらゆら揺られて運ばれた．

きょうじん【狂人】hehena（へへな）．

きょうずる【興ずる】hoʻoleʻaleʻa（ほʻおれʻあれʻあ）．

きょうせい【強勢】⇒アクセント．

ぎょうせい【行政】hoʻoponopono ʻana（ほʻおぽのぽの_ʻあな）．
【行政官】ilāmuku（いﾗむく）．kahu hoʻoponopono（かふ_ほʻおぽのぽの）．
【行政事務】hana kīwila（はな_きヴぃら）．
【行政上の】hoʻokō（ほʻおこ）．
【行政組織】ʻaha hoʻomalu（ʻあは_ほʻおまる）．keʻena（けʻえな）．日本語における「省，庁，院，局，部」など．
【行政に関する建物】hale hoʻoponopono（はれ_ほʻおぽのぽの）．
【行政府，行政機関】lawelawe hana（らヴぇらヴぇ_はな）．

きょうせいする【強制する】hoka（ほか）．

きょうせいする【矯正する】hoʻopololei（ほʻおぽろれい）．hoʻoponopono（ほʻおぽのぽの）．

きょうせいほう【強声法】kālele leo（かれれ_れお）.

きょうそう【競走】heihei（へいへい）. hoʻokūkū（ほʻおくくー）.
【競走に加わる】hoʻoheihei（ほʻおへいへい）.
【競走馬】lio heihei（りお_へいへい）.

きょうそうする【競走する】heihei（へいへい）.
【競走させる】hoʻoheihei（ほʻおへいへい）.

きょうだい【兄弟】⇒あに【兄】, あね【姉】, いもうと【妹】, おとうと【弟】.

きょうだいどうしのけっこん【兄弟〔姉妹〕同士の結婚】⇒けっこん【結婚】.

きょうだする【強打する】hau（はう）. 受動態または命令法は hauhia（はうひあ）.

きょうだをあたえる【(相手に)強打を与える】paʻi（ぱʻい）.

きょうたん【驚嘆】makahehi（まかへひ）.

きょうたんする【驚嘆する】makahehi（まかへひ）.

ぎょうちゅう【蟯虫】naio（ないお）.

きょうちょう【強調】kaulele（かうれれ）.

きょうちょうする【(語句の意味を)強調する】ʻaʻau（ʻあʻあう）.〔用例〕強調のマーカー. Hune ʻaʻau.
【(考えなどを)強調する】kālele manaʻo（かれれ_まなʻお）.【(話の中で)強調する】hoʻokoʻikoʻi（ほʻおこʻいこʻい）.【(演説・オーケストラの指揮・フラダンスなどの中で)強調する】kuhi, kuhikuhi（くひ, くひくひ）.
【(語句などが)強調された】koʻikoʻi（こʻいこʻい）.

きょうてい【協定】ʻaelike（ʻあえりけ）. kuʻikahi（くʻいかひ）.
【協定した】ʻaelike（ʻあえりけ）.

ぎょうてんした【仰天した】pūʻiwa（ぷーʻいヴぁ）.

きょうど【強度】ʻoʻoleʻa（ʻおʻおれʻあ）.

きょうどう【協同・共同】kōkoʻo（こーこʻお）. kōkua（こーくあ）.

きょうどうしゅっしする【共同出資する】huihui（ふいふい）.

きょうどうする【協同する】alu（ある）. huki like（ふき_りけ）. ⇒きょうりょく.

きょうどうぼち【(教会に所属していない)共同墓地】pā ilina（ぱー_いりな）.

ぎょうにゅう【凝乳】paka（ぱか）. bata. は異形.〔英語：butter〕.〔乳製品〕牛乳を凝固して作ったもの.

きょうばい【競売】⇒けいばい【競売】.

きょうふ【恐怖】haunaele（はうなえれ）. weli（うぇり）.〔用例〕恐怖でいっぱいの. Kau ka weli, kū ka weli.
【(絶壁を見下ろしたり, 突然の危険に直面した時などの)恐怖で身震いする感覚】manene（まねね）.

きょうぶ【胸部】poli（ぽり）. uma-uma（うまうま）.

きょうぼうな【凶暴な】mākaha（まかは）.

きょうみ【興味】hoihoi（ほいほい）.
【興味もない】ʻole wale（ʻおれ_わ

れ).
【興味をそそる】kohu（こふ).
【(極めて)興味深い】nanea（なねあ).
きょうめいする【共鳴する】kuolo（くおろ).
きょうゆうしょくりょうばたけ【共有食糧畑】laulima（らうりま).
きょうよう【(財物の)強要】lawe wale（らヴぇ_われ).
きょうよう【教養】a'o（あ'お). a'o palapala（あ'お_ぱらぱら).
きょうらんの【狂乱の】hehena（へへな).
きょうりもんどう【(キリスト教の)教理問答】kakekimo（かけきも). ui（うい).
きょうりょうな【狭量な，狭量な人】loko hāiki（ろこ_ほいき).
きょうりょく【協力】kōko'o（ここ'お). kōkua（こくあ). laulima（らうりま).
【協力した国家】lāhui hui pū（らふい_ふい_ぷ).〔用例〕国際連合. Nā Lāhui Huipū.
【協力して手を貸す】lawelawe lima（らヴぇらヴぇ_りま).
【協力的でない】hukihuki（ふきふき).
【協力的な】kā'eu'eu（か'えう'えう). puwalu, pualu（ぷわる，ぷある).
きょうりょくする【協力する】alu（ある). huki like（ふき_りけ).〔様相〕多くの人で綱などを協力して引く.
【協力させる】ho'olaulima（ほ'おらうりま).
【協力した】alu（ある).
きょうりょくな【強力な】ikaika（いかいか).
きょうれい【教令】.'ōlelo kauoha（'おれろ_かうおは).
きょうれいかい【(プロテスタント)共励会】'Ahahui Hō'ikaika Kalikiano（'あはふい_ほ'いかいか_かりきあの).〔キリスト教〕プロテスタント教会の青年が伝道と奉仕のため，1881年教派を越えて設立した団体.
ぎょうれつ【行列】huaka'i（ふあか'い). kaka'i（かか'い).
ぎょうれつきとうしき【行列祈祷式】ka'i ke'a（か'い_け'あ).〔キリスト教〕十字架の道行きの留；イエスの受難中の諸事件を順次に14の絵その他で表わし，そのそれぞれに木の十字架を付したものをいう．信者は順を追って各事件の前に止まって祈りをささげ黙想する.
きょうれつないたみ【強烈な痛み】walania（わらにあ).
きょうわとういん【共和党員】Lepupalika（れぷぱりか). Repubalika. は異形.〔英語：Republican〕.
きょえいしんをくすぐる【虚栄心を擽る】malimali（まりまり).
きょか【許可】'ae（'あえ). ho'āpono（ほ'あぽの).
【許可なしに入る】komo wale（こも_われ).
【許可書［証］】laikini（らいきに).〔英語：license〕. palapala 'ae（ぱら

ぱら_‘あえ).
【(小銃・短銃などの) 小火器使用許可書[証]】**laikini kī pū**（らいきに_き_ぷ）.
【(パスポートのような全ての) 許可証】**palapala ho‘āpono**（ぱらぱら_ほ‘あぽの）.
【許可状】**palapala**（ぱらぱら）. ⇒ しょるい【書類】.

きょかする【許可する】**'ae**（‘あえ）. **'āpono**（‘あぽの）.

ぎょぎょうけん【漁業権】**konohiki**（このひき）. 首長下の土地区分アフプアア［ahupua‘a］の頭かしらの支配下にある漁場の所有権；このような権利は，コノヒキ［konohiki］権と呼ばれることもある.

きょく【(民間の事務所などの) 局】**kīhapai**（きはぱい）.【(政府機関などの) 局】**pulo**（ぷろ）. **buro**. は異形.〔英語：bureau〕.

きょくせん【(道路や海岸に沿った) 曲線】**hālawa, kālawa**（はらわ，からわ）.

きょくたんに【極端に】**ha‘alele loa**（は‘あれれ_ろあ）.

きょこつ【距骨】**pu‘upu‘u wāwae**（ぷ‘う_ぷ‘う_ヴぁヴぇえ）.〔解剖〕かかとの付近にある7個の足根骨のひとつ.

きょじゃくな【虚弱な】**ma‘awe, mā‘awe‘awe**（ま‘あヴぇ，まあ‘あヴぇ‘あヴぇ）. **nāwali, nāwaliwali**（なわり，なわりわり）. **‘ōmali**（‘おまり）. **‘ōma‘i, ‘ōma‘ima‘i**（‘おま‘い，‘おま‘いま‘い）. **‘owali**（‘おわり）. **puhemo**（ぷへも）.

きょじゅうする【居住する】**noho**（のほ）.

ぎょじょう・ぎょば【漁場】**ko‘a**（こ‘あ）.【(大洋の) 漁場】**kai lawai‘a**（かい_らわい‘あ）.

ぎょしょう【魚醬 (の一種)】**palu**（ぱる）.〔食品〕ククイ［kukui］の調味料・ニンニク・トウガラシなどが一緒に入った，魚の頭や胃ぶくろから作られる薬味.

ぎょしん【魚信】⇒あたりにあわせる【当りに合わせる】.

きょせいこうし【(食用) 去勢子牛】**pipi po‘a**（ぴぴ_ぽ‘あ）.〈逐語〉去勢した牛.

きょせいされたおとこ【去勢された男】**po‘a**（ぽ‘あ）.

きょせいした【去勢した】**po‘a**（ぽ‘あ）.

きょぜつ【拒絶】**hō‘ole**（ほ‘おれ）.

きょぜつする【拒絶する】**ha‘alele**（は‘あれれ）. **ho‘okē**（ほ‘おけ）. **hō‘ole**（ほ‘おれ）.【(手放すことを) 拒絶する】**‘au‘a**（‘あう‘あ）.

きょだいな【巨大な】**‘āhua**（‘あふあ）. **mānoa**（まのあ）.

きょひ【拒否】**hō‘ole**（ほ‘おれ）.【(君主・大統領・知事・上院などが法律案に対して有する) 拒否権】**wiko**（ういこ）. **vito**. は異形.〔英語：veto〕.

きょひする【拒否する】**ho‘okē**（ほ‘おけ）. **hō‘ole**（ほ‘おれ）.【(提案・議案などを) 拒否する】**wiko**（ヴぃこ）. **vito**. は異形.〔英語：veto〕.

きよめる【(禁忌を)清める】pī kai（ぴ_かい）.〔風習〕禁忌を清めるまたは取り除くために，海水または塩水を撒く.

きよめる【(整式で頭に油を注いで)清める】poni（ぽに）. ho'oponi（ほ'おぽに）.

ぎょもう【漁網】'upena（'うぺな）.

きょり【距離】loa, loloa（ろあ，ろろあ）. lō'ihi（ろ'いひ）.

ぎょろうちょう【漁労長】kilo i'a（きろ_い'あ）.高い場所から魚の動きを見て漁師に指示を与える男；そのようにふるまう.

きょをさだめる【居を定める】ho'onoho（ほ'おのほ）.

きらきらひかる【きらきら光る】huali（ふあり）.

きらくな【気楽な】'olu（'おる）.

きらくに【気楽に】maha, mahamaha（まは，まはまは）. nanea（なねあ）.
【気楽に暮らす】luana（るあな）.
【気楽にする】hō'olu（ほ'おる）.

きらっとひかったための【きらっと光った目の】maka le'a（まか_れ'あ）.

きらぼし【綺羅星】hōkū 'imo'imo（ほくー_'いも'いも）.

きらめき【煌めき】'amo（'あも）. 'anapa（'あなぱ）. 'imo, 'imo'imo（'いも，'いも'いも）.

きらめく【煌めく】'anapa（'あなぱ）. hinuhinu（ひぬひぬ）. hulali, hūlalilili（ふらり，ふらりらり）.
【星・光などが】煌めく】'imo, 'imo'imo（'いも，'いも'いも）.

きり【錐】wilipua'a（うぃりぷあ'あ）.
【きりの穂先】naowili（なおうぃり）.〔工具〕ドリルのビット.〈逐語〉回転ねじ山.

きり【霧】huna wai（ふな_わい）. kēhau（けはう）. noe（のえ）. 'ohu（'おふ）. uakea（うあけあ）.〈逐語〉白い雨.
【霧がかかる】'awa（'あわ）. hō'ohu（ほ'おふ）. noe（のえ）.
【霧の層】pua'a（ぷあ'あ）.
【霧の立ち籠めた】hō'ohu（ほ'おふ）. pōhina（ぽひな）.
【霧の深い】hō'ohu（ほ'おふ）. pōhina（ぽひな）.
【霧のように白い】uakea（うあけあ）.
【(細かな)霧】lilinoe（りりのえ）.

ぎり【(姻族の意の)義理】⇒あに【兄】,あね【姉】,いとこ【従兄弟・従姉妹】,いもうと【妹】,おとうと【弟】.
【(女性から見て)義理の兄/弟】kāne（かね）.
【(女性から見て)義理の兄/弟になる】kāne（かね）.
【(同性の)義理の従兄弟・従姉妹】kaiko'eke（かいこ'えけ）.
【義理の兄弟】kaiko'eke（かいこ'えけ）.配偶者の兄弟［姉妹の夫］.
【義理の姉妹】kaiko'eke（かいこ'えけ）.配偶者の姉妹［兄弟の妻］.

きりえだ【(挿し木用)切り枝】lālā kanu（ららー_かぬ）. pulapula（ぷらぷら）.

きりおとした【切り落とした】'āmuku（'あむく）. mu'umu'u（む'うむ'う）.

きりかえぬの【切り替え布】kua（くあ）〔服飾〕洋服の肩の部分，スカートの上部などに装飾と補強を兼ねてつける切り替え布．ヨークの部分．

きりかぶ【切り株】'aukā（'あう̄か）．'ōmuku（'お̄むく）．

きりきざむ【切り刻む】'oki（'おき）．

キリギリス【蟋斯】'ūhini（'ū ひに）．

きりこみ【（木にあるような）V字形の切り込み】hana（はな）．

きりさめ【霧雨】kili, kikili（きり，きき り）．kili noe（きり_のえ）〔気象〕かすかな霧を伴う雨．kili 'ohu よりもいくらか濃い霧．kili 'ohu（きり_'おふ）〔気象〕霧雨とかすかな霧．kilihune（きり_ふね）〔気象〕かすかな霧雨，風に吹かれたしぶき．
【霧雨のように降る】lelehuna, lelehune（れれふな，れれふね）．【霧雨】ua noe（うあ_のえ）．

キリストきょうと【Christ 教徒】⇒クリスチャン．

きりたおす【（木を）切り倒す】'oki（'おき）．

きりたった【切り立った】kūlono（く̄ろの）．

きりづま【切り妻】kala（から）．〔建築〕切り妻屋根．

きりとる【（ランプの芯や洋服のほつれたすそなどを）切り取る】koli（こり）．

きりぬき【切り抜き】kahana（かはな）．

きりはなす【切り離す】mahae, māhaehae（まはえ，ま̄はえはえ）．'oki（'おき）．weke（うぇけ）．【切り離された】'okina（'おきな）．
【切り離した】'āmuku（'ā̄むく）．mu'umu'u（む'うむ'う）．

きりひらく【（魚や動物などを）切り開く】kaha, kahakaha（かは，かはかは）．

きりふだ【切り札】kāmau（か̄まう）．
【切り札を出す［で勝つ］】kāmau（か̄まう）．

きりめのある【切り目のある】kepa（けぱ）．

きりょうのよい【器量の良い】kūmū（く̄む̄）．

ぎりょうぶそく【技量不足】hemahema（へまへま）．

きりわける【切り分ける】ho'omoku（ほ'おもく）．kālai（か̄らい）．

きる【（衣服を）着る】'a'ahu（'あ'あふ）．komo（こも）．komo lole（こも_ろれ）．

きる【切る】'oki（'おき）．【（髪などを）切る】'ako（'あこ）．'ako'ako（'あこ'あこ）．【（衣服などを）切る】ho'olepe（ほ'おれぺ）．【（トランプなどを）切る】'oki（'おき）．【（たたき切る】kālai（か̄らい）．kua（くあ）．【（ロープなどが）切られる】moku（もく）．
【切られた一部】momoku（ももく）．

キル〔ハワイ〕kilu．通例，縦に割った小さなヒョウタンまたはココナッツの殻．お気に入りの小さな物を入れたり，子供達に物を食べさせるのに使われる．

キルゲーム〔ハワイ〕kilu．〔遊戯〕縦に割ったヒョウタンやココナッツの殻

キルティング

を使って男女で遊ぶゲーム．
キルティング【quilting】kuiki（くいき）．〔英語〕．
【キルティングの窪み】ioio（いおいお）．⇒イオイオ．
【キルティングの地】kahua（かふあ）．アップリケ模様のキルティングの地．
ギルバートしょとう【gilbert諸島，ギルバート人】Kilipaki（きりぱき）．Gilibati. は異形．〔英語〕．ギルバート諸島：中部太平洋の赤道付近にある群島．イギリス連邦キリバス共和国領．
きれあじのわるい【（刃物など）切れ味の悪い】mene（めね）．
きれいな【綺麗な】maʻemaʻe（まʻえまʻえ）．nani（なに）．
きれいにする【綺麗にする】holoi（ほろい）．hoʻomaʻemaʻe（ほʻおまʻえまʻえ）．kaka（かか）．
【綺麗にした】hoʻoholoi（ほʻおほろい）．
きろく【記録】moʻolelo（もʻおれろ）．
【記録裁判所】⇒さいばんしょ【裁判所】．
【記録者】kākau moʻolelo（か̄かう_もʻおれろ）．
きろくする【（言い伝えを）記録する】hoʻopaʻa moʻolelo（ほʻおぱʻあ_もʻおれろ）．
キロハナ〔ハワイ〕kilohana．〔服飾〕5枚（またはそれ以上）のタパ布［kapa］を重ね，一方の端を縫いとじて作られたベッドカバー［kuʻinakapa］の，模様が描かれている一番上のタパ布の呼び名．内側の4枚の層は，装飾されたkilohanaとは著しく違う白色だった．この事から推して「最も良い・優れた・優秀な」など広範囲な意味を持つ．
ぎろん【議論】paʻapaʻa（ぱʻあぱʻあ）．hoʻopaʻapaʻa（ほʻおぱʻあぱʻあ）．paio（ぱいお）．
ぎろんする【議論する】hoʻopaʻapaʻa（ほʻおぱʻあぱʻあ）．
きわ【際】kūkulu（く̄くる）．
きわどい【際どい】ʻaneʻane（ʻあねʻあね）．
きわめて【極めて】⇒とても【〜】．
haʻalele loa（はʻあれれ_ろあ）．
きん【金，金色の】kula（くら）．gula. は異形．〔英語：gold〕．
【金の腕輪】apo kula（あぽ_くら）．apo gula. は異形．
【金の装身具】lako kula（らこ_くら）．lako gula. は異形．
ぎんか【銀貨】kālā keʻokeʻo（か̄ら̄_けʻおけʻお）．dala keʻokeʻo. は異形．〈逐語〉白いドル．
ぎんが⇒天の川．
きんかい【金塊】ʻaukā（ʻあうか̄）．
ギンガム【gingham】kinamu（きなむ）．棒じままたは弁慶じまの綿布．
きんき【禁忌】kapu（かぷ）．⇒カプ．
【禁忌から解放する】hoʻonoa（ほʻおのあ）．
【禁忌から放免された】noa（のあ）．
【禁忌の印（として首長の前に運ばれる，タパでおおわれた棒付きの玉）】pūloʻuloʻu（ぷ̄ろʻうろʻう）．

【禁忌の4日間】Kū（くー）.〔ハワイ暦〕ハワイ暦月の3日［Kū Kahi］, 4日［Kū Lua］, 5日［Kū Kolu］, 6日［Kū Pau］を表す呼び名で, これらはKūの「禁忌の4日間」と呼ばれた.
【禁忌を強いる】hoʻokapukapu（ほʻおかぷかぷ）. もともと禁忌でないものについて禁忌を強いる.
【禁忌を遵守して】nihi（にひ）.
【禁忌を知らせる嘆願】kapuwō（かぷうぉ）. ⇒カプウォー.
【禁忌室】keʻena kapu（けʻえな_かぷ）.
【禁忌命令（の一つ）】kapu noho（かぷ_のほ）. ⇒カプ・ノホ.
キンキジュ【金亀樹】ʻopiuma（ʻおぴうま）.〔植物〕Pithecellobium dulce：メキシコ産のマメ科の高木；葉柄にはとげが多く, 白い球状の花房には毛が多い；長さ約10cmのねじれた莢さやの中に黒い実ができる.
キング【king】kini（きに）.〔英語〕.
きんげん【金言】ʻōlelo noʻeau（ʻおれろ_のʻえあう）.
ギンケンソウ【銀剣草】ʻāhinahina（ʻーひなひな）. hinahina（ひなひな）.〔植物〕Argyroxiphium sandwicense：原産のものは, マウイ島とハワイ島の海抜1,800m以上の山だけに見られる.
きんこ【金庫】pahu hao（ぱふ_はお）. waihona kālā（わいほな_かーらー）. waihona dala. は異形.〈逐語〉ドル紙幣の貯蔵所.
ぎんこう【銀行】panako, panakō（ぱなこ, ぱなこー）. banako. は異形.〔英語：bank〕.
【銀行預金口座, 銀行預金残高】waihona panakō（わいほな_ぱなこー）.
キンコウボク【金香木】miulana（みうらな）.〔植物〕Michelia champaca と M. longifolia：東インド産モクレン科オガタマノキ属；オレンジ色の花も白色の花も香りがある.
ぎんさいくし【銀細工師】kuʻi kālā（くʻい_かーらー）. kuʻi dala. は異形.
きんし【禁止】kapu（かぷ）.
【禁止の表現】〔文法〕マーカー mai を文頭に使った禁止の表現がある. ⇒ひていけい【否定形】.〔用例〕恥ずかしがらないで. Mai hilahila (ʻoe)!
きんしする【禁止する】hoʻokapu（ほʻおかぷ）. pāpā（ぱーぱー）.
きんしゅしゅぎどうめい【禁酒主義同盟】ʻahahui hōʻole wai ʻona（ʻあはふい_ほーʻおれ_わい_ʻおな）. pūʻali inu wai（ぷーʻあり_いぬ_わい）.〈逐語〉水を飲む軍勢.
きんせい【金星】⇒あけのみょうじょう【明けの明星】.
きんせいの【禁制の】⇒カプ.
キンセンカ【金盞花（の一品種）】melekule（めれくれ）〔植物〕Calendula officinalis.
きんせんじょうのえんじょ【(生計を意味する) 金銭上の援助】mālama ola（まーらま_おら）.
きんせんずくの【金銭尽くの】puni kālā（ぷに_かーらー）.
きんずる【禁ずる】pāpā（ぱーぱー）.

きんぞく【金属】mekala（めから）. metala. は異形.〔英語：metal〕.
【金属の総称】keleawe（けれあヴぇ）. 真ちゅう・ブロンズ・錫・鉄など金属の総称.

キントキダイ【金時鯛】'āweoweo（'アヴぇオヴぇオ）.〔魚〕ハワイに生息するキントキダイ科の種々の魚.

きんにく【筋肉】a'a（あ'あ）. 'i'o huki（'い'お_ふき）.
【筋肉で盛り上がった】konakona（こなこな）.

ギンバイカ【銀梅花】mākala（まから）.〔英語：myrtle〕.〔植物〕祝いの木とも言われる常緑低木. 花は花嫁のブーケに使われる. hakaka（はかか）.

きんべんな【勤勉な】limahana（りまはな）. pa'ahana（ぱ'あはな）.

きんようび【金曜日】Pō'alima（ぽ'アりま）. 略記はP5.『Māmaka Kaiao』ではPo'alima（ぽ'ありま）を採用.〈逐語〉第5番目の日.

きんりん【近隣】kaiāulu（かいアうる）.

キンレンカ【金蓮花】pohe haole（ぽへ_はおれ）.〔植物〕Tropaeolum majus hybrids：キンレンカ属の植物の総称；花を観賞し, 実を食用とするために栽培される.

きんろうかんしゃのひ【勤労感謝の日】⇒ろうどうさい【労働際】.

く

く【9・九】〔数詞〕. ⇒きゅう【9・九】.

く【句】māmala'ōlelo（ままら'おれろ）. 文・節も同様.〈逐語〉言葉の破片.

クア〔ハワイ〕kua.〔服飾〕キルティングの製作に使われる棒.

グアノ【guano】kūkae manu（クかえ_まぬ）.〔肥料〕鳥のふんが堆積したもの. 鳥糞石.

クアヒネ〔ハワイ〕Kuahine.〔気象〕オアフ島のマノア［Mānoa］地区に降る有名な霧のような雨の名前, しばしばua Tuahine（うあ_とぅあひね）と呼ばれる.

くい【杭】pahu（ぱふ）. pine（ぴね）.
【くいを打ち込む】kīpou（きぽう）.
【（測量などで）くいを打ち込む】mākia（まきあ）.

クイーン【（トランプの）Queen】wahine（わひね）. ⇒じょおう【女王】.

くいき【（町や場所などの）区域】huli（ふり）.

くいしんぼう【食いしん坊】pākela 'ai（ぱけら_'あい）.

クイナがなく【水鶏が（ガーガー・カーカーと）鳴く】nēnē（ネネ）. ho'onēnē（ほ'おネネ）.

クー〔ハワイ〕Kū（ク）〔神話〕ハワイ4大神の1人.

クーウラ〔ハワイ〕kū'ula（ク'うら）魚を誘引するために使われたすべての石製の神；魚の神に対する崇拝の念を表すために, 海の近くに作られた礼拝の場所［heiau］.〈逐語〉赤いKū（神の名）.

クーロロ〔ハワイ〕⇒プリン.

くう【（むしゃむしゃ）食う】⇒たべる

【食べる】.
- くうかん【空間】haka（はか）. haka-haka（はかはか）.〔様相〕すき間や空間のいっぱいある.【(物と物との間の) 空間】wā（わ̄）.
- くうき【空気】lewa（れヴぁ）. ea（えあ）.〔英語：air〕.
【(ウミガメなどが) 空気を吸う】pūhā（ぷほ̄）.
- くうきそくせんしょう【空気塞栓症】holoāi'a（ほろあ̄い'あ）. ⇒おぼれる【溺れる】.
- くうきょな【(心など) 空虚な】neo（ねお）.
- くうぐんきち【空軍基地】kahua kaua lewa（かふあ_かうあ_れヴぁ）.〈逐語〉輸送軍隊の根拠地.
- くうこう【空港】kahua ho'olulu mokulele（かふあ_ほ'おるる_もくれれ）.
- ぐうぜんにくる【偶然に来る】hiki wale（ひき_われ）.
- くうそう【空想】moemoeā（もえもえあ̄）.
- くうそうする【空想する】moemoeā（もえもえあ̄）.
- ぐうぞう【偶像】akua（あくあ）. ki'i kālai 'ia（き'い_か̄らい_'いあ）.
《背の高い偶像》akua loa（あくあ_ろあ）.〔宗教〕祭りには背の高い偶像などが巡回した. ⇒じゅんかい【巡回】.
《競技の神の偶像》akua pā'ani（あくあ_ぱ̄'あに）.〔宗教〕スポーツの神として象徴される偶像. スポーツフェスティバルを統轄するために, 巡回に同行した.
《偶像の一種》akua poko（あくあ_ぽこ）.〔宗教〕大神［akua loa］に対して小さな神の偶像. ポコの偶像は, 小地域または首長の私有地の中だけを巡回した.
【偶像神】ki'i akua（き'い_あくあ）.
- くうどう【空洞】napo'o（なぽ'お）, nāpo'opo'o（な̄ぽ'おぽ'お）. po'o（ぽ'お）.
- くうふく【空腹】pōloli（ぽ̄ろり）. umauma nahā（うまうま_なは̄）.
- くうらん【(質問表などにある) 空欄】pa'i hakahaka（ぱ'い_はかはか）.
- ぐうわ【寓話】nane（なね）. 'ōlelo nane（'お̄れろ_なね）.
- くえき【苦役】pa'u（ぱ'う）.
- クエスチョンマーク【question mark：疑問符［?］】kiko nīnau（きこ_に̄なう）. ⇒くとうてん【句読点】.
- クオート【quart】kuaka（くあか）.〔英語〕容量の単位. 4 分の 1 ガロン. 英国と米国では容量が異なる.
- くかく【区画】'āpana（'あ̄ぱな）. 'ili 'āina（'いり_'あ̄いな）. 土地区分（'ili）の一区画. ⇒とちくぶん.
- くがつ【9月】Kepakemapa（けぱけまぱ）.〔英語：September〕.
- くき【(植物の) 茎】'au（'あう）. hā（は̄）.
【(ティーリーフ［lau kī］の) 茎や葉の中肋】iwi lā'ī（いヴぃ_ら̄'い̄）.
【(植物の主要部を成す) 茎】makua（まくあ）. mākua（ま̄くあ）.
- くぎ【釘】kia（きあ）. mākia（ま̄きあ）.

pine（ぴね）．〔英語：pin〕．
【釘を打つ】pine（ぴね）．

くぎづけにする【釘付けにする】mākia（まきあ）．

くぎられた【（水路や海峡によって）区切られた】kōwā（こわ）．

ククイ〔ハワイ〕kukui．〔植物〕Aleurites moluccana：ククイの木，キャンドルナッツツリー．ハワイ州の州木．トウダイグサ科の高木；その実の仁じんは，いくつかを糸に通して灯火として使われた．また首飾りとしてククイナッツ・レイは多くの人に好まれている．
【ククイの木の木立ち】ulu kukui（うる_くくい）．
【ククイの木の実】hua kukui（ふあ_くくい）．

くくる【括る】pūki'i（ぷき'い）．【（船荷などを）括る】ho'oukana（ほ'おうかな）．
【括り付ける】mūki'i（むき'い）．naki（なき），nāki'i（なき'い）．nāki'iki'i（なき'いき'い）．pūki'i（ぷき'い）．

くけい【矩形】'ahalualike（'あはるありけ）．

くさ【草】mau'u（まう'う）．weuweu（ヴぇうヴぇう）．〔植物〕菅・井草・牧草など草の総称．⇒ほしくさ【干し草】．
【草を刈る】'oki mau'u（'おき_まう'う）．〔用例〕芝刈り機．Mīkini 'oki mau'u．
【草の葉】lau mau'u（らう_まう'う）．

くさかりばさみ【草刈り鋏】'ūpā mau'u（'うぱ_まう'う）．

クサシギ【草鴫［鷸］，草鴫の鳴き声，草鴫のように鳴く】'ūlili（'うりり）．〔鳥〕Heteroscelus incanum：定住地を持たないクサシギ属の数種のシギの総称；海岸に住み，笛に似た大きな声で鳴く．

くさぶきやね【草葺き屋根】pili（ぴり）．⇒ピリ．

くさる【腐る】pilau（ぴらう）．
【腐った】palahū（ぱらふ）．pilau（ぴらう）．
【（無精卵のため，期日までに孵化しない卵など）腐った】āelo（あえろ）．
【腐らせた】pilau（ぴらう）．
【（木や果物など）腐りかけた】huhu（ふふ）．milu（みる）．【（タロイモの球茎など）腐りかけた】pala（ぱら）．

くさり【鎖】kaula hao（かうら_はお）．〈逐語〉鉄綱．

くし【（スペインの女性が付けるような背高の）櫛】kahi 'ō（かひ_'お）．
【くしで透く】kahi（かひ）．

くじく【（自尊心などを）挫く】ho'o-ha'aha'a（ほ'おは'あは'あ）．【（計画・希望などを）挫く】ho'okae（ほ'おかえ）．
【挫けさせる】ho'opō'ino（ほ'おぽ'いの）．
【挫けた】poloke（ぽろけ）．〔英語：broken〕．

クジャク【孔雀】pīkake（ぴかけ）．〔鳥〕Pavo cristata：インド・セイロン・東南アジア・東インド産のクジャク属，およびアフリカ産のコン

ゴクジャク属の鳥の総称.
くしゃみ【嚏】kihe（きへ）.
くじょうをいう【苦情を言う】ho'ohalahala（ほ'おはらはら）. kunukunu（くぬくぬ）. namunamu（なむなむ）.
クジラ【鯨】koholā（こほらー）. 座頭鯨（背中にこぶのある鯨）も同様.
【鯨を捕る】'ō koholā（'おー_こほらー）. 〈逐語〉鯨を突き刺す.
【鯨の歯】palaoa（ぱらおあ）.
【(舌状の形をしていない)鯨の歯のペンダント】'ōpu'u（'おーぷ'う）.【(舌状の形をしている)鯨の歯のペンダント】lei palaoa（れい_ぱらおあ）. palaoa（ぱらおあ）. ⇒した.
ぐじん【愚人，愚者】pulu（ぷる）.
くず【屑】hamu（はむ）. oka（おか）. 'ōpala（'おーぱら）.
【屑や塵ちりのかけら】'ōpalapala（'おーぱらぱら）.
【屑を捨てる穴】lua 'ōpala（るあ_'おーぱら）.
クズウコン【葛鬱金】pia（ぴあ）.〔植物〕Tacca leontopetaloides：ポリネシア産のクズウコン；根茎から栄養価の高い澱粉が取れる.
くすぐる【擽る】mane'o（まね'お）. ho'omane'o（ほ'おまね'お）.
【くすぐったがる】mane'o（まね'お）.
ぐずつく【愚図つく】ho'okali（ほ'おかり）.
【愚図愚図する】'apa（'あぱ）. napa（なぱ）.
くすり【薬】lā'au lapa'au（らー'あう_らぱ'あう）.〈逐語〉治す植物.

【薬の1回分・一服】mahele lā'au（まへれ_らー'あう）.
くすりや【薬屋】hale kū'ai lā'au（はれ_くー'あい_らー'あう）.
くずれた【(形が)崩れた】napa（なぱ）.
くずれること【(土壌などがぼろぼろに)崩れること】helele'i, helelei（へれれ'い, へれれい）.
くだ【管】'ohe（'おへ）. paipu（ぱいぷ）.〔英語：pipe〕.
くだく【砕く】'owā, 'oā（'おわー, 'おあー）.
くだける【(急激な音を立てて)砕ける】pohā（ぽはー）.
【砕ける原因となる】hō'owā（ほー'おわー）.
【砕ける直前の寄せ波】kua nalu（くあ_なる）.
【砕ける波】kai po'i（かい_ぽ'い）.
【砕け易い】pōhae（ぽーはえ）.
くたびれた【～】luhi, luhiluhi（るひ, るひるひ）. piula（ぴうら）.
くだもの【果物】hua（ふあ）.
【果物の季節】kau hua（かう_ふあ）.
【(虫が食って)果物を傷める】kiko（きこ）.
【果物をもぐ長い棒】lou（ろう）.
クダモノトケイソウ【果物時計草】liliko'i（りりこ'い）.〔植物〕Passiflora edulis：トケイソウの一種；中でもおいしい実がなるキミトケイソウ（黄実時計草）はハワイで営業用として栽培され，デザートや飲み物に広く使われている.

くだらない 【(話など) 下らない】 mea 'ole （めあ_'おれ）.

くだり 【下り, 下り傾斜, 下れ坂】 'auina （'あういな）. 'auwina （'あうぃな）. 〔用例〕午後. 'Auinalā. 【(山中などの小道のような) 下り坂 [道]】 'alu （'ある）.

くだる 【坂など) 下る】 iho （いほ）. kūpou, kūpoupou （くぽう, くぽうぽう）.

くち 【口】 lehelehe （れへれへ）. 【(開いている) 口】 waha （わは）. 〔用例〕大きな口. Waha nui. おしゃべりという意味もある.
【口のきけない, 口のきけない人】 'ā'ā （'あ'あ）.
【(パイプに点火する時のように) 口の中に吸い込む】 mūkī （むき）.
【口の悪い】 kekē （けけ）.
【(強い衝撃のため) 口もきけない】 ho'omū （ほ'おむ）.
【口をきかない】 ho'omū （ほ'おむ）. mumule （むむれ）.

くちかずのすくない 【口数の少ない】 'ekemu （'えけむ）.

くちぎたない 【口汚い (言葉を使う)】 'a'ana （'あ'あな）.

くちごたえする 【口答えする】 kīkē-'ōlelo （きけ'おれろ）.

くちごもっていう 【口籠って言う】 'ā'ā （'あ'あ）.

くちごもる 【口籠る】 'ū'ū （'う'う）.

くちさき 【(昆虫の) 口先】 nuku （ぬく）.

くちづけ 【口付け】 honi （ほに）.

くちづけする 【(軽く) 口付けする】 honi （ほに）.

くちづたえの 【口伝えの】 ha'i waha （は'い_わは）.

クチナシ 【口梔子】 kiele （きえれ）. 〔植物〕Gardenia augusta：アカネ科クチナシ属.

くちばし 【(鳥の) 嘴】 nuku （ぬく）.
【(餌を食べる鶏のように繰り返し) 嘴で突つく】 kiki （きき）. kikokiko （きこきこ）. pao （ぱお）.

くちひげ 【口髭】 'umi'umi （'うみ'うみ）.

くちびる 【唇】 lehe （れへ）.
【(厚い) 唇】 lehelehe nui （れへれへ_ぬい）.
【(不機嫌で突き出した) 唇】 lehe luhe （れへ_るへ）.
【唇の尖った】 lehe 'oi （れへ_'おい）. 〔様相〕痛烈な批判をする人の言葉が辛らつな.
【唇を窄すぼませる, 唇を縮ませる】 mōkio （もきお）. 〔仕草〕口笛を吹くために唇を, または水に潜った後に鼻孔などをすぼませたり, 縮ませること.
【唇を尖らせた】 ho'olehelehe nui （ほ'おれへれへ_ぬい）. 〔様相〕むっつりした, 不機嫌な様.

くちわ 【口輪, (動物の口に) 口輪を掛ける】 pūnuku （ぷぬく）.

ぐちをいう 【愚痴を言う】 'ōhumu （'おふむ）.

くつ 【靴】 kāma'a （かま'あ）. 【(メッシュの) 靴】 kāma'a hakahaka （かま'あ_はかはか）. 〈逐語〉すき間のあ

る靴.【(皮)靴】kāmaʻa ʻili（かまʻあ_ʻいり）.
【(長)靴】kāmaʻa lōʻihi（かまʻあ_ろʻいひ）. ブーツも同様.
【(一組の)靴】paʻa kāmaʻa（ぱʻあ_かまʻあ）.
【靴の底】ʻili pale o kāmaʻa（ʻいり_ぱれ_お_かまʻあ）.
【靴の爪先】ihu kāmaʻa（いふ_かまʻあ）.
【靴をあてがう】hoʻokāmaʻa（ほʻおかまʻあ）.
【靴をはく】hoʻokāmaʻa（ほʻおかまʻあ）.
【靴をひもで締める】lī kāmaʻa（りー_かまʻあ）.
【靴紐】lī kāmaʻa（りー_かまʻあ）. kaula lī kāmaʻa（かうら_りー_かまʻあ）.

くつう【苦痛】ʻeha（ʻえは）. ʻehaʻeha（ʻえはʻえは）. walania（わらにあ）.
【(胃痛や分娩のような)苦痛】nahu（なふ）.
【苦痛を与える】hoʻomāino（ほʻおまいの）.
【苦痛[罰]を課する】hōʻeha（ほーʻえは）.
【(愛情や出産などの)苦痛を感じる】ʻaʻaki（ʻあʻあき）.
【苦痛を生じる】ʻiniki（ʻいにき）.
【苦痛を引き起こす】hoʻowalania（ほʻおわらにあ）.
【苦痛(圧迫など)から解放される】hoʻomaha（ほʻおまは）.
【苦痛から解放されていること】maha（まは）.

くつがえす【覆す】kahuli（かふり）.
クッキー【cookie】mea ʻono（めあ_ʻおの）. mea ʻono kuki（めあ・ʻおの・くき）.
くっきょく【屈曲】ʻauina, ʻauwina（ʻあういな, ʻあうういな）.
くっきょくする【屈曲する】kīkeʻe（きーけʻえ）. kīkeʻekeʻe（きーけʻえけʻえ）.
【屈曲した】kapakahi（かぱかひ）. kekeʻe（けけʻえ）.
くつじゅうきんき【屈従禁忌】kapu moe, kapu ā moe（かぷ_もえ, かぷ_あー_もえ）.
くつじょくをかんじる【屈辱を感じる】hoʻokūlou（ほʻおくーろう）.
クッション【cushion, 座布団】kūkini（くーきに）. 〔英語〕. uluna（うるな）. 〔生活用品〕昔は, パンダナスの葉で作られた.
くっついてはなれない【くっ付いて離れない】pili（ぴり）.
くっつける【くっ付ける】hoʻohui（ほʻおふい）. hoʻopili（ほʻおぴり）.
【くっ付いて離れない】pili（ぴり）.
【(膠にかわなどで)くっ付けた】paʻa（ぱʻあ）.
くっぷくする【屈服する】kūlou, kūnou（くーろう, くーのう）.
くつろぐ【寛ぐ】luana（るあな）.
【寛いだ】hoʻoluana（ほʻおるあな）.
【寛いで】mōhalu（もーはる）. 〔用例〕休息施設. Hale mōhalu.
【寛がせる】hoʻoluana（ほʻおるあな）. hoʻomōhalu（ほʻおもーはる）.
くてん【句点】kiko kahi（きこ_かひ）. ⇒

くとうてん【句読点】.
くとうする【苦闘する】'āpu'epu'e（'あぷ'えぷ'え）.〔文法〕冠詞はkaでなくkeを使う.
くとうてん【句読点】kaha, kahakaha（かは，かはかは）. kiko（きこ）.
【句読点など】kiko ho'omaha（きこ_ほ'おまは）. 句読点（コンマ：koma [,]，ピリオド：kilo kahi [.]），コロン：kolona [:]，セミコロン：kiko koma [;] など.〈逐語〉休んでいる句読点.
くとうほうてびき【句読法手引き，句読法を教える［教わる］】a'o kiko.
くどく【口説く】ho'onipo（ほ'おにぽ）.
くなん【苦難】māino（まいの）. pō'ino（ぽ'いの）.
くのう【苦悩】hihia（ひひあ）. pilikia（ぴりきあ）. walania（わらにあ）.
くび【首】'ā'ī（'あ'い）. kani'ā'ī（かに'あ'い）.〈逐語〉頑丈がんじょうな首.
【首が（こって）痛い】mala（まら）.
【首の痛みを引き起こす】ho'omala（ほ'おまら）.
くびかざり【首飾り】⇒ペンダント，レイ.
クプア〔ハワイ〕⇒はんしんはんじん【半神半人】.
くぶん【区分】mahele（まへれ）.
【土地区分】'āpana（'あぱな）. mokuna（もくな）.
くべつする【区別する】hele（へれ）. hō'oko'a（ほ'おこ'あ）.
【区別して】nihi（にひ）.
くぼみ【凹み・窪み】'a'ali（'あ'あり）. hana（はな）. kewe（けヴぇ）. lua（るあ）. napo'o, nāpo'opo'o（なぽ'お，なぽ'おぽ'お）. poho（ぽほ）. poli（ぽり）.
【（小さい）窪み】mino（みの）.【（魚が隠れる割れ目のような）窪み】naho（なほ）.
【（サンゴ礁のようにたくさんの穴で）窪みの出来た】'ālualua（'あるあるあ）.
くぼんだ【凹［窪］んだ】mino（みの）. 'o'oma（'お'おま）. puhalu（ぷはる）.【（やせこけた人の目のように深く）窪んだ】naho（なほ）. 'olohaka（'おろはか）. po'opo'o（ぽ'おぽ'お）.
クマ【熊】pea（ぺあ）. bea. は異形.〔英語：bear〕.
くまで【（葉などをかき集めるのに使う）熊手】koe（こえ）. kope（こぺ）.
くみあい【組合】hui（ふい）.
くみあわせる【組み合わせる】hō'oloke'a（ほ'おろけ'あ）.
くみだす【（水を）汲み出す】ukuhi（うくひ）.
【くみ出すこと】ukuhina（うくひな）.
くみたてる【組み立てる】kāpili（かぴり）.
くみつぎする【（より糸などを解ほといて）組み継ぎする】'uo, 'uwo（'うお，'ううぉ）.
くみつく【（けんかなどで相手に）組み付く】lawelawe lima（らヴぇらヴぇ_りま）.
くみて【（特に腕ずもうの）組み手】

huinalima（ふいなりま）．

くむ【（ひもなどを）組む】hilo（ひろ）．【（活字などを）組む】ho'onoho（ほ'おのほ）．ulele（うれれ）．

クムリポ〔ハワイ〕kumulipo．〔伝承〕ハワイ創造歌の名前．

クモ【～】lalana, lanalana（ららな，らならな）．nananana（なななな）．pūnanana（ぷななな）．
【クモの糸】pūnāwelewele, punawelewele（ぷなうぇれうぇれ，ぷなうぇれうぇれ）．
【クモの巣】pūnanana（ぷななな）．pūnāwelewele, punawelewele（ぷなうぇれうぇれ，ぷなうぇれうぇれ）．'upena nananana（'うぺな_なななな）．'upena（'うぺな）．

くも【雲（の全種）】ao（あお）．'ōpua（'おぷあ）．⇒オーパア．
【雲の多い】'ōmalu（'おまる）．
【雲のない，曇ってない】pa'ihi（ぱ'いひ）．

くもった【曇った】'a'aki（'あ'あき）．'ōmalu（'おまる）．ho'ōmalu（ほ'おまる）．

くもつだい【供物台】ahu（あふ）．kuahu（くあふ）．

くやみじょう【悔み状】palapala ho'ālohaloha（ぱらぱら_ほ'あろはろは）．

くやむ【悔やむ】mihi（みひ）．

くら【（乗馬用などの）鞍】noho lio（のほ_りお）．
【鞍を付ける】kaula waha（かうら_わは）．⇒ばろく【馬勒】．

くらい【暗い】pō（ぽ）．pō'ele（ぽ'えれ）．pouli（ぽうり）．〈比喩〉これらの暗いという語は「無知（の），無学（の）」という意味も持つ．【（色が）暗い】'āhiwa（'あひヴぁ）．'ele'ele（'えれ'えれ）．【（洞穴など）暗い】kūlipo（くりぽ）．【（雨などで空が）暗い】lanipō（らにぽ）．
【（雨雲のように）暗い色】pano（ぱの）．【（黒い雲の暗い色などを含むすべての）暗い色】uli（うり）．
【暗い影を投じる】ho'omāmalu（ほ'おままる）．
【暗い夜】pō'ele（ぽ'えれ）．

くらいのたかいしゅうちょう【位の高い酋長】lani（らに）．⇒しゅうちょう【酋長】，しゅちょう【首長】．

クラウンフラワー【crown flower】pua kalaunu（ぷあ_からうぬ）．〔植物〕Calotropis gigantea：カロトロピス属の生い茂った低木；結実する小さな白い冠の形をした花は，しばしばレイに使われる．

くらがりの【暗がりの】pō（ぽ）．

クラゲ【水母】polilia（ぽろりあ）．

くらくする【暗くする】hō'ele'ele（ほ'えれ'えれ）．

くらくなる【暗くなる】hō'ele'ele（ほ'えれ'えれ）．ho'opouli（ほ'おぽうり）．

グラジオラス【（栽培の）グラジオラス】'uki haole（'うき_はおれ）．〔植物〕

グラス【（器の）glass】kī'aha（き'あは）．〔生活用品〕カップ，タンブラー，マグなど．kī'aha aniani（き'あは_あにあ

に）．〈逐語〉ガラスのカップ．
【（乾杯の時に）グラスをかちりと鳴らす】kīkē（きけ‾）．

クラッカー【cracker】pelena（ぺれな）．berena．は異形．〔食品〕甘味を付けない薄い堅焼きビスケット．

ぐらつく【〜】kāhulihuli（か‾ふりふり）．
【ぐらつかない】kūpaʻa（く‾ぱʻあ）．ʻonipaʻa（ʻおにぱʻあ）．
【ぐらぐらして】ʻona（ʻおな）．
【ぐらぐらする】kaʻa mola（かʻあ_もら）．〔様相〕ネジや釘などが安定しないためぐらぐらする．
【（歯など）ぐらぐらで不安定な】naue, nauwe（なうえ, なううぇ）．

クラブ【club】hui（ふい）．〔用例〕ライオンズ・クラブ．Hui Liona.

クラブ【club】kalapu（からぷ）．kalabu．は異形．〔遊具〕トランプの札のクローバー［クラブ］．

くらやみ【暗闇】pō（ぽ）．pouli（ぽうり）．

クランク【crank：L字型ハンドル】kūʻau wili（く‾ʻあう_うぃり）．

クリーム【cream】kalima（かりま）．kalima waiū（かりま_わいう‾）．

くりかえされるおもい【繰り返される思い】ʻupu（ʻうぷ）．

くりかえしく【繰り返し句】ahahana（あははな）．〔音楽〕歌の中でくり返される音節［言いまわし］．laʻehana, lae la lae は「歌詞などの終わりの部分を繰り返して」というかけ声．
【繰り返し語】⇒じょうご【畳語】．

くりかえして【繰り返して】pīnaʻi（ぴなʻい）．
【（何度も）繰り返してする】hoʻomano（ほʻおまの）．

くりかえす【繰り返す】hana hou（はな_ほう）．hoʻolua（ほʻおるあ）．hoʻomau（ほʻおまう）．

クリスチャン【Christian】Kalikiano, Kilikiano（かりきあの, きりきあの）．Kristiano, Kiritiano．は異形．

クリスマス【Christmas】Kalikimaka, Kalikamaka（かりきまか, かりかまか）．Karikimaka．は異形．
【クリスマス・イブ】Ahiahi Kalikimaka（あひあひ_かりきまか）．〔西暦〕12月24日の夜．
【クリスマス・ツリー】lāʻau Kalikimaka（ら‾ʻあう_かりきまか）．

くりだす【（綱などを）繰り出す】kuʻu（くʻう）．

クリップ【（書類などをはさむ）clip】ʻūmiʻi（ʻう‾みʻい）．

くりぬく【刳り抜く】pao（ぱお）．

くる【（時・時期が）来る】hōʻea（ほʻえあ）．

くる【来る】hele mai（へれ_まい）．haele mai（はえれ_まい）．uhaele mai（うはえれ_まい）．〔文法〕hele, haele, uhaele の文法的解説は「いく（行く）」にある．⇒いく【行く】．

グループ【group】ʻau（ʻあう）．pōʻai（ぽ‾ʻあい）．

くるくる（ぐるぐる）まわる【〜回る】⇒まわる【回る】．
【（ダンスで）くるくる回る】kūwili, kūwiliwili（く‾うぃり, く‾うぃりうぃ

り）．

くるしそうにこきゅうする【苦しそうに呼吸する】**ihu pī**（いふ_ぴ）．〔様相〕かぜをひいた人などが，鼻孔の部分的な障害のために苦しそうに呼吸する．

くるしみ【苦しみ】**'īnea**（'いねあ）．
【苦しみを与える】**'eha, 'eha'eha**（'えは，'えは'えは）．

くるしめる【苦しめる】**ho'oluhi**（ほ'おるひ）．
【苦しめられた】**nū**（ぬ）．

くるしんでいる【（禁忌に対して地位の高い首長などが）苦しんでいる】**mākolu**（まこる）．

くるぶし【踝】**pu'upu'u wāwae**（ぷ'うぷ'う_ヴぁヴぁえ）．

くるま【車】**ka'a**（か'あ）．〔英語：car〕．
【車で行く】**holoholo ka'a**（ほろほろ_か'あ）．
【車（などで）轢ひく】**ili**（いり）．
【（病人用の）車椅子】**noho huila**（のほ_ふいら）．

クルマガイ【車貝（科の貝）】**pūpū puhi**（ぷぷ_ぷひ）．〔貝〕Solarium種．**hālili**（はりり）とも呼ばれる．

くるむ【（毛布などで体を）包む】**'a'ahu**（'あ'あふ）．【（荷物などを）包む】**kūpola**（くぽら）．

くろ【黒】**'ele**（'えれ）．
【（ハワイ人の目の）黒色】**'ele'ele**（'えれ'えれ）．

くろい【黒い】**'ele'ele**（'えれ'えれ）．**pano**（ぱの）．**pō'ele**（ぽ'えれ）．
【黒い皮膚】**'ili kou**（'いり_こう）．色の浅黒いハワイ人の皮膚．〈逐語〉コウ〔kou〕の木の皮膚．⇒コウ．

くろう【苦労】**luhi, luhiluhi**（るひ，るひるひ）．

クロウメモドキ【黒梅擬】**kauila, kauwila**（かういら，かうういら）．〔植物〕クロウメモドキ属の自生木．

クロースとじ【cloth綴じ】**humuhumu puke 'ili lole**（ふむふむ_ぷけ_'いり_ろれ）．布ばりの表紙．

クロール【crawl，クロールで泳ぐ】**'au kolo**（'あう_ころ）．

くろくきらめく【黒く煌めく】**polohiwa**（ぽろひヴぁ）．

くろくする【黒くする】**hō'ele'ele**（ほ'えれ'えれ）．**pā'ele**（ぱ'えれ）．

くろくなった【（汚れによって）黒くなった】**hau'eka**（はう'えか）．

クロクワ【黒桑】**kilika**（きりか）．〔植物〕Morus nigra：黒い実が成る．

クロスステッチ【cross-stitching，クロスステッチをする】**humukā**（ふむか）．

くろずんだ【（タパ布などが）黒ずんだ】**polohiwa**（ぽろひヴぁ）．【（打ち身などの）黒ずんだ】**pōpolohua**（ぽぽろふあ）．

クロタネソウ【黒種草】**pohāpohā**（ぽはぽは）．〔植物〕Passiflora foetida：キンポウゲ科の一種．

グロッタルストップ【glottal stop：声門閉鎖音】**'okina**（'おきな）．ハワイ語の子音の一つ．[']で表記．

クロハギ【黒剥ぎ（の一種）】**pualu, puwalu**（ぷある，ぷわる）．〔魚〕ニザダイ科クロハギ属の一種．
【黒剥ぎの皮】**'ili kala**（'いり_から）．

クロハギ属の一種カラ［kala］という魚の皮．プーニウ［pūniu］と言う小さなたいこを作るために，ココナッツの殻に伸ばして張られる．

くろまじゅつ【黒魔術】'anā'ana（'あなʻあな）．〔儀式〕悪霊の力を借りて行なう魔術．
【黒魔術に使われた物】maunu（まぬ）．〔儀式〕魔術をかける相手の，髪の毛・唾液・つめの削りくず・排出物・衣類・食べ物の残りくずなど．
【黒魔術を実行する】'anā'ana（'あなʻあな）．
【黒魔術師】kahuna 'anā'ana（かふな_'あなʻあな）．⇒まじゅつし【魔術師】．
【（魔術師を殺す）黒魔術の型】kuni（くに）．

クロロホルム【chloroform】lā'au ho'ohiamoe（らʻあう_ほʻおひあもえ）．〈逐語〉寝かしつける薬．

くわ【鍬】hō（ほ）．〔英語：hoe〕．
【くわで耕す】hō（ほ）．

くわえて【加えて】hō'ulu'ulu（ほʻうるʻうる）．

くわえる【加える】ho'ohui（ほʻおふい）．
【加えること】hō'ulu'ulu（ほʻうるʻうる）．

クワのき【桑の木】noni（のに）．〔植物〕Morinda citrifolia．⇒ノニ．

くわわる【（学級や組織に）加わる】komo（こも）．

くんかいする【訓戒する】a'o（あʻお）．

ぐんかん【軍艦】'īlio 'aukai（'いりお_'あうかい）．manuwā, manuā（まぬわ，まぬあ）．〔英語：man-of-war〕．moku kaua（もく_かうあ）．

ぐんかんどり【軍艦鳥】'iwa（'いヴぁ）．〔鳥〕Fregata minor palmerstoni：熱帯産の巨大な猛鳥．〈比喩〉泥棒．

ぐんじきょうれんしょ【軍事教練所】hale koa（はれ_こあ）．

くんしゅ【君主】mō'ī（もʻい）．

ぐんしゅう【群集】anaina（あないな）．pū'ulu（ぷうる）．

ぐんじん【軍人】koa（こあ）．pū'ali（ぷあり）．

ぐんせいした【（植物など）群生した】kūkini（くきに）．kūpuku（くぷく）．

くんせいにしてちょぞうする【薫［燻］製にして貯蔵する】ho'ouahi（ほʻおうあひ）．⇒けむり【煙】．

くんせいぶたにく【薫［燻］製豚肉】pua'a hame（ぷあʻあ_はめ）．'ūhā hame（'うは_はめ）．

ぐんそう【軍曹】kakiana（かきあな）．

ぐんたい【軍隊】kaua（かうあ）．pū'ulu kaua（ぷうる_かうあ）．

ぐんだん【軍団】pū'ali koa（ぷあり_こあ）．

ぐんとう【群島】pae 'aina（ぱえ_'あいな）．pae moku（ぱえ_もく）．

ぐんほあんかん⇒ほあんかん【保安官】．

ぐんぽう【軍法】kānāwai koa（かなわい_こあ）．

くんれんされたひと【訓練された（手ぎわのよい）人】⇒じゅくれん【熟練】，のうぎょうのじゅくれんしゃ【農業の熟練者】．

くんれんする【訓練する】ho‘oma‘a, ho‘oma‘ama‘a（ほ‘おま‘あ、ほ‘おま‘あま‘あ）.
【（消防訓練などの）訓練をする】ho‘okahakaha（ほ‘おかはかは）.
【（小銃・短銃などの）訓練をする】paikau（ぱいかう）.

け

け【（うぶ毛など細い）毛】heu（へう）.
けいいをしめさない【（禁忌について）敬意を示さない】hō‘auwae（ほ‘あうわえ）.
けいいをもってとりあつかう【敬意をもって取り扱う】hō‘ihi.（ほ‘いひ）.
【敬意をもって取り扱われた】‘ihi（‘いひ）.
けいえい【経営】ho‘ohana（ほ‘おはな）.
【（農園や商店の）経営者】haku nui（はく_ぬい）.
【経営者として振舞う】ho‘ohaku（ほ‘おはく）.
けいかいする【警戒する】kia‘i（きあ‘い）. maka‘ala（まか‘あら）.
けいかいな【軽快な】‘ama（‘あま）.
けいかする【（時が）経過する】hala, ho‘ohala（はら、ほ‘おはら）.
けいかん【警官】māka‘i（まか‘い）. ⇒ ほあんかん【保安官】.
【警官などに任命する】ho‘omāka‘i（ほ‘おまか‘い）.
【警官のようにふるまう】ho‘o-māka‘i（ほ‘おまか‘い）.
【（夜間パトロールする）警官】māka‘i ho‘omalu pō（まか‘い_ほ‘おまる_ぽ）.〈逐語〉平和な夜を監視する警官.
けいけん【経験】‘ike（‘いけ）. ‘ike‘ike（‘いけ‘いけ）.
【経験や技術を増す】ho‘oma‘a, ho‘oma‘ama‘a（ほ‘おま‘あ、ほ‘おま‘あま‘あ）.
【経験を積んだ［持った］】ma‘a, ma‘ama‘a（ま‘あ、ま‘あま‘あ）.
けいけんする【経験する】ho‘ā‘o（ほ‘あ‘お）. pā（ぱ）.
けいこく【渓谷】⇒きょうこく【峡谷】.
けいこつ【脛骨】kū‘au wāwae（く‘あう_ヴぁヴぇえ）.〔解剖〕むこうずねの骨.
けいざいてきな【経済的な】minamina（みなみな）.
けいさつさいばんしょ【警察裁判所】⇒さいばんしょ【裁判所】.
けいさつしょ【警察署】hale māka‘i（はれ_まか‘い）.
【警察署長】luna māka‘i（るな_まか‘い）.
けいさん【計算】‘alimakika（‘ありまきか）. arimatika.は異形.〔英語：arithmetic〕.
【計算機】mīkini helu（みきに_へる）.
けいさんする【計算する】ho‘onohonoho helu（ほ‘おのほのほ_へる）. helu（へる）. huahelu（ふあへる）.
けいじ【啓示】Hō‘ike ‘Ana（ほ‘いけ_‘あな）. 神の啓示.

けいじ【刑事】makākiu（まかきう）. mākaʻikiu（まかʻいきう）.〈逐語〉密かに調査する警官.

けいしきてきな【形式的な】paʻalula（ぱʻあるら）.

けいじじょうの【刑事上の】kalaima（からいま）. karaima. は異形.〔英語：crime〕.

けいしする【（訓令・警告・危険などを）軽視する】hoʻokananeʻo（ほʻおかなねʻお）.

けいじばん【掲示板】papa hoʻolaha（ぱぱ_ほʻおらは）.

けいしゃ【鶏舎】haka（はか）.

けいしゃ【傾斜】ʻauina（ʻあういな）. ʻauwina（ʻあうういな）. ihona（いほな）.
【（道路など）傾斜を緩くする】hōʻiliwai（ほʻいりわい）.

けいしゃする【（土地が）傾斜する】pōhina（ぽひな）.
【傾斜した】lala（らら）.

げいじゅついん【芸術院】hale hōʻikeʻike（はれ_ほʻいけʻいけ）.

げいじゅつか【芸術家】kaha kiʻi（かは_きʻい）.

けいしょう【（…さん, 様, 殿, 氏などの）敬称】⇒ふじん【婦人】, ミスター.

けいしょう【（系図上の）継承】moʻo kūʻauhau（もʻお_くʻあうはう）.
【継承の（主たる）血統】moʻo aliʻi（もʻお_ありʻい）.

けいしょく【軽食】ʻai māmā（ʻあい_まま）. mea ʻai māmā（めあ_ʻあい_まま）.
【軽食を食べる】ʻai māmā（ʻあい_まま）.

けいしん【敬神】haipule（はいぷれ）.

けいず【系図】kūʻauhau（くʻあうはう）. moʻo（もʻお）.〔文法〕moʻo は続いていること［もの］を示す語.

けいずがくしゃ【系図学者】kūʻauhau（くʻあうはう）.

けいせいする【（精神などを）形成する】hoʻokino（ほʻおきの）.

けいせき【形跡】kapuaʻi, kapuwaʻi（かぷあʻい, かぷわʻい）.

けいぞく【継続】mau（まう）.

けいぞくさせる【（手続きを）継続させる】hoʻomoʻo（ほʻおもʻお）.

けいたいようけしょうどうぐいれ【携帯用化粧道具入れ】poho pauka（ぽほ_ぱうか）.

けいと【毛糸】hulu（ふる）.

けいど【経度】lonikū（ろにくう）. lonitu. は異形.〔英語：longitude〕.

けいばい【競売】kūkālā（くうから）. kudala. は異形.
【競売で売る】kūkālā（くうから）.

けいはく【（手紙の）敬白】me ka pono（め_か_ぽの）.

けいはく【軽薄】hepa（へぱ）.
【軽薄な】hepa（へぱ）. hoʻopulelehua（ほʻおぷれれふあ）.
【軽薄な女のように振舞う】hoʻopulelehua（ほʻおぷれれふあ）.〈逐語〉蝶ちょうのように振舞う.

けいばじょう【競馬場】lina（りな）. lina poepoe（りな_ぽえぽえ）.

けいはつ【啓発】aokanaka（あおかな

けいはつする【啓発する】ho'omā-lamalama（ほ'おまらまらま）.

げいひんかん【迎賓館】hale ho'okipa（はれ_ほ'おきぱ）.

けいふ【継父】makua kāne kōlea（まくあ_かね_これあ）.

けいべつする【軽蔑する】ho'okae（ほ'おかえ）. ma'ewa, mā'ewa'ewa（ま'えヴぁ, ま̄'えヴぁ'えヴぁ）. nānā ke'e（な̄な̄_け'え）.
【軽蔑された】ma'ewa, mā'ewa'ewa（ま'えヴぁ, ま̄'えヴぁ'えヴぁ）.
【軽蔑して扱う】hō'aikola（ほ̄'あいこら）. ho'okae（ほ'おかえ）. wahāwahā（わは̄わは̄）.
【軽蔑して扱った】kae（かえ）.
【軽蔑して見る】maka'ē（まか'え̄）.

けいべつてきな【(他人に対して)軽蔑的な】ho'okano（ほ'おかの）.

けいべつの【軽蔑の(不意の叫び)】'aikola（'あいこら）.

けいぼ【継母】makuahine kōlea（まくあひね_これあ）.

けいほう【警報】kāhea（か̄へあ）.

けいぼう【警棒】lā'au māka'i（ら̄'あう_ま̄か'い）.〈逐語〉警官のこん棒. newa（ねヴぁ）. ⇒こんぼう【棍棒】.

けいむしょ【刑務所】hale pa'ahao（はれ_ぱ'あはお）.

けいもう【啓蒙】⇒けいはつ【啓発】.

けいやく【契約】'aelike（'あえりけ）. ku'ikahi（く'いかひ）.
【契約を実行する】ho'okō（ほ'おこ̄）.
【契約した】'aelike（'あえりけ）.
【(仕事のための)契約書】palapala 'aelike（ぱらぱら_'あえりけ）.

けいようし【形容詞】ha'i'ano（は'い'あの）. pili 'ano（ぴり_'あの）.〔文法〕日本語で名詞を修飾する語とされる形容詞はハワイ語では名詞の状態・状況を表すステイティブ動詞として扱う.〔用例〕美しい女性（女性は美しい状態にある）. Wahine u'i. 高い木（木は高い状態にある）. Lā'au ki'eki'e.

けいようする【(旗などを)掲揚する】ho'ohiwahiwa（ほ'おひヴぁひヴぁ）.

けいようてきなことば【形容的な言葉】'ōlelo ho'onalonalo（'お̄れろ_ほ'おなろなろ）.

けいらん【鶏卵】hua moa（ふあ_もあ）.

けいれん【痙攣】huki（ふき）. 'ōpili（'お̄ぴり）.
【痙攣を起こさせる】ho'ōpili（ほ'お̄ぴり）.
【痙攣を起こした】'ōpili（'お̄ぴり）.
【痙攣を起こす】huki（ふき）.

けいをいれる【罫を入れる】kākau kaha（か̄かう_かは）.

ケープ【cape】kīhei（き̄へい）.【(ティーリーフ[lau kī]で出来た)ケープ】'ahu la'ī（'あふ_ら'い̄）.【(鳥の羽で作られた)ケープ】'ahu 'ula（'あふ_'うら）.
【ケープを身に付ける】kīhei（き̄へい）.

ゲーム【game】kemu（けむ）.〔英語〕.

げかい【外科医】kauka kaha（かうか_かは）.〈逐語〉切断医.

けがす【汚す】hauka'e（はうか'え）.
【(名声・品性・功績を) 汚す】'ōlepolepo（'おれぽれぽ）.
【(禁忌の食物などを) 汚した】hauka'e（はうか'え）.
【(名声・品性・功績を) 汚した】hauka'e（はうか'え）. 'ōlepolepo（'おれぽれぽ）.

けがわ【毛皮】hulu（ふる）. huluhulu（ふるふる）.
【毛皮製品】'ili holoholona（'いり_ほろほろな）. えり巻きなどの毛皮製品.

けがをした【怪我をした】'eha（'えは）. 'eha'eha（'えは'えは）.

げき【劇】keaka（けあか）.〔英語：theater〕.
【劇の一場面】pale（ぱれ）.

げきじょう【劇場】keaka（けあか）. hale keaka（はれ_けあか）.〈逐語〉劇場の建物.

げきじょう【激情】hū（ふ）.〔様相〕感情などが波のように押し寄せるまたは高まる.
【激情的な】weliweli（うぇりうぇり）.

げきたいする【撃退する】kūpale（くぱれ）. pale（ぱれ）.

げきつう【(心身の) 激痛】walania（わらにあ）.

げきど【激怒】hae（はえ）.
【激怒を感じる】pi'i ka wela（ぴ'い_か_うぇら）.

げきどする【激怒する】huhū（ふふ）.
【激怒した】'ena'ena（'えな'えな）.

げきどう【(心の) 激動】pōna'ana'a（ぽな'あな'あ）.

げきれいする【激励する】pai（ぱい）.

げきれいのことば【激励の言葉】'ōlelo paipai（'おれろ_ぱいぱい）.

げきれつな【激烈な】kā'eo（か'えお）.

げざい【下剤】lā'au ho'onahā（ら'あう_ほ'おなは）.
【下剤が利く】nahā（なは）.
【下剤をかける】hahu（はふ）.
【下剤を服用する】ho'onahā（ほ'おなは）.

けしいん【消印】kuni（くに）.

げしゅくや【(高級) 下宿屋】hale ho'okipa（はれ_ほ'おきぱ）. hale kipa（はれ_きぱ）.

けしょうようクリーム【化粧用 cream】kalima hamo（かりま_はも）.

けす【(振動・音などを) 消す】kemu（けむ）.【(火などを) 消す】kinai（きない）.【火を消す】kinai ahi（きない_あひ）.
【(火・光などを) 消した】kena（けな）.

げすいきこう【下水機構】paipu lawe 'ino（ぱいぷ_らヴぇ_'いの）.

けずる【(ガリガリ) 削る】walu（わる）. wa'u（わ'う）.
【削る道具〔器具〕】wa'u（わ'う）. ⇒ ワウ. 熟語く
【削り取る】koli（こり）.

けだかい【気高い】ki'eki'e（き'えき'え）.

けだらけの【毛だらけの】pūhuluhulu（ぷふるふる）.

けち【～】'au'a（'あう'あ）. pī（ぴ）.

〔文法〕冠詞は ka でなく ke を使う．
【けちくさい】'au'a（'あう'あ）．kā'i'ī（かー'いー'いー）．pī（ぴー）．pīpine（ぴーぴね）．

けちな【〜，けちな人】loko hāiki（ろこ_はーいき）．

けつい【決意】ho'oholo（ほ'おほろ）．

けついする【決意する】holo mana'o（ほろ_まな'お）．ho'oholo（ほ'おほろ）．

けついんをほじゅうする【欠員を補充する】pani hakahaka（ぱに_はかはか）．

けつえき【血液】koko（ここ）．wai（わい）．wai 'ula（わい_'うら）．

けつえん【血縁】pili koko（ぴり_ここ）．〈逐語〉血の関係．
【血縁関係】ēwe（えーヴぇ）．

けっか【結果】hope（ほぺ）．hua（ふあ）．

けっかいのしるし【結界の印】lepa（れぱ）．〔風習〕禁忌の地域を示すのに使われたような棒の先につけられたタパ布．

けっかん【血管】a'a koko（あ'あ_ここ）．

けっかん【欠陥】kīna'u（きーな'う）．
【欠陥のある】pa'ewa（ぱ'えヴぁ）．
【欠陥の原因となる】ho'okīnā（ほ'おきーなー）．

けつぎ【決議，決議文】'ōlelo ho'oholo（'おーれろ_ほ'おほろ）．

ゲッキツ【月橘】alahe'e haole（あらへ'えー_はおれ）．〔植物〕Murraya paniculata．

けっきょくそうである【結局そうである】'Oia ho'i hā!（'おいあ_ほ'い_はー）．

げっけい【月経】hanawai（はなわい）．
【月経がある】hanawai（はなわい）．kahe（かへ）．pe'a（ぺ'あ）．
【月経の出血】wai 'ula（わい_'うら）．
【（女性が）月経期間を過ごす家】hale pe'a（はれ_ぺ'あ）．

けつごう【結合】pilina（ぴりな）．

けつごうする【結合する】hui（ふい）．hui pū（ふい_ぷー）．kāpili（かーぴり）．
【結合した】alu（ある）．hui 'ia（ふい_'いあ）．huihui（ふいふい）．

げっこう【月光】mahina（まひな）．
【（青白い）月光】māhinahina（まーひなひな）．

けっこう【（待遇など良く）結構】maika'i（まいか'い）．

けっこん【結婚】ho'āo（ほ'あーお）．male（まれ）．mare．は異形．〔英語：marriage〕．moe（もえ）．
【結婚を取り決める】ho'omoe, ho'omoemoe（ほ'おもえ，ほ'おもえもえ）．ho'opalau（ほ'おぱらう）．
【結婚式における付き添い人［立会人］】kū'ao'ao（くー'あお'あお）．〈逐語〉横に立つこと．〔用例〕花婿付き添いの男性．Kū'ao'ao o ke kāne. 花嫁付き添いの（未婚）女性．Kū'ao'ao o ka wahine.
【結婚している男】kāne male（かーね_まれ）．法律的に結婚した女性の夫．
【結婚証明書】palapala male（ぱらぱら_まれ）．

けっこんする

【(牧師への) 結婚手数料】 uku male（うく_まれ）.

【結婚披露宴】 'aha'aina male（'あは'あいな_まれ）.〈逐語〉結婚式の祝宴. pāina male（ぱいな_まれ）.

けっこんする【結婚する】ho'āo（ほ'あお）. moe（もえ）. noho（のほ）.〔用例〕女性が結婚する(男性と一緒に住む). Noho kāne. 男性が女性と結婚する. Noho wahine.

けっしてない【決して…ない】'a'ohe（'あ'おへ）.

けっしゅつした【傑出した】kūlana（くらな）.

げっしょく【月食】pouli（ぽうり）.

けっしん【決心】ho'oholo（ほ'おほろ）. mana'o pa'a（まな'お_ぱ'あ）.

けっしんする【決心する】holo mana'o（ほろ_まな'お）. ho'oholo（ほ'おほろ）.

けつぜんとした【決然とした】kūpa'a（くぱ'あ）. pa'a（ぱ'あ）.

けつぞく【血族】'iewe（'いえヴぇ）.同じ家系の親類. pili koko（ぴり_こ こ）.

けっそくした【(人々などが) 結束した】pa'apū（ぱ'あぷ）.

けってい【決定】ho'oholo（ほ'おほろ）.

けっていする【決定する】ho'oholo（ほ'おほろ）.

けってん【欠点】ke'e, ke'eke'e（け'え, け'えけ'え）. kīna'u（きな'う）.

【欠点のある】pa'ewa（ぱ'えヴぁ）.

【欠点のない, 欠点のない人】hemolele（へもれれ）.

【欠点を見つけ出す】ho'ohalahala（ほ'おはらはら）. 'imi hala（'いみ_はら）. kūhalahala（くはらはら）. nema（ねま）. nemanema（ねまねま）.

けっぱくな【潔白な】huali（ふあり）.

げっぷ【～】kīhā（きは）. pūhā（ぷは）.

【げっぷをする】kīhā（きは）.

けつぼう【欠乏】'olohaka（'おろはか）.

【欠乏した】nele（ねれ）. pōka'o（ぽか'お）.

けつまくえん【(伝染性急性) 結膜炎】maka 'ula'ula（まか_'うら'うら）.

けつまつ【結末】hopena（ほぺな）. hua（ふあ）.

げつようび【月曜日】Pō'akahi（ぽ'あかひ）. 略記はＰ１.『Māmaka Kaiao』では Po'akahi（ぽ'あかひ）を採用.〈逐語〉第１番目の日. Po'alua（ぽ'あるあ）〈逐語〉第２番目の日.

けつりゅう【血流】kahe koko（かへ_ここ）.

げつれい【月齢】⇒巻末資料『ハワイの太陰暦』参照.

けつろん【結論】hope（ほぺ）. 'ōlelo ho'oholo（'おれろ_ほ'おほろ）.

けとばす【蹴飛ばす】peku（ぺく）.

けのない【(犬など) 毛のない】'ōlohe（'おろへ）.

けぶかい【(体毛など) 毛深い】'ōhuluhulu（'おふるふる）. pūhuluhulu（ぷふるふる）.

けむくじゃらの【毛むくじゃらの】'ōhuluhulu（'おふるふる）. pūhuluhulu（ぷふるふる）.【(顎髯のように) 毛むくじゃらの】weuweu（ヴぇうヴぇう）.

けむし【毛虫】'anuhe（'あぬへ）. hē（へ）. nuhe（ぬへ）. pe'elua（ぺ'えるあ）.

けむらす【煙らす】ho'ouahi（ほ'おうあひ）.

けむり【煙】uahi（うあひ）.〔用例〕薫くん製にした牛肉. Pipi uahi.
【煙を出した】uahi（うあひ）.
【煙を出す】pua（ぷあ）.
【煙を吹き出す】ho'ouahi（ほ'おうあひ）.

けやきする【(鶏などを) 毛焼きする】unuunu（うぬうぬ）.

けらい【(貴族の) 家来】'ōhua（'おふあ）.

げり【下痢】hī（ひ）. palahī（ぱらひ）.〔病理〕.
【下痢をする】palahī（ぱらひ）.

ける【蹴る, 蹴ること】peku（ぺく）.

けわしい【険しい】kūnihi（くにひ）.
【険しい畝ぅね状になった】lapalapa（らぱらぱ）.
【険しい (山の) 尾根】lipi, lipilipi（りぴ, りぴりぴ）.

けん【剣】kila（きら）. sila. は異形.〔英語：steel〕. pahi kaua（ぱひ_かうあ）. pāhoa（ぱほあ）. leiomano（れいおまの）.

けん【腱】a'a（あ'あ）. a'ahuki（あ'あふき）.

げん【(楽器の) 弦】'aha（'あは）.
【弦を作る】hō'aha（ほ'あは）.

けんい【権威】kuleana（くれあな）.
【権威者】mana（まな）. ⇒マナ.
【権威者を任命する】ho'omana（ほ'おまな）.

げんいん【原因】kumu（くむ）.
【原因不明で燃える】'ā wale（'あ_われ）.

げんえい【幻影】akakū（あかく）. akua lapu（あくあ_らぷ）.

けんえきしょ【検疫所】hale ho'omalu（はれ_ほ'おまる）. 伝染病患者などを検疫する家や場所.

けんおかんをいだかせる【嫌悪感を抱かせる】ho'omāna'ona'o（ほ'おまな'おな'お）.

けんおのかんじょう【嫌悪の感情】manene（まねね）.

けんか【喧嘩】pa'apa'a（ぱ'あぱ'あ）.
【喧嘩好きな】pā'ume'ume（ぱ'うめ'うめ）.

げんかいにたえる【限界に耐える】ku'upau（く'うぱう）.

けんかする【喧嘩する】hakakā（はかか）. kū'ē'ē（く'え'え）. paio（ぱいお）. pā'ume'ume（ぱ'うめ'うめ）.

げんかく【幻覚】akakū（あかく）.

げんがっき【弦楽器】pila（ぴら）.〔楽器〕昔はバイオリンのことであったが, 現在はすべての弦楽器.〔用例〕弦楽器で音楽を奏でる. Ho'okani pila.

げんき【(度量衡の) 原基［器］】kūlana pa'a（くらな_ぱ'あ）.

げんき【元気】ohi（おひ）.
【元気のある】hō'eu'eu（ほ'えう'えう）.

【元気のない】nāwali, nāwaliwali（なわり，なわりわり）.
【元気づける】hōʻeu, hōʻeuʻeu（ほʻえう，ほʻえうʻえう）. hoʻomāmā（ほʻおまま）.
【元気な】ʻakeu（ʻあけう）. kāʻalaʻala（かʻあらʻあら）.

けんきゅうしょ【研究所】keʻena hana（けʻえな_はな）.

げんきゅうする【言及する】haʻi（はʻい）.

けんきん【献金】ʻālana（ʻあらな）. hoʻokupu（ほʻおくぷ）. lūlū（るる）.
【（会衆派教会への）献金】hua mua（ふあ_むあ）.〔キリスト教〕新しい仕事や事業で得た初めての収入の中から出す献金.〈逐語〉初めての果実.
【献金をする】lūlū（るる）.

げんきん【現金】kūʻike（くʻいけ）.

げんきんはらい【現金払い】uku kūʻike（うく_くʻいけ）.

けんげんをあたえる【権限を与える】hoʻomana（ほʻおまな）.

けんご【堅固】ikaika（いかいか）. kūpaʻa（くぱʻあ）. ʻoʻoleʻa（ʻおʻおれʻあ）.
【堅固たる】hoʻomanawanui（ほʻおまなわぬい）.
【堅固とした】kūnaʻe（くなʻえ）.〔様相〕妨害に対して堅固として立ち向かう.
【堅固に定着した】kumupaʻa（くむぱʻあ）.

げんご【言語】alelo（あれろ）. ʻōlelo（ʻおれろ）.

けんこう【健康】ola（おら）.
【（病後）健康で】polapola（ぽらぽら）.
【健康な】ahuahu（あふあふ）.
【（病後）健康を回復する】polapola（ぽらぽら）.
【健康状態】olakino（おらきの）.〔用例〕健康を保つ意味から，「食糧など生活に必要な物」を Mea olakino. という.
【（船員・船客）健康証明書】palapala hōike no ke ola（ぱらぱら_ほいけ_の_け_おら）.

けんこうこつ【肩甲骨】iwi hoehoe（いヴぃ_ほえほえ）.

げんこつ【拳骨】puʻupuʻu lima（ぷʻうぷʻう_りま）.
【げんこつで打つこと】kuʻina（くʻいな）.
【げんこつで続けて打つ】kuʻi pehi（くʻい_ぺひ）.

けんざい【建材】kulu（くる）.〔建築〕棒・柱など家に使われる材木を言う.

げんざい【現在】ʻānō（ʻあのー）. kēia manawa（けいあ_まなわ）. kēia ao（けいあ_あお）.

げんざい【（時制の）現在】wā ʻānō（わ_ʻあのー）.〔文法〕現在進行形（に相当）は ke+動詞+nei で表す.

けんさする【検査する】hōʻoia（ほʻおいあ）.〔用例〕監査役. Luna hōʻoia.

げんざん【減算［法］】⇒ひく【引く】.

げんさんの【原産の】maoli（まおり）.

けんじ【検事［検察官］】loio hoʻokolokolo（ろいお_ほʻおころころ）.

けんしきをもった【見識を持った】kūli'u（くり'う）.

けんしきをもっため【見識を持った（鋭い）目】maka 'oi（まか_おい）.

けんじつ【堅実】kūpa'a（くぱ'あ）.

げんじつてきな【現実的な】lae pa'a（らえ_ぱ'あ）.

けんじゅう【拳銃】pūpanapana（ぷぱなぱな）.

げんじゅうみん【原住民】kulāiwi（くらいヴぃ）. kupa（くぱ）. 'ōiwi（'おいヴぃ）.

けんじゅつをする【剣術をする】kākā lā'au（かか_ら'あう）.

げんしょう【減少】emi（えみ）.

げんしょうする【減少する】emi（えみ）. ho'oli'ili'i（ほ'おり'いり'い）.【減少させる】ho'omake（ほ'おまけ）.

げんじる【減じる】ho'ēmi（ほ'えみ）. ho'olawe（ほ'おらヴぇ）.

けんせつてきにひひょうする【建設的に批評する】paka（ぱか）.

けんぜんなようぼう【健全な容貌】maika'i（まいか'い）.

げんせん【源泉】kumu（くむ）. kumu wai（くむ_わい）. mole（もれ）. 'ōmaka wai（'おまか_わい）.〈逐語〉水の源.【（川などの）源泉】'ōmaka（'おまか）.

げんぞうする【（写真を）現像する】hana（はな）.

けんそんした【謙遜した】pē（ぺ）.

けんだま【剣玉（遊び）】pala'ie（ぱら'いえ）. ⇒パライエ.

けんちく【建築】hale（はれ）.

【建築家】kaha ki'i hale（かは_き'い_はれ）.

けんちくする【（家などを）建築する】kūkulu（くくる）.

けんちょな【顕著な】kūlana（くらな）.

けんてい【検定】ho'omalu（ほ'おまる）.

げんてい【限定】hāiki（はいき）. kaupalena（かうぱれな）.

けんていする【限定する】kaupalena（かうぱれな）.

けんとう【拳闘】⇒ボクシング. mokomoko（もこもこ）.【（職業）拳闘家】ku'i lima（く'い_りま）.

げんどをこえる【限度を超える】pākela（ぱけら）.

けんのうのためのいのり【献納のための祈り】pule ho'ola'a（ぷれ_ほ'おら'あ）.

げんぶがん【（きめの粗い小胞状の）玄武岩】'elekū（'えれく）.

けんぶつ【見物】'ikena（'いけな）.【見物に行く】māka'ika'i（まか'いか'い）.

【見物に（他の人を連れて）行く】ho'omāka'ika'i（ほ'おまか'いか'い）.

けんぺいたい【憲兵隊】māka'i koa（まか'い_こあ）.〈逐語〉軍人警官.

けんぽう【憲法】kumukānāwai（くむかなわい）.〈逐語〉法律の源.

げんみつにけんさする【厳密に検査する】'ōhiki（'おひき）.

けんめいな【賢明な】akamai（あかまい）. kūpono（くぽの）.

けんやく【倹約】minamina（みなみな）.
けんやくして【倹約して】'au'a（'あう＿'あ）.
けんり【権利】kuleana（くれあな）. ⇒ぎむ【義務】.
【（所有するために）権利を与える】ho'okuleana（ほ'おくれあな）.
【権利なしに持って行く】lawe wale（らヴェ＿われ）.
【権利証書】palapala kila（ぱらぱら＿きら）. palapala sila. は異形.
げんり・げんそく【原理・原則】⇒きそ【基礎】.
げんりょうをひたす【（パンダナスの葉を水につけるように）原料を浸す】ho'okelekele（ほ'おけれけれ）.
げんりょうをまぜる【原料を混ぜる】kāwili lā'au（かうぃり＿らー'あう）. kāwili（かうぃり）.
けんりょく【権力】noho ali'i（のほ＿あり'い）.
【（君主政治時代における）権力のある役人】kuhina nui（くひな＿ぬい）.

こ

こ【子】keiki（けいき）. 人間の子を始め, 子牛, 雄の子馬, 子山羊など.
こ【弧】pi'o（ぴ'お）.
【弧を作る】pāpi'o（ぱぴ'お）.
【弧を描いて飛ぶ】lele pi'o（れれ＿ぴ'お）.
ご【5・五】lima（りま）. 1.〔数詞〕lima は数を数える場合には接頭辞 'e- をつけ, 'elima（'えりま）と使う. 接頭辞 'a- をつけた, 'alima（'ありま）は第五, 五番目などの序数詞となる. なお助数詞（個, 人, 列目, 番目）は文脈による. 2.接辞となり五を表す.〔用例〕ペンタゴン（5角形）. Huinalima. 金曜日. Pō'alima.〈逐語〉第5番目の日.
ご【語】hua（ふあ）. hua 'ōlelo（ふあ＿'おれろ）.
コア〔ハワイ〕koa.〔植物〕Acacia koa：最も大きく, 大切にされている自生の森林樹；この木は, その昔カヌーやサーフボードまた食器などを作るのに使われたが, 現在は家具やウクレレを作るのに使われている. しかしながらハワイ産のコアは減少している.
コアイエ〔ハワイ〕koai'e（こあい'え）.〔植物〕Acacia koaia：自生の木；koa の木に似ているが, もっと小さい木.
コア・ハオレ〔ハワイ〕koa haole.〔植物〕Leucaena leucocephala：道ばたに生息するありふれた低木.〈逐語〉外国産の koa.
コアホウドリ【小阿呆鳥】ka'upu（か'うぷ）.〔鳥〕Diomedea immutabilis.
こいいろ【濃い色】⇒いろ【色】.
ゴイサギ【五位鷺（の一種）】'auku'u（'あうく'う）.〔鳥〕Nycticorax nyticorax hoactli：ゴイサギの一種.
こいし【小石】mā'ili（まー'いり）.【（イカ釣りの釣糸を沈める錘として使われる）小石】mā'ili（まー'いり）.【（水の作用で丸くなった）小石】unu（うぬ）.

【小石で一杯の，小石の多い，小石だらけの】mā'ili（ま゛いり）．
こいにくるしむ【恋に苦しむ】'iniki（'いにき）．
こいびと【恋人】ipo（いぽ）．
【恋人の】laua'e（らうあ'え）．
コウ〔ハワイ〕Kou．〔地名〕ホノルル港とその付近の古い名前．
コウ〔ハワイ〕kou．〔植物〕Cordia subcordata：東アフリカからポリネシアに広く散布する木；その柔らかく美しい木はカップ・皿・容器を作るのに使われる．
こう【(文章における) 項】hopuna 'ōlelo（ほぷな_゛おれろ）．
こうい【好意】aloha（あろは）．⇒アロハ．lokomaika'i（ろこまいか'い）．oha（おは）．
こうい【行為】hana（はな）．
ごうい【合意】'aelike（'あえりけ）．lōkahi（ろ゛かひ）．
【合意に達する】'aelike（'あえりけ）．
コウイカ【甲烏賊】mūhe'e（む゛へ'え）．〔魚介類〕Epioteuthus arctipinnis.
こういてきな【好意的な】lokomaika'i（ろこまいか'い）．
こういてきにはなしかける【好意的に話し掛ける】'i'ike（'い'いけ）．
こういをもつ【好意を持つ】make'e（まけ'え）．
こういをもってみる【好意を持って見る】maliu（まりう）．
ごうう【豪雨】'iliki（'いりき）．loku（ろく）．waipu'ilani（わいぷ'いらに）．
こううちたい【降雨地帯】wao kele（わお_けれ）．
こううん【幸運】pōmaika'i（ぽ゛まいか'い）．pono（ぽの）．
【幸運をもたらす】ho'opōmaika'i（ほ'おぽ゛まいか'い）．
【幸運の】ho'olaki（ほ'おらき）．laki（らき）．〔英語：lucky〕．pōmaika'i（ぽ゛まいか'い）．
こうえい【光栄】hanohano（はのはの）．
【光栄を与えた】hanohano（はのはの）．
【光栄を与える】ho'ohanohano（ほ'おはのはの）．ho'onani（ほ'おなに）．
【光栄ある】hanohano（はのはの）．
こうえき【交易】kālepa（か゛れぱ）．〔用例〕貿易船．Moku kālepa.
こうえん【公園】pāka（ぱ゛か）．〔英語：park〕．〔用例〕カピオラニ公園．Kapi'o-lani Pāka.
ごうおん【(飛行機などの) 轟音】kapalulu（かぱるる）．
こうか【降下】ihona（いほな）．
こうかい【後悔】mihi（みひ）．minamina（みなみな）．
こうかい【航海】huaka'i（ふあか'い）．
【(商船の) 航海士】mālama moku（ま゛らま_もく）．
【航海する人】holomoku（ほろもく）．
こうかいする【後悔する】mihi（みひ）．minamina（みなみな）．
こうかいする【航海する】holomoku（ほろもく）．holokai（ほろかい）．kele, kelekele（けれ，けれけれ）．
【(外国へ) 航海する】holokahiki（ほ

ろかひき）．

こうかいどう【公会堂】holo（ほろ）．〔英語：hall〕．

こうかがないこと【効果がないこと】neo（ねお）．

ごうかくしょうめい【合格証明】hua（ふあ）．

こうがくしん【向学心】'imi na'auao（'いみ_な'あうあお）．教養や知識を得ようとする，学ぶ野心のある．

こうかさせる【硬化させる】kano（かの）．ho'okano（ほ'おかの）．

こうかつな【狡猾な】'āpiki（'あぴき）．

こうかな【高価な】pipi'i（ぴぴ'い）．

ごうかなそうしょくひんをつける【豪華な装飾品を付ける】kāhiko（かひこ）．

こうかな【高価な】makamae（まかまえ）．

こうかん【光冠】kalaunu（からうぬ）．karauna．は異形．〔英語：crown〕．

こうがん【睾丸】hua（ふあ）．huahua（ふあふあ）．

こうかんしたしなもの【交換した品物】kumu（くむ）．

ごうかんする【強姦する】pu'e wale（ぷ'え_われ）．

コウカンチョウ【紅冠鳥】manu 'ula'ula（まぬ_'うら'うら）．〔鳥〕深紅色の羽冠のある鳥の総称．〈逐語〉赤い鳥．

こうき【香気】'ala（'あら）．〔文法〕冠詞は ka でなく ke を使う．〈比喩〉重んじた，主として．【(ジャスミンのような強い充満する)香気】kūpaoa（くぱおあ）．【(心地好い)香気】onaona（おなおな）．【(風に吹かれ

て漂う)香気】māpu（まぷ）．māpuana（まぷあな）．

【香気で充満した】puīa（ぷいあ）．

【(強く)香気のある】ho'okūpaoa（ほ'おくぱおあ）．paoa（ぱおあ）．

【香気を漂わせる】hō'onaona（ほ'おなおな）．

【香気を放つ】ho'okūpaoa（ほ'おくぱおあ）．

こうき【光輝】'alohi（'あろひ）．nani（なに）．

こうき【好機】manawa kūpono（まなわ_くぽの）．

こうぎ【抗議】kē（け）．【(特に妬ねたみを含んだ)抗議】'a'ahuā, 'a'ahuwā（'あ'あふあ, 'あ'あふわ）．

こうきしんのつよい【好奇心の強い】nīele（にえれ）．ho'onīele（ほ'おにえれ）．

こうきな【高貴な】ki'eki'e（き'えき'え）．

【高貴な生まれの】lani（らに）．

こうきょうしょ【口供書】palapala hō'ike（ぱらぱら_ほ'いけ）．palapala ho'ohiki 'ia（ぱらぱら_ほ'おひき_'いあ）．'ōlelo hō'ike（'おれろ_ほ'いけ）．

こうきん【口琴】⇒びやぽん．

こうぐ【工具】pono hana（ぽの_はな）．

【工具の柄】kano（かの）．

こうけい【光景】maka（まか）．

ごうけい【合計】huina（ふいな）．huina helu（ふいな_へる）．〈逐語〉いくつもの数の合計．

【合計金額】pu'u kālā（ぷ'う_から）．

【合計票】helu（へる）.

こうけいしゃ【後継者】hoʻoilina, hoʻīlina（ほʻおいりな, ほʻīりな）.

ごうけいする【(数などを) 合計する】kuʻi, kuʻikuʻi（くʻい, くʻいくʻい）.

こうげき【攻撃】lele（れれ）. poʻipū（ぽʻいぷ）.
【攻撃的な】hoʻonanā（ほʻおなnā）.

こうげきする【攻撃する】kākiʻi（kāきʻい）. pupuʻe（ぷぷʻえ）.

こうけつあつ【高血圧】koko piʻi（ここ_ぴʻい）.〈逐語〉登る血液.

こうけつな【高潔な】hoʻopono（ほʻおぽの）. kohu pono（こふ_ぽの）.
【高潔な行為】maikaʻi（まいかʻい）.

こうこうする【(慎重に) 航行する】akaholo（あかほろ）.

こうこくする【広告する】hoʻolaha（ほʻおらは）.

こうこくばん【広告板】papa hoʻolaha（ぱぱ_ほʻおらは）.

こうごにうごく【交互に動く】mahiki, māhikihiki（まひき, māひきひき）.

こうさ【交差, すべての交差した物】keʻa（けʻあ）.〈比喩〉妨げる, 防ぐ, 遮る.
【交差点】huina（ふいな）. huina alanui（ふいな_あらぬい）. pahu manamana（ぱふ_まなまな）.
【交差道路】huina（ふいな）. huina alanui（ふいな_あらぬい）. pahu manamana（ぱふ_まなまな）.

こうさい【光彩】nani（なに）.

こうさいする【交際する】launa（らうな）.

こうさく【耕作】mahi ʻai ʻana（まひ_ʻあい_ʻあな）.
【耕作された田畑】waena（わえな）. 耕作された果樹園, 菜園も同様.
【耕作された畑】kīhapai（kīはぱい）. ⇒とちくぶん.
【耕作した (小) 地面】mahina（まひな）.

こうさくする【耕作する】mahi（まひ）. mahi ʻai（まひ_ʻあい）. mahina ʻai（まひな_ʻあい）.

こうさする【(背中の後ろで両手を) 交差する】ʻōpeʻa（ʻōぺʻあ）.
【交差させる】hoʻokeʻa（ほʻおけʻあ）. hōʻolokeʻa（hōʻおろけʻあ）. hoʻōpeʻa（ほʻōぺʻあ）.【(腕や手などを) 交差させる】peʻa（ぺʻあ）.
【交差した】ʻolokeʻa（ʻおろけʻあ）.

こうさつする【絞殺する】kāʻawe（kāʻあヴぇ）.

こうさんする【降参する】hoʻokūlou（ほʻおkūろう）.

こうし【子牛】pipi keiki（ぴぴ_けいき）.

こうし【格子, 格子戸, 格子窓】lākike（lāきけ）. latike. は異形.〔英語：lattice〕.

こうしじまのいふく【格子縞の衣服】palaka（ぱらか）.〔服飾〕青と白の格子じまのシャツ；労働着として使用された.
【格子縞の上着〔ジャケット〕】kelamoku（けらもく）.

こうしゃ【校舎】hale kula（はれ_くら）.

137

こうしゃく

こうしゃく【公爵】kuke（くけ）. duke. は異形.〔英語：duke〕.

こうしゃの【後者の】kēia（けいあ）.

こうしゅう【公衆】lehulehu（れふれふ）.

こうしゅう【口臭】pilo（ぴろ）.

こうしゅうえいせいぶ【公衆衛生部】Papa Ola（ぱぱ_おら）.〔行政〕公衆衛生に関する業務を担当する政府の部局.

こうしゅだい【絞首台】'āmana（'あまな）. 'oloke'a（'おろけ'あ）.

こうじゅりん【紅樹林】⇒マングローブ.

こうしょ【高所】'aki（'あき）.〔文法〕冠詞は ka でなく ke を使う.

こうしょう【(個人間の) 交渉】palapala 'aelike（ぱらぱら_'あえりけ）.

こうじょう【(規模の小さい) 工場】hale pa'ahana（はれ_ぱ'あはな）.

こうじょうさせる【向上させる】ho'oki'eki'e（ほ'おき'えき'え）.

こうしょうな【高尚な】'iu, 'iu'iu（'いう, 'いう'いう）. ki'eki'e（き'えき'え）.

ごうじょうな【強情な】ho'olana（ほ'おらな）. pa'akikī（ぱ'あきき̄）.

こうしょうにん【公証人】nōkali（のかり）. notari. は異形.〔英語：notary〕.

こうしょくの【好色の】makaleho（まかれほ）.〈逐語〉タカラガイの目.

こうじょする【控除する】ho'olawe（ほ'おらヴぇ）.

こうしん【行進】huaka'i（ふあか'い）.

こうしんする【行進する】huaka'i（ふあか'い）. naue, nauwe（なうえ, なううぇ）.【(隊列を組んで) 行進する】paikau（ぱいかう）.【(列をなしてあちこちに) 行進する】ho'okahakaha（ほ'おかはかは）.

こうすい【(心地好い) 香水】onaona（おなおな）.【(…に) 香水をつけた】'ala（'あら）. pē（ぺ̄）.【香水をつける】. hō'ala（ほ̄'あら）. ho'opē（ほ'おぺ̄）. ho'opuīa（ほ'おぷī あ）.【香水容器】ipu 'ala（いぷ_'あら）. 香水や他の香素を入れる容器.〈逐語〉香りのよいヒョウタン.

こうせい【公正】pono（ぽの）.【公正な】pono（ぽの）. ho'opono（ほ'おぽの）. kūpono（く̄ぽの）. na'au pono（な'あう_ぽの）.【公正な立場に立つ】kū ākea（く̄_あ̄けあ）.【公正のために努める】'imi pono（'いみ_ぽの）.

こうせき【航跡】awe（あうぇ）.

こうせつ【交接】ai（あい）.

こうせん【(太陽の) 光線】kukuna（くくな）.〔用例〕Xエックス線. Kukuna X.【(夜明けのような) 光線】wana（わな）.【光線が反射する】hulali（ふらり）. hūlalilali（ふ̄らりらり）.【光線などが見えてくる】wana（わな）. ⇒よあけ.

こうせんてきな【好戦的な】pā'ume'ume（ぱ̄'うめ'うめ）.

こうだいな【広大な】moana（もあな）.

こうだいのひとびと【後代の人々】

mo'opuna（も'おぷな）.
こうたくのある【光沢のある】hinu（ひぬ）. hulali（ふらり）. hūlalilali（ふらりらり）.
【(カマニの木のように) 光沢のある】kamani（かまに）.
ごうだつする【(…から) 強奪する】pākaha（ぱかは）. pōā, pōwā（ぽあ, ぽわ）. pu'e（ぷ'え）. pu'e wale（ぷ'え_われ）.
こうち【高地】nu'u（ぬ'う）. luna（るな）. uka（うか）.〔文法〕luna, uka とも所格の名詞．方向を示す場合は i, ma- に続き，o を伴う．
【高地の】luna（るな）. uka（うか）.
【高地居住者】kō ā uka（こ_あ_うか. noho uka（のほ_うか）.
こうちゃ【紅茶】kī（きー）.〔英語：tea〕．飲料用の茶.
こうちゅう【甲虫（の一種）】ane（あね）.〔昆虫〕羽細工の羽に付くカツオブシムシ科の甲虫．カブトムシも甲虫の仲間.
こうちょく【硬直】kano（かの）.
こうちょくする【硬直する】hō'o'ole'a（ほ'お'おれ'あ）.
【硬直した】ka'e'e（か'え'え）. kola（こら）. 'o'ole'a（'お'おれ'あ）.
こうつうきかん【交通機関】⇒うんゆきかん.
こうつうひ【(電車賃・バス代など) 交通費】uku ka'a（うく_か'あ）.
こうつごうなじき【好都合な時期】manawa kūpono（まなわ_くぽの）.
こうてんした【好転した】ahona（あほな）.
こうてんの【(海などが) 荒天の】pikipiki'ō（ぴきぴき'おー）.〈比喩〉感情をかき乱した.
こうど【高度】nu'u（ぬ'う）.
こうどう【坑道】lua（るあ）.
こうどう【行動】hana（はな）.
ごうとう【強盗】pōā（ぽあ）.
こうとうがっこう【高等学校】⇒がっこう【学校】.
こうとうがん【喉頭癌】pu'upau（ぷ'うぱう）.
ごうどうさせる【合同させる】ho'oku'ikahi（ほ'おく'いかひ）.
こうとうしもん【口頭試問】waha（わは）.
こうとうでつげる【口頭で告げる】ha'i waha（は'い_わは）.
こうとうの【口頭の】'ōlelo（'おーれろ）.
こうとうぶ【後頭部】hono（ほの）. pane（ぱね）.
こうどくする【(新聞などを) 購読する】ho'opa'a（ほ'おぱ'あ）.
こうなっている【～】ke+動詞+nei. nei は話し手に近い所の現在時制を示すマーカー.〔用例〕わたしは，ここで，あなたを待っています．Ke kali nei au iā 'oe.
こうにん【後任】pani hakahaka（ぱに_はかはか）.
【(…の) 後任となる】pani（ぱに）.
こうにんする【公認する】ho'okohu（ほ'おこふ）.
こうはいさせる【荒廃させる】luku（るく）.

こうはんいにおよぶ【広範囲に及ぶ】hāloa（ほろあ）.
こうひょうする【公表する】hoʻolaha（ほʻおらは）.
こうぶ【後部】kua（くあ）.
こうふく【幸福】ʻoli（ʻおり）. ʻoliʻoli（ʻおりʻおり）. hauʻoli（はうʻおり）. lauleʻa（らうれʻあ）. leʻa, lealeʻa（れʻあ, れʻあれʻあ）. pōmaikaʻi（ぽまいかʻい）. pono（ぽの）.
【（精神的な）幸福】pono ʻuhane（ぽの_ʻうはね）.
【幸福にする】hoʻohauʻoli（ほʻおはうʻおり）. hoʻohoihoi（ほʻおほいほい）. hōʻoli（ほ̄ʻおり）.
【幸福な】hauʻoli（はうʻおり）. hoihoi（ほいほい）. lauleʻa（らうれʻあ）. ʻoli（ʻおり）. ʻoliʻoli（ʻおりʻおり）.
こうぶつ【鉱物】pōhaku（ぽはく）.
こうぶの【後部の】hope（ほぺ）.〔所格の名詞〕.
こうふん【口吻】ihu（いふ）.
こうふん【興奮】wela（うぇら）.
こうふんする【興奮する】hoʻolapa（ほʻおらぱ）.
【興奮させる】ʻeuʻeu（ʻえうʻえう）.
【興奮した】hana（はな）. hahana（ははな）. wela（うぇら）.【（性的に）興奮した】kola（こら）.【（話や音に）興奮した】olokē（おろけ̄）.
こうへい【公平, 〜な, 〜に釣り合いを持たせる. 〜に取り扱う, 〜に分配する】kaulike（かうりけ）.
こうほう【後方】kua（くあ）.
【後方へ動く】neʻe hope（ねʻえ_ほぺ）.
【後方へ落下する】kuwala, kuala（くわら, くあら）.
【後方の】hope（ほぺ）.〔所格の名詞〕.
こうぼく【香木】lāʻau ʻala（ら̄ʻあう_ʻあら）. 香りの良い木材. 特に白檀ビャクダン材.
こうまんな【高慢な】haʻaheo（はʻあへお）. kaena（かえな）. kalalī（からり̄）. keʻo, keʻokeʻo（けʻお, けʻおけʻお）. naʻau hoʻokiʻekiʻe（なʻあう_ほʻおきʻえきʻえ）.
【高慢な表情】maka kiʻekiʻe（まか_きʻえきʻえ）.
ごうまんな【傲慢な】ʻaʻano（ʻあʻあの）. haʻaheo（はʻあへお）. hoʻokano（ほʻおかの）. konā（こな̄）.
【傲慢な態度】maka kiʻekiʻe（まか_きʻえきʻえ）.
【（ふざけ散らす子供のように）傲慢な態度を装う】hōʻoio（ほ̄ʻおいお）.
ごうまんにふるまう【傲慢にふるまう】hoʻohaʻaheo（ほʻおはʻあへお）.
こうみん【公民】kīwila（き̄ヴぃら）. siwila. は異形.〔英語：civil〕.
【公民権】pono kīwila（ぽの・き̄ヴぃら）.
こうむいん【公務員】noho ʻoihana（のほ_ʻおいはな）.
こうめい【高名】kaulana（かうらな）.
こうめいせいだいな【公明正大な】pono（ぽの）. kūpono（く̄ぽの）.
こうもく【項目】ikamu（いかむ）. itamu. は異形.〔英語：item〕.

コウモリ【蝙蝠】'ōpe'ape'a（'おぺ'あぺ'あ）．pe'a（ぺ'あ）．〔哺乳動物〕．

こうもん【肛門】'ōkole（'おこれ）．

こうや【荒野】nahele（なへれ）．ulu-nahele（うるなへれ）．

こうようさせる【（希望・自尊心を）高揚させる】ho'oki'eki'e（ほ'おき'えき'え）．

こうようするは【紅葉する（落葉樹の）葉】lau pala（らう_ぱら）．〔様相〕黄・赤・茶などに色が変わる落葉樹の葉．〈比喩〉健康が衰えた人．

ごうよくな【強欲な】'ālunu（'あるぬ）．leho（れほ）．makaleho（まかれほ）．puni waiwai（ぷに_わいわい）．
【（人が大切にしている物に対して）強欲な】minamina（みなみな）．

コウライシギ【高麗鷸】kolohala（ころはら）．〔鳥〕Phasianus colchicus torquatus：アジア原産；亜種が多いが米国・英国にも移入．〈逐語〉忍びよりを続ける．

コウライシバ【高麗芝】mau'u Kepanī（まう'う_けぱにー）．〔植物〕Zoysia tenuifolia．〈逐語〉日本（の）草．

こうりつがっこう【公立学校】⇒がっこう【学校】．

こうりょう【綱領】kumu mana'o'i'o（くむ_まな'お'い'お）．loina（ろいな）．

こうりん【（聖像の頭部を囲む）光輪】pō'aha mālamalama（ぽ'あは_まらまらま）．〈逐語〉光の輪．

こうるさい【小煩い】wae（わえ）．

こうれい【高齢】puaaneane, puaneane（ぷああねあね，ぷあねあね）．

ごうれい【号令】kāhea（かへあ）．軍の命令を与える．

こうろ【航路】ala hele（あら_へれ）．awa（あわ）．
【（あらゆる種類の）航路】kaula moku（かうら_もく）．
【（カヌーや船の）航路】ala kai（あら_かい）．

こうろうじょう【功労状】palapala ho'omaika'i（ぱらぱら_ほ'おまいか'い）．

こうろんする【口論する】hakakā（はかかー）．hukihuki（ふきふき）．kū'ē'ē（くー'えー'えー）．paio（ぱいお）．

こうわ【講和】lōkahi（ろーかひ）．

こうわんろうどうしゃ【港湾労働者】po'olā（ぽ'おらー）．

こえ【声】leo（れお）．
【声が（太く）低い】kūli'u（くーり'う）．
【（恐怖・寒さなどで）声が震える】kuolo（くおろ）．
【（歌う）声などが震える】kuolo（くおろ）．
【（歌などで）声の良い】pu'ukani（ぷ'うかに）．
【（死者に対して）声をあげて泣く】leoleo（れおれお）．

ごえい【護衛】kia'i kino（きあ'い_きの）．

こえだ【小枝】la'alā'au（ら'あらー'あう）．

コーコー〔ハワイ〕kōkō（こーこー）．ヒョウタン製の容器を吊るすために使われるような，通常センニット（船で用いる麻などの糸で編んだロープ）で

141

出来た運搬用の網.

コース【course】⇒そうろ【走路】.

コート【coat】'ahu（'あふ）.〔服飾〕肩マント・シャツ・コートのような上半身や肩部をおおう衣服や外被. kuka（くか）.〔英語〕.

【コートを着る】'ahu（'あふ）.

コード【cord】⇒ヒモ, ロープ.

コーナネ〔ハワイ〕kōnane（こなね）. 1. チェッカーゲームによく似た昔のゲーム. ～で遊ぶ. 2. タパ布を打ちたたく器具に彫ってある模様.

コーヒー【coffee, コーヒー豆】kope（こぺ）.〔英語〕.

【コーヒー挽ひき】wili kope（うぃり_こぺ）.

コーラス【chorus】hui（ふい）. 歌のコーラス.

ゴーゴー【（突然のどしゃぶりなど）ゴーゴーと音を立てる】kawewe（かヴェヴェ）.

【（風・滝などが）ゴーゴーと音を立てる】ho'okāwōwō（ほ'おかう_ぉう_ぉ）.

ゴール【（球技などの）goal, ゴールポスト】pahu hope（ぱふ_ほぺ）.

ゴーンゴーン【～】kanikē（かにけ）. 鐘の音.

こおった【凍った】maka'ele'ele（まか'えれ'えれ）.

【凍った露】kēhau anu（けはう_あぬ）.

こおり【氷】hau（はう）. waipa'a（わいぱ'あ）.〈逐語〉固体状の水.

【氷が入っている水】wai hau（わい_はう）.

【氷で覆おおわれた】hau（はう）.

【氷のように冷たい水】wai hau（わい_はう）.

コオロギ【蟋蟀】'ūhini（'うひに）. ⇒バッタ.

こかく【呼格】'aui hea（'あうい_へあ）.〔文法〕呼格はマーカーe（しばしばēと発音される）で作る.〔用例〕やぁ, プアさん. E Pua!

ごかくけい【5角形】huinalima（ふいなりま）. pa'alima（ぱ'ありま）.

ごかくの【互角の】pa'i（ぱ'い）.

こがす【焦がす】kuni（くに）.

こがたそり【（子供用の）小型橇】⇒そり【橇】.

こがたな【小刀】pahi（ぱひ）.

こがたの【小型の】'i'i（'い'い）. iki（いき）.

ごがつ【5月】Mei（めい）.〔英語：May〕.

こがま【小鎌】pahi keke'e（ぱひ_けけ'え）.

こがらの【小柄の】li'ili'i（り'いり'い）.

こきげんはいかが〔あいさつ〕pehea（ぺへあ）.〔用例〕ごきげんいかがですか. Pehea 'oe? ⇒あいさつ【挨拶】, アロハ, ぎもんし【疑問詞】などを参照.

こきざみにうごいている【小刻みに動いている［揺れている］】'ale（'あれ）. 'ale'ale（'あれ'あれ）.

こぎって【小切手】kīko'o panakō（きこ'お_ぱなこ）. palapala kīko'o（ぱらぱら_きこ'お）. pepa kīko'o（ぺぱ_きこ'お）. pila kīko'o（ぴら_きこ'お）.

こぎて【（カヌーの）漕ぎ手, カヌーを

こぐ】hoe waʻa（ほえ_わʻあ）.
こぎふね【漕ぎ船】waʻapā（わʻあぽ）.
ゴキブリ【～】ʻelelū（ʻえれる）.〔昆虫〕blattidae.
こきゅう【呼吸】hanu（はぬ）.【（ぜんそく持ちの人のような）激しい呼吸】hapaipū（はぱいぷ）. nae（なえ）.
こきゅうする【呼吸する】aho（あほ）. hā（は）. hanu（はぬ）.
【（激しく）呼吸する】hāhā（ははは）.
【（犬のように暑さのため）激しく呼吸する】ahaaha（あはあは）.
【（ぜんそく持ちの人のように）激しく呼吸する】hapaipū（はぱいぷ）. nae（なえ）.
【呼吸させる（人工呼吸をする）】hoʻohanu（ほʻおはぬ）.
こぎれいな【小奇麗な】paʻihi（ぱʻいひ）. popohe（ぽぽへ）.
こくえん【黒鉛】kēpau（けぱう）.
こくおう【国王】mōʻī（もʻい）.
こくご【国語】⇒ぼこくご【母国語】.
こくしする【酷使する】hana ʻino（はな_ʻいの）.
こくしょく【黒色】ʻele（ʻえれ）. pā-ʻele（ぱʻえれ）.
【黒色人種】pāʻele（ぱʻえれ）.
【（光沢のある）黒色の】pano（ぱの）.
こくじん【黒人】pāʻele（ぱʻえれ）.
こくする【濃くする】hoʻomānoa（ほʻおまのあ）.
こくせき【国籍】lāhui（らふい）.
こくそ【告訴】hoʻolawehala（ほʻおらヴぇはら）.
【告訴する・告発する】hoʻolawehala（ほʻおらヴぇはら）. hoʻopiʻi（ほʻおぴʻい）.
コクタン【黒檀】lama（らま）.〔植物〕Diospyros：ハワイ固有のカキノキ科の木の全種；lamaの木は薬として使われ，またその名前が啓蒙けいもうを連想させるのでフラダンスの祭壇に供えられた.
こぐちにきりわける【小口に切り分ける】ʻokiʻoki（ʻおきʻおき）.
ごくひんしゃ【極貧者】ʻilikole（ʻいりこれ）.〈逐語〉すり切れた皮膚.
こくみん【国民】aupuni（あうぷに）. lāhui（らふい）. makaʻāinana（まかʻあいなな）.
【国民の】aupuni（あうぷに）. lāhui（らふい）.
こくもつのつぶ【（小麦など）穀物の粒】ʻanoʻano（ʻあのʻあの）.
こくりつがっこう【国立学校】⇒がっこう【学校】.
こくりつこうえん【国立公園】pāka lāhui（ぱか_らふい）.
コケ【苔】limu（りむ）.〔植物〕スギゴケ・ゼニゴケなど.
【（雨の降る森林の木にはえる）コケ】limu kele（りむ_けれ）.
ごけいじょうやく【互恵条約】Kuʻikahi Pānaʻi Like.（くʻいかひ_ぱなʻい_りけ）.
こけた【（目やほおなど）痩けた】ʻolohaka（ʻおろはか）.
こげちゃ【焦茶，焦茶色】makuʻe（まくʻえ）.
こげついた【焦げ付いた】pāpaʻa（ぱ

ここ

ぱ‘あ）．

ここ【ここ】'ane‘i（‘あね‘い）．〔所格の名詞〕通常 ma-, i, kō の後に続く．**eia ala, eia lā**（えいあ_あら，えいあ_らー）．**ne‘i**（ね‘い）．しばしば i, ma, o の後に続く．**'one‘i**（‘おね‘い）．⇒しし【指示詞】．

【ここに】**eia ala, eia lā**（えいあ_あら，えいあ_らー）．

【ここに居ます】**eia**（えいあ）．〔様相〕点呼に対する返事のように「ここにいる」．**eō**（えおー）．

【ここに接近している】**eia a‘e**（えいあ_あ‘え）．

【ここの，この，こちらの】**neia**（ねいあ）．kēia と類似．ほとんど聖書の中で使われる．

ごご【午後】**'auinalā**（‘あういならー）．〈逐語〉傾いてる太陽．

ごこう【（聖像の頭部を囲む）後光】⇒こうりん．

こごえさせる【凍えさせる】**'ini'iniki, 'īnikiniki**（‘いに‘いにき，‘いーにきにき）．時には歌の中で**'īnisinisi**（‘いーにしにし）と歌われることもある．

ここちよいおと【心地良い音】**hoene**（ほえね）．歌などの心地良い音．

【（音楽など）心地よい音の】**pu‘ukani**（ぷ‘うかに）．

ここちよくしずかな【（微風または音の低い音楽のように）心地よく静かな】**hone**（ほね）．**polinahe**（ぽりなへ）．

ここごとをいう【小言を言う】**nuku**（ぬく）．**nukunuku**（ぬくぬく）．【（かん高い声で）小言を言う】**hae**（はえ）．

【（通常，遠まわしに）小言を言う】**me‘o, me‘ome‘o**（め‘お，め‘おめ‘お）．

ココナッツ【coconut】**niu**（にう）．〔植物〕ココヤシの実；熟したココナッツをすり下ろし絞られた白い液体はココナッツ水・ココナッツクリーム・ココナッツミルクと呼ばれる．

【ココナッツの殻】**pulu niu**（ぷる_にう）．

【（磨かれた）ココナッツの殻・丼】**pūniu**（ぷーにう）．

【ココナッツの果肉】**'i‘o niu**（‘い‘お_にう）．

ココナッツクリーム【coconut cream】**wai o ka niu**（わい_お_か_にう）．

ココナッツすい【coconut water・水】**wai niu**（わい_にう）．ココナッツジュースとも言われる．

ココナッツミルク【coconut milk】**niu ā wali**（にう_あー_わり）．

ここのつ【九つ】〔数詞〕．⇒きゅう．

ココヤシ【ココ椰子】**niu**（にう）．〔植物〕Cocos nucifera. 熱帯産のヤシで食用の大きな実をつける．

【ココ椰子の木の幹】**kumu niu**（くむ_にう）．

【ココ椰子の木立】**ulu niu**（うる_にう）．

【ココ椰子の繊維】**pulu niu**（ぷる_にう）．pulu だけでもココヤシの繊維の意．

【ココ椰子の葉】**lau niu**（らう_にう）．〔植物〕シダ・シュロなどの葉も lau niu という．

【(樹心に近い) ココ椰子の白い若葉】lau'ō（らう'ō）.
【ココヤシの実】niu（にう）.
こころ【心】loko（ろこ）. na'au（な'あう）. pu'uwai（ぷ'うわい）.
【心にとどめさせる】ho'omaliu（ほ'おまりう）.
【心にとどめる】maliu（まりう）.
【心の正しい】na'au pono（な'あう_ぽの）.
【心の動揺】māewa（まえヴぁ）.
【心の広い】laulā（らうらー）.
【心の不安】'ōpikipiki（'ōぴきぴき）.
【心の乱れ】pōna'ana'a（ぽな'あな'あ）.
【心の安らぎ】la'i（ら'い）.
【(人の) 心をかき乱す】hō'ale'ale（ほー'あれ'あれ）.
【(人の) 心を挫くじいた】mā（まー）.
こころざす【(…のために) 志す】mākia（まきあ）.
こころづけ【心付け】uku makana（うく_まかな）.
こころみる【試みる】'a'a（'あ'あ）. ho'ā'o（ほ'あー'お）.
こころやさしいかんけいをもつ【心優しい関係を持つ】pilialoha（ぴりあろは）.
こころよい【快い】'olu'olu（'おる'おる）, maika'i（まいか'い）.
こころよくあたえる【快く与える】manawale'a（まなわれ'あ）.
こさくがしら【小作頭】konohiki（このひき）. 首長下にある土地区分 [ahupua'a] の頭かしら.

こさくち【小作地】kō'ele（こー'えれ）. 〔土地区分〕首長のために小作人によって耕作される小さな土地の単位.
こさくのう【(貧しい) 小作農［自作農］】lōpā（ろぱー）.
こさめがふる【小雨が降る】ū（うー）.
こし【腰】kīkala（きーから）. pūhaka（ぷーはか）.
【腰が低い】pē（ぺー）.
【腰の回りを締める】pū'ali（ぷー'あり）.
【腰を落ち着けた】kū（くー）, kukū（くくー）.
【腰紐ひも】a'apūhaka（あ'あぷーはか）.
こし【輿, 輿で運ぶ】mānele（まーねれ）.
こじ【孤児】keiki makua 'ole（けいき_まくあ_'おれ）. 〈逐語〉親のいない子.
こじあける【(二枚貝などを) こじ開ける】'uehe（'うえへ）.
こしき【(車輪の) 轂】pūku'i（ぷーく'い）. ⇒ハブ.
こしき【(液体の) 漉し器, 茶漉し】⇒ストレーナー.
こじき【乞食】kau'īpuka（かう'いーぷか）. ⇒ものごい【物乞い】. 【(戸口のそばに座っている) 乞食】pani puka（ぱに_ぷか）.
こじする【誇示する】ho'okahakaha（ほ'おかはかは）. hō'oio（ほー'おいお）. 【(力量・学問などを) 誇示する】ho'okela（ほ'おけら）.
こしょう【胡椒, 黒コショウ, 白コショウ】pepa（ぺぱ）. 〔英語：pepper〕.
ごしょく【誤植, 誤植をする】pa'i hewa（ぱ'い_へヴぁ）.
こす【漉す】kānana（かーなな）.

こする【擦る】halo（はろ）. hē（へ）. kuai（くあい）. walu（わる）.【(平面を)擦る】kaekae（かえかえ）.【(ごしごし)擦る】kuolo（くおろ）.【擦る道具［器具］】wa'u（わ'う）. ⇒ワウ.
【擦る動作】halo（はろ）.
【擦って(キーキー)鳴る】olo（おろ）.
【擦り取る】wa'u（わ'う）.

ごせだいへだたった【5世代隔たった】kuakolu（くあこる）. 今日では，しばしば4世代隔たったと解釈する人もいる. ⇒うえのせだい.

こぜに【小銭】keni（けに）.〔英語：penny〕.〔用例〕小銭をもってますか. He keni nō kāu?

こそこそした【～】pe'e（ぺ'え）.

こそどろをはたらく【こそ泥を働く】lawelawe（らヴぇらヴぇ）.〔用例〕こそ泥の手. Lima lawelawe. limalima（りまりま）.【(腕のいいスリが手早く)こそ泥を働く】palamimo（ぱらみも）.

こたえ【(疑問・質問に対する)答】pane（ぱね）.
【(算数などの)答】hua loa'a（ふあ_ろあ'あ）.
【答える】ō（お）. pane（ぱね）.

こだち【(緑樹の)木立ち】nahele（なへれ）. pūpū weuweu（ぷぷ_うぇうぇ）. ulu lā'au（うる_らー'あう）.

ごちそうする【(好物を)御馳走する】ho'ohiwahiwa（ほ'おひヴぁひヴぁ）.

ごちそうになる【御馳走になる】'aha'aina（'あは'あいな）.

こちゃくする【固着する】hō'onipa'a（ほー'おにぱ'あ）.
【固着させた】pa'a（ぱ'あ）.
【固着した】'onipa'a（'おにぱ'あ）.

ごちゃごちゃにした【～にした】huikau（ふいかう）.

ごちゃごちゃになった【～になった】kā'ekā（かー'えかー）.

こちょうしていう【誇張して言う】ha'anui（は'あぬい）.

こちらです【～】eia ala, eia lā（えいあ_あら，えいあ_らー）.

こっか【国歌】mele aupuni（めれ_あうぷに）.

こっか【国家，国家の】aupuni（あうぷに）.
【国家公務員】luna aupuni（るな_あうぷに）.

こっきょう【国境】palena（ぱれな）.

コック【(水道・樽などの)コック】paipu（ぱいぷ）.〔英語：pipe〕.

コツコツとたたく【コツコツと叩く】kīkē（きーけー）

こつずい【骨髄】lolo（ろろ）. lolo iwi（ろろ_いヴぃ）.

こっそりと【～】malū（まるー）.〔用例〕こっそりと取る. Lawe malū.
【こっそり会う】hui malū（ふい_まるー）. ⇒ひみつけっしゃ【秘密結社】.
【こっそり移動する】ānehe（あーねへ）.

ゴッドファーザー【Godfather】makua kāne papakema（まくあ_かーね_ぱぱけま）.〔宗教〕生まれた子供の洗礼式に立ち会って名を与え，霊魂上の

親として宗教教育を保証する．代父，教父，名づけ親．

ゴッドマザー【Godmother】**makuahine papakema**（まくあひね_ぱぱけま）．〔宗教〕生まれた子供の洗礼式に立ち会って名を与え，霊魂上の親として宗教教育を保証する．代母，教母，名づけ親．

こつばん【骨盤，骨盤の骨】**iwi pūhaka**（いヴぃ_ぷはか）．

コップ【cup】⇒カップ．グラス．

こて【(園芸用の移植)鏝】**'ō'ō pālahalaha**（'お'お_ぱらはらは）．〈逐語〉平らな採掘用具．【(左官の使う)こて】**'ō'ō pālahalaha**（'お'お_ぱらはらは）．

こていしさん【固定資産】**waiwai ho'opa'a**（わいわい_ほ'おぱ'あ）．

こていする【固定する】**hīki'i**（ひき'い）．**hīki'iki'i**（ひき'いき'い）．
【固定した】**'onipa'a**（'おにぱ'あ）．

こどう【鼓動】**a'alele**（あ'あれれ）．【(脈・心臓が)早く不規則に鼓動する】**koni**（こに）．〈比喩〉恋の苦しみ．〔用例〕動悸_{どうき}を打つような痛み．**'Eha koni.**【(心臓などが)鼓動する】**'ūpā**（'うぱ）．

こどく【孤独】**mehameha**（めはめは）．
【孤独で】**kohana**（こはな）．〔用例〕孤立する．**Kū kohana.**
【孤独にさせる】**ho'omehameha**（ほ'おめはめは）．
【孤独の】**kaukahi**（かうかひ）．**mehameha**（めはめは）．

ことなる【異なる】**'oko'a**（'おこ'あ）．

ことによると【〜】**'ano'ai**（'あの'あい）．**malia**（まりあ）．malia には通常，o または paha が後に続く．**paha**（ぱは）．⇒かていほう【仮定法】．

ことば【言葉】**'ōlelo**（'おれろ）．**hua**（ふあ）．**hua 'ōlelo**（ふあ_'おれろ）．
【言葉が辛辣_{しんらつ}な】⇒くちびる【唇】．
【言葉で表した】**ha'i waha**（は'い_わは）．**'ōlelo**（'おれろ）．
【言葉どおりの】**'ōlelo**（'おれろ）．
【言葉の一部】**hakina 'ōlelo**（はきな_'おれろ）．

こども【子供】**kama**（かま）．〔用例〕子供のない，不妊の．**Kama 'ole. keiki**（けいき）．〔用例〕男の子．**keiki kāne. 'ōpu'u**（'おぷ'う）．**pua**（ぷあ）．【(最初に生まれた)子供，(1番年上の)子供】**makahiapo**（まかひあぽ）．
【(複数の)子供，子供達】**kamali'i**（かまり'い）．複数のみに使われる；時には複数形を示すマーカー nā なしで使われる．〈逐語〉小さい子供．
【子供が産まれる】**loa'a**（ろあ'あ）．
【子供がキーキー泣く】**wī**（うぃ）．
【子供の誕生の祝宴】**'aha'aina māwaewae**（'あは'あいな_まヴぁえヴぁえ）．〔行事〕初めての子供の誕生後まもなく催される祝宴，この祝宴は，その子の後に生まれて来るすべての子供の不幸な道を断ち切るために行なわれる．
【子供を産む，子供を儲ける】**loa'a**（ろあ'あ）．
【(沢山の)子供を出産する】**ho'o-**

ことわざ

lu'a（ほ'おる'あ）.
【子供を持つ】keiki（けいき）.
【子供っぽい】li'ili'i（り'いり'い）.
【子供らしい】ho'okamali'i（ほ'おかまり'い）. 'ōpiopio（'おぴおぴお）.
ことわざ【諺】'ōlelo no'eau（'おれろ_の'えあう）.
こな【粉】paoka, pauka, paula（ぱおか，ぱうか，ぱうら）. paoda, pauda. は異形.〔英語：powder〕.
【粉にする】pauka（ぱうか）. pauda. は異形.〔英語：powder〕.
【粉を碾ひく】kāwili palaoa（かうぃり_ぱろおあ）.
こなみじんにくだく【粉微塵に砕く】haha'i（はは'い）.
こにんずうのかいぎ【(緊急に招集されたような) 小人数の会議】'aha iki（'あは_いき）.
こぬかあめ【小糠雨】lilinoe（りりのえ）.
こねてつくる【(パンなどを) 捏ねて作る】poho（ぽほ）.
こねる【(パンなどを) 捏ねる】ka'awili（か'あうぃり）.
【(パン粉や，堅い新鮮なポイを) 捏ねる】kūpele（くぺれ）.
この (こちらの)【この [こちらの]】kēia（けいあ）.〔指示詞〕.〔文法〕話し手に近い距離にある物 [人] を示す時に使われる.〔用例〕この本. Kēia puke.
【この】ia（いあ）.〔指示代名詞〕.
【この人は】ia nei（いあ_ねい）.
このことのせいで【この事のせいで】no ka mea（の_か_めあ）.
このばしょ【この場所】eia（えいあ）. ne'i（ね'い）. しばしば i, ma, o の後に続く.
このひと【この人，この物】kēia（けいあ）.〔指示代名詞〕.【(前述の) この人】ua kanaka nei（うあ_かなか_ねい）.
このみ【好み】i'ini（い'いに）.
このむ【好む】puni（ぷに）.
このように【このように】penei（ぺねい）. pēia（ぺいあ）.
このようにして【このようにして】eia kā（えいあ_か）.〔接続詞〕.
このようになる【このようになる】penei（ぺねい）.
こばえ【小蝿】pōnalo（ぽなろ）.
こはくおり【琥珀織り，琥珀織りの布 [タフタ]】nehe（ねへ）. サラサラ音 (neheと言う) がするのでこう呼ばれる. kilika nehe（きりか_ねへ）.〈逐語〉さらさら音がする絹.
コピー【copy：写し，写す】kope（こぺ）.〔英語〕.
こひつじ【子羊・小羊】pua hipa（ぷあ_ひぱ）. hipa keiki（ひぱ_けいき）. keiki hipa（けいき_ひぱ）.〈逐語〉羊の子.
こびと【小人】'ā'ā（'あ'あ）. 'akiki（'あきき）. ha'a（は'あ）. ha'aha'a（は'あは'あ）.【(神話・伝説の中の) 小人】peke（ぺけ）.
【小人のような】'ā'ā（'あ'あ）.
こぶ【(刀の柄などの) 瘤】'ōmuku（'おむく）.【(打撲だぼくなどによる) 瘤】

pu'u（ぷう）.
【瘤だらけの】pu'upu'u（ぷうぷう）.
こふうな【古風な】ho'okahiko（ほ'おかひこ）.
こぶしのきょうだ【拳の強打】pu'upu'u lima（ぷうぷう_りま）.
こぶた【子豚, 小豚】pua pua'a（ぷあ_ぷあ'あ）.
こぶね【（かいで漕ぐ）小舟】wa'apā（わ'あぱ）.
コプラ【copra】niu malo'o（にう_まろ'お）.〔植物製品〕ココヤシの実を乾燥したもので, ヤシ油や石けんなどの原料.
ごほう【語法】kāleo（かれお）.
こぼす【（液体などを）零こぼす】nini（にに）.
こま【独楽】'ōka'a（'おか'あ）.
【こまのように回る】pūniu（ぷにう）.
こまかい【細かい】makali'i（まかり'い）. li'i（り'い）.【（織り目などの）細かい】wali（わり）.
【細かい網目の】makali'i（まかり'い）.
こまかくきるためにさく【細かく切るために裂く】māhaehae（まはえはえ）.
こまかくする【細かくする】hō'ae（ほ'あえ）.
こまかくわける【細かく分ける】paukū（ぱうく）.
こまかな【（埃や粉など）細かな】'ae（'あえ）. 'ae'ae（'あえ'あえ）. li'i（り'い）.
こまった【困った】kūnānā（くなな）.
ゴマニザ【胡麻ニザ】'api（'あぴ）.〔魚〕Acanthurus guttatus：ニザダイ科の魚.

こまらせる【困らせる】ho'oha'oha'o（ほ'おは'おは'お）.
【困らせた】ha'oha'o（は'おは'お）. uluhua（うるふあ）.
ごみ【塵】'ōpala（'おぱら）.
【塵を捨てる穴】lua 'ōpala（るあ_'おぱら）.
こみあった【込み合った】kukū（くく）. mano（まの）. pīna'i（ぴな'い）. pupupu（ぷぷぷ）. pū'uki'uki（ぷ'うき'うき）.
【（道などが）込み合った】ku'ineki（く'いねき）.
【（人々などが）込み合った】pa'apū（ぱ'あぷ）.
こみち【小道】ala（あら）. ala 'ololī（あら_'おろり）.
ゴム【gum, 弾性ゴム】laholio（らほりお）.〈逐語〉馬の陰嚢. pīlali（ぴらり）.〔解説〕ククイ［kukui］の木から取れる固まった樹液.
こむぎ【小麦】huika（ふいか）. huita.は異形.〔英語：wheat〕. palaoa（ぱらおあ）.〔英語：flour〕. hua palaoa（ふあ_ぱらおあ）.〈逐語〉小麦粉の種.
こむぎこ【小麦粉】palaoa（ぱらおあ）.〔英語：flour〕. palaoa maka（ぱらおあ_まか）.
【小麦粉を碾ひく】kāwili palaoa（かうぃり_ぱらおあ）.
こむぎこふるい【小麦粉篩】kānana palaoa（かなな_ぱらおあ）.
こむぎこをふりかける【小麦粉を振り掛ける】kānana palaoa（かなな_ぱら

おあ).

こめ【米】laiki（らいき). raisi. は異形.〔英語：rice〕.

こめかみ【顳（のやわらかい部分）】'api（'あぴ). maha（まは).

こもじ【小文字】hua iki（ふあ_いき).

こもりうた【子守歌】mele hoʻohiamoe keiki（めれ_ほʻおひあもえ_けいき）〈逐語〉子供を寝かしつけるための歌. mele hoʻonānā keiki（めれ_ほʻおなな_けいき）〈逐語〉子どもをなだめるための歌.

こやす【肥やす】hoʻomomona（ほʻおももな).〔用例〕肥料. Hoʻomomona lepo.

こやま【小山】hoʻāhu（ほʻあふ). olo（おろ).

こやまのような【小山のような】'ōpuʻupuʻu（'おぷ'うぷ'う).

こゆうの【固有の】ponoʻī（ぽの'い).

こゆび【小指】lima iki（りま_いき).

こよう【雇用】hoʻohana（ほʻおはな).【雇用者】haku hana（はく_はな).

こようする【雇用する】hoʻohana（ほʻおはな).

こよみ【暦】'alemanaka（'あれまなか). ⇒カレンダー.

ごらく【娯楽】hana hoʻonanea（はな_ほʻおなねあ). kemu（けむ).〔英語：game〕. pāʻani（ぱ'あに). hana punahele（はな_ぷなへれ).

コリス【coris】hilu（ひる).〔魚〕サンゴ礁にいるベラ科の魚.

ごりょうち【(王室）御料地】'āina lei aliʻi（'あいな_れい_あり'い).

コルク【cork】'umoki（'うもき).【コルクの栓】pani 'ōmole（ぱに_'おもれ). 'umoki（'うもき).【コルクの栓をする】'umoki（'うもき).【コルク抜き】wilipuaʻa（うぃりぷあ'あ).

コルセット【corset, コルセットを締める】kāliki（かりき).〔服飾〕ウエストや腰などを引き締めて体型を整える女性用下着.【コルセットカバー】kāliki waiū（かりき_わいう). コルセットの上部をおおうために着けるキャミソールのような下着.

これ【これ】kēia（けいあ). nei（ねい).〔文法〕指示詞.

これこれの【(名前や言葉に窮した時に言う）これこれの】mea（めあ).

ごろあわせ【語呂合わせ】hoʻopilipili 'ōlelo（ほ'おぴりぴり_'おれろ).

ころがす【転がす】kaʻa（か'あ).〔用例〕塩の中で転がす. Kaʻa paʻakai.【(輪などを）転がす】'olokaʻa（'おろか'あ).【(めん棒などを）転がす】lola（ろら).〔英語：roller〕.

ころがらせる【転がらせる】hoʻokakaʻa（ほ'おかか'あ).

ころがる【転がる】kakaʻa（かか'あ).

ころげまわる【転げ回る】kaʻapā（か'あぱ).〔様相〕ふとんの中で寝つかれない子供のように左右にころげ回る.【(豚などが）転げ回る】naku（なく).

ゴロゴロいう【～いう】nehe（ねへ).

⇒おと【音】を参照.

ゴロゴロいうおと【〜いう音】palalā（ぱら<u>ら</u>）. ⇒おと【音】を参照.

ころす【殺す】hana make（はな_まけ）. luku（るく）. 'ōmilo（'<u>お</u>みろ）. pepehi（ぺぺひ）.

ころぶ【(滑って) 転ぶ】pahe'e（ぱへ'え）.

コロン【(記述記号の) colon [：]】kolona（ころな）.〔英語〕. kiko ho'omaha（きこ_ほ'おまは）.

こわい【怖い】liha（りは）. māna'ona'o（まな'おな'お）.

こわがって【怖がって】weli（うぇり）.

こわがらせる【怖がらせる】ho'omaka'u（ほ'おまか'う）. ho'oweli（ほ'おうぇり）.

【怖がらせた】kūnāhihi（<u>く</u>なひひ）.

こわがるふりをする【怖がるふりをする】ho'omaka'u（ほ'おまか'う）.

こわしてあける【(ハンマーなどで) 壊して開ける】kīkē（<u>き</u>け）.

こわしてしんにゅうする【(建物を) 壊して侵入する】wāwahi hale（<u>わ</u>わひ_はれ）.

こわす【壊す】wāwahi（<u>わ</u>わひ）.

こわばった【(体が) 強張った】pipiki（ぴぴき）.

こわれた【毀・壊れた】ha'i, haki（は'い, はき）. nahā（な<u>は</u>）. poloke（ぽろけ）.〔英語：broken〕.

【壊れた破片 [一片・一部]】hakina（はきな）. momoku（ももく）.

こわれたかい【壊れた櫂】Māmala-hoe（<u>ま</u>まらほえ）. Māmala-hoa. は綴りの異形.〔法令〕婦人・子供・病人・老人など, すべての人々の安全を保証した法律の名前. カメハメハ1世が定めた.

こわれやすい【壊れ易い】pōhae（ぽはえ）.

こんがんする【懇願する】i'ini（い'いに）. koi, koikoi（こい, こいこい）. noi（のい）.

こんきづよくする【根気強くする】ho'omano（ほ'おまの）.

こんきょ【根拠】kuleana（くれあな）. kumu（くむ）. mea（めあ）. mole（もれ）.

【(十分な) 根拠を示す】'āpono（'<u>あ</u>ぽの）.

こんきをためす【(自分の) 根気を試す】ho'omanawanui（ほ'おまなわぬい）.

こんけつじ【混血児】hapa haole（はぱ_はおれ）.

こんけつの【混血の, 混血人】hapa（はぱ）.

こんごう【混合】huikau（ふいかう）.
【混合の】huikau（ふいかう）.

こんごうする【混合する】huikau（ふいかう）.

【混合した】huihui（ふいふい）. pa'ipa'i（ぱ'いぱ'い）.

コンサート【concert】'aha hīmeni（'あは_<u>ひ</u>めに）.

こんせいする【懇請する】noi（のい）. ui（うい）.

こんちゅう【(ヌカカ・ユスリカ・ブヨなどの小さい) 昆虫 (の総称)】nona-nona（のなのな）.

こんていとなる【根底となる】honua（ほぬあ）.

コンテナ【container：容器】⇒イプ，ようき【容器】.

こんなふうに【〜】pēia（ぺいあ）. penei（ぺねい）.

こんなん【困難】'āpu'epu'e（'あぷ'えぷ'え）.
【困難を生じる】'iniki（'いにき）.
【困難な】'āpu'epu'e（'あぷ'えぷ'え）. pū'uki'uki（ぷ'うき'うき）.

こんにちは〔あいさつ〕⇒あいさつ【挨拶】，アロハなどを参照.

コンパクト【(化粧用などの) compact】poho pauka（ぽほ_ぱうか）.

こんばんは〔あいさつ〕⇒あいさつ【挨拶】，アロハなどを参照.

コンピュータ【computert】lolo uila（ろろ_ういら）. kamepiula（かめぴうら）.

ゴンベ【ゴンベ（科の魚）】piliko'a（ぴりこ'あ）. 〈逐語〉サンゴがぴったりついている.〔魚〕Paracirrhites forsteri, Cirrhitops fasciatus, Amblycirrhites bimacula：ホシゴンベやバールドホークフィッシュなどのゴンベ科の魚.

こんぼう【(警官の)棍棒，(闘争用)棍棒】newa（ねヴぁ）.
【(綱を付けた木製または石製の)こん棒】pīkoi（ぴこい）.
【こん棒の打撃】lā'au（ら'あう）.
【(闘争用の)こん棒を振り回す】ka'a lā'au（か'あ_ら'あう）.

こんぽうする【梱包する】ho'oukana（ほ'おうかな）.

こんぽんの【根本の】kumu（くむ）.

コンマ【(記述記号の) comma [,]】koma（こま）.〔英語〕. kiko ho'omaha（きこ_ほ'おまは）.

こんやく【婚約】palau（ぱらう）.
【婚約中の】palau（ぱらう）. ho'opalau（ほ'おぱらう）.

こんやくさせる【婚約させる】ho'opalau（ほ'おぱらう）.

こんやくした【婚約した】palau（ぱらう）.

こんらん【混乱】hikilele（ひきれれ）. hōkai（ほかい）. huikau（ふいかう）. kīpalalē（きぱられ）.
【混乱して見回す】hō'ā'ā（ほ'あ'あ）.

こんらんさせる【混乱させる】hōkai（ほかい）. ho'ohuikau（ほ'おふいかう）. hō'oni（ほ'おに）.
【混乱させた】kīko'olā（きこ'おら）. pūehuehu（ぷえふえふ）.

こんらんした【混乱した】pōna'ana'a（ぽな'あな'あ）.

こんわく【困惑】hihia（ひひあ）.
【困惑の感嘆詞】kaī, kaīī（かい，かいい）.

こんわくさせた【困惑させた】hoka（ほか）. kīko'olā（きこ'おら）.
【困惑した】kūnānā（くなな）.

さ

サージオン・フィッシュ【surgeon fish】kole（これ）．〔魚〕Ctenochaetus strigosus：ニザダイ科の魚．

サーフィン【surfing, サーフボードに乗る, サーフィンをする人】heʻe nalu（へʻえ_なる）．〈逐語〉波すべり．

サーフボード【surfboard】papa heʻe nalu（ぱぱ_へʻえ_なる）．〈逐語〉波を滑るための板．【（丈の長い）サーフボード】olo（おろ）．

ざい【財】lako（らこ）．

さいあいの【最愛の】ʻanoʻi（ʻあのʻい）．hiwahiwa（ヒヴぁヒヴぁ）．lauaʻe,（らうあʻえ）．makamae（まかまえ）．milimili（みりみり）．
【最愛の子供】kama lei（かま_れい）．
【最愛の人】maka（まか）．mea nui（めあ_ぬい）．

ざいあくかん【罪悪感】hewa（へヴぁ）．

さいえん【菜園】māla（まら）．māla ʻai（まら_ʻあい）．〈逐語〉食糧菜園．

ざいか【在荷】ukana（うかな）．

さいがいをひきおこす【災害を引き起こす】hoʻokīnā（ほʻおきな）．

さいかする【裁可する】ʻāpono（ʻあぽの）．

さいきん【最近】aʻe nei（あʻえ_ねい）．【最近の】hou（ほう）．

さいくつようぐ【採掘用具】ʻōʻō（ʻおʻお）．
【採掘するための（鉄製の）工具】ʻōʻō hao（ʻおʻお_はお）．

ざいげん【財源】waihona（わいほな）．

さいご【最後】kīkīpani（きーきーぱに）．panina（ぱにな）．
【（順序に関する）最後の】hope（ほぺ）．muli（むり）．【（正しく）最後の】muli hope（むり_ほぺ）．【（時に関する）最後の】muli（むり）．pau（ぱう）．

ざいこ【在庫】ahu waiwai（あふ_わいわい）．ukana（うかな）．
【在庫品】kākini（かきに）．

さいこうてん【最高点】wēkiu（ヴぇきう）．

さいこうの【最高の】holoʻokoʻa（ほろʻおこʻあ）．kōkī（こき）．loa（ろあ）．
【最高位の役人（特にサトウキビ農場の職長）】luna nui（るな_ぬい）．
【最高の身分の，最高の地位の】wēkiu（ヴぇきう）．

さいこうぶ【最高部】kaupoku（かうぽく）．しばしば, ke なしで使われる．

ざいさん【財産】pono（ぽの）．waihona waiwai（わいほな_わいわい）．waiwai（わいわい）．〔用例〕財産の管理者．Hoʻoponopono waiwai.
【財産の貯蔵所】waihona waiwai（わいほな_わいわい）．

さいさんさいしくる【再三再四来る, 再三再四する】pīnaʻi（ぴなʻい）．

さいさんさがす【再三捜す】ʻiʻimi（ʻいʻいみ）．

さいしゅうの【最終の】pau（ぱう）．

さいしゅうきげんをさだめる【最終期限を（はっきりと）定める】kaupalena（かうぱれな）．

さいしょ【最初】mua（むあ）．'akahi（'あかひ）．
【最初に生まれた】hiapo（ひあぽ）．
【最初に生まれた子供】hānau mua（はなう_むあ）．hiapo（ひあぽ）．makahiapo（まかひあぽ）．maka mua（まか_むあ）．
【（ある事を）最初にする】ho'omua（ほ'おむあ）．
さいじょうい【最上位】wēkiu（ヴぇきう）．
さいしょくする【（絵や図案を）彩色する】kaha ki'i（かは_き'い）．
さいしんの【最新の】mea hou（めあ_ほう）．
さいしんのちゅういをようする【細心の注意を要する】nihinihi（にひにひ）．
ざいせいじょうの【財政上の】waiwai（わいわい）．
さいせきじょう【採石場】lua 'eli pōhaku（るあ_'えり_ぽはく）．
さいぜんの【最善の，最良の】heke（へけ）．
さいたすうのぶぶん・さいたりょうのぶぶん【最多数［多量］の部分】hapa nui（はぱ_ぬい）．
さいだん【（教会堂の）祭壇】ahu（あふ）．kuahu（くあふ）．
さいなん【災難】pō'ino（ぽ'いの）．
【災難を引き起こす】ho'opō'ino（ほ'おぽ'いの）．
さいねんしょうの【最年少の】muli（むり）．
【最年少の子供】muli hope（むり_ほぺ）．

さいはいれつする【再配列する】ho'o-ana, ho'āna（ほ'おあな，ほ'あな）．
さいばん【裁判】ho'okolokolo（ほ'おころころ）．〔用例〕裁判所．hale ho'okolokolo.
【裁判による】luna kānāwai（るな_かなわい）．
【裁判官】luna kānāwai（るな_かなわい）．〈逐語〉法律官公吏．
さいばんしょ【裁判所（の一般名称）】'aha ho'okolokolo（'あは_ほ'おころころ）．hale ho'okolokolo（はれ_ほ'おころころ）．
【裁判所の開廷期】'aha luna-kānāwai（'あは_るな_かなわい）．〈逐語〉裁判官の会合．
【裁判所で審理する】ho'okolokolo（ほ'おころころ）．
【（土地問題などを）裁判所に持ち込む】'oni（'おに）．
《家庭裁判所》'aha ho'oponopono i ka nohona（'あは_ほ'おぽのぽの_い_か_のほな）．
《記録裁判所》'aha kākau（'あは_かかう）．
《警察裁判所》'aha ho'okolokolo ho'omalu（'あは_ほ'おころころ_ほ'おまる）．
《巡回裁判所》'aha ka'apuni（'あは_か'あぷに）．'aha ho'okolokolo ka'apuni（'あは_ほ'おころころ_か'あぷに）．
《上級司法裁判所》'aha ho'okolokolo ko'iko'i（'あは_ほ'おころころ_こ'いこ'い）．

《地方裁判所》'aha 'āpana（'あは_'あぱな）. 'aha ho'okolokolo 'āpana（'あは_ほ'おころころ_'あぱな）. 'aha o nā lunakānāwai 'āpana（'あは_お_な_るなかなわい_'あぱな）.
《陸軍裁判所》'aha ho'okolokolo koa（'あは_ほ'おころころ_こあ）.
《連邦最高裁判所》'Aha Ho'okolokolo Ki'eki'e（'あは_ほ'おころころ_き'えき'え）. 'Aha Ki'eki'e（'あは_き'えき'え）.
さいばんしょちょうかん【(連邦最高)裁判所長官】luna kānāwai ki'eki'e（るな_かなわい_き'えき'え）.
さいばんする【裁判する】loio（ろいお）.〔英語：lawyer〕.
さいふ【財布】paiki（ぱいき）.
ざいぶつのきょうよう【財物の強要】lawe wale（らヴぇ_われ）.
さいへん【砕片】hunahuna（ふなふな）. māmala（ままら）.
ざいほう【財宝，財宝置場】waihona waiwai（わいほな_わいわい）.
さいみんざい【催眠剤】lā'au ho'ohiamoe（ら'あう_ほ'おひあもえ）.〈逐語〉眠りを引き起こす薬.
さいもく【細目】ikamu（いかむ）. itamu. は異形.〔英語：item〕.
ざいもく【材木】lā'au（ら'あう）. laupapa（らうぱぱ）.
さいようしょう【採用証】palapala ho'olauna（ぱらぱら_ほ'おらうな）.
さいれい【(神の)祭礼】'Aha'aina a ka Haku（'あは'あいな_あ_か_はく）.
サインする【signする】⇒しょめいする.

さえぎる【遮る】kahamaha（かはまは）.
【遮ること】papani（ぱぱに）.
【遮らない】pāpū（ぱぷ）.
さえずる【(小鳥が)囀る】'io（'いお）.⇒なく【鳴く】.
さえる【冴える】mōakaaka（もあかあか）.
【冴えない色になった】mā（ま）.
さお【(旗などを付ける)竿・棹】pahu（ぱふ）.
【(釣り)棹】mākoi（まこい）.
【棹で魚を釣る】kā mākoi（か_まこい）.
さおじゃく【(木・金属製のヤード)棹尺】lā'au ana（ら'あう_あな）.
さかえる【栄える】lupa, lupalupa（るぱ, るぱるぱ）.
さかさまの【逆様の】kahuli pū（かふり_ぷ）.
さがす【捜す】'akiu（'あきう）. huli（ふり）. hulihuli（ふりふり）.【繰り返し［長いことかかって，あちこち］捜す】huli hele（ふり_へれ）.
【捜すこと】'imina（'いみな）.
【捜させる】ho'ohuli（ほ'おふり）.
さかだつ【(毛髪などが)逆立つ】'ōkala（'おから）.
さかな【魚】i'a（い'あ）.
【(魚の頭や胃袋から作られる)魚の餌】palu（ぱる）.
【魚の尾の部分】hi'u（ひ'う）.
【魚の子】pua（ぷあ）.
【魚の後部】hi'u（ひ'う）.
【魚の卵】pua（ぷあ）.

【魚のように泳ぐ】holoāi'a（ほろあい'あ）.
【(棒で水面をたたいて網に) 魚を追い込む】'āku'iku'i（'あく'いく'い）.
【魚を捕える】ulawai'a（うらわい'あ）.
【魚を捕える仕掛けの筐_{かご}の一種】hīna'i（ひな'い）.
【(干物にするための) 魚を頭から尾にかけて開く】kūlepe（くれぺ）.
さかなつりをする【魚釣りをする，魚を捕まえる，魚取りの骨_{こつ}】lawai'a（らヴぁい'あ）.
さかみち【(傾斜の急な) 坂道】alapi'i kū（あらぴ'い_く）.
さかりのついた【(獣類など) 盛りのついた】kahe（かへ）.
さがる【下がる】emi（えみ）.
さかん【左官】hamo puna（はも_ぷな）.
さき【先】'ēlau（'えらう）.
【先が歯状になった】'ōniho（'おにほ）.
【(ウニのとげのように) 先の尖った】wana（わな）.
さぎ【詐欺】'āpiki（'あぴき）. 'āpuka（'あぷか）. ma'alea（ま'あれあ）. pahele（ぱへれ）.
【詐欺の】ho'opunipuni（ほ'おぷにぷに）.
【詐欺行為の】'āpuka（'あぷか）.
さきぶれ【先触れ】'ōuli（'おうり）.
さきぼそにする【(親指と人差し指で赤ちゃんの指をこすって指先を細くするように) 先細にする】'ōmilo（'おみろ）.
さきぼそりの【先細りの】lipi, lipilipi（りぴ，りぴりぴ）. olomio（おろみお）.
さきゅう【砂丘】pu'e（ぷ'え）. pu'e one（ぷ'え_おね）.
さぎょうだい【作業台】lio lā'au（りお_ら'あう）. キルティングをする時に使われるような物を載せたり支えたりする木製の脚付きの枠 [台].
さぎょうば【作業場】hale pa'ahana（はれ_ぱ'あはな）.
さく【冊】kaupale（かうぱれ）.
【柵をめぐらす】pine（ぴね）.
【(家畜用) 冊囲い】pā（ぱ）.
さく【裂く】nahā（なは）. 'oā（'おあ）. wāhi（わひ）.
さくいん【索引】papa kuhikuhi（ぱぱ_くひくひ）.
さくがんき【削岩機】wili（うぃり）.
さくげんする【削減する】koli（こり）.
さくじつ【昨日，昨日は】i nehinei（い_ねひねい）.
さくもつ【作物】mea kanu（めあ_かぬ）.
さくや【昨夜，昨晩】pō nei（ぽ_ねい）. ⇒よる【夜】.
サクランボ【桜桃】keli（けり）. 〔英語：cherry〕.
さぐりばりでしらべる【探り針で調べる，探り針で探る】nao（なお）.
さくりゃく【策略】'epa（'えぱ）.
サケ【鮭】kāmano（かまの）. 〔英語：salmon〕〔魚〕サケ科ニジマス属の食用魚.

【鮭の缶詰】kāmano kini（かまの_きに）．
【鮭料理（の一種）】kāmano lomi（かまの_ろみ）．タマネギとトマト，それに少量の水で混ぜられた塩ザケ．一般には，ロミ・サーモンと呼ばれているハワイ料理の一種．

さけ【酒】wai ʻona（わい_ʻおな）．⇒オーコレハオ．
【酒に酔った】ʻona lama（ʻおな_らま）．【(絶えず)酒に酔った】ʻona mau（ʻおな_まう）．
【酒飲み】inu lama（いぬ_らま）．ラムまたはその他の酒類を飲む人．

さげお【下げ緒】kākai（かかい）．網で覆われたヒョウタンが吊り下げられているひも．

さけた【裂けた】pōhae（ぽはえ）．

さけび【叫び】ʻalalā（ʻあらら）．kāhea（かへあ）．
【(歓喜の)叫び声】kani（かに）．
【(悲嘆の)叫び声】pihe（ぴへ）．

さけぶ【叫ぶ】ʻalalā（ʻあらら）．hoʻonū（ほʻおぬ）．hoʻōho（ほʻおほ）．kani（かに）．kāhea（かへあ）．oho（おほ）．pihe（ぴへ）．

さげふだ【(犬の鑑札のような)下げ札】mekala（めから）．metala．は異形．〔英語：metal〕．

さけめ【裂け目】māwae（まわえ）．nahae（なはえ）．【(爆発のあとの)裂け目】ʻoā（ʻおあ）．
【裂け目を入れる】hōʻuiki（ほʻういき）．

さける【裂ける】māwae（まわえ）．
【(ぱちりと)裂ける】pohā（ぽは）．
【裂ける原因となる】hōʻoā（ほʻおあ）．

さける【避ける】ʻalo（ʻあろ）．ʻaʻalo（ʻあʻあろ）．hoʻokē（ほʻおけ）．kaʻakepa（かʻあけぱ）．kē（け）．pipika（ぴぴか）．
【避け難い】pono（ぽの）．

さげる【下げる】hōʻalu（ほʻある）．luhe（るへ）．

さこつ【鎖骨・叉骨】iwilei（いヴぃれい）．【(鳥の胸の)叉骨】iwi ʻō（いヴぃ_ʻお）．

ざこつ【座骨】pāpākole（ぽぽこれ）．⇒かんこつ【寛骨】．

ささいな【些細な】ʻano ʻole（ʻあの_ʻおれ）．

ささえ【支え】kālele（かれれ）．paepae（ぱえぱえ）．

ささえる【支える】kākoʻo（かこʻお）．kōkua（こくあ）．koʻo（こʻお）．
【支えさせる】hoʻokālele（ほʻおかれれ）．

ささげもの【捧げもの】hoʻokupu（ほʻおくぷ）．hua mua（ふあ_むあ）．〈逐語〉初めての果実：大きな魚を捕えるような特別な成功に対する感謝をこめた捧げもの．

ささげる【捧げる】aloha（あろは），laʻa（らʻあ）．hoʻolaʻa（ほʻおらʻあ）．⇒ほうのう【奉納】．
【(神に)捧げられた，～に奉納された】laʻa（らʻあ）．lilo loa（りろ_ろあ）．
【(神・宗教的な目的に)捧げられた歌】kau（かう）．

さざなみ【小波】nao（なお）．

ささやき

【(海など)小波が立つ】'a'au ('あ'あう). holu (ほる).
【小波が立っている】'ale ('あれ).
'ale'ale ('あれ'あれ).
【小波の立っている水】wai 'ale'ale (わい_'あれ'あれ).
ささやき【囁き】hāwanawana (はヴぁなヴぁな).
ささやく【囁く】hāwanawana (はヴぁなヴぁな).
ささら【(楽器の)ささら】⇒プーイリ.
さじ【匙】puna (ぷな).
さしえ【(本の)挿し絵】ki'i ho'aka-aka (き'い_ほ'あかあか). 〈逐語〉明らかにする絵.
さしいれさせる【差し入れさせる】ho'ō (ほ'お).
さしおさえ【(所有者の了解なしで行う財産の)差し押さえ】lawe wale (らうぇ_われ).
さしきをする【挿し木をする】ho'o-pulapula (ほ'おぷらぷら). ⇒さしほ【挿し穂】.
さしこむ【差し込む】hahao (ははお). ho'okomo (ほ'おこも). 'ōkomo ('おこも). 'ō'ō ('お'お). hō'ō'ō (ほ'お'お).
さしずする【指図する】kēnā (けな). kuene (くえね).
さしだす【(手などを)差し出す】lālau (ららう).
さしほ【(ハイビスカスなどの)挿し穂, 接ぎ穂】lālā (らら).
さしまねく【(うなずいたり手を振ったりして)差し招く】ani (あに).【(う

ちわや扇などを振って)差し招く】ani pe'ahi (あに_ぺ'あひ).
さしむける【(人を…に)差し向ける】pili (ぴり).
ざしょうした【(船やカヌーなどが)座礁した】ili (いり). mau (まう).
さす【砂州】kohola (こほら). pu'e one (ぷ'え_おね).
さす【(虫などが)刺す】nahu (なふ). ho'onahu (ほ'おなふ).
さす【(とがった物で)刺す】hou (ほう).
さしとおす【刺し通す】'ō'ō ('お'お). hō'ō'ō (ほ'お'お).
【刺し通させる】hō'ō'ō (ほ'お'お).
さしぬいする【(芯を入れて)刺し縫いする】kuiki (くいき). 〔英語: quilt〕.
さずける【授ける】hā'awi (ほ'あヴぃ).
ざせき【座席】noho (のほ).
さすらう【〜】⇒さまよう【〜】. ほうろうする【放浪する】.
ざせつさせた【挫折させた】make (まけ).
さそう【誘う】kono (この).
サソリ【蠍】kopiana (こぴあな). 〔英語: scorpion〕.
サタン【Satan】Kākana (かかな). Satana. は異形. 〔英語〕.
さつえいしゃ【撮影者】pa'i ki'i (ぱ'い_き'い).
さっか【作家】haku mo'olelo (はく_も'おれろ). mea kākau (めあ_かかう).
さっきょくか【作曲家】haku mele (はく_めれ).
さっきょくする【(歌を)作曲する】

haku mele（はく_めれ）.
ざっし【雑誌】puke heluhelu（ぷけ_へるへる）.
さつじん【殺人，殺人を犯す，殺人者】pepehi kanaka（ぺぺひ_かなか）.
ざっそう【雑草】nahele（なへれ）. nāhelehele（なへれへれ）.
【（畑など）雑草の生えていない】māla'e（まら'え）.
【（…の）雑草を除く】ho'omāla'e（ほ'おまら'え）. waele（わえれ）. wele（ヴぇれ）.
ざつだん【雑談】hūhā（ふほ）. kūkahekahe（くかへかへ）.〈逐語〉流れの停止.
ざつだんする【雑談する】hūhā（ふほ）. keaka（けあか）.
さっていく【（黙って［静かに］）去って行く】kololani（ころらに）.
さっぱりした【（髪型など）～】pa'ihi（ぱ'いひ）.
サツマイモ【薩摩芋】'uala（'うあら）.〔植物〕Ipomoea batatas：ポリネシアの他の同族語もこの語からの借用語であると思われる.
【（料理された）サツマイモの葉】palula（ぱるら）.
サツマカサゴ【薩摩笠子（など）】nohu（のふ）.〔魚〕Scorpaenopsis cacopsis など：サツマカサゴなど, フサカサゴ科の魚の総称.
ざつようし【雑用紙】pepa kahakaha（ぺぱ_かはかは）.
さつりく【殺戮】luku（るく）.
さていする【（税金などを）査定する】helu（へる）.
さとう【砂糖】kōpa'a（こぱ'あ）.〈逐語〉堅いさとうきび.
【砂糖菓子】kanakē（かなけ）.〔英語：candy〕.
【（ハワイ）砂糖栽培者同盟】'Ahahui Kanu Kō Hawai'i（'あはふい_かぬ_こ_はわ'い）.
サトウモロコシ【砂糖唐黍】⇒スイートコーン.
サトウキビ【砂糖黍】kō（こ）.〔植物〕Saccharum officinarum.
【砂糖黍の植え込み】pū kō（ぷこ）.
【砂糖黍の切り屑】puhi kō（ぷひ_こ）.
【砂糖黍の茎と房】pua kō（ぷあ_こ）.
【砂糖黍の葉】lau kō（らう_こ）. 短縮形は lākō（らこ）, lau'ō（らう'お）, lā'ō（ら'お）.
【砂糖黍をひく】wili kō（うぃり_こ）.
【砂糖黍畑を焼く】puhi kō（ぷひ_こ）.
【砂糖黍粉砕機】wili kō（うぃり_こ）.
ザトウクジラ【（座頭）鯨】⇒クジラ.
さとおや【里親】kahu hānai（かふ_はない）.
さとご【里子，里子の】hānai（はない）.
さとす【（優しい態度で）諭す】kaukau（かうかう）.
サドル【（自転車などの）saddle】noho（のほ）.
サナギムシ【蛹虫】ko'e（こ'え）.
さのう【砂嚢】'ōpū（'おぷ）. pu'u（ぷ'う）.
サバ【鯖】makalē（まかれ）.〔英語：mackerel〕〔魚〕スズキ目サバ科の魚

の総称.

サバヒー【虱目魚】awa（あわ）.〔魚〕Chanos chanos：アジア南東部海域産のニシンに似た魚.

さび【錆，錆びた】kūkaehao（くかえはお）.〈逐語〉鉄の排出物.

さびしい【（環境が静かで）寂しい】kuaehu（くあえふ）.【（人の心が）寂しい】neo（ねお）.

さびしさ【寂しさ】hoʻoneo（ほʻおねお）. mehameha（めはめは）.

さびれた【寂れた】kōkeano（こけあの）.

さまたげる【妨げる】ʻākeʻakeʻa（ʻあけʻあけʻあ）.

さまたげられない【妨げられない】pāpū（ぱぷ）.

さまよう【～】ʻauana（ʻあうあな）. hōʻauana, hoʻoʻauana（ほʻあうあな，ほʻoʻあうあな）. hili（ひり）.

さむい【寒い】anu（あぬ）. anuanu（あぬあぬ）. huʻihuʻi（ふʻいふʻい）.【寒い季節】kau anu（かう_あぬ）.

さむけ【寒気】anu（あぬ）. lī（り）.【寒気がする，寒さで震える】lī（り）.〔用例〕鳥肌が立つ. Lī ka ʻili. Lī ka ʻiʻo.

サメ【鮫（の種類）】luhia（るひあ）. manō（まー）.〔魚〕サメの皮はpahuという太鼓に使われた.

さめた【（熱い食物などが）冷めた,（怒り・愛情・興奮などが）冷めた】maʻalili（まʻありり）.

サモアしょとう【Samoa諸島，サモア諸島人】Kāmoa（かもあ）.〔地理〕南太平洋中部の群島；サモア諸島人は昔はHaʻamoaと呼ばれていた.

さやからとりだす【（エンドウ豆などを）莢から取り出す】ʻōhiki（ʻおひき）.

さようなら【左様なら】A hui hou（あ_ふい_ほう）.〔用例〕みなさん，さようなら. A hui hou kākou.

サヨリ【針魚・細魚】ihe, iheihe（いへ，いへいへ）.〔魚〕Hemirampus depauperatus：サヨリの一種.

さらさ【更紗】⇒めんぷ【綿布】.

サラサラ【（擬音の）～】⇒おと【音】を参照.

ざらざらした【（サメ皮などの）ざらざらした】kala（から）.【（砂などで）ざらざらした】oneone（おねおね）.【（生地などが）ざらざらした】ʻōkala（ʻおから）.【（表面などが）ざらざらした】konakona（こなこな）.

サラダ【salad】lau ʻai（らう_ʻあい）.〈逐語〉食べられる葉.

さらに【更に】aia naʻe（あいあ_なʻえ）.〔接続詞〕. eia naʻe, eia nō naʻe（えいあ_なʻえ，えいあ_のー_なʻえ）. kekahi（けかひ）. laʻa（らʻあ）. naʻe（なʻえ）.

サル【猿】keko（けこ）.

サルオガセモドキ【サルオガセ擬き】hinahina（ひなひな）.〔植物〕Tillandsia usneoides：木の枝で成育する.またはつりかごで育てられる着生植物.

さる【（場所を）去る,（人から）去る】haʻalele（はʻあれれ）. nalo（なろ）.

サロン【sarong】pāʻū（ぱʻう）.〔服飾〕腰布. 馬に乗る女性が身につける巻

スカートのような衣類．⇒キーケパ．
【サロンを巻き付ける】kākua（かく
あ）．
さわがしい【騒がしい】wawā（わわ̄）．
さわぎたてる【騒ぎ立てる】hoʻowā
（ほʻおわ̄）．
さわぐ【（つまらないことで）騒ぐ】
kaʻe（かʻえ）．
【騒がせた】pīhoihoi（ぴほいほい）．
さわってみる【触ってみる】hāhā（は̄
は̄）．kūpāpā（く̄ぱ̄ぱ̄）．
ざわめき【騒めき】holo hele（ほろ_へれ）．
さわやかな【爽やかな】ʻolu（ʻおる）．
さわる【触る】pā（ぱ̄），hoʻopā（ほ
ʻおぱ̄），pili（ぴり）．
【触るな】Uoki!, Uwoki!（うおき，う
ぅおき）．
さん【3・三】kolu（こる）．1．〔数詞〕
koluは数を数える場合には接頭辞 ʻe-
をつけ，ʻekolu（ʻえこる）と使う．
接頭辞 ʻa-をつけた，ʻakolu（ʻあこ
る）は第三，三番目などの序数詞と
なる．なお助数詞（個，人，列目，
番目）は文脈による．2．接辞となり三
を表す．〔用例〕3人組．pūkolu. 3
人の共同. kōkoʻokolu, koʻokolu. 水曜日.
Pōʻakolu.〈逐語〉第3番目の日．P3と
書くこともある．
さんかい【産科医】kauka hoʻohānau
（かうか_ほʻおは̄なう）．
さんかいする【散会する】hoʻohemo
（ほʻおへも）．
【散会した】hemo（へも）．
さんかくけい【3角形】huinakolu（ふ
いなこる）．

さんがくちたい【山岳地帯】mauna（ま
うな）．
さんかくなみのたつ【（水面が）三角波
の立つ】pikipikiʻō（ぴきぴきʻお̄）．
さんがつ【3月】Malaki（まらき）．〔英
語：March〕．
さんきょう【山峡】⇒きょうこく【峡
谷】．
さんぎょう【産業】ʻoihana（ʻおいは
な）．
ざんげする【懺悔する】mihi（みひ）．
サンゴ【（一般の）珊瑚】ʻākoʻakoʻa
（ʻā こʻあこʻあ）．koʻa（こʻあ）．puna
（ぷな）．
【珊瑚の先端】pūkoʻa（ぷ̄こʻあ）．
【珊瑚の岬】ʻākoʻakoʻa（ʻā こʻあこ
ʻあ）．koʻa（こʻあ）．
【珊瑚礁】papa（ぱぱ）．
さんこうにん【（法廷における）参考人】
hōʻike（ほ̄ʻいけ）．
ざんこく【残酷】hana ʻino（はな_ʻい
の）．
【残酷に取り扱う】hoʻomāino（ほʻお
まいの）．
【残酷な】hainā（はいな̄）．hana ʻino
（はな_ʻいの）．loko ʻino（ろこ_ʻい
の）．
【残酷な人】loko ʻino（ろこ_ʻいの）．
さんざんにうつ【散々に打つ】pepehi
（ぺぺひ）．
さんじ【惨事】pilikia（ぴりきあ）．
さんじかん【（大・公使館の）参事官】
kālaimoku（か̄らいもく）．⇒カーラ
イモク．
さんじのえいしょう【賛辞の詠唱】

kānaenae（かなえなえ）.

サンジャクバナナ【三尺 banana】**mai'a Pākē**（まい'あ_ぱけ）.〔植物〕Musa Xnana, 異名 M. cavendishii.

さんじゅうそう【三重奏, 三重唱】**leokū pākolu, leokū pāpākolu**（れおく_ぱこる, れおく_ぱぱこる）.〈逐語〉三つの立ち止まった音.

さんじゅうに【三重に】**ka'ā kolu**（か'あ_こる）.

さんじゅうの【三重の】**ka'ā kolu**（か'あ_こる）.

さんしょうふ【参照符［*†‡など］】**kaha kuhi**（かは_くひ）.

さんすう【算数】**'alimakika**（'ありまきか）. **arimatika**. は異形.〔英語：arithmetic］. **helu**（へる）. **huina helu**（ふいな_へる）.

さんせいする【賛成する】**ho'āpono**（ほ'あぽの）.

さんせだいへだたった【3世代隔たった】**kuakahi**（くあかひ）. 曾祖父［母］と曾孫のような関係. 今日では, しばしば2世代隔たったと解釈する人もいる. ⇒うえのせだい【上の世代】.

さんそ【酸素】**eaolamāmā**（えあおらまま）.

ざんぞんする【残存する】**koe**（こえ）. **kū**（く）, **kukū**（くく）. **ō**（お）

ざんぞんぶつ【残存物】**koena**（こえな）.

ざんだか【残高, 差引残高】**koena**（こえな）.

サンタクロース【Santa Claus】**Kanakaloka**（かなかろか）. 子供の守護聖人.

サンダル【sandal】**kāma'a**（かま'あ）. **kāma'a hakahaka**（かま'あ_はかはか）.

さんちょう【山頂】**pu'u**（ぷ'う）.【山頂に近い地域】**kualono**（くあろの）.

さんど【3度, 3倍に】**kuakolu**（くあこる）.

さんどうのさけび【賛同の叫び】**'ū**（'う）.

さんにんぐみ【3人組】**pūkolu**（ぷこる）.

さんにんしょう【三人称】**kino kolu**（きの_こる）.

ざんにんな【残忍な】**hana make**（はな_まけ）. **puni koko**（ぷに_ここ）.

ざんねん【残念】**minamina**（みなみな）.

さんばいの【3倍の, 3倍に】**ka'ā kolu**（か'あ_こる）.

さんぱいする【参拝する】**haipule**（はいぷれ）.

さんばし【桟橋】**uapo**（うあぽ）.

ざんぱん【残飯】⇒のこり.

さんびか【賛美歌】**halelū**（はれる）. **hīmeni**（ひめに）.〔英語：Hymn］. **leo ho'onani**（れお_ほ'おなに）. **mele hai pule**（めれ_はい_ぷれ）.〔キリスト教〕賛美歌は踊りには使われない.【賛美歌を歌う】**halelū**（はれる）.

さんぷした【（香気などを）散布した】**puīa**（ぷいあ）.

ざんぶつ【残物】**'ōpala**（'おぱら）.

サンフランシスコ【San Francisco】

Kapalakiko（かぱらきこ）．〔英語〕サンフランシスコ：米国カリフォルニア州西部の海港．

さんぽする【散歩する】**holoholo**（ほろほろ）．〔用例〕彼はあちらこちら散歩した．Ua holoholo 'o ia i kēlā me kēia. **māka'ika'i**（まか'いか'い）．

さんぽみち【(よく訪れるなじみの）散歩道】**alahula**（あらふら）．

さんみいったい【三位一体】**Akua kahikolu**（あくあ_かひこる）．**Kahikolu**（かひこる）．**Kolukahi Hemolele**（こるかひ_へもれれ）．〔キリスト教〕父なる神，子なるイエス，聖霊を一体として見ること．

さんみのある【酸味のある】**'awa'awa**（'あわ'あわ）．【(サツマイモを発酵させたような)酸味のある】**mala**（まら）．

さんらんさせた【散乱させた】**'auhe'e**（'あうへ'え）．**puehu**（ぷえふ）．

ざんりゅうする【残留する】**ō**（お）．【(沢山の)残留物】**koehonua**（こえほぬあ）．

さんりんしゃ【三輪車】**ka'a hehi wāwae**（か'あ_へひ_ヴぁヴぁえ）．

し

シ【si】**mī**（み）．〔音楽〕全音階の第7音．

し【4・四】**hā**（は）．1.〔数詞〕hā は数を数える場合には接頭辞 'e- をつけ，**'ehā**（'えは）と使う．接頭辞 'a- をつけた，**'ahā**（'あは）は第四，四番目などの序数詞となる．なお助数詞（個，人，列目，番目）は文脈による．2.接辞となり四を表す．〔用例〕4角形・4辺形．huinahā. 木曜日．Pō'ahā.〈逐語〉第4番目の日．P4と書くこともある．⇒よん【4・四】，本文末「数詞・数字」を参照．

【4のまとまり】**kāuna**（かうな）．〔用例〕12（の，個，人）．'Ekolu kāuna.

し【死】**make**（まけ）．**hala**（はら）．**hiamoe loa**（ひあもえ_ろあ）．
【(完全に)死ぬ】**make loa**（まけ_ろあ）．〔宗教〕魂の死．⇒き【気を失う】．
【(数人が)死ぬ】**mamake**（ままけ）．
【死んだ】**mā**（ま）．
【死んだような，死のような】**make**（まけ）．
【死人，死体】**kino wailua**（きの_わいるあ）．〈逐語〉霊の体．

し【詩】**mele**（めれ）．

しあい【試合】**ho'okūkū**（ほ'おくく）．【試合をする】**pā'ani**（ぱ'あに）．

しあげる【仕上げる】**ho'opau**（ほ'おぱう）．**oki**（おき）．
【仕上げた】**pa'a**（ぱ'あ）．

しあげをはやめる【仕上げを早める】**ka'aoki**（か'あおき）．〔様相〕最後の仕上げに入る．

しあわせ【幸せ】**pōmaika'i**（ぽまいか'い）．

シーソー【seesaw・teeter（台）】**papa hulei**（ぱぱ_ふれい）．
【シーソー遊びをする】**mahiki, mā-**

しいたげる

hikihiki（まひき，まひきひき）.
しいたげる【虐げる】**ho'olu'ulu'u**（ほ'おる'うる'う）.
シーツ【sheet】**hāli'i**（ほ̄り'い）. **hāli'i moe**（ほ̄り'い_もえ）.
シイラ【〜】**mahimahi**（まひまひ）.〔魚〕温帯水域に産する大形の細長い魚.
しいん【子音】**koneka**（こねか）. **leokanipū**（れおかにぷ̄）.〈逐語〉一緒に話される音. **hua leo hui**（ふあ_れお_ふい）. **hua palapala leo hui**（ふあ_ぱらぱら_れお_ふい）.
じいん【寺院】**luakini**（るあきに）.
しうる【し得る】**hiki**（ひき）. ⇒できる.
しえき【使役】〔文法〕使役形は命令形と同じくマーカー［e］を使って作る. また接辞［ho'o-］などをつけた使役の動詞で表す. ho'o- に類似した意味を持つ接頭辞に kā- がある.
【使役動詞（または擬態動詞）】**ho'owawā**（ほ'おわわ̄）.
シェルジンジャー【shell ginger】**'awapuhi luheluhe**（'あわぷひ_るへるへ）.〔植物〕Catimbium speciosum：ショウガ属の植物の一種；貝のような小さな花が房のようにたれさがる.〈逐語〉たれさがるショウガ.
しえんじょう【支援状】**palapala kāko'o**（ぱらぱら_か̄こ'お）.
ジェントルマン【gentleman】⇒しんし【紳士】.
しお【塩】**pa'akai**（ぱ'あかい）.
【塩で味を付ける】**kāpī**（か̄ぴ̄）.

ho'omiko（ほ'おみこ）.
【塩で調味した】**miko**（みこ）.
【塩を収穫する】**hāhāpa'akai, ho'ohāhāpa'akai**（は̄は̄ぱ'あかい，ほ'おは̄は̄ぱ'あかい）.
【塩を振り掛ける】**ho'omiko**（ほ'おみこ）. **kāpī**（か̄ぴ̄）. **kōpī**（こ̄ぴ̄）.
しお【潮】**au**（あう）. **kai**（かい）.
【潮がさす】**'ae**（'あえ）. **'ako'ako**.
【潮が引く】**laumeki**（らうめき）.
【潮溜り】**kāheka**（か̄へか）.
【（鯨などの）潮吹き，（鯨などの）潮吹き穴】**puhi**（ぷひ）.
しおいれ【塩入れ】**poho pa'akai**（ぽほ_ぱ'あかい）.
しおけのある【塩気のある】**ālia**（あ̄りあ）. **li'u**（り'う）.
【塩気のある水】**wai pa'akai**（わい_ぱ'あかい）.
しおづけにしたぶたのもも【塩漬けにした豚の腿】**'ūhā hame**（'う̄は̄_はめ）.
しおづけの【塩漬けの】**miko**（みこ）.
しおにく【塩肉】⇒なまにく【生肉】. ベーコン.
しおぬきする【（塩鮭などの）塩抜きする】**ho'omānalo**（ほ'おま̄なろ）.
しおぶたにく【塩豚肉】**pua'a hame**（ぷあ'あ_はめ）.
しおふりだしき【塩振り出し器】**poho pa'akai**（ぽほ_ぱ'あかい）.
しおみず【塩水】**wai pa'akai**（わい_ぱ'あかい）.
【（禁忌を清めるまたは取り除くために）塩水をまく】**pī kai**（ぴ̄_かい）.
しおれる【（草花などが）萎れる】**'āhea**

hea（'あへあへあ）. luhe（るへ）. mae（まえ）. mamake（ままけ）.
【萎れさせる】ho'omae（ほ'おまえ）.
シカ【鹿】kia（きあ）. dia. は異形.〔英語：deer〕.
しかい【歯科医】kauka niho（かうか_にほ）.〈逐語〉歯医者.
しがいでんしゃ【市街電車】ka'a uila（か'あ_ういら）.
しかいをする【(会議などで) 司会をする】ho'omalu（ほ'おまる）.
しかえしをする【仕返しをする】pa'i（ぱ'い）. pāna'i（ぱな'い）.
しかく【資格】kuleana（くれあな）. piha（ぴは）.
【資格のある】kūpono（くぽの）.
【資格を与える】ho'okuleana（ほ'おくれあな）.
しかく【四角】huinahā kaulike（ふいなは_かうりけ）.
【4角に切り離す】ka'āpahu（か'あぱふ）.
しがくきょうかい【(ハワイ) 史学協会】'Ahahui Mo'olelo Hawai'i（'あはふい_も'おれろ_はわ'い）.
しかくけい・しへんけい【4角形・4辺形】huinahā（ふいなは）.
しかくにとらえられる【視覚に捉えられる】kūmaka（くまか）.
しかくによってしる【視覚によって知る】kū'ike（く'いけ）.
しかける【(漁網を) 仕掛ける】ho'omoe（ほ'おもえ）.
シカゴ【Chicago】Kikako（きかこ）.〔英語〕ミシガン湖に臨む米国第3の都市.

しかし【然し・併し】〔接続詞〕aia na'e（あいあ_な'え）. akā（あか）. eia na'e, eia nō na'e（えいあ_な'え, えいあ_の_な'え）.
しかじかの【(名前や言葉に窮した時に言う) しかじかの】mea（めあ）.
しかしながら【然し［併し］乍ら】akā（あか）.〔接続詞〕.
しかだま【鹿玉】pōkā lū（ぽか_る）. 狩猟用の大粒散弾.
しがつ【4月】'Apelila（'あぺりら）. Aperila. は異形.〔英語：April〕.
しかめっつら【顰めっ面】maku'e（まく'え）. pukupuku（ぷくぷく）.
しかる【叱る】ho'okekē, ha'akekē（ほ'おけけ, は'あけけ）.
しかるに【然るに】no ka mea（の_か_めあ）.
しがんしゃ【(政治活動などへの) 志願者】moho（もほ）.
じかん【時間】hola（ほら）.〔英語：hour〕.
【時間がかかる】li'u（り'う）.
【時間を無駄にする】ho'opau manawa（ほ'おぱう_まなわ）.
シギ【鴫】'ūlili（'うりり）.〔鳥〕⇒クサシギ【草鴫［鴫］】.
【(人が) シギのような振る舞いをする】ho'ūlili（ほ'うりり）.
じき【時期】manawa（まなわ）. wā（わ）.
じき【時季】la'a（ら'あ）.
しきいし【敷き石】paepae（ぱえぱえ）.
しきしゃ【(戦争における) 指揮者】'ali-

hikaua（'ありひかうあ）.
しきする【指揮する】kuhikuhi（くひくひ）.
しきち【（家などの）敷地】kahua（かふあ）. kahua hale（かふあ_はれ）. pā（ぱ）. pā hale（ぱ_はれ）.
しきべつして【識別して】nihi（にひ）.
しきべつする【識別する】ho'oka'awale（ほ'おか'あわれ）. 'ōhiki（'お ひき）.
しきもの【敷物】hāli'i（はり'い）.
しきゅう【子宮】pū'ao（ぷ'あお）.
しきょう【司教】pīhopa（ぴほぱ）. bihopa. は異形.〔カトリック〕.
しきられていない【（障がい物などで）仕切られていない】hāmama（はまま）.
しきり【仕切り】pākū（ぱく）. pālulu（ぱるる）.
しきわら【（根おおいに使われる）敷き藁】pulu（ぷる）.
しきん【資金】waihona（わいほな）.
じくうけ【軸受け】pona（ぽな）.
ジグザグの【zigzagの】ke'eke'e（け'え け'え）. kīke'e（きけ'え）. kīke'eke'e（きけ'えけ'え）.〔用例〕ジグザグの道. Alanui kīke'e.
しげき【刺激】kumu ho'olalelale（くむ_ほ'おられられ）, kumu ho'opaipai（くむ_ほ'おぱいぱい）.
【刺激的な】'eu'eu（'えう'えう）.
しげきする【刺激する】ho'opīhoihoi（ほ'おぴほいほい）. wahapa'a（わはぱ'あ）.
【刺激した】pīhoihoi（ぴほいほい）.

しげった【（木などが）茂った】kūpuku（くぷく）. uluwehi（うるヴえひ）.
しげる【茂る】lupa, lupalupa（るぱ, るぱるぱ）.
しけん【試験】ha'awina hō'ike（は'あヴぃな_ほ'いけ）.〈逐語〉見せる学課. ho'omalu（ほ'おまる）.【（通常, 口頭による）試験】nīnau hō'ike（になう_ほ'いけ）.
しげん【資源】kumu waiwai（くむ_わいわい）.
しけんする【試験する】ho'ā'o（ほ'あ 'お）.
じこ【事故】pilikia（ぴりきあ）. ulia（うりあ）.〔用例〕自動車事故. Ulia ka'a.
じこ【自己】kino（きの）. pono'ī（ぽの'い）.
しこう【思考】mana'o（まな'お）. no'ono'o（の'おの'お）.
しこうする【思考する】nalu（なる）. no'ono'o（の'おの'お）.
じこく【時刻】hola（ほら）.〔英語:hour〕.
【（船などの出発・到着の）時刻表】papa kuhikuhi manawa（ぱぱ_くひくひ_まなわ）.
じごく【地獄】ki'o ahi（き'お_あひ）. lua ahi（るあ_あひ）.
しごと【仕事】hana（はな）. ha'awina（は'あヴぃな）. luhi, luhiluhi（るひ, るひるひ）. 'oihana（'おいはな）.
【仕事が（巧妙で）念入りな】maiau（まいあう）.
【仕事の出来高（払い）】ukupau（う

くぱう）.〔慣習〕時間に対してでなく仕事に対する賃金の支払い．誰もが勢いよく仕事にとりかかり，快く終わらせられるような労働の取引条件として使われた．〈逐語〉完了した支払い．
【仕事を捜す】ʻimi hana（ʻいみ_はな）.
【仕事をさせる】hoʻohana（ほʻおはな）.
【仕事をする】lawehana（らヴぇはな）.〔用例〕同業者．Hoa lawehana.
【仕事をやめる】hoʻomaha（ほʻおまは）. ʻolohani（ʻおろはに）.

しごとじょうのつかいをおくる【仕事上の使いを送る】kēnā（けな）.

しごとなかま【仕事仲間】hoa hana（ほあ_はな）. hoa lawehana（ほあ_らヴぇはな）. hoa paʻahana（ほあ_ぱʻあはな）.

しごとば【仕事場】keʻena hana（けʻえな_はな）.

しごとび【仕事日】lā hana（らー_はな）.

しさくがたの【思索型の】kuanoʻo（くあのʻお）.

しさつする【視察する】mākaʻi（まかʻい）. nānā（なな）.

じさつする【自殺する】make wale（まけ_われ）.

しさん【資産】waiwai（わいわい）.〔用例〕資産の管理者．Hoʻoponopono waiwai.
【資産の活用】pōmaikaʻi（ぽまいかʻい）.

じさんきん【（新婦の）持参金】uku male（うく_まれ）.〈逐語〉結婚支払い. uku mare. は異形.

ししき【（旧約聖書の）士師記】luna kānāwai（るな_かなわい）.

しじご【指示語】⇒「あの，この，その」，「あれ，これ，それ」.

しじし【指示詞】〔文法〕ハワイ語の指示詞（英語：demonstrative）は主に代名詞と形容詞（のよう）に使われる．
【指示代名詞】paniinoa kuhikuhi（ぱにいのあ_くひくひ）.〔文法〕指示詞は代名詞としても使われる．〔用例〕これは美しい花です．He pua nani kēia. あれは大きい家です．He hale nui kēlā.
【指示形容詞】〔文法〕指示詞は形容詞（のように）使われる．〔用例〕この花は美しい．He nani kēia puke. あの家は大きい．He nui kēlā hale.
《あれ，それ》本書では「あれ」は話し手，聞き手からともに離れている距離にあるもの［人］を示し，「それ」は聞き手に近いもの［人］を示す．〔用例〕それは本です（聞き手の近くに本がある）．He puke kēnā.

しじする【指示する】kuhikuhi（くひくひ）.

じじつ【事実】hōʻoiaʻiʻo（ほʻおいあʻいʻお）.

ししばな【獅子鼻】ihu kū（いふ_くー）.〈比喩〉傲慢な．

ししゃ【使者】ʻāhaʻilono（ʻあはʻいろの）. ʻāhaʻi ʻōlelo（ʻあはʻい_ʻおれろ）. ʻelele（ʻえれれ）.

じしゃ【（首長の）侍者】ʻaialo（ʻあい

じしゃく

じしゃく【磁石】hao mākēneki（はお_まけねき）．hao mageneti. は異形．

ししゅうする【刺繍する】humulau（ふむらう）．

しじゅうそう【四重奏，四重唱】leokū pāhā（れおくー_ぱほ）．

ししゅつ【支出】lilo, hoʻolilo（りろ，ほʻおりろ）．

ししょ【司書】kahu puke（かふ_ぷけ）．kahu buke. は異形．

じしょ【辞書】puke wehewehe ʻōlelo（ぷけ_ヴぇヘヴぇヘ_ʻおれろ）．

じじょ【（女王・王女の）侍女】leke ukali（れでー_うかり）．lede ukali. は異形．

しじょうたい【（蜘蛛の巣のような）糸状体】maʻawe, māʻaweʻawe（まʻあヴぇ，まーʻあヴぇʻあヴぇ）．

ししょうのまったくない【支障の全くない】pāpū（ぱぷー）．

しじん【詩人】haku mele（はく_めれ）．

じしん【地震】ōlaʻi（おらʻい）．

じしん【…自身】ponoʻī（ぽのʻいー）．〔用例〕わたし自身．ʻO wau ponoʻī. 彼自身．Kona ponoʻī.

しずかである【静かである】hoʻolulu（ほʻおるる）．

しずかな【静かな】hoʻolaʻi（ほʻおらʻい）．kaulana（かうらな）．kōkeano（こーけあの）．kuaehu（くあえふ）．laʻi（らʻい）．〔用例〕聖なる静かな夜．Pō laʻi, ʻihiʻihi ē. lino, linolino（りの, りのりの）．mālie（まーりえ）．pohu（ぽふ）．
【（音の）静かな】aheahe（あへあへ）．
【（立ちふるまいが）静かな】akahai（あかはい）．
【（大変）静かな】kuʻinehe（くʻいねへ）．
【（回りの状況が）静かな】hāmau（はーまう）．
【（水面など）静かな】lana, lanalana（らな，らならな）．
【（海など）静かな】malino（まりの）．manino（まにの）．〔用例〕海は静かだ．Malino ke kai.
【静かな海】kaiolohia（かいおろひあ）．〈比喩〉心の幸せ．kai wahine（かい_わひね）．〈逐語〉女らしい海．
【（港の中に停泊している船が）静かな海に浮かんでいる】hoʻolulu（ほʻおるる）．
【（漁師にとっては幸運な）静かな冷たい雨】līhau（りーはう）．

しずかに【静かに】mālie（まーりえ）．〔用例〕静かにしている，静かに着席する．Noho mālie.
【静かに風が吹く】ahe（あへ）．
【（ボートやカヌーなどを）静かに漕ぐ】akahoe（あかほえ）．
【静かに引く】hoʻohuki（ほʻおふき）．
【静かに響く】hoene（ほえね）．
【（風などが）静かに吹く】ani（あに）．
【静かに歩を進める［動く］】hani（はに）．

しずかにする【（唇を閉じ）静かにする】mū（むー）．
【静かにさせた】nā（なー）．

【静かにさせる】ho'ohāmau（ほ'お　はまう）. ho'omehameha（ほ'おめはめは）. ho'omālie（ほ'おまりえ）. ho'onā（ほ'おなー）. ho'ola'i（ほ'おら'い）.
【静かにしろ】Kulikuli!（くりくり）. kulikuli は騒々しいであるが，命令口調で言うと「静かにしろ」となる．優しい言い方は hāmau である．

しずかになる【（次第に）静かになる】akaku'u（あかく'う）.
【静かになった】akaku'u（あかく'う）. pohu（ぽふ）. ulana（うらな）.

しずく【雫】kēhau（けーはう）. kulu, kulukulu（くる，くるくる）.
【雫が垂れる】kulu, kulukulu（くる，くるくる）. ū（うー）.
【雫をまき散らした】helele'i, helelei（へれれ'い，へれれい）.

しずけさ【静けさ】la'i（ら'い）. lulu（るる）.

じすべり【地滑り】hiolo（ひおろ）.

しずまった【静まった】pohu（ぽふ）.
【（神経・感情が）静・鎮まった】ma'alili（ま'ありり）.

しずむ【沈む】holoāi'a（ほろあーい'あ）. palemo（ぱれも）. napo'o（なぽ'お）. nāpo'opo'o（なーぽ'おぽ'お）.
【（重い物が）沈む】piholo（ぴほろ）.

しずめる【沈める】ho'olu'u（ほ'おる'う）.
【沈められる】palemo（ぱれも）.

しずめる【（痛みなどを）静める】ho'onā（ほ'おなー）. 【神経・感情を）静める】ho'oma'alili（ほ'おま'ありり）. ho'omāla'e（ほ'おまら'え）. ho'omālie（ほ'おまりえ）.
【静めた】nā（なー）.

じせい【（動詞の）時制】wā（わー）. ⇒かこ【過去】，げんざい【現在】，みらい【未来】.

しせいじ【（父親の正体が知られていない）私生子】kāmeha'i（かーめは'い）. keiki kameha'i（けいき_かめは'い）. 〈逐語〉不思議な子. keiki manuahi（けいき_まぬあひ）. 〈逐語〉不貞の子. keiki po'o 'ole（けいき_ぽ'お_'おれ）. 〈逐語〉指導者のいない子. ⇒ひちゃくしゅつし【非嫡出子】.

しせつ【使節】'elele（'えれれ）.

じぜん【慈善】manawale'a（まなわれ'あ）. mōhai aloha（もーはい_あろは）. 自由意志でする奉納．慈悲奉納．

しぜんにおとす【（鶏などが羽を）自然に落とす，（木が葉などを）自然に落とす】lū, lūlū（るー，るーるー）.

しぜんねんしょう【自然燃焼】'ā wale（'あー_われ）.

じぞくする【持続する】ho'omau（ほ'おまう）. kāmau（かーまう）.

しそん【子孫】kupu, kupukupu（くぷ，くぷくぷ）. mamo（まも）. mo'opuna（も'おぷな）. pua（ぷあ）. pulapula（ぷらぷら）.
【子孫の源】kumu ho'olaha（くむ_ほ'おらは）.

した【舌】alelo, elelo, lelo（あれろ，えれろ，れろ）. 〔様相〕舌を思わせるような，鯨くじらの歯で作ったペンダント [lei palaoa] の下部のくぼんだ曲

169

シダ

線を alelo という.
【舌の先端】'ēlau alelo（'えらう_あれろ）. lau alelo（らう_あれろ）.
シダ【羊歯】'ama'u（'あま'う）.〔植物〕Sadleria：ハワイ固有のシダ類の全種. 'ama'uma'u, ma'uma'u（'あま'うま'う, ま'うま'う）.〔植物〕成長していない 'ama'u シダ. hāpu'u（はぷ'う）.〔植物〕Cibotium splendens：キラウエア火山などハワイの山々に生息するハワイ固有のシダ；現在は頻繁に栽培されている.
【(幹が発育していない) hāpu'u 羊歯】hāpu'upu'u（はぷ'うぷ'う）.
【(自生の)羊歯】'anali'i（'あなり'い）. Asplenium lobulatum. 'iwa（'いヴぁ）. Asplenium horridum. pala（ぱら）. Marattia douglasii. palai（ぱらい）. Microlepia setosa.
【羊歯（の一種）】pala'ā（ぱら'あ）.〔植物〕イノモトソウ科エビガラシダ属のシダの一種. Sphenomeris chinensis. 異名 chusana：葉柄・葉身ともに黒褐色.
【(香りのある)羊歯類】laua'e（らうあ'え）.〔植物〕Phymatosorus scolopendria. 異名 Microsorium scolopendria：幾つかの種類は，マイレ［maile］のような香りがする.
【羊歯の綿毛】pulu（ぷる）.〔生活用品〕柔らかく光沢のある，シダの茎の根元の黄色がかった綿毛. 昔，マットレスや枕に使われた.
したい【(特に戦争などで殺された人の) 死体】heana（へあな）.【(人間および獣の) 死体】kupapa'u（くぱぱ'う）.
じだい【時代】au（あう）. manawa（まなわ）. wā（わ）.
【時代の一部】paukū manawa（ぱうく_まなわ）.
しだいにほそくする【次第に細くする】'ōmilo（'おみろ）.
したう【慕う】nipo（にぽ）. niponipo（にぽにぽ）.
したうち【(食事中の)舌打ち】mūkā（むか）.
したおび【下帯，首長の下帯を誉め称える歌】malo（まろ）.
したがう【従う】ho'olono（ほ'おろの）. lohe, lohelohe（ろへ, ろへろへ）. ho'olohe（ほ'おろへ）.
【(模範・範例に)従わせる】ho'okūpono（ほ'おくぽの）.
したがって【(…に)従って】ma（ま）.
したぎ【下着】pale'ili（ぱれ'いり）. palema'i（ぱれま'い）.
じたく【自宅】home（ほめ）.〔英語：home〕
したごころをもってわけあたえる【下心を持って分け与える】ho'okamani（ほ'おかまに）.
したしい【親しい】aikāne（あいかね）.
【親しい関係】pili（ぴり）.
【親しい仲間［友人］】hoalauna（ほあらうな）. hoa aloha, hoaloha（ほあ_あろは, ほあろは）. ⇒なかま【仲間】.
【親しい交わり】pilialoha（ぴりあろは）.

したしくなる【親しくなる】ho'ohoaloha（ほ'おほあろは）. ho'ohoa（ほ'おほあ）. ho'olauna（ほ'おらうな）. ho'oma'amau（ほ'おま'あまう）. ho'omakamaka（ほ'おまかまか）.

したしみやすい【親しみやすい】'akeu（'あけう）.

したたりおちる【滴り落ちる】kulu, kulukulu（くる, くるくる）.

したたる【滴る】kahe（かへ）. kulu, kulukulu（くる, くるくる）.【（水のように）滴る物】nakulu（なくる）.

したにむける【下に向ける】pelu（ぺる）.

したばえ【（根おおいのように使われるすべての青葉または）下生え】pulu（ぷる）.

したへ【下へ［に・を］, …の下へ［に・を］, …の真下に】lalo（らろ）.〔文法・所格の名詞〕しばしばiまたはma- が先に付く. また独立した単語として使われることもある.〔用例〕…より下に, 下部に. i lalo, malalo.

しだん【師団】pū'ulu kaua（ぷ'うる_かうあ）.

しち【7・七】hiku（ひく）. 1.〔数詞〕hiku は数を数える場合には接頭辞 'e- をつけ, 'ehiku（'えひく）と使う. 接頭辞 'a- をつけた, 'ahiku（'あひく）は第七, 七番目などの序数詞となる. なお助数詞（個, 人, 列目, 番目）は文脈による. 2. 接辞となり七を表す.

しちがつ【7月】lulai（いうらい, ゆらい）.〔英語：July〕.

シチメンチョウ【七面鳥】palahū（ぱらふ）. pelehū（ぺれふ）.〔鳥〕北米原産のキジ科（シチメンチョウ科）の大きな鳥.〈逐語〉ふくれた出っぱり. pōkeokeo（ぽけおけお）.【シチメンチョウの泣き声】pōkeokeo（ぽけおけお）.

しちゅう【支柱】kia（きあ）. ko'o（こ'お）. kūkulu（くくる）. paepae（ぱえぱえ）. pou（ぽう）.

しちょう【市長】meia（めいあ）〔英語：mayor〕.

しつ【室】lumi（るみ）. rumi は異形.〔英語：room〕.

しつう【歯痛】niho hu'i（にほ_ふ'い）.

しつがいこつ【膝蓋骨】iwi po'i（いヴィ_ぽ'い）. 膝の皿.

しっかり【確り】'o'ole'a（'お'おれ'あ）, pa'a（ぱ'あ）.【（塀にはめ込まれている石のように）しっかりと組み合わされた】nihoa（にほあ）.【しっかり組み合わせる】ho'oku'i（ほ'おく'い）.【しっかり締［閉］まった】pa'akikī（ぱ'あきき）.【しっかり締める】hana pa'a（はな_ぱ'あ）.【しっかり設置する】hō'onipa'a（ほ'おにぱ'あ）.【しっかりつかむ】pūliki（ぷりき）.【（毛布などで）しっかり包む】kīpu（きぷ）.

しっかりする

【しっかりした基礎】kumupaʻa（くむぱʻあ）.
【しっかりした土壌】kahua paʻa（かふあ_ぱʻあ）.
しっかりする【しっかりする】hoʻopaʻa（ほʻおぱʻあ）.
【しっかりした】kūpaʻa（⸍くぱʻあ）. ʻonipaʻa（ʻおにぱʻあ）.〈逐語〉固着した動き. paʻa（ぱʻあ）.
しっかん【疾患】maʻi（まʻい）.
しっくい【漆喰】hamo puna（はも_ぷな）. pālolo（ぱろろ）.
【漆喰を塗る】hamo puna（はも_ぷな）.
しつけいと【躾糸】lopi hoʻoholoholo（ろぴ_ほʻおほろほろ）, lopi kāholo（ろぴ_⸍かほろ）.
しっけのある【湿気のある】maʻū（まʻ⸍う）.
じつげんする【実現する】kō（⸍こ）. kau（かう）. hoʻokau（ほʻおかう）.
【実現した】kō（⸍こ）.
じっこうする【実行する】hoʻohana（ほʻおはな）. kō（⸍こ）.
しっこうぶ【（政党・労働組合の）執行部】pulo hoʻokō（ぷろ_ほʻお⸍こ）. buro hoʻokō. は異形.
じっしゅうせい【実習生】haumana, haumāna（はうまな, はう⸍まな）.
じっしょうする【実証する】hōʻoia（ほʻおいあ）.
しっそうする【（馬などが）疾走する】holoʻanai（ほろʻあない）.
しつづける【し続ける】kāmau（⸍かまう）. oia（おいあ）.

しっと【嫉妬】huā（ふ⸍あ）. lili（りり）.
【嫉妬深い】hoʻolili（ほʻおりり）. huā（ふ⸍あ）. lili（りり）.
じっとしている【（動かずに）じっとしている】pū（ぷ）.
じっとひとりですわる【じっと1人で座る】noho wale（のほ_われ）.
じっとみる【（手をかざして）じっと見る】halō.
しつないばき【室内履き】⇒くつ【靴】, サンダル, スリッパ.
しっぱいする【失敗する】kāhewa（かへヴぁ）.
【（計画などが）失敗した】kāhewa（かへヴぁ）.
しっぷう【疾風】kelawini（けらうぃに）.〔英語：gale, wind〕.〈逐語〉巻き付く強風.
しっぺがえしする【竹篦返しする】panepane（ぱねぱね）.
しっぽ【（エビ・ロブスターなどの）尻尾】pewa（ペヴぁ）.
【（雄鶏おんどりなどの）尻尾の羽】puapua（ぷあぷあ）.〔用例〕彼はどこですか. 尻尾の羽を取りに行ってます. Aia ʻo ia i hea?　Aia i ka puapua.
しつぼう【失望】hoka（ほか）.
しつもん【質問】nīnau（に⸍なう）. ninaninau（になになう）.【（通常, 口頭による）質問,（矢つぎばやの）質問】nīnau hōʻike（に⸍なう_ほʻいけ）.〈逐語〉見せる質問.
【質問し続ける】nīele（に⸍えれ）.
しつもんする【質問する】hoʻonīnau

（ほ‘ぉになう）．nīnau（になう）．ninaninau（になになう）．ui（うい）．
【（詳しく）質問する】nīele（にえれ）．
【（特に直接でなくむしろ間接的に話をもっていって）質問すること】ho‘onīele（ほ‘ぉにえれ）．
【質問される】ho‘onīnau（ほ‘ぉになう）．

しつもんひょう【質問表】ho‘pihapiha（ほ‘ぴはぴは）．

しつよう【執拗】mālama（まらま）．

してきな【私的な】pono‘ī（ぽの‘い）．

じてん【辞典】puke wehewehe ‘ōlelo（ぷけ_ヴぇへヴぇへ_‘おれろ）．

じてんしゃ【自転車】ka‘a hehi wāwae（か‘あ_へひ_ヴぁヴぁえ）．ka‘a paikikala（か‘あ_ぱいきから）．〈逐語〉二輪車乗り物．paikikala（ぱいきから）．〔英語：bicycle〕．

しどうする【指導する】alaka‘i（あらか‘い）．a‘o（あ‘お）．
【（技術・教育などの）指導機関】‘oihana ho‘ona‘auao（‘おいはな_ほ‘ぉな‘あうあお）．
【指導者】mua（むあ）．po‘o（ぽ‘ぉ）．
【指導主事】kahu kula（かふ_くら）．公立学校教師の指導主事．

じどうしゃ【自動車】ka‘a（か‘あ）．‘okomopila（‘おこもぴら）．〔英語：automobile〕．
【自動車のタイヤ】laholio（らほりお）．⇒ゴム．
【自動車のバンパー】pale ka‘a（ぱれ_か‘あ）．
【自動車のフェンダー】pale huila（ぱれ_ふいら）．
【自動車保険】‘inikua ka‘a（‘いにくあ_か‘あ）．

しとうな【至当な】kū（く）．

しとやかさ【淑やかさ】akahai（あかはい）．

しないかわり【（…）しない代わり】i‘ole（い‘ぉれ）．

シナゴーグ【synagogue】hale hālāwai（はれ_はらわい）．ユダヤ教の教会堂．

しなびた【萎びた】‘ōmali（‘おまり）．puku（ぷく）．

しなやかな【〜】hō‘alu‘alu（ほ‘ある‘ある）．malule（まるれ）．nolu（のる）．‘olu（‘おる）．palupalu（ぱるぱる）．【（踊り手の体などが）しなやかな】wali（わり）．

しなやかにする【〜】hō‘olu（ほ‘ぉる）．

しにん【死人，死体，死ぬ】⇒し．

じぬし【地主】haku ‘āina（はく_‘あいな）．pa‘a ‘āina（ぱ‘あ_‘あいな）．

しのぐ【（力量・学問など）凌ぐ】ho‘okela（ほ‘ぉけら）．pākela（ぱけら）．

しはい【支配】ea（えあ）．

しはいけん【支配権】kuleana（くれあな）．

しはいしゃ【（国を治める）支配者】mō‘ī（も‘い）．noho aupuni（のほ_あうぷに）．
【（地域・島の）支配者】‘ai moku（‘あい_もく）．
【（管理・経営上の）支配者】luna ho‘ohana（るな_ほ‘おはな）．po‘o（ぽ‘ぉ）．

しはいする

【支配者のように振る舞う】noho aliʻi（のほ_ありʻい）.

しはいする【支配する】noho（のほ）. noho aupuni（のほ_あうぷに）.【(地域・島を）支配する】ʻai moku（ʻあい_もく）.

【支配された】loʻohia（ろʻおひあ）.

【支配した】puni（ぷに）.

しはいにん【支配人】haku（はく）. luna hoʻohana（るな_ほʻおはな）.【支配人として振舞う】hoʻohaku（ほʻおはく）.

しばかりき【芝刈り機】mīkini ʻoki mauʻu（み̄きに_ʻおき_まうʻう）.〈逐語〉草切りの機械.

しばしば【屡・屡々】alapine（あらぴね）. pinepine（ぴねぴね）.

しはらい【支払い】lilo, hoʻolilo（りろ, ほʻおりろ）. uku（うく）.【(仕事に対する）支払い】uku hana（うく_はな）.

【支払い済みの】kaʻa（かʻあ）.

しはらいめいれいしょ【支払命令書】palapala kīkoʻo（ぱらぱら_き̄こʻお）.

しはらう【支払う】kaʻa（かʻあ）.【(借金などを）支払う】hoʻokaʻa（ほʻおかʻあ）.〔用例〕借金などの一部返済. Hoʻokaʻa hapa.【(報酬などを）支払う】uku（うく）.

【支払う義務がある】ʻaiʻē（ʻあいʻえ̄）.

【(人に）支払わせる】hoʻouku（ほʻおうく）.

しばりつける【縛り付ける】mūkiʻi（む̄きʻい）. naki（なき）, nākiʻi（な̄きʻい）. nākiʻikiʻi（な̄きʻいきʻい）. pūkiʻi（ぷ̄きʻい）.

【(しっかりと）縛り付ける】lawa（らヴぁ）.

しばる【縛る】hākiʻi（は̄きʻい）. hele（へれ）. hīkiʻi（ひ̄きʻい）, hīkiʻikiʻi（ひ̄きʻいきʻい）. hoa（ほあ）. hoʻopaʻa（ほʻおぱʻあ）. kalapu（からぷ）.〔英語：strap〕. pūkiʻi（ぷ̄きʻい）.〔文法〕接尾辞-kiʻi（きʻい）の付く語は、「縛る，縛りつける」を意味する.

しはんがっこう【師範学校】⇒がっこう【学校】.

しはんき【四半期】hapahā（はぱは̄）. 1年4回の［に］.

しはんぶん【四半分】hapahā（はぱは̄）.〈逐語〉4分の1の部分.

じひ【慈悲】aloha（あろは）.⇒アロハ.【慈悲深い言葉】ʻōlelo maikaʻi（ʻお̄れろ_まいかʻい）.

【慈悲深い目】maka lokomaikaʻi（まか_ろこまいかʻい）.〈逐語〉立派な心を持った顔つき；親切で慈悲深く立派な意志を持っているように見える人.

じびき【字引】puke wehewehe ʻōlelo（ぷけ_ヴぇヘヴぇへ_ʻお̄れろ）.〈逐語〉言葉を説明する本.

じびきあみ【地引き網】hukilau（ふきらう）. laukō（らうこ̄）.

【地引き網を引く】hoʻolau（ほʻおらう）.

じひょう【辞表】palapala waiho ʻoihana（ぱらぱら_わいほ_ʻおいはな）.

しびれさせる【痺れさせる】hoʻo-

māʻeʻele（ほʻおまʻえʻえれ）.〔様相〕心の動揺・大恋愛を引き起こす.
しびれた【痺れた】lōlō（ろろ）.【（恋愛によって深く感動させられて）痺れた】māʻeʻele（まʻえʻえれ），māʻele（まʻえれ）.【（一個所に長く座って）痺れた】ʻōpili（ʻおぴり）.
しびれるような【（恋愛など）痺れるような】huʻihuʻi（ʻふいʻふい）.
しびん【溲瓶】ipu mimi（いぷ_みみ）.〈逐語〉尿（の）容器.
しぶいかお【渋い顔】makuʻe（まくʻえ）.
しぶおんぷ【4分音符】hua hapahā（ふあ_はぱはー）.〔音楽〕
しぶき【～】ʻehu（ʻえふ）. huna wai（ふな_わい）. uahi（うあひ）.
じふしん【自負心】hoʻokiʻekiʻe（ほʻおきʻえきʻえ）.
じぶんじしん【自分自身】ponoʻī（ぽのʻいー）.〔用例〕私，私自身. ʻO wau ponoʻī.
【自分自身で確かめる】kūmaka（くーまか）.
しへい【紙幣】kālā pepa（かーらー_ぺぱ）.
じべたにねるひと【地べたに寝る人，地べたに寝る】moe lepo（もえ_れぽ）.〈比喩〉死者；不潔な働く気のない人.
しぼう【（動植物の）脂肪】kelekele（けれけれ）. momona（ももな）.
【脂肪質の食物】liliha（りりは）.
しほうちょうかん【司法長官】loio kuhina（ろいお_くひな）.
しぼむ【（草花などが）凋む・萎む】ʻāheahea（ʻあーへあへあ）. laumeki（らうめき）. luhe（るへ）. mae（まえ）. puhalu（ぷはる）.
【萎んだ】puhalu（ぷはる）.
【（草花などが）萎んでいる】loha（ろは）.〈比喩〉むっつりした，元気のない.
しぼりかす【（サトウキビなどの）絞り滓】ʻaina kō（ʻあいな_こー）. laina（らいな）.〔英語：rind〕.
しぼりだす【（果物からジュースを）絞り出す】ʻuī（ʻういー）.
しぼる【絞る，（雌牛などの）乳を絞る】ʻuī（ʻういー）.
しほん【資本】kumu waiwai（くむ_わいわい）.
【資本金】kumu waiwai（くむ_わいわい）. kumupaʻa（くむぱʻあ）.
しま【島】ʻailana（ʻあいらな）. 英語：island〕. moku（もく）. mokuʻāina（もくʻあーいな）. mokupuni（もくぷに）.
しまい【（男性から見て彼の）姉妹】kaikuahine（かいくあひね）. kuahine（くあひね）. 呼びかけの言葉で kaikuahine の代わりに使われる.
【（男性から見て義理の）姉妹】wahine（わひね）.
【姉妹】kika（きか）. tita. は異形.〔英語：sister〕.
【姉妹の孫】moʻopuna（もʻおぷな）.
シマウマ【縞馬】kepela（けぺら）. sepela, zebera. は異形.〔英語：zebra〕.
シマオオタニワタリ【島大谷渡り】ʻēkaha（ʻえーかは）.〔植物〕Asplenium nidus：熱帯性のシダ；葉のかたまり

しまっておく

が鳥の巣に似ている.
しまっておく【仕舞って置く】hōʻiliʻili（ほʻいりʻいり）. kāpae（かぱえ）.
【仕舞い込む】kāpae（かぱえ）.
シマハギ【縞剥ぎ】manini（まにに）.〔魚〕Acanthurus triostegus：ハワイの岩礁のどこにでもいるニザダイ科の魚.
シマホウズキ【シマ酸漿】pohā（ぽほ）.〔植物〕Physlis peruviana：熱帯産ホオズキ属の多年草；食用の黄色い液果ができる.
しまをつけた【(異なった色で)縞を付けた】māʻaweʻawe（まʻあヴェʻあヴェ）.
じまん【自慢】haʻaheo（はʻあへお）.
じまんする【自慢する】akena（あけな）. haʻanui（はʻあぬい）. hoʻokelakela（ほʻおけらけら）. kaena（かえな）.
しみ【染み】kīnā（きな）. pala（ぱら）.【(特に紙についたインクの)染み】kāpala（かぱら）.
【染みになる】kaʻe（かʻえ）.
【染みをつける】hāpala（はぱら）. haukaʻe（はうかʻえ）. hoʻopaʻu（ほʻおぱʻう）. hōkaʻe, hoʻokaʻe（ほかʻえ、ほʻおかʻえ）.
しみこんだ【(塩などが)浸み込んだ】ū（う）.
しみったれ【～】ʻauʻa（ʻあうʻあ）. pī（ぴ）. しばしば ke の後に続く.
しみったれた【～】ʻauʻa（ʻあうʻあ）. minamina（みなみな）. pī（ぴ）. pīpine（ぴぴね）.

しみん【市民】kīwila（きヴぃら）. siwila. は異形.〔英語：civil〕. kupa（くぱ）. makaʻāinana（まかʻあいなな）.
しみんけんをあたえる【市民権を与える】hoʻokupa（ほʻおくぱ）.
じむかん【事務官】kahu hoʻoponopono（かふ_ほʻおぽのぽの）. kākau ʻōlelo（かかう_おれろ）.
じむし【地虫】ilo, iloilo（いろ、いろいろ）. 黄金虫・甲虫などの幼虫.
じむしょ【事務所】keʻena（けʻえな）. keʻena hana（けʻえな_はな）. ʻoihana（ʻおいはな）.
じむようひん【事務用品】lako keʻena（らこ_けʻえな）.
しめいする【指名する】hoʻokohu（ほʻおこふ）.
しめがね【締め金】ʻūmiʻi（ʻうみʻい）. ʻūpiki（ʻうぴき）.
しめころす【絞め殺す】kāʻawe（かʻあヴェ）. ʻumi（ʻうみ）.【絞め殺すこと】ʻumina（ʻうみな）.
じめじめした【湿々した】holowai（ほろわい）. kele, kelekele（けれ、けれけれ）.〈比喩〉不潔.〔用例〕樹木でおおわれた高地. Wao kele. paʻū（ぱʻう）.
しめす【示す】hōʻike（ほʻいけ）. kū（く）. kuhikuhi（くひくひ）.
しめつける【締め付ける】ʻūmiʻi（ʻうみʻい）.
しめった【(地面など)湿った】holowai（ほろわい）.【(波のしぶきなどにぬれて)湿った】paʻū（ぱʻう）.

pulu（ぷる）.

しめっていきいきとしている【（露や雨の中の植物のように）湿って生き生きとしている】līhau（りはう）.

しめっぽい【湿っぽい】ma'ū（ま'う）. pulu（ぷる）. ū（う）.

しめらせる【湿らせる】ho'oma'ū（ほ'おま'う）. ho'opulu（ほ'おぷる）.

しめる【閉める】pani（ぱに）.〔用例〕わたしはドアを閉めました. Ua pani au i ka puka.
【閉めさせる】ho'ōlepe（ほ'おれぺ）.
【閉める物】pani（ぱに）.
【（きちんと）閉まった】pa'a（ぱ'あ）.〔用例〕ドアは閉っています. Pa'a ka puka.

しめる【締める】'āpani（'あぱに）. mākia（まきあ）.
【（綱など）締っていない】'alu'alu（'ある'ある）.

じめん【地面】'ili（'いり）. kahua（かふあ）. lepo（れぽ）.
【（シャベルで）地面を突く】'ōhiki（'おひき）.
【（雌鳥めんどりのように）地面をひっかく】helu（へる）.

しも【霜】kēhau anu（けはう_あぬ）.

しや【視野】'ike（'いけ）. 'ike'ike（'いけ'いけ）.
【視野に入る】'ō'ili（'お'いり）. puka（ぷか）.

じゃあく【邪悪】'aiā（'あいあ）.
【邪悪な】loko 'ino（ろこ_'いの）.
【邪悪な心】na'au 'ino'ino（な'あう_'いの'いの）.

しゃい【謝意, 謝意を表す】mahalo（まはろ）.

しゃいん【社員】hoa hana（ほあ_はな）.

しゃおんかい【謝恩会】⇒しゅくえん【祝宴】.

しゃかいいっぱんの【社会一般の】ākea（あけあ）.

しゃかいがく【社会学】huli kanaka（ふり_かなか）. pili kanaka（ぴり_かなか）.
【社会学を学ぶ】huli kanaka（ふり_かなか）.

しゃかいののけもの【社会の除け物】kauwā（かう_わ）. 離れて住まわされ, 生けにえの犠牲にされた閉鎖的社会階級制度による身分.

ジャガイモ【ジャガ芋】'uala kahiki（'うあら_かひき）.〔植物〕Solanum tuberosum.〈逐語〉外国のサツマイモ.

しゃがれた【（声の）嗄れた】hā（は）.

しゃくし【杓子】⇒しゃもじ【杓文字】.

じゃぐち【蛇口】paipu（ぱいぷ）.〔英語：pipe〕. piula wai（ぴうら_わい）.

じゃぐちからでるみず【（水道の）蛇口から出る水】wai piula（わい_ぴうら）.

しゃくちけいやくしょ【借地契約書】palapala ho'olimalima（ぱらぱら_ほ'おりまりま）.

しゃくにさわる【癪に触る】ho'onauki（ほ'おなうき）. ho'onāukiuki（ほ'おなうきうき）.

しゃくほう【釈放】kala āna（から_あな）.

しゃくほうする【釈放する】ho'oku'u（ほ'おく'う）.
【釈放した】puhemo（ぷへも）.
しゃくようしょうしょ【借用証書】palapala 'ai'ē（ぱらぱら_'あい'え）.〈逐語〉借金証書. palapala ho'opa'a（ぱらぱら_ほ'おぱ'あ）.
しゃこ【車庫】hale ka'a（はれ_か'あ）.〈逐語〉車（の）家.
しゃこうダンス【社交ダンス】hulahula（ふらふら）. パートナーと踊る社交ダンス.
しゃこうてきな【社交的な】launa（らうな）.
しゃしゅ【射手】pana pua（ぱな_ぷあ）.
しゃしょう【斜檣】ihu wa'a（いふ_わ'あ）.〔帆船〕船首に突き出した帆柱.〈逐語〉カヌーのへさき.
しゃしんき【写真機】pahupa'iki'i（ぱふぱ'いき'い）.
しゃしんをとる【写真を撮る，写真家】pa'iki'i（ぱ'い_き'い）.〈逐語〉写真をぱちりと撮る.
シャツ【shirt】pale'ili（ぱれ'いり）. pālule（ぱるれ）.
しゃっかけいやくしょ【借家契約書】palapala ho'olimalima（ぱらぱら_ほ'おりまりま）.
ジャッカル【jackal】'īlio hae（'いりお_はえ）.〔動物〕イヌ科の哺乳類. 狼おおかみに似るが小型.
ジャック【（トランプ札の）jack】keaka（けあか）.
ジャックナイフ【jackknife】pahi pelu（ぱひ_ぺる）.
しゃっくり【吃逆】mauli'awa（まうり'あわ）.
【しゃっくりをする】mauli'awa（まうり'あわ）.
しゃぶる【（おしゃぶりなどを）しゃぶる】omo（おも）.
シャベル【shovel】kope, kopalā（こぺ, こぱらー）.〔英語〕.
【（炉火用）シャベル】kope ahi（こぺ_あひ）.
しゃべる【（くつろいで）喋る】keaka（けあか）. wala'au（わら'あう）. wala'auは昔は大声でしゃべる［呼ぶ］と言う意味であった.【（べちゃくちゃ）しゃべる】pua'ohi（ぷあ'おひ）.〔様相〕感傷的に喋り立てる, だらだらとしゃべり続ける.
しゃべりすぎる【喋り過ぎる】waha nui（わは_ぬい）. waha kale（わは_かれ）.
【しゃべり過ぎる人】waha（わは）.
じゃまもの【邪魔者】'ae'a hauka'e（'あえ'あ_はうか'え）.
じゃまをする【邪魔をする】'ae'a hauka'e（'あえ'あ_はうか'え）. 'āke'ake'a（'あけ'あけ'あ）. ālai（あらい）. ho'onaue（ほ'おなうえ）.
【（子供がするような）邪魔をする】hōkake（ほーかけ）. ho'okolohe（ほ'おころへ）.
【邪魔をした】uluhua（うるふあ）.
しゃもじ【杓文字】kī'o'e（きー'お'え）.
じゃり【（とがった，または水の作用で摩滅したきめの粗い）砂利】'a'ā

pu'upu'u（'あ'あ_ぷ'うぷ'う）.
しゃりん【車輪】huila（ふいら）.〔英語：wheel〕
【車輪が滑﹅べる】holo pahe'e（ほろ_ぱへ'え）.〔様相〕すべり止めやブレーキをかけた車輪がすべる.
【車輪のスポーク，輻ゃ】kukuna（くくな）.
ジャングル【jungle】wao nahele（わお_なへれ）.
しゅい【趣意】mana'o（まな'お）.
しゅう【（アメリカ合衆国などの）州】moku'āina（もく'あいな）.
しゅう【週】hepekoma（へぺこま）. hebedoma. は異形.〔ギリシャ語〕. pule（ぷれ）.〔用例〕来週. Kēia pule a'e. 先週. Kēlā pule aku nei.
じゅう【10・十，第10の，第10番目の】'umi（'うみ）. ⇒10.
じゅう【銃】pū（ぷ）.
【銃で撃つ，銃で狙う】kī（き）.
【銃のプラグ［plug］】'umoki（'うもき）. 先込め銃の銃弾を押さえておく，布・麻くず・紙などの押え，詰め物. 弾薬筒の押えも'umokiという.
【銃を撃つ，銃を発射する】kī pū（き_ぷ）.
【銃剣】'ēlau（'えらう）.
【銃口】waha（わは）.
【（ピストルの）銃声，銃声が鳴り響く】kohā（こは）.
【銃弾】pōkā（ぽか）. pōkā pū（ぽか_ぷ）.
じゅう【自由】kū'oko'a（く'おこ'あ）. noa（のあ）. lipaki（りぱき）. libati. は異形.〔英語：liberty〕.
【自由にしてやる】makala（まから）.
【自由の身にする】ho'ohemo（ほ'おへも）. ho'oku'u（ほ'おく'う）. ku'u（く'う）.
【自由で】mōhalu（もはる）.
【自由な】kūikawā（くいかわ）.
【自由の】kū'oko'a（く'おこ'あ）.
【自由意志による献納】makana aloha（まかな_あろは）.
【自由時間】ka'awale（か'あわれ）.
【自由主義者】lipelala（りぺらら）. liberala. は異形.〔英語：liberal〕.
【自由主義の】lipelala（りぺらら）. liberala. は異形.
じゅうあつ【重圧】ho'okālele（ほ'おかれれ）. ko'iko'i（こ'いこ'い）.
【重圧をかける】ho'oko'iko'i（ほ'おこ'いこ'い）.
しゅうい【周囲】anapuni（あなぷに）.
【周囲を取り巻く物，周囲をぐるりと回る】pō'ai（ぽ'あい）.
じゅうい【獣医】kauka holoholona.（かうか_ほろほろな）.〈逐語〉動物医.
じゅういち～くじゅうく【11～99・十一～九十九】-kūmā-（-くま-）.〔基数詞〕前に10の位の数10から90，後ろに1から9の基数を伴って11から99を示す語.〔用例〕14. 'umikūmāhā. 96. kanaiwakūmāono. -kumamā-（-くまま-）.〔基数詞〕-kūmā-と同じである. 聖書で使われる.
じゅういちがつ【11月】Nowemapa（のヴぇまぱ）.〔英語：November〕.

しゅうおんさい【(神との交わりを確かなものにするための)酬恩祭】mōhai hoʻomalu(もはい_ほʻおまる).

しゅうかい【集会】ʻaha(ʻあは). anaina(あないな). mui(むい), pōhai(ぽはい). ʻuluʻulu(ʻうるʻう る).
【集会を催す】hoʻomū(ほʻおむ).

しゅうかく【収穫】mea hoʻoulu(めあ_ほʻおうる).
【収穫の宴会】⇒しゅくえん【祝宴】.
【収穫の多い】hua(ふあ). momona(ももな).
【収穫のない】hua ʻole(ふあ_ʻおれ).

しゅうかくする【(果物などを)収穫する】kōhi(こひ).

じゅうがつ【10月】ʻOkakopa(ʻおかこぱ). Okatopa.は異形.〔英語:October〕.

しゅうかん【習慣】ʻaoʻao(ʻあおʻあお).
【習慣的な】kuluma(くるま), kūmau(くまう). paʻa mau(ぱʻあ_まう).
【習慣的の】maʻamau(まʻあまう).

しゅうぎかい【州議会】ʻahaʻōlelo(ʻあはʻおれろ).〔政治〕特に討議の集会;これらの会合を開く. ʻahaʻōlelo kau kānāwai(ʻあはʻおれろ_かう_かなわい).

しゅうぎじどう【州議事堂】kapikala(かぴから).〔英語:capitol〕.

じゅうきょ【住居】nohona(のほな).
【住居の現住者,住居の所有者】noho hale(のほ_はれ).

しゅうきょう【宗教,宗派】hoʻomana(ほʻおまな).〔用例〕仏教徒;仏教. Hoʻomana Kepanī.
【宗教歌】mele hai pule(めれ_はい_ぷれ).
【宗教上の】haipule(はいぷれ).
【宗教団体】komunio(こむにお).〔英語:communion〕.
【宗教礼拝】kūlana pule(くらな_ぷれ).

しゅうぎょうび【就業日】lā hana(ら_はな).

しゅうけつ【終結】hopena(ほぺな). kīkīpani(きーきーぱに). panina(ぱにな).
【終結した】puni(ぷに).

しゅうごう【集合】huihui(ふいふい). mui(むい).

しゅうこうする【周航する】holo puni(ほろ_ぷに). 世界・島などを周航する.

しゅうごうする【集合する】pūkuʻi(ぷくʻい). pūʻulu(ぷʻうる).
【集合させる】hōʻuluʻulu(ほʻうるʻう る).
【集合した】mui(むい).

しゅうし【終止】hopena(ほぺな).

しゅうし【終始】⇒はじめからおわりまで【始めから終わりまで】.

じゅうし【(溶かして採った,特に柔らかい状態の)獣脂】ʻōhinu(ʻおひぬ).

じゅうじか【十字架】keʻa(けʻあ).
【十字架の道行き】⇒ぎょうれつきとうしき【行列祈祷式】.

じゅうじけい【十字形】keʻa(けʻあ).
【(一般に)十字形】peʻa(ぺʻあ).

じゅうじつした【充実した】māʻona

（まｱあな；但し māʻana とは書かない）．

しゅうしふ【終止符】**kiko kahi**（きこ_かひ）．

じゅうしゃ【従者】**ukali**（うかり）．【（貴族の）従者】**ʻōhua**（ｱおふあ）．

しゅうしゅう【収集】**hōʻuluʻulu**(ほ̄ｱるｱうる)．**ʻuluʻulu**（ｱうるｱうる）．【収集箱】**pahu**（ぱふ）．

しゅうしゅうする【収集する】**hōʻiliʻili**（ほ̄ｱいりｱいり）．

しゅうしゅくした【収縮した】**puku**（ぷく）．

じゅうじゅんな【従順な】**lohe, lohe-lohe**（ろへ，ろへろへ）．**hoʻolohe**（ほｱろへ）．**hoʻolono**（ほｱろの）．

じゅうしょ【住所】**wahi noho**（わひ_のほ）．

じゅうじをきす【十字を記す】**hōʻolokeʻa**（ほ̄ｱろけｱあ）．

しゅうしをつける【（…に）終止を付ける】**hoʻopau**（ほｱおぱう）．

しゅうじん【囚人】**paʻahao**（ぱｱあはお）．**pio**（ぴお）．

ジュース【juice】**wai**（わい）．

しゅうせいする【（法律などを）修正する】**hoʻololi**（ほｱろり）．**hoʻoponopono**（ほｱおぽのぽの）．

しゅうぜいり【収税吏】**luna ʻauhau**（るな_ｱあうはう）．

しゅうぜんする【修繕する】**kāpili**（か̄ぴり）．**pāhono**（ぱ̄ほの）．

じゅうそく【充足】**piha**（ぴは）．

じゅうだい【重大，重大な】**ʻano nui**（ｱあの_ぬい）．

じゅうたく【（店や事務所に対し）住宅】**hale noho**（はれ_のほ）．

しゅうだん【集団】**ʻaoʻao**（ｱあおｱあお）．**ʻau**（ｱあう）．**huihui**（ふいふい）．**ʻpae**（ぱえ）．**pōhai**（ぽ̄はい）．**pūʻulu**（ぷ̄ｱうる）．【集団を作る［形成する］】**hoʻopae**（ほｱおぱえ）．**pūʻulu**（ぷ̄ｱうる）．【集団と一緒に歩いて行く】**kakaʻi**（かかｱい）．

じゅうたん【（あらゆる種類の柔らかい）絨毯】**moena weleweka**（もえな_ｳぇれｳぇか）．

しゅうちょう【酋長】**aliʻi**（ありｱい）．⇒しゅちょう【首長】．酋長という語の意味は「未開の部族の長」であり，ハワイの社会構造からして適切でなく本書では「首長」を採用．

しゅうてんする【周転する】**poahi**（ぽあひ）．

しゅうと【舅】⇒おっと【夫の父】，つま【妻の父】などを参照．

じゅうとうされたもの【充当された物】**haʻawina**（はｱあヴぃな）．

しゅうとめ【姑】⇒つま【妻の母】，おっと【夫の母】などを参照．．

じゅうなんでない【柔軟でない】**kaʻeʻe**（かｱえｱえ）．

じゅうなんな【柔軟な】**holu**（ほる）．**palupalu**（ぱるぱる）．**puhalu**（ぷはる）．【（踊り手の体などが）柔軟な】**wali**（わり）．

じゅうに【12・12（の），12個（の），12人（の）】**ʻekolu kāuna**（ｱえこる_か̄うな）．〔数詞〕4つのまとまりが3あることから12となる．⇒し【4・

四】，本文末「数詞・数字」を参照．

じゅうにがつ【12月】Kēkēmapa（けけまぱ）．Dekemaba.は異形．〔英語：December〕．

しゅうにゅうげん【収入源】kula waiwai（くら_わいわい）．〔生活〕定期収入や生計の源．

しゅうにんさせる【(就任式を行なって人を)就任させる】poni（ぽに）．ho'oponi（ほ'おぽに）．

しゅうの【私有の】pono'ī（ぽの'ī）．

じゅうぶん【十分】lawa（らヴぁ）．〔用例〕もう十分です．Lawa nō.

【十分有る】ana（あな）．lawa（らヴぁ）．〔用例〕おしゃべりはもう十分だ（仕事にかかろう）．Lawa ka wala'au.

【十分な】lawa（らヴぁ）．piha（ぴは）．pihapiha（ぴはぴは）．

【十分な量，十分な数】nui（ぬい）．

【十分に】pau（ぱう）．

【十分に供給［用意］された】lawa puni（らヴぁ_ぷに）．

【十分に知っている】ma'a, ma'ama'a（ま'あ，ま'あま'あ）．

【(花などが)十分に育った】hōpoe（ほぽえ）．mōhā（もは）．

【十分に知識を持った】lawa（らヴぁ）．

【十分に配分する】ho'olawa（ほ'おらヴぁ），ho'olawalawa（ほ'おらヴぁらヴぁ）．

【十分に見る】'i'ike（'い'いけ）．

じゅうべんの【(ハイビスカスなど)重弁の】pupupu（ぷぷぷ）．

しゅうまつ【終末】ho'ōki（ほ'ōき）．

じゅうまんする【充満する】ho'opiha（ほ'おぴは）．ho'opihapiha（ほ'おぴはぴは）．

じゅうもんじにきりはなす【十文字に切り離す】ka'āpahu（か'あぱふ）．

じゅうもんじの【十文字の】kaupe'a（かうぺ'あ）．

じゅうよう【重要】'ano nui（'あの_ぬい）．

【重要でない】mea 'ole（めあ_'おれ）．

【重要でない物】mea iki（めあ_いき）．

【重要な】'ano nui（'あの_ぬい）．'i'o（'い'お）．nui（ぬい）．

【重要な考え，重要な問題】mana'o nui（まな'お_ぬい）．

【重要な日，重大な日】lānui（らぬい）．

【重要な物】mea nui（めあ_ぬい）．

しゅうらい【襲来】'iliki（'いりき）．

しゅうりする【修理する】kāpili（かぴり）．pāhono（ぱほの）．

しゅうりょう【修了】piha（ぴは）．

しゅうりょうする【終了する】oki（おき）．

【(すっかり)終了した】pau（ぱう）．

しゅえい【守衛】kahu mālama（かふ_まらま）．pale（ぱれ）．

じゅえき【樹液】pīlali（ぴらり）．wai（わい）．【(ねばねばする)樹液】wale（われ）．

しゅかく【主格】'aui kumu（'あうい_くむ）．〔文法〕主格を示すマーカーは'oである．〔用例〕わたしです，先生は(同一性を表す文)．'O au ke kumu. 彼

は行きます．E hele ana 'o ia.
しゅぎ【主義】kumu mana'o'i'o（くむ_まな'お'い'お）．
しゅきょう【主教】pīhopa（ぴほぱ）．〔聖公会〕．bihopa. は異形．〔英語：bishop〕．
じゅぎょう【授業】ha'awina（は'あヴぃな）．
じゅぎょうりょう【授業料】uku（うく）．uku kula（うく_くら）．
しゅくえん【祝宴】'aha'aina（'あは'あいな）．〔文法〕「'aha'aina+名詞」で「〜の祝宴」となる．
《家・教会・カヌー・魚取りの網などの聖別または奉納の祝宴》'aha'aina ho'ola'a（'あは'あいな_ほ'おら'あ）．
《記念［記念祭］の祝宴》'aha'aina ho'omana'o（'あは'あいな_ほ'おまな'お）．
《入会式の祝宴》'aha'aina komo（'あは'あいな_こも）．
《特に穀物の収穫などの合同事業［共同事業］が完成した後に催される祝宴》'aha'aina laulima（'あは'あいな_らうりま）．
《初めての子供の誕生後まもなく催される祝宴》'aha'aina māwaewae（'あは'あいな_まわえわえ）．この祝宴は，その子の後に生まれて来るすべての子供の不幸な道を断ち切るために行なわれる．
《過越すぎこしの祭りの祝宴》'Aha'aina Mōliaola（'あは'あいな_もりあおら）．ユダヤ暦の1月14日に行なうユダヤ人の祭り．

《子供の1歳の誕生日，または記念日を祝うすべての祝宴》'aha'aina piha makahiki（'あは'あいな_ぴは_まかひき）．〈逐語〉1年の完了を祝う会．
《卒業祝宴》'aha'aina puka（'あは'あいな_ぷか）．
《フラダンスまたは格闘技の卒業祝宴》'aha'aina 'ūniki（'あは'あいな_'うにき）．
しゅくがかい【祝賀会，祝賀集会，祝賀会を催す】ho'olaule'a（ほ'おらうれ'あ）．
じゅくこう【熟考】⇒じゅっこう【熟考】．
しゅくさいじつ【祝祭日】lā 'aha'aina.（らー_'あは'あいな）．
しゅくじつ【（宗教上の）祝日】lā ho'āno（らー_ほ'あの）．
しゅくしょう【縮小】emi（えみ）．
しゅくしょうする【縮小する】emi（えみ）．ho'ēmi（ほ'えみ）．hō'emi（ほー'えみ）．⇒ダイエットする．ho'o'u'uku（ほ'お'う'うく）．
【縮小した】emi（えみ）．
じゅくす【（果実など）熟す】ho'opala（ほ'おぱら）．
【（果実など）熟さない】maka（まか）．
【（果物など）熟した】o'o（お'お）．
pala（ぱら）．
【（十分に）熟していない】maka loa（まか_ろあ）．
【熟し過ぎた】palahū（ぱらふー）．
じゅくすいする【熟睡する】hiamoe loa（ひあもえ_ろあ）．
じゅくたつした【（伝説・歴史・伝統・伝承に）熟達した，〜に熟達した人】

pa'a mo'olelo（ぱ'あ_も'おれろ）.
じゅくたつしない【熟達しない】hāwāwā（はわわ）. hemahema（へまへま）.
じゅくちする【熟知する】mākaukau（まかうかう）.
【熟知した】kuluma（くるま）.
【（余り）熟知していない】hemahema（へまへま）.
しゅくはくしょ【（旅行者用の質素な）宿泊所】hale ho'omaha（はれ_ほ'おまは）.
しゅくふくする【祝福する】ho'omaika'i（ほ'おまいか'い）.
じゅくりょ【熟慮】no'ono'o（の'おの'お）.
じゅくれん【熟練】loea（ろえあ）.
【熟練した】lae 'ula（らえ_'うら）.〈逐語〉赤い額．赤は神聖な色とされている．⇒ひたい【額】. lehua（れふあ）. loea（ろえあ）. maiau（まいあう）. mākaukau（まかうかう）.
【（全ての職業における）熟練者】kahuna（かふな）. 複数形は kāhuna（かふな）. lae o'o（らえ_お'お）.〈逐語〉成熟した額．loea（ろえあ）.
しゅけん【主権】ea（えあ）.
【主権を握る】noho ali'i（のほ_あり'い）.
しゅご【主語】kumuhana（くむはな）.〔文法〕ハワイ語の語順は原則として「述語+主語」の順である．⇒しゅかく【主格】. piko（ぴこ）.〔文法〕piko はペペケ［pepeke］システムの文法用語．⇒ペペケ．

しゅごしゃ【守護者】mea kia'i（めあ_きあ'い）.
しゅこん【（植物の）主根】mole（もれ）.
じゅし【（木の実などから取れる）樹脂】kēpau（けぱう）. pīlali（ぴらり）.
しゅじゅざったな【種々雑多な，種々雑多な物から成る】指示代名詞の「あちら」kēlā（けら）と「こちら」kēia（けいあ）で表す．⇒あれこれ【～】.
しゅじゅつ【手術】'oki（'おき）.
【手術を施す】kaha, kahakaha（かは，かはかは）. 'oki（'おき）.
じゅじゅつ【呪術】⇒まじない【呪い】，まじゅつ【魔術】．
しゅじゅの【種々の】like 'ole（りけ_'おれ）.
しゅしょう【首相】kuhina（くひな）.
しゅじん【主人】haku（はく）.
【主人として振舞う】ho'ohaku（ほ'おはく）.
【（パーティーなどで客をもてなす）主人役】kama'āina（かま'あいな）. makamaka（まかまか）.
じゅず【（貝をつなげて作った）数珠】pupu（ぷぷ）.
ジュズダマ【数珠玉】pū'ohe'ohe（ぷ'おへ'おへ）.〔植物〕Coix lachryma-jobi：熱帯アジア産のイネ科の草．
しゅせき【手跡】⇒ひっせき【筆跡】.
しゅぞく【種族】lāhui（らふい），lāhui kanaka（らふい_かなか）.
【種族の長】makua ali'i, makuali'i（まくあ_あり'い，まくあり'い）.
しゅだい【主題】kumumana'o（くむ

まな‘お）．po‘omana‘o（ぽ‘おまな‘お）．【（講演の）主題】kumuhana（くむはな）．【（討議などの）主題】kahua hana（かふあ_はな）．

じゅたくしゃ【（他人の財産の）受託者】kahu waiwai（かふ_わいわい）．

しゅちょう【首長】ali‘i（あり‘い）．〔用例〕島［地区］を支配［統治］する首長．Ali‘i ‘ai moku．li‘i（り‘い）．li‘i は ali‘i の短縮形．通常は nā の後にくる．〔用例〕首長たち．Nā li‘i．

【首長として支配［行動］する】ali‘i（あり‘い）．

【首長になる】ali‘i（あり‘い）．

【首長に払われるべき敬意】‘ihi lani（‘いひ_らに）．

【首長の家】hale ali‘i（はれ_あり‘い）．

【首長の居候［食客］】lelewa（れれヴぁ）．

【首長の歌】⇒カケ．

【首長の階級】kaukauali‘i（かうかうあり‘い）．高貴なよりもっと地位の低いの階級．

【首長の家系】mo‘o ali‘i（も‘お_あり‘い）．

【首長の子供】kamalani（かまらに）．

【首長の子孫】pua ali‘i（ぷあ_あり‘い）．

【首長の取り巻き】lelewa（れれヴぁ）．

【首長の息子】keiki ali‘i（けいき_あり‘い）．

しゅちょうする【主張する】koi, koikoi（こい，こいこい）．

しゅつエジプトき【出エジプト記】puka ‘ana（ぷか_‘あな）．〔聖書〕旧約聖書モーゼ五書の第二書．

しゅっけつ【出血】kahe koko（かへ_ここ）．

しゅつげん【出現】kū（く）．‘ō‘ili（‘お‘いり）．【（特にきわだった物［人］の）出現】hikina（ひきな）．

じゅつご【述語】mana‘oha‘i（まな‘おは‘い）．po‘o（ぽ‘お）．〔文法〕po‘o はペペケ［pepeke］システムの文法用語．⇒ペペケ．

じゅっこう【熟考】no‘ono‘o（の‘おの‘お）．

じゅくこうする【熟考する】mana‘o（まな‘お）．nalu（なる）．【（裁判での判例などを）熟考する】no‘ono‘o（の‘おの‘お）．

【熟考させる】ho‘ono‘ono‘o（ほ‘おの‘おの‘お）．

しゅっさん【出産】hānau（はなう）．

【出産の激痛を経験する】nahunahu（なふなふ）．

しゅっさんする【（子供を）出産する】hua（ふあ）．ho‘ohānau（ほ‘おはなう）．

しゅっさんせき【出産石】pōhaku hānau（ぽはく_はなう）．〔伝説〕女首長達が出産のために横になった，オアフ島のクーカニロコとカウアイ島のホロホロクーにある石：このことから出産石と呼ばれる．

しゅっしょう・しゅっせい【出生】hanauna（はなうな）．

【出生証明書】palapala hānau（ぱらぱら_はなう）．

【出生地】'āina hānau（'あいな_ほなう）. ēwe（えヴぇ）. one hānau（おね_ほなう）.

しゅっせきする【(…に)出席する】'alo（'あろ）. 'a'alo（'あ'あろ）.

しゅっせした【出世した】holo i mua, holoimua, holomua（ほろ_い_むあ, ほろいむあ, ほろむあ）.

しゅっぱつする【出発する】ho'i（ほ'い）.

しゅっぱんぎょうしゃ【出版業者】luna ho'opuka（るな_ほ'おぷか）.

しゅっぱんしゃ【出版社［所］】hale pa'i（はれ_ぱ'い）.

しゅと【首都】kapikala（かぴから）. 〔英語：capital〕.

しゅとう【種痘】'ō lima（'お_りま）.〈逐語〉腕に突き刺すこと.

じゅどうたい【受動態】leo pili 'ia mai（れお_ぴり_'いあ_まい）. ⇒うけみ【受身】.

しゅどうの【手動の】hana lima（はな_りま）.

しゅとくする【取得する】loa'a（ろあ'あ）. ⇒て【手に入れる】を参照.

じゅなんのひ【受難の日】⇒せいきんようび【聖金曜日】.

ジュニア【Junior】'ōpio（'おぴお）.〔用例〕チャールズ王子. Kale 'Ōpio.

じゅにゅうする【(赤ん坊に)授乳する】'ai waiū（'あい_わいう）.

しゅのいのり【主の祈り】(Ka) Pule a ka Haku（ぷれ_あ_か_はく）.

じゅのう【受納】'apo（'あぽ）.

しゅのうじん【首脳陣】po'o（ぽ'お）.

しゅはん【主帆】⇒メーンスル.

じゅひ【樹皮】'ili（'いり）. 'ili lā'au（'いり_らあう）.

しゅびよく【首尾よく】le'a（れ'あ）.

しゅぶ【主部】kumuhana（くむはな）.

しゅみ【趣味】hana ho'onanea（はな_'おねあ）. hana punahele（はな_ぷなへれ）.

しゅもく【種目】ikamu（いかむ）. itamu. は異形.〔英語：item〕.

じゅもく【樹木】kumulā'au（くむらあう）. lā'au（ら'あう）.

シュモクザメ【撞木鮫】manō kihikihi（まのう_きひきひ）.〔魚〕Sphyrna zygaena：シュモクザメの類；頭部が両側に伸び撞木に似ている；時に人間に危害を加える.〈逐語〉かど立ったサメ.

じゅもん【呪文】pule（ぷれ）.

しゅようこうもく【(ニュース放送の始めに読む)主要項目】po'omana'o（ぽ'おまな'お）.

ジュラン【樹蘭】mikilana（みきらな）. misilana. は異形.〔植物〕Aglaia odorata：マホガニー属の灌木；光沢のある葉と香りの良い花を持つ.

じゅり【受理】'apo（'あぽ）.

じゅりつする【樹立する】ho'okumu（ほ'おくむ）.【(王国などを)樹立する】mākia（まきあ）.

じゅりょうしゃ【受領者】ilina（いりな）.

しゅるい【(人・動物・物などの)種類】kaina（かいな）.〔英語：kind〕.【(動物や魚などの分類上の)種類】lāhui（らふい）.

【種類に分ける】māwae（まわえ）.
シュロ【棕櫚】pāma（ぱま）.〔植物〕〔英語：palm〕.
じゅわきをおく【(電話の) 受話器を置く】kau（かう）.
しゅん・じゅん【旬】anahulu（あなふる）.
じゅんかい【巡回】pō'ai（ぽ'あい）. loa（ろあ）.〔歴史〕収穫祭などにおける偶像の巡回．捧げものや貢ぎ物を受け，分配も行った．
じゅんかいさいばんしょ【巡回裁判所】⇒さいばんしょ【裁判所】.
しゅんき【春期】kupulau（くぷらう）.〈逐語〉葉が生えてくること．
じゅんけつしゅの【純血種の】piha（ぴは）.
じゅんさ【巡査】māka'ikiu（まか'いきう）.
じゅんじょただしくはいれつした【(帽子に飾る羽バンドのように) 順序正しく配列した】noho papa（のほ_ぱぱ）.
じゅんすい【純粋】ma'ema'e（ま'えま'え）.
【(道徳[徳義]上) 純粋な】huali（ふあり）. ma'ema'e（ま'えま'え）.
【純粋の】'i'o（'い'お）. maoli（まおり）.
じゅんび【準備】mākaukau（まかうかう）.
【準備が十分な】lako（らこ）.
【準備の出来た】kū（く）.
じゅんびする【準備する】mākaukau（まかうかう）. ho'omākaukau（ほ'おまかうかう）. liuliu（りうりう）.
【準備させる】ho'oliuliu（ほ'おりうりう）.
【準備した】liuliu（りうりう）.
じゅんぷうをうけてすすむ【順風を受けて進む】iho（いほ）.
しよう【使用】ho'ohana（ほ'おはな）.
しようする【使用する】ho'ohana（ほ'おはな）.
しょう【(書物などの) 章】mokuna（もくな）. 節・段落・項も同様．
しょう【(水面から出た) 礁】kohola（こほら）.
じょう【錠，錠を下ろす】laka（らか）.〔英語：lock〕.
じょうあいによるふるえ【(熱烈な) 情愛による震え】kaunu（かうぬ）.
じょういに【上位に】'oi（'おい）.
じょういのひと【(身分・地位・階級などが) 上位の人】'oi'oi（'おい'おい）.
じょういんぎいん【上院議員】kenekoa（けねこあ）.〔英語：Senator〕.
ショウガ【生姜】'awapuhi Pākē（'あわぷひ_ぱけ）.〔植物〕Zingiber officinale.〈逐語〉中国のショウガ．'awapuhi 'ai（'あわぷひ_'あい）〈逐語〉食用ショウガ．
しょうかい【商会】hui（ふい）.
しょうかい【紹介】ho'olauna 'ana（ほ'おらうな_'あな）.
しょうかいする【(ある人を他の人に) 紹介する】ho'ohui（ほ'おふい）. ho'olauna（ほ'おらうな）.
しょうがい【傷害】māino（まいの）. pō'ino（ぽ'いの）.

しょうがい

【傷害保険】'inikua ulia（'いにくあ_うりあ）.

しょうがい【障碍】ālaina（あらいな）.【障碍に出会す】ku'ia（く'いあ）.【(脳卒中などにかかった人のように)障碍のある言葉で話す】hapaku'e（はぱく'え）.

【障碍物】ālai（あらい）. pu'upā（ぷ'うぱ）.

しょうがいのしんせいなもの【生涯の神聖なもの】la'a kea（ら'あ_けあ）.〈逐語〉神聖光.

しょうかき【消火器】kinai ahi（きない_あひ）.

しょうがっこう【小学校】⇒がっこう【学校】.

じょうかんだいり【上官代理】lukānela（るかねら）. lutanela. は異形.〔英語：lieutenant〕.

じょうき【蒸気】māhu（まふ）.

じょうぎ【定規】lā'au ana（ら'あう_あな）. lula（るら）. rula. は異形.〔英語：ruler〕.

しょうきでない【正気でない】hehena（へへな）. pupule（ぷぷれ）, pulepule（ぷれぷれ）.

しょうきゅう【小丘】'āhua（'あふあ）.

じょうきゅうしほうさいばんしょ【上級司法裁判所】⇒さいばんしょ【裁判所】.

しょうぎょう【商業】'oihana（'おいはな）.

しょうぎょうじょうの【商業上の】'imi kālā（'いみ_から）.

しょうきん【賞金】puka（ぷか）. uku（うく）.

じょうくう【上空】lewa（れヴぁ）. ⇒てんくう【天空】.

しょうげき【衝撃】hikilele（ひきれれ）.

じょうげにうごく【上下に動く】mahiki, māhikihiki（まひき, まひきひき）. panau（ぱなう）.

しょうげん【(証人などの)証言】'ōlelo hō'ike（'おれろ_ほ'いけ）.

じょうげん【上限】kōkī（こき）.

しょうげんする【証言する】ha'i mana'o（は'い_まな'お）.

しょうこ【礁湖】⇒ラグーン.

しょうこ【証拠】hō'oia'i'o（ほ'おいあ'い'お）.【(証人などの)証拠】'ōlelo hō'ike（'おれろ_ほ'いけ）.

【(貸借・支出・商取引の)証拠書類】palapala hō'oia'i'o（ぱらぱら_ほ'おいあ'い'お）.

しょうご【正午, 正午です, 正午になる】awakea（あヴぁけあ）.

じょうご【漏斗】kānuku（かぬく）.

じょうご【畳語】〔文法〕繰り返し語［畳語］というハワイ語は見当たらないが, 繰り返し語は多数ある. 繰り返すことにより強調や連続性を表すが, 元の語と関連のないものもある. また元の語に複数の意味がある時にはその中の一部の意味だけとなる場合がある. 接頭辞のho'o, mā- などは繰り返さない.

しょうこう【(陸軍［海軍］)将校】ali'i koa（あり'い_こあ）.

しょうこうねつ【猩紅熱】piwa 'ula-'ula（ぴヴぁ_'うら'うら）.

しょうこく【生国】kulāiwi（く￣らいヴぃ）.〔用例〕我が母国. Ku'u home kulāiwi.

しょうこん【小根】a'a（あ'あ）.

じょうさい【城塞】pāpū（ぱ￣ぷ￣）.

しょうさん【賞讃】mahalo（まはろ）.

しょうさんする【賞讃する】ho'okapukapu（ほ'おかぷかぷ）. ho'ole'a, ho'ole'ale'a（ほ'おれ'あ，ほ'おれ'あれ'あ）. ho'omaika'i（ほ'おまいか'い）. ho'onani（ほ'おなに）. kaena（か￣えな）. mahalo（まはろ）. mailani（まいらに）. mililani（みりらに）. pai（ぱい）.
【（人・行動などを）賞賛する】ho'ohanohano（ほ'おはのはの）.
【賞賛させる】ho'omailani（ほ'おまいらに）.

じょうざん【乗算［法］】⇒かけざん【掛け算】.

しょうじきな【正直な】kūpono（く￣ぽの）. pololei（ぽろれい）.
【正直に振る舞う】ho'okūpono（ほ'おく￣ぽの）.

じょうしきをこえた【常識を越えた】kaulele（かうれれ）.

しょうしつした【消失した】nalowale（なろわれ）.

しょうしつする【焼失する】ahi（あひ）.

しょうしゃ【商社】hui kālepa（ふい_か￣れぱ）.

しょうしゅうかい【（私的な会話の）小集会】'aha iki（'あは_いき）.

しょうしゅうする【召集する】ho'ākoakoa（ほ'あ￣こあこあ）. wae（わえ）.
【召集した】'ākoakoa（'あ￣こあこあ）.

しょうしょ【証書】kila（きら）. sila. は異形.〔英語：seal〕. palapala（ぱらぱら）. ⇒しょるい【書類】.

しょうじょ【少女】kaikamahine（かいかまひね）. 複数形は kaikamāhine（かいかま￣ひね）. kamahine（かまひね）. 'ōpio（'お￣ぴお）.
【少女達，少女の集団】kamali'i wāhine（かまり'い_わ￣ひね）.

ショウジョウコウカンチョウ【猩々紅冠鳥】'ula'ula（'うら'うら）.〔鳥〕Cardinalis cardinalis：北米産のアトリ科の鳴き鳥；雄の羽冠は鮮紅色で雌は茶色.

じょうしょう【上昇】hū（ふ￣）.

じょうしょうする【上昇する】ea（えあ）.

じょうすいじょ【浄水所】'oihana wai（'おいはな_わい）.

しょうすう【小数】hapa 'u'uku（はぱ_'う'うく）.

じょうずにえんずる【上手に演ずる】kākela（か￣けら）.

じょうずにおこなう【上手に行う】ho'omikioi（ほ'おみきおい）.

しょうする【称する】kapa（かぱ）. kapakapa（かぱかぱ）.〔用例〕ニックネーム，架空の名前，愛称，ペットネーム. Inoa kapakapa.

しょうせつ【小説】ka'ao（か'あお）. mo'olelo（も'おれろ）. mo'olelo haku wale（も'おれろ_はく_われ）.〈逐語〉創作した物語.

しょうせん【商船】mokuahi（もくあひ）.〈逐語〉火の船. mokumāhu（もくまふ）.〈逐語〉蒸気の船.

じょうせんする【乗船する，乗船する人】e‘e（え‘え）.

しょうぞう【肖像】aka（あか）.

しょうそくをつたえる【消息を伝える】‘āha‘i ‘ōlelo（‘あは‘い_‘おれろ）.

しょうたいじょう【招待状】palapala kono（ぱらぱら_この）.

しょうたいする【招待する】kono（この）. ho‘okono（ほ‘おこの）.【（特に食事をするために）招待する】pāheahea（ぱへあへあ）.

しょうだく【承諾】‘ae（‘あえ）.【承諾書［証］】laikini（らいきに）.〔英語：license〕.

しょうだくする【承諾する】‘ae（‘あえ）. ‘āpono（‘あぽの）.

じょうたつさせる【上達させる】ho‘omaika‘i（ほ‘おまいか‘い）.

じょうだんのいいあい【冗談の言い合い】ho‘opāpā（ほ‘おぱぱ）.

しょうちした【承知した】hiki, hiki nō（ひき，ひき_のー）.

しょうちょう【小腸】na‘ana‘au（な‘あな‘あう）.

しょうちょう【象徴】hō‘ailona（ほ‘あいろな）.

じょうできの【上出来の】pono（ぽの）.

しょうてん【商店】hale kū‘ai（はれ_くー‘あい）.

しょうどう【衝動】mana‘o ulu wale（まな‘お_うる_われ）.【衝動的な】māna‘ona‘o（まーな‘おな‘お）.

しようとおもうひと【（…）しようと思う人，…しようと思う物】ke（け）. Ka mea e の短縮形.

しようにん【使用人】kanaka hana（かなか_はな）.

しょうにん【商人】kālepa（かーれぱ）.

しょうにん【（法廷における）証人】hō‘ike（ほー‘いけ）.

しょうにんする【承認する】hō‘oia‘i‘o（ほー‘おいあ‘い‘お）.

じょうねつてきな【情熱的な】hahana（ははな）.

しょうねん【少年】‘ōpio（‘ōぴお）.【少年院】⇒ひこうしょうねんしゅうようじょ【非行少年収容所】.

しようの【私用の】pono‘ī（ぽの‘いー）.

じょうばしゃ【乗馬者】holo lio（ほろ_りお）.

じょうはつする【蒸発する】lele（れれ）.【蒸発させる】ho‘omalo‘o（ほ‘おまろ‘お）. omo（おも）. ho‘ōmo（ほ‘ōも）.【蒸発した】malo‘o（まろ‘お）.

しょうひする【消費する】ho‘olilo（ほ‘おりろ）.

しょうひん【商品】waiwai kālepa（わいわい_かーれぱ）.【商品の山】ahu waiwai（あふ_わいわい）.【商品を売る】kālepa（かーれぱ）.

じょうひんな【上品な】akahai（あかはい）. hiluhilu（ひるひる）.

しょうぶする【（トランプなどで）勝負する】hahau（ははう）.

じょうぶでせいりょくてきな【丈夫で精力的な】pa'a（ぱ'あ）.

しょうへき【障壁】kaupale（かうぱれ）.

しょうへん【小片】lihi, lihilihi（りひ, りひりひ）.

しょうべん【小便】hanawai（はなわい）.
【小便をする】pīpī（ぴぴ）. mī（ﾐ）, mimi（みみ）. mī は mimi よりも使われない.

じょうぼ【丈母】⇒つま【妻の母】を参照.

じょうほう【情報】lono（ろの）.【(最新の [最近の]) 情報】nū hou（ﾇ_ほう）.

しょうぼうし【消防士】kinai ahi（きない_あひ）.

しょうぼうじどうしゃ【消防自動車】ka'a pau ahi, ka'a wai（か'あ_ぱう_あひ, か'あ_わい）. ka'a kinai ahi（か'あ_きない_あひ）.〈逐語〉火を消す車.

しょうぼうしょ【消防署】hale kinai ahi（はれ_きない_あひ）. hui kinai ahi（ふい_きない_あひ）. kahua kinai ahi（かふあ_きない_あひ）.〈逐語〉火を消す場所. 'oihana kinai ahi（'おいはな_きない_あひ）.

じょうみゃく【静脈】a'a（あ'あ）. a'alele（あ'あれれ）.【(怒張した) 静脈】a'a kūkūkū（あ'あ_ｸｸｸ）.〈逐語〉盛り上がった静脈.

しょうめい【証明】hō'ike（ほ'いけ）.
【(身分・資格・特権・真実性などの) 証明書】palapala（ぱらぱら）. pala-pala hō'oia（ぱらぱら_ほ'おいあ）.

しょうめい【照明】ao（あお）. kukui（くくい）. lama（らま）. malama（まらま）.
【(電気の) 照明】kukui uila（くくい_ういら）.
【照明を当てる】ho'omālamalama（ほ'おﾏらまらま）.

しょうめつさせる【消滅させる】ho'opau（ほ'おぱう）.【(振動・音などを) 消滅させる】kemu（けむ）.

しょうめん【正面】alo（あろ）.

しょうもうする【(体力を) 消耗する】ho'omāluhiluhi（ほ'おﾏるひるひ）.

じょうやく【条約】ku'ikahi（く'いかひ）.

しょうゆ【醤油】koiū（こいｳ）.〔日本語：syoyu〕.

しょうようする【賞揚 [称揚] する】ho'ohanohano（ほ'おはのはの）. pai（ぱい）.

じょうよく【情欲】kuko（くこ）.

しょうり【勝利】eo（えお）. lanakila（らなきら）.
【勝利を得る】puka（ぷか）. 'ō'ili pulelo（'ｵ'いり_ぷれろ）.〔用例〕プナ・ホウ (学校名) は勝つ. 'Ō'ili pulelo 'o ka Puna-hou.

じょうりくする【(カヌーなどから) 上陸する】lele（れれ）. pae（ぱえ）.

じょうりゅうしゅ【蒸留酒】kulu（くる）.

しようりょう【使用料】uku（うく）.

しょうりょう【少量】lihi, lihilihi（りひ, りひりひ）.〔用例〕ちらりと見

る．'Ike lihi.
【少量ある】hapa（はぱ）．
【少量な物】mea iki（めあ_いき）．
【少量の】huna（ふな）．
【少量の排出物】pala（ぱら）．
しょうれい【奨励】'ōlelo paipai（'ōれろ_ぱいぱい）．
じょうわんぶ【上腕部】uluna（うるな）．
じょうをかける【（ドアなどに）錠を掛ける】kī（きー）．〔英語：key〕．
ショール【shawl，ショールを身に付ける】kīhei（きーへい）．
じょおう【女王】ali'i（あり'い）．kuini（くいに）．〔英語：queen〕．mō'ī（もー'いー），mō'ī wahine（もー'いー_わひね）．〈逐語〉女の国王．
【女王蜂】nalo meli mō'ī wahine（なろ_めり_もー'いー_わひね）．
しょかい【初回】maka mua（まか_むあ）．
じょかいする【叙階する】ho'okahuna（ほ'おかふな）．聖職者，牧師などを叙階する．
じょがいする【除外する】waiho（わいほ）．
しょかく【所格】'aui moe（'あうい_もえ）．henua（へぬあ）．〔文法〕場所を示す格．henua は honua［土地・世界］と同義語．
【所格のマーカー】'ami henua（'あみ_へぬあ）．〔文法〕所格の名詞に関わるマーカー．向きを表す語は「方向を示す語（英語：directional）」．⇒ほうこう【方向を示す語】．
【所格の名詞】i'oa（い'おあ）．i'oa henua（い'おあ_へぬあ）．〔文法〕主な語を次に示す．luna, lalo［上，下］，loko, waho［中，外］，mua, hope［前，後］，luna, lalo［上，下］，kai, uka［海側，陸側］，waena［真ん中，中間］，kahakai［海岸］など．

しょき【書記】kākau mo'olelo, kākau 'ōlelo（かーかう_も'おれろ，かーかう_'おれろ）．

しょく【（太陽・月などの）食】pouli（ぽうり）．

しょく【（食べる）食】⇒たべもの【食べ物】，たべる【食べる】．

しょくえん【食塩】pa'akai（ぱ'あかい）．

しょくぎょう【職業】'oihana（'おいはな）．

しょくし【（植物の）触糸】'awe（'あうぇ）．

しょくじ【食事】'aina（'あいな）．
【食事会】'aha'aina（'あは'あいな）．

しょくしゅ【（魚の）触鬚】'umi'umi（'うみ'うみ）．

しょくだい【燭台】kumuipukukui（くむいぷくくい）．〈逐語〉火ざら台．

しょくたく【食卓】pākaukau 'aina（ぱーかうかう_'あいな）．

しょくちょう【職長】luna（るな）．luna hana（るな_はな）．
【職長を任命する】ho'oluna（ほ'おるな）．

しょくどう【食堂】hale 'aina（はれ_'あいな）．lumi 'aina（るみ_'あいな）．

しょくぶつ【植物】lā'au（らー'あう）．lau nahele（らう_なへれ）．mea

kanu（めあ_かぬ）.
【植物で飾る】ho'ouluwehi（ほ'おるヴぇひ）.

しょくみんち【植民地】panalā'au（ぱなら'あう）.

しょくむ【職務】kahi（かひ）.

しょくもつ【食物】⇒たべもの【食べ物】.

しょくようす【食用酢】⇒す【酢】.

しょくようにく【食用肉】⇒にく【肉】.

しょくよく【食欲】hia'ai'ono（ひあ'あい'おの）.
【食欲を誘う】hō'ono（ほ'おの）.

しょくりょうひんてん【食料品店】hale kū'ai mea 'ai（はれ_く'あい_めあ'あい）.

しょくりょうべや【食糧部屋】pahu pā（ぱふ_ぱ）.

じょげん【助言】a'o（あ'お）.
【助言に頼る】ui（うい）.

じょげんする【助言する】a'o（あ'お）.

しょざいち【所在地】nohona（のほな）.

しょさん【所産】kupu, kupukupu（くぷ, くぷくぷ）.

じょざん【除算［法］】⇒わる【割り算】を参照.

じょさんぷとしてふるまう【助産婦として振舞う】ho'ohānau（ほ'おはなう）.

しょし【庶子】hua 'ē（ふあ_'え）. 両親のどちらかに認知されている庶出の子.〈逐語〉見知らぬ果実.

しょじひん【所持品】pono（ぽの）.

じょしゅ【助手】hoa lawehana（ほあ_らヴぇはな）. hope（ほぺ）. kōkua（こくあ）.
【(教師) 助手［代理］】kōkua kumu（こくあ_くむ）.

しょじょであること【処女であること】pu'upa'a（ぷ'うぱ'あ）.

じょじょにおさまる【(涙・笑い声・感情などが) 徐々に収まる［静まる］】numi（ぬみ）.

じょせい【女性，女性の縁者たち】wahine（わひね）. 複数形はwāhine（わひね）.〔用例〕その女性たち. Nā wāhine.
【女性と一緒に住む】noho wahine（のほ_わひね）.
【(礼儀作法など) 女性に対する注意】kekē（けけ）.
【(一人前の) 女性になる】ho'owahine（ほ'おわひね）.
【女性の声】leo wahine（れお_わひね）.
【女性の祖先】kupuna wahine（くぷな_わひね）.
【女性の淫らな露出】kekē（けけ）.
【女性のやり方をまねする】ho'owahine（ほ'おわひね）.
【女性の予言者】⇒よげんしゃ【予言者】.
【女性を表す接尾辞】-hine（ひね）.〔用例〕母親，おば. makuahine, makuwahine.

しょせき【書籍［書物］】puke（ぷけ）. buke. は異形.〔英語：book〕.

じょちょうする【助長する】lale（られ）.

しょっかく【(動物の) 触覚】'awe（'あうぇ）.

しょっかく・しょっきゃく【食客】

'āne'e ali'i（'あね'え_あり'い）．

しょっきしつ【（ホテルなどの）食器室】lumi waiho pā（るみ_わいほ_ぱ）．〈逐語〉残してある皿のための部屋．

しょっきだな【食器棚】pahu pā（ぱふ_ぱ）．【（食器を入れておく）食器棚［部屋］】halepā（はれぱ）．〈逐語〉皿の家．

ショックをうけた【shockを受けた】mā'e'ele（まˈえˈえれ）．mā'ele（まˈえれ）．

しょとく【所得】loa'a（ろあˈあ）．

じょぶん【（特に著者以外の人の）序文】'ōlelo ha'i mua（'おれろ_はˈい_むあ）．〈逐語〉初めに話される言葉．

しょみん【庶民】maka'āinana（まかˈあいなな）．

しょめい【署名】kākau inoa（かかう_いのあ）．pūlima（ぷりま）．

しょめいする【署名する】kākau inoa（かかう_いのあ）．

じょめいした【助命した】ola（おら）．

しょもつ【書物】⇒しょせき【書籍】．

しょゆうけん【所有権，所有権の一部】kuleana（くれあな）．

しょゆうこうぶん【所有構文】pepeke nono'a（ぺぺけ_ののˈあ）．〔文法〕ハワイ語の所有関係は所有詞で表す．なお pepeke nono'a はペペケシステムで使われ始めた文法用語である．〔用例〕この本は誰のですか．Na wai kēia puke?

《［he］を使った所有構文》pepeke nono'a me he（ぺぺけ_ののˈあ_め_へ）．〔用例〕わたしは風をひいています．He anu ko'u.

《数詞を伴った所有構文》pepeke nono'a me ka helu（ぺぺけ_ののˈあ_め_か_へる）．〔用例〕プアは3人の子供を持っています．'Ekolu keiki a Pua.

《［Nui：たくさんの］を伴った所有構文》pepeke nono'a me nui（ぺぺけ_ののˈあ_め_ぬい）．〔用例〕あなたはたくさんの荷物を持っています．Nui loa kāu mau pū'olo.

しょゆうし【所有詞】nono'a（のの'あ）．〔文法〕所有関係を示すマーカー．所有詞にはA-型とO-型があり，代名詞，人名などについて「～の」と属格を作る．a/ā（あ／ā）．o/ō（お／ō）．kā（か）．kō（こ）．na（な）．no（の）．など

しょゆうしゃ【所有者［主］】haku（はく）．mea（めあ）．〔用例〕土地所有者．Mea 'āina. 'ona（'おな）．〔英語：owner］．

【所有者として振舞う】ho'ohaku（ほ'おはく）．

しょゆうだいめいし【所有代名詞】ka'i nono'a（かˈい_のの'あ）．〔文法〕所有代名詞は「あなた，かれ，わたし」に記載．⇒マーカー．

しょゆうち【所有地】palena 'āina（ぱれな_ˈあいな）．

しょゆうぶつ【所有物】pono（ぽの）．【（…の）所有物を渡す】lilo（りろ）．

じょりょくにたよる【助力に頼る】ui（うい）．

しょるい【（請求書・証書・許可状・証

明書・手紙・パンフレット・令状なども（すべての）書類】palapala（ぱらぱら）．昔は palapala とは聖書または学問のことであった．

しらがの【白髪の】hina（ひな）．

しらすな【白砂】ōkea（おけあ）．砂 [one] と白 [kea] の短縮形．

しらないふりをする【知らない振りをする】hoʻonaʻaupō（ほʻおなʻあうぽ）．

シラブル【syllable】hopuna ʻōlelo（ほぷなｰおれろ）．

しらべる【（厳密に）調べる】ʻakiu（ʻあきう）．nānā（なな）．

シラミ【虱】ona（おな）．ʻuku（ʻうく）．
【虱の卵】liha, lia（りは，りあ）．
【（多量の）虱の卵】lihaliha（りはりは）．
【（人や動物の毛にたかる）虱を捜す】hāʻuke（はʻうけ）．

しり【尻】lemu（れむ）．ʻōkole（ʻおこれ）．
【尻の割れ目】miona（みおな）．

シリウス【Sirius】Kaulua（かうるあ）．〔天文〕大犬座にある全天の星の中で最も明るい星．Kaulua はシリウス星の数ある名前の一つ．

しりごみする【尻込みする】mene（めね）．

しりぞく【退く】neʻe hope（ねʻえｰほぺ）．

しりつがっこう【私立学校】⇒がっこう【学校】．

しりゅう【（川の）支流】mana wai（まなｰわい）．

しりょぶかい【思慮深い】kuanoʻo（くあのʻお）．

シリンダー【cylinder】paukū ʻolokaʻa（ぱうくｰʻおろかʻあ）．

しる【知る】ʻike（ʻいけ）．ʻikeʻike（ʻいけʻいけ）．性的に…を知る．
【知らせる】hōʻike（ほʻいけ）．
【知ること】ʻikena（ʻいけな）．

シルク【silk】⇒きぬ【絹】．

しるし【印】māka（まか）．〔英語：mark〕．【（事実・状態などの証拠となる）印】kākau inoa（かかうｰいのあ）．【（溝を造った）印】ʻaʻali（ʻあʻあり）．
【（…に）印をした】ʻaʻali（ʻあʻあり）．
【印を付けて描く】kākau kaha（かかうｰかは）．
【（…に）印を付ける】hōʻailona（ほʻあいろな）．māka（まか）．

シルバーソード【silversword】ʻāhinahina（ʻあひなひな）．hinahina（ひなひな）．〔植物〕Argyroxiphium sandwicense. ⇒ぎんけんそう【銀剣草】．

しれい【指令】kauoha（かうおは）．
【指令部】kikowaena（きこわえな）．

しれいする【指令する】kauoha（かうおは）．

しろ【城】kākela（かけら）．〔英語：castle〕

シロアリ【白蟻】naonao lele（なおなおｰれれ）．〔昆虫〕〈逐語〉飛ぶアリ．

しろい【白い】aliali（ありあり）．kea（けあ）．keʻo, keʻokeʻo（けʻお，けʻおけʻお）．
【白い海の泡】kaikea（かいけあ）．特に浜辺に打ち寄せる白い海の泡．
【白い砂利】ōkea（おけあ）．

【白い綿モスリン】ke'oke'o（け'おけ'お）．通常 wai が後に続く．質の良い漂白した綿モスリンを ke'oke'o maoli．〈逐語〉本物の純白．質の良くない漂白した綿モスリンは ke'oke'o pia．と言う．

しろくする【白くする】ho'oke'o（ほ'おけ'お）．ho'okuakea（ほ'おくあけあ）．

しろくちりばめた【（海水が蒸発した後に沈殿して残った塩のように）白く鏤めた】kuakea（くあけあ）．

しろくなったした【白くなった舌】'ea（'えあ）．⇒タイマイ．

しろさ【白さ】aliali（ありあり）．

しろサンゴ【白珊瑚】ko'a kea（こ'あ_けあ）．

しろとピンクのちゅうかんしょく【白と pink の中間色】⇒いろ．

しろめがちの【白眼がちの】maka 'āhewa（まか_'あへヴぁ）．〈逐語〉罪を犯す目．

じろん【持論】mana'o（まな'お）．

しわ【（手のひらの）皺】'alu（'ある）．【皺】pukupuku（ぷくぷく）．【皺を寄せる】pukupuku（ぷくぷく）．【皺が寄った】'alu'alu（'ある'ある）．mino（みの）．pū'alu（ぷ'ある）．【（全体的に）皺になる】puku（ぷく）．

じをただしくつづる【字を正しく綴る】ho'oku'i（ほ'おく'い）．

しん【（リンゴなどの）芯】iho（いほ）．【（ろうそく［ランプ］の）芯】kaula ahi（かうら_あひ）．【（パンの木の実の）しん，（パンダナスの実の）しん】pīkoi（ぴこい）．

ジン【gin】kini（きに）．gini．は異形．酒の一種．

しんえんな【深遠な】kū'ono, kū'ono-'ono（く'おの，く'おのおの）．li'u（り'う）．

【深遠な学問，〜を学ぶ】huli kanaka（ふり_かなか）．

しんか【真価】'i'o（'い'お）．kūpono（くぽの）．minamina（みなみな）．waiwai（わいわい）．

しんがいする【（他人の私生活などを）侵害する】'ae'a hauka'e（'あえ'あ_はうか'え）．

じんかくじょうのとくちょう【人格上の特徴，精神的な特徴，感情的な特徴】lae（らえ）．⇒ひたい【額】．

しんがっこう【神学校】⇒がっこう【学校】．

しんかんをあたえる【（入会させ）神感を与える】ulu（うる）．

しんきょうと【新教徒，新教徒の】Hō'olepope（ほ'おれぽぺ）．〔宗教〕〈逐語〉ローマ教皇拒否者．

しんきろう【蜃気楼】li'ulā（り'うら）．

シングルカヌー【single canoe】kaukahi（かうかひ）．一つの張り出し浮材が付いているカヌー．〈比較〉ダブルカヌー．kaulua．

しんけい【神経】a'a（あ'あ）．a'alolo（あ'あろろ）．〈逐語〉脳の血管．

しんけいしつな【神経質な】nihinihi（にひにひ）．wae（わえ）．

しんげつ【新月】mahina hou（まひな_ほう）．

【新月の初夜】Hilo（ひろ）.
じんこうちゅうみつな【人口稠密な】laukanaka（らうかなか）.
じんこうちょうさ【人口調査】helu（へる）. helu kanaka（へる_かなか）.
しんごうをおくる【(…に)信号を送る】pe'ahi（ぺ'あひ）.
しんこんりょこう【新婚旅行】mahina meli（まひな_めり）.
しんざんもの【新参者】malihini（まりひに）.
【新参者のように振る舞う】ho'o-malihini（ほ'おまりひに）.
しんし【紳士】keonimana（けおにまな）.〔英語：gentleman〕.
しんじがたいはなしをする【信じ難い話をする】pālau（ぱらう）.
しんしつ【寝室】lumi moe（るみ_もえ）.〈逐語〉寝る部屋.
しんしつようべんき【寝室用便器】ipu mimi（いぷ_みみ）.
しんじつ【真実】'oia（'おいあ）. 'oiaはしばしば「これは・すなわちこれは・言い換えれば・たとえば・そうです・その通りです・先にお進みください」などのように,慣用語・慣用語句で使われる.〔用例〕はい,そうです. 'Oia nō! たぶんそうです. 'Oia paha. 'oia'i'o（'おいあ'い'お）.
【真実を明らかにする】hō'oia（ほ'おいあ）.
【真実の】'oia（'おいあ）. 'oia'i'o（'おいあ'い'お）.
【真実の評価】mana'o maoli（まな'お_まおり）.

【真実に】'i'o（'い'お）. 'oia'i'o（'おいあ'い'お）. maoli（まおり）.
しんしてきな【紳士的な】waipahē（わいぱへ）.
【紳士的なふるまい,紳士のようにふるまう】ho'okeonimana（ほ'おけおにまな）.
しんじない【信じない】maloka, ho'o-maloka（まろか,ほ'おまろか）.
しんじゅ【真珠】momi（もみ）.
【真珠貝】pūpū momi（ぷぷ_もみ）.
〔貝〕Spondylus tenebrosus：真珠貝の内側の真珠光を発する硬質層は,ボタンなどの材料となる.
【(二枚貝の)真珠層】uhi（うひ）.
【(特にロノ神の偶像の目のような)真珠層で作った目】makaiwa（まかいヴぁ）.
【真珠層の凹み】uhi（うひ）.
じんしゅ【人種,人種の,人種上の】lāhui（らふい）.
【人種を構成する】ho'olāhui（ほ'おらふい）.
じんしゅさべつ【人種差別】ho'okae 'ili（ほ'おかえ_'いり）.
しんしゅつ【浸出】nono（のの）.
しんじょう【信条】kumu mana'o'i'o（くむ_まな'お'い'お）.
じんじょうでない【尋常でない】kaulele（かうれれ）. mea 'ē（めあ_'え）.
しんしょく【浸食】'a'ai（'あ'あい）.
しんしょくする【(病原菌などが)浸食する】'a'ai（'あ'あい）.【(風雨などが)侵食する】po'o（ぽ'お）.
しんじる・しんずる【信じる［信ずる］】

hilina'i（ひりな'い）. piliwi（ぴりヴィ）.〔英語：believe〕.
【（優しい言葉や贈り物で）信じさせる】ho'omalimali（ほ'おまりまり）.
【信じられない】kupaianaha, kupanaha（くぱいあなは，くぱなは）.

しんじんぶかい【信心深い】akua（あくあ）.
【信心深い人】haipule（はいぷれ）.

しんすいしき【（カヌーの）進水式】lolo（ろろ）. lolo wa'a（ろろ_わ'あ）.
【進水式を行う】lolo wa'a（ろろ_わ'あ）.

しんせい【神聖】kapu（かぷ）. hemolele（へもれれ）. 'ula（'うら）.
【神聖かつ禁制の囲い地】pālama（ぱらま）.
【神聖にする】ho'āno（ほ'あの）. ho'okapu（ほ'おかぷ）. ho'ola'a（ほ'おら'あ）.〔用例〕家屋を神聖にする. Ho'ola'a hale. 【（聖式で頭に油を注いで）神聖にする】poni（ぽに）.
【神聖な】kapu（かぷ）. hemolele（へもれれ）. ho'āno（ほ'あの）. 'ihi（'いひ）. 'iu, 'iu'iu（'いう, 'いう'いう）. Kaneka（かねか）. Saneta. は異形.〔英語：Saint〕. la'a（ら'あ）. 'ula（'うら）.
【神聖なものとして崇める】ho'ola'a（ほ'おら'あ）. mōlia（もりあ）.
【神聖な光】la'a kea（ら'あ_けあ）.

しんせいじはん【（大きな青みがかった茶色の）新生児斑】uhi（うひ）.

しんせいしょ【申請書】palapala noi（ぱらぱら_のい）.

しんせき【親戚】⇒しんぞく【親族】.

しんせつ【親切】aloha（あろは）. ⇒アロハ. 'olu（'おる）.
【親切に取り扱う】aulike（あうりけ）.
【親切に持て成す】ho'okipa（ほ'おきぱ）.
【親切に持て成すこと】pāheahea（ぱへあへあ）. ho'okipa（ほ'おきぱ）.
【親切な】'olu（'おる）.
【親切な行い】maika'i（まいか'い）.
【親切な態度で忠告する［諭す］】kaukau（かうかう）.

しんせんな【新鮮な】hou（ほう）.【（塩漬けにしない）新鮮な】maka（まか）.

しんぞう【心臓】mauli（まうり）. pu'u koko（ぷ'う_ここ）. pu'uwai（ぷ'うわい）.
【心臓の鼓動】pana（ぱな）.
【心臓が鼓動する】pana（ぱな）.
【心臓病】ma'i pu'uwai（ま'い_ぷ'うわい）.
【心臓発作】houpo 'ume pau（ほうぽ_'うめ_ぱう）. ma'i pu'uwai（ま'い_ぷ'うわい）.

しんぞう【神像】akua（あくあ）.

じんぞう【腎臓】pu'upa'a（ぷ'うぱ'あ）.

じんぞうの【人造の】ku'i（く'い）.〔用例〕鬘かつら. Lauoho ku'i.

しんぞく【親族】'ohana（'おはな）.
【自分の子供の義理の両親】puluna（ぷるな）. kāne または wahine が後に続く.
【義理の叔父・叔母】puluna（ぷるな）. kāne または wahine が後に続く.
【叔父・叔母・従兄弟・従姉妹など両

親の一族のすべての親類】makua（まくあ）．複数形は mākua（まーくあ）．
【両親の一族の女性，叔母，女の従姉妹など】makuahine（まくあひね）．複数形は mākuahine（まーくあひね）．
【両親の一族の親類の男性】makua kāne（まくあ_かーね）．複数形は mākua kāne（まーくあ_かーね）．
しんぞくかんけい【親族関係】nohona（のほな）．pilina（ぴりな）．
じんそくな【迅速な】'āwīwī（'あヴぃーヴぃー）．kāholo（かーほろ）．miki（みき）．wiki（うぃき）．
【迅速な行動】miona（みおな）．
【迅速な疾走】miona（みおな）．
【迅速に走る】holokikī（ほろききー）．
【迅速に帆走する】holokikī（ほろききー）．
【迅速に振る舞う】kikī（ききー）．
しんたい【身体】kino（きの）．
【身体が虚弱でやせこけた】kino'ole（きの'おれ）．
【身体上の】kino（きの）．
【身体の器官】waihona（わいほな）．
【(あらゆる種類の) 身体の欠陥】kīnā（きーなー）．
しんだい【寝台（の骨組み）】kūmoe（くーもえ）．〈逐語〉すえつけベッド．
しんちょうに【慎重に】nihi（にひ）．pono（ぽの）．
しんつうをかんじる【（愛情や出産などの）心痛を感じる】'a'aki（'あ'あき）．
しんてん【進展】ho'omohala（ほ'おもはら）．
しんでんのとう【（古代の）神殿の塔】⇒ヘイアウ．
しんど【深度】mānoa（まーのあ）．
じんどう【人道】ala hele wāwae（あら_へれ_ヴぁヴぁえ）．
しんどうさせる【振動させる】ho'onaue（ほ'おなうえ）．
しんどうする【振動する】naka（なか）．naue, nauwe（なうえ，なううぇ）．
しんとした【～】kuaehu（くあえふ）．〔様相〕静かな状態．
しんに【真に】maoli（まおり）．
じんにくをたべる【人肉を食べる】'ai kanaka（'あい_かなか）．
【人肉を食べる人】'ai kanaka（'あい_かなか）．
しんにゅうする【侵入する】'a'e（'あ'え）．'a'e'a'e（'あ'え'あ'え）．komo wale（こも_われ）．
しんにゅうせいをかんげいするうた【（昔のフラダンス学校の）新入生を歓迎する歌】mele kāhea（めれ_かーへあ）．〈逐語〉歓迎する歌．
しんにん【信任】mana'o'i'o（まな'お'い'お）．paulele（ぱうれれ）．
しんにんする【信任する】mana'o'i'o（まな'お'い'お）．paulele（ぱうれれ）．
しんねん【新年】Makahiki Hou（まかひき_ほう）．〔用例〕新年（明けまして）おめでとうございます．Hau'oli Makahiki Hou.
【新年明けましておめでとうございます】hapenuia（はぺぬいあ）．〔英語：Happy New Year〕．
しんねん【信念】kumu mana'o'i'o（くむ_まな'お'い'お）．

しんの【真の】'i'o（'い'お）.
しんぱい【心配】'ōpikipiki（'おぴきぴき）. pōpilikia（ぽぴりきあ）.
【心配を掛ける】ho'opīhoihoi（ほ'おぴほいほい）.
【心配して】wiwo（ヴぃヴぉ）.
【心配そうな】niniu（ににう）.
【心配事】pōpilikia（ぽぴりきあ）.
【心配事から解放される】pohala（ぽはら）.
しんぱいさせる【心配させる】ho'opōpilikia（ほ'おぽぴりきあ）.
しんぴかすること【神秘化すること】ho'āiwaiwa（ほ'あいヴぁいヴぁ）.
しんぴてきな【神秘的な】āiwa, āiwaiwa（あいヴぁ, あいヴぁいヴぁ）.
しんぴてきにする【神秘的にする】ho'āiwaiwa（ほ'あいヴぁいヴぁ）.
しんぷ【新婦】wahine male（わひね_まれ）. wahine mare. は異形.
しんぷ【神父】makua（まくあ）. 複数形は mākua（まくあ）.
しんぶん【新聞】nūpepa（ぬぺぱ）.〔英語：newspaper〕.
しんぶんすう【真分数】hakina maoli（はきな_まおり）.〔数学〕.
しんぽ【進歩】holo i mua, holoimua, holomua（ほろ_い_むあ, ほろいむあ, ほろむあ）.
しんぼうづよい【辛抱強い】ho'omanawanui（ほ'おまなわぬい）. 'ōpū ahonui（'おぷ_あほぬい）.
【辛抱強い人】'ōpū ahonui（'おぷ_あほぬい）.
【辛抱強さ】'ōpū ahonui（'おぷ_あほ ぬい）.〈逐語〉長い呼吸の気質.
しんぽする【進歩する】holo i mua, holoimua, holomua（ほろ_い_むあ, ほろいむあ, ほろむあ）.
【進歩させる】ho'omaika'i（ほ'おまいか'い）.
シンボル【symbol】hō'ailona（ほ'あいろな）.
しんみつなともだち【(気軽に受け答えの出来る)親密な友達】makamaka（まかまか）.
しんめ【新芽】ēwe（えヴぇ）. kupu, kupukupu（くぷ, くぷくぷ）. pōhuli（ぽふり）. pulapula（ぷらぷら）.
じんもんする【尋問する】nīele（にえれ）.
しんやくせいしょ【新約聖書】Kauoha Hou（かうおは_ほう）.
しんよう【信用】hilina'i（ひりな'い）. paulele（ぱうれれ）.
しんようする【信用する】hilina'i（ひりな'い）. mana'o'i'o（まな'お'い'お）.
しんようくみあい【信用組合】hui hō'ai'ē kālā（ふい・ほ'あい'え_ら）. hui hō'ai'ē dala. は異形.〈逐語〉金を貸すための組合.
しんらい【信頼】hilina'i（ひりな'い）. mana'o'i'o（まな'お'い'お）. 'oia'i'o（'おいあ'い'お）. paulele（ぱうれれ）.
【信頼している】kālele（かれれ）.
しんらいする【信頼する】mana'o'i'o（まな'お'い'お）. paulele（ぱうれれ）.
しんりする【審理する】loio（ろいお）.
しんりん【森林】lā'au（ら'あう）.

moku（もく）. nahele（なへれ）. ulu lāʻau（うる_らʻあう）.
【森林を切り開いた所】paia（ぱいあ）.〔用例〕パンダナスの香りが漂う森の中の木陰の休憩場所. Paia ʻala i ka hala.
【（雨の降る）森林地帯】maʻukele（まʻうけれ）.
【森林地帯】wao（わお）. ⇒ワオ.
【（内陸の）森林地帯】wao nahele（わお_なへれ）.

しんるい【親類】⇒しんぞく.
じんるい【人類】kanaka（かなか）. 複数形は kānaka（かﾞなか）.
【人類の始まり】kumu honua（くむ_ほぬあ）.
【人類学】huli kanaka（ふり_かなか）.
【人類学を学ぶ】huli kanaka（ふり_かなか）.
しんろ【進路】ala hele（あら_へれ）. ala kai（あら_かい）.〔地形〕崖などが突き出しているため，その回りを泳いで行かなければならない進路.
しんろう【新郎】kāne male（かﾞね_まれ）. kāne mare. は異形.
しんわ【神話】moʻolelo（もʻおれろ）.

す

す【（食用の）酢】pinika（ぴにか）. wīneka（ヴｨねか）. vinega. は異形.〔英語：vinegar〕.
す【巣，巣を造る】pūnana（ぷなな）.
スイートコーン【sweet corn】kūlina ʻono（くﾞりな_ʻおの）.〔植物〕Zea mays.〈逐語〉とてもおいしいトウモロコシ.
すいえん【水煙】ʻehu（ʻえふ）.
スイカ【水瓜・西瓜】ipu（いぷ）.〔植物〕Citrullus lanatus. ipu ʻai maka（いぷ_ʻあい_まか）.〈逐語〉生で食べるメロン. ipu haole（いぷ_はおれ）.〈逐語〉外国のひょうたん.
スイカズラ【忍冬】honekakala（ほねかから）.〔植物〕Lonicera japonica. ʻiʻiwi haole（ʻいʻいヴｨ_はおれ）.〔植物〕Tecomaria capensis.
すいぎょく【翠玉】pōhaku ʻōmaʻomaʻo（ぽﾞはく_ʻおﾞまʻおまʻお）.〔宝石〕エメラルド.
すいげんち【水源地】kula wai（くら_わい）.
すいこむ【吸い込む，吸い上げる】moni（もに）.
すいこみくだ【吸い込み管】omo（おも）.
すいさいが【水彩画】kiʻi pena（きʻい_ぺな）.〈逐語〉彩色した絵.
すいしゃ【水車】huila wai（ふいら_わい）.
すいじゃくする【（病気などで）衰弱する】mae（まえ）.
【衰弱した】ʻōmali（ʻおﾞまり）.
すいしゅ【水腫】pehu（ぺふ）.〔病理〕水腫，浮腫：組織または体腔内に漿しょう液が異常にたまること.
すいじゅんき【水準器】ʻiliwai（ʻいりわい）. 大工や測量技師などが使う水準器.
すいせい【水星】Ukali-aliʻi（うかりあ

り‛い).〔天文〕太陽に最も近い惑星.〈逐語〉指導者（すなわち太陽）について行くこと.

すいせい【彗星】**hōkū welowelo**（ほくー＿うぇろうぇろ).〈逐語〉流れる星.【(空中を) 彗星のように飛行する】**lele pi‛o**（れれ＿ぴ‛お).

すいせいしょくぶつ【水生植物】**limu**（りむ).水中（淡水・海水とも）に生息する植物.

すいせんじょう【推薦状】**palapala ho‛omaika‛i**（ぱらぱら＿ほ‛おまいか‛い). **palapala kāko‛o**（ぱらぱら＿かーこ‛お).

すいそう【水槽】**pahu wai**（ぱふ＿わい).

すいそうがっき【吹奏楽器】**pū**（ぷー).⇒ほらがい【法螺貝】.【吹奏楽器（の全て）】**pū kani**（ぷー＿かに). **pū ho‛okani**（ぷー＿ほ‛おかに).
【吹奏楽器を演奏する，吹奏楽器を演奏する人】**puhi ‛ohe**（ぷひ＿‛おへ).〔用例〕吹奏楽団．Hui puhi ‛ohe.

すいそく【推測】**koho**（こほ).

すいそくする【推測する】**mahu‛i**（まふ‛い).

すいぞくかん【水族館】**hale hō‛ike‛ike i‛a**（はれ＿ほー‛いけ‛いけ＿い‛あ).

すいちゅうにとびこむ【水中に飛び込む】**lu‛u**（る‛う).

すいちょくな【垂直な】**kūpono**（くーぽの).

すいてき【水滴】**huna wai**（ふな＿わい).

すいとうがかり【(銀行などの金銭の) 出納係】**luna helu kālā**（るな＿へる＿かーらー).〈逐語〉金を数える役員.

すいとうかん【出納官】**pu‛ukū**（ぷ‛うくー).

すいどうきょく【水道局】**‛Oihana wai**（‛おいはな＿わい).

すいどうせん【水道栓】**ki‛o wai**（き‛お＿わい).

すいへいせん【水平線】**‛alihi**（‛ありひ). **kūkulu**（くーくる). **kumulani**（くむらに).
【水平線上の】**‛ilikai**（‛いりかい).

すいへいの【水平の】**‛iliwai**（‛いりわい).

すいみん【睡眠】**hiamoe**（ひあもえ).【睡眠薬】**huaale ho‛omoe**（ふああれ＿ほ‛おもえ).

すいもん【水門】**pani wai**（ぱに＿わい).

すいようび【水曜日】**Pō‛akolu**（ぽー‛あこる).略記はP3.『Māmaka Kaiao』では**Po‛akolu**（ぽ‛あこる）を採用.〈逐語〉第3番目の日.

すいよくするばしょ【水浴する場所，水浴する小池】**wai ‛au‛au**（わい＿‛あう‛あう).

すいりょうけい【水量計】**ana wai**（あな＿わい).〔計量〕管内［出口］を流れる水量を測定する計器.

すいりょうする【推量する】**mahu‛i**（まふ‛い).

すいろ【水路（一般）】**‛auwaha**（‛あうわは). **kōwā**（こーわー). **wā**（わー).⇒かいきょう【海峡】.
【(船の航路の) 水路】**alawai**（あらわ

い）．
【（幅の狭い）水路】āmio（あみお）．〔地形〕海水の流れが淀んで深くなっている所に通じている水路；このような水路を通り抜ける．〈比喩〉死ぬ．【（暗礁の間を通した）水路】awa（あわ）．

すいろ【（水を流す）水路（施設）】māno（まの）．māno wai（まの_わい）．pani wai（ぱに_わい）．

すいろんする【推論［推断］する】kuhi, kuhikuhi（くひ，くひくひ）．

スィンブルベリー【thimbleberry】'ākala（'あから）．〔植物〕R. rosaefolius.

すう【吸う】omo（おも）．【（鳥が蜜を吸うように）吸う】mūkī（むき）．

すうがく【数学】makemakika（まけまきか）．〔英語：mathematics〕．

すうけい【崇敬】ano（あの）．anoano（あのあの）．【崇敬の念に圧倒された】'e'ehia（'え'えひあ）．

すうけいする【崇敬する】hō'ano（ほ'あの）．

すうし【数詞，数字】helu（へる）．hua helu（ふあ_へる）．numela（ぬめら）．numera．は異形．〔英語：numeral〕．〔数詞の例〕1〜10．'ekahi, 'elua, 'ekolu, 'ehā, 'elima, 'eono, 'ehiku, 'ewalu, 'eiwa, umi．⇒文末資料「数詞・数字」を参照．
【数字を数える】helu（へる）．

ずうずうしい【図々しい】'āwini（'あうぃに）．

スーツ【suit】pa'alole（ぱ'あろれ）．〔服飾〕．

スーツケース【suitcase】paiki（ぱいき）．

すうはいされた【崇拝された】'iu, 'iu'iu（'いう，'いう'いう）．

すえっこ【末っ子】hānau hope（はなう_ほぺ）．

すえる【据える】ho'okū（ほ'おくー）．kūkulu（くーくる）．

スカート【skirt】palekoki（ぱれこき）．〔英語：petticoat〕．pā'ū（ぱ'うー）．

スカーフ【scarf】lei 'ā'ī（れい_'あー'いー）．〈逐語〉くびのレイ．

ずがいこつ【頭蓋骨】pūniu（ぷーにう）．⇒とうがいこつ【頭蓋骨】．

すがすがしい【清清しい】ma'ū（ま'うー）．【（露がかかったように）清清しい】līhau（りーはう）．

すがたみ【姿見】aniani kū（あにあに_くー）．

すがたをあらわす【姿を現わす】mahiki, māhikihiki（まひき，まーひきひき）．

スカンク【skunk】'īlio hohono（'いーりお_ほほの）．〈逐語〉いやな臭いの犬．

すき【好き】makemake（まけまけ）．mamake（ままけ）．puni（ぷに）．【好かれる】laka（らか）．

すき【鋤】'ō'ō（'おー'おー）．'ō'ō hao（'おー'おー_はお）．〈逐語〉鉄製のすき．'ō'ō kila（'おー'おー_きら）．〈逐語〉鋼製のすき．'ō'ō palau（'おー'おー_ぱらう）．〈逐語〉耕す用具．'ō'ōpē（'おー'おーぺー）．【（農耕用の）鋤】palau（ぱらう）．〔英語：plow〕．

スキーをする【skiをする】holohau（ほろはう）．

すぎこしのまつり【過越の祭り】 'Aha'aina Mōliaola（'あは'あいな_もりあおら）. 過越の祭りの祝宴. ユダヤ暦の1月14日に行なうユダヤ人の祭り.
【過越の祭りの期間】Pakoa（ぱこあ）.

すぎさる【(時・機会などが)過ぎ去る】hala（はら）.
【(向きを変えて)過ぎ去る】kaha, kahakaha（かは, かはかは）.
【過ぎ去った】naholo（なほろ）. nalowale（なろわれ）. puehu（ぷえふ）.
【過ぎ去った時間[道のり]】hala loa（はら_ろあ）.

ずきずきいたむ【～】⇒いたむ.

すきとおった【透き通った】aniani（あにあに）. kea（けあ）. ke'o（け'お）.

すきな【好きな】laka（らか）.

すきま【隙間】puka（ぷか）. ho'opuka（ほ'おぷか）. weke（ヴぇけ）.
【(壁・岩などの)隙間】kū'ono（く'おの）. po'opo'o（ぽ'おぽ'お）.
【隙間を作る】ho'opuka（ほ'おぷか）.

すくいだす【救い出す】ola pāna'i（おら_ぱな'い）. ho'ōla pāna'i（ほ'おら_ぱな'い）.
【救い出した】ola pāna'i（おら_ぱな'い）.

すくう【救う】ho'ōla（ほ'おら）. ho'opakele（ほ'おぱけれ）.

すくう【(ひしゃくなどで)掬う】po'o（ぽ'お）.
【(しゃもじなどで)掬い上げる】kī'o'e（ぎ'お'え）.〔動作〕カヌーをかいで漕いだり, しゃもじなどですくい上げる腕や手首の動き.

スクーナー【schooner】kuna（くな）. 通例2本マストの縦帆式帆船.〔英語〕. kia lua（きあ_るあ）.

すくない【少ない】emi（えみ）. li'ili'i（り'いり'い）.

すくなくする【少なくする】ho'ēmi（ほ'えみ）. ho'oiki（ほ'おいき）. ho'oli'ili'i（ほ'おり'いり'い）. ho'opōkole（ほ'おぽこれ）.
【少なくした】akaku'u（あかく'う）.

すくなくて【少なくて】kaka'ikahi（かか'いかひ）.

すぐに【直ぐに】hikiwawe（ひきヴぁヴぇ）. koe（こえ）. koke（こけ）. wawe（ヴぁヴぇ）.
【直ぐに実行が可能な】hikiwawe（ひきヴぁヴぇ）.

スクランブルエッグ【scrambled eggs】hua kai（ふあ_かい）. hua pākā（ふあ_ぱか）.

すぐれた【優れた】ki'eki'e（ぎ'えき'え）. lua 'ole（るあ_'おれ）. 'oi（'おい）. po'okela（ぽ'おけら）.

ずけい【(幾何学)図形】huina-（ふいな）. ⇒さんかくけい【3角形】, しかくけい【4角形】, ごかくけい【5角形】, ちょっかく【直角】.

スコール【squall】kīkīao（ききあお）.

すこし【少し】iki（いき）. kahi（かひ）.〔文法〕しばしば 'a- と 'e- または ho'o- など, 数を分類する数詞の後に付く.〔用例〕私に少しください. Na'u kahi.【少し】kauwahi（かうわひ）. wahi（わひ）.

【少ししかない】kakaʻikahi（かかʻいかひ）. nāhi（なひ）. ʻuʻuku（ʻうʻうく）.
【少しの】kahi（かひ）. nāhi（なひ）. 〔文法〕複数を表す定冠詞の nā と少しを意味する wahi の短縮形.
【少しも…しない】ʻole loa（ʻおれ_ろあ）.
【少しも…でない】ʻole loa（ʻおれ_ろあ）.
【少しもない，少しも…ない】ʻaʻohe（ʻあʻおへ）. 〔用例〕お金は少しも（全く）ないよ. ʻAʻohe kālā.
すこしのあいだまちなさい【少しの間待ちなさい】eia iho（えいあ_いほ）.
すこしのあいだやすむ【少しの間休む】luana iki（るあな_いき）.
すじをつけた【（異なった色で）筋を付けた】māʻaweʻawe（まʻあヴぇʻあヴぇ）.
すす【煤】paʻu（ぱʻう）.
すすぐ【濯ぐ】kaka（かか）.
すずしい【涼しい】aniani（あにあに）. anu（あぬ）. anuanu（あぬあぬ）. hoʻānu（ほʻあぬ）. 【（露がかかったように）涼しい】līhau（りはう）. 【涼しい】ʻolu（ʻおる）.
すずしくする【涼しくする】hoʻomaʻū（ほʻおまʻう）. hōʻolu（ほʻおる）.
すずしさ【涼しさ】anu（あぬ）. anuanu（あぬあぬ）. ʻolu（ʻおる）. 【涼しさを与える泉】pūhau（ぷはう）.
すずのした【鈴の舌】ʻulu（ʻうる）.
すすむ【進む】holo（ほろ）. 【（ゆっくり）進む】kaʻi hele（かʻい_へれ）. 【（前方へ）進む】neʻe mua, neʻe i mua（ねʻえ_むあ，ねʻえ_い_むあ）. 【（にじり）進む】ʻāneʻe（ʻあねʻえ）.
【進み出る】ala（あら）.
ススメガのようちゅう【雀蛾の幼虫】ʻenuhe（ʻえぬへ）. 〔昆虫〕ʻanuhe も同様.
スズメバチ【雀蜂】hopeʻō（ほぺʻお）. nalo hope ʻeha（なろ_ほぺ_ʻえは）. 〔昆虫〕スズメバチとその他の膜翔目まくしもく. 〈逐語〉おしりに針のあるハエ.
すすりなく【啜り泣く】ʻoē（ʻおえ）. uē（うえ）. 〔用例〕訳もなく泣く, 泣き虫. Uē wale.
【啜り泣く音】ʻowē, ʻoē（ʻおうぇ, ʻおえ）.
スタジオ【studio】keʻena（けʻえな）. 《絵画のスタジオ》keʻena kaha kiʻi（けʻえな_かは_きʻい）. 《写真のスタジオ》keʻena paʻi kiʻi（けʻえな_ぱʻい_きʻい）. 《フラのスタジオ》hālau（はらう）. pā hula（ぱ_ふら）. keʻena aʻo hula（けʻえな_あʻお_ふら）.
スタジアム【stadium】kahua pāʻani（かふあ_ぱʻあに）. 階段式観覧席のあるスタジアム, 長円形か馬蹄ばてい形の競技場, すべての種類の運動場. 〈逐語〉遊ぶための用地.
すだれ【簾】pākū（ぱく）.
スチーム【steam】māhu（まふ）.
スチームバス【steam bath】pūloʻuloʻu（ぷろʻうろʻう）.
スチュワード【steward】kuene（くえ

ね）．ウェーター，ボーイも同様．
スツール【stool】noho（のほ）．
すっかり【すっかり】le'a（れ'あ）．wale nō（われ_のー）．
すっぱい【酸っぱい】'awa（'あわ）．'awa'awa（'あわ'あわ）．
すっぱくする【酸っぱくする】hō'awa-'awa（ほー'あわ'あわ）．
すっぱさ【酸っぱさ】'awa'awa（'あわ'あわ）．
すてきな【素敵な】nani（なに）．
ステッキ【stick】⇒つえ【杖】．
すでに【既に】'ē（'えー）．〔用例〕彼らはすでに知っていた．'Ike 'ē lākou．
すてる【捨てる】kiloi（きろい）．waiho（わいほ）．
ストーブ【stove】kapuahi（かぷあひ）．調理火力をはじめ屋内の火力一般．
すどおりする【素通りする】kā'alo, kā'alo'alo（かー'あろ，かー'あろ'あろ）．
ストライキをする【strike をする】'olohani（'おろはに）．【ストライキを引き起こす】hō'olohani（ほー'おろはに）．
ストレーナー【strainer】kānana（かーなな）．茶漉し，ふるいなど．
ストレスマーク【stress mark】kālele leo（かーれれ_れお）．〔音声〕強声記号，アクセント記号も同様．
すな【砂】one（おね）．
【砂で磨みがく】ho'ōne（ほ'おーね）．
【砂をまく】kōpī（こーぴー）．
【砂だらけの】oneone（おねおね）．
【砂の】one（おね）．oneone（おねおね）．

【砂地の】one（おね）．
【砂粒】hune one（ふね_おね）．
【砂浜】kahaone（かはおね）．
【砂山】pu'u one（ぷ'う_おね）．
すなおな【素直な】ho'olono（ほ'おろの）．
すなぎも【砂肝】'ōpū（'おーぷー）．
スナック【snack】'ai māmā（'あい_まーまー）．⇒けいしょく【軽食】．
すねのほね【脛の骨】kū'au wāwae（くー'あう_ヴぁヴぁえ）．
すねる【拗ねる】ka'e（か'え）．nuha（ぬは）．
スパイ【spy】kiu（きう）．makākiu（まかーきう）．
【スパイする目】makākiu（まかーきう）．
すばやい【素早い】alamimo（あらみも）．'āwīwī（'あーうぃーうぃー）．kāholo（かーほろ）．koke（こけ）．kokoke（ここけ）．māmā（まーまー）．miki（みき）．⇒じんそくな【迅速な】．
【（特に人の邪魔をしたり，もんちゃくを起こす時など）素早い】'akakē（'あかけー）．
すばやく【素早く】koke（こけ）．
【素早く動く】he'e（へ'え）．
すばらしい【素晴らしい】nani（なに）．'oi（'おい）．
すばる【昴】⇒プレアデス．
スパン【span】kīko'o（きーこ'お）．親指と小指を張った長さ，通例約 22cm．
スプーン【spoon】puna（ぷな）．〔英語〕．
ずぶとい【図太い】'a'ano（'あ'あの）．'āwini（'あーヴぃに）．kīwini（きーヴぃ

に）．

ずぶぬれ【ずぶ濡れ（の状態）】**pulu pē**（ぷる_ぺ̄）．
【ずぶ濡れにした】**pē**（ぺ̄）．
【ずぶ濡れにする】**ho'opē**（ほ'おぺ̄）．

スプリングボード【springboard】**papa lele kawa**（ぱぱ_れれ_かわ）．水泳などの飛び板．

スペイン【Spain，スペインの，スペイン人，スペイン語】**Kepania**（けぱにあ）．**Sepania.** は異形．〔英語〕．**Paniolo**（ぱにおろ）．〔スペイン語：Español〕．

スペード【（トランプ札の）spade】**peki**（ぺき）．

すべすべした【（物の表面が）滑滑した】**mole**（もれ）．**molemole**（もれもれ）．**nia**（にあ）．**pahe'e**（ぱへ'え）．

すべて【全て】**apau**（あぱう）．**pau loa**（ぱう_ろあ）．
【全て終了した】**pau**（ぱう）．
【全ての】**holo'oko'a**（ほろ'おこ'あ）．
【全ての人】**pau ā pau**（ぱう_ā_ぱう）．
【全て持っている】**pau**（ぱう）．**pau loa**（ぱう_ろあ）．

スペリング【spelling】⇒つづる【綴る】．

すべる【滑る】**he'e**（へ'え）．**holo**（ほろ）．**kākele**（か̄けれ）．**kūkele**（く̄けれ）．**pahe'e**（ぱへ'え）．**pakika**（ぱきか）．
【（車が）滑る】**pahe'e**（ぱへ'え）．
【（雪崩などが）滑る】**holo**（ほろ）．
【滑るように走る】**holo pahe'e**（ほろ_ぱへ'え）．
【（海上の船などが…に沿って）滑るように進む】**'ōlali**（'お̄らり）．
【滑らせる】**ho'opahe'e**（ほ'おぱへ'え）．**ho'ohe'e**（ほ'おへ'え）．
【（するりと）滑り込む】**poholo**（ぽほろ）．
【滑り易い】**nakele**（なけれ）．

スポークスマン【spokesman】**waha 'ōlelo**（わは_'お̄れろ）．代弁者も同様．

スポーツしてすごす【sport して過ごす】**pā'ani**（ぱ̄'あに）．

スポーツマン【sportman】**'ālapa**（'ā らぱ）．

ズボン【ズボン，ズボン下，パンツ】**lole wāwae**（ろれ_ヴぁ̄ヴぁえ）．〈逐語〉脚の服．
【ズボンつり】**kāliki**（か̄りき）．

スポンジじょうの【sponge 状の】**ho'okalekale**（ほ'おかれかれ）．

スマ【須万】**kawakawa**（かわかわ）．〔魚〕Euthynnus yaito：サバ科スマ属．

すまないとおもう【済まないと思う】**mihi**（みひ）．**minamina**（みなみな）．

すみ【炭】**lānahu**（ら̄なふ）．**nānahu**（な̄なふ）．
【炭火で焼く】**kunu**（くぬ）．

すみ【隅】**huina**（ふいな）．【（部屋などの）隅】**kū'ono**（く̄'おの）．

すみ【（イカやタコから吐き出される）墨】**weka**（うぇか）．

すみいし【隅石】**pōhaku kihi**（ぽ̄はく_きひ）．〔建築〕．

すみきった【澄みきった】**kāla'e**（か̄ら'え）．**la'e, la'ela'e**（ら'え，ら'えら'え）．**la'i**（ら'い）．**māla'e**（ま̄ら'え）．

スミレ【(自生の)菫】pāmakani（ぱまかに）．〔植物〕Viola chamissoniana.
【(香りのよい栽培された)菫】waioleka（わいおれか）．〔英語：violet〕．
【(自生の)菫】nani Wai-ʻaleʻale（なに_わいʻあれʻあれ）．

すむ【住む】noho（のほ）．〔用例〕わたしはワイキキに住んでいます．Noho au i Waikīkī

ずめんをひく【(建築物の)図面を引く】kaha kiʻi hale（かは_きʻい_はれ）．

すらすらはなせる【すらすら話せる】poeko, poweko（ぽえこ，ぽうぇこ）．

スラックス【slacks】lole wāwae（ろれ_ヴぁヴぁえ）．

すり【(印刷の)刷り】paʻi ʻana（ぱʻい_ʻあな）．

ずりおちる【(前後に)ずり落ちる】kake（かけ）．

すりきれた【(衣服など)擦り切れた】ʻōlohe（ʻおろへ）．welu（ヴぇる）．

スリッパ【slipper】kāmaʻa（かまʻあ）．室内用の軽い上靴．kāmaʻa pale wāwae（かまʻあ_ぱれ_ヴぁヴぁえ）．上靴，室内履き．〈逐語〉足を保護する靴．pale wāwae（ぱれ_ヴぁヴぁえ）．

スリップ【underslip】muʻumuʻu（むʻうむʻう）．〔服飾〕女性用のスリップまたはシュミーズ．

すりばち【摺り鉢】poho（ぽほ）．

すりへらす【(摩擦によって)磨り減らす】waʻu（わʻう）．
【磨り減っている】ʻāpulu（ʻあぷる）．
【(衣服などを)磨り減らした】ʻāpulu（ʻあぷる）．【(端を)磨り減らした】huluhulu（ふるふる）．

すりみがく【擦り磨く】hoana（ほあな）．

すりむく【擦り剥く】mahole（まほれ）．【擦り剥いた】pohole（ぽほれ）．

すりよる【摩り寄る】neʻeneʻe（ねʻえねʻえ）．

するあいだ【(…)する間】ʻoiai（ʻおいあい）．〔用例〕あなたが仕事をしている間….ʻOiai ʻoe i ka hana, ...
【(…)する間】i（い）．〔接続詞〕．

ずるい【狡・猾い】ʻāpiki（ʻあぴき）．ʻāwini（ʻあうぃに）．maʻalea（まʻあれあ）．
【ずるさ】maʻalea（まʻあれあ）．

スループかたはんせん【sloop型帆船】kia kahi（きあ_かひ）．1本マストの船（通例，ボートよりも大型の船）．

することはなんでも【する事は何でも，するものは何でも】aia（あいあ）．

するするとすべる【(人の手の中から逃げる魚のように)するすると滑る】ʻōlali（ʻおらり）．

すると【〜】eia hoʻi（えいあ_ほʻい）．〔接続詞〕．

するどい【(剣の先など)鋭い】ʻoi（ʻおい）．wini（うぃに）．
【(急激な)鋭い音を出す】ʻuʻina（ʻうʻいな）．
【鋭い声】alawī（あらうぃー）．huini（ふいに）．
【鋭い声を上げる】huini（ふいに）．
【(器具の)鋭い刃】maka（まか）．

【(斧おの，鑿のみ，鏨たがねなど全ての)鋭い刃物】lipi, lipilipi（りぴ，りぴりぴ）．

するどさ【鋭さ】'oi（'おい）．

するときは【(…)する時は】i（い）．〔接続詞〕．

するときに【…する時に】ā（あ）．〔用例〕彼女が到着したとき，～．Ā hiki mai ia, . . .

するときはいつでも【する時は何時でも】aia（あいあ）．〔用例〕あなた次第であること，あなたにまかせます．Aia nō ia iā 'oe.

するな【～】mai（まい）．否定の命令を表すマーカー．〔用例〕泣くな．Mai uē 'oe.

するにたりる【するに足りる】ho'āpono（ほ'あぽの）．

するべきである【～】pono（ぽの）．〔用例〕あなたが行くべき人である．Pono 'o 'oe ke hele.

するやいなや【(…)するやいなや】i（い）．'emo 'ole（'えも_'おれ）．iāia（いあいあ）．彼［彼女］は…やいなや．ia'u（いあ'う）．私は…やいなや．lawa（らヴぁ）．〔用例〕仕事が終わり次第，わたしは出発します．I lawa nō ā pau ka hana, ho'i au.

するりとぬける【(魚などが手から)するりと抜ける】pakelo（ぱけろ）．

すれてひかる【(着物など)擦れて光る】'ōhinu（'おひぬ）．

すれば【(…と)すれば】i（い）．〔接続詞〕．

すわる【座る】'aha'aha（'あは'あは）．〔仕草〕いばった態度で背すじを伸ばし，ひじを張り頭を上げて座る．【(足を組んで)座る】'aha'aha（'あは'あは）．noho（のほ）．

ずんぐりした【～】'akumu（'あくむ）．pepe（ぺぺ）．pu'ipu'i（ぷ'いぷ'い）．【(背が低くて)ずんぐりした】poupou（ぽうぽう）．

すんだ【(水などが)澄んだ】a'ia'i（あ'いあ'い）．【(水晶のように)澄んだ】aliali（ありあり）．

すんぽう【寸法】ana loa（あな_ろあ）．【(衣服などの)寸法を合わせる】ho'okūkū（ほ'おくてく）．

【寸法を測る】ana（あな）．ho'oana, ho'āna（ほ'おあな，ほ'あな）．

せ

せ【背】⇒せなか【背中】．

せい【聖，聖…】⇒セント．

せい【性】keka（けか）．〔英語：sex〕．〔用例〕男性．Keka kāne. 女性．Keka wahine.

せいあつされた【征圧された】lo'ohia（ろ'おひあ）．

せいえき【精液】keakea（けあけあ）．〈比喩〉子供，種．wai（わい）．

せいおん【静穏】kuapapa（くあぱぱ）．【静穏な】noho aloha（のほ_あろは）．

せいか【聖歌】leo ho'onani（れお_ほ'おなに）．

【聖歌を歌う】kanikau（かにかう）．

せいかく【性格】'ano（'あの）．〔文法〕冠詞は ka でなく ke を使う．loko（ろ

こ）．
ぜいがく【税額】'auhau（'あうはう）．
せいかくな【正確な】maiau（まいあう）．pololei（ぽろれい）．
せいかくに【正確に】pono（ぽの）．
【正確に注目させる】pili pono（ぴり_ぽの）．
【正確に留意させる】pili pono（ぴり_ぽの）．
せいかたい【（教会の）聖歌隊】papa hīmeni（ぱぱ_ひめに）．papa pu'ukani（ぱぱ_ぷ'うかに）．
せいかつ【生活】nohona（のほな）．noho 'ana（のほ_'あな）．
【生活状態がよい】ola（おら）．
【生活様式】'ao'ao（'あお'あお）．nohona（のほな）．
せいがん【請願】noi（のい）．
【請願書】palapala noi（ぱらぱら_のい）．
ぜいかん【税関】hale kuke（はれ_くけ）．
せいぎの【正義の】ho'opono（ほ'おぽの）．
せいきゅうしょ【請求書】palapala（ぱらぱら）．
せいきゅうする【（代価を）請求する】ho'ouku（ほ'おうく）．koi, koikoi（こい，こいこい）．〔用例〕損害賠償を求める．Koi pohō．
せいきゅうにけつろんをくだす【性急に結論を下す】lele 'ē（れれ_'え）．
せいぎょする【制御する】kāohi（かおひ）．
ぜいきん【税金】'auhau（'あうはう）．

ho'okupu（ほ'おくぷ）．uku（うく）．
【税金を取り立てる】ho'ouku（ほ'おうく）．
【税金を徴収する】'auhau（'あうはう）．kau（かう）．
せいきんようび【聖金曜日】Pō'alima Hemolele, Pō'alima Maika'i（ぽ'ありま_へもれれ，ぽ'ありま_まいか'い）．〔キリスト教〕キリストの受難記念日，イースターの前の金曜日，米国では法定休日とする州もある．
せいく【（説教の題目に引用するような）聖句】kumumana'o（くむまな'お）．
せいけい【生計】ola（おら）．
【生計を支える物（人）】ko'oko'o（こ'おこ'お）．
【生計を立てる】'imi i ola（'いみ_い_おら）'imi kālā（'いみ_かられ）．
せいけつ【清潔】ma'ema'e（ま'えま'え）．
【清潔にした】ho'oholoi（ほ'おほろい）．
【清潔にする】holoi（ほろい）．ho'oma'ema'e（ほ'おま'えま'え）．
せいげん【制限】hāiki（はいき）．kaupalena（かうぱれな）．
【制限を付ける】ho'opau（ほ'おぱう）．
【制限なしの】palena 'ole（ぱれな_'おれ）．
せいげんする【（活動・量などを）制限する】ho'omalu（ほ'おまる）．
せいこう【性交】ai（あい）．hana ma'i（はな_ま'い）．〈逐語〉生殖（器）の活動．
せいこう【成功】holo pono（ほろ_ぽ

の）．幸運にも行動などが終わる．

せいこうする【成功する】holo pono（ほろ_ぽの）．loa‘a（ろあ‘あ）．〔文法〕loa‘a は受身の意味を持ち主客が入れ替わる loa‘a 型の動詞である．
【成功させる】ho‘okū‘ono‘ono（ほ‘おくー‘おの‘おの）．
【成功した】holo i mua, holoimua, holomua（ほろ_い_むあ，ほろいむあ，ほろむあ）．
【成功しない】kāhewa（かへヴぁ）．
【成功しないこと】neo（ねお）．

せいこつい【整骨医，整骨療法家】kauka lomilomi（かうか_ろみろみ）．〈逐語〉マッサージ医．

せいざ【星座】huihui（ふいふい）．⇒みなみじゅうじせい【南十字星】．

せいざする【正座する】noho kukuli（のほ_くくり）．

せいさんてきな【生産的な】hānau（はなう）．

せいじ【政治】kālai‘āina（かーらい‘あいな）．〈逐語〉土地の分割．polokika（ぽろきか）．〔英語：politics〕．
【政治家】loea kālai‘āina（ろえあ_かーらい‘あいな）．loea kālai‘āina aupuni（ろえあ_かーらい‘あいな_あうぷに）．

せいしする【制止する】kāohi（かーおひ）．

せいしつ【性質】‘ano（‘あの）．〔文法〕冠詞は ka でなく ke を使う．loko（ろこ）．‘ōuli（‘おうり）．

せいじつ【誠実】kūpa‘a（くーぱ‘あ）．mālama（まーらま）．
【誠実な】kūpa‘a（くーぱ‘あ）．

せいじゃく【静寂】maluhia（まるひあ）．
【（タブーの静けさの間のように）静寂な】mehameha（めはめは）．
【静寂にさせる】ho‘omehameha（ほ‘おめはめは）．

せいしゅく【静粛】hāmau（はーまう）．

せいじゅくさせる【（心や身体を十分に）成熟させる】ho‘omakua（ほ‘おまくあ）．

せいじゅくした【成熟した】makua（まくあ）o‘o（お‘お）．⇒じゅくす【熟す】．
【成熟した人】kanaka makua（かなか_まくあ）．

せいしゅん【青春】u‘i（う‘い）．

せいしゅんき【青春期】u‘i（う‘い）．

せいしょ【聖書，旧約聖書，新約聖書】Palapala Hemolele（ぱらぱら_へもれれ）．Paipala（ぱいぱら）．Baibala. は異形．〔英語：Bible〕．
【聖書の】Paipala（ぱいぱら）．Baibala. は異形．〔英語：Bible〕．
【（説教の題目などに引用する）聖書の言葉】po‘o‘ōlelo（ぽ‘お‘おれろ）．

せいしょ【聖所】ke‘ena kapu（け‘えな_かぷ）．

せいじょうな【清浄な】huali（ふあり）．la‘a（ら‘あ）．

せいしょうねん【青少年】‘ōpio（‘おぴお）．‘ōpiopio（‘おぴおぴお）．

せいしょく【聖職】‘oihana kahuna（‘おいはな_かふな）．
【聖職を授ける】poni（ぽに）．ho‘oponi（ほ‘おぽに）．
【聖職者】kahuna（かふな）．複数形

は kāhuna（か̄ふな）. kahuna pule（かふな_ぷれ）.〈逐語〉祈祷の熟練者. kuhina（くひな）.【聖職者の地位と勤め】'oihana kahuna（'おいはな_かふな）.

せいしょくき【生殖器】ma'i（ま'い）.

せいしょくする【生殖する】ho'ohānau（ほ'お̄はなう）. ho'ohua（ほ'おふあ）.

せいしん【精神】mauli（まうり）. na'au（な'あう）. 'uhane（'うはね）.
【精神異常】hehena（へへな）.
【精神的な幸福】pono 'uhane（ぽの_'うはね）.
【精神的（打撃）に弱い】kūnāhihi（く̄な̄ひひ）.
【精神薄弱の】hepa（へぱ）. lōlō（ろ̄ろ̄）.

せいじん【成人】kanaka makua（かなか_まくあ）. makua（まくあ）. 複数形は mākua（ま̄くあ）. o'o（お'お）.

せいじん【聖人】Kaneka（かねか）. Saneta. は異形.〔英語：Saint〕.

せいすい【聖水】wai ho'āno（わい_ほ'あ̄の）.

せいせきてん【(生徒の) 成績点】heluna（へるな）.【(学校などで与えられるような) 成績点】heluna papa（へるな_ぱぱ）.

せいぜんと【整然と】ponopono（ぽのぽの）.

せいたいし【整体師】kauka ha'iha'i iwi（かうか_は'いは'い_いヴぃ）. 脊柱指圧［調整］療法師.〈逐語〉骨折医.

せいたいのしゅくじつ【聖体の祝日】Kino o ka Haku（きの_お_か_はく）. 三位一体の祝日の後の木曜日；キリスト最後の晩餐（ばんさん）を記念する祝日.

せいたいはいりょう【聖体拝領】'Aha'aina a ka Haku（'あは'あいな_а_か_はく）.〔キリスト教〕キリストの聖体の象徴であるパンと霊の象徴であるブドウ酒のいずれか一方，またはその両方を拝領すること. 'Aha'aina Pelena（'あは'あいな_ぺれな）. 'Aha'aina Berena. は異形.〔英語：bread〕.〔キリスト教〕〈逐語〉命の糧のもてなし.

ぜいたく【贅沢】hīhīmanu（ひ̄ひ̄まぬ）. 'uha（'うは）.
【贅沢な】hīhīmanu（ひ̄ひ̄まぬ）. 'uha（'うは）.

せいちょう【成長】ulu（うる）. kupu（くぷ）.
【(動植物の) 成長力】ahuahu（あふあふ）.

せいちょうする【成長する】ulu（うる）.
【(急速に) 成長する】ahuahu（あふあふ）.
【成長させる】ho'oulu（ほ'おうる）.
【成長しきらない】'ōpiopio（'お̄ぴおぴお）.

せいつうしている【(よく) 精通している】kupa（くぱ）.
【精通した】kuluma（くるま）.
【(伝説・歴史・伝統・伝承に) 精通した，〜精通した人】pa'a mo'olelo（ぱ'あ_も'おれろ）.

【（余り）精通していない】hema-hema（へまへま）．
【精通するようになる】ho‘okama-‘āina（ほ‘おかま‾あいな）．
せいていした【制定した】holo（ほろ）．
せいてきなかんけいをもつ【性的な関係をもつ】ai（あい）．
せいと【生徒】haumana, haumāna（はうまな, はう‾まな）．
【生徒としてふるまう】ho‘ohaumāna（ほ‘おはう‾まな）．
【生徒になる】ho‘ohaumāna（ほ‘おはう‾まな）．
せいとう【政党】‘ao‘ao kālai‘āina（‘あお‘あお‾からい‘‾あいな）．
せいとうこうじょう【製糖工場，砂糖製造工場，砂糖を煮出す建物】hale puhi kō（はれ_ぷひ_‾こ）．〈逐語〉（砂糖きびの）茎を料理する建物．hale wili kō（はれ_ うぃり_‾こ）．
せいとうな【正当な】pololei（ぽろれい）．pono（ぽの）．
せいとん【整頓】pono（ぽの）．
せいとんした【整頓した】ponopono（ぽのぽの）．
せいとんする【整頓する】ho‘opono-pono（ほ‘おぽのぽの）．
せいねんじだい【青年時代】wā ‘ōpio, wā ‘ōpiopio（‾わ_‘‾おぴお, ‾わ_‘‾おぴおぴお）．
せいはつする【整髪する】‘ako（‘あこ）．‘ako‘ako（‘あこ‘あこ）．
せいふ【政府】aupuni（あうぷに）．
【政府の建物】hale aupuni（はれ_あうぷに）．

【政府機関】pulo（ぷろ）．buro. は異形．〔英語：bureau〕．
せいふくしゃ【征服者】na‘i（な‘い）．
せいふくする【（敵などを）征服する】ho‘okūlou（ほ‘お‾くろう）．ho‘opio（ほ‘おぴお）．na‘i（な‘い）．
【征服された】lo‘ohia（ろ‘おひあ）．
【征服した】pio（ぴお）．puni（ぷに）．
せいふん【製粉】⇒こな（粉）をひく．
【（小麦粉）製粉機】kāwili palaoa（‾かうぃり_ぱらおあ）．
せいべつする【（油を塗り）聖別する】hamo（はも）．〔キリスト教〕．
せいべつのしゅくえん【（家・教会・カヌー・魚取りの網などの）聖別の祝宴】‘aha‘aina ho‘ola‘a（‘あは‘あいな_ほ‘おら‘あ）．
せいほうけい【正方形】huinahā kaulike（ふいな‾は_かうりけ）．
せいほうの【西方の】⇒にし．
せいほん【製本】humuhumu puke（ふむふむ_ぷけ）．
ぜいむしょ【税務署】hale ‘auhau（はれ_‘あうはう）．〈逐語〉税金を支払う建物．
せいめい【声明】ha‘ina（は‘いな）．
せいめい【生命】ea（えあ）．mauli（まうり）．ola（おら）．
【生命の中枢】mauli（まうり）．
【生命の源】kumulipo（くむりぽ）．
【生命を授ける】ola（おら）．
せいめいほけん【生命保険】‘inikua ola（‘いにくあ_おら）．
せいもんへいさおん【声門閉鎖音・声門破裂子音】‘okina（‘おきな）．‘u‘ina

('う'いな).〔文法〕ハワイ語の子音の一つで，音を切って発声する．記号は［'］で表す．グロッタルストップ［glottal stop］は英語．⇒オキナ．

せいよう【静養】maha, mahamaha（まは，まはまは）．

せいようナシ【西洋梨】pea（ぺあ）．〔英語：pear］．

せいよく【性欲】kuko（くこ）．

せいり【整理】pono（ぽの）．
【整理する】ho'oponopono（ほ'おぽのぽの）．

せいりてきようきゅうをしょうずる【（排泄などの）生理的要求を生ずる】ho'opau pilikia（ほ'おぱう_ぴりきあ）．〔用例〕トイレ，屋外便所．Wahi ho'opau pilikia.

せいりほぞんする【（カードなどを）整理保存する】ho'opihapiha（ほ'おぴはぴは）．

せいりようナプキン【生理用 napkin】kī'amo（きぃ'あも）．

せいりょく【勢力】ikaika（いかいか）．【勢力のある】ko'iko'i（こ'いこ'い）．【勢力のある国民】mana（まな）．⇒マナ．

せいりょく【精力】ikaika（いかいか）．ehuehu（えふえふ）．ahuahu（あふあふ）．
【精力的な】ahuahu（あふあふ）．lapa（らぱ）．mahi（まひ）．〔用例〕闘鶏とうけい．Moa mahi.

せいれい【聖霊，（正教会で）聖神】kōkua（こぉくあ）．【聖霊】'Uhane Hemolele（'うはね_へもれれ）．〔キリスト教〕三位一体の第三位；キリストを通して人間に働きかける神の霊．

せいれいな【精励な】lawehana（らヴぇはな）．pa'ahana（ぱ'あはな）．

せいれいの【聖霊の】lani（らに）．

せいれつさせる【整列させる】ho'onoho papa（ほ'おのほ_ぱぱ）．

ぜいをかす【（人・収入・財産・物品などに）税を課す】'auhau（'あうはう）．

せいをつぐ【姓を継ぐ】ho'okū（ほ'おくぅ）．

セーター【sweater】kueka（くえか）．〔英語〕．

せかい【世界】ao（あお）．honua（ほぬあ）．

せかせかする【（子供などが）せかせかする】pīhole（ぴぃほれ）．

せき【咳】kunu（くぬ）．【咳き込む】'ahē（'あへぇ）．
【咳をする】'ahē（'あへぇ）．kunu（くぬ）．nū（ぬぅ）．

せき【（掛算の）積】hua loa'a（ふあ_ろあ'あ）．

せきうん【積雲】kaha'ea（かは'えあ）．〔気象〕発達すると積乱雲となり，雨を降らせる．

せきじゅうじしゃ【赤十字社】Hui Ke'a 'Ula'ula（ふい_け'あ_'うら'うら）．Ke'a 'Ula'ula（け'あ_'うら'うら）．

せきしょく【赤色】helo（へろ）．'オヘロ・ベリー［'ōhelo］のような赤い色．nono（のの）．⇒あか【赤】．
【赤色の液体】wai 'ula（わい_'うら）．

せきぞう【石像】ki'i pōhaku（き'い_ぽはく）.

せきたてる【急き立てる】ho'olale（ほ'おられ）. ho'owiki（ほ'おうぃき）.

せきたん【石炭】lānahu（らなふ）.

せきたんがら【石炭殻】pula lānahu（ぷら_らなふ）.

せきちゅう【脊柱】iwikuamo'o（いヴぃくあも'お）. kālī（かりー）. kuamo'o（くあも'お）.

せきどう【赤道】pō'ai-waena-honua（ぽ'あい-わえな-ほぬあ）.〔文法〕ハイフン表記. 星座名も同様.

せきにん【責任】kuleana（くれあな）.
【責任を課する】ho'okau（ほ'おかう）.
【責任を委ゅだねる】ho'okau（ほ'おかう）.

せきにんしゃ【(仕事に関する)責任者】luna hana（るな_はな）.

せきねつした【赤熱した】'ena（'えな）. 'ena'ena（'えな'えな）.〈比喩〉激怒した, 怒った. mākole（まこれ）.

せきねつしている【赤熱している】'ena'ena（'えな'えな）. liko（りこ）. makawela（まかうぇら）.

せきばらいをする【咳払いをする】pūhā（ぷほ）.

せきひ【石碑】kia ho'omana'o（きあ_ほ'おまな'お）.

せきゆ【石油】'ailahonua（'あいらほぬあ）.

せきり【赤痢】hī（ひ）.〔病理〕

せこぶ【(ラクダなどの)背瘤】kuapu'u（くあぷ'う）.

セコンド【second】⇒びょう【秒】.

せだい【世代】hanauna（はなうな）.

せつ【(竹またはサトウキビなどの)節】puna（ぷな）. ⇒ふし【節】.

せつ【(文章などの)節】māmala'ōlelo（まーまら'おれろ）.〈逐語〉言葉の破片.

ぜつえんした【絶縁した】hemo（へも）.

せっかい【石灰】pa'akea（ぱ'あけあ）. puna（ぷな）.
【石灰層】pa'akea（ぱ'あけあ）.

せっきょうする【説教する】ha'i'ōlelo（は'い'おれろ）.【(子供などに)説教する】pale（ぱれ）.

ぜっきょう【絶叫】oho（おほ）.

ぜっきょうする【絶叫する】ho'ōho（ほ'おーほ）.

せっきんしてみる【接近して(じっと)見る】⇒かんさつする【観察する】.

せっきんする【接近する】a'e（あ'え）. ho'okokoke（ほ'おこここけ）.
【接近した】kokoke（こーこけ）.
【接近している】eia aku（えいあ_あく）.

せっけいず【設計図】ana（あな）.

せっけん【石鹸】kopa（こぱ）. sopa. は異形.〔英語：soap〕.
【石鹸の泡】hu'a（ふ'あ）. hu'a kopa（ふ'あ_こぱ）. hu'ahu'a kopa（ふ'あふ'あ_こぱ）.
【棒(状の)石鹸】'aukā kopa（'あうかー_こぱ）.

せっこう【石膏】puna（ぷな）.

せつごう【接合】ku'ina（く'いな）. palena（ぱれな）.

せつごうする【接合する】hui（ふい）. ho'oku'i（ほ'おく'い）. ku'i, ku'iku'i（く

せつごうようの

'い，く'いく'い).pāku'i (ぽく'い).
pili (ぴり).
【接合した】huihui (ふいふい).
せつごうようの【接合用の】hīki'i (ひき'い).hīki'iki'i (ひき'いき'い).
せつじ【接辞】pāku'i (ぽく'い).⇒ せっとうじ【(ハワイ語の) 接頭辞】，せつびじ【接尾辞】.
せっしょう【摂政】kuhina (くひな).
せっしょくさせる【(二つの物を)接触させる】pāpā (ぽぽ).【(繰り返して物を)接触させる】ho'opāpā (ほ'おぽぽ).
せっしょくする【接触する】pā (ぽ).pili (ぴり).
せっせとはげむ【せっせと励む】lilo (りろ).
せっせとはたらく【せっせと働く】pa'ahana (ぱ'あはな).
せっそうのない【節操のない】kolohe (ころへ).
せつぞくし【接続詞】huipū (ふいぷ).接続詞と接続詞句があり，接続詞句の多くは慣用句となっている.〔用例〕そして.ā me (しばしば ame と発音される).しかし.akā.何故ならば.No ka mea.
せつだん【切断】'oki ('おき).'okina ('おきな).ho'omoku (ほ'おもく).
せつだんする【切断する】hō'oki (ほ'おき).'oki ('おき).
【切断させる】hō'oki (ほ'おき).
【切断される】moku (もく).
【切断した】muku (むく).mukumuku (むくむく).mumuku (むむ

く).mu'umu'u (む'うむ'う).
せっちする【設置する】kūkulu (くくる).ho'onoho (ほ'おのほ).
せっちゃくざい【接着剤】pona (ぽな).bona. は異形.〔英語：bond〕.
せっとうじ【(ハワイ語の) 接頭辞】pāku'i (ぽく'い).hua pāku'i mua (ふあ_ぽく'い_むあ).

'a- ('あ).数字に付く接頭辞.

'ā- ('あ).「…の性質を帯びて，…の特質を持っている」などの漠然とした意味を持つ語に付く接頭辞.〔用例〕hina［灰色］→ āhina［灰色の］.

aka- (あか).「注意深く，入念に，ゆっくり」の意味が付く接頭辞.〔用例〕hoe［漕ぐ］→ akahoe［ゆっくり漕ぐ］.食べる['ai]→ aka'ai［ゆっくり食べる］.

'e- ('え).数字に付く接頭辞.

hau- (はう).「きたない，不愉快な」を表す接頭辞.「支配者，統治者」にも同じ接頭辞が付くが，語源のポリネシア語が異なる.

kā- (か).使役動詞または擬態派生語である ho'o- の使い方に類似した意味を持つ接頭辞.ただし特定の語幹にだけ使われる.〔用例〕hinu［油］→ kāhinu［油などをすり込む］.ko'o［床柱］→ kāko'o［支える，維持する］.wili［回す］→ kāwili［かき混ぜる］など.

kai- (かい).6つの親族関係語に使われる接頭辞：弟・妹［kaikaina］，配偶者の兄弟［kaiko'eke］，兄・姉［kaikua'ana］，兄弟・男の従兄弟

[kaikunāne]，姉妹・女の従兄弟 [kaikuahine]，めい [kaikamahine]．

kia-（きあ）．カヌーの型式に付く接頭辞．

lā-（ら）．人称代名詞三人称複数の lāua と lākou だけに付く接頭辞．

lī-（り）．種々の海草の名に付く接頭辞．lī- は limu [海草] の短縮形．

mā-（ま）．一人称の複数を表す代名詞 [mākou, māua] と所有代名詞だけに用いられる特別な接頭辞．複数を示すいくつかの言葉にも付く．

'ō-（'お）．類似を表す接頭辞．

pa-, pā-（ぱ，ぱ）．「…の性質を帯びて，…の特質を持っている」などの漠然とした意味を持つ語に付く接頭辞．

pā-（ぱ）．数字に付く接頭辞．

pe-, pē-（ぺ，ぺ）．「…のような」を意味する語となる接頭辞．〔用例〕pehea（どうして），pēia, pēlā, penei（このように…）．

u-（う）．複数を表す接頭辞．〔用例〕uhaele, ulawai'a, unonoho.

ゼットじけいの【Z字形の】**kīke'e**（きけ'え）．**kīke'eke'e**（きけ'えけ'え）．

せつびじ【接尾辞】**pāku'i**（ぱく'い）．

-a（あ）．受動態または命令法を表す接尾辞．

-hia（ひあ）．受動態を表す接尾辞．〔用例〕kilohia. 観察される．

-hine（ひね）．女性を表す接尾辞．

-kou（こう）．複数を示す接尾辞．我々 [kākou]，我々に [mākou]，あなた方 ['oukou]，彼等に [lākou].

-lana（らな）．名詞化する接尾辞．〔用例〕休息所．kaulana.

-la'i（ら'い）．他動詞化する接尾辞．

-lia（りあ）．受動態または命令法を表す接尾辞．

-lua（るあ）．'olua などの代名詞と所有代名詞に使われ双数を表す．

-mia（みあ）．受動態または命令法を表す接尾辞．

-na（な）．名詞化する接尾辞．

-u（-う）．人称代名詞二人称単数所有格の接尾辞．〔用例〕kāu, kou.

-'u（-'う）．人称代名詞一人称単数所有格の接尾辞．〔用例〕ka'u, ko'u, ku'u.

せつびする【設備する】**ho'onoho**（ほ'おのほ）．

ぜっぺき【絶壁】**'ali**（'あり）．**'a'ali**（'あ'あり）．**awāwa**（あわわ）．**Hono-**（ほの）．⇒ホノ．**pali**（ぱり）．〈比喩〉傲慢ごうまんな，軽蔑的な；困難．【(鋸のこぎり状の [歯状形の]) 絶壁】**pali ku'i**（ぱり_く'い）．【絶壁から（水しぶきをあげずに水の中に）飛び込む】**lele kawa**（れれ_かわ）．〔用例〕飛び込み板．Papa lele kawa.【絶壁から飛ぶ [落下する]】**lele pali**（れれ_ぱり）．崖から水の中へ飛び込む古来のスポーツを練習する．【絶壁の階段】⇒かいだん【階段】．【絶壁をなす】**kūlono**（くろの）．

せっぺん【切片】**moku**（もく）．**poke**（ぽけ）．

せつぼうする【切望する】**ake**（あけ）．**'ano'i**（'あの'い）．**'ono**（'おの）．**'upu**（'うぷ）．

217

せつめい【説明】ho'ākaaka（ほ_'あかあか）. ho'omōakaaka（ほ'おも̄あかあか）.
【説明書】puke kuhikuhi（ぷけ_くひくひ）.
せつめいする【説明する】hō'ike（ほ̄'いけ）. ho'omōakaaka（ほ'おも̄あかあか）. wehewehe（ヴぇヘヴぇヘ）. 〔用例〕明確にすること. Wehewehe 'ana.
【説明するための考え】mana'oha'i（まな'おは'い）.
ぜつめつ【絶滅】make（まけ）.
ぜつめつする【絶滅する】luku（るく）.
せつやく【節約】minamina（みなみな）.
せつやくする【節約する】kāpae（か̄ぱえ）.
せつりつする【設立する】ho'okahua（ほ'おかふあ）. ho'onoho（ほ'おのほ）. kūkulu（く̄くる）.【(団体などを)設立する】ho'okū（ほ'おく̄）.
せなか・せ【背中・背】kua（くあ）.
【背中の荷物】kua（くあ）.
【背中に背負って運ぶ】'awe（'あヴぇ）. 'awe'awe（'あヴぇ'あヴぇ）.
【(荷物を)背中に背負って運ぶ】hā'awe（は̄'あヴぇ）.
【(子供などを)背中に背負って運ぶ】kua（くあ）.
【背の低い人】'ā'ā（'あ̄'あ）.
【背を向ける】huli kua（ふり_くあ）.
ぜにん【是認, 是認された】ho'āpono（ほ'あ̄ぽの）.
せのびする【背伸びする】oni（おに）.
ゼブラ【zebra】⇒シマウマ【縞馬】.

セブンスデイアドベンティスト【Seventh Day Adventist religion】Ho'omana Pō'aono（ほ'おまな_ぽ̄'あおの）. 〔キリスト教〕キリスト教の分派の一つ，土曜日を安息と礼拝の主日とする.
せぼね【背骨】iwikuamo'o（いヴぃくあも'お）. kuamo'o（くあも'お）.
せまい【狭い】hāiki（は̄いき）.
セミエビ【蝉海老(の類)】ula pāpapa（うら_ぱ̄ぱぱ）. 食用のエビ.
セミコロン【semicolon［；］】kiko koma（きこ_こま）.〈逐語〉小点読点. kiko ho'omaha（きこ_ほ'おまは）.〈逐語〉休んでいる句読点.
せむし【～, せむしの】kuapu'u（くあぷ'う）.
せめる【責める】ho'olawehala（ほ'おらヴぇはら）.
セメント【cement】kameki（かめき）.
セレナーデ【serenade】mele ho'oipoipo（めれ_ほ'おいぽいぽ）.〈逐語〉求愛歌.
ゼロ【zero,(アラビア数字の)0】'ole（'おれ）. ⇒れい【(数詞の) 0・零】, 本文末「数詞・数字」を参照.
セロリ【celery】kelaki（けらき）. kalelē（かれれ̄）.〔野菜〕.〔英語〕.
せわ【世話】mālama（ま̄らま）.
【世話をする】lawelawe（らヴぇらヴぇ）. mālama（ま̄らま）. moamoa（もあもあ）. ho'omoamoa（ほ'おもあもあ）. pūlama（ぷ̄らま）.
せわしくうごかす【忙しく動かす】kūwili, kūwiliwili（く̄ヴぃり, く̄ヴぃり

ヴぃり).
せわする【(子供などを) 世話する】hiʻipoi（ひʻいぽい）.
せん【(詰め物としての) 栓】kīʻamo（きʻあも）. ʻomo（ʻおも）. pani（ぱに）.
【(瓶・樽たるなどの) 栓】pani ʻōmole（ぱに_ʻおもれ）. ʻumoki（ʻうもき）.
【栓抜き】wilipuaʻa（うぃりぷあʻあ）.
せん【千, 1000 の, 1000 個（の）, 1000 人（の）】kaukani（かうかに）. tausani. は異形.〔英語：thousand〕.
せん【線, 直線】kaha, kahakaha（かは, かはかは）.
【線が分れる】mana（まな）. 一つの線から別の線が突き出た状態. ⇒えだ.
【線で描く】kaha kiʻi（かは_きʻい）. 絵や図案を線で描く.
【線を引く】kaha, kahakaha（かは, かはかは）.
【線画】kahana（かはな）.
ぜんあくのかんねん【善悪の観念】lunaʻikehala（るなʻいけはら）.
せんい【(ココナッツの外皮から取れる) 繊維】ʻaʻa（ʻあʻあ）.【(細い糸状の) 繊維】maʻawe, māʻaweʻawe（まʻあヴぇ, まʻあヴぇʻあヴぇ）.
【(細い) 繊維を作る】hoʻomaʻawe（ほʻおまʻあヴぇ）.
せいしつ【(果物や葉っぱにある目の粗い) 繊維質】heu（へう）.
せんいん【船員】ʻaukai（ʻあうかい）. ʻaumoana（ʻあうもあな）. holokahiki（ほろかひき）. holomoku（ほろもく）. kelamoku（けらもく）.〈逐語〉船の水兵. luina（るいな）.
せんえき【染液】wai（わい）. waihoʻoluʻu（わいほʻおるʻう）.
ぜんおんぷ【全音符】hua ʻokoʻa（ふあ_ʻおこʻあ）. ʻokoʻa（ʻおこʻあ）.〔音楽〕.
せんかい【旋回】kaʻapuni（かʻあぷに）.
せんかん【戦艦】moku kaua（もく_かうあ）. pāpū lewa（ぱぷ_れヴぁ）.
ぜんきの【前記の】ia（いあ）. ua（うあ）.〔文法〕通例, 名詞の前に来るマーカーであり, nei または lā が後に続く. ⇒マーカー.
せんきゃく【船客】eʻe moku（えʻえ_もく）.
せんきょ【選挙】kau koho pāloka（かう_こほ_ぱろか）. koho pāloka（こほ_ぱろか）.【(予備) 選挙】koho wae moho（こほ_わえ_もほ）.〈逐語〉立候補者選出選挙.
【選挙期間】kau koho pāloka（かう_こほ_ぱろか）.
【選挙人】mea koho（めあ_こほ）.
せんきょうし【宣教師】kahuna aʻo（かふな_あʻお）. mikanele, mikinele, mikionali（みかねれ, みきねれ, みきおなり）. mikionari, misionari. は異形.〔英語：missionary〕.
【宣教師のようにふるまう】hoʻomikanele（ほʻおみかねれ）.〈比喩〉善人ぶる.
せんきょする【選挙する】koho（こほ）. koho pāloka（こほ_ぱろか）.
せんげん【宣言】kuahaua（くあはうあ）.

せんけんしゃ【先見者】kāula（かうら）. kilo（きろ）. kuhikuhipuʻuone（くひくひぷʻうおね）.

せんげんする【宣言する】hoʻopuka（ほʻおぷか）. kuahaua（くあはうあ）. kūkala（くから）.

せんこう【(稲妻の) 閃光】lapa uila（らぱ_ういら）.

ぜんごに【前後に】kīkeʻekeʻe（きけʻえけʻえ）.
【前後に動く】mahiki, māhikihiki（まひき, まひきひき）.
【前後に擦すれる】olo（おろ）.
【前後に揺れる】māewa（まえヴぁ）.

せんざい【(舷外材または舷外浮材などの) 船材】lālā（らら）.

ぜんさい【前菜】pūpū（ぷぷ）. 〔料理〕昔は, 魚・鶏・バナナなどがアワ酒 (カバ, カワカワ) と共に出された.

せんさいな【繊細な】hunehune（ふねふね）.

せんさくする【詮索する】ʻōhiki（ʻおひき）.

せんさくずきな【詮索好きな】hoʻonīele（ほʻおにえれ）.

せんし【戦士】pūʻali（ぷʻあり）.
【(ハワイ人) 戦士の子供達の集まり】ʻAhahui Māmakakaua（ʻあはふい_ままかかうあ）. 〈逐語〉戦士協会.

せんしじだいのえ【先史時代の絵 [彫刻]】⇒いわ【岩に描かれた線画】, ペトログリフ.

せんしつ【船室】kāpena（かぺな）. 〔英語：cabin〕.

ぜんしゃの【前者の】kēlā（けら）.

せんしゅ【選手；各種のレースまたはレスリングや賭競技に参加するために選ばれた代表者】moho（もほ）.

センジュギク【千寿菊】ʻōkoleʻoiʻoi（ʻおこれʻおいʻおい）. ⇒マリーゴールド.

ぜんじゅつの【前述の】ua（うあ）. 〔文法〕uaは, 通例名詞の前に来るマーカーで, nei または lā/la が後に続き, 「前記の, 前に述べた」となる. 〔用例〕前述のあの山は高い. Kiʻekiʻe ua kuahiwi lā.

せんじょう【戦場】kahua hoʻouka（かふあ_ほʻおうか）. 〈逐語〉攻撃のための用地.

せんしん【専心】kaukahi（かうかひ）. 一つの目的にひたむき (直向き) であること.

ぜんしん【全身】nui kino（ぬい_きの）.

ぜんしん【前進】holo i mua, holoimua, holomua（ほろ_い_むあ, ほろいむあ, ほろむあ）. カメハメハスクールの標章には IMUA が使われている.

ぜんしんする【前進する】holo i mua, holoimua, holomua（ほろ_い_むあ, ほろいむあ, ほろむあ）. neʻe mua, neʻe i mua（ねʻえ_むあ, ねʻえ_い_むあ）.
【前進させる】hoʻoneʻe mua（ほʻおねʻえ_むあ）.

せんせい【先生】kumu（くむ）. kumu aʻo（くむ_aʻお）.

せんせいじゅつか【占星術家】kilo（き

ろ). kilo hōkū（きろ_ほ̄く）.〈逐語〉星を観察したり研究する.

せんせいしょ【宣誓書】'ōlelo hō'ike（'お̄れろ_ほ̄'いけ）. palapala hō'ike（ぱらぱら_ほ̄'いけ）. palapala ho'ohiki 'ia（ぱらぱら_ほ'おひき_'いあ）.

せんせいする【宣誓する】ho'ohiki（ほ'おひき）.

せんぞ【先祖】hanauna（はなうな）. makua ali'i, makuali'i（まくあ_ ありい, まくあり'い）.

せんそう【戦争, 戦争を仕掛ける】kaua（かうあ）.

せんそうぶっし【戦争物資】waiwai kaua（わいわい_かうあ）.

ぜんそく【喘息, 喘息などで（ぜいぜい）息を切らす】hānō（ほ̄の̄）.

せんたい【船隊】'au moku（'あう_もく）. ulu moku（うる_もく）.

ぜんたいてきにみて【全体的に見て】'oko'a（'おこ'あ）.

ぜんたいの【全体の】holo'oko'a（ほろ'おこ'あ）. 'oko'a（'おこ'あ）.

せんたく【洗濯】holoi（ほろい）. 【洗濯板の上で, 上下に着物を擦る】'upa'upā（'うぱ'うぱ̄）. 【洗濯機】mīkini holoi（み̄きに_ほろい）. 【洗濯たらい（盥）】kapu holoi（かぷ_ほろい）. kapu wai（かぷ_わい）. 【洗濯物】lole holoi（ろれ_ほろい）.

せんたく【選択】koho（こほ）. 'ohina（'おひな）. 【（正しい）選択】koho pololei（こほ_ぽろれい）.

せんたくする【洗濯する】holoi（ほろ

い）.

せんたくする【選択する】wae（わえ）.

せんたん【先端】'ēlau（'え̄らう）. kihi（きひ）. kōkī（こ̄き̄）. nuku（ぬく）. wēlau（ヴぇ̄らう）.
【（舌の）先端】lau（らう）.
【（屋根などの）先端】pū'o'a（ぷ̄'お'あ）.

せんたんの【先端の】mio（みお）.

せんだん【船団】'au moku（'あう_もく）. ulu moku（うる_もく）.

ぜんちし【（ハワイ語の）前置詞】'ami（'あみ）. 'inaleo（'いなれお）. 'inawaena（'いなヴぇえな）.〔文法〕本書では「～を示すマーカー」としている. ⇒巻末資料『日本語の品詞とハワイ語との対応』など参照.

せんちょう【船長】kāpena（か̄ぺな）.〔英語：captain〕.

ぜんちょう【前兆】'ōuli（'お̄うり）.

せんてい【選定】koho（こほ）.

せんていする【剪定する】ho'olālā（ほ'おら̄ら̄）.

セント【cent】keneka（けねか）.〔英語〕. 米国・カナダなどの貨幣単位. 100分の1ドル.

セント【Saint】Kāna（か̄な）. Sana. は異形. 聖…. 〔用例〕セントルイス［Saint Louis］. Kāna Lui.

せんとう【（教会などの）尖塔】pū'o'a（ぷ̄'お'あ）.

せんとう【先頭】maka（まか）.

せんとう【戦闘】kaua paio（かうあ_ぱいお）.
【戦闘隊】pū'ulu kaua（ぷ̄'うる_かう

あ）.
【戦闘用こん棒】pālau（ぱらう）. lā'au pālau（らあう_ぱらう）.
ぜんとうこつ【前頭骨】iwi kānana（いヴぃ_かなな）.〔解剖〕額の輪郭を形成している頭蓋骨の前方の骨.
せんどうする【扇［煽］動する】hō'eu（ほえう）. ho'oulu, ho'ūlu（ほおうる, ほうる）. ho'okipi（ほおきぴ）.
せんばいとっきょしょう【専売特許証】palapala ho'okuleana（ぱらぱら_ほおくれあな）. palapala kila（ぱらぱら_きら）. palapala sila. は異形.
せんぱくな【浅薄な】ho'opulelehua（ほおぷれれふあ）. pāpa'u（ぱぱう）.
せんばつ【選抜】'ohina（おひな）. koho（こほ）.
せんばつする【選抜する】wae（わえ）.
せんび【（カヌーの）船尾】kīkala（きから）.
せんぷうき【（電気）扇風機】pe'ahi uila（ぺあひ_ういら）.
せんぷくし【繊匐枝】kāili（かいり）. サツマイモの蔓つるのせんぷくし：巻き付くところ.
【繊匐枝のある植物】'āhihi（あひひ）.
ぜんぶの【全部の】pau（ぱう）.
ぜんぶふくめて【全部含めて】pau pū（ぱう_ぷ）.
せんべつ【餞別】makana hele（まかな_へれ）.〈逐語〉出発の贈り物.
せんべつする【選別する】wae（わえ）.
ぜんぽうに【前方に，前部，前方の位置】mua（むあ）.

【前方に押させる】ho'one'e（ほおねえ）.
【（光のように）前方にきらめく】mohala（もはら）.
【前方へ押す】ho'omua（ほおむあ）.
【前方へ進む】ne'e mua, ne'e i mua（ねえ_むあ，ねえ_い_むあ）.
せんぼつしょうへいきねんび【戦没将兵記念日】⇒メモリアルデー.
ぜんめんガラス【（自動車の）前面ガラス】pale makani（ぱれ_まかに）.
せんめんき【洗面器】ipu 'au'au（いぷ_あうあう）. ipu holoi（いぷ_ほろい）. ipu wai 'au'au（いぷ_わい_あうあう）. pā holoi（ぱ_ほろい）. po'i wai holoi（ぽい_わい_ほろい）.
ぜんめんにおく【前面に置く，前面に横たえる】hau（はう）.
せんもん【泉門】pūniu（ぷにう）. ⇒ひよめき【顋門】.
せんりつ【（歌の）旋律】leo, leleo（れお，れれお）. leo mele（れお_めれ）.
せんりひん【戦利品】waiwai kaua（わいわい_かうあ）.
せんりょう【染料】wai（わい）.
ぜんりょう【善良】pono（ぽの）.
ぜんりょくをつくす【全力を尽くす】ku'upau（くうぱう）.
せんれい【洗礼】hānau hou（はなう_ほう）.
【洗礼を施す，洗礼の】papekiko（ぱぺきこ）. bapetiso. は異形.
せんれいしき【洗礼式】papakema, papekema（ぱぱけま，ぱぺけま）. bapatema, bapetema. は異形.〔英

語：baptism】.
せんれいしこうしゃ【洗礼施行者】Papekike, Papekiko（ぱぺきけ，ぱぺきこ）. Bapetite, Bapetiso. は異形.
せんろ【(鉄道の)線路】alahao（あらはお）.〈逐語〉鉄の道.

そ

そう【層】papa（ぱぱ）.
ゾウ【象】'elepani, elepani（'えれぱに，えれぱに）.〔英語：elephant〕.
ぞう【像】ki'i（き'い）.
そういうふうに【～】pēlā（ぺら）.
そういうわけで【そういう訳で】eia kā（えいあ_か）.
そういっただろう【そう言っただろう】aia lā（あいあ_ら）.〔間投詞〕.
そううん【層雲】pua'a（ぷあ'あ）.
ぞうお【憎悪】mana'o 'ino（まな'お_'いの）.
【憎悪の感情】manene（まねね）.
そうおん【騒音】halulu（はるる）. kulikuli（くりくり）. wawā（わわ）.
【騒音を立てる】kakani（かかに）. ho'okakani（ほ'おかかに）. wā（わ）.
ぞうか【増加】māhua, māhuahua（まふあ，まふあふあ）.
ぞうかする【増加する】ho'omano（ほ'おまの）.
【増加させる】ho'onui（ほ'おぬい）.
そうぎ【葬儀，葬式】ho'olewa（ほ'おれヴぁ）.
【葬式の集まり】anaina ho'olewa（あないな_ほ'おれヴぁ）.
【葬儀屋の建物，葬式用の特別休憩室】hale ho'olewa（はれ_ほ'おれヴぁ）.
ぞうきょうする【増強する】ho'okūpa'a（ほ'おくぱ'あ）.
そうきん【送金】uku（うく）.
ぞうげ【象牙】niho 'elepani（にほ_'えれぱに）.
そうけい【総計】huina helu（ふいな_へる）.〈逐語〉いくつもの数の総計.
そうこ【倉庫】ahu waiwai（あふ_わいわい）. waihona（わいほな）.
そうごうけい【総合計】heluna（へるな）.
そうごんな【荘厳な】'e'ehia（'え'えひあ）. hīhīmanu（ひひまぬ）. kilakila（きらきら）.
そうさく【捜索】huli（ふり）. hulihuli（ふりふり）. 'imina（'いみな）.
そうさくする【捜索する】'akiu（'あきう）. huli（ふり）. 'imi（'いみ）.
そうさくする【創作する】haku（はく）.
そうさする【捜査する】kolokolo（ころころ）. nieniele（にえにえれ）.
そうざんじ【早産児】mumuku（むむく）.
そうし【創始】kinohi（きのひ）.
そうじする【掃除する】pūlumi（ぷるみ）. burumi. は異形.〔英語：broom〕.
【(家を)掃除する，掃除する人】pūlumi hale（ぷるみ_はれ）.
【(濡れた雑巾や水で)掃除する[ごしごし擦る]】kāwele wai（かヴぇれ_わい）.

そうじふ【(耳などを)掃除する】'ōhiki（'おひき）.
そうじふ【掃除夫】pūlumi hale（ぷるみ_はれ）.
そうじゅうする【(船長などが船を)操縦する】ho'okele（ほ'おけれ）.【(頻繁に)操縦する】ho'okelekele（ほ'おけれけれ）.
そうじょう【僧正】pīhopa（ぴほぱ）. bihopa. は異形.〔仏教〕.
そうしょうてきな【総称的な】kenelala（けねらら）. generala. は異形.〔英語：general〕.
そうしょく【僧職】'oihana kahuna（'おいはな_かふな）.
そうしょく【装飾】wehi（うぇひ）.【装飾の】ho'onani（ほ'おなに）.
そうしょく【装飾する】ho'ohiwahiwa（ほ'おひヴぁひヴぁ）. ho'onani（ほ'おなに）. wehi（ヴぇひ）. ho'owehi（ほ'おヴぇひ）.
【装飾した，装飾物】kīnohi, kīnohinohi（きのひ，きのひのひ）.
ぞうしょくする【増殖する】ho'oulu（ほ'おうる）.
そうすいかん【送水管】'ohe wai（'おへ_わい）.
ぞうすいしてうねる【(海などが)増水してうねる】'aui（'あうい）.
そうすう【総数】heluna（へるな）.
そうすう【双数】helulua（へるるあ）.〔文法〕双数は両数ともいう. pālua（ぱるあ）.
そうせいき【(旧約聖書の)創世記】KINOHI（きのひ）.〔聖書〕旧約聖書モーゼ五書の第一書.
ソーセージ【sausage】na'aukake（な'あうかけ）.
そうせいじ【双生児】⇒ふたご【双児】.
ぞうせん【造船，造船業，造船業者】kāpili moku（かぴり_もく）.
ぞうせんこう【造船工】kamanā kāpili moku（かまなー_かぴり_もく）.
そうそうか【葬送歌】kanikau（かにかう）. mele kanikau（めれ_かにかう）.
そうぞうしい【騒々しい】'ikuwā（'いくわー）. kakani（かかに）. kuli（くり）. kulikuli（くりくり）.〔用例〕うるさいぞ. Kulikuli! olokē（おろけ）. wā（わー）.
【騒々しい口調】wawā（わわー）.
【騒々しい声】leo nui（れお_ぬい）.
【騒々しい叫び】halulu（はるる）.
そうぞうする【想像する】kuhi, kuhikuhi（くひ，くひくひ）.
そうぞく【相続，相続する】ili（いり）.
【相続した財産】waiwai ho'oilina（わいわい_ほ'おいりな）.
【(無条件)相続地】'āina kū'ai（'あいな_くー'あい）.
【(遺産の)相続人，相続財産】ho'oilina, ho'īlina（ほ'おいりな，ほ'いーりな）.
そうぞくする【相続する】ili（いり）.
ぞうだい【増大】māhua, māhuahua（まーふあ，まーふあふあ）.
ぞうだいする【増大[増進]する】ho'omano（ほ'おまの）.
【増大させる】ho'onui（ほ'おぬい）.

【（寄せ波などを）増大させる】ho'oulu（ほ‘おうる）.
そうだしゅ【操舵手】⇒かじ【舵】.
ソーダすい【soda 水】wai momona（わい_ももな）.
そうだん【相談】a'o（あ‘お）. kūkā, kūkākūkā（く̄か, く̄かく̄か）. 'ōlelo kūkā（‘お̄れろ_く̄か）.
【相談相手，相談に乗ってくれる人，一緒に思案してくれる人】hoa kūkā（ほあ_く̄か）. hoa kūkākūkā（ほあ_く̄かく̄か）.
そうだんする【相談する】'ōlelo kūkā（‘お̄れろ_く̄か）.
そうですか【～，そうですよね】'eā（‘えあ̄）.〔間投詞〕.〔用例〕えー，そうなんですか. 'Oia, 'eā?
そうですね【～】'ē（‘え̄）.〔間投詞〕.
そうどう【騒動】haunaele（はうなえれ）. kīpalalē（き̄ぱられ̄）.【（突然の）騒動】hikilele（ひきれれ）.
そうどうせん【双胴船】⇒ダブルカヌー.
そうとく【総督】kia'āina（きあ‘あ̄いな）.
そうにゅうする【挿入する】'ō'ō（‘お̄‘お̄）. hō'ō'ō（ほ̄‘お̄‘お̄）. 'ōkomo（‘お̄こも）.
【挿入させる】ho'ō（ほ‘お̄）.
そうふうき【送風器】'ōpū makani（‘お̄ぷ̄_まかに）.
そうめいな【聡明な】na'auao（な‘あうあお）.〈逐語〉昼間の精神.〈比較〉無学な［na'aupō］.
そうもく【草木】nahele（なへれ）.【草木（または葉）】lau nahele（らう_なへれ）.

ぞうもつ【（料理用の）臓物】'ōpū（‘お̄ぷ̄）.
ぞうよ【贈与】uku makana（うく_まかな）.
そうりだいじん【総理大臣】kālaimoku（か̄らいもく）. ⇒カーライモク.
そうりつする【（協会などを）創立する】kūkulu（く̄くる）.
そうるい【藻類】limu（りむ）.〔植物〕地面・岩の上・他の植物の上など湿気のある場所に生息する藻類.
そうろ【（橇そり滑りの）走路】holo hōlua（ほろ_ほ̄るあ）.
そえる【添える】ho'ohui（ほ‘おふい）.
ぞくあくな【俗悪な】kāpulu（か̄ぷる）.
そくいしき【即位式】poni mō'ī（ぽに_も̄‘い̄）.
そくさ【測鎖】kaula（かうら）. 測量者が使用する測定鎖.
そくしんする【促進する】ho'okāholo（ほ‘おか̄ほろ）.【（発育を）促進する】hō'ikaika（ほ̄‘いかいか）. ho'oikaika, ho'ikaika（ぽ‘おいかいか，ぽ‘いかいか）.〔用例〕ボディービルの練習. Ho'oikaika kino.
ぞくする【（…に）属する】〔文法〕所属・帰属などは kā（か̄）. kō（こ̄）. na（な）. no（の）. などの所有詞で表す. ⇒しょゆうし【所有詞】.
ぞくぞくした【（寒さのために）ゾクゾクした，ゾクゾク（身震い）した】kū'ululū（く̄‘うるる̄）.
ぞくちょうけん【族長権】noho ali'i（のほ_あり‘い）.

そくていする【測定する】ho'āna（ほ'あな）.

そくばくからしゃくほうされた【束縛から釈放された】noa（のあ）.

そくばくからだっした【（束縛を受けていた人が）束縛から脱した】moku（もく）.

そくめん【（物体の）側面】kūkulu（くくる）.

そくりょう【（平面・地域のへりや境界の）測量】'aha（'あは）.〔計測〕'aha＝ロープということから測量という意味になる. ana honua（あな_ほぬあ）.
【測量の紐ひも】'ahakū（'あはくー）.〔計量〕庭や家を地取りするのに使われるような寸法を測るためのひも.
【測量図】ana（あな）.
【測量棒，測定棒】lā'au ana（らー'あう_あな）.

そくりょうする【測量する】ana（あな）. ana 'āina（あな_'あいな）.〈逐語〉土地を測量する. ana honua（あな_ほぬあ）.

ソケイ【素馨】pīkake hōkū（ぴーかけ_ほーくー）.〔植物〕Jasminum multiflorum：ジャスミンの一種.

そけい【鼠径】kumu 'ūhā（くむ_'うーはー）.〈逐語〉腿ももの元.

そこ【（穴やコップの）底】mole（もれ）.

そこのふかい【（知識が豊富で）底の深い】hohonu（ほほぬ）. kū'ono, kū'ono'ono（くー'おの, くー'おのおの）.

そこく【祖国】'āina makua（'あいな_まくあ）.

そこなうこと【損なうこと】hapaku'e（はぱくゝえ）.

そこなわれた【（ハンセン病などによって）損なわれた】hākuma（はーくま）.

そこに【そこに，そこで】aia（あいあ）. 短縮形は ai（あい）.〔用例〕はるか遠方. Ai loa. そこへ上がる. Ai luna.
【そこに，そこで】laila（らいら）. laila はマーカーの後に続き，いろいろな意味を持つ.〔用例〕その場所で. I laila. そこから. Mai laila.
【そこに】ma'ō（まゝお）.
【そこにある】ai laila, aia i laila（あい_らいら，あいあ_い_らいら）.
【（やっぱりちゃんと）そこにあるじゃないか】aia kā（あいあ_かー）.〔間投詞〕.

そこへあがる【そこへ上がる】ai luna, aia i luna（あい_るな，あいあ_い_るな）.

そこへおりる【そこへ降りる】ai lalo, aia i lalo（あい_ laろ，あいあ_い_らろ）.

そしきたい【（管理・行政の）組織体】'aha ho'omalu（'あは_ほ'おまる）.

そして【然して・而して】ā（あー）. a（あ）.〔接続詞〕.

そしょう【訴訟】ho'opi'i（ほ'おぴ'い）.

そせん【祖先】kupuna（くぷな）. 複数形は kūpuna（くーぷな）. mole（もれ）.

そそのかす【唆す】ho'owalewale（ほ'おわれわれ）.

そだてのおや【育ての親】⇒さとおや【里親】.

そだった【(花などが十分に)育った】mōhā（もはー）. hōpoe（ほーぽえ）.

そだてる【育てる】hānai（はーない）. hi'ipoi（ひ'いぽい）. moamoa（もあもあ）.〈比喩〉雄鶏おんどりの役割を果たす. ho'omoamoa（ほ'おもあもあ）.

そちらにある【～】aia（あいあ）.

そちらにいるあなた【～】eia ala, eia lā（えいあ_あら, えいあ_らー）.

ぞっかく【属格】'aui iki（'あうい_いき）. 'aui kōha'i（'あうい_こはー'い）. 'aui pili（'あうい_ぴり）.〔文法〕ハワイ語の属格は所有詞で作る.〔用例〕あなたの名前は何ですか. 'O wai kou inoa? わたしの名前はプアです. 'O Pua ko'u inoa.

そっき【速記, 速記者】kākau 'ōlelo pōkole（かーかう_'おーれろ_ぽーこれ）.

そつぎょう【卒業】puka kula（ぷか_くら）.
【卒業祝宴】⇒しゅくえん【祝宴】.
【卒業式】hō'ike（ほー'いけ）.【(フラダンス・格闘技・他の昔の技芸などの)卒業式】'ūniki（'うーにき）.
【卒業証書】palapala ho'omaika'i（ぱらぱら_ほ'おまいか'い）. palapala puka（ぱらぱら_ぷか）.【(名誉として与えられる)卒業証書】palapala ho'ohanohano（ぱらぱら_ほ'おはのはの）.

そつぎょうする【卒業する】puka（ぷか）.

そっきょうのうた【即興の歌】paha（ぱは）.

ぞっこう【続行】ō（おー）.

そっこく【即刻】'emo 'ole（'えも_'おれ）.

そった【(板などが)反った】pi'o（ぴ'お）.

そっちだ【～】Aia lā!（あいあ_らー）.〔間投詞〕.

そって【(前を走っている車を追い越すように)…に沿って】mā'alo, mā'alo'alo（まー'あろ, まー'あろ'あろ）.【沿って動く】pane'e（ぱねー'え）.

そっと【～, そっと忍びやかに動く】nihi（にひ）.

ぞっとする【～】māna'ona'o（まーな'おな'お）. pi'i ke anu（ぴ'い_け_あぬ）.【(嫌で)ぞっとする】mania（まにあ）.〔感覚〕非常に高い所から見下ろしたり, 鋸の刃をヤスリで磨く音を聞く時などのぞっとする感じ.
【ぞっとするほど嫌う】wahāwahā（わはーわはー）.

そで【(着物の)袖】lima（りま）.

ソデカラッパ【～】pokipoki（ぽきぽき）.〔甲殻類〕Calappa hepatica.：カラッパ属カラッパ科のカニ.

そでくち【袖口】pūlima（ぷーりま）.

そでしょう【(軍服の)袖章】kaha, kahakaha（かは, かはかは）.

ソトイワシ【ソト鰯】'ō'io（'おー'いお）.〔魚〕Albula vulpes：温帯・熱帯地方の浅い海に多く分布する小骨の多い釣り魚.

そとがわの【外側の】kūwaho（くーわほ）.【外側の角】kihi（きひ）.

そとに【外に, 外の】waho（わほ）.〔所格の名詞〕しばしば i, 'o, ma- の後

その

に続く．〔用例〕あなたたち2人とも，出て行きなさい．Mawaho aku 'olua!

その【園・苑】⇒こうえん【公園】，はなぞの【花園】．

その（そちらの）【その［そちらの］】kēnā（けな）．〔指示詞〕．〔文法〕聞き手に近い距離にある物［人］を示す時に使われる．⇒しじし【指示詞】，マーカー．

そのあとで【その後で】⇒しじし【指示詞】，マーカー．

そのうえ【その上】aia na'e（あいあ_な'え）．eia na'e, eia nō na'e（えいあ_な'え，えいあ_のー_な'え）．〔文法〕これらの慣用句は接続詞として使われる．
【その上】kekahi（けかひ）．〔用例〕さらに何か（ありますか）．Eia kekahi? la'a（ら'あ）．

そのうちに【そのうちに】eia aku（えいあ_あく）．

そのかんに【その間に】'oiai（'おいあい）．

そのつぎの【その次の】hiki（ひき）．

そのとおり【～，そうであろう】pēlā（ぺら）．〔用例〕たぶんそうであろう．Pēlā paha.
【その通り】'Oia nō!（'おいあ_のー）．

そのとき【その時】laila（らいら）．laila はマーカーの後に続き，いろいろな意味を持つ．〔用例〕あの場所の．O laila. あの場所にいる［ある］こと．No laila. この故に．No laila. その故に．No laila. それから．Ā laila. そんな理由のため．No laila.

そのとちとくさんのしょくぶつ【その土地特産の植物】kama'āina（かま'あいな）．

そのとちにうまれた【その土地に生まれた，その土地に生まれた人】kama-'āina（かま'あいな）．〈逐語〉土地の子供．

そのばかぎりの【その場限りの】kūikawā（くいかわ）．〈逐語〉その時間において立ち止まること．

そのばしょの【その場所の】kō laila（こー_らいら）．

そのひと【（…である）その人】ka（か）．通常，i と動詞が続く．

そのひと【その人，その物】kēlā（けら）．〔指示詞〕話し手，聞き手から離れている．

そのひとのとくにすきなものをつくる【その人の特に好きなものを作る】ho'okamalani（ほ'おかまらに）．

そのほうほうで【その方法で，そのやり方で】pēlā（ぺら）．

そのように【その様に】pēlā（ぺら）．

そばに【（…の）側に】ma（ま）．

そばによる【側に寄る】ne'ene'e（ね'えね'え）．

そびえたつ【聳え立つ】'ale'o（'あれ'お）．

そふ・そぼ【祖父［母］，祖父［母］の同世代の親類または親しい友人】kupuna（くぷな）．複数形は kūpuna（くーぷな）．
【祖父】kupuna kāne（くぷな_かね）．〔用例〕あなたのお爺ちゃんたちはお元気ですか（どうですか）．Pehea kou kūpuna kāne?

【祖母】kupuna wahine（くぷな_わひね）. kupunahine（くぷなひね）.〔用例〕わたしの祖母はホノルルから着きましたか. Ua hiki mai koʻu kupuna wahine mai Honolulu?

【祖父［母］になる】hiʻimoʻopuna（ひ'いも'おぷな）. 誇りと愛情を表す言い方.

【祖父［母］の同世代の親類または親しい友人】hoʻokupuna（ほ'おくぷな）.

そふぼ【祖父母】kūkū（くく）. 通例トゥトゥ［tūtū］と言う. 祖父母だけでなく, 祖父母の世代の血族関係にあるすべての者, またはごく親しい友人.〔用例〕ねぇ, お婆ちゃん. E tūtū.

ソプラノ【soprano】leo wahine（れお_わひね）.〔音楽〕女性・少年の最高音部.

そもうの【粗毛の】ʻāpulu（'あぷる）.

そよかぜ【微風】kolonahe（ころなへ）.〈逐語〉静かな忍び寄り.【(香りを運んでくる) 微風】moani（もあに）.

そら【空】lani（らに）. lewa（れヴぁ）.【空の一番高い所】⇒てんくう【天空】.【空の兆しを観察する熟練者［聖職者］】kahuna kilokilo（かふな_きろきろ）.

【空の底辺】kumulani（くむらに）.

【空の要塞】⇒ばくげきき【爆撃機】.

【(鳥などが) 空高く飛ぶ】kaʻalele（か'あれれ）. kīkaha（きかは）.

ソラマメ【蚕豆・空豆】pāpapa（ぱぱぱ）.

そり【橇】hōlua（ほるあ）.〔玩具〕子供用の小型そり. 特に昔のそりは草の斜面で使われた.【(子供用の小型) そり】kaʻa holo hau（か'あ_ほろ_はう）.〈逐語〉雪に乗る車.

【橇のコース】hōlua（ほるあ）. holo hōlua（ほろ_ほるあ）. kahua hōlua（かふあ_ほるあ）.

そりかえってあるく【反り返って歩く】nanā（なな）.

それ（は）【それ（は）】kēnā（けな）.〔文法〕聞き手のそばにあるものを示す. 三人称の物を表す指示代名詞は人称代名詞に準ずる. 格はマーカーで表す.⇒あれ. かれ.〔用例〕それは本です. He puke kēnā.

【それは】ia（いあ）.

【それらは, それらを, それらに, それらへ】lāua（らうあ）. lākou（らこう）.

〔文法〕所有関係は三人称の所有詞を用いる.

【それの】kāna（かな）. āna（あな）. kona（こな）. ona（おな）.

【それのために, それによって】nāna（なな）. nona（のな）.

それ【〜】Aia hoʻi!（あいあ_ほ'い）.〔間投詞〕.〔文法〕同意の程度はイントネーションによる. 記述の［!］マークも前後の状況による.

【それだよ】Aia lā!（あいあ_ら）.

【それでは】ʻOia hoʻi ha（'おいあ_ほ'い_は）.

【それ見たことか】Aia kā!（あいあ_か）.

それから【それから】ā（あ̄）.〔接続詞〕.〔文法〕接続詞を文末に置くか，次に続く文の頭に置くかは前後の状況による.
【それで】eia kā（えいあ_か̄）.
【それにも関わらず】akā（あか̄）.

それにくわえて【それに加えて】la'a（ら'あ）.

ソロ{solo} leokū pākahi（れおく̄_ぱかひ）.〈逐語〉一つの立ち止まった音.

そわそわする【(子供などが) そわそわする】pīhole（ぴ̄ほれ）.

そんがい【損害】hana kolohe（はな_ころへ）. pohō（ぽほ̄）. pō'ino（ぽ̄'いの）. uku pohō（うく_ぽほ̄）.
【損害を与える】ho'o'ino, hō'ino-'ino（ほ'お'いの，ほ̄'いの'いの）.
【損害を引き起こす】ho'opō'ino（ほ'おぽ̄'いの）.

そんがいばいしょうをする【損害賠償をする】uku pohō（うく_ぽほ̄）.

そんけい【尊敬】mahalo（まはろ）.
【尊敬されている従者】kahu（かふ）. 守護者・看守・行政官.
【尊敬すべき】ho'opono（ほ'おぽの）.

そんけいする【尊敬する】hiwahiwa（ひヴぁひヴぁ）.

そんざい【存在】nohona（のほな）.
【存在を信じる】mana'o'i'o（まな'お'い'お）.
【存在しない】'ole（'おれ）.

そんしつ【損失】pohō（ぽほ̄）.
【損失させる，損をして売る】ho'o-pohō（ほ'おぽほ̄）.

そんしょう【損傷】'eha（'えは）. 'eha-'eha（'えは'えは）. uku pohō（うく_ぽほ̄）.

そんぞく【存続】mo'o（も'お）. mau（まう）.

そんぞくする【存続する】koe（こえ）. kū（く̄）, kukū（くく̄）. ō（お̄）.
【存続させる】ho'omo'o（ほ'おも'お）.

そんちょうする【尊重する】ho'ohulu（ほ'おふる）.

そんらく【村落】kaiāulu（かいあ̄うる）.

た

ダース【dozen】kākini（かきに）．1ダース：12個．

ダーツの矢【dartの矢】pua（ぷあ）．

ターメリック【turmeric】lena（れな）．⇒ウコン【鬱金】．

タール【tar】kēpau（けぱう）．⇒まつやに【松脂】，じゅし【（木の実などから取れる）樹脂】を参照．

だい【（胸像などの）台・脚】kū（くー）．

だいいちいの【第一位の】po'okela（ぽ'おけら）．

だいいちせんたく【第一選択［推測］】koho mua（こほ_むあ）．

だいいちの【第一の，第一番目の】mua（むあ）．

たいえきぐんじん【退役軍人】koa kahiko（こあ_かひこ）．

ダイエットする【dietする】hō'emi kino（ほ'えみ_きの）．〈逐語〉体を縮小する．

たいおんけい【体温計】ana piwa（あな_ぴヴぁ）．

たいおんをはかる【体温を測る】ana piwa（あな_ぴヴぁ）．〈逐語〉熱の測定．

たいかい【大海】moana（もあな）．

たいかい・だいかいぎ【大会・（代表者・使節・委員などの正式な）大会議】'aha'ōlelo nui（'あは'ōれろ_ぬい）．

たいかく【対格】'aui alo（'あうい_あろ）．〔文法〕対格を示すマーカーは i/iā である．iā は代名詞，人名に用いる．〔用例〕彼はタコを食べた．Ua 'ai 'o ia i ka he'e．わたしはあなたを愛します．Aloha au iā 'oe．

だいがく【大学，総合大学，単科大学】⇒がっこう【学校】．

【大学の理事会】Papa o nā Kahu Kula o ke Kulanui（ぱぱ_お_なー_かふ_くら_お_け_くらぬい）．

【大学卒業証書】palapala hō'oia kulanui（ぱらぱら_ほー'おいあ_くらぬい）．

たいかくせん【対角線】ka'akepa（か'あけぱ）．

たいかくのりっぱな【（人など）体格の立派な】mōhā（もーはー）．

たいかんしき【戴冠式】poni mō'ī（ぽに_もー'ī）．

たいき【（地球を取り巻く）大気】lewa luna lilo（れヴぁ_るな_りろ）．

だいぎいいんかい【代議委員会】'aha'ōlelo nui（'あは'ōれろ_ぬい）．

たいぎそうな【大儀そうな】puhemo（ぷへも）．

たいきゅうの【耐久の】pa'a（ぱ'あ）．

だいきんうけとりにんばらいの・〜で【代金受取人払いの［で］】ho'āhu（ほ'あーふ）．

だいく【大工】kamanā（かまなー）．

たいくつな【退屈な】kualana（くあらな）．luhi, luhiluhi（るひ，るひるひ）．manakā（まなかー）．

たいくつさせる【退屈させる】ho'omanakā（ほ'おまなかー）．

【退屈させた】pū（ぷー）．

たいぐん【大群】pū'ulu（ぷー'うる）．

たいけんする【体験する】pā（ぱ）.
たいこ【太鼓】pahu（ぱふ）. ipu heke ʻole（いぷ_へけ_ʻおれ）. てっぺんの部分を切り取った1個のヒョウタンで出来た太鼓. ⇒イプ.
【（踊り用の）太鼓】pahu hula（ぱふ_ふら）.
【（サメの皮を張った小さな踊り用の）太鼓】pahu paʻi（ぱふ_ぱʻい）.
【（魚の皮を張った小さな）太鼓】pūniu（ぷにう）. 踊りにも演奏にも使う.
【太鼓の皮】⇒クロハギ【黒剥ぎの皮】を参照.
たいこうしゃ【対抗者】ʻaoʻao kūʻē（ʻあおʻあお_くʻえ）.
たいこうする【対抗する】kūʻē（くʻえ）.
ダイコン【大根】kaikona（かいこな）.〔日本語〕. ananū pilau（あなぬ_ぴらう）.〈逐語〉悪い臭いのするカブ.
たいさ【（陸軍・空軍・海兵隊の）大佐】konela（こねら）.〔英語：colonel〕.
たいざいする【滞在する】noho（のほ）.
たいし【大使】kuhina（くひな）.
たいじ【胎児】ʻaluʻalu（ʻあるʻある）. puʻu koko（ぷʻう_ここ）.
だいじにする【大事にする】nānā（なな）. pūlama（ぷらま）.
だいじにそだてる【大事に育てる】hoʻomoamoa（ほʻおもあもあ）.
だいしゃりん【大車輪】huila nui（ふいら_ぬい）.
たいしゅう【大衆】lāhui kanaka（らふい_かなか）.
たいじゅう【体重】kaumaha（かうまは）.
たいしょう【（陸軍）大将】ʻalihikaua（ʻありひかうあ）.
たいしょう【対照】manaʻo hoʻohālikelike（まなʻお_ほʻおはりけりけ）.
たいしょうする【対照する】hoʻohālike（ほʻおはりけ）. hoʻohālikelike（ほʻおはりけりけ）.
たいしょくか・たいしょくかん【大食家・大食漢】pākela ʻai（ぱけら_ʻあい）. puni ʻai（ぷに_ʻあい）.
たいしょくする【退職する】hoʻomaha（ほʻおまは）.
だいすきな【大好きな】hiwahiwa（ひヴぁひヴぁ）. milimili（みりみり）.
【大好きな人】maka（まか）.
【大好きなもの】puni（ぷに）.
だいせいどう【大聖堂】luakini（るあきに）.
たいせき【（埃ほこりなどの）堆積】hoʻāhu（ほʻあふ）. ulu（うる）.
【堆積物】paila（ぱいら）.〔英語：pile〕.
たいせつな【大切な】ʻano nui（ʻあの_ぬい）.
【大切な仲間付き合い】pilialoha（ぴりあろは）.
【大切な人［物］】mea nui（めあ_ぬい）.
たいせつにする【大切にする】minamina（みなみな）.
だいたいこつ【大腿骨】iwi hilo（いヴぃ_ひろ）.
だいたすう【大多数，大多数の部分】hapa nui（はぱ_ぬい）.

【大多数の】lele'oi（れれお'い）.
たいだである【怠惰である】noho wale（のほ_われ）.
たいだな【怠惰な】heha（へは）. kualana（くあらな）. lola（ろら）. loma（ろま）. molowā（もろゑ）. pualena（ぷあれな）.
【(特に口数が多い人が) 怠惰な】palaualelo（ぱらうあれろ）.
たいだん【対談】kūkā kama'ilio（くか_かま'いりお）.
だいたんな【大胆な】'a'a（'あ'あ）. 'a'ano（'あ'あの）. ho'onakoa（ほ'おなこあ）. maha'oi（まは'おい）. maka koa（まか_こあ）. mā'oi（ま'おい）. wiwo 'ole（ヴぃヴぉ_'おれ）.
【大胆な振りをする】ho'omā'oi（ほ'おま'おい）.
だいたんふてきな【大胆不敵な】koa（こあ）.
だいとうりょう【大統領，大統領の】Pelekikena（ぺれきけな）.〔英語：President〕.⇒プレジデント.
たいどがおんわな【態度が温和な】pahē（ぱへ）.⇒れいぎただしい【礼儀正しい】.
だいどころ【台所】lumi kuke（るみ_くけ）.〈逐語〉料理部屋.
だいなしにする【(投票用紙などを) 台無しにする】ho'ohauka'e（ほ'おはうか'え）.【(傷などによって) 台無しにする】mā'ino'ino（ま'いの'いの）.
ダイナマイト【dynamite】kianapauka（きあなぱうか）. giana pauda. は異形.〔英語：giant powder〕.〈逐語〉巨大な火薬.
【ダイナマイトを爆発させる】ho'opahū（ほ'おぱふ）.
ダイニングルーム【dining room】lumi 'aina（るみ_'あいな）.
たいばん【胎盤】ēwe, 'iewe（えヴぇ, 'いえヴぇ）.
だいひょうしゃ【(すべての外交上の) 代表者】'elele（'えれれ）.
【(アメリカ大統領党大会代議員達の) 代表者会議】'aha 'elele（'あは_'えれれ）.〔政治〕.【(全島からの派遣団員の) 代表者会議】'aha paeāina（'あは_ぱえ'あいな）.〔キリスト教〕. 特に会衆派キリスト教会の, ハワイ福音主義者協会によって開かれる会議.
タイピスト【typist】kikokiko（きこきこ）.
タイピング【typing】kikokiko（きこきこ）. kikokiko hua（きこきこ_ふあ）.
ダイビング【diving】lele pali（れれ_ぱり）.〔スポーツ〕絶壁から飛ぶ [落下する]; 崖から水の中へ飛び込む古来のスポーツを練習する.
だいふごう【大富豪】'ona miliona（'おな_みりおな）.
タイプライター【typewriter】mīkini kikokiko hua（みきに_きこきこ_ふあ）.
【タイプライターのインクリボン】lipine kikokiko（りぴね_きこきこ）.
たいへいよう【大平洋(の, 沿岸の)】Pākīpika（ぱきぴか）. Fatifika. は異形.

〔英語：Pacific〕.

たいへん【大変】⇒とても【～】などを参照.

だいべんしゃ【代弁者】waha ʻōlelo（わは_ʻōれろ）.

たいほ【逮捕】hopuna（ほぷな）.
【逮捕令状】palapala hopu（ぱらぱら_ほぷ）.

たいほう【大砲】pū kaua（ぷ_かうあ）. pū kuni ahi（ぷ_くに_あひ）.〈逐語〉燃えている火の鉄砲.

たいほする【逮捕する】hopu（ほぷ）.

タイマイ【玳瑁】ʻea（ʻえあ）. honu ʻea（ほぬ_ʻえあ）.〔動物〕Eretmochelys imbricata：ウミガメの一種；背甲はくしや扇子などのべっこう細工に使われ，また ʻea と呼ばれる病気の薬としても使われた. ⇒かめ【亀】.

たいまつ【松明】kukui（くくい）.〈比喩〉案内者，ガイド，先導者. ⇒カリ，ククイ. lama（らま）. pūlama（ぷらま）.
【松明に点火する】ʻaulama（ʻあうらま）.

だいめいし【代名詞】paniinoa（ぱにいのあ）.〈逐語〉名前代用語. kuhi ano（くひ_あの）. papani（ぱぱに）. iʻoa pani（いʻおあ_ぱに）.

たいもう【体毛】hulu（ふる）. huluhulu（ふるふる）.〈比較〉頭髪［lau-oho］.

ダイヤモンド【diamond】kaimana（かいまな）. daimana. は異形.

ダイヤモンド・ヘッド【Diamond Head】Kaimana-hila（かいまなひら）.〈逐語〉ダイヤモンド丘.

たいよう【大洋】moana（もあな）.

たいよう【太陽】lā（ら）.
【太陽が上がる】puka（ぷか）.
【太陽熱】lā（ら）.

だいようとなる【(…の)代用となる】pani（ぱに）.

たいら【平ら】papa（ぱぱ）.
【平らでない】napa（なぱ）.
【平らにした】pālaha（ぱらは）. pē（ぺ）.
【(道路など)平らにする】hōʻiliwai（ほʻいりわい）.
【平らになった】kāmoe（かもえ）.
【平らな】ʻiliwai（ʻいりわい）. papa（ぱぱ）. pāpapa（ぱぱぱ）.
【平らな表面】papa（ぱぱ）.

だいりかん【代理官】hope poʻo（ほぺ_ぽʻお）.

だいりさせる【代理させる】pani hakahaka（ぱに_はかはか）.

だいりせき【大理石】pōhaku keʻokeʻo（ぽはく_けʻおけʻお）. māpala, māpela（まぱら，まぺら）.〔英語：marble〕. mabela. は異形.

たいりつ【(裁判などにおける)対立】ʻaoʻao kūʻē（ʻあおʻあお_くʻえ）.
【(堅固に)対立した】ʻauwaepaʻa（ʻあうわえぱʻあ）.

だいりにん【代理人】hope（ほぺ）. pani hakahaka（ぱに_はかはか）.

たいりょうきがんのせいしょ【大漁祈願の聖所】koʻa（こʻあ）. 大漁を願う儀式に使われた聖所.

たいりょくのない【(ブヨブヨして)体

力のない】'a'alina（'あ'ありな）.
たいわのようなうた【対話のような歌】paha（ぱは）.
だえき【唾液】'ae（'あえ）. hā'ae（はぁえ）. kuha（くは）.
たえまなく【絶え間なく】hele（へれ）.【絶え間なく［絶えず］流れる】kūneki（くねき）.
だえんけいのぶったい【（あらゆる）楕円形の物体】'omo'omo（'おも'おも）.
タオル【towel】kāwele（かうぇれ）.〔英語〕.
たおれる【（垂直な所からまたはその向こう側に）倒れる】hina（ひな）.【倒れさせる】ho'okahuli（ほ'おかふり）.
たか【鷹】⇒ハワイノスリ.【タカが舞い上がる】'iolana（'いおらな）.
たが【箍】apo（あぽ）. hupa（ふぱ）.〔英語：hoop〕. pō'ai（ぽ'あい）.
だが【…】だが】'oiai（'おいあい）.
ダガー【符号の†】⇒さんしょうふ【参照符】.
たかあし【高足】⇒たけうま【竹馬】.
たかい【高い】ki'eki'e（き'えき'え）. luna（るな）.〔所格の名詞〕.【（非常に）高い】'ale'o（'あれ'お）.【高い所】'aki（'あき）. kila, kila-kila（きら, きらきら）.【高い方へ, 高い方に】luna（るな）.〔所格の名詞〕.
たかいすいじゅんにたっする【（…より）高い水準に達する】kela, kelakela（けら, けらけら）.

たかいはな【高い鼻】ihu pi'i（いふ_ぴ'い）.〈比喩〉横柄な, 傲慢な.
たかくかかげる【高く掲げる】hāpai（はぱい）.
たかくひょうかされている【高く評価されている】ho'okela（ほ'おけら）.
たかくひょうかした【高く評価した】makamae（まかまえ）.
たかさ【高さ】loa, loloa（ろあ, ろろあ）. lō'ihi（ろ'いひ）. ki'eki'e（き'えき'え）.
たかしお【高潮】kai apo（かい_あぽ）. kai ea（かい_えあ）. 通常よりも高い所まで打ち上げる波.〈逐語〉上昇する海. kai hohonu（かい_ほほぬ）.〈逐語〉深い海. kai pi'i（かい_ぴ'い）.〈逐語〉高い［上昇する］海. kai piha（かい_ぴは）.
たかなみ【高波】kai a Pele（かい_あ_ぺれ）. 地震・台風などによる大津波, 高波.〈逐語〉ペレの海（気性が激しいペレという女神が, 怒り狂ったように荒れる海）. kai e'e, kai ho'ē'e（かい_え'え, かい_ほ'ē'え）.〈逐語〉登る波. kai nui（かい_ぬい）. kai piha（かい_ぴは）.
たがね【鏨】lipi, lipilipi（りぴ, りぴりぴ）.
たがやす【耕す】palau（ぱらう）.〔英語：plow〕. 'ō'ō palau（'お'お_ぱらう）.
だから【～】mea（めあ）. no ka mea（の_か_めあ）.…だから, …ゆえに.
タカラガイ【宝貝（の一般総称）】leho（れほ）.
たからくじ【宝籤】lūlū（るる）.

たき【滝】wailele（わいれれ）.〈逐語〉はね上がる水.
【滝のしぶき】huna wailele（ふな_わいれれ）.
たきぎ【薪，薪として使える】wahie（わひえ）.
たきつけ【焚き付け】pulu（ぷる）.〔文法〕冠詞は ka でなく ke を使う.
だく【抱く】apo（あぽ）.
【抱き合う】⇒ほうようする【抱擁する】.
【(子供などを) 抱いて連れて行く】hi'i（ひ'い）.【(孫を腕の中に) 抱いて連れて行く】hi'imo'opuna（ひ'いも'ぷな）.
【(子供などを腕の中に) 抱きかかえる】hi'i（ひ'い）.
【(担架の上などに) 抱き上げて運ぶ】ho'olewa（ほ'おれヴぁ）.
【抱き締める】mili（みり）. pū'ili（ぷ'いり）. pūku'i（ぷく'い）. pūliki（ぷりき）.
たくえつする【卓越[立]する】kela, kelakela（けら，けらけら）.
【卓越した】kūlana（くらな）.
たくさんある【沢山有る】ana（あな）. lau（らう）.
【(植物などすごく) 沢山ある】kūkini（くきに）.
【沢山卵を生む】huahua（ふあふあ）.
【沢山実を結ぶ】huahua（ふあふあ）.
たくさんにする【沢山にする】ho'olau（ほ'おらう）.
たくさんの【沢山の】lau（らう）. makawalu（まかわる）. mano（まの）. nui（ぬい）.〔文法〕名詞の前に付く nui は，サメの集団 [nui manō] または鳥の群れ [nui manu] のようにグループ・群れ・集団を意味することがある.
【沢山の数】lehulehu（れふれふ）.
【(沢山の人が) 集まる】mū（む）. ho'omū（ほ'おむ）.
【沢山の人々】laukanaka（らうかなか）.
【(一ヶ所に) 沢山の人がいる】ho'olaukanaka（ほ'おらうかなか）.
たくさんりゅうきした【沢山隆起した】lapalapa（らぱらぱ）.
たくし【卓子】⇒つくえ.
タグボート【tugboat】kolomoku（ころもく）. moku kolo（もく_ころ）. ⇒ふね【船】.
たくましいて【(筋力の) 逞しい手[腕]】lima ikaika（りま_いかいか）.
たくましくせいちょうする【(支配者のように) 逞しく成長する】māhuahua（まふあふあ）.
たくみな【巧みな】loea（ろえあ）. maiau（まいあう）. ma'alea（ま'あれあ）. no'eau（の'えあう）. no'iau（の'いあう）.
【巧みな処理[工作]】wilikī（うぃりき）.〈逐語〉回転かぎ.
たくわえる【貯える】hō'ili'ili（ほ'いり'いり）. ho'okoe（ほ'おこえ）.
たけ【竹(の全種)】'ohe（'おへ）.
【竹の筒を演奏する】kā'eke'eke（か'えけ'えけ）. ⇒カーエケエケ
【竹の水入れ，竹製の水を入れる容器

'ohe wai（'おへ_わい）.
たけうま【竹馬】ae'o（あえ'お）. kukuluae'o（くくるあえ'お）.【竹馬に乗って歩く】kukuluae'o（くくるあえ'お）.
たけがみじかい【(洋服などの) 丈が短い】'ekeke'i（'えけけ'い）.
だげき【打撃】ku'ina（く'いな）.【(手・拳による) 打撃】nou（のう）.
タケノコガイ【竹の子貝（の一種）】pūpū loloa（ぷぷ_ろろあ）.
たけのながいやり【丈の長い槍】pololū（ぽろるー）.
たこ【凧】lupe（るぺ）. pe'a（ぺ'あ）.【凧の尾】pola（ぽら）.【凧の翼［羽］】'ēheu（'えへう）. manu（まぬ）. po'ohiwi（ぽ'おひヴぃ）.【凧揚げ, 凧を揚げる】ho'olele lupe（ほ'おれれ_るぺ）.
たこ【胼胝】〔病理〕硬結皮膚. 'ili mānoanoa（'いり_まのあのあ）. pu'u（ぷ'う）. leho（れほ）.【たこのできている】'ili mānoanoa（'いり_まのあのあ）.
タコ【蛸】he'e（へ'え）. Polypus 種：一般的にはイカのことも he'e と呼ぶ.【タコ釣り, タコ釣りをする, タコ釣りの擬似餌ぎじぇ】lūhe'e（るへ'え）. 〔漁法〕タカラガイのルアー［疑似餌］をつけた糸で釣るタコ釣り.【(水を変色させる) タコが吹き出す墨】kūkaeuli（くーかえうり）.
たこのき【蛸の木】hala（はら）. pū hala（ぷー_はら）.〔植物〕タコノキ属

の植物の総称. パンダナスとも言う.
たさんの【多産の】huahua（ふあふあ）.
たしかでない【確かでない】auane'i（あうあね'い）.
たしかなちしき【確かな知識】'ike pono（'いけ_ぽの）.
たしかにする【確かにする】hō'oia（ほー'おいあ）.
たしなむ【嗜む】'ono（'おの）.
だしゃ【(野球などの) 打者】hili（ひり）.
だじゃれ【駄洒落】ho'opilipili 'ōlelo（ほ'おぴりぴり_'ōれろ）.
だしゅ【舵手】⇒かじ【舵】.
たしょう【多少】'ano（'あの）.【多少の】kauwahi（かうわひ）. wahi（わひ）.
たじろぐ【〜】pu'e'eke（ぷ'え'えけ）.
だしをとるうしのほね【出汁をとる牛の骨】ku'eku'e pipi（く'えく'え_ぴぴ）.
たす【足す】ho'ohui（ほ'おふい）.【(記号) ［＋］】kaha hui（かは_ふい）.【足し算】ho'o'ulu'ulu（ほ'お'うる'うる）.
たすう【多数】ho'omū（ほ'おむー）. kini, kinikini（きに, きにきに）. lehulehu（れふれふ）.【多数から成る】laha, lahalaha（らは, らはらは）.【多数の】lau（らう）. kini lau（きに_らう）. lehu, lehulehu（れふ, れふれふ）. makawalu（まかわる）.〈逐語〉8つの目. mano（まの）. pupupu（ぷぷぷ）.

タスキモンガラ【襷紋殻（カワハギ）】⇒モンガラカワハギ．

たすけ【助け】kōkua（こくあ）．
【助けてくれ】Hōlina!（ほりな）．〔英語：help!〕．
【助けになる】kā'eu'eu（かˉえうˉえう）．
【助けを拒否する】huli kua（ふり_くあ）．kā'i'ī（かˉ'いˉ'ī）．
【助け合う】alu（ある）．huki like（ふき_りけ）．hana like（はな_りけ）．

たすける【（仕事などを）助ける】kōkua（こくあ）．
【（命を）助けられる】ola（おら）．〔文法〕loa'a型の動詞．能動態として訳すことが多い．〔文例〕わたしは彼女を助けた．Ola 'o ia ia'u.
【助ける人】kōkua（こくあ）．

たずねる【尋ねる】ui（うい）．

たそがれ【黄昏れ】li'ulā（り'うˉらˉ）．mōlehu（もれふ）．〈比較〉遺骨[lehu]．pūlehulehu（ぷれふれふ）．
【黄昏れ時】li'ulā（り'うˉらˉ）．

ただ…のみ【～】wale nō（われ_のˉ）．〔用例〕ただ２つ［人］のみ．'Elua wale nō.

たたかい【戦い】hakakā（はかかˉ）．paio（ぱいお）．⇒てき【敵】．
【（古代のハワイの）戦いの神】Kū（くˉ）．
【戦いに使う防御物】pale kaua（ぱれ_かうあ）．

たたかう【戦う】hakakā（はかかˉ）．
【（…と）戦う】mokomoko（もこもこ）．

たたききる【叩き切る】kā（かˉ）．
たたきつける【叩き付ける】kāpehi（かˉぺひ）．
たたく【（ゴツン・ドシン・ドン・バタッと）叩く】naku'i（なく'い）．

ただしい【正しい】kūpono（くˉぽの）．na'au pono（な'あう_ぽの）．pololei（ぽろれい）．
【正しい心】na'au pono（な'あう_ぽの）．

ただしくふるまう【正しく振る舞う】ho'opono（ほ'おぽの）．

ただしさ【正しさ】pono（ぽの）．

ただす【正す】ho'opololei（ほ'おぽろれい）．

ただちに【直ちに】koke（こけ）．
【直ちに飛ぶ】lele koke（れれ_こけ）．

たたむ【（洋服などをきちんと）畳む】'ope'ope（'おぺ'おぺ）．

ただよう【（海草などがあちらこちらを縫うように）漂う】āewa（あˉえヴぁ）．
【（潮流・気流などの間に間に）漂う】au（あう）．【（漂流して）漂う】auhele（あうへれ）．
【漂う香り】moani（もあに）．

ただれた【（目などが）爛れた】ueka（うえか）．

たたれる【断たれる】'ōmu'o（'おˉむ'お）．

たちあがる【立ち上がる】ala（あら）．

たちおうじょうする【立ち往生する】nuha（ぬは）．pupū（ぷぷˉ）．
【立ち往生した】pupū（ぷぷˉ）．

たちき【立ち木】kumulā'au（くむらˉ

'あう).
- たちぎきする【立ち聞きする】hākilo（ほきろ）. lohelohe（ろへろへ）.
- たちさる【立ち去る】'āha'i（'あは'い）. 'āha'iha'i（'あは'いは'い）.
  【立ち去った】puehu（ぷえふ）.
  【(人を無理に) 立ち去らせる】ho'okuke（ほ'おくけ）.
  【立ち去れ】hele pēlā!（へれ_ぺら）. 〔間投詞〕.
- たちどまる【立ち止まる】ho'okū（ほ'おくー）. kū（くー）. kukū（くくー）.
- たちのかせる【(使用者などを) 立ち退かせる】'ōpe'a（'おぺ'あ）.
- たちば【立場】kūlana（くーらな）.
- たちまちみえなくなる【たちまち見えなくなる】mio（みお）.
- たちよる【立ち寄る】kipa（きぱ）.
- だっかく【奪格】'aui hele（'あうい_へれ）. 'aui hui（'あうい_ふい）. 〔文法〕奪格を示すマーカーはmaiである. maiに続く代名詞は与格となる. また受身の動作主を示すマーカーはeを用いる. 〔用例〕彼はホノルルから来ました. Ua hele mai 'o ia mai Honolulu. わたしから. mai ia'u/a'u. 彼から. mai iāia.
- だっこくする【(穀物を) 脱穀する】kākā（かーかー）.
- だっしゅつする【(限界に近い状態で) 脱出する,(やっとの) 脱出】ho'āho（ほ'あほ）.
- たつじん【(魚釣りなどの) 達人】lehua（れふあ）.
- たっする【(…に) 達する】ho'opā（ほ'おぱ）. kū（くー）, kukū（くくー）.
- だっそうする【脱走する】mahuka（まふか）. naholo（なほろ）.
- たったいま【たった今】a'e nei（あ'え_ねい）.
- だっちょう【脱腸】pu'ulele（ぷ'うれれ）.
- たっている【立っている, 立ったままの】kū（くー）, kukū（くくー）.
- たっとい【尊い】weliweli（うぇりうぇり）.
- たっとんだ【(身内の両親・祖父母の世代など目上の人を) 尊んだ】hulu（ふる）.
- たづな【手綱】kaula waha（かうら_わは）. 通例皮製の手綱. ⇒ばろく（馬勒）. かわ.
  【(馬を) 手綱であやつる】kīpu（きーぷ）.
- タツノオトシゴ【竜の落とし子】mo'o lio（も'お_りお）. 〔魚〕タツノオトシゴ属の硬骨魚の総称；尾で物にからみつき, くちさきは長く, 頭は体に直角の方向に向いている.〈逐語〉馬トカゲ.
- だっぴする【(蛇などが) 脱皮する】māunu（まうぬ）.
- たっぷりな【～】lawa（らヴぁ）.
- たて【盾】pale kaua（ぱれ_かうあ）.
- たてにきる【縦に切る, 縦に細長く切る】kahe（かへ）. kahi（かひ）.
- たてもの【建物】hale（はれ）.
  【建物の階層】papa（ぱぱ）.
- たてやよこにゆれる【(船などが) 縦や横に揺れる】luli（るり）.

たてる

たてる【(テントなどを)建てる】kūkulu(くくる).

たてる【立てる】ho'okū(ほ'おくー). kau(かう).

だとうな【妥当な】kū(くー).

たとえばなし【譬え話】ho'opilipili 'ōlelo(ほ'おぴりぴり_'おれろ). nane(なね).'ōlelo nane('おれろ_なね).

【譬え話をする】nane(なね). ho'onane(ほ'おなね).

たどりつく【(場所に)辿り着く】hiki(ひき).

たな【棚】haka(はか). pale(ぱれ).

たなだ【棚田】⇒だんだんばたけ【段々畑】.

ダニ【(鶏などにたかる)~】ane(あね). ona(おな).

たにま【谷間】'a'alu('あ'ある).

たにんにそむかせる【(嘘やうわさ話によって)他人に背かせる】ho'opihapiha 'ōlelo(ほ'おぴはぴは_'おれろ).

たね【種】'ano'ano('あの'あの). haku(はく). hua(ふあ).【(マンゴーなどの)種】hua kanu(ふあ_かぬ).

【種を蒔く】lū, lūlū(るー, るーるー).

たの【他の】'ē a'e('えー_あ'え).

【他の代わりをする物】pani(ぱに).

【他の場所】ha'i(は'い). 冠詞を使わない.

【(誰か)他の人】ha'i(は'い). 冠詞を使わない.

【(誰か)他の人と間違える】kuhi hewa(くひ_へヴぁ).

たのしい【楽しい】le'a, le'ale'a(れ'あ, れ'あれ'あ). luakaha(るあかは).

【楽しく時を過ごす】luakaha(るあかは).

たのしませる【楽しませる】ho'ole'a, ho'ole'ale'a(ほ'おれ'あ, ほ'おれ'あれ'あ). ho'okipa(ほ'おきぱ). hō'olu(ほー'おる). ho'ohoihoi(ほ'おほいほい).

たのしみ【楽しみ】le'a, le'ale'a(れ'あ, れ'あれ'あ). hoihoi(ほいほい). 'oli, 'oli'oli('おり, 'おり'おり).

たのしんで【楽しんで】nanea(なねあ).

たば【束】'ope('おぺ). kī'ope(きー'おぺ). pū'ā(ぷー'あー).

【束にする】'ope('おぺ). hō'ope(ほー'おぺ). kī'ope(きー'おぺ). pū'ā(ぷー'あー).

【(羽のレイやマントなどを作るために小さな)束に縛られた羽のかたまり】'uo('うお).

【束に結び付ける】pū'olo(ぷー'おろ).

タパ【ポリネシア語】kapa(かぱ). カジノキ[wauke]またはマーマキ[māmaki]の樹皮から作られるタパ布；昔は、すべての種類の衣服またはベッドカバーなどのこと. kapa はポリネシア語の tapa の子音の t が k に転訛した語. ⇒カパ.

【(睡眠用の)タパ布】kapa moe(かぱ_もえ).

【タパ布の(マント)】kīhei(きーへい).

【(うね模様の溝のある板を使って作ら

れた）タパ布】**kua'ula**（くあ'うら）．
【（見事な白い）タパ布】**'oloa**（'おろあ）．

だば【駄馬】**lio lawe ukana**（りお_らヴぇ_うかな）．〔家畜〕荷物を運ぶ馬．〈逐語〉引き具を運ぶ馬．

タバコ【tabacco】**paka**（ぱか）．**baka**．は異形．〔植物〕Nicotiana tabacum：ナス科タバコ属の植物で，葉の部分を加工して吸ったり，噛んだり，嗅いだりするのに用いる．
【たばこを吸う，たばこを吸う人】**puhi paka**（ぷひ_ぱか）．**puhi baka**．は異形．

タバコソウ【煙草草】**kīkā**（き̄か̄）．**pua kīkā**（ぷあ_き̄か̄）．〔植物〕Cuphea ignea：メキシコ原産のミソハギ科の低木．筒状の咢がくに包まれた，黒い縁のある赤い花が咲く．

たび・たびだち【旅・旅立ち】**lolo**（ろろ）．
【旅人】**kama hele**（かま_へれ）．

たびたびの【度々の】**pinepine**（ぴねぴね）．

タヒチ【Tahiti】**Kahiki**（かひき）．〔地理〕タヒチ島：南太平洋のフランス領ソシエテ諸島の主島．〔用例〕タヒチ島へ航行する．Holo i Kahiki.
【タヒチ島，ボラボラ島，タヒチ島の；タヒチ島民，タヒチ島民の；タヒチ語，タヒチ語の】**Polapola**（ぽらぽら）．

タブー【taboo】**kapu**（かぷ）．ポリネシア人などの間の物忌み，禁止，タブー；タブーには通常のタブー（禁止・禁制・禁断）から，タブーからの特別免除，神聖にするタブーもある．kapuはポリネシア語のtapuの子音のtがkに転訛した語．⇒カプ．
【（禁止する，神聖にする）タブーを行なう】**ho'okapu**（ほ'おかぷ）．
【タブー［禁忌］のものを除いて食べる】**'ai kapu**（あい_かぷ）．
【タブー［禁忌］のものを食べるかどうか見張る】**'ai kapu**（'あい_かぷ）．
【タブーを守るまたは挙行する】**mālama**（ま̄らま）．
【タブーに対する沈黙と畏敬いけい】**malu**（まる）．

タフタ【taffeta】⇒こはくおり【琥珀織り】．

だぶだぶの【〜】**'alu'alu**（'ある'ある）．**pū'alu**（ぷ̄'ある）．
【（服などが）だぶだぶの】**kū'olo**（く̄'おろ）．

ダブルカヌー【double canoe】**kaulua**（かうるあ）．〈比較〉シングルカヌー．kaukahi.
【ダブルカヌー［双胴船］の外側】**'ākea**（'あ̄けあ）．

たぶん【多分】**'ano'ai**（'あの'あい）．**auane'i**（あうあね'い）．**paha**（ぱは）．**malia**（まりあ）．maliaには通常，oまたはpahaが後に続く．
【多分…でない】**auane'i**（あうあね'い）．
【多分そうです】**'oia paha**（'おいあ_ぱは）．

たべごろの【食べ頃の】**o'o**（お'お）．

たべもの【食べ物】**'ai**（'あい）．**mea**

'ai（めあ_'あい）.【(肉またはすべての新鮮な) 食べ物】i'a（い'あ）. ⇒えさ【餌】.
【(子供や被保護者などに) 食べ物を与える】moamoa（もあもあ）.
【食べ物を与える】hō'ai（ほ‾'あい）.
【(鶏などが) 食べ物を突つく】kiko（きこ）.
たべる【食べる】'ai（'あい）.〈比喩〉さしず [指導] する，主権を握る.
【(タブーの儀式をせず自由に) 食べる】'ai noa（'あい_のあ）.【(むしゃむしゃ) 食べる】nau（なう）.
【食べることの好きな】puni 'ai（ぷに_'あい）.
【(子供・病人などに物を) 食べさせる，…に食物を与える】hō'ai（ほ‾'あい）.
【(胃が痛むほど) 食べ過ぎた】lā'iki（ら‾'いき）.
【食べ過ぎる】ahu 'ai（あふ_'あい）. pākela 'ai（ぱ‾けら_'あい）.
【食べた，腹いっぱい食べる】mā-'ona（ま‾'あな；但し mā'ana とは書かない）.
【食べたいだけ食べる】ho'omā'ona（ほ'おま‾'あな: 発音に注意）.
【食べられる植物】'ai（'あい）.
【食べられる海草の一種】'ele'ele（'え れ'えれ）.〔海藻〕Enteromorpha prolifera: 緑色で丈は長い.
【食べられる種】hua 'ai（ふあ_'あ い）.
【食べられる実】hua 'ai（ふあ_'あ い）.
たほうでは【他方では】akā（あか‾）.〔接続詞〕.
タマキビ【玉黍（貝）】pipipi kōlea（ぴぴ ぴ_これあ）.〔貝〕Littorina pintado, L. scabra: タマキビガイ科の小さな海産巻き貝の総称.
たまご【卵】hua（ふあ）.〔用例〕ニワトリの卵．Hua moa.
【卵の卵黄または卵白】kauō（かう お‾）.〔用例〕卵白．Kauō ke'oke'o. 卵黄．Kauō melemele.
【卵を生む】ho'olu'a（ほ'おる'あ）.
【(鳥が) 卵を抱く】moe（もえ）.
【(雌鳥めんどりに) 卵を抱かせる】ho'omoe（ほ'おもえ）.
タマゴノキ【卵の木】wī（う‾い‾）.〔植物〕Spondias dulcis: ソシエテ諸島原産のウルシ科の木；リンゴの風味を添えた食用の実を結ぶ.
たまころがし【玉転がし】pahe'e 'ulu（ぱ へ'え_'うる）. 'ulu maika（'うる_まい か）.〔遊戯〕ボウリングのようなゲーム.
【玉転がしをする】pahe'e 'ulu（ぱへ 'え_'うる）.
だまされやすい【騙され易い】punihei （ぷにへい）. puni wale（ぷに_わ れ）.
たましい【魂】mauli（まうり）. 'uhane（'うはね）. wailua（わいるあ）.
タマシダ【玉羊歯】kupukupu（くぷく ぷ）.〔植物〕Nephrolepis exalata: セイヨウタマシダなど；刃形の羽状複葉が特徴.
だます【騙す】'āpuka（'あ‾ぷか）. 'epa（'えぱ）. ho'okalekale（ほ'おかれか

れ). ho'opahele (ほ'おぱへれ). ho'opuni (ほ'おぷに). ho'opunipuni (ほ'おぷにぷに). ho'opunihei (ほ'おぷにへい). pākaha (ぱかは).
【騙した】puni (ぷに). ho'opuni (ほ'おぷに). walewale (われわれ).

たまつき【玉突き，玉突きをする】pahupahu (ぱふぱふ).〔遊戯〕ビリヤード.

だまっている【黙っている】mumule (むむれ).
【黙らせる】ho'omālie (ほ'おまりえ). ho'omehameha (ほ'おめはめは).
【黙れ】Kulikuli! (くりくり).

タマネギ【玉葱】'aka'akai ('あか'あかい).

たまのかたちをしたもの【球の形をした物，毛糸などを球の形になるように巻く】pōka'a (ぽか'あ).

タマリンド【tamarind】wī (うぃ).〔植物〕Tamarindus indica：熱帯産のマメ科の常緑高木．wī 'awa'awa とも呼ぶ．

たまをうつ【球を打つ】kīkē (きけ).

ダム【dam】pani wai (ぱに_わい).

タムシ【(昆虫の) タムシ】ane (あね).

たむし【頑癬】kane (かね).〔病理〕白癬菌に冒されて出来る皮膚病の総称．

ため (に)【(…の) 為，…の為に】iā (いあ).
【…のため，…のために】kū (く). しばしば i または ā があとに続く．
【…のために】ma (ま).
【…のため，…のために】ma o (ま_お).

【…のために】na (な). no (の). などの所有詞で表す．⇒しょゆうし【所有詞】.

ためいきをつく【溜息をつく】'ū ('う).
【(深い) 溜息をつく】nū (ぬ).
【溜息をついて言う】ho'onū (ほ'おぬ).

ためす【試す】ho'ā'o (ほ'あ'お).

ためでなく【(…の) 為でなく】i 'ole (い_'おれ).

だめになった【駄目になった】'ino, 'ino'ino ('いの, 'いの'いの).

ためらう【躊躇う】ku'ia (く'いあ).

たやすくうらぎった【容易く裏切った】puni wale (ぷに_われ).

たよりになるひと・〜もの【頼りになる人〔物〕】ko'oko'o (こ'おこ'お).
【頼りになる手伝い人】lima 'ākau (りま_'あかう).

たよる【頼る】hilina'i (ひりな'い).

たらい【盥】⇒せんたくたらい【洗濯盥】.

だらく【堕落】ho'okamakama (ほ'おかまかま).

だらくした【堕落した】'ino, 'ino'ino ('いの, 'いの'いの).

だらける【〜】pualena (ぷあれな).

だらしない【〜】kāpulu (かぷる).

だらだらする【〜】pualena (ぷあれな).

だらりとかける【だらりと掛ける】ku'uwelu (く'うヴぇる).

たりない【足りない】nele (ねれ).

たりょうに【多量に】lua (るあ).

たりょうの【多量の】lele'oi (れれ'お

い）．
たりる【足りる】lawa（らヴぁ）．
たる【樽】pahu（ぱふ）．
たるむこと【弛むこと】'āluna（'あるな）．
たるんだ【弛んだ】'alu'alu（'ある'ある）．puhalu（ぷはる）．〈比喩〉力を減少させた，熱意のない．
【（服などが）弛んだ】kū'olo（くˉ'おろ）．
【弛んだ皮膚】'olo（'おろ）．
だれ【誰，誰の，誰を】ai（あい）．〔疑問代名詞〕．wai（わい）．〔疑問代名詞・用例〕どなたですか．'O wai?
【（名前や言葉に窮した時に言う）誰々】mea（めあ）．
【誰でも，誰でも皆】pau ā pau（ぱう_あˉ_ぱう）．
【誰もいない，誰も…ない】'a'ohe（'あ'おへ）．
たれさがる【垂れ下がる】'alu（'ある）．'alu'alu（'ある'ある）．【（果物などが）垂れ下がる】he'e（へ'え）．【（ペチコートなどが）垂れ下がる】'olo'olo（'おろ'おろ）．【（たるんで長く）垂れ下がる】'olo'olo（'おろ'おろ）．〔用例〕垂れ下がった胸．Waiū 'olo'olo．
【（枝などが低く）垂れ下がっている】loha（ろは）．
【垂れ下がった頬】pī'alu（ぴˉ'ある）．
【垂れ下がったまぶた】pī'alu（ぴˉ'ある）．
【（腰巻やサロンなどぴらぴらして）垂れ下がっている物】pola（ぽら）．

たれる【垂れる】emi（えみ）．puhalu（ぷはる）．
【垂れている】loha（ろは）．
【垂れている事】lola（ろら）．
【垂らす】hō'alu（ほˉ'ある）．
タロ（イモ）【ポリネシア語】kalo（かろ）．〔植物〕Colocasia esculenta：サトイモ科の食用栽培種の総称．日本のサトイモは最も北方で栽培されている品種群．琉球地方のタイモも同様．kaloはポリネシア語の子音のtがkに転訛した語．⇒カロ．
【タロイモの新芽】huli（ふり）．lū'au（るˉ'あう）．
【タロイモ料理】kalo pa'a（かろ_ぱ'あ）．たたきつぶさず料理されたタロ芋．
【タロイモをつき砕く板】papa ku'i 'ai（ぱぱ_く'い_'あい）．
【タロイモをつき砕く石】pōhaku ku'i 'ai, pōhaku ku'i poi（ぽˉはく_く'い_'あい, ぽˉはく_く'い_ぽい）．
【（水で割らずにすり潰しただけの堅い）タロイモ】pa'i 'ai（ぱ'い_'あい）．
たわし【束子】hulu'ānai（ふる'あˉない）．〔生活用品〕昔はココナッツの外皮で作られた．
たわみやすい【撓み易い】napa（なぱ）．
たわむれ【戯れ】pā'ani（ぱˉ'あに）．
【戯れが好きな】puni le'ale'a（ぷに_れ'あれ'あ）．
たわんでゆれる【撓んで揺れる】nape（なぺ）．
たん【痰】male（まれ）．na'o, na'o-

na'o（な'お，な'おな'お）. wale（わ
れ）.
【痰を吐く】pūhā（ぷは）.
【痰壺】ipu kuha（いぷ_くは）.
だん【(人が乗る)壇】haka（はか）.
たんいつせい【単一性】ho'okahi（ほ
'おかひ）.
たんか【担架，担架で運ぶ】mānele
（まねれ）.
たんがん【嘆願】noi（のい）.
だんがんをこめる【(銃砲に)弾丸を込
める】ho'opiha（ほ'おぴは）.
たんきな【短気な】huhū wale（ふふ_わ
れ）.
たんきぶんかつ【短期分割】pu'unaue
pōkole（ぷ'うなうえ_ぽこれ）.
だんきゅう【段丘】'anu'u（'あぬ'う）.
たんきゅうしゃ【探究者】'imi na'auao
（'いみ_な'あうあお）. 教育［学問］探
求者.
タンク【(水を貯える)tank】ki'o（き
'お）. pahu wai（ぱふ_わい）.
タンクトップ【tank top】pala'ili kā-
'awe, pale'ili kā'awe（ぱら'いり_か'あ
ヴぇ，ぱれ'いり_か'あヴぇ）.
たんけん・たんとう【短剣・短刀】pahi
'ō（ぱひ_'お）. pāhoa（ぱほあ）.
たんけんか【探検家】'imi loa（'いみ_ろ
あ）.
たんけんする【探検する】'imi loa（'いみ
_ろあ）. huli（ふり）.
たんご【単語】hua 'ōlelo（ふあ_'おれろ）.
〔文法〕ハワイ語はベース語とマー
カー（広義のマーカー）に大別され
る．ベース語は名詞，動詞などであ

る．マーカーは，代名詞，指示詞，
所有詞，冠詞，接続詞などであるが，
ハワイ語独特の文法的機能を持った
語（多くは日本語の助詞に相当）は
「〜を表すマーカー」（狭義のマー
カー）としている.
だんことした【断固とした】
ho'omanawanui（ほ'おまなわぬい）.
pa'a（ぱ'あ）.
ダンゴムシ【団子虫】pokipoki（ぽきぽ
き）.
たんさんすい【炭酸水】wai momona
（わい_ももな）.
タンジェリン【tangerine】'alani Pākē
（'あらに_ぱけ）．〔植物〕Citrus
reticulata cv. 'deliciosa'.〈逐語〉中国産オ
レンジ.
たんじゅう【胆汁】au（あう）. lena,
lenalena（れな，れなれな）.
たんしゅくする【短縮する】ho'opōkole
（ほ'おぽこれ）.
たんじゅんな【単純な】ma'alahi（ま
'あらひ）.
だんしょうする【談笑する】keaka（け
あか）.
たんじょうび【誕生日】lā hānau（ら_は
なう）．〔用例〕誕生日おめでとう.
Hau'oli lā hānau. lā piha makahiki（ら
_ぴは_まかひき）.
だんじょりょうせいしゃ【男女両性者】
māhū（まふ）.
たんす【(鏡付きの寝室用)箪笥】pahu
'ume（ぱふ_'うめ）.
ダンス【dance】ha'a（は'あ）．〔歴史〕
宗教的祭祀での踊り．⇒おどり【踊

り】．フラ．
【ダンスを踊る】⇒おどる【踊る】．フラ．
【ダンスでくるくる回る】⇒まわる【回る】．
たんすう【単数】ho'okahi nō（ほ'おかひ_のー）．【（文法の）単数】helu-kahi（へるかひ）．
だんせい【男性】kāne（かね）．⇒おとこ【男】．
【男性と一緒に住む】noho kāne（のほ_かね）．
【男性の恋人】kāne（かね）．
【男性の祖先】kupuna kāne（くぷな_かね）．
【男性的な】kanaka（かなか）．
だんせいのある【弾性のある】⇒だんりょくのある．
だんたい【団体】'ahahui（'あはふい）．kalapu（からぷ）．kalabu．は異形．〔英語：club〕．
【団体を結成する】hui（ふい）．
だんだんばたけ【段々畑】lo'i（ろ'い）：タロイモや米の栽培のために水を引いた段丘．
たんちょうな【単調な】manakā（まなかー）．
たんてい【探偵】māka'i kiu（まか'い_きう）．
たんていする【探偵する】kiu（きう）．māka'i（まか'い）．
たんとう【短刀】⇒たんけん【短剣】．
たんに【単に，単に…にすぎない】auane'i（あうあね'い）．
たんのう【胆嚢】au（あう）．

タンブラー【tumbler】kī'aha（きー'あは）．⇒カップ．グラス．
たんぺんしょうせつ【短編小説】mo'olelo pōkole（も'おれろ_ぽこれ）．
だんぺん【断片】māmala（まーまら）．poke（ぽけ）．
だんぼうろ【暖房炉［器具］，暖炉】kapuahi（かぷあひ）．〔用例〕ガスストーブ．kapuahi ea．電気ストーブ．kapuahi uila．
【（家の）暖房装置】kapuahi ho'omahana hale（かぷあひ_ほ'おまはな_はれ）．
だんらく【（物語・文章の）段落】hopuna 'ōlelo（ほぷな_'おーれろ）．kiko（きこ）．pauku（ぱうくー）．
だんりょくのある【弾力［弾性］のある】'api'api（'あぴ'あぴ）．holu（ほる）．napa（なぱ）．'olu（'おる）．
だんわ【談話】pāpā'ōlelo（ぱーぱー'おーれろ）．
【談話を交わす】kūka'i 'ōlelo（くーか'い_'おーれろ）．pāpā'ōlelo（ぱーぱー'おーれろ）．【（静かにかつ空想的に）談話を交わす】'uhene（'うへね）．
【談話の】kama'ilio（かま'いりお）．
だんわする【談話する】kama'ilio（かま'いりお）．〔用例〕談話，会話．Kama'ilio 'ana.

ち

ち【血】koko（ここ）．
【血が固まった】lapalapa（らぱらぱ）．

【血に飢えた】puni koko（ぷに_こ こ）．
【血の塊】lapa（らぱ）．pu'u（ぷ'う）．pu'u koko（ぷ'う_ここ）．
【（病気の後などの）血の気のない】mamae（ままえ）．
【血のような】kokoko（ここ こ）．
【血を吸う】omo koko（おも_ここ）．
【血を流す】kahe koko（かへ_ここ）．
【血を吐く】lua'i koko（るあ'い_こ こ）．
【血を吐く症状を伴うあらゆる病気】lua'i koko（るあ'い_ここ）．

ちあんはんじ【治安判事】luna kānā-wai（るな_かなわい）．

ちい【地位】kapukapu（かぷかぷ）．kūlana（くらな）．papa（ぱぱ）．
【地位の高い】mamao（ままお）．

ちいき【地域，地区】moku（もく）．
【地域に管理人を配置する】ho'omoku（ほ'おもく）．

ちいききょうどうたい【地域共同体】kaiāulu（かいあうる）．

ちいさい【小さい】'ā'ā（'あ'あ）．huna（ふな）．'i'i（'い'い）．iki（いき）．〔用例〕小さい手．Lima iki．kūpihipihi（くぴひぴひ）．li'i, li'ili'i（り'い，り'い り'い）．makali'i（まかり'い）．'uku（'うく）．'u'uku（'う'うく）．
【（特別に）小さい動物［植物］】'akiki（'あきき）．

ちいさくきりとる【小さく切り取る】kahakaha（かはかは）．

ちいさくする【小さくする】ho'oiki（ほ'おいき）．ho'oli'ili'i（ほ'おり'いり 'い）．ho'o'u'uku（ほ'お'う'うく）．
【小さくした】akaku'u（あかく'う）．

ちいさくみせた【小さく見せた】'akiki（'あきき）．

ちいさな【小さな】li'i（り'い）．
【小さな石】unu（うぬ）．
【小さな農地】kīhapai（きはぱい）．
【小さな葉のある】lau li'i（らう_り 'い）．
【小さな皴ひび】kīna'u（きな'う）．
【小さな部分】hapa 'u'uku（はぱ_'う 'うく）．
【小さな棒】la'alā'au（ら'あらー'あう）．
【小さな実】hua iki（ふあ_いき）．
【小さな物】uahi（うあひ）．

チーズ【cheese】waiāpa'a（わいあぱ 'あ）．〈逐語〉凝固されたミルク．

チーム【（競技の）team】'ao'ao（'あお 'あお）．

ちいるい【地衣類】limu（りむ）．

チェーンステッチ【chain stitch, チェーンステッチをする】humu kaulahao（ふむ_かうらはお）．

ちえん【遅延】pane'e（ぱね'え）．

ちか【地下】malalo o ka honua（まらろ _お_か_ほぬあ）．
【地下に潜伏する】poholalo（ぽほら ろ）．
【地下を掘る】poholalo（ぽほらろ）．

ちかい【近い】kokoke（ここけ）．

ちかいをたてる【誓いを立てる】ho'o-hiki（ほ'おひき）．kuea（くえあ）．〔英語：swear〕．

ちがう【違う】'ē（'え）．

ちかかまど【地下竈】imu（いむ）．⇒

かまど【竈】.
【地下かまどに蓋ふたをする】kaupale（かうぱれ）. 特に土が入らないように地下かまどの縁を石でおおう.〈逐語〉近づかせない場所.

ちかくにすむひと【近くに住む人】hoa noho（ほあ_のほ）.

ちかくにひきよせる【近くに引き寄せる】kokoke（ここけ）.〈比較〉素早く.

ちかくの【近くの】a'e（あ'え）. a'e nei（あ'え_ねい）. eia aku（えいあ_あく）.

ちかくで【近くで】eia aku（えいあ_あく）.

ちかくへ【近くへ】eia aku（えいあ_あく）.

ちかづいてみる【近付いて見る】⇒かんさつする【観察する】.

ちかづきがたい【(身分があるため)近付き難い】kapukapu（かぷかぷ）.

ちかづけない【近付けない】ho'omamao（ほ'おままお）.

ちがった【違った】'oko'a（'おこ'あ）.

ちから【力】mana（まな）. ⇒マナ. ikaika（いかいか）.
【(労働者など)力のある】mahi（まひ）.
【力のない】ma'ule（ま'うれ）.
【力を抜く】ho'omōhalu（ほ'おもーはる）. ho'omalule（ほ'おまるれ）.
【(偉大な)力を発揮する】ho'āho（ほ'あーほ）.
【力を持つ】mana（まな）. ⇒マナ.

ちからづくの【力尽くの】lima ikaika（りま_いかいか）.

ちからづよくせいちょうする【(植物など)力強く成長する】ohiohi（おひおひ）.

ちがわせる【違わせる】hō'oko'a（ほー'おこ'あ）.

ちきゅう【恥丘】pu'ukole（ぷ'うこれ）.

ちきゅう【地球】ao（あお）. honua（ほぬあ）.
【地球の起源】kumu honua（くむ_ほぬあ）.
【地球の深層部】kūpapakū（くーぱぱくー）.
【地球儀】kāhonua（かーほぬあ）. poepoe honua（ぽえぽえ_ほぬあ）.

ちぎれたつな【千切れた綱［紐ひも］】kaula moku（かうら_もく）.

ちく【(町や場所などの)地区】huli（ふり）. moku'āina（もく'あいな）.

ちくおんき【蓄音機】pahu 'ōlelo（ぱふ_'おーれろ）.

ちくぎゅう【畜牛】pipi wahine（ぴぴ_わひね）. pipi（ぴぴ）. bipi.は異形.〔英語：beef〕.

ちくぎゅうのばんにん【畜牛の番人】kahu pipi（かふ_ぴぴ）.

ちくちくする【(衣服などが)ちくちくする】mane'o（まね'お）.

ちくび【乳首】maka（まか）. ū（うー）.〈比較〉乳・ミルク［waiū］.
【乳首を吸う】omo waiū（おも_わいうー）.

ちこつ【恥骨】⇒かんこつ【寛骨】.

ちじ【(米国各州の)知事】kia'āina（きあ'あーいな）.

ちしき【知識】na'auao（な'あうあお）.
【知識を得ようとする, 知識を得よう

とする人】'imi 'ike ('いみ_'いけ).
【知識を誇示する】ho'oloio (ほ'おろ いお).
ちじょくをあたえる【恥辱を与える】hō'ino, ho'o'ino (ほ'いの, ほ'お'いの).
ちず【地図】palapala 'āina (ぱらぱら_'あ いな).
ちせき【地積】'ili 'āina ('いり_'あい な).
ちそう【地層】nu'u (ぬ'う).
ちたい【遅滞】'emo ('えも). napa (なぱ).
ちたいする【遅滞する】'emo ('えも). napa (なぱ).
【遅滞させる】ho'oli'uli'u (ほ'おり 'うり'う).
ちち【乳】waiū (わいう). 〈逐語〉乳房の液体. 【(…)に乳を飲ませる】'ai waiū ('あい_わいう).
【乳離れしていない動物】'ai waiū ('あい_わいう).
ちちおや【父親】makua kāne (まくあ_かね). 複数形は mākua kāne (まくあ_かね).
【父の叔父・叔母】kupuna (くぷな). 複数形は kūpuna (くぷな).
【父の叔父】kupuna kāne (くぷな_かね).
【父の叔母】kupuna wahine (くぷな_わひね).
チヂミザサ【縮み笹(の一種)】hono-hono, honohono kukui (ほのほの, ほのほの_くくい). 〔植物〕Oplismenus hirtellus.
ちぢむ【縮む】pipika (ぴぴか). miki (みき). 〔様相〕衣類が縮む, 衣類が詰まる. 塩づけの牛肉を沸騰している湯の中へ入れた時縮む.
【(火の上にのせたタコのように)縮み上がる】pipika (ぴぴか).
【(布などが)縮んだ】piki (ぴき). pipiki (ぴぴき).
【縮まる】pu'e'eke (ぷ'え'えけ).
【縮れる】puku (ぷく).
【縮れた】'āpi'i ('あぴ'い). 'āpi'i-pi'i ('あぴ'いぴ'い).
【(髪の毛などの)縮れていない】kālole (かろれ).
ちぢれげ【縮れ毛】'āpi'i ('あぴ'い). heu (へう).
【縮れ毛の】pi'ipi'i (ぴ'いぴ'い).
ちちゅうかい【地中海】Kai Waena Honua (かい_わえな_ほぬあ). アフリカ・ヨーロッパ・アジアの三大陸に囲まれている海. 〈逐語〉陸地のまん中の海.
ちつ【膣】kohe (こへ).
ちっそくさせる【窒息させる】kā'awe (か'あヴぇ). 'umi ('うみ).
【窒息させること】'umina ('うみな).
チップ【tip】uku makana (うく_まかな).
ちてきな【知的な(深みのある)】hohonu (ほほぬ). kūli'u (くり'う).
ちどりあしであるく【千鳥足で歩く】kūpou, kūpoupou (くぽう, くぽうぽう). newa (ねヴぁ). newanewa (ねヴぁねヴぁ).
ちのみご【乳飲み子】'ai waiū ('あい_わいう). 〈逐語〉ミルクを飲む.

ちひょう【地表，地球の表面】'ili honua（'いり_ほぬあ）.
ちびりちびりのむ【ちびりちびり飲む】inu li'ili'i（いぬ_り'いり'い）.
ちぶさ【乳房】ū（ū）. waiū（わいū）.
【乳房の病気】he'ehe'e（へ'えへ'え）.〔病理〕授乳期に母乳が固まり激しい痛みを伴う乳房の病気.
ちへいせん【地平線】'alihi（'ありひ）. kūkulu（kūくる）. kumulani（くむらに）.
【水平線上の】'ilikai（'いりかい）.
ちほう【地方】kalana（からな）. kua'āina（くあ'āいな）.〈逐語〉奥の土地.
【地方の】kūloko（kūろこ）.
ちほうさいばんしょ【地方裁判所】⇒さいばんしょ【裁判所】.
ちみつな【（物質が）緻密な】poepoe（ぽえぽえ）.
ちゃ【茶】kī（kī）.
【茶の葉】lau kī（らう_kī）. lā'ī（らー'い）, lau'ī（らうーい）は短縮形.
【茶を立てるための水】wai kī（わい_kī）.
【茶の間】lumi ho'okipa（るみ_ほ'おきぱ）.〈逐語〉愉快な部屋.
ちゃいろ【茶色】ハワイ語には日本語の茶色に相当する語がない.
【（赤みがかった）茶色】kama'ehu（かま'えふ）. mea（めあ）.
ちゃかっしょく【茶褐色】⇒カーキいろ.
ちゃくしょくようのえきたい【着色用の液体】waiho'olu'u（わいほ'おる'う）.
チャツネマンゴー【mango chutney】manakō kāne（まなこ_かね）.〔料理〕甘ずっぱいマンゴーの果実に香辛料を加え砂糖で煮たもの.
ちゃめっけのある【茶目っ気のある】'eu（'えう）. hone（ほね）. maka le'a（まか_れ'あ）.
チャリティ【charity】manawale'a（まなわれ'あ）.
ちゃわん【茶碗】kī'o'e（kī'お'え）. pola（ぽら）. bola. は異形.〔英語：bowl〕.〔文法〕冠詞は ka でなく ke を使う.
ちゅういしてみる【（非常に）注意して見る】maka kilo（まか_きろ）.
ちゅういする【（…に）注意する】maliu（まりう）.
ちゅういぶかい【注意深い】akahele（あかへれ）. 'i'ike（'い'いけ）.
【注意深い目】maka kilo（まか_きろ）.
ちゅういぶかく【注意深く】nihi（にひ）. pono（ぽの）.〔用例〕注意深く見守る, Nānā pono.
【注意深く聞く】lolohe（ろろへ）. lohelohe（ろへろへ）. ho'ololohe（ほ'おろろへ）.
【（ボートやカヌーなどを）注意深く漕ぐ】akahoe（あかほえ）.
ちゅういをはらわない【注意を払わない】nānā 'ole（nānā_'おれ）.
ちゅういをむける【注意をむける】hāliu（hāりう）. kalelei（かれれい）.
チューインガム【chewing gum】kamu（かむ）.
【ガムをかむ】nau kamu（なう_か

む）．

ちゅうおうの【中央の】konuwaena, waenakonu（こぬわえな，わえなこぬ）．waena（わえな）．しばしば，i, ma-, mai の後に続く．

ちゅうがい【虫害】pōnalo（ぽなろ）．

ちゅうこうおん【中高音】'aeko（'あえこ）．aeto は異形．〔英語：alto〕．

ちゅうこく【忠告】leo, leleo（れお，れれお）．
【忠告を無視する】pepeiao kuli（ぺぺいあお_くり）．
【忠告者】kākā'ōlelo（かか'おれろ）．

ちゅうごく【中国，中国の，中国人，中国語，中国製の】Kina（きな）．Pākē（ぱけ）．

ちゅうさいする【仲裁する】ho'omaluhia（ほ'おまるひあ）．'uao（'うあお）．⇒わかい【和解】．

ちゅうさいにん【仲裁人】'uao（'うあお）．

ちゅうしする【注視する】hāliu（はりう）．'imi（'いみ）．
【注視させる】ho'onānā（ほ'おなな）．

ちゅうしする【中止する】waiho（わいほ）．

ちゅうじつ【忠実［誠］】kūpa'a（くぱ'あ）．mālama（まらま）．
【忠誠を守る】ho'okūpa'a（ほ'おくぱ'あ）．
【忠実な】lohe, lohelohe（ろへ，ろへろへ）．

ちゅうしゃじょうにおく【（自動車を）駐車場に置く】pāka（ぱか）．〔英語：park〕．

ちゅうしゃする【駐車する】kū（く），kukū（くく）．kūkulu（くくる）．

ちゅうしゃする【注射する】hou（ほう）．
【注射を受ける】pahu kui（ぱふ_くい）．

ちゅうじゅんな【忠順な】ho'olono（ほ'おろの）．

ちゅうしょう【中傷】'alapahi（'あらぱひ）．laipila（らいぴら）．〔英語：libel〕．

ちゅうしょうする【中傷する】'alapahi（'あらぱひ）．holoholo'ōlelo（ほろほろ'おれろ）．ho'omā'ino'ino（ほ'おま'いの'いの）．'imi 'ōlelo（'いみ_'おれろ）．laipila（らいぴら）．

ちゅうしょく【昼食】'aina awakea（'あいな_あヴぁけあ）．

ちゅうしん【中心】kikowaena（きこわえな）．〔用例〕アナ・モアナショッピングセンターにある店．Ma ka hale kū'ai ma ka kikowaena Ala Moana. waena（わえな）．'ōnohi（'おのひ）．

ちゅうすい【虫垂】na'aumoa（な'あうもあ）．〔解剖〕．

ちゅうすいかん【注水管】'ili（'いり）．

ちゅうせきてい【沖積堤】pani wai（ぱに_わい）．

チュウチュウなく【（小鳥などが）～鳴く】'io, 'io'io（'いお，'いお'いお）．【（二十日鼠などが）チュウチュウ鳴く】kio（きお）．

ちゅうにゅうする【注入する】hou（ほう）．

チューブ【tube】'ohe（'おへ）．

ちゅうもくする【注目する】nānā pono（ななー_ぽの）.
ちゅうもんする【注文する】hoʻopaʻa（ほʻおぱʻあ）. kēnā（けなー）.
ちょう【庁】pulo（ぷろ）. buro. は異形.〔英語：bureau〕.
ちょう【腸】naʻau（なʻあう）.
ちょう【蝶】pulelehua（ぷれれふあ）. ⇒けいはくな【軽薄な】.
ちょうおん【(母音の音声などの)長音】kō（こー）.
ちょうきぶんかつ【長期分割】puʻunaue loa（ぷʻうなうえ_ろあ）.
ちょうきりょうよう【長期療養】kaʻa maʻi（かʻあ_まʻい）.
ちょうきりょこう【長期旅行】huakaʻi hele（ふあかʻい_へれ）. 特に遠方または外国へ行く旅行.
ちょうげん【(ギターの)調弦, (ギターの弦を弛めて)調弦したキー】kīhoʻalu（きー_ほʻある）.
ちょうこう【徴候】ʻōuli（ʻおうり）.
【(…の)兆候を示す】ʻano（ʻあの）.
ちょうこく【彫刻】kalaina（からいな）.
【彫刻の溝】⇒イオイオ.
【彫刻家, 彫刻術の熟練者】kahuna kālai（かふな_かーらい）.
【彫刻刀】pahi koli（ぱひ_こり）.
ちょうこくする【彫刻する】kālai（かーらい）. pao（ぱお）.
ちょうこつ【腸骨】⇒かんこつ（寛骨）.
ちょうさいん【(国勢調査などの)調査員】luna helu（るな_へる）.〈逐語〉数を数える監督者.
ちょうさする【調査する】nieniele（にえにえれ）.

ちょうし【(音楽の)調子】⇒おんかい【音階】, おんてい【音程】.
【(音楽や声など)調子の良い】nahenahe（なへなへ）.
ちょうし【長子, 長男, 長女】maka mua（まか_むあ）. hiapo（ひあぽ）. makahiapo（まかひあぽ）.〈逐語〉最初に生まれた最愛の子供.
ちょうしぜんな【超自然な】akua（あくあ）.
【超自然的な力】⇒マナ.
ちょうじょ【長女】hānau mua（はーなう_むあ）. hiapo（ひあぽ）. mua（むあ）.
ちょうじょう【頂上】ʻaki（ʻあき）.〔文法〕冠詞は ka でなく ke を使う. kōkī（こーきー）. niʻo（にʻお）. pane（ぱね）.〔文法〕冠詞は ka でなく ke を使う. wēkiu（ヴぇーきう）.【(物の)頂上】wēlau（ヴぇーらう）.
【頂上に到達する】niʻo（にʻお）.
ちょうしょく【朝食】ʻaina kakahiaka（ʻあいな_かかひあか）.
ちょうぜい【徴税】ʻauhau（ʻあうはう）.
ちょうせん【朝鮮, 朝鮮の, 朝鮮語, 朝鮮人】Kōlea（こーれあ）.〔英語：Korea〕
ちょうせんする【挑戦する】hōʻaʻano（ほーʻあʻあの）.
ちょうぞう【彫像】kiʻi（きʻい）. kiʻi kālai ʻia（きʻい_かーらい_ʻいあ）.〈逐語〉彫刻した像.
ちょうチフス【腸チフス：typhoid fever】piwa hoʻonāwaliwali（ぴヴァ_ほʻおなー

わりわり）．

ちょうつがい【蝶番】'ami（'あみ）．'ami'ami（'あみ'あみ）．
【蝶番を回す】'ami（'あみ）．

ちょうていしゃ【調停者】'uao（'うあお）．

ちょうていする【調停する】'uao（'うあお）．

ちょうてん【（山などの）頂点】'aki（'あき）．〔文法〕冠詞は ka でなく ke を使う．⇒ちょうじょう【頂上】．

ちょうど…のように【〜】mai（まい）．

ちょうどひん【調度品】lako hale（らこ_はれ）．

ちょうな【手斧】ko'i（こ'い）．

ちょうなん【長男】hānau mua（はなう_むあ）．hiapo（ひあぽ）．mua（むあ）．

ちょうのうりょく【超能力，超能力者】'e'epa（'え'えぱ）．

ちょうはつれい【徴発令，徴発書】pila koi（ぴら_こい）．

ちょうばん【蝶番】⇒ちょうつがい【蝶番】．

ちょうへいする【徴兵する】wae（わえ）．

ちょうほうけい【長方形，長4角形】'ahalualike（'あはるありけ）．〈逐語〉二等辺．
【長方形の塊】'omo'omo（'おも'おも）．

ちょうみした【調味した】li'u（り'う）．

ちょうみりょう【調味料】hō'ono'ono'ai（ほ'おの'おの_'あい）．

ちょうめい【長命】ola loa（おら_ろあ）．

ちょうやく【跳躍】leina（れいな）．lele（れれ）．

ちょうやくばん【跳躍板】papa lele kawa（ぱぱ_れれ_かわ）．

ちょうりする【調理する】ho'omo'a（ほ'おも'あ）．【（鳥肉などを）調理する】kua'i（くあ'い）．
【調理した】mo'a（も'あ）．

ちょうりゅう【潮流】au（あう）．kai holo（かい_ほろ）．【潮流の動きが見てわかる海】kai au（かい_あう）．kai holo（かい_ほろ）．

ちょうろう【長老】mua（むあ）．【長老になることを主張する】ho'omua（ほ'おむあ）．
【長老会】'Aha lunakahiko（'あは_るなかひこ）．〔キリスト教〕．

ちょうわ【調和】lōkahi（ろかひ）．

ちょうわする【調和する】kohu like（こふ_りけ）．
【調和しない】kohu 'ole（こふ_'おれ）．

チョーク【chalk】poho（ぽほ）．

ちょくせつけいけんする【（喜怒哀楽の感情などを）直接経験する】pi'i（ぴ'い）．

ちょくせつみる【直接見る】'ike maka（'いけ_まか）．

ちょくせんコースからはずれる【直線コースから外れる】īkā（いか）．

ちょくりつした【直立した】kū（く）．kukū（くく）．

ちょくりつふどうのしせいをとる【直立不動の姿勢をとる】ho'oko'oko'o（ほ'おこ'おこ'お）．

チョコレート【chocolate】kokoleka（こ これか）．〔英語〕．

ちょさくけん【著作権】palapala hoʻokuleana（ぱらぱら_ほʻおくれあ な）．ponokope（ぽのこぺ）．
【（…の）著作権を取得する】hoʻo-paʻa kuleana（ほʻおぱʻあ_くれあ な）．

ちょしゃ【著者】haku moʻolelo（はく_ もʻおれろ）．kākau moʻolelo（かか う_もʻおれろ）．mea kākau（めあ_かか う）．

ちょすいち【貯水池】kiʻo（きʻお）． luawai（るあわい）．

ちょぞう【貯蔵】kākini（かきに）．
【貯蔵所】waihona（わいほな）．
【貯蔵品】lako（らこ）．

ちょっかく【直角】huina kūpono（ふい な_くぽの）．

チョッキ【jackの訛り】pūliki（ぷりき）．

ちょっけい【直径】anawaena（あなわ えな）．〈逐語〉中央の寸法．

ちょっとひたる【ちょっと浸る】miki （みき）．

ちらかした【（物を）散らかした】mōkā-kī（もかき）．

ちらかす【（物を）散らかす】hoʻōpala （ほʻおぱら）．

ちらした【散らした】pūʻāʻā（ぷʻあʻあ）．

ちらちらすること【（星などが）チラチ ラすること】pipī（ぴぴ）．

ちらちらひかる【（星・光などが）チラ チラ光る．】ʻamo（ʻあも）．

ちらちらみえること【（星などが）チラ チラ見えること】pipī（ぴぴ）．

ちらりとみる【ちらりと見る】ʻalawa （あらヴぁ）．

ちり【（霧のように細かい）塵】lelehu-na, lelehune（れれふな，れれふね）．
【（空気中の）塵のような】uahi（う あひ）．

ちりぢりになった【散り散りになった】 mōkākī（もかき）．pūʻāʻā（ぷʻあʻあ）．

チリペパー・チリペッパー【chili pep-per】nīoi pepa（におい_ぺぱ）．〔植 物〕トウガラシの一種；熱帯アメリ カ産；メキシコ料理の香味料．
【chili pepperの調味料】ʻiʻo nīoi （ʻいʻお_におい）．トウガラシをゆで て，どろどろさせた調味料（しばし ばイナモナ［ʻinamona］のような調 料と混ぜ合わされる）．

ちりょうする【治療する】hoʻopola-pola（ほʻおぽらぽら）．lapaʻau（ら ぱʻあう）．
【治療する人】hoʻōla（ほʻおら）．

ちりょうできるびょうき【治療出来る病 気】maʻi ola（まʻい_おら）．

ちんか【沈下】ʻalu（ʻある）．hōʻalu （ほʻある）．mino（みの）．
【（道路などが）沈下する】ʻalu（ʻあ る）．nakele（なけれ）．

ちんがしする【賃貸しする】limalima （りまりま）．hoʻolimalima（ほʻおり まりま）．

ちんせいする【（要求を）鎮静する】 hoʻonā（ほʻおな）．
【（要求などを）鎮静した】nā（な）．

ちんせきど【（砂よりは細かいが粘土よ りは荒い）沈積土】one（おね）．

ちんたいする【賃貸する，賃借する，賃貸［借］契約，賃貸料金】hoʻolimalima（ほʻおりまりま）．
ちんでい【沈泥】one（おね）．
ちんでん【沈殿，沈殿物】koʻana（こʻあな）．
ちんでんする【沈殿する】kiʻo（きʻお）．
ちんばの【跛の】ʻoʻopa（ʻおʻおぱ）．
ちんぷんかん【～】hiohio（ひおひお）．
ちんぼつする【沈没する】napoʻo（なぽʻお）．nāpoʻopoʻo（なぽʻおぽʻお）．poholo（ぽほろ）．【（船が）沈没［浸水］する】piholo（ぴほろ）．
ちんもく【沈黙】hāmau（ほ‾まう）．mehameha（めはめは）．mū（む‾）．【沈黙させる】hoʻohāmau（ほʻおほ‾まう）．
【沈黙している（黙って座っている）】hoʻomū（ほʻおむ‾）．
ちんれつ【陳列】hōʻikeʻike（ほ‾ʻいけʻいけ）．
ちんれつする【陳列する】hōʻikeʻike（ほ‾ʻいけʻいけ）．博物館や展覧会のように陳列する．〔用例〕博物館．Hale hōʻikeʻike．

つ

ついおく【追憶】haliʻa（はりʻあ），haili（はいり）．突然によみがえる想い出（特に愛した人などの）．
【追憶にひたる】hāʻupu（ほ‾ʻうぷ）．
ついかの【追加の】keu（けう）．
ついきゅう【追求】huli（ふり）．hulihuli（ふりふり）．

ついせき【追跡】hahai（ははい）．
ついせきする【追跡する】hahai（ははい）．kolokolo（ころころ）．maʻawe, māʻaweʻawe（まʻあヴぇ，ま‾ʻあヴぇʻあヴぇ）．
ついて【（…に）ついて】na（な）．no（の）．⇒しょゆうし【所有詞】．
ついていく【（…に）ついて行く】ukali（うかり）．【（親鳥の後ろに続くひな鳥のように一列に並んで）ついて行く】kakaʻi（かかʻい）．
【（…に）ついて行かせる，ついて行くふりをする，ついて行こうと試みる】hoʻoukali（ほʻおうかり）．
ついに【遂に・終に】eia hoʻi（えいあ_ほʻい）．eia kā（えいあ_か‾）．
ついほうする【追放する】kipaku（きぱく）．
つうかする【（…の側を）通過する】māʻalo, māʻaloʻalo（まʻあろ，ま‾ʻあろʻあろ）．
【通過させる】hoʻokāʻalo（ほʻおか‾ʻあろ）．
つうじて【（…を）通じて】ma o（ま_お）．
つうじょうの【通常の】aʻe nei（あʻえ_ねい）．maʻamau（まʻあまう）．〔用例〕通常料金．Uku maʻamau. paʻa mau（ぱʻあ_まう）．kūmau（く‾まう）．〔用例〕日常の報酬［税金・料金］．Uku kūmau．
つうしんいん【通信員】ʻāhaʻilono（ʻあ‾はʻいろの）．
つうしんする【（あちこちに）通信する】kūkaʻi leka（く‾かʻい_れか）．
つうふうこう【通風孔】lua puhi（るあ_

ぷひ).

つうやくしゃ【通訳者】mahele 'ōlelo（まへれ_'おれろ）. mea unuhi（めあ_うぬひ）.

つうやくする【通訳する】mahele 'ōlelo（まへれ_'おれろ）. unuhi（うぬひ）. 【通訳させる】ho'ounuhi（ほ'おうぬひ）.

つうれいの【通例の】kūmau（くまう）. ma'amau（ま'あまう）. pa'a mau（ぱ'あ_まう）.

つうれつなひはんをする【痛烈な批判をする】⇒くちびる【唇】.

つえ【杖】ko'oko'o（こ'おこ'お）. 籐製のステッキも同様.

つかいにやる【（…を）使いにやる】ho'ouna（ほ'おうな）.

つかいふるした【使い古した, 使い古したタパ［衣類］】'āleuleu（'あれうれう）.

つかえる【（…に）仕える】lawelawe（らヴぇらヴぇ）.

つかまえる【捕まえる】'apo（'あぽ）. hopu（ほぷ）. hopuna（ほぷな）. 【（急にまたは強く）捕まえる】lālau（ららう）. 【小鳥やチョウをとる時のように椀状に伏せた両手で）捕まえる】po'i（ぽ'い）.

つかみあう【掴み合う, つかみ合い】kūpāpā（くぱぱ）.

つかむ【掴む】'apo（'あぽ）. hopu（ほぷ）. hopuna（ほぷな）. 【（急にまたは強く）掴む】lālau（ららう）. 【掴むこと】'āpona（'あぽな）. 【（泥などで）掴みにくい】kika（き

か）.

つかれさせる【疲れさせる】ho'oluhiluhi（ほ'おるひるひ）. ho'omāluhiluhi（ほ'おまるひるひ）.

つかれた【疲れた】luhi, luhiluhi（るひ, るひるひ）. māluhiluhi（まるひるひ）. piula（ぴうら）.〔俗語〕
【疲れた人々】maka luhi（まか_るひ）.〈逐語〉疲れた目. 特に社会事業で激しい労働をしている人のことを言う.
【疲れ果てた】pauaho（ぱうあほ）.

つき【（天体としての）月, 暦の上のひと月】mahina（まひな）. malama（まらま）.
【月が出る, 月が上昇する】kau（かう）.

つきくだく【（穀物などを）突き砕く】'āku'iku'i（'あく'いく'い）. ku'i（く'い）. ho'oku'i（ほ'おく'い）.

つきさす【突き刺す】'ō（'お）.【（魚を突くやす, または投げやりなどで）突き刺す】pahu（ぱふ）. pakelo（ぱけろ）.
【（フォーク・ピン・先の尖った棒・もりなどあらゆる）突き刺すための器具】'ō（'お）.

つきそう【付き添う】ho'omāka'ika'i（ほ'おまか'いか'い）. lawelawe（らヴぇらヴぇ）.
【付き添い人】ukali（うかり）.〔用例〕結婚式の付き添い人. Nā ukali pa'a male.

つきだしたはな【突き出した鼻】ihu kū（いふ_く）.〈比喩〉傲慢な.

つきだす【突き出す】'ou（'おう）.
つきつける【（銃などを）突き付ける】kāki'i（かき'い）.
つきつぶした【搗き潰した】'ae（'あえ）. 'ae'ae（'あえ'あえ）.【（イモなどを）搗き潰した】wali（わり）.
つきて【尽きて】muku（むく）. muku-muku（むくむく）.
つきでる【（成績など他の人より）突き出る】kela, kelakela（けら, けらけら）.【（絶壁などが）突き出る】lo'u（ろ'う）.【（背の高さなど他の人より）突き出る】oni（おに）.【突き出た】pōhuku（ぽふく）.【突き出た唇】nuku pu'u（ぬく_ぷ'う）.〔仕草〕不快・不機嫌の表示として唇を突き出す. ⇒くちびる【唇】.
つきとおす【突き通す】hou（ほう）. 'ō（'お）. 'ō'ō（'お'お）. hō'ō'ō（ほ'お'お）.【突き通させる】hō'ō'ō（ほ'お'お）.
つぎの【次の】a'e（あ'え）.
つきのひかり【月の光】⇒げっこう【月光】.
つきのめす【突きのめす】kula'i（くら'い）.
つきびと【付き人】'aialo（'あいあろ）.
つぎをあてる【（…に）接ぎを当てる】pāhono（ぱほの）.【（…に）つぎを当てた】pohopoho（ぽほぽほ）.〔用例〕形の不ぞろいな寄せ布の掛けぶとん. Kapa pohopoho.
つく【突く】'ō（'お）. 'onou（'のう）. pahu（ぱふ）. peu（ぺう）.【突かせる】ho'ō（ほ'お）.

つぐ【（水などを）注ぐ】ukuhi（うくひ）.
つぐ【（木材などの端を重ねて）継ぐ】pāna'i（ぱな'い）.
つくえ【机】pākaukau（ぱかうかう）.【机など執筆用の平らな面】papa palapala（ぱぱ_ぱらぱら）.
つぐない【償い】huikala（ふいから）. kalahala（からはら）.
ツクバネアサガオ【衝羽根朝顔】pekunia（ぺくにあ）. ⇒ペチュニア.
ツグミ【鶫】ma'o（ま'お）.〔鳥〕ツグミ['ōma'o] も同様.
つくりあげる【作り上げる】haku（はく）.
つくろう【繕う】hono（ほの）. pāhono（ぱほの）.
つけあわせ【付け合わせ】⇒イーナイ.【付け合わせ物】pūpū（ぷぷ）.
つげぐちや【告げ口屋】'ili 'ōlelo（'いリ_'おれろ）. lawe 'ōlelo（らヴぇ_'おれろ）.
つけくわえる【付け加える】pāku'i（ぱく'い）.
つける【（パンにバターなどを）つける】hāpala（はぱら）.【（馬に引き具などを）付ける】ho'ouka（ほ'おうか）.【（コルセットを）着ける,（鎧ょろい・兜かぶとを）着ける】pūliki（ぷりき）.
つける【（パンなどを飲み物に）浸ける】penu（ぺぬ）.
つごうのよい【都合のよい】maika'i（まいか'い）.
つた【蔦】kolokolo（ころころ）.〔植

物〕全てのはい広がる蔦の種類．⇒ イエイエ．
つち【土】lepo（れぽ）．
【(耕作し過ぎた) 土，(やせた) 土】pahulu（ぱふる）．
つちいろ【土色】'ōlenalena（'お̄れな れな）．
つちぼこり【(特に赤土の道路の) 土埃】ala'ula（あら'うら）．
【土埃をまき散らす】hu'alepo（ふ'あ れぽ）．特に土ぼこりを上げることに よって，相手の目をくらますという 戦闘の手段．
つっかいぼう【突っかい棒】ho'oko'o （ほ'おこ'お）．
【突っかい棒をする】kāko'o（か̄こ 'お）．
つっかかる【(荒々しく) 突っかかる】hiu（ひう）．
つつく【突く】po'o（ぽ'お）．
つづく【続く，続ける，あり続ける】ō （お̄）．【(…に) 続く】ukali（うかり）．
つづけざまにうつ【続けざまに打つ】lawelawe lima（らヴぇらヴぇ_りま）．
【(タパなどを) 続けざまに打つ】kuku（くく）．
つづける【続ける】mau（まう）．ho'omau（ほ'おまう）．noke（のけ）．nokenoke（のけのけ）．
つつしみぶかい【慎み深い】pē（ぺ̄）．pēpē（ぺ̄ぺ̄）．〔用例〕慎み深い心．Na'au pēpē．
つつみ【堤】ho'āhua（ほ'あ̄ふあ）．
つつみ【包み】'ope'ope（'おぺ'おぺ）．pū'olo（ぷ̄'おろ）．

【包みにする】wahī（わひ̄）．
つつむ【(荷物などを) 包む】kūpola （く̄ぽら）．wahī（わひ̄）．
【包む物】wahī（わひ̄）．
【包みにくい】kīko'olā（き̄こ'おら̄）．
つづる【綴る】kepela（けぺら）．sepela．は異形．〔英語：spell〕．〔用例〕つづり字教本．Puke a'o kepela．
【綴字教本，綴字を教える [教わる]】a'o kepela（あ'お_けぺら）．a'o sepela．は異形．
つな【綱】aho（あほ）．kaula（かう ら）．【(網につけた) 綱】'alihi（'あ りひ）．〔漁具〕浮きとおもりをつけ るため網の上端と下端のあみ目に通 された細綱やロープ．
【綱の先端】piko（ぴこ）．
【綱引き，綱引き競技 [試合]】huki- huki（ふきふき）．pā'ume'ume（ぱ̄ 'うめ'うめ）．
【綱引きをする，綱引き競技 [試合] をする】hukihuki（ふきふき）．pā'ume'ume（ぱ̄'うめ'うめ）．
つながり【繋がり】pilina（ぴりな）．
つなぐ【繋ぐ】ho'oku'i（ほ'おく'い）．kūkulu（く̄くる）．【(背中の後ろで両 手を) 繋ぐ】'ōpe'a（'お̄ぺ'あ）．
【繋ぎ合わせること】ku'ina（く'い な）．〈比喩〉まん中，手がかり．
【繋ぎ止める】hekau（へかう）．
【繋ぎの】hīki'i（ひ̄き'い）．hīki'iki'i （ひ̄き'いき'い）．
【(牛・馬などの) 繋ぎ縄】mūki'i（む̄ き'い）．
【繋ぎ目】ku'ina（く'いな）．

つねに【常に】mau（まう）．

つねにうつくしい【常に美しい】pūnono（ぷのの）．

つの【（動物の）角】pepeiaohao（ぺぺいあおはお）．

ツノダシ【角出し】kihikihi（きひきひ）．〔魚〕Zanclus cornutus.

ツノメガニ【角目蟹】'ōhiki（'おひき）．スナガニ科のツノメガニ．（Ocypode ceratophthalma）．

つば【唾】'ae（'あえ）．hā'ae（はˉ'あえ）．〔用例〕つばをぐっと飲む．Moni ka hā'ae. kuha（くは）．【（特に吐き出された）つば】na'o, na'ona'o（な'お，な'おな'お）．【つばを吐く】kuha（くは）．pupuhi（ぷぷひ）．【（怒った猫などが）つばを吐く】kī（きˉ）．

つばさ【（鳥・たこ・飛行機などの）翼】'ēheu（'えˉへう）．

つぶす【（建物・計画・持論などを）潰す［覆くつがぇす］】ho'ohiolo（ほ'おひおろ）．

つぶやき【（良く分からない）呟き】namu（なむ）．

つぶれる【（建物・事業・計画などが）潰れる】hiolo（ひおろ）．

つぼみ【蕾】maka（まか）．'ōmu'o（'おˉむ'お）．【蕾が開く】kauhola（かうほら）．【蕾を持つ】'ōliko（'おˉりこ）．'ōmu'o（'おˉむ'お）．

つま【妻】wahine（わひね）．【妻になる，妻を娶めとる】ho'o-wahine（ほ'おわひね）．【（その昔1人の夫に対する複数の）妻達】punalua（ぷなるあ）．

【妻の父】-hūnōai（ふˉのˉあい）．通常 makua の後に付き，性別指示の語である kāne がその後に続く．makua-hūnōai kāne.

【妻の母】-hūnōai（ふˉのˉあい）．通常 makua の後に付き，性別指示の語である wahine がその後に続く．makua-hūnōai wahine.

つまさき【爪先，（靴の）爪先】ihu（いふ）．

つましい【約しい】minamina（みなみな）．

つまずく【躓く】ku'ia（く'いあ）．

つまった【（布などが）詰まった】piki（ぴき）．

つまようじ【爪楊枝】lā'au 'ōhikihiki niho（らˉ'あう_'おˉひきひき_にほ）．〈逐語〉歯を突く枝．'ōhiki niho（'おˉひき_にほ）．

つまらない【詰らない，詰らないもの】'ano 'ole（'あの_'おれ）．【（全く）詰らない物】mea 'ole（めあ_'おれ）．【詰らないことになる】kūpihipihi（くˉぴひぴひ）．

つまらなさ【詰らなさ】lapuwale（らぷわれ）．

ツマリテングハギ【魚】⇒カラ．

つみ【罪】hala（はら）．halahala（はらはら）．hewa（へヴぁ）．'ino, 'ino'ino（'いの，'いの'いの）．lawe-hala（らヴぇはら）．

【（法律上の）罪】kalaima（からいま）．karaima．は異形．〔英語：

つみあげる

crime〕.
【罪のある】hewa（ヘヴぁ）. 'ino, 'ino'ino（'いの, 'いの'いの）. lawehala（らヴぇはら）.
【罪を犯させる】ho'ohala, ho'ohalahala（ほ'おはら, ほ'おはらはら）.
【罪を犯す】hala（はら）. halahala（はらはら）. lalau hewa（ららう_ヘヴぁ）. lawehala（らヴぇはら）.
【（全ての）罪を許す】huikala（ふいから）.
【罪人】lawehala（らヴぇはら）. 〔用例〕非行少年［少女］. Keiki lawehala.

つみあげる【積み上げる】ho'āhu（ほ'あふ）. ho'āhua（ほ'あふあ）. paila（ぱいら）. 〔英語：pile〕.
【積み上げた】'āhua（'あふあ）. kuapapa（くあぱぱ）.

つみおろす【（船荷などを）積み降ろす】ho'īli, ho'oili（ほ'いり_ほ'おいり）.

つみかさね【積み重ね】kūāhua（くあふあ）. kuapapa（くあぱぱ）. paila（ぱいら）. 〔英語：pile〕. pu'u（ぷう）.

つみかさねる【積み重ねる】ho'āhu（ほ'あふ）. kuapapa（くあぱぱ）.
【積み重ねた】kūāhua（くあふあ）.

つむ【（船荷などを）積む】ho'ouka（ほ'おうか）.

つむ【（花・果物を）摘む】'ohi（'おひ）.

つめ【（手・足の）爪】māi'u'u（まい'う'う）. miki'ao（みき'あお）.
【爪で引っかく】walu（わる）. wa'u（わ'う）.
【爪切り】'ūpā miki'ao（'うぱ_みき'あお）.

crime〕.
【冷たい, 冷たい風, 冷たい風が吹く】hau（はう）. 【冷たい】ma'ū（ま'う）. pūanuanu（ぷあぬあぬ）.
【（山に降る）冷たい雨［霧］】'awa（'あわ）. 〈比喩〉痛ましい不幸.
【（飲めるが余り）冷たくない水】mānalo（まなろ）.

つめたくする【（冷却によって）冷たくする】ho'ohu'ihu'i（ほ'おふ'いふ'い）.
【冷たくさせる】ho'oma'alili（ほ'おま'ありり）.

つめもの【詰め物】kiki（きき）. 〔技工〕カヌーや木製の丼などの穴をふさいだり, 隙間を詰めたりするのに使われる楔くさび形の栓または詰め物.

つめる【（…に）詰める】ho'opiha（ほ'おぴは）.
【（…に）詰め込む】ho'oukana（ほ'おうかな）.

つもる【積もる】'ili'ili（'いり'いり）.

つやつやした【艶々した】pahe'e（ぱへ'え）.

つやのあつまり【通夜の集まり】anaina ho'olewa（あないな_ほ'おれヴぁ）.

つやのある【艶のある】hulali（ふらり）. hūlalilali（ふらりらり）.

つゆ【露】hau（はう）. kēhau（けはう）.
【露などで輝く】liko（りこ）.

つよい【強い】ikaika（いかいか）. kila, kilakila（きら, きらきら）. konakona（こなこな）. pūkonakona（ぷこなこな）.

つよさ【強さ】ikaika（いかいか）. lima ikaika（りま_いかいか）.
つり【（魚）釣り】lawai'a（らわい'あ）.
【釣り糸】aho（あほ）.
【釣り場の境界標】maka ko'a（まか_こ'あ）.〈逐語〉釣り場の突端.
【釣針】makau（まかう）.
【（餌などを）釣針にかける】ho'olou（ほ'おろう）.
【釣針の先端】maka（まか）.
つりあげる【吊り揚げる】huki（ふき）.
つりこうろ【吊り香炉】kapuahi（かぷあひ）. 聖餐せいさん式のためのつり香炉（儀式の時これを振って清める）.
つりせん【釣銭】keni（けに）.
つりひも【吊り紐】⇒さげお【下げ緒】.
つる【（植物の）蔓】'umi'umi（'うみ'うみ）.
【（特に廃棄された，または不ぞろいの小つぶのサツマイモから生えてくる）蔓が成長する】'ōhulu（'オふる）.
【蔓のある植物】'āhihi（'アひひ）. ⇒ マイレ.
【（海岸に生息する自生の）蔓植物】pā'ū-o-Hi'iaka（ぱ'う-お-ひ'いあか）.〔植物〕Jacquemontia sandwicensis：アサガオ科.
つるくさ【蔓草】'ie（'いえ）.【蔓草（の総称）】pō'aha（ぽ'あは）.
【蔓草の葉】lau 'ie（らう_'いえ）. lā'ie（らー'いえ）は短縮形.
ツルコケモモ【蔓苔桃】'ōhelo（'オヘろ）.〔植物〕⇒オーヘロ.
つるす【吊るす】kau（かう）. luhe（るへ）.
【吊るした】wele（うぇれ）.
つるつるした【（道など）つるつるした】kūkele（クーけれ）.【（表面などが）つるつるした】pahe'e（ぱへ'え）.
つるはし【鶴嘴】kipikua（きぴくあ）.
つれ【連れ】lua（るあ）.
つれそう【連れ添う】moe（もえ）.
つわり【〜】'īloli（'イーろり）.〔病理〕妊娠のいやな感覚. ma'i keiki（ま'い_けいき）.〈逐語〉子供の病気.
【つわりを感じる】ho'īloli（ほ'イーろり）.

て

て【手】lima（りま）.
【手で扱う，手を使う】limalima（りまりま）.
【手で書かれた】kākau lima（かーかう_りま）.
【手で（ぐるぐる）掻かき回す】kō'ai（こー'あい）.
【（かわいい子供などを）手で触さわる［触ふれる］】mili（みり）.
【手で払い除ける】pe'ahi（ぺ'あひ）.
【（機械に）手などを挟む】'ūmi'i（'ウーみ'い）.
【手に入れる】loa'a（ろあ'あ）.〔文法〕loa'a型の動詞. 動作主（手に入れることができた者）を与格で示す.〔用例〕わたしはお金を手に入れた. Ua loa'a ia'u ke kālā. pā（ぱー）.〔文法・用例〕loa'a型の動詞. あなたはわたしの手を取った. Ua pā maila ku'u lima iā'oe. あなたはこの地を治めるだ

ろう．Pā ka ʻāina iāʻoe.
【手に負えない】hoʻolana（ほʻおらな）．
【手に持って運ぶ】lawelawe lima（らヴぇらヴぇ_りま）．kālawe（か̄らヴぇ）．
【手に持って運ばれるあらゆる物】lawelawe lima（らヴぇらヴぇ_りま）．
【手をたたく】paʻipaʻi（ぱʻいぱʻい）．paʻipaʻi lima（ぱʻいぱʻい_りま）．
【手を繋ぐ】kui lima, kuikui lima（くい_りま，くいくい_りま）．
【（支えるための手を静止し，もう一方の）手を伸ばして取る】koʻokoʻona（こʻおこʻおな）．
【手を伸ばす】kū（く̄）．kukū（くく̄）．lena（れな）．
【手の中にしっかりと握る】pūʻili（ぷ̄ʻいり）．
【手のひら】poho（ぽほ）．poho lima（ぽほ_りま）．
【手の指；通例，親指以外の4指の1つ】manamana lima（まなまな_りま）．
で【(…)で】loko（ろこ）．ma（ま）．
であい【(人々の)出合い】hoʻohui（ほʻおふい）．
であう【(…と)出会う】launa（らうな）．〔用例〕決して恐怖に出会わない．ʻAʻohe launa ka makaʻu.
てあしをひきよせる【手足を引き寄せる】pupuʻu（ぷぷʻう）．
てあてする【(病人を)手当てする】lawelawe（らヴぇらヴぇ）．
ティー【tii：ポリネシア語】kī（き̄）．

〔植物〕Cordyline terminalis：ニオイシュロラン（匂い棕櫚蘭），ユリ科センネンボク属の高木；ティーの葉は，食べ物を巻いたりフラダンスのスカートなどに使われる．tii は子音の t が k に転訛しハワイ語では kii, kī である．⇒キー．
ティー【(茶，特に紅茶の) tea】kī（き̄）．
ティーシャツ【T-shirt】palaʻili, paleʻili（ぱらʻいり，ぱれʻいり）．
ティーポット【teapot】ipu kī（いぷ_き̄）．
ていおうの【帝王の】ʻula（ʻうら）．
【帝王の風采】kapukapu（かぷかぷ）．
ていおん【低音】leo kāne（れお_か̄ね）．〈逐語〉男の声．
ていかいする【停会する】malolo（まろろ）．
ていかんし【定冠詞】pilimua maopopo（ぴりむあ_まおぽぽ）．〔文法〕ハワイ語の定冠詞は ka, ke である．〔用例〕ke（け）．母音の a, e, o, 子音の k から始まる語の前に使われる．ka（か）．母音の i, u, 子音の h, l, m, n, p, w と声門閉鎖音記号［ʻ］から始まる語の前に使われる．但し，p と［ʻ］から始まるいくつかの語には ke が使われる．
ていぎづけ【定義付け】hoʻomōakaaka（ほʻおも̄あかあか）．
ていきょうする【提供する】hāʻawi（は̄ʻあヴぃ）．
デイコ，デイゴ【梯姑】wiliwili haole（うぃりうぃり_はおれ）．〔植物〕Erythrina variegata, orientalis の種，異名 E. indica：熱帯産のマメ科デイゴ属

の数種の木の総称；マメに似た大きな房状の赤い花をつける．

ていこうする【抵抗する】hōʻoleʻa（ほʻoʻれʻあ）．

ていこうりょく【（動植物の）抵抗力】ahuahu（あふあふ）．

ていさつする【偵察する】hākilo（はきろ）．

ていしする【停止する】kū（くー）．kukū（くくー）．
【停止させる】hoʻomau（ほʻおまう）．

ていしゅ【亭主】⇒しゅじん【主人】．

ていじゅうさせる【定住させる】kuʻu（くʻう）．〈比喩〉平和である．

ていじゅうちをもたない【定住地を持たない】ʻaeʻa（ʻあえʻあ）．

ていしょくについている【定職に就いている】ʻoihana（ʻおいはな）．

でいすい【泥酔】inu ʻona（いぬ_ʻおな）．酔いしれるまで酒を飲む．

ていせい【訂正】halahala（はらはら）．

ていせつな【貞節な】maʻemaʻe（まʻえまʻえ）．

ていせんきょうてい【停戦協定】ʻaelike（ʻあえりけ）．

ていたく【邸宅】hale noho（はれ_のほ）．

ていちょう【丁重】ʻolu（ʻおる）．

ティッシュペーパー【tissue paper】pepa lahilahi（ぺぱ_らひらひ）．

ていてつ【蹄鉄】kāmaʻa hao（かーまʻあ_はお）．〈逐語〉鉄の靴．kapuaʻihao lio（かぷアʻいはお_りお）．〈逐語〉馬の鉄の足の裏．
【蹄鉄を打つ】kāpili（かーぴり）．

ディナー【dinner, ディナーを食べる】pāʻina（ぱーʻいな）．

ていねいな【丁寧な】ʻolu（ʻおる）．【（首長の言葉などが）丁寧な】weliweli（うぇりうぇり）．

ていはくする【（船が）停泊する】kū（くー）．kukū（くくー）．

ていはくぜい【停泊税】kuke awa（くけ_あわ）．

デイパック【daypack】⇒バックパック．

ていぼう【堤防】hoʻāhua（ほʻあーふあ）．pani kai（ぱに_かい）．
【堤防を築く】hoʻopae（ほʻおぱえ）．

ていぼく【低木】laʻalāʻau（らʻあらーʻあう）．nahele（なへれ）．

でいりぐち【出入口】ʻīpuka（ʻいーぷか）．【（港・川・山あいを通る細道などの）出入口】nuku（ぬく）．〔用例〕入港口．Nuku awa.

ていれいかい【定例会】kau mau（かう_まう）．州議会の定例活動期．

ていれいの【定例の】maʻamau（まʻあまう）．

テーブル【table】pākaukau（ぱーかうかう）．
【（折り畳み式）テーブル】pākaukau ʻopiʻopi（ぱーかうかう_ʻおぴʻおぴ）．

テーブルクロス【table cloth】pale pākaukau（ぱれ_ぱーかうかう）．uhi pākaukau（うひ_ぱーかうかう）．

テーラー【tailor】kela lole（けら_ろれ）．tela lole. は異形．〈逐語〉洋服仕立て屋．

ておしくるま【手押し車】kaʻa huki（かʻあ_ふき）．〈逐語〉引き車．noho

huila（のほ_ふいら）.

てかがみ【手鏡】aniani pa'a lima（あにあに_ぱ'あ_りま）.

てがき【手書き】kākau lima（かかう_りま）.

でかける【（楽しむために）出掛ける】holoholo（ほろほろ）.

てがた【（為替）手形】kīko'o pāna'i（きこ'お_ぱな'い）.〈逐語〉為替支払い. palapala 'ai'ē（ぱらぱら_'あい'ē）.

てがみ【手紙】leka（れか）.〔英語：letter〕. palapala（ぱらぱら）.
【手紙をやり取りする】kūka'i leka（くか'い_れか）.

てき【敵，敵意】'enemi（'えねみ）.〔英語：enemy〕. hoa paio（ほあ_ぱいお）.
【敵意を抱く，敵になる】'enemi（'えねみ）.
【敵意を起こさせる】ho'opi'i（ほ'おぴ'い）. ho'opi'ipi'i（ほ'おぴ'いぴ'い）.
【敵を負かす】pepehi（ぺぺひ）.

てきおうしない【適応しない】kūpono 'ole（くぽの_'おれ）.

てきごうする【適合する】kāpili（かぴり）.
【適合すること】pilina（ぴりな）.
【（共に）適合させる】kāpili（かぴり）.
【適合しない】kūpono 'ole（くぽの_'おれ）.

できごころ【出来心】mana'o ulu wale（まな'お_うる_われ）.

できごとがおこる【出来事が起こる】ho'okau（ほ'おかう）.

てきした【適した】kohu（こふ）.

てきせつな【適切な】kohu（こふ）. kū（く）. pili pono（ぴり_ぽの）. pono（ぽの）.
【（言葉づかいが）適切な】maiau（まいあう）.
【適切な時期】manawa kūpono（まなわ_くぽの）.

できばえがよい【出来栄えが良い】mikioi（みきおい）.〔様相〕技量の成果として素晴らしく作られた.

てきようする【適用する】pili（ぴり）.

できる【出来る】hiki（ひき）.〔文法〕必ず hiki...ke と使う．また動作主は対格（与格）である．〔用例〕あなたは行けますか．Hiki iā 'oe ke hele? mākaukau（まかうかう）.

てぎわがよい【手際が良い】ho'omikioi（ほ'おみきおい）.

でぐち【出口】puka 'ana（ぷか_'あな）.

てくてくあるく【てくてく歩く】peki（ぺき）.

てくび【手首】pūlima（ぷりま）.【手首の骨】ku'eku'e（く'えく'え）.

てこ【梃子】ina（いな）.
【梃子で上げる】mahiki, māhikihiki（まひき，まひきひき）. uma（うま）.

でこぼこした【凸凹した】'alu'alu（'ある'ある）. pa'ewa（ぱ'えヴぁ）. konakona（こなこな）.

でこぼこの【凸凹の】hākuma（ほくま）. mākō（まこ）. 'ōpu'upu'u（'おぷ'うぷ'う）.

【でこぼこのある】ālualua（'あるあるあ）.

でこぼこみち【(峡谷のあちこちにある) 凸凹道】alahaka（あらはか）.

デザート【dessert】mea 'ai momona.（めあ_'あい_ももな）.

てさぐりでさがす【手探りで探す】hāhā（はは）.【(木鉢の中のきずを探す時のように) 手探りで探す】kūpāpā（くぱぱ）.
【手探りで探すこと】nehe（ねへ）.

てさげランプ【手提げlamp】⇒ランタン.

てざわりがあらい【手触りが粗い】'ō-pu'upu'u（'おぷ'うぷ'う）.

てざわりのやわらかな【手触りの柔らかな】huluhulu（ふるふる）. wali（わり）.

てしごと【手仕事, 手を使って仕事する】hana lima（はな_りま）.

てじょう【手錠】kūpe'e（くぺ'え）. 'ūpiki lima（'うぴき_りま）.
【手錠をかける】kūpe'e（くぺ'え）.

てすうりょう【手数料】uku（うく）.

テスト【test】ha'awina hō'ike（は'あヴぃな_ほ'いけ）.〈逐語〉見せる学課.【(通常, 口頭による) テスト】nīnau hō'ike（になう_ほ'いけ）.

てすり【手摺】kālele（かれれ）.

てせいの【手製の】hana lima（はな_りま）.【(編み物やタッチングなど全ての) 手製の [手作りの] 装飾品】lihilihi hana lima（りひりひ_はな_りま）. ⇒レース.

てそうみ【手相見, 手相術】kilo nānā lima（きろ_なな_りま）. kilokilo nānā lima（きろきろ_なな_りま）.

てぢかの【手近の】koke（こけ）.

てつ【鉄】hao（はお）.【(流木などから取られた) 鉄】meki（めき）.
【鉄を鍛える, 鉄を打ち延ばし形づくる】ku'i hao（く'い_はお）.

てつがく【哲学, 哲学を学ぶ】huli kanaka（ふり_かなか）.

デッキ【(船の) deck】'oneki（'おねき）.〔英語〕.

てっせいのスパイク【鉄製のspike】kui hao（くい_はお）.

てつだう【手伝う】kāko'o（かこ'お）kōkua（こくあ）. lawelawe lima（らヴぇらヴぇ_りま）.

てっていてきに【徹底的に】'oko'a（'おこ'あ）.

てつどう【鉄道】alahao（あらはお）.〈逐語〉鉄の道.

でっぱり【出っ張り】pu'u（ぷ'う）.

てっぺん【天辺】'aki（'あき）.

てっぽう【鉄砲】pū（ぷ）.

でていけ【出て行け】Hele pēlā!（へれ_ぺら）.〔間投詞〕.

でてくる【出て来る】pua（ぷあ）.〔様相〕特に煙・風・言葉・色などの現象に使われる語であり, このことから推して, 煙を出す, 風が吹く, しゃべる, 光を放つ, 異彩を放つなどをも意味する.〔用例〕煙が上がる. Pua ka uahi.

テニス【tennis】kinipōpō pa'i（きにぽぽ_ぱ'い）.〈逐語〉打つためのボール.

てにもつ【手荷物】'ope'ope（'おぺ'お

ぺ）．ukana（うかな）．

てぬぐい【手拭】kāwele holoi（かヴぇれ_ほろい）．

ではあるが【（…）ではあるが】'oiai（'おいあい）．〔接続詞〕．

てばなす【手放す】ku'u（く'う）．ho'oku'u（ほ'おく'う）．

てばやく【手早く】miki'ala（みき'あら）．

てびき【手引き】a'o（あ'お）．kumu（くむ）．puke kuhikuhi（ぷけ_くひくひ）．

てぶらでいく【手ぶらで行く】hele wale（へれ_われ）．

てまどる【手間取る】kali（かり）．napa（なぱ）．
【手間取らせる】ho'onapa（ほ'おなぱ）．

てまね【手真似，手真似で示す】kuhi, kuhikuhi（くひ，くひくひ）．

てまねきする【手招きする】ani（あに）．ho'ani（ほ'あに）．

てみじかにこたえる【手短に答える】'ekemu（'えけむ）．

デュエット【duet】leokū pālua（れおくー_ぱるあ）．

テラス【（庭などに設けた）terrace】kīpapa（きーぱぱ）．

デリケートな【delicate】hunehune（ふねふね）．

てりはえる【（きらきらと）照り映える】'alohi（'あろひ）．

テリハボク【照葉木】kamani（かまに）．〔植物〕Calophyllum inophyllum：インドおよび西太平洋の海岸地帯原産の大木．葉に光沢がある．⇒カマニ.

でる【（太陽・月・星などが）出る】pi'i（ぴ'い）．

でる【出る，出て来る】puka（ぷか）．

テレビ【TV】kīwī（きーヴぃー）．〔英語〕．

テレビンゆ【terebinthina 油：ポルトガル語】'aila ho'omalo'o pena（'あいら_ほ'おまろ'お_ぺな）．〈逐語〉ペンキを乾燥させる油．

てん【点，点を付ける，点付きの，点を打つ】kiko（きこ）．あらゆる種類の点．
【（頻繁に…の上に）点を打つ】kikokiko（きこきこ）．
【（額などに）点で入墨をした】kiko（きこ）．
【（豚など）点々のある】kikokiko（きこきこ）．

でんえん【（広々とした）田園】kula（くら）．

てんか【点火】pulupulu ahi（ぷるぷる_あひ）．

てんかいする【（考え・意図などを）展開する】ho'omohala（ほ'おもはら）．

てんかする【点火する】hō'ā'ā（ほー'あ'あー）．

てんかする【責任などを）転嫁する】'oloka'a（'おろか'あ）．

てんがめいずる【天が命ずる】'ōlelo kauoha（'おーれろ_かうおは）．

でんき【電気，電気の】uila, uwila（ういら，ううぃら）．〔用例〕電気ストーブ．Kapuahi uila.

でんきゅう【電球】aniani kukui uila（あにあに_くくい_ういら）．〈逐語〉

電光ガラス.
でんきれいぞうこ【電気冷蔵庫】pahu hau（ぱふ_はう）.
てんくう【天空】lani（らに）. lani pa'a（らに_ぱ'あ）.〈逐語〉頑丈な空. lewa lani（れヴぁ_らに）.【（丸天井と見なした）天空】aouli（あおうり）.
テングハギ【魚】⇒カラ.
テングハギモドキ【魚】⇒カラ.
てんごくの【天国の】lani（らに）.【天国のような輝き】'ihi lani（'いひ_らに）.
てんし【天使】'ānela（'あねら）.〔英語：angel〕.【（美しさや親切の点で）天使のような人】hemolele（へもれれ）.
てんじ【展示】hō'ike（ほ'いけ）.【展示会】pea（ぺあ）. fea. は異形.〔英語：fair〕.【展示［展覧］会場】hale hō'ike'ike（はれ_ほ'いけ'いけ）.
テンジクアオイ【天竺葵】kupukupu 'ala（くぷくぷ_'あら）.〔植物〕Pelargonium graveolens：細かく分かれた小葉に芳香がある. kupukupu haole（くぷくぷ_はおれ）とも呼ばれる.
テンジクイサキ【天竺伊佐木】⇒イスズミ【伊寿墨・伊須墨】.
テンジクダイ【天竺鯛】'upāpalu（'うぱぱる）.〔魚〕テンジクダイ（イシモチを含む）［Apogon 種］：テンジクダイ科の小魚の総称，その多くの種類は鮮紅色で黒いしまがある.
テンジクネズミ【天竺鼠】'iole pua'a（'いおれ_ぷあ'あ）.〔動物〕モルモットはテンジクネズミの1種.

てんじする【（博物館や展覧会のように）展示する】hō'ike'ike（ほ'いけ'いけ）.〔用例〕博物館. Hale hō'ike'ike.
てんじょうしょくぶつ【纏繞植物】⇒マイレ.
てんすう【（ゲームにおける）点数】'ai（'あい）. helu（へる）.
でんせつ【伝説】ka'ao（か'あお）. mo'olelo（も'おれろ）.
でんせつじょうのばしょ【伝説上の場所】pana（ぱな）.
でんせんびょう【伝染病】ahulau（あふらう）. 'ea（'えあ）. ma'i lele（ま'い_れれ）.〈逐語〉跳躍する病気.
でんち【電池】pakalē（ぱかれ）.〔英語：battery〕. iho uila（いほ_ういら）.〔用例〕6ボルトの電池. Iho (uila) 'eono.
てんちょう【天頂】ho'oku'i（ほ'おく'い）.
テント【tent】hale pe'a（はれ_ぺ'あ）.
でんとう【電灯】kukui uila（くくい_ういら）.【電灯を消す】kinai（きない）.
でんどう【伝道】mikiona（みきおな）. misiona. は異形.〔英語：mission〕.【伝道師】kahuna（かふな）. kahuna は聖職者，牧師，魔術師などすべての職業における熟練者.【伝道師［特に巡回説教師］】kahuna ha'i'ōlelo（かふな_は'い'おれろ）. kahuna pule（かふな_ぷれ）. mikionali（みきおなり）. misionari.

は異形．〔英語：missionary〕．

テントのはりざい【tentの梁材】kauhuhu（かうふふ）．

デンドロビューム【dendrobium】'okika honohono（'おきか_ほのほの）．〔植物〕Dendrobium anosmum：ランの一種．

てんねんとう【天然痘】ma'i Hepela（ま'い_へぺら）．ma'i Hebera．は異形．〔英語：Hebrew〕．〈逐語〉ヘブライ人の病気．ma'i pu'upu'u li'ili'i（ま'い_ぷ'うぷ'う_り'いり'い）．〈逐語〉たくさんの小さな吹き出ものの病気．pu'upu'u li'ili'i（ぷ'うぷ'う_り'いり'い）．

てんぴ【天火】'oma（'おま）．

てんびん【天秤】ana paona（あな_ぱおな）．paona（ぱおな）．paona kaulike（ぱおな_かうりけ）．

【天秤棒】'auamo（'あうあも）．〔民具〕肩で荷を運ぶために使われた棒．〈逐語〉運搬のための取手．

でんぶ【臀部】hope（ほぺ）．kīkala（きから）．lemu（れむ）．'ōkole（'おこれ）．

【臀部の割れ目】⇒しり【尻】．

てんぷくさせる【転覆させる】luma, luma'i（るま, るま'い）．

でんぷん【澱粉（の総称）】pia（ぴあ）．

でんぽう・でんしん【電報・電信，〜を打つ】kelekalama, kelekalapa（けれからま, けれからぱ）．teregarama, telegarapa．は異形．〔英語：telegram, telegraph〕．

てんぼうだい【展望台】'ale'o（'あれ'お）．

てんまく【天幕】hale pe'a（はれ_ぺ'あ）．

てんもんがく【天文学，天文学を教える［教わる］】a'o hōkū（あ'お_ほく）．【天文学者】a'o hōkū（あ'お_ほく）．kilo（きろ）．kilo hōkū（きろ_ほく）．〈逐語〉星を観察したり研究する．

でんわ【電話】kelepona（けれぽな）．telepona．は異形．〔英語：telephone〕．【電話をかける】ho'okani（ほ'おかに）．kelepona（けれぽな）．

【電話回線】uea kelepona（うえあ_けれぽな）．〔英語：wire, telephone〕．

【電話番号】helu kelepona（へるあ_けれぽな）．

【電話交換局，電話交換手】kikowaena（きこわえな）．

と

と【(…)と】a me, ā me（あ_め, あ_め）．〔接続詞〕「…と，そして」を意味する接続詞 a me [ā me] は，しばしば ame と書かれる．

ど【度】kekele（けけれ）．degere．は異形．〔英語：degree〕．〔度量衡〕経度・緯度・温度計・音楽などの度．

ドア【door】pani（ぱに）．pani puka（ぱに_ぷか）．puka（ぷか）．【(家の)ドア】puka hale（ぷか_はれ）．

とあみ【投網】uhina（うひな）．'upena kiloi, 'upena kiola（'うぺな_きろい, 'うぺな_きおら）．

とい【樋】'auwai papa（'あうわい_ぱぱ）．

268

といし【砥石】hoana（ほあな）.
ドイツ【独逸，ドイツの，ドイツ人，ドイツ語】Kelemānia（けれまにあ）.〔英語：Germany〕.
トイレ【toilet】lua（るあ）. lua liʻiliʻi（るあ_リʻいりʻい）. lumi hoʻopaupilikia（るみ_ほʻおぱうぴりきあ）.
トイレットペーパー【toilet paper】hāleu（はれう）. pepa hāleu（ぺぱ_はれう）.
【トイレットペーパーでふき取る】hāleu（はれう）.
とう【塔】ʻaleʻo（ʻあれʻお）. pūʻoʻa（ぷʻおʻあ）.
トウアズキ【唐小豆】pūkiawe（ぷきあヴぇ）.〔植物〕Abrus precatorius.：マメ科.
どうい【同意】ʻae（ʻあえ）. lōkahi（ろかひ）.
【同意して】lōkahi（ろかひ）.
どういする【同意する】ʻae（ʻあえ）. ō（お）.
といそくみょうのこたえ【当意即妙の答え】hoʻopāpā（ほʻおぱぱ）. ʻōlelokīkē（ʻおれろきけ）.
どういたしまして【〜】he mea iki（へ_めあ_いき）.「ありがとう」の返事としてしばしば言われる.
とうか【灯火】kukui（くくい）. lama（らま）.
とうがいこつ【頭蓋骨】poʻo kanaka（ぽʻお_かなか）. iwi poʻo（いヴぃ_ぽʻお）.
トウガラシ【唐辛子】⇒アカトウガラシ【赤唐辛子】，アマトウガラシ【甘唐辛子】，チリペパー.
トウガラシのちょうみりょう【唐辛子[chili peppers]の調味料】ʻiʻo nīoi（ʻいʻお_におい）.
どうがれびょう【胴枯れ病，胴枯れ病によってしなびた】pōnalo（ぽなろ）.
とうぎ【討議】kūkā, kūkākūkā（くか，くかくか）.
どうき【動悸】ʻapi（ʻあぴ）. ʻapiʻapi（ʻあぴʻあぴ）. nakuʻi（なくʻい）.
【動悸がする】ʻapi（ʻあぴ）.
どうぎ【道義】pono（ぽの）.
【道義をわきまえた】pono（ぽの）.
【道義的に優秀】pono（ぽの）.
どうぎしん【道義心】lunaʻikehala（るなʻいけはら）.〈逐語〉悪事を知っている役員.
とうきする【登記する】kākau hoʻopaʻa（かかう_ほʻおぱʻあ）.
とうきのはへん【陶器の破片】pōhue（ぽふえ）.
とうきゅう【等級】kaha, kahakaha（かは，かはかは）. 学校における名声や評判などを博した等級.〔用例〕私の（成績の）評点は，なんでしたか. He aha koʻu kaha?
どうきょうかいいん【（教会などの）同教会員】hoahānau（ほあはなう）.
どうきょにん【同居人】hoa lumi（ほあ_るみ）.
どうぎをだす【動議を出す】noi（のい）.
どうぎをたなあげする【動議を棚上げする，〜を延ばす，〜を延期する】hoʻomoe（ほʻおもえ）.
トウキンセンカ【唐金盞花】melekule

(めれくれ)．⇒マリーゴールド．

どうぐ【道具】pono hana（ぽの_はな）．

どうくつ【洞窟】ana（あな）．

とうけい【統計】heluna（へるな）．huina（ふいな）．【統計表】papa helu（ぱぱ_へる）．

とうけい【闘鶏】hakakā-a-moa（はかāあもあ）．

どうこうかい【同好会】'ahahui（'あはふい）．

どうこうする【同行する】hahai（ははい）．ho'oukali（ほ'おうかり）．【（雌鳥めんどりと一緒に居る雄鶏おんどりのように）同行する】ho'omoamoa（ほ'おもあもあ）．

トウゴマ【唐胡麻】lā'au 'aila（lā'あう_'あいら）．〈逐語〉油の植物．⇒ヒマ【蓖麻】．

とうざいなんぼく【東西南北】Nā kūkulu 'ehā（nā_kūくる_'えhā）．4つの基本方位．羅針盤の4つの主要な方位．

どうさつりょくのあるめ【洞察力のある（鋭い）目】maka 'oi（まか_'おい）．

とうし【闘士】mokomoko（もこもこ）．pūkaua（ぷかうあ）．

どうし【同士】'ao'ao（'あお'あお）．

どうし【動詞】ha'ihana（は'いはな）．ha'ina（は'いな）．painu（ぱいぬ）．〔文法〕ハワイ語の動詞はアクティブ（active verbs），とステイティブ（stat-vive verbs）があり，それぞれにI型，II型がある（I型は自動詞［hehele］，II型は他動詞［hamani］に相当）．アクティブ動詞はしばしばアクションと呼ばれる．またloa'a型（「ろ'あ」と発音される）といわれる受身の意味を持つ動詞があるが，それに対する日本語に受身の形がない場合があり注意を要する．

とうしする【投資する】ho'opuka（ほ'おぷか）．

どうしつしゃ【同室者】hoa lumi（ほあ_るみ）．

どうして【～】aha（あは）．pehea（ぺへあ）．⇒ぎもんし【疑問詞】．ぎもんぶん【疑問文】．

どうじに【同時に】papau（ぱぱう）．【（わな・挟み道具のあご部・二枚貝などを）同時にパチンと締める】'ūpiki（'ūぴき）．

とうじょう【登場】kū（kū）．

どうじょう【同情】aloha（あろは）．⇒アロハ．〔用例〕それはお気の毒です，それはひどいめに会いましたね，それは残念でした．Aloha 'ino.【同情を表現する】hō'alohaloha（ほ'あろはろは）．

とうしん【灯心［燈芯］】kaula ahi（かうら_あひ）．'uiki, 'uwiki（'ういき，'うぃき）．

とうしん【答申】'ōlelo ho'oholo（'ōれろ_ほ'おほろ）．

どうせいあいの【同性愛の】māhū（māふ）．【同性愛者または男女両性者のように振る舞う】ho'omāhū（ほ'おmāふ）．

どうせいする【同棲する】ai（あい）．

とうせいのポット【陶製のpot】ipu

lepo（いぷ_れぽ）.〈逐語〉泥の器.
とうそう【闘争】paio（ぱいお）.
とうそう【逃走, 逃走者】mahuka（まふか）.
【逃走を手伝う［手助けする］】ho'omahuka（ほ'おまふか）.
とうそうする【逃走する】mahuka（まふか）. naholo（なほろ）.
どうそうせい【同窓生】hoa kula（ほあ_くら）.
どうぞくの【同族の】'ohana（'おはな）.
とうだい【灯台】hale ipukukui（はれ_いぷくくい）.
とうたいかい【(アメリカ大統領選挙の)党大会】'aha 'elele（'あは_'えれれ）.
とうちしゃ【統治者】noho aupuni（のほ_あうぷに）.
とうちする【統治する】ali'i（あり'い）. noho（のほ）. noho aupuni（のほ_あうぷに）.
とうちゃくする【到着する】hiki（ひき）.
とうちょうこつ【頭頂骨】iwi hope.（いヴぃ_ほぺ）. 頭蓋骨とうがいこつの後頭部を形成している骨.
とうちょく【(乗組船員が交代で行う通例4時間の)当直】uaki, waki（うあき, わき）. uati. は異形.〔英語：watch〕.
どうていであること【童貞であること】pu'upa'a（ぷ'うぱ'あ）.
どうですか【状況を問う疑問】pehea（ぺへあ）.⇒ぎもんぶん【疑問文】.
どうでもいいことばかりぺらぺらしゃべる【～喋る】ho'opulelehua（ほ'おぷれれふあ）.
とうてん【読点】kiko（きこ）. koma（こま）.
どうてんになる【(競技・試合などで…と)同点になる】pa'i（ぱ'い）.
とうとい【尊い】makamae（まかまえ）.⇒たっとい【尊い】.
とうとう【到頭】eia kā（えいあ_かー）.
どうとう【同等】kaulike（かうりけ）.
【同等の人［物］】lua（るあ）.
とうとさ【尊さ】kapukapu（かぷかぷ）.
とうにん【当人】ka（か）. 通常, iと動詞が続く.
とうはつ【頭髪】lauoho（らうおほ）.〈逐語〉頭の葉. oho（おほ）.
【(レイ・パラオアに使われているような)頭髪の房】wili oho（うぃり_おほ）.⇒ペンダント.
どうはんする【(…に)同伴する】'alo（'あろ）. 'a'alo（'あ'あろ）.
とうひ【頭皮】'ili（'いり）. 'ili po'o（'いり_ぽ'お）.
とうひょう【投票】pāloka（ぱーろか）. balota. は異形.〔英語：ballot〕. koho pāloka（こほ_ぱーろか）.
【投票計算係】helu pāloka（へる_ぱーろか）. helu balota は異形.
【投票者】mea koho（めあ_こほ）.
【投票日】lā koho（らー_こほ）.
【投票用紙を数える】helu pāloka（へる_ぱーろか）. helu balota は異形.
とうひょうする【投票する】koho（こほ）. koho pāloka（こほ_ぱーろか）.
とうびょう【(魚釣りをしているカヌーなどの)投錨】lana, lanalana（らな, らならな）.
【投錨地】awa kū moku（あわ_くー_

とうびょうする【投錨する】lana, lana-lana（らな，らならな）．

どうひょう【道標】kia hō‘ailona（きあ_ほ‘あいろな）．

どうぶつ【(特に四足の)動物】holoholona（ほろほろな）．
【動物の足】kapua‘i, kapuwa‘i（かぷあ‘い，かぷわ‘い）．
【(通例，雌の)動物の子】ohi（おひ）．
【動物の角】kiwi（きヴぃ）．

どうぶつえん【動物園】kahua hō‘ike‘ike holoholona（かふあ_ほ‘いけ‘いけ_ほろほろな）．

とうほう【東方】hikina（ひきな）．

どうほう【同胞】hoa kanaka（ほあ_かなか）．hoalauna（ほあらうな）．

とうみつ【糖蜜】malakeke（まらけけ）．〔英語：molasses〕．

どうみゃく【動脈】a‘a（あ‘あ）．

どうめい【同盟】uniona（うにおな）．〔英語：union〕．

とうめいさ【透明さ】aliali（ありあり）．

とうめいな【(ガラスなど)透明な】ani-ani（あにあに）．【(水などが)透明な】a‘ia‘i（あ‘いあ‘い）．

どうもうな【獰猛な】hae（はえ）．mākaha（まかは）．

どうもうにする【獰猛にする】ho‘ohae（ほ‘おはえ）．

トウモロコシ【玉蜀黍】kūlina（くりな）．kurina．は異形．〔英語：corn〕．〔植物〕Zea mays．

どうやって【〜】pehea（ぺへあ）．⇒ ぎもんし【疑問詞】，ぎもんぶん【疑問文】．

とうゆ【灯油】‘aila māhu（‘あいら_まふ）．〈逐語〉スチームオイル．‘ailahonua（‘あいらほぬあ）．〈逐語〉地球油．

どうよう【動揺】haunaele（はうなえれ）．

どうようする【動揺する】hulahula（ふらふら）．uene（うえね）．
【動揺させる】hō‘oni（ほ‘おに）．
【(荒海が船などを激しく)動揺させること】‘akūkū（‘あくく）．

どうようで【同様で】‘ālike（‘ありけ）．hālike（はりけ）．hālikelike（はりけりけ）．
【同様であること】‘ano like（あの_りけ）．
【同様でない】like ‘ole（りけ_‘おれ）．

どうようにする【同様にする】ho‘o-kūlike（ほ‘おくりけ）．

どうようにつづける【同様に続ける】oia mau nō（おいあ_まう_の）．〔用例〕ご機嫌いかがですか．Pehea ‘oe? と聞かれたときの返事，「変わりありませんよ」という返事としても使われる．

どうようの【同様の】like, likelike（りけ，りけりけ）．kūlike（くりけ）．

とうらい【(特にきわだった物[人]の)到来】hikina（ひきな）．

とうらいする【(時・時期が)到来する】hō‘ea（ほ‘えあ）．

どうりょう【同僚】hoa（ほあ）．hoa hana（ほあ_はな）．【(同じ地位[身分]の)同僚】hoa like（ほあ_りけ）．hoa moe（ほあ_もえ）．〈逐語〉寝床を共にする人．【(…と)同僚】mā（ま）．

⇒なかま【仲間】.

どうりをわきまえた【道理を弁えた，道理に従ってふるまう［考える］aokanaka（あおかなか）.

どうろ【道路】ala（あら）.【（切り放された）道路，（未完成の）道路】ala muku（あら_むく）.【（道幅の広い）道路】alanui（あらぬい）.【（道幅の狭い）道路】kuamo'o（くあも'お）.

とうろくする【登録する】ho'opa'a（ほ'おぱ'あ）. kākau ho'opa'a（かかう_ほ'おぱ'あ）. kākau inoa（かかう_いのあ）.

とうろんしゅうかい【討論集会】'aha kūkā（'あは_くか）.

とうわくさせる【当惑させる】ho'ohilahila（ほ'おひらひら）.
【当惑させた】hilahila（ひらひら）.
【当惑した】pōna'ana'a（ぽな'あな'あ）.

とうわくをゆうはつする【当惑を誘発する】ho'oha'oha'o（ほ'おは'おは'お）.

とお【十】〔数詞〕.⇒本文末『数詞・数字』を参照.

とおい【（距離が）遠い】'iu'iu（'いう'いう）. lilo（りろ）. loa, loloa（ろあ，ろろあ）. mamao（ままお）.
【遠くない】a'e nei（あ'え_ねい）.
【遠くに】lilo（りろ）.
【遠くの】'iu'iu（'いう'いう）.
【遠く離れた声の響き】wawā（わわ）.
【遠くへ赴ｵﾓﾑく】ho'omamao（ほ'おままお）. 'imi loa（'いみ_ろあ）.
【遠くへ届く】ko'oko'ona（こ'おこ'おな）.
【（影響・効果などが）遠くまで及ぶ】hāloa（はろあ）.

とおかかん【10日間，10日間に渡って，10日間過ぎる】anahulu（あなふる）.

トースト【toast】palaoa pāpa'a（ぱらおあ_ぱぱ'あ）.〈逐語〉カリカリするパン.

トーチジンジャー【torch ginger】'awapuhi ko'oko'o（'あわぷひ_こ'おこ'お）.〔植物〕Phaeomeria speciosa：ショウガ属の植物の一種；たいまつのような形のピンクまたは赤い花が咲く.〈逐語〉ステッキ［つえ］ショウガ.

とおぼえする【（犬などが）遠吠えする】kūwō, kūō（くうぉ，くお）.

とおまわしにいう【遠回しに言う】ho'oloko（ほ'おろこ）.

とおる【通る】mā'alo, kā'alo（ま'あろ，か'あろ）.
【通った跡】meheu（めへう）.
【通った跡を残す】ho'omeheu（ほ'おめへう）.
【（…を）通って】ma（ま）.
【通り過ぎる】'aui（'あうい）.
【通り抜ける】mā'alo, mā'alo'alo（ま'あろ，ま'あろ'あろ）. puka（ぷか）.

とが【咎】'āhewa（'あへヴぁ）.
【とがめる】'āhewa（'あへヴぁ）. ho'āhewa（ほ'あへヴぁ）. ho'ohewa（ほ'おへヴぁ）.

トカゲ【蜥蜴】mo'o（も'お）. mo'oはmōと表記することもある.〔用例〕Mō'ili'ili.〔地名〕.【（伝説上の）トカゲ】kiha（きは）.

とがった【尖った】mio（みお）.

【(船首の) 尖った先端】maka ihu（まか_いふ）．

とがっていない【尖っていない】'akumu（'あくむ）．

とがらせる【尖らせる】hō'oi（ほ'おい）．ho'owini（ほ'おうぃに）．【(削って) 尖らせる】ho'okala（ほ'おから）．

とき【(ある特定の) 時】wā（わ）．〔用例〕その時(は)，あの時(は)．Ia wā.
【(時間・季節・瞬間など広い範囲の) 時】manawa（まなわ）．〔用例〕時を告げる．Ha'i manawa．時代．Paukū manawa．
【(時刻の) 時】hola（ほら）．〔英語：hour〕．〔用例〕何時ですか．Hola 'ehia kēia?
【時が経過する，時が経つ】ho'ohala（ほ'おはら）．〔用例〕時を過ごす．Ho'ohala manawa．
【(私が…の) 時に】ia'u（いあ'う）．
【時の経過】au（あう）．
【時を浪費する】'apa（'あぱ）．

ときはなつ【解き放つ】ho'ohemo（ほ'おへも）．kala（から）．
【雨が激しく降った後の川の流れのように一気に) 解き放たれた】moku（もく）．

ときふせる【説き伏せる】'onou（'おのう）．

とく【解く，解ほどく】ho'ohemo（ほ'おへも）．kala（から）．makala（まから）．wehe（ヴぇへ）．weke（うぇけ）．
【解くこと】wehena（ヴぇへな）．

とぐ【(刃物を) 研ぐ】ho'okala（ほ'おから）．
【(すべすべに) 研ぎ上げた】hinu（ひぬ）．

どく【毒】lā'au make（ら'あう_まけ）．

とくいげなしんきょう【得意げな心境】na'au ho'oki'eki'e（な'あう_ほ'おき'えき'え）．

どくじのもの【独自のもの[人]】pono'ī（ぽの'ī）．〔用例〕ハワイ独自のもの（ハワイの人々）．Hawai'i pono'ī．

とくしょくをだす【特色を出す】ho'ohiehie（ほ'おひえひえ）．

どくしんじょせい【独身女性】wahine kāne 'ole（わひね_かね_'おれ）．

どくそうきょく【独奏曲，独唱曲】leokū pākahi（れおくー_ぱかひ）．〈逐語〉一つの立ち止まった音．

とくちょう【(気質・容ぼうなど一族の) 特徴】ēwe（えヴぇ）．

とくていのきょうかいのあるじしょ【特定の境界のある地所】palena 'āina（ぱれな_'あいな）．

とくてん【(競技の) 得点】'ai（'あい）．

とくべつの【特別の】kūikawā（くーいかわ）．

とくほん・どくほん【読本】a'o helu-helu（あ'お_へるへる）．puke helu-helu（ぷけ_へるへる）．

どくむぎ【毒麦】kīkānia（きーかにあ）．〔聖書〕有毒な雑草．

どくりつ【独立】ea（えあ）．kū'oko'a（くー'おこ'あ）．
【独立を認める】ho'okū'oko'a（ほ'おくー'おこ'あ）．

【独立している】kūha'o（くは'お）.
【独立の】kū'oko'a（くˉ'おこ'あ）.
どくりょくで【独力で】kaukahi（かうかひ）.
とぐろをまく【塒を巻く】ho'owili（ほ'おうぃり）.
とげ【(植物の) 棘 [針]】kala（から）. kukū（くくˉ）.
【棘で傷ついた】kukū（くくˉ）.
【(サボテンのように) 棘のある, 棘の多い】kukū（くくˉ）. wanawana（わなわな）.
【棘のある雑草】kīkānia（きˉかˉにあ）.
とけい【時計, 腕時計, 置時計, 掛時計】uaki（うあき）. waki（わき）. uati. は異形.〔英語：watch〕.
【時計がカチカチいう, 時計がボンボン鳴る】pa'ina（ぱ'いな）.
【時計が時を打つ, 時計が鳴る】kē（けˉ）.
【時計の針を合わせる, 目覚まし時計を掛ける】kī（きˉ）.
【時計の螺子ねじを巻く】kī（きˉ）. wili（うぃり）.
【時計の針】lima kuhikuhi（りま_くひくひ）.〈逐語〉指し示す手. manamana kuhi（まなまな_くひ）.
トゲダルマガレイ【棘達磨鰈】pāki'i（ぱˉき'い）.〔魚〕Bothus mancus：ダルマガレイ科の魚で成魚では上面に両眼がある.
どこ【何処, どこへ, どこで】hea（へあ）.〔疑問詞〕i, ma-, mai, no, 'o などの後につづく.
【どこからきましたか】no hea（の_へあ）.
【どこにいますか】ai hea, aia i hea（あい_へあ, あいあ_い_へあ）.
【(見えない相手に対して) どこにいますか】'auhea（'あうへあ）.
どこか【何処か (他の所で [に・へ])】'ē（'えˉ）.〔用例〕立ち去れ, 出て行け. Hele ma kahi 'ē!
【(戻るあてもなく) どこか遠くへ行く】hele loa（へれ_ろあ）.
どこに【何処に, 何処へ】kahi（かひ）.
どごう【怒号】wawā（わわˉ）.
どごうする【怒号する】puwō, puō（ぷうぉˉ, ぷおˉ）. wā（わˉ）.
とこや【床屋】kahi 'umi'umi（かひ_'うみ'うみ）.
ところ【所】wahi（わひ）. Ka wahi（どこに, どこへ）は kahi に短縮される.
とざんしゃ【登山者】e'e kuahiwi（え'え_くあひヴぃ）. hele mauna（へれ_まうな）.
とし【都市】kūlanakauhale（くˉらなかうはれ）.
とし【年・歳】makahiki（まかひき）.
【年の若い】'ōpio（'おˉぴお）. 'ōpiopio（'おˉぴおぴお）.
【年を取る】kahiko（かひこ）. o'o（お'お）.
としおいてしわのよった【年老いて皺の寄った】lu'a（る'あ）. pī'alu（ぴˉ'ある）.
とししたの【年下の】muli（むり）.
としとった【(より) 年取った】makua（まくあ）. makule（まくれ）.〔用例〕老人. 'elemakule.

とじた【閉じた】pa'a（ぱ'あ）.
どしゃぶり【土砂降り】'iliki（'いりき）. waipu'ilani（わいぷ'いらに）.
としょかん【図書館】waihona puke（わいほな_ぷけ）. waihona buke. は異形.
としょかんいん【図書館員】mālama waihona puke（まらま_わいほな_ぷけ）.
とじる【閉じる】'āpani（'あぱに）. pani（ぱに）.【(花などが)閉じる】'ūpiki（'うぴき）.
【閉じる物】pani（ぱに）.
とじる【(本などを)綴じる】humu（ふむ）.
としん【兎唇】⇒みつくち【三つ口】.
とすると【(…)とすると】⇒もしも…ならば【〜】.
どせいのポット【土製のpot】⇒とうせいのポット.
どだい【(家などの)土台】kahua（かふあ）. paepae（ぱえぱえ）. ko'o（こ'お）. kumu（くむ）. papa（ぱぱ）.
【土台をなす】honua（ほぬあ）.
トタンなみいた【トタン波板】piula（ぴうら）.
とち【土地】'āina（'あいな）. honua（ほぬあ）.【(囲った)土地】pā（ぱ）.
【土地が乾燥した】mānā（まな）.
【土地に水を注ぐ[引く]】hanawai（はなわい）.
【土地の人】'one'i（'おね'い）.〔用例〕土地の子供たち. Kō 'one'i keiki.
【土地を肥やす】kelekele（けれけれ）.

【土地を所有する】pa'a 'āina（ぱ'あ_'あいな）.
とちくぶん【土地区分】土地区分と呼び名は各島の形状, 時代により差異がある.
《諸島》pae moku, pae 'āina（ぱえ_もく, ぱえ_'あいな）.
《一つの島》mokupuni（もくぷに）. moku（もく）. 島の一部分のことも moku という.
《島内の一部分》moku（もく）.
《通例, 高台から海までの延長による土地区分》ahupua'a（あふぷあ'あ）.
《通例, いくつかの ahupua'a からなる区域》'okana（'おかな）.
《土地区分》'ili（'いり）. ahupua'a の中の一部分.
《'ili よりも面積の小さい, 細長い土地区分》mo'o（も'お）. mo'o 'āina とも呼ばれる.
《mo'o より小さい土地区分》paukū（ぱうくー）.
《paukū よりも小さい土地区分》kīhāpai（きーはーぱい）.
《先住ハワイ人に貸し出される自作農地》'āina ho'opulapula（'あいな_ほ'おぷらぷら）.
とちしょゆうしゃ【土地所有者】haku 'āina（はく_'あいな）. mea 'āina（めあ_'あいな）.
とちそくりょう【土地測量】ana 'āina.
とちっこ【土地っ子】kama'āina（かま'あいな）. 'ōiwi（'おいヴぃ）.
【土地っ子になりすます, 土地っ子のような】ho'ōiwi（ほ'おいヴぃ）.

とちめんせき【土地面積】'ili 'āina（'いり＿'あいな）．
どちゃくの【土着の】maoli（まおり）．
どちょうした【怒張した】kūkūkū（くくく）．〔用例〕怒張した静脈．a'a kūkūkū．
どちらの【何方の】hea（へあ）．〔疑問詞〕他の語の後に続く．〔用例〕どちらのものですか．Ka mea hea?
とっきょ【特許】kila（きら）．sila は異形．
とっくみあう【取っ組み合う，取っ組み合い】kūpāpā（くぱぱ）．
とっしゅつする【突出する，突出物】'ōmuku（'おむく）．
【突出させる】'ou（'おう）．
とっしんする【突進する】hiu（ひう）．lei（レイ）．
とつぜん【突然】'emo 'ole（'えも＿'おれ）．
【突然…しだす】wāwahi（わわひ）．
【突然中止した】nukunuku（ぬくぬく）．
【突然殴る】'iliki（'いりき）．
【突然に出くわす】ulia（うりあ）．
【突然に飛ぶ】lele koke（れれ＿こけ）．〈比喩〉短気な，興奮性の，けんか早い．
【突然の】ulia（うりあ）．
【（おんどりが羽ばたくような）突然の音】po'a（ぽ'あ）．⇒おと【音】．
【（心臓衰退による）突然の発作［発病］，突然発作に襲われた】kūhewa（くへヴぁ）．
とったん【突端】lae（らえ）．
とって【（バケツ・ポット・かごなどの）把手・取手】'au（'あう）．kākai（かかい）．【（ドア・引き出しなどの）把手】pōheo（ぽへお）．
とっておく【（食べ物などを）取っておく】kāpae（かぱえ）．【（将来のためにものを）取っておく】ho'āhu（ほ'あふ）．ho'īli, ho'oili（ほ'いり，ほ'おいり）．ho'okoe（ほ'おこえ）．
とってかわる【（…に）取って代わる】pāna'i（ぱな'い）．pani hakahaka（ぱに＿はかはか）．
とってくる【（行って）取って来る】ki'i（き'い）．
どっとでてきた【（ダムから流れ落ちる水のように）どっと出てきた】momoku（ももく）．
どっとながれだす【どっと流れ出す】huahua'i（ふあふあ'い）．
とっぷう【突風】hio（ひお）．kīkīao（ききあお）．kokololio（こころりお）．kūhewa（くへヴぁ）．
【突風が吹く】hio（ひお）．kokololio（こころりお）．
とつめん【凸面】kewe（けヴぇ）．lalahū（ららふ）．⇔おうめん【凹面】．
【凸面の，凸状の，凸形の】kewe（けヴぇ）．lalahū（ららふ）
どて【土手】'āhua（'あふあ）．pu'u（ぷ'う）．【（タロイモ畑などの）土手】pae（ぱえ）．
とても【〜】loa（ろあ）．nō（の）．wale（われ）．maoli（まおり）．pau（ぱう）．'ino（'いの）．hewahewa（へヴぁへヴぁ）．〔文法1〕日本語で副詞（一部形容詞）として使われ，

とても

「極めて，大変，とても，激しく」を意味する．これらの語は慣用句となっているものが多い．また，'ino は「悪い」という意味があり反語となることもある．
【（食物など）とても美味しい】'ono loa（おの_ろあ）．
【とても良い】maika'i loa（まいか'い_ろあ）．maika'i nō（まいか'い_の）．
【とてもわるい夢】moe 'ino（もえ_'いの）．〔'ino の反語としての用例〕なんてかわいそう．Aloha 'ino!
〔文法 2〕「いかる，うごく，こきゅうする，しずかな」など個々の動詞などが状況，位相を兼ね備えている．
【とても小さい人】hune（ふね）．hunehune（ふねふね）．

とても【とても…ない】auane'i（あうあね'い）．

とてもたくさん【とても沢山】'ino（'いの）．lehu（れふ）．
【とてもたくさんの】kini lau（きに_らう）．

トド【～】liona kai（りおな_かい）．〔動物〕アシカも同様．

とどく【（物が）届く】kū（く），kukū（くく）．pā（ぱ）．

ととのえる【整える】haku（はく）．ho'oana（ほ'おあな）．
【整えた】ponopono（ぽのぽの）．

とどまる【留まる】noho（のほ）．

とどろき【（雷などの）轟き】kani（かに）．ku'ina（く'いな）．'u'inakolo（'う'いなころ）．

どなる【怒鳴る】'alalā（'あらら）．halulu（はるる）．ho'owā（ほ'おわ）．hū（ふ）．nuku（ぬく）．'oā（'おあ）．puwō, puō（ぷう゚ぉ，ぷお）．'uā（'うあ）．wōwō（うぉう゚ぉ）．

とにかく【～】nō（の）．

どの【どの】hea（へあ）．〔疑問詞〕マーカーの i, ma, mai, no, 'o などの後に続く．〔用例〕i hea, ma hea, mai hea, no hea, 'o hea. うち ma hea は続けて mahea と書くことがある．

どのくらい【どの位】'ehia（'えひあ）．〔疑問詞〕．pāhia（ぱひあ）．〔間投詞〕．

とはいいながら【…とはいいながら】'oiai（'おいあい）．〔接続詞〕．

とばく【賭博】'ai（'あい）．piliwaiwai（ぴりわいわい）．
【賭博をする】piliwaiwai（ぴりわいわい）．

とびあがる【飛び上がる】mahiki, māhikihiki（まひき，まひきひき）．
【（驚いて）飛び上がる】hikilele（ひきれれ）．lele'ino（れれ'いの）．
【飛び上がらせた】pi'oloke（ぴ'おろけ）．
【飛び上がらせる】ho'omahiki（ほ'おまひき）．

トビウオ【飛魚（の総称）】mālolo（まろろ）．〔魚〕Parexocoetus brachypterus など：ツマリトビウオやサヨリトビウオなどハワイに生息するトビウオの総称．

トビエイ【鳶エイ】hīhīmanu（ひひまぬ）．〔魚〕Actobatus narinari：種々のトビエイ．

とびおりる【(柔らかい地面に足から)飛び降りる】lele kawa（れれ_かわ）.

とびかかる【(ネコがネズミをつかまえる時のように急に)飛び掛かる】'āpo'ipo'i（'あ̄ぽ'いぽ'い）. po'i（ぽ'い）.

とびこえるばしょ【(…から)飛び越える場所】leina（れいな）.

とびこむ【(水中へ)飛び込む】lu'u（る'う）.
【(崖の上などにある海に面した)飛び込む場所】kawa（かヴぁ）.

とびだす【飛び出す】lele（れれ）.

とびちらす【(水・泥などを)飛び散らす】pakī（ぱき̄）.

とびつく【飛びつく】ulele（うれれ）.

とびのく【(馬などが物音に驚いて)飛びのく】lele 'ao'ao（れれ_'あお'あお）.

とびはねる【飛び跳ねる】lele（れれ）.

とびまわる【飛び回る】lele（れれ）. mahiki, māhikihiki（まひき, ま̄ひきひき）.

とぶ【飛ぶ(こと)】'anapau（'あなぱう）. 'ēheu（'え̄へう）. lei（レイ）. lele（れれ）.
【(流星のように空中を)飛ぶ】lele（れれ）.
【飛ばす】ho'omahiki（ほ'おまひき）.
【飛ばせる】ho'olele（ほ'おれれ）. lei（レイ）.

どぶ【溝】'auwai（'あうわい）. hā（は̄）.
【溝どぶや溝みぞを形成する】hā（は̄）.

とほうにくれた【途方に暮れた】kūnānā（く̄な̄な̄）.〈逐語〉立って見る.

とぼしい【乏しい】pōka'o（ぽ̄か'お）.
【(水や栄養が)乏しい】pahulu（ぱふる）.

とほでいく【徒歩で行く】hele wāwae（へれ_ヴぁ̄ヴぁえ）. holoholo（ほろほろ）.

とぼとぼあるく【とぼとぼ歩く】peki（ぺき）.

とませる【富ませる】ho'olako（ほ'おらこ）. ho'owaiwai（ほ'おわいわい）.

とまった【(月経などが)止まった】mau（まう）.

トマト【tomato】'ōhi'a lomi（'お̄ひ'あ_ろみ）.〔植物〕Lycopersicon esculentum：しばしばロミサーモンと呼ばれる鮭とトマトを混ぜて作られる料理に使われる.

とまりぎ【止まり木】haka（はか）.

とまる【止まる】alia（ありあ）.〔文法〕通常は命令形で「止まれ」のように使われる. ⇒やめる【止める】.

とみ【富】lako（らこ）. loa'a（ろあ'あ）.
【富の源】kumu waiwai（くむ_わいわい）.

とみくじ【富籤】lūlū（る̄る̄）.

とめがね【留金】lou（ろう）. 'ūmi'i（'う̄み'い）.〔用例〕バネの作用で鼻の上に固定させる挟み眼鏡. Makaaniani 'ūmi'i. スティプラーやクリップなど紙を留めるもの. 'Ūmi'i pepa.
【留金でとめる】'ūmi'i（'う̄み'い）.

とめばり【(束髪用)留針】kui lauoho（くい_らうおほ）.【(びょうやボルトなどと同様の)留針】mākia（ま̄きあ）.

とめる【留める】mākia（まきあ）．
【（クリップ・クラスプなどで）留める】apo（あぽ）．'ūmi'i（うみ'い）．
とめる【止める】mahamaha（まはまは）．⇒やめる【止める】．
ともだち【友達】aikāne（あいかね）．hoaloha（ほあろは）．【（親しい・親密な・個人の）友達】hoa pili（ほあ_ぴり）．
【友達にさせる】ho'omakamaka（ほ'おまかまか）．
【友達になる】aikāne（あいかね）．ho'omakamaka（ほ'おまかまか）．
【友達を作る】ho'ohoa（ほ'おほあ）．ho'ohoaloha（ほ'おほあろは）．
ともに【（…と）共に】me（め）．pū（ぷ）．
ともにいる【（…と）共にいる】pili（ぴり）．
ともにくびきをかける【共に軛をかける，くびきに繋いだ牛などの一対】kaulua（かうるあ）．
どもる【吃る】'ā'ā（あ'あ）．'ū'ū（う'う）．
どようび【土曜日】Pō'aono（ぽ'あおの）．略記はＰ６．『Māmaka Kaiao』ではPo'aono（ぽ'あおの）を採用．〈逐語〉第6番目の日．
トラ【虎】kika（きか）．tiga．は異形．〔英語：tiger〕．
ドライブにいく【driveに行く】holoholo ka'a（ほろほろ_か'あ）．
【（誰かを連れて）ドライブに行く】ho'oholoholo（ほ'おほろほろ）．
とらえる【捕える】'apo（'あぽ）．

ho'opio（ほ'おぴお）．
【捕えた】pio（ぴお）．
ドラムかん【（ガソリン用）drum缶】kula kakalina（くら_かかりな）．
トランプ【trump】pepa hahau（ぺぱ_ははう）．
【トランプの札】pepa（ぺぱ）．〔英語：paper〕．
【トランプをする】pā'ani pepa（ぱ'あに_ぺぱ）．pepa（ぺぱ）．
トランペット【trumpet】pū kani（ぷ_かに）．pū puhi（ぷ_ぷひ）．
とり【鳥；すべての翼のある動物】manu（まぬ）．
【（水や餌のあるところなど）鳥の集まる場所】kula manu（くら_まぬ）．
【鳥の飛ぶ音】kapalulu（かぱるる）．ウズラなどの鳥が飛ぶときのヒューという音．
【鳥の糞ふん】kūkae manu（くかえ_まぬ）．
【鳥の群れ】ulu manu（うる_まぬ）．
【（鳴き声を真似して罠わなで捕らえようと）鳥を誘おびき出す】kono, kono manu（この，この_まぬ）．
【鳥を捕まえる人】kono, kono manu（この，この_まぬ）．
【（鳥もちなどで）鳥を罠わなにかける】kāwili（かうぃり）．
とりあげた【取り上げた】lilo（りろ）．nele（ねれ）．
とりあつかう【取り扱う】lawelawe（らヴぇらヴぇ）．
とりいれをする【（農作物などの）取り入れをする】'ohi（'おひ）．

トリオ【trio：三重唱】leokū pākolu, leokū pāpākolu（れおくー_ぱこる, れおくー_ぽぽこる）.

とりおさえる【取り押さえる】'apo（'あぽ）.

とりかこむ【取り囲む】'aipuni（'あいぷに）. pō'ai（ぽー'あい）.
【取り囲むこと】'āpona（'ーあぽな）.

とりかわす【(挨拶・談話・手紙などを) 取りかわす】kūka'i（くーか'い）.

とりけす【取り消す】ho'opau（ほ'おぱう）.

とりけそうとする【取り消そうとする】kāohi（かーおひ）.

とりさし【鳥刺】kāpili manu（かぴり_まぬ）. kia（きあ）. kia manu（きあ_まぬ）.〔狩猟〕鳥を捕える人, 鳥もちで鳥を捕える事；鳥もちで鳥を捕える.
【鳥刺の棹さお】kia（きあ）. kia manu（きあ_まぬ）. lā'au kia（らー'あう_きあ）.

とりさる【(カバーなどを) 取り去る】hu'e（ふ'え）.

とりしまる【取り締まる】māka'i（まーか'い）.

とりしらべる【取り調べる】nieniele（にえにえれ）.

とりだす【取り出す】unuhi（うぬひ）.
【取り出させる】ho'ounuhi（ほ'おうぬひ）.

とりたてる【(税金などを) 取り立てる】'ohi（'おひ）.

とりつかれる【(完全に) 取り憑かれる】pau（ぱう）.
【取りつかれた】hehena（へへな）.
【取りつかれたような】pahulu（ぱふる）.

とりで【砦】pu'ukaua（ぷ'うかうあ）.

とりとめのない【取り留めのない】ewa（えヴぁ）.

とりにやる【取りに (人を) 遣る】ki'i（き'い）.
【取りに (人を) やった】ho'oki'i（ほ'おき'い）.

とりのぞかせる【取り除かせる】ho'olawe（ほ'おらヴぇ）.

とりのぞく【(障がい物・困難などを) 取り除く】hahu（はふ）.【(カバーなどを) 取り除く】hu'e（ふ'え）.【(葉や樹皮などを) 取り除く】kīhae（きーはえ）. 'u'u（'う'う）.

とりはだ【(寒さ・恐怖のために起こる) 鳥肌】'ōkala（'ーおから）.

とりまく【取り巻く】apo（あぽ）. ho'opuni（ほ'おぷに）. kūpuni（くーぷに）.
【取り巻いた】puni（ぷに）.

とりみだした【取り乱した】olokē（おろけー）.

とりょう【塗料】pena（ぺな）.

どりょく【努力】'imi pono（'いみ_ぽの）.

どりょくする【努力する】ho'ā'o（ほ'ーあ'お）. kūlia（くーりあ）.【(大変) 努力する】ho'oikaika（ほ'おいかいか）. hō'ikaika（ほー'いかいか）.【(達成するために) 努力する,（調査するために) 努力する,（理解するために) 努力する】na'i（な'い）.

ドリル【drill［訓練］】paikau（ぱいか

ドリルのは【drill の刃】wili（うぃり）.
ドル【dollar, ドル紙幣】kālā（かーらー）. dala. は異形.〔英語〕.
とるにたらない【取るに足らない】'ano 'ole（'あの_'おれ）. kohu 'ole（こふ_'おれ）. kūpihipihi（くーぴひぴひ）. mea 'ole（めあ_'おれ）.
【取るに足らない物】mea iki（めあ_いき）.
トレー【tray：お盆】pā halihali（ぱー_はりはり）.〔文法〕冠詞は ka でなく ke を使う.
トレーラーハウス【trailer house】ka'a hale（か'あ_はれ）.
ドレス【dress】lole（ろれ）.
ドレスメーカー【dressmaker】kela lole（けら_ろれ）. tela lole. は異形.〈逐語〉洋服仕立て屋.
ドレッシング【dressing】kai（かい）.
どろ【泥】kelekele（けれけれ）. lepo（れぽ）.【(タロイモ畑の)泥】lepo lo'i（れぽ_ろ'い）.【(粘着性のある)泥】pālolo（ぱーろろ）.
【泥だらけにする】ho'okelekele（ほ'おけれけれ）.
【泥だらけの】'ūkele（'ーうけれ）.
【泥沼】kelekele（けれけれ）. ki'o lepo（き'お_れぽ）. 'olokele（'おろけれ）. pohō（ぽほー）.
【泥深い】kele, kelekele（けれ, けれけれ）.
【泥よけ】pale huila（ぱれ_ふいら）.
とろびでにる【(ソースや肉汁を)とろ火で煮る】kākele（かーけれ）.

どろぼう【泥棒】'aihue（'あいふえ）. pōā, pōwā（ぽーあ, ぽーわ）.
トロリー・バス【trolly bus】ka'a uila（か'あ_ういら）.〈逐語〉電気自動車.
トンキンカズラ【東京葛】pakalana（ぱからな）.〔植物〕Telosma cordata：別名イエライシャン（夜来香）と言い, 夜に強く香る.
どんずつう【鈍頭痛】nalulu（なるる）.【鈍頭痛を引き起こす】ho'onalulu（ほ'おなるる）.
とんだ【富んだ】kū'ono'ono（くー'おの'おの）. lako（らこ）. ponopono（ぽのぽの）. waiwai（わいわい）.
とんちのある【頓智のある, 頓智を働かせる】ho'omāke'aka（ほ'おまーけ'あか）.
とんでにげる【(何かにおびえた鳥の群などが)飛んで逃げる】aulele（あうれれ）.
トントンとたたく【トントンと叩く】kīkē（きーけー）.
どんな【～(と事柄を問う疑問)】pehea（ぺへあ）. ⇒ぎもんぶん【疑問文】.
【どんな…でも】akā（あかー）.〔接続詞〕.
トンネル【tunnel】konela（こねら）.〔英語〕. konela puka（こねら_ぷか）.
どんぶり【丼】kanoa（かのあ）. pola（ぽら）. bola. は異形.〔英語：bowl〕〔文法〕冠詞は ka でなく ke を使う.
【(木またはヒョウタンで出来た)丼】'umeke（'うめけ）.【(木製の)丼】'umeke lā'au（'うめけ_らー'あ

う）.

トンボ【〜】**pinao**（ぴなお）.〔昆虫〕.
【トンボ返り，トンボ返りする】
kuwala, kuala（くわら，くあら）.

どんよく【貪欲，どん欲な，どん欲な人】**'ālunu**（'あるぬ）.

どんよりした【〜】**ōmea**（'おめあ）.

な

ない【無い】**'a'ohe**（'あ'おへ）.
【（…で）ない，何もない，少しも持ってない】**'a'ole**（'あ'おれ）.〔用例〕もちろん違うよ，全然違う．'A'ole loa!
【（…が）ない，少しも…ない，何も…ない】**neo**（ねお）.
【（…が）ない】**pōka'o**（ぽか'お）.
【（…で）ない】**'ole**（'おれ）.〔用例〕良くない（つまり，悪い）．Maika'i 'ole.

ナイオ〔ハワイ〕**naio**.〔植物〕ハマジンチョウ属の一種［Myoporum sandwicense］.

ないか【内科】⇒いしゃ【医者】.
【内科の】**kauka**（かうか）.

ないかい【内科医】**kahuna lapa'au**（かふな_らぱ'あう）.〈逐語〉病気を治す熟練者．**kauka**（かうか）. **kauka lapa'au**（かうか_らぱ'あう）.

ないしょで【内緒で】**nihi**（にひ）.

ないせん【内戦】**kaua kūloko**（かうあ_くろこ）.

ないぞう【内臓】**loko**（ろこ）. **na'au**（な'あう）. na'au は主に腸を言う．
【内臓を取り除く】**kua'i**（くあ'い）.

ないちの【内地の】**kūloko**（くろこ）.〈逐語〉内部に存在する状態．〔用例〕内乱，内戦．Kaua kūloko.

ナイトガウン【nightgown】**lole moe pō**（ろれ_もえ_ぽ）.〈逐語〉夜寝る時に着る衣服．

ないないの【内々の】hūnā（ふな）.
ナイフ【knife】pahi（ぱひ）. pālau（ぱらう）.【(木を刻んだり髪の毛を切るのに使われたサメの歯で作られた）ナイフ】niho ʻoki（にほ_ʻおき）.〈逐語〉鋭利な歯.【(折り畳み）ナイフ】pahi pelu（ぱひ_ぺる）.
ないぶ【内部，内部に】loko（ろこ）.
ないみつの【内密の】peʻe（ぺʻえ）.
ないらん【内乱】kaua kūloko（かうあ_くろこ）.
ないりく【内陸】mauka（まうか）.【(傾斜地であろうとなかろうと海から遠い）内陸へ進む】piʻi（ぴʻい）.
【内陸の】uka（うか）.
ナウパカ〔ハワイ〕naupaka.〔植物〕Scaevola：山や海辺に生息する自生の低木；これらの木に咲く白い花は，縦に半分に切ったような形をしている.【(海辺に生息する低木の）ナウパカ】naupaka kahakai（なうぱか_かはかい）.
【(山に生息するすべての種類の）ナウパカ】naupaka kuahiwi（なうぱか_くあひヴぃ）.
なえ【(サトウキビなどの）苗】pulapula（ぷらぷら）.
なえぎにそだてる【苗木に育てる】hoʻopulapula（ほʻおぷらぷら）.
なえてしまう【(痛みによって）萎えてしまう】mamae（ままえ）.
なお【猶・尚】aia naʻe（あいあ_naʻe）.〔接続詞〕. eia naʻe, eia nō naʻe（えいあ_なʻえ，えいあ_ノー_なʻえ）.

なおす【直す】hoʻopololei（ほʻおぽろれい）. hoʻoponopono（ほʻおぽのぽの）.
なおらい【(日本でいえば）直会】ʻaha-ʻaina make（ʻあはʻあいな_まけ）.〔行事〕会葬者を慰めるためになされる葬式のもてなし. お浄め.
ながい【長い】lau loa（らう_ろあ）. loa, loloa（ろあ，ろろあ）. lōʻihi（ろʻいひ）.〔用例〕道は長い. Lōʻihi ke ala.
【長椅子】papa noho（ぱぱ_のほ）.
【長い葉】lau loa（らう_ろあ）.
【長い骨】iwi loa（いヴぃ_ろあ）.〈比喩〉背の高い人.
【長靴】⇒くつ【靴】.
ながいあいだ【長い間】liʻu（りʻう）.
【長い間留まる】noho loa（のほ_ろあ）.
ながいじかんがすぎる【長い時間が過ぎる，長い時間を費やす】liʻuliʻu（りʻうりʻう）.
ながく【長く】lau loa（らう_ろあ）.
【(洋服の後ろを）長く引いた裾すそ】huelo（ふえろ）.
【長く響く】olo（おろ）.
ながくする【長くする】hoʻoloa（ほʻおろあ）. hoʻolōʻihi（ほʻおろʻいひ）.
【(接いで）長くする】pānaʻi（ぱなʻい）.
なかくぼみの【中窪みの】kewe（けヴぇ）.
ながさ【長さ】ana loa（あな_ろあ）.〔計量〕端から端まで測定した場合の物の長さの寸法. lau loa（らう_ろあ）.

loa, loloa（ろあ，ろろあ）.

ながしつりをする【(カツオなどを取るために)流し釣りする】hī（ひ）.

ながす【(液体などを)流す】nini（にに）.
【流すこと】ukuhina（うくひな）.

なかせる【泣かせる】hoʻouē（ほʻおうえ）.

ながそで【長袖】lima loloa（りま_ろろあ）.

なかたがいする【仲違いする】kūʻēʻē（くʻえʻえ）.

なかったら【(…が)〜】ʻole（ʻおれ）.

なかに【中に】loko（ろこ）.
【(…の)中に】iā（いあ）. luna（るな）. ma（ま）. ⇒しょかく【所格】.

なかにわ【(宮廷の)中庭】aloaliʻi（あろありʻい）.

ながびく【(病気などが)長引く】hoʻokali（ほʻおかり）.

なかま【仲間】hoa（ほあ）. hoa kanaka（ほあ_かなか）. hoa moe（ほあ_もえ）.〈逐語〉寝床を共にする人.【仲間】kōkoʻo（ここʻお）. 通例集まる人数が kōkoʻo の後に続く.〔用例〕2人の仲間. kōkoʻolua. 3人の仲間. Kōkoʻokolu. lua（るあ）. pōhai（ぽはい）.
【(陽気な周囲の人々や)仲間と楽しむ】luana（るあな）.
【(…と)仲間】mā（ま）.〔用例〕プアさんと彼女の仲間. ʻO Pua mā.
【仲間の回りに集まる】pōhai（ぽはい）.

なかみのつまった【中身の詰った】kāʻeo（かʻえお）. 食用のひょうたんなどの中身がぎっしり詰まった.

なかみのない【中身の無い】⇒からの【空の】.

ながれ【(水の)流れ】au（あう）. waikahe（わいかへ）.〈逐語〉流れる水.【流れの強い海】kai kō（かい_こ）.
【流れ出す】huaʻi（ふあʻい）.
【流れ出る】hanini（はにに）. puaʻi（ぷあʻい）. wai（わい）.

ながれぼし【流れ星】hōkū lele（ほく_れれ）. すべての移動する星.

ながれる【(水・液体などが)流れる】hī（ひ）. holo（ほろ）. kahe（かへ）.〔用例〕涎よだれを流す. Kahe ka hāʻae.

なかろく【中肋】iwi lāʻī（いヴぃ_らʻい）. ティーリーフ [lau kī] などの茎や葉の中肋.

ながわずらい【長患い】kaʻa maʻi（かʻあ_まʻい）.〈逐語〉長く患っている病気.

なかわた【(キルティングの詰め物に使われる)中綿】pulupulu（ぷるぷる）.

なきごえ【(雄鶏おんどりの)鳴き声】ʻoʻō（ʻおʻお）.

なきさけぶ【泣き叫ぶ】ʻalalā（ʻあらら）. nā（な）. nēnē（ねね）. hoʻonēnē（ほʻおねね）. puwō, puō（ぷうぉ，ぷお）.
【泣き叫ぶ声】uē（うえ）. pihe（ぴへ）.

なきわめく【(人などが)泣き喚く】ʻaoa（ʻあおあ）.

なく【(カラスなどがカアカア)鳴く】ʻalalā（ʻあらら）.
《鳥が鳴く》kani（かに）.〔用例〕おんどりが鳴く. Kani ka moa.

なく

《チーチー，チイッチイッ，チューチュー，ピーピー鳴く》pio（ぴお）.
《ブタなどがキーキー泣く》'uī（'ういー）.
《ネズミなどがチューチュー鳴く》'uī（'ういー）.

なく【泣く】uē（うえ）. uē hāmama（うえ_ほまま）.【(子供などが大声で)泣く】pū'alalā（ぷ'あららー）.'uī（'ういー）.

なくさせる【(計画・希望などを)無くさせる】ho'okae（ほ'おかえ）.

なぐさめる【慰める】ho'omāla'e（ほ'おまらー'え）.

なくなる【(今まで存在していたものが)無くなる】poholo（ぽほろ）.
【無くなった】nalo（なろ）.

なぐる【殴る】hahau（ははう）. hoa（ほあ）.
【殴り合う，殴り合い】kūpāpā（くーぱーぱー）.
【殴り倒す】kula'i（くら'い）.

なげきかなしむ【(…のために)嘆き悲しむ】ho'o'ū, hō'ū（ほ'お'ūー, ほー'ūー）. kanikau（かにかう）. uē（うえ）. minamina（みなみな）.
【嘆き悲しませる】ho'ouē（ほ'おうえ）.

なげキス【投げキス，投げキスをする】honi lima（ほに_りま）.

なげく【(不幸などを)嘆く】ho'onū（ほ'おぬー）. pihe（ぴへ）.'ū（'ūー）. uē（うえ）.

なげなわ【(皮製の)投げ縄】kīpuka 'ili（きーぷか_'いり）. kaula 'ili（かうら_'いり）.
【投げ縄のロープ（rope）】kaula ho'ohei（かうら_ほ'おへい）.〔牧畜〕野馬を捕えたり，わなにかけるためのロープ.

なげに【投荷】īkā（いーかー）.〔海語〕海中に漂う貨物と海辺に打ち上げられた貨物.

なげや【投矢】ihe（いへ）. kao（かお）. ke'a（け'あ）.

なげやり【投槍】ihe（いへ）. kao lele（かお_れれ）. ke'a（け'あ）.
【投槍を投げる】kao（かお）.

なげる【投げる】kāpehi（かーぺひ）. kiola（きおら）. ho'olei（ほ'おれい）. nou（のう）. ho'onou（ほ'おのう）. pehi（ぺひ）. walakīkē（わらきーけー）.
【(ねらいをつけて)投げる】pehi（ぺひ）.
【(戦いでやりが飛び交うように)投げる】walakīkē（わらきーけー）.
【投げること，投げる人】nou（のう）.
【(地位を)投げ打つ】ha'alele（は'あれれ）.
【(ものを)投げ打つ】kūpehi（くーぺひ）.
【投げ落とす】hina（ひな）. nou（のう）.
【(力を入れてトランプなどを)投げおろす】hahau（ははう）.
【投げ捨てる】hina（ひな）.
【投げ付ける】ho'olei（ほ'おれい）. ho'onou（ほ'おのう）. kākā（かーかー）. kāpehi（かーぺひ）. kiloi（きろい）. kūpehi（くーぺひ）. lū, lūlū（るー, るー

る)．nou（のう）．walakīkē（わらきけ）．
【（石などを…に）投げ付ける】kīpehi（きぺひ）．
【（魚を突くやすまたは投げやりなどを）投げ付ける】pahu（ぱふ）．
【（強く）投げ付ける】kā（か）．
【（狙いをつけて）投げ付ける】pehi（ぺひ）．
なければ【（…が）なければ】'ole（'おれ）．
なさけのある【（他の人に対して）情けのある】leo 'ole（れお_'おれ）．
なさけぶかい【情け深い】lokomaika'i（ろこまいか_い）．
なさけようしゃのない【情け容赦のない】aloha 'ole（あろは_'おれ）．
なしに【（…）無しに】nele（ねれ）．
ナス【茄子】laho pipi（らほ_ぴぴ）．
なぜ【何故】aha（あは）．i hea（い_へあ）．〔疑問詞〕．
【何故ですか】No ke aha?（の_け_あは）．
なぜ…しないのですか【何故…しないのですか（したらどうですか）】kainō, kainoa（かいのー, かいのあ）．〔用例〕あなた方（2人とも）来られたらよろしいのに．Kainō ho'i e hele mai 'olua?
なぜなら【何故なら】no ka mea（の_か_めあ）．〔慣用句〕．
なぞ【謎】nane（なね）．
【謎めいたことを言う】nane（なね）．
【謎掛けの答え】ha'ina（は'いな）．
なだかい【名高い】kaulana（かうらな）．
【名高い場所】pana（ぱな）．
なだめる【宥める】ho'omālie（ほ'おまりえ）．ho'omalimali（ほ'おまりまり）．
なつ【夏（の季節）】ikiiki（いきいき）．【夏】kau wela（かう_うぇら）．〈逐語〉暑い季節．
なつかしがる【（愛しい思い出を）懐かしがる】ho'olaua'e（ほ'おらうあ'え）．
なづけおや【名付け親】⇒ゴッドファーザー．ゴッドマザー．
なづける【名付ける】hea（へあ）．kapa（かぱ）．kapakapa（かぱかぱ）．〔用例〕名づけられる, 命名される．Kapa 'ia.
ナツメグ【nutmeg】hua'ala（ふあ'あら）．香料として使われる．〈逐語〉香りのある実．
ナツメヤシ【棗椰子】niu kahiki（にう_かひき）．〔植物〕樹幹が20mにも達し, 頂上に指を広げたような羽状複葉がある．〈逐語〉外来ココナッツ．
【ナツメヤシの実】hua pāma（ふあ_ぱま）．
などなどそのた【等々その他】'o mea mā（'お_めあ_まー）．
ななつ【7月】⇒しちがつ【7月】．
ななせだいへだたった【7世代隔たった】kualima（くありま）．⇒うえのせだい【上の世代】．
ななつ【七つ】〔数詞〕．⇒しち【7・七】, 本文末の「数詞・数字」を参照．
ななめにきる【（刃物で）斜めに切る】

kepa（けぱ）．'ai kepa（'あい_けぱ）．'ai kepakepa（'あい_けぱけぱ）．
【斜めに切った，斜めに刈った】kepa（けぱ）．

ななめの【斜めの】ākepakepa（あけぱけぱ）．lala（らら）．斜めに砕ける波，斜めに砕ける波に乗って遊ぶ波乗りも lala という．

なに【何】疑問・質問の「何」は対象により異なった疑問詞・疑問代名詞を用いる．⇒ぎもんし【疑問詞】を参照．
《(物を尋ねる) 何》aha（あは）．この aha は「生年月日」など物質以外にも用いる．〔用例〕あれはなんですか．He aha kēlā? 生まれ（生年月日）はいつですか．He aha kou makahiki?
《(数を尋ねる) 何》'ehia．〔用例〕何歳ですか．'Ehia ou makahiki?
《(名前を尋ねる) 何》ai（あい）．wai（わい）．〔用例〕あなたの名前は何ですか．'O wai kou inoa?

なにかいうこと【何か言う事】mana'oha'i（まな'おは'い）．

なにがし【(名前や言葉に窮した時に言う) 何がし［何々］】mea（めあ）．

なにごともしない【何事もしない】noho wale（のほ_われ）．

ナプキン【napkin】kāwele（かうぇれ）．〔用例〕紙ナプキン．kāwele pepa．
【(生理用) ナプキンを着ける】hume（ふめ）．humehume（ふめふめ）．

なべ【鍋】ipu hao（いぷ_はお）．鉄製のポット，ガラス・アルミニウム・ほうろう（琺瑯）など種々のやかんやシチューなべ．〈逐語〉鉄製の容器．

なま【生】maka（まか）．
【生の】kole, kolekole（これ，これこれ）．〔用例〕生焼けに料理された牛肉．Pipi mo'a kolekole．【(魚など) 生の】maka（まか）．【(すごく) 生の】maka loa（まか_ろあ）．

なまいきな【生意気な】kīko'olā（きこ'おらー）．maha'oi（まは'おい）．pākīkē（ぱきけ）．
【生意気な振りをする】ho'omā'oi（ほ'おまー'おい）．

なまいきにこたえる【生意気に答える】pākīkē（ぱきけ）．

なまえ【名前】inoa（いのあ）．〔文法〕早口の会話ではしばしば ke が前に付く．【(生まれた子供につける夢の中で告げられる) 名前】inoa pō（いのあ_ぽー）．【(愛称，ニックネーム，ペットネームなどの) 名前】inoa kapakapa（いのあ_かぱかぱ）．
【名前の一覧表】papa inoa（ぱぱ_いのあ）．
【名前を付ける】hea（へあ）．hea inoa（へあ_いのあ）．

なまえうた【名前歌】inoa（いのあ）．hea inoa（へあ_いのあ）．mele inoa（めれ_いのあ）．首長などを讃えて作られた歌．
【名前歌を歌う，名前歌を朗吟［朗唱］する】hea（へあ）．hea inoa（へあ_いのあ）．

なまくら【鈍】mene（めね）．
【なまくらの】mene（めね）．ho'o-

mene（ほ'おめね）．【（刃など）なまくらの】pihi（ぴひ）．

なまけた【怠けた】heha（へは）．kualana（くあらな）．

ナマコ【～】weli（うぇり）．〔棘皮動物〕体は円筒状で左右相称，前端の口の回りに触手がある．

なまこいた【なまこ板】piula（ぴうら）．〔建築〕トタンやプラスチックの波板．

なまごみかん【生ごみ缶】kini 'ōpala（きに_'おぱら）．台所から出る食品のくずやごみを入れる缶．

なまざかな【生魚】i'a maka（い'あ_まか）．

なまにく【（塩で味をつけた）生肉】kākāmaka（かかまか）．⇒ベーコン．

なまやけの【（肉が）生焼けの】kokoko（こここ）．

なみ【波】'ale（'あれ）．nalu（なる）．
【（岸辺に打ち寄せる）波が打ち砕けること，波が砂を削り取ること】kuapā（くあぱ）．
【波などが畝ぅねる】hulili（ふりり）．
【波が起きる】nalu（なる）．
【波が海岸を（平らに）削る】pao（ぱお）．
【波が砕ける】'ako'ako（'あこ'あこ）．po'i（ぽ'い）．
【波が盛んになっている状態】nalu（なる）．
【（特に高波が来る直前のかなり勢い良く）波が引いて行く海】kai miki, kai mimiki（かい_みき，かい_みみき）．〈逐語〉後退りする海．
【波が広がる】kāhela（かへら）．〔様相〕沖合の大波のように前方にまた後方に広がる．
【波の音】nākolo（なころ）．nākolokolo（なころころ）．砕け波がゴウゴウいう音．
【（砕ける）波の天辺】po'i（ぽ'い）．
【（砕けた）波のように白い】uakea（うあけあ）．
【（感情などの）波を起こさせる】hō'ale'ale（ほ'あれ'あれ）．
【波を立てる】'ale（'あれ）．
【波を生じさせる】ho'onalu（ほ'おなる）．
【波を防ぐ（すべての物）】pani kai（ぱに_かい）．
【（船のプロペラなどが）波を湧き立たせる】hua'i（ふあ'い）．
【（呼吸している胸など）波打つ】nape（なぺ）．
【波頭がしら，波の峰】'ako'ako（'あこ'あこ）．'ale（'あれ）．po'i（ぽ'い）．
【（泡を砕く）波頭】hu'ahu'a kai（ふ'あふ'あ_かい）．
【（ジャガイモなど）波形にした】nihoniho（にほにほ）．
【（波が砕けた時の）波飛沫しぶき】'ehu kai（'えふ_かい）．
【波状の】'āpi'ipi'i（'あぴ'いぴ'い）．pi'ipi'i（ぴ'いぴ'い）．
【（風が海などを）波立たせた】'ōpikipiki（'おぴきぴき）．
【波立った】'āpikipiki（'あぴきぴき）．
【波乗り】he'e nalu（へ'え_なる）．⇒サーフィン．
【波乗り遊びをする】he'e（へ'え）．
【波乗り板】papa he'e nalu（ぱぱ_へ

なみだ

'え_なる). ⇒サーフボード.
【波除よけ】pale kai（ぱれ_かい）.
なみだ【涙】waimaka（わいまか）.〈逐語〉.目（の）水.
【涙が溢ぁふれている目】maka wai（まか_わい）.
【涙が溢こぼれ出る】hālo'i（ほろ'い）.
【涙が溢こぼれる】kulu, kulukulu（くる, くるくる）.
【涙ぐんだ目の】maka wai（まか_わい）.
なみなみならぬ【並み並みならぬ】mea 'ē（めあ_'え）.
なみの【並の】waena（わえな）.
なめらかな【滑らかな】nemo, nemonemo（ねも, ねもねも）. pakika（ぱきか）.
【(生パンのように)滑らかな】'ae（'あえ）. 'ae'ae（'あえ'あえ）.
【(木の節がない新しいカヌーなど)滑らかな】kaekae（かえかえ）.
【(表面などが)滑らかな】pahe'e（ぱへ'え）.
【(ポイのように)滑らかな】wali（わり）. ⇒ポイ.
【(木材などが)滑らかな】aulike（あうりけ）.
なめらかにする【滑らかにする】ho'omole（ほ'おもれ）, ho'omolemole（ほ'おもれもれ）. ho'onemo（ほ'おねも）.
【(土などを)滑らかにする】ho'owali（ほ'おわり）.
【滑らかに磨き上げた】nemo, nemonemo（ねも, ねもねも）.

なやます【悩ます】ho'oluhi（ほ'おるひ）.
【悩ませる】ho'opōpilikia（ほ'おぽぴりきあ）. ho'opilikia（ほ'おぴりきあ）.
なやみ【悩み】'īnea（'いねあ）. pōpilikia（ぽぴりきあ）.
【(気の合った友達などに)悩みを話す】'ōhumuhumu（'おふむふむ）.
なやんでいる【(タブーに対して地位の高い首長などが)悩んでいる】mākolu（まこる）.
ならび【並び】lālani（ららに）.
なりあがりもの【成り上がり者】kupu, kupukupu（くぷ, くぷくぷ）. 突然に群を抜いて, 高い地位に上った人.
なりひびく【鳴り響く】kani（かに）. kakani（かかに）. olo（おろ）.
なりゆきにしたがう【成り行きに従う】ho'omo'o（ほ'おも'お）.
なる【鳴る】haluku（はるく）.〔様相〕カタカタ［カチカチ・ガチャガチャ］と鳴る, ズドン［ドタン］と鳴る, ガラガラ［ガタガタ・ゴロゴロ］鳴る.
【(鈴・鐘が)鳴る】kani（かに）. olo kani（おろ_かに）.
なる【(性質・形態などが)…に成る】kū ā（く_あ）. lilo（りろ）.
なれる【慣れる】ho'oma'a, ho'oma'ama'a（ほ'おま'あ, ほ'おま'あま'あ）. ho'oma'amau（ほ'おま'あまう）.
【慣らした】kuluma（くるま）.
【慣れた】laka（らか）. ma'a, ma'ama'a（ま'あ, ま'あま'あ）.

walea（われあ）．
【（踊りなどを何の苦労もなく出来るほど）慣れている】ma'a, ma'ama'a（ま'あ, ま'あま'あ）．walea（われあ）．〔用例〕習慣的になるまでやった．Ua hana ā walea.

なわ【縄】'aha'aha（'あは'あは）．aho（あほ）．kaula（かうら）．

なわとび【縄跳，縄跳びをする】lele koali（れれ_こあり）．
【縄跳びの縄を回す】kā（か̄）．

なん【何】⇒なに【何】を参照．

なんかいな【難解な】pohihihi（ぽひひひ）．

なんぎ【難儀】'īnea（'い̄ねあ）．pilikia（ぴりきあ）．

なんきょく【南極】Wēlau Hema（うえ̄らう_へま）．

ナンキンまめ【南京豆】pineki（ぴねき）．〔英語：peanut〕．

なんこう【軟膏】nini（にに）．硬膏も nini という．poni（ぽに）．
【軟膏を塗る】poni（ぽに）．

なんこつ【軟骨】iwi kamumu（いヴぃ_かむむ）．

なんじ【難事】'āpu'epu'e（'ā̄ぷ'えぷ'え）．

なんさいですか【何歳ですか】⇒なに【何】を参照．

なんじゃくな【軟弱な】malule（まるれ）．palupalu（ぱるぱる）．

なんじゃくにする【軟弱にする】ho'omalule（ほ'おまるれ）．

なんせい【南西, 南西の, 南西部】komohana hema（こもはな_へま）．

なんたいどうぶつ【軟体動物】ka-una'oa（かうな'おあ）．巻貝・二枚貝・イカ・タコなど．una'oa（うな'おあ）．kio（きお）．pipipi（ぴぴぴ）．〔動物〕特に小さな軟体動物の総称（Theodoxus neglectus を含む）．

なんでもみな【何でも皆】pau loa（ぱう_ろあ）．kēlā…kēia（けら̄…けいあ）．

なんとう【南東】hikina hema（ひきな_へま）．

なんどもする【何度もする】ho'olua（ほ'おるあ）．

なんもん【難問】hihia（ひひあ）．

ナンヨウヘクソカズラ【南洋屁屎葛】maile pilau（まいれ_ぴらう）．〔植物〕Paederia foetida. 〈逐語〉悪臭のある maile. ⇒マイレ．

なんらの…もない【何らの…もない】'ole loa（'おれ_ろあ）．

に

に【2・二】lua（るあ）．1.〔数詞〕lua は数を数える場合には接頭辞 'e- をつけ，'elua（'えるあ）と使う．接頭辞 'a- をつけた，'alua（'あるあ）は第二，二番目などの序数詞となる．なお助数詞（個，人，列目，番目）は文脈による．2. 接辞となり二を表す．〔用例〕2人の共同．kōko'olua, ko'olua. 火曜日．Pō'alua.
【2回, 2度】kualua（くあるあ）．pālua（ぱ̄るあ）．〔序数詞〕第二の，第二番目の．
【2度行なう】ho'olua（ほ'おるあ）．

に

に【…に】ā（あ̄）. iā（いあ̄）. kā（か̄）. ⇒マーカー.

に【荷】⇒にもつ【荷物】.

にあいの【似合いの（人・物）】lua（る̄あ）.

にあげにんそく【荷上げ人足】po'olā（ぽ'おら̄）.

にえこぼれる【煮え溢れる】hū（ふ̄）.

におい【匂い・臭い】honi（ほに）.
【（沼のような）臭い】pilo（ぴろ）.
【匂いを嗅ぐ】hanu（はぬ）. honi（ほに）.

におう【匂う】honi（ほに）.

ニオイシュロラン【匂い棕櫚蘭】kī（き̄）.〔植物〕Cordyline terminalis：ユリ科センネンボク属の高木．英語では ti（ティー）と呼ばれる．
【ニオイシュロランの葉】lau kī（らう_き̄）. lā'ī（ら̄'い̄）は短縮形. lau'ī（らう'い̄），lākī（ら̄き̄）も同様．ティーリーフと呼ばれ，食べ物を巻いたり，フラダンスのスカートなどに使われる．

にがい【苦い】'awa（'あわ）. 'awa'awa（'あわ'あわ）.
【苦い味】hō'awa'awa（ほ̄'あわ'あわ）.

にがくする【苦くする, 苦味をつける】hō'awa（ほ̄'あわ）. hō'awa'awa（ほ̄'あわ'あわ）.

にがさ【苦さ】'awa'awa（'あわ'あわ）.

にがつ【2月】Pepeluali（ぺぺるあり）.〔英語：February〕.

にがみをとりのぞく【（塩鮭などの）苦味を取り除く】ho'omānalo（ほ'おま̄なろ）.

にかわ【膠】kolū（こる̄）.〔英語：glue〕.

にきび【〜，にきびが出来る】huehue（ふえふえ）.
【にきびだらけの】pu'upu'u（ぷ'うぷ'う）.

にぎりこぶし【握り拳】pu'u（ぷ'う）. pu'upu'u lima（ぷ'うぷ'う_りま）.
【握りこぶしで殴る】ku'i lima（く'い_りま）.

にぎりやの【握り屋の, 握り屋な人】loko hāiki（ろこ_は̄いき）.

にぎる【（急にまたは強く）握る】lālau（ら̄らう）.
【握り締める】pū'ili（ぷ̄'いり）.
【（議案・動議などを）握り潰す】ho'omoe（ほ'おもえ）.
【（泥などが付いて）握りにくい】kika（きか）.

にく【（食用）肉】'i'o（'い'お）.
【（食用獣）肉】'i'o holoholona（'い'お_ほろほろな）.
【（太って）肉が付く】ho'opolapola（ほ'おぽらぽら）.
【肉を蒸す】pūholo（ぷ̄ほろ）.
【肉皿】ipu i'a（いぷ_い'あ）. ipu kai（いぷ_かい）.〔生活用品〕肉汁が充分に入る深皿．
【肉汁】kai（かい）.
【肉団子だんご】pipi ho'opoe（ぴぴ_ほ'おぽえ）.
【（羊などの小さな）肉片】'āpana（'あ̄ぱな）.
【（中華）肉饅頭まんじゅう】mea 'ono pua'a（めあ_'おの_ぷあ'あ）. 今日で

は俗に manapua（まなぷあ）とも言う．
にくしみ【憎しみ】inaina（いないな）. mana'o 'ino（まな'お_'いの）.
【憎しみが一杯の】makawela（まかうぇら）.
【憎しみで動揺した】inaina（いないな）.
にくすい【(雄鶏おんどり・七面鳥の) 肉垂】lepe（れぺ）. lepelepe（れぺれぺ）.
にくたい【肉体】'i'o（'い'お）. kino（きの）.
【肉体上の】kino（きの）.
【肉体的な力を発揮する】ho'onou（ほ'おのう）.
にくづきのよい【(健康な人のように丸々として) 肉付きのよい】huakē（ふあけ）.
にくむ【憎む】inaina（いないな）.
にくよく【肉欲】kuko（くこ）.
にげる【(混乱と恐怖から) 逃げる】pū'ā'ā（ぷ'あ'あ）.【(尻込みして) 逃げる】ka'akepa（か'あけぱ）.【(数人が) 逃げる】naholo（なほろ）.
にごった【濁った】lepolepo（れぽれぽ）.
にし【西，西方の】komohana（こもはな）. komo が「入る」という意味から，太陽が入る方向が西なのでこう呼ばれる．
にじ【虹】ānuenue（あぬえぬえ）.
【虹が掛かる】lewa, lelewa, lewalewa（れヴぁ，れれヴぁ，れヴぁれヴぁ）.

にじいろの【虹色の】koko（ここ）.
ニシキウズガイ【錦渦貝（科の一種）】pūpū 'ōkole 'oi'oi（ぷぷ_'おこれ_'おい'おい）.
にしきおりのきぬ【錦織りの絹】⇒きぬ【絹】.
にじみでている【(砂の中の水のようにじわじわと) 滲み出ている】nono（のの）.
にじゅう【二重，二重に，二重の】kālua（かるあ）. pālua（ぱるあ）.
【二重に見える】'ike pāpālua（'いけ_ぱぱるあ）.
にじゅうあご【二重顎】'olo（'おろ）. ⇒あごのたるみ【顎の弛み】.
にじゅうおり【二重織り】ka'a lua（か'あ_るあ）.（織物などが）二重織りの．
にじゅうしょう【二重唱】leo lua（れお_るあ）. leokū pālua（れおくー_ぱるあ）.〈逐語〉二つの立ち止まった音．
にじゅうなんちめのよる【27日目の夜】kāne（かね）.〔ハワイ暦〕ハワイ暦月の27日目の夜の名前．
にじゅうはちにち【28日】Lono（ろの）〔ハワイ暦〕ハワイ暦月の第28番目の日．
ニス【ワニス〔英語：varnish〕の訛り】'iliki（'いりき）.〔塗料〕キャンドルナッツの樹皮・ティーの根・バナナの木軸などから造られる．
にすぎた【煮過ぎた】ahulu（あふる）. 'ā wale（'あ_われ）. pāpa'a（ぱぱ'あ）.
ニセカンランハギ【〜】palani（ぱら

にせだいごのみうち

に).〔魚〕Acanthurus dussumieri.：ニザダイ科の魚.

にせだいごのみうち【2世代後の身内】mo'opuna（も'おぷな）.

にせもの【偽物】'āpuka（'あぷか）.

にちぼつ【日没】napo'o（なぽ'お）. nāpo'opo'o（な̄ぽ'おぽ'お）.

にちようがっこう【日曜学校】hō'ike（ほ̄'いけ）.〔キリスト教〕唱歌と詳説がある，会衆会派の日曜学校.
【日曜学校（における年1回）の集会】'aha hō'ike makahiki（'あは_ほ̄'いけ_まかひき）.

にちようがっこうきょうかい【日曜学校協会】'ahahui kula Kāpaki（'あはふい_くら_か̄ぱき）. 'ahahui kula Sabati. は異形.〔英語：Sabbath〕.

にちようび【日曜日】Lāpule（ら̄ぷれ）.〈逐語〉祈祷（の）日.

にっかんしんぶん【日刊新聞】nūpepa puka lā（ぬ̄ぺぱ_ぷか_ら̄）.

にっき【日記】puke ho'omana'o（ぷけ_ほ'おまな'お）.

ニックネーム【nickname】⇒なまえ【名前】.

にっこう【日光】ao（あお）.
【日光に当たって暖める】'ōlani（'お̄らに）.
【日光に曝さらす】ho'olā（ほ'おら̄）.
【日光浴】kaula'i lā（かうら'い_ら̄）.
【日光を避ける】ma'ū（ま'う̄）.

にっし【日誌】mo'olelo（も'おれろ）. puke ho'omana'o（ぷけ_ほ'おまな'お）.

にっしょく【日食】pouli（ぽうり）.

にている【似ている】kohu like（こふ_りけ）. kū（く̄）. pe-, pē（ぺ，ぺ̄）.
【似ている人，似ている物】kū（く̄）.

にている【(…に) 似ている】'ā-（'あ̄）.〔接頭辞〕.〔用例〕真っ黒［hiwa］→黒っぽい［'āhiwa］.

にのあしをふむ【二の足を踏む】kānalua（か̄なるあ）.

にば【荷馬】⇒ウマ【馬】.

にばい【2倍，2倍に】pālua（ぱ̄るあ）.
【2倍に見える】'ike pāpālua（'いけ_ぱ̄ぱ̄るあ）.
【2倍の，2重の】māhana（ま̄はな）.

にばしゃ【荷馬車】ka'a lio（か'あ_りお）.

にぶい【(刃など) 鈍い】'akumu（'あくむ）. mene（めね）. pihi（ぴひ）.

にぶおんぷ【2分音符】hua hapa（ふあ_はぱ）.〔音楽〕.

にぶくする【鈍くする】ho'omene（ほ'おめね）.

にほん【日本】Iāpana（いあ̄ぱな，やぱな）.〔英語：Japan〕.
【日本の，日本人】Kepanī（けぱに̄）.〔英語：Japanese〕.
【日本語】Kepanī（けぱに̄）. 'ōlelo Kepanī（'お̄れろ_けぱに̄）.

にほんたばねた【2本束ねた】kālua（か̄るあ）.

にほんのえだ【2本の枝，2本の木】māhana（ま̄はな）.

にまいがい【二枚貝（の全種）】'ōlepe（'お̄れぺ）.

にめんの【二面の】alolua（あろるあ）.

〔形状〕渓谷の反対側にある絶壁のように他の一方に面していること.

にもかかわらず【にも拘わらず】**loko**（ろこ）.〔用例〕富裕にもかかわらず、ともかく働くこと. I loko nō o ka waiwai, hana nō.

にもつ【荷物】**amo**（あも）.〈比喩〉重荷，責任.**'awe**（'あうぇ）.**'awe'awe**（'あうぇ'あうぇ）.
【（肩に）荷物を担ぐ】**amo**（あも）.
【荷物（荷）を積む】**ho'okaumaha**（ほ'おかうまは）.

ニュー・イヤーズ・イブ【New Year's Eve】**Ahiahi Makahiki Hou**（あひあひ_まかひき_ほう）.〔西暦〕大晦日（12月31日）の夜.

にゅうかいしきのしゅくえん【入会式の祝宴】**'aha'aina komo**（'あは'あいな_こも）.

にゅうぎゅう【乳牛】**pipi waiū**（ぴぴ_わいū）.

にゅうし【乳脂】**kalima waiū**（かりま_わいū）.

にゅうじ【乳児】**omo**（おも）.**keiki omo waiū**（けいき_おも_わいū）.〈逐語〉乳を吸う子供.

ニュージーランド【New Zealand】**Nukilani**（ぬきらに）.〔英語・地名〕南太平洋中、オーストラリア南東方にある国.

にゅうじょうりょう【入場料】**uku komo**（うく_こも）.

ニュース【news】**mea hou**（めあ_ほう）.**nū**（ぬ）.**nū hou**（ぬ_ほう）.〔用例〕新聞の地方記事. Nū hou kūloko.

【ニュースを伝える】**'āha'ilono**（'あは'いろの）.**ha'ilono**（は'いろの）.
【ニュースを伝える人】**'āha'ilono**（'あは'いろの）.
【ニュースを広める】**ku'i, ku'iku'i**（く'い、く'いく'い）.

にゅうとう【乳頭】**maka**（まか）.

にゅうねんに【入念に】**pono**（ぽの）.〔用例〕注意深く見る. Nānā pono.

にゅうばち【乳鉢】**poho**（ぽほ）.乳棒を使って薬品などを細かくつぶすための器.

にゅうひ【乳皮】**kalima waiū**（かりま_わいū）.ミルクの脂肪分.

にゅうもんしょ【入門書】**a'o heluhelu**（あ'お_へるへる）.**kumu**（くむ）.

ニューヨーク【New York】**Nuioka**（ぬいおか）.〔英語・地名〕米国北東部の州.

にゅうよくする【入浴する】**'au'au**（'あう'あう）.

にゅうわな【柔和な】**akahai**（あかはい）.

にょう【尿】**hanawai**（はなわい）.**mī**（みー）.**mimi**（みみ）.mī は mimi よりも使われない.

にらむ【睨む】**'a'ā maka**（'あ'ā_まか）.〔仕草〕欲求する時や恐怖を感じた時に見開いた目でにらむ、または驚かそうとして見開いた目でにらむ.**hō'a'ā maka**（ほー'あ'ā_まか）.
【睨む人】**'a'ā maka**（'あ'ā_まか）.

にりんしゃ【二輪車】**ka'a huila lua**（か'あ_ふいら_るあ）.二輪の小型手押し車や二輪馬車など全ての二輪車.

にわ【(家の) 庭】pā hale（ぱ_はれ）.
にわかあめ【俄雨，俄雨の】nāulu（なうる）.
にわとりのひな【鶏の雛】moa（もあ）.
にんか【認可】'ae（'あえ）. ho'āpono（ほ'あぽの）.
にんかする【認可する】'ae（'あえ）. 'āpono（'あぽの）.
にんき【任期】kia'āina（きあ'あいな）. 知事・長官・総裁職などの任期.〈逐語〉その土地の支持者.
にんきもの【人気者】punahele（ぷなへれ）.
にんきものあつかいする【人気者扱いする】mililani（みりらに）. punahele（ぷなへれ）.
にんぎょう【人形】ki'i（き'い）.
にんげん【人間，人間的な】kanaka（かなか）. 複数形は kānaka（かなか）.〔用例〕人間の体つき. Kino kanaka. kino は身体，容姿の意味.
にんげんのあたま【人間の頭】po'o kanaka（ぽ'お_かなか）.
にんしき【認識】'ike（'いけ）. 'ike'ike（'いけ"いけ）.
にんしょう【人称，人称の】kino（きの）.〔用例〕一人称. Kino mua, kino kahi. 二人称. Kino lua. 三人称. Kino kolu.
にんしょうだいめいし【人称代名詞】paniinoa pilikino（ぱにいのあ_ぴりきの）. kuhi'ano pili kanaka（くひ'あの_ぴり_かなか）.〔文法〕ハワイ語の人称代名詞には一人称，二人称，三人称の別がある. 単数，複数（3人以上）の他に2人を示す双数（両数）がある. 性による違いはない. 格はマーカーで示す.
一人称の人称代名詞⇒わたし.
二人称の人称代名詞⇒あなた.
三人称の人称代名詞⇒かれ.
にんしんする【妊娠する】hāpai（はぱい）.
【妊娠させる】ho'okauhua（ほ'おかうふあ）. ho'ohāpai（ほ'おはぱい）.
【妊娠した】piha（ぴは）.
【妊娠している】hāpai（はぱい）. kauhua（かうふあ）.
ニンジン【人参】kāloke（かろけ）.〔英語：carrot〕.
にんたい【忍耐】ahonui（あほぬい）. 'ōpū ahonui（'おぷ_あほぬい）. ho'omanawanui（ほ'おまなわぬい）.
【忍耐強い】ahonui（あほぬい）. 'ōpū ahonui（'おぷ_あほぬい）.
【忍耐強い人，忍耐力】'ōpū ahonui（'おぷ_あほぬい）.〈逐語〉長い呼吸の気質.
にんていする【認定する】ho'okohu（ほ'おこふ）.
ニンニク【大蒜】'aka'akai pilau（'あか'あかい_ぴらう）. 'aka'akai pūpū（'あか'あかい_ぷぷ）.〈逐語〉束になったタマネギ. kālika（かりか）. galika. は異形.〔英語：garlic〕.
にんぷ【人夫】lawehana（らヴぇはな）.
にんむ【任務】hana（はな）. ha'awina（は'あヴぃな）.
にんめいじょう【任命状】palapala ho'okohu（ぱらぱら_ほ'おこふ）.

にんめいする【任命する】ho'okohu（ほ'おこふ）.

ぬ

ぬいいと【縫糸】awe（あうぇ）.

ぬいばり【縫い針】kui humuhumu（くい・ふむふむ）.

ぬいひだ【縫い襞，縁や縫い襞をとる】pelu（ぺる）.

ぬいめ【縫い目】humu（ふむ）. ku'i, ku'iku'i（く'い，く'いく'い）.

ぬう【縫う】hono（ほの）. humu（ふむ）. humuhumu（ふむふむ）.〔様相〕連続的に縫う. ku'i, ku'iku'i（く'い，く'いく'い）.
【縫い付ける】holoholo（ほろほろ）. hono（ほの）. ku'i, ku'iku'i（く'い，く'いく'い）.
【縫い閉じる】humu（ふむ）.

ぬかるみ【〜】ki'o lepo（き'お_れぽ）. pohō（ぽほ）.
【ぬかるみで滑って転ぶ】kūkele（く̄けれ）.
【ぬかるみの】ho'okele（ほ'おけれ）. kele, kelekele（けれ，けれけれ）. kūkele（く̄けれ）.

ぬきでる【抜き出る】kela, kelakela（けら，けらけら）.

ぬく【(歯などを)抜く】pō'alo（ぽ'あろ）.

ぬぐ【(服などを)脱ぐ，(…の衣服を)脱がせる】wehe（うぇへ）.
【脱ぐこと】wehena（うぇへな）.
【(着物などを)脱いだ】hemo（へも）.

ぬぐってかわかす【拭って乾かす】kāwele（か̄ヴぇれ）.

ぬけめのない【抜け目のない】ma'alea（ま'あれあ）. maka'ala（まか'あら）.

ヌスビトハギ【盗人萩】pua pilipili（ぷあ_ぴりぴり）.〔植物〕Desmodium uncinatum：ヌスビトハギ属の一種.

ぬすみ【盗み】'aihue（'あいふえ）.

ぬすみぎきする【盗み聞きする】hākilo（は̄きろ）. lohelohe（ろへろへ）.

ぬすむ【盗む】'aihue（'あいふえ）. mio（みお）.

ぬたくる【〜】hāpala（は̄ぱら）.

ぬの【布】lole（ろれ）.

ぬのじのさけるおと【布地の裂ける音】'owē, 'oē（'おうぇ̄，'おえ̄）.

ぬのへん【(洋服の継ぎ接ぎ用の)布片】poho（ぽほ）.

ぬま【沼】'olokele（'おろけれ）. pohō（ぽほ̄）.

ぬまち【沼地】ki'o lepo（き'お_れぽ）.
【沼地に嵌はまり込む】piholo（ぴほろ）.
【沼地の】ho'okele（ほ'おけれ）. kele, kelekele（けれ，けれけれ）. nakele（なけれ）.
【(浅い)沼地の多い地域】nakele（なけれ）.

ぬりつける【塗り付ける】hōka'e, ho'oka'e（ほ̄か'え，ほ'おか'え）.
【(油を)塗り付ける】kāpala（か̄ぱら）.
【(塗料などを…に)塗りつける】hāpala（は̄ぱら）. poni（ぽに）.

ぬる【(バターなどを)塗る】hamo（は

ぬるぬるした【~】kika（きか）. na'o, na'ona'o（な'お，な'おな'お）.

ぬるまゆ【微温湯】wai anuhea（わい_あぬへあ）.

ぬれる【濡れる】pulu（ぷる）.
【(びしょ)濡れ】pulu pē（ぷる_ペ）.
【濡れた】ma'ū（ま'う）.
【濡らす】ho'oma'ū（ほ'おま'う）. ho'opulu（ほ'おぷる）.
【濡らした】pulu（ぷる）.

ね

ねいす【(大きなハワイの)寝椅子】hikie'e（ひきえ'え）.【(固定されてない)寝椅子】pūne'e（ぷね'え）. ⇒ロッキングチェア.

ネイビイ・ブルーのもめんきじ【navy blueの木綿生地】'ainakini（'あいなきに）.

ねいろ【音色】leo, leleo（れお，れれお）.

ねおおいをする【根覆いをする】ho'opulu（ほ'おぷる）.

ねがう【願う】ake（あけ）. makemake（まけまけ）. mamake（ままけ）. 日常会話では，mamakeがよく使われる.

ねがえりをうつ【寝返りを打つ】moe 'ino（もえ_'いの）.
【(左右に)寝返りを打つ】ka'apā（か'あぽ）. ふとんの中で寝つかれない子供のように左右に寝返りを打つ.

ねかしつける【寝かし付ける】ho'ohiamoe（ほ'おひあもえ）.

ネクタイ【necktie】⇒レイ.

ネクタイピン【stick pin】kui 'ōmou（くい_'おもう）.〈逐語〉取りつけるためのピン.

ネコ【猫】pōpoki（ぽぽき）.
【猫が(ニャーニャー)鳴く，猫が喉を鳴らす】nīao（にあお）.
【猫車】⇒いちりんしゃ【一輪車】.
【猫背の人】kuapu'u（くあぷ'う）.
【猫目石】⇒キャッツアイ.

ねさせる【寝させる】ho'omoe（ほ'おもえ）.

ねじ【ネジ】kolū（こる）. kui（くい）. kui nao（くい_なお）.
【ネジを巻く】wili（ういり）. ho'owili（ほ'おうぃり）.
【ネジ回し】kala（から）. kui kala（くい_から）. 一般にはkalaと呼ばれる.
【ネジ山】nao（なお）.〔用例〕ネジ釘. Kui nao.〈逐語〉ネジ山のある釘.

ねじまがったあしのひと【捻じ曲った足の人】kuku'e（くく'え）.

ねじまげる【(破砕者などが)捻じ曲げる】huli（ふり）. hulihuli（ふりふり）.

ねじる【捩じる・捻じる】ka'a（か'あ）. 'ōmilo（'おみろ）. 'uī（'うい）. wili（ういり）.
【(背中の後ろで両手を)捩じる】'ōpe'a（'おぺ'あ）.
【捩じった】keke'e（けけ'え）. napa（なぱ）.
【捩らせる】ho'ōpe'a（ほ'おぺ'あ）.
【捩じれた】pepe'e（ぺぺ'え）.

【捩じれる】ue（うえ）.
ねすごす【寝過ごす】hiamoe loa（ひあもえ_ろあ）.
ネズミ【鼠】'iole（'いおれ）.【（外国から持ち込まれた）大きな鼠】'iole nui（'いおれ_ぬい）.
【鼠捕り器】'ūpiki 'iole（'ūぴき_'いおれ）. 'ūmi'i 'iole（'ūみ'い_'いおれ）.
ねたみ【妬み，妬みを抱いている】huā（ふあ）.
【妬みの抗議】'a'ahuā（'あ'あふあ）.
【妬みの感情をかりたてる】ho'olili（ほ'おりり）.
ねだんがそうおうの【値段が相応の】makepono（まけぽの）.
ねつ【熱】piwa（ぴヴァ）. fiwa. は異形.〔英語：fever〕.
【熱がでる】pi'i ka wela（ぴ'い_か_うぇれ）.
【熱のある，熱っぽい】'ōwela（'ōうぇら）.
ねついをひきおこす【熱意を引き起こす】ho'ohahana（ほ'おははな）.
ねつかせる【寝付かせる】ho'omoemoe（ほ'おもえもえ）.
ねっきょう【熱狂】ohohia（おほひあ）.【熱狂的な】kā'eo（kā'えお）.
ねっしんな【熱心な】lilo（りろ）.
ねっしんにとく【熱心に説く】kauleo（かうれお）.〈逐語〉体によく響かせて話す.
ねっする【熱する】ho'omahana（ほ'おまはな）.
ネッタイチョウ【熱帯鳥】koa'e（こあ'え）.〔鳥〕Phaethon lepturus dorotheae：ネッタイチョウまたは熱帯のカモメの一種；全身が白色で黒斑があるアジサシに似た海鳥，尾の中央の一対の羽は非常に長い．切り立った絶壁に住んでいる．
【熱帯鳥の飛ぶ群れ，熱帯鳥のように飛ぶ】lele koa'e（れれ_こあ'え）.〈比喩〉切り立った，険しい.
ねっちゅうさせた【熱中させた】lilo（りろ）.
ネット【net：網】'upena（'うぺな）.
ねつぼう【熱望】'ano'i（'あの'い）.【熱望の】li'a（り'あ）.
ねつれつな【熱烈な，熱烈な歓呼の声】ohohia（おほひあ）.
【熱烈な憧れ】'īloli（'īろり）.
ねつれつにのぞむ【熱烈に望む】li'a（り'あ）.
ねどこ【寝床】moe（もえ）. wahi moe（わひ_もえ）.
ネナシカズラ【根無葛】kauna'oa（かうな'おあ）.〔植物〕マメダオシを含む. Cuscuta sandwichiana.：ヒルガオ科ネナシカズラ属の，葉のない寄生植物の総称；細い茎で他の植物に巻きつく.
ねばならない【～】pono（ぽの）.〔用例〕あなたは行かねばならない（行くべきだ）. E pono iā 'oe ke hele.
ねばねばする【～】'ālikalika（'ālりかりか）. lali（らり）. pīlali（pīらり）.
ねばりづよい【粘り強い】'ālikalika（'ālりかりか）.〈比喩〉けちくさい.
ねばりのある【粘りのある】uaua（う

ねばる

あうあ).〈比喩〉強情な.
ねばる【粘る】lina（りな).
ねむけをさそう【眠気を誘う】maka hiamoe（まか_ひあもえ).
ねむけをひきおこす【眠気を引き起こす】hoʻomania（ほʻおまにあ). hoʻonipo（ほʻおにぽ).
ねむそうな【眠そうな】nipo（にぽ). niponipo（にぽにぽ).
【眠そうな目】maka hiamoe（まか_ひあもえ).
ねむったような【眠ったような】mania（まにあ).
ネムリグサ【眠り草】⇒オジギソウ【御辞儀草】.
ねむりこむ【眠り込む】hiamoe（ひあもえ). hoʻokau hiamoe（ほʻおかう_ひあもえ).〈逐語〉眠りを実現する.
ねむる【眠る】hiamoe（ひあもえ).
ねらい【狙い】mākia（まきあ).
【狙い損なう】kāhewa（かへヴぁ).
【狙いを定める】lena（れな).
ねらってうつ【狙って撃つ】kā（か).
ねりあるく【練り歩く】neʻe（ねʻえ). paikau（ぱいかう).
ねる【寝る】moe（もえ).
ねるばしょ【寝る場所】kahi moe（かひ_もえ).
ねをさげる【値を下げる】hoʻēmi（ほʻえみ).
ねをだす【(じゃがいもなどが小さな)根を出す】ʻakolo（ʻあころ).
ねん【年】makahiki（まかひき). makahiki.は MH.と書くこともある.
【年1回の】makahiki（まかひき).

kūmakahiki（くまかひき).
【年2回の】hapa makahiki（はぱ_まかひき).
ねんえき【(肺や咽から出る)粘液】male（まれ).
【(動植物の分泌する)粘液】naʻo, naʻonaʻo（なʻお, なʻおなʻお). ʻūpē（ʻうぺ).
【(カタツムリ・魚などの)粘液】wale（われ).
ねんえきせいの【粘液性の】naʻo, naʻonaʻo（なʻお, なʻおなʻお).
ねんぐをおさめる【年貢を納める】hoʻokupu（ほʻおくぷ).
ねんせいゴム【粘性 gum】kamu（かむ).〔英語〕.
ねんだい【年代】au（あう). manawa（まなわ). wā（わ).
【年代〔時期〕の一部】paukū manawa（ぱうくー_まなわ).
ねんちゃくする【粘着する】pili（ぴり). pilina（ぴりな).
ねんちゃくせいの【(品質の悪いタロイモのような)粘着性の】lina（りな).
【粘着性の】pīlali（ぴらり). pili（ぴり). uaua（うあうあ).
ねんちゅうぎょうじ【年中行事】⇒マカヒキ.
ねんちょうしゃ【年長者】lunakahiko（るなかひこ). mua（むあ).
ねんど【粘土】pālolo（ぱーろろ).
ねんぱいのせんどうしゃ【年配の先導者】lunakahiko（るなかひこ).
ねんぴょう【年表】manawa（まなわ).
ねんりょう【燃料】wahie（わひえ).

ねんれい【年齢】au（あう）.

の

の【(…)の】〔文法〕国文法で所有（帰属・所属）を表す格助詞の「…の」に相当するハワイ語には a（あ）. o（お）. na/nā（な／nā）. no/nō（の／nō）などがある．〔用例〕レイさんの子供．Ke keiki a Lei. 彼等はそちらの出身ですか．No laila lākou? ⇒ しょゆうし【所有詞】.

のう【脳】lolo poʻo（ろろ_ぽ'お）.〈逐語〉頭脳.

のうえん【農園】mahi（まひ）. mahina（まひな）. māla（まら）. māla ʻai（まら_'あい）.〈逐語〉食糧農園.

のうかしん【膿痂疹】kākiʻo（かき'お）. 急性の炎症を起こす皮膚病.

のうぎょうの【農業の】mahi ʻai（まひ_'あい）.

のうぎょうのじゅくれんしゃ【農業の熟練者】kahuna hoʻoulu ʻai（かふな_ほ'おうる_'あい）.

のうぎょうをする【農業（経営）をする】mahi（まひ）.

のうこうな【濃厚な】kelekele（けれけれ）. mākolu（まこる）.
【濃厚な食物，濃厚な食物だけしかない】liliha（りりは）.

のうじょう【農場】mahi（まひ）. mahina（まひな）. mahina ʻai（まひな_'あい）.

のうずい【脳髄】lolo（ろろ）.

のうど【濃度】mānoa（まのあ）.

のうどうたい【能動態】leo pili aku（れお_ぴり_あく）.

のうふ【農夫】mahi ʻai（まひ_'あい）.

のうべんな【能弁な】poeko（ぽえこ）.

のうよう【膿瘍】pūhā（ぷは）.

のうりつ【能率】mākaukau（まかうかう）.
【(仕事が速く) 能率的な】miki（みき）.

のうりょく【能力】mākaukau（まかうかう）.
【能力を持つ，能力に取り付かれる】mana（まな）. ⇒ マナ.

のがれさる【逃れ去る】ʻāhaʻi（'あは'い）. ʻāhaʻihaʻi（'あは'いは'い）.

のがれる【逃れる】ʻalo（'あろ）. ʻaʻalo（'あ'あろ）. pakele（ぱけれ）.【(動物などがわなから) 逃れる】pakelo（ぱけろ）.

ノゲシ【野芥子】pualele（ぷあれれ）.〔植物〕Sonchus oleraceus：キク科ノゲシ属の植物の総称；葉はアザミに似て，花は黄色．全体から乳白色の液が出る．

のこぎり【鋸，鋸を使う】olo（おろ）. pahi olo（ぱひ_おろ）.

のこぎりのめがたっている【鋸（など）の目が立っている】nihoniho（にほにほ）.

のこぎりはのかたちをした【(動植物など) 鋸歯の形をした】nihoa（にほあ）. nihoniho（にほにほ）.

のこっている【残っている】keu（けう）.

のこり【残り】koehonua（こえほぬあ）.

【残りの】koe（こえ）.
【（食べ物などの）残り物】koe（こえ）. koena（こえな）.〔生活〕パーティーなどの残り物．予め取り分けておくこともある．
【残り物を食べる】hamu（はむ）.

のしぼう【（麺の）伸し棒】lola（ろら）.〔英語：roller〕.

のせる【（高所に）載せる】kau（かう）.

のぞいて【除いて】koe（こえ）.

のぞく【覗く】hālō（ほろ）.【（ドアや裂け目などからそっと）覗く】ki'ei（き'えい）.

のぞみ【望み】'upu（'うぷ）.

のぞむ【望む】ake（あけ）. makemake（まけまけ）. mamake（ままけ）. 日常会話では，mamakeがよく使われる．'upu（'うぷ）.

のたうちまわる【（痛みなどで）のたうち回る】ka'awili（か'あうぃり）.

のたくる【（ウナギなどが）のたくる】napanapa（なぱなぱ）. ne'e（ね'え）.

のっていく【（乗り物に）乗って行く】holoholo ka'a（ほろほろ_か'あ）.

のっぺりした【～】pepe（ぺぺ）.

のど【喉・咽】pu'u（ぷ'う）. pu'umoni, pu'umoni'ai（ぷ'うもに，ぷ'うもに'あい）.
【喉が渇いた】'ono wai（'おの_わい）. make wai（まけ_わい）.
【喉の炎症】pu'u 'ako（ぷ'う_'あこ）.
【喉の渇き】make wai（まけ_わい）.
【（…の）喉を締める】'umi（'うみ）.

のどぼとけ【喉仏】pū'ā'ī（ぷ'ā'ī）. pu'u（ぷ'う）.

のどかな【長閑な】la'e, la'ela'e（ら'え，ら'えら'え）.

ノニ〔ハワイ〕noni.〔植物〕Morinda citrifolia：低木であるインド産のクワの木；昔は，染料・食料・薬などの源としてハワイ人に役立った．現在は健康補助食品として注目されている．

ののしる【罵る】'a'ana（'あ'あな）. amu（あむ）. amuamu（あむあむ）.

のばす【伸ばす・延ばす】ho'oloa（ほ'おろあ）. ⇒ひろげる【広げる】.
【（手足などを）伸ばす】ho'olei（ほ'おれい）.【（物を取ったりするために手などを）伸ばす】huki（ふき）. huhuki（ふふき）.
【（時間などを）延ばす】ho'opane'e（ほ'おぱね'え）.
【（長く）伸ばす】ho'olō'ihi（ほ'おろ'いひ）.

のばした【（手足などを）伸ばした】pālaha（ぱらは）.
【延ばした】pane'e（ぱね'え）.
【延ばした声［音］】aeae（あえあえ）.

のはら【野原】kula（くら）.

のびだす【伸びだす】'ōpu'u（'ōぷ'う）.

のびる【（皺しゎが）伸びる】mahola（まほら）.

ノブ【（ドア・引き出しなどの）knob, ノブのような物】pōheo（ぽへお）. pōheoheo（ぽへおへお）.

のべる【（はっきり）述べる】ha'i（は'い）. ha'iha'i（は'いは'い）. hakihaki（はきはき）. ho'opuka（ほ'おぷか）. 'ī（'ī）. 'ōlelo（'おれろ）.

pēia（ぺいあ）．

のぼり【登り】pi'ina（ぴ'いな）．pinana（ぴなな）．

のぼる【登】e'e（え'え）．pi'ina（ぴ'いな）．pinana（ぴなな）．

のぼる【(太陽・月・星などが)昇る】pi'i（ぴ'い）．

のぼるたいよう【昇る太陽】lā hiki（らーひき）．

のまされる【飲まされる】inumia（いぬみあ）．

のませる【飲ませる】ho'īnu, ho'oinu（ほ'いーぬ、ほ'おいぬ）．kani（かに）．

ノミ【蚤】'uku（'うく）．⇒ウクレレ．

のみ【鑿】kila（きら）．sila．は異形．〔英語：chisel〕．lipi, lipilipi（りぴ、りぴりぴ）．

のみみず【飲み水】wai inu（わい_いぬ）．

のみもの【飲み物】inu（いぬ）．【(茶・コーヒー・ビール・牛乳など水以外の)飲み物】mea inu（めあ_いぬ）．

のむ【飲む】'apu（'あぷ）．inu（いぬ）．kani（かに）．pā（ぱー）．【(ぐっと)飲む、(ごくごく)飲む、(ぐいぐい)飲む】ale（あれ）．moni（もに）．

のらくらしている【〜】noho wale（のほ_われ）．palaualelo（ぱらうあれろ）．【〜人】palaualelo（ぱらうあれろ）．

のらくらする【〜】pualena（ぷあれな）．

のりこえる【(悲しみなどを)乗り超える】mao（まお）．

のりこむ【(船・列車・飛行機などに)乗り込む】kau（かう）．

のりださせる【(事業に人を)乗り出させる】ho'olele（ほ'おれれ）．

のる【(馬や乗り物などに)乗る】holo（ほろ）．【(乗り物に)乗る】holo ka'a（ほろ_か'あ）．【(サーファーが波に乗るように…に)乗る】ho'ē'e（ほ'えー'え）．

のろい【鈍い】kali（かり）．li'u（り'う）．lohi（ろひ）．〔用例〕ゆっくり話す．'Ōlelo lohi. mili 'apa（みり_'あぱ）．

のろう【呪う】mōlia（もーりあ）．

のろくする【鈍くする】ka'uka'u（か'うか'う）．

のんきな【呑気な】waliwali（わりわり）．

は

は【(政党などの)派】**'ao'ao**（'あお'あお）.

は【(ナイフの)刃】**kila**（きら）. **sila**. は異形.〔英語：steel〕.
　【刃の鋭い】**'ōniho**（'おにほ）.

は【歯】**niho**（にほ）.
　【歯が痛む】**niho hu'i**（にほ_ふ'い）.
　【歯が(ギリギリ)きしり合う】**'uī**（'うい）.
　【(子供の初めての)歯が出る】**ho'omaka**（ほ'おまか）.
　【歯のある】**niho**（にほ）. **nihoa**（にほあ）. **nihoniho**（にほにほ）.
　【歯のかみ合わせ】**niho**（にほ）.
　【歯の座り】**papa niho**（ぱぱ_にほ）.
　【歯をむき出しにして怒る】**ho'okekē, ha'akekē**（ほ'おけけ, は'あけけ）.
　【(あざ笑いや怒りなどで)歯をむき出しにする】**kekē**（けけ）.
　【(…に)歯を付けた】**'ōniho**（'おにほ）.
　【歯並び】**papa niho**（ぱぱ_にほ）.
　【歯ブラシ】**palaki niho**（ぱらき_にほ）.

は【葉】**lau**（らう）. lau は時々 **lā'ī, lā'ie** のように **lā-** に短縮される. 後に続く語が k で始まる場合のみ, k- を省略して **lā-** をつなげて用いる. タロイモの葉 [lau kalo] の短縮形は, **lā'alo** となる.
　【葉が成長する】**ho'olau**（ほ'おらう）.
　【葉が出る】**lau**（らう）. **oho**（おほ）.
　【葉が開く】**moho**（もほ）.
　【葉のない】**ānea**（あねあ）.
　【(ココナッツの)葉の中肋 なかろく】**nī'au**（に'あう）.
　【(料理をする時に使う魚などを包む)葉を採集する】**aulau**（あうらう）.
　【葉を出す】**liko**（りこ）.
　【(繊維状にするため)葉を取り除いたり, 引き裂いたりすること】**kīhae**（きはえ）. ダンスのスカートを作るためにティーリーフの葉を寸断することも **kīhae** という.

パーヴェヘ〔ハワイ〕**pāwehe**（ぱヴぇへ）. ニイハウ島で作られる makaloa マットやどんぶり・ヒョウタンなどに彩色される幾何学的図形のモチーフの一般総称；このような模様をつける.

パーセント【percent】**pakeneka**（ぱけねか）.〔英語〕.

パーチメント【parchment】**'ili palapala**（'いり_ぱらぱら）. 羊・ヤギなどの皮で作られている物.

パーホイホイようがん【〜溶岩】⇒パーホエホエようがん【〜溶岩】.

パーホエホエようがん【〜溶岩】**pāhoehoe**（ぱえほえ）.〔地学〕アア溶岩とは対照的になめらかで亀裂のない溶岩.〔文法〕パーホイホイ, パホホイは, ポケ [poke] を「ポキ」と発音するのと同様な英語的な訛り.

ハーモニカ【harmonica】**pila puhipuhi**（ぴら_ぷひぷひ）.

ハーリリ〔ハワイ〕**hālili**（はりり）.〔貝〕Architectonicidae：クルマガイ科

の一種；pūlewa も同様.

バール【bar】⇒かなてこ【金梃】.

パールオイスター【(ハワイアン) perl oyster】**pipi**（ぴぴ）．〔貝〕Pinctada radiata：ウグイスガイ科；殻の内側に美しい真珠層を形成し、ブローチなどに加工する．

はい【「はい」と言う，「はい」という言葉，「はい」という返事】**'ae**（'あえ）．〔間投詞〕．
《名前を呼ばれた返答として「はい」》**eō**（えお）．
《さほど強くない同意の「はい」》**'ē**（'ē）．
《呼びかけなどに答えて「はい」》**'ē**（'ē）．
《返事としての「はい」》**ō**（ō）．

はい【肺，肺臓】**akemāmā**（あけまま）．〈逐語〉軽い肝臓．

はい【灰】**lehu**（れふ）．
【灰に変える】**ho'olehu**（ほ'おれふ）．
【灰にする】**ho'olehu**（ほ'おれふ）．

はいいろ【灰色】**hina**（ひな）．
【灰色の】**'āhina**（'あひな）．**hina**（ひな）．【(鶏など) 灰色の】**lehu**（れふ）．

ハイウェイ【highway】**alaloa**（あらろあ）．**alanui**（あらぬい）．〈逐語〉大きな道．

はいえん【肺炎】**numonia**（ぬもにあ）．〔英語：pneumonia〕．

バイオリン【violin】**waiolina**（わいおりな）．〔英語〕．

ばいきゃくしょうしょ【売却証書】**palapala kū'ai**（ぱらぱら_くう'あい）．

はいぐうしゃ【(年上の) 配偶者】**mua**（むあ）．
【配偶者の叔父・叔母】**makuahūnōwai, makuahūnōai**（まくあふのわい，まくあふのあい）．性別は男［kāne］または女［wahine］をつけることによって示される．
【配偶者の親】**makuahūnōwai, makuahūnōai**（まくあふのわい，まくあふのあい）．性別は男［kāne］または女［wahine］をつけることによって示される．
【配偶者の親の従兄弟・従姉妹】**makuahūnōwai, makuahūnōai**（まくあふのわい，まくあふのあい）．性別は男［kāne］または女［wahine］をつけることによって示される．

はいごうのよい【配合のよい】**pili pono**（ぴり_ぽの）．

ハイコヌカグサ【這小糠草】**kūkaepua'a**（くうかえぷあ'あ）．〔植物〕Digitaria pruriens：茎を地面に這わせて広がるイネ科の植物．

はいざら【灰皿】**pā lehu**（ぱー_れふ）．〔文法〕冠詞は ka でなく ke を使う．

はいしする【廃止する】**ho'opau**（ほ'おぱう）．

はいしゃ【歯医者】**kauka niho**（かうか_にほ）．

はいしゅつぶつ【排出物】**kūkae**（くうかえ）．汗・尿・ふんなどの排出物．

ばいしゅん【売春】**ho'okamakama**（ほ'おかまかま）．

はいしょく【配色】**a'ea'e**（あ'えあ'え）．〔色彩〕レイに使われる羽のような暗

い色［明るい色］と，それより鮮やかな色との混合.

ばいしん【陪審】**kiule**（きうれ）. **kiure.** は異形.〔英語：jury〕.

はいすいこう【排水溝】**'auwai**（'あうわい）. **holowai**（ほろわい）.
【排水溝に水が流れる】**holowai**（ほろわい）.

はいすいする【排水する】**ho'okahe.**（ほ'おかへ）.

はいせつする【排泄する】**hana lepo**（はな_れぽ）. **kākā**（かか）. **ki'o**（き'お）.

はいせつぶつ【排泄物】**hana lepo**（はな_れぽ）. **kākā**（かか）.〔幼児語〕露骨にならぬように子供達に教えられた言葉. **lepo**（れぽ）.

はいそうさせる【敗走させる】**'āha'i**（'あは'い）. **'āha'iha'i**（'あは'いは'い）.
【敗走させた】**puehu**（ぷえふ）.

はいちする【配置する】**ho'onohonoho**（ほ'おのほのほ）. **kau**（かう）.

はいちょう【（肉類などを保存する）蝿帳】**pahu pā**（ぱふ_ぱ）.

パイナップル【pineapple】**hala kahiki**（はら_かひき）.〔植物〕Ananas comosus.〈逐語〉外国産のハラ［hala］.

はいにょうする【排尿する】**hanawai**（はなわい）. **mī**（み）. **pīpī**（ぴぴ）.
【排尿させる】**ho'omimi**（ほ'おみみ）. 子供などが排尿するのを手伝う.

はいのすいようび【灰の水曜日】**Lā Hāpala Lehu**（ら_はぱら_れふ）.〔カトリック〕聖灰水曜日. 四旬節の初日；ローマカトリック教会では，この日信者の額に灰で十字架の印をつける習慣からこの名前がある.

Pō'akolu Kau Lehu（ぽ'あこる_かう_れふ）.〔キリスト教〕Lehu（四旬節）の初日，この日に懺悔ざんげの象徴として頭に灰を振りかける.

ばいばい【売買】**kū'ai**（く'あい）. ⇒かう【買う】，うる【売る】.
【売買した品物】**kumu**（くむ）.

ばいばいする【売買する】**kālepa**（かれぱ）.〈逐語〉旗を突き刺す；ポイ［poi］や他の商品が売り出しの時，その目印に小さな旗を掲げたのでこう呼ばれた.

ハイビスカス【hibiscus】**aloalo**（あろあろ）.〔植物〕ハイビスカスの全種.
koki'o, koki'o 'ula'ula（こき'お，こき'お_うら'うら）.〔植物〕Hibiscus kokio：赤い花が咲く自生のハイビスカス.
koki'o kea, koki'o ke'oke'o（こき'お_けあ，こき'お_け'おけ'お）.〔植物〕Hibiscus arnottianus：白い花が咲く自生のハイビスカス. **pāmakani**（ぱまかに）とも呼ばれる.
hae Hawai'i（はえ_はわい'い）.〔植物〕〈逐語〉ハワイの旗：白いしまのある赤い花びらなのでこう呼ばれる. ⇒ハエ・ハワイ.
【ハイビスカスの花】**pua aloalo**（ぷあ_あろあろ）. 短縮形は **pualoalo**（ぷあろあろ）.

パイピング【piping】**'uiki, 'uwiki**（'ういき，'うういき）.〔服飾〕洋服の飾

りに使われるパイピング．

パイプ【(水・ガスの) pipe】'ohe ('お へ)．paipu（ぱいぷ）．〔英語〕．【(た ばこ用) パイプ】ipu paka（いぷ_ぱか）. ipu baka. は異形.

はいふされた【配付された】laha, laha-laha（らは, らはらは）.

はいぶつ【廃物】kae（かえ）．【廃物にする】ho'ōpala（ほ'おぱら）.

バイブル【Bible】Paipala（ぱいぱら）. Baibala. は異形．〔英語〕．

ハイフン【hyphen】kiko moe（きこ_もえ）. 連字符［－］．〈逐語〉あおむけに寝た印.

はいぶんする【配分する】mahele（まへれ）.

ハイボール【highball】lama pa'ipa'i 'ia（らま_ぱ'いぱ'い_'いあ）．〈逐語〉混合したラム酒.

ばいよう【培養】ulu（うる）．

はいる【入る, 入った】komo（こも）．

はいれつする【配列する】ho'onoho-noho（ほ'おのほのほ）.
【配列させる】ho'onoho papa（ほ'おのほ_ぱぱ）.

パイロット【(飛行機などの) pilot】pailaka（ぱいらか）．〔英語〕．

ハウ〔ハワイ〕hau（はう）．〔植物〕Hibiscus tiliaceus：ハイビスカスの一種で低地特有の木.

はう【這う】ilo, iloilo（いろ, いろいろ）．〔様相〕みみず・ひる・うじなどがはう. kolo, kokolo, kolokolo（ころ, こころ, こころころ）. ne'e（ね'え）.

ハウスキーパー【housekeeper】⇒かせいふ【家政婦】.

ハエ・ハワイ〔ハワイ〕hae Hawai'i（はえ_はわい'い）．〔植物〕Dianthus Caryophyllus（など）：ハイビスカス, カーネーションの種類；花弁に赤と白のしまがあるため, ハワイの旗をイメージしてこう呼ばれる. ⇒ハイビスカス. プルメリア. カーネーション.

はえはじめる【生え始める】ilo, iloilo（いろ, いろいろ）.

はえる【生える】holi（ほり）. 植物の芽・若者のひげなどが生える.

ハオ〔ハワイ〕hao（はお）．〔植物〕Rauvolfia の全種：自生の背の低い木.

はか【墓】hē（へ̄）. ilina（いりな）.

はかあな【墓穴】ilina（いりな）. lua（るあ）.

はかい【破壊】luku（るく）. make（まけ）.
【(武器のような) 破壊するもの】hana make（はな_まけ）.

はかいする【破壊する】hana make（はな_まけ）. make（まけ）. wāwahi（わ̄わひ）.【(計画的に故意に) 破壊する】ho'omake（ほ'おまけ）.
【(火や溶岩によって) 破壊される】lauahi（らうあひ）.
【(完全に) 破壊される】pau（ぱう）.
【破壊した】make（まけ）.

はがき【葉書, 郵便葉書, 官製葉書, 私製葉書, 絵葉書】pepa po'oleka（ぺぱ_ぽ'おれか）.

ばかげたかんがえ【馬鹿げた考え, 馬鹿

はがす

げた行為】'ano 'ole（'あの_'おれ）.
はがす【剥がす】wa'u（わ'う）. ⇒ワウ.
　【剥がす道具・器具】wa'u（わ'う）.
バガス【bagasse】'aina kō（'あいな_こ）. laina（らいな）.〔農産物〕サトウキビ・テンサイなどの絞り滓から. バイオ燃料やパルプの原料となる.
はかないもの【儚いもの】ea（えあ）.
はかなさ【儚さ】lapuwale（らぷわれ）.
ばかにする【（真似して）馬鹿にする】ho'oma'ewa（ほ'おま'えヴぁ）. pulu（ぷる）.
ばかもの【馬鹿者】hūpō（ふぽ）. pulu（ぷる）.
はかり【秤】ana paona（あな_ぱおな）. kaupaona（かうぱおな）. paona（ぱおな）. paona kaulike（ぱおな_かうりけ）.
　【秤にかける】ana paona（あな_ぱおな）.〈逐語〉ポンド測定. kaupaona（かうぱおな）.〈逐語〉ポンドを置く.
はかる【（目方を）量る】ana paona（あな_ぱおな）.
はがれびょう【葉枯れ病】pōnalo（ぽなろ）.
　【葉枯れ病によってしなびた】pōnalo（ぽなろ）.
はきぐすり【吐き薬】ho'olua'i（ほ'おるあ'い）.
はきけ【吐き気】luea（るえあ）. pailua（ぱいるあ）. poluea（ぽるえあ）.
　【吐き気を催させる】ho'opailua（ほ'おぱいるあ）. liliha（りりは）.
　【吐き気を催させるような】ho'opailua（ほ'おぱいるあ）. pailua（ぱいるあ）.
　【吐き気を催す】'oā（'おā）.
はぎとる【（パンダナスの葉などを）剥ぎ取る】koe（こえ）.
はく【（ズボンを）穿く，（靴下を）履く】komo（こも）.
はく【吐く】hō'oā（ほ'おā）. lua'i（るあ'い）. 'oā（'おā）. pua'i（ぷあ'い）.
はぐ【（葉や樹皮などを）剥ぐ】hahae（ははえ）. hole（ほれ）. ihi（いひ）. 'u'u（'う'う）.
はくがいする【迫害する】ho'omāino（ほ'おまぃの）.
はぐき【歯茎】'i'o pale niho（'い'お_ぱれ_にほ）.
　【（歯のない）歯茎】ka'e（か'え）.
はぐくむ【育む】hānai（はない）.
ばくげき【爆撃】pōkā pahū（ぽかー_ぱふ）.
　【爆撃機（B17）】pāpū lewa（ぱぷー_れヴぁ）.〔軍事〕第二次世界大戦中，米空軍がヨーロッパや地中海海域で広く使用した，4個の星形発動機を持つ重爆撃機B17. 空の要塞と呼ばれた.
ばくげきする【爆撃する】pōkā pahū（ぽかー_ぱふ）.
はくしゅかっさい【（声援の）拍手喝采】pa'ipa'i（ぱ'いぱ'い）. pa'ipa'i lima（ぱ'いぱ'い_りま）.
はくしゅかっさいする【拍手喝采する】pa'ipa'i（ぱ'いぱ'い）. pa'ipa'i lima（ぱ'いぱ'い_りま）.
はくしょくとりょう【白色塗料】hamo puna（はも_ぷな）.

はくしょくの【白色の】⇒しろい【白い】.

はくじん【白人】haole（はおれ）.〔人種〕以前はすべての外国人．'ilipuakea（'いりぷあけあ）. 【白人のような行動をする】ho'ohaole（ほ'おはおれ）. 白人のまねをする.〈比喩〉ごうまんな態度.〔用例〕ヨーロッパ化した. アメリカ化した. 白人のようになっている. 白人の習慣を取り入れている. Ho'ohaole 'ia.

ばくだん【爆弾】pōkā pahū（ぽか_ぱふ）.

ばくち【博打, 博打打ち】piliwaiwai（ぴりわいわい）.

はくち【白痴】hepa（へぱ）.

はくねつしている【白熱している】makawela（まかうぇら）.

ばくはつ【爆発】pahū（ぱふ）.

ばくはつする【（パンと）爆発する】pa'ina（ぱ'いな）. pahū（ぱふ）.

ばくはつおん【（銃声などの鋭い）爆発音】pahū（ぱふ）. 'u'ina（'う'いな）.

はくはつの【白髪の】'āhina（'あひな）. 'āhinahina（'あひなひな）.

ばくふ【瀑布】wailele（わいれれ）.〈逐語〉はね上がる水.

はくぶつかん【博物館】hale hō'ike'ike（はれ_ほ'いけ'いけ）.

はくへん【薄片】poke（ぽけ）.

はくぼ【薄暮】pūlehulehu（ぷれふれふ）.

はくぼく【白墨】poho（ぽほ）.

ばくやく【爆薬】pahū（ぱふ）. waipahū（わいぱふ）.〈逐語〉爆発性の液体.

はくらんかい【博覧会】pea（ぺあ）. fea. は異形.〔英語：fair〕.

ばくれつする【爆裂する】pahū（ぱふ）.

はけ【刷毛】hulu'ānai（ふる'あない）. ペンキ用のはけ. 昔はココナッツの外被で作られた. palaki（ぱらき）.〔英語：brush〕.

はげしい・はげしく【激しい】⇒とても【～】, うごき【動き】, おどろき【驚き】, かんじょう【感情】, こきゅう【呼吸】. とびあがる【飛び上がる】を参照.
【（気質・性格・行為などが）激しい】ehuehu（えふえふ）. konā（こな）.
【（どしゃ降りの雨などが）激しく打つ】nahu（なふ）.
【（荒れた海を進むカヌーのように）激しく横に揺れる】kīha（きは）.

はげしくなる【（風や雨が）激しくなる】hao（はお）.

はげた【（頭などが）禿げた】mole（もれ）. molemole（もれもれ）. nia（にあ）. 'ōhule（'おふれ）. 'ōlohe（'おろへ）.
【禿げ頭の人】'ōhule（'おふれ）.
【禿げ頭にさせる】ho'ōhule（ほ'おふれ）.

バケツ【bucket の訛り】kini（きに）.〔英語：バケツがブリキ製（tin）だったことから kini と呼ばれた〕.〔用例〕食物運搬用のバケツ. Kini 'ai.

はげている【（衣服などの色が）剥げている】'ōlohe（'おろへ）.

はげます【励ます】pai（ぱい）. ho'opai（ほ'おぱい）.

はげむ【励む】kūlia（くーりあ）.【(…のために) 励む】mākia（まきあ）.

ばける【(超自然なものに) 化ける】kino lau（きの_らう）.⇒キノ・ラウ.

バーゲンセール【bargain sale】kū'ai emi（くー'あい_えみ）.

はこ【箱】pahu（ぱふ）.

はこガラス【箱ガラス，～で捕る】kilo he'e（きろ_へ'え）.〔漁具〕底にガラスをはめ込んだ箱，海中を見ながらタコを捕る，また捕る人.

ハコネソウ【箱根草】⇒イヴァイヴァ.

はこびさる【運び去る】'āha'i（'ーあは'い）. 'āha'iha'i（'ーあは'いは'い）.

はこぶ【運ぶ】hāpai（ほーぱい）. hi'ilawe（ひ'いらヴぇ）. lawe（らヴぇ）. māwae（まわえ）. ho'īli, ho'oili（ほ'ーいり_ほ'おいり）.【(荷物を背中にしょって) 運ぶ】hā'awe（ほー'あヴぇ）.【背中にしょって運ばれた荷物または包み】hā'awe（ほー'あヴぇ）.

ハコフグ【箱河豚】pahu（ぱふ）.〔魚〕Ostracion：目の上に一対の角っの状突起のある数種の海魚の総称；特に大西洋の温かな水域に住む. moa, moamoa も同様.

はこめがね【箱眼鏡】pahu aniani（ぱふ_あにあに）.〔漁具〕魚取りに使う底にガラスをはめ込んだ箱.

はさみ【(カニや昆虫などの) 螯】niho（にほ）.

はさみ【(紙などを切る) 鋏】'ūpā（'ーぱ）.

はさみきる【挟み切る】'ūmi'i（'ーみ'い）.

ハサミムシ【鋏虫】lō（ろー）.

はさんして【破産して】poloke（ぽろけ）.〈俗語〉〔英語：broke〕.

はし【(食器の) 箸】lā'au 'ai（らー'あう_'あい）.

はし【(厚板で作った) 橋】alahaka（あらはか）.

はし【端】ka'e（か'え）. lihi, lihilihi（りひ，りひりひ）. nihi（にひ）. wēlau（うぇーらう）.【(道路などの) 端】kapa（かぱ）. 複数形は kapa-kapa（かぱかぱ）.

はじ【恥】hilahila（ひらひら）.【恥をかかせる】ho'oha'aha'a（ほ'おは'あは'あ）. ho'ohilahila（ほ'おひらひら）.

はしか【麻疹】'ulāli'i（'うらーり'い）.【麻疹の赤い斑点】'ulāli'i（'うらーり'い）.

はしがき【(特に著者以外の人の) 端書き】'ōlelo ha'i mua（'ーおれろ_は'い_むあ）.

はじきいし【弾き石】⇒おはじき【御弾き】.

はじきとばす【(お弾きなどを) 弾き飛ばす】pana（ぱな）.

はしご【梯子】lā'au ku'i（らー'あう_く'い）.〈逐語〉接合した木材.
【はしご段】alapi'i（あらぴ'い）.

はじしらず【恥知らず】ho'okamakama（ほ'おかまかま）. 名誉などを利益のために売る.〈逐語〉子供に心配をかける.

はじまり【始まり】maka hou（まか_ほう）. maka mua（まか_むあ）.

はじめ【初め・始め】maka mua（まか_むあ）.

はじめからおわりまで【始めから終わりまで】〔慣用句〕Mai KINOHI a HŌ‘IKE ANA.〈逐語〉創世記から黙示録まで.

はじめて【初めて】‘akahi（‘あかひ）. malihini（まりひに）.

はじめてうまれた【初めて生まれた】hiapo（ひあぽ）.

はじめてのところへいく【初めての所へ行く】hele malihini（へれ_まりひに）.

はじめてのひと【初めての人】malihini（まりひに）.

はじめる【始める】ho‘omaka（ほ‘おまか）.
【（再び）始める】ho‘omaka hou（ほ‘おまか_ほう）.

ばしゃ【馬車】ka‘a（か‘あ）. ka‘a lio（か‘あ_りお）.〈逐語〉馬に引かせた車.

ばしょ【場所】kahi（かひ）. ka wahi の短縮形.〔文法〕この場合 ke は決して使われない.〔用例〕どこかよそに［へ・で］. Kahi ‘ē. kūlana（くらな）. wahi（わひ）.

バショウカジキ【芭蕉梶木〔旗魚〕】a‘u（あ‘う）.〔魚〕カジキ類（Istiophoridae）.

ばじょうでゆれる【馬上で（急にぐらっと）揺れる】kūkū（くく）.

はしょうふう【破傷風】ku‘ipa‘a（く‘いぱ‘あ）.〈逐語〉堅く結んだ奥歯（病症は咬筋の強直による開口不全に始まることから ku‘ipa‘a と呼ばれた）.

はしら【柱】kūkulu（くくる）. pahu（ぱふ）. pou（ぽう）.
【柱を立てる】kīpou（きぽう）.

はしらじょうのもの【柱状の物】kia（きあ）.

はしりまわる【（あちこち）走り回る】holo hele（ほろ_へれ）. holokē（ほろけ）. holohi‘a（ほろひ‘あ）.〔様相〕子供達が遊んでいるようにあちこち走り回る.
【（馬などを自由に）走り回らせる】ho‘oholo（ほ‘おほろ）.

はしる【走る】holo（ほろ）. ho‘oholo（ほ‘おほろ）.
【（慎重に）走る】akaholo（あかほろ）.
【走らせる】ho‘oholo（ほ‘おほろ）. ho‘onaholo（ほ‘おなほろ）.【（船などを）走らせる】kūkele（くけれ）.

バス【bus】ka‘a ‘ōhua（か‘あ_‘おふあ）. ⇒トロリー・バス.

バス【bass】leo kāne（れお_かね）.〈逐語〉男の声.〈比較〉ソプラノ. Leo wahine.

はすかいにたつ【（他の人が通るため道をあけてあげる時のように）斜交いに立つ】kūkaha（くかは）.

はずかしい【恥ずかしい】hilahila（ひらひら）.
【恥ずかしい思い】hilahila（ひらひら）.

はずかしそうなめ【恥ずかしそうな目】maka hilahila（まか_ひらひら）.〔様相〕恥ずかしがる人の視線，おずおずする人の視線.

バスケットボール【basketball】**kini-pōpō hīna'i**（きにぽぽ_ひな'い）.

はずさせる【外させる】**ho'ounuhi**（ほ'おうぬひ）.

はずす【外す】**makala**（まから）. **weke**（うぇけ）.【(指輪などを) 外す】**unuhi**（うぬひ）.

バスタオル【bath towel】**kāwele 'au'au**（かうぇれ_'あう'あう）.

はすにきる【(魚や木材などを) 斜に切る】**poke**（ぽけ）.

はすの【斜の】**ākepakepa**（あけぱけぱ）. **lala**（らら）.

はずべき【恥ずべき】**ho'ohilahila**（ほ'おひらひら）.

はずみ【弾み】**leina**（れいな）.

はずみぐるま【(ミシンの頭部) 弾み車】**huila kaulike**（ふいら_かうりけ）.

バスルーム【bathroom】**lumi 'au'au**（るみ_'あう'あう）.

はずれ【(境界などの) 外れ】**kapa**（かぱ）.

ハゼ【鯊】**pāno'o**（ぱの'お）. **pao'o**（ぱお'お）.〔魚〕ハゼ科の数種の魚の名称.

はせいぶつ【派生物】⇒ふぞくぶつ【付属物】.

はそん【破損】**ha'i**（は'い）. **haki**（はき）.

はた【旗】**hae**（はえ）. **lepa**（れぱ）.
【旗がはためく】**kūlepe**（くれぺ）.
【旗のしま】**kaha, kahakaha**（かは, かはかは）.

バター【butter】**paka**（ぱか）. **bata**. は異形.〔英語〕通常 waiū の後に続く. **waiūpaka**（わいうぱか）.

はだか【裸】**kohana**（こはな）.
【裸でいる】**hele wale**（へれ_われ）.
【裸で暮らす】**hele wale**（へれ_われ）.
【裸の】**kohana**（こはな）.〔用例〕裸のままでいる. Kū kohana.

はだかうまにのる【裸馬に乗る】**kau wale**（かう_われ）.

はたけ【(耕作された) 畑】**māla**（まら）.〔用例〕野菜畑, タロイモ畑. Māla 'ai.

パタパタとうごく【(帆・カーテンなどが) パタパタと動く】**kūlepe**（くれぺ）. **'upa'i**（'うぱ'い）.

パタパタ・パラパラいう音. **nakulu**（なくる）. ⇒おと【音】.

はためく【(風で旗などが) はためく】**kāwelowelo**（かうぇろうぇろ）. **welo**（うぇろ）. **kōwelo, koelo**（こヴぇろ, こえれ）.

はたらきて【働き手】**limahana**（りまはな）. **pa'ahana**（ぱ'あはな）.

はたらきのない【働きのない】**lōpā**（ろぱ）.

はたらく【働く】**hana**（はな）.
【(…のために) 働く】**lawelawe**（らヴぇらヴぇ）.
【働く人】**kanaka hana**（かなか_はな）.
【働かせる】**ho'ouna**（ほ'おうな）.

はち【8・八】**walu**（わる）. 1.〔数詞〕walu は数を数える場合には接頭辞 'e- をつけ, **'ewalu**（'えヴぁる）と使う. 接頭辞 'a- をつけた, **'awalu**（'あわる）

は第八，八番目などの序数詞となる．なお助数詞（個，人，列目，番目）は文脈による．2. 接辞となり八を表す．

ハチ【蜂】nalo meli（なろ_めり）．meli だけでもハチ．
【ハチが（針で）刺す】kiki（きき）．

はちがつ【8月】'Aukake（'あうかけ）．〔英語：August〕．

パチパチいう【(完全燃焼していない材木などが) パチパチいう】pī（ぴ）．
【パチパチ音をたてる】pa'ina（ぱ'いな）．'u'ina（'う'いな）．

はちみつ【蜂蜜】wai meli（わい_めり）．〈逐語〉蜂の分泌液．meli だけでも蜂蜜．wai だけでも蜂蜜．hone（ほね）．〔英語：honey〕

はちゅうるい【爬虫類（の全種）】mo'o（も'お）．

パチンとおとをたてる【パチンと音を立てる，パチパチ〜，パタッ〜】kawewe（かうぇうぇ）．pa'ina（ぱ'いな）．

はついく【発育】ho'omohala（ほ'おもはら）．kupu, kupukupu（くぷ，くぷくぷ）．
【発育の止まった】'i'i（'い'い）．
【発育を促す】ho'okupu（ほ'おくぷ）．
【発育を妨げた】'anali'i（'あなり'い）．

はついくさせる【発育させる】ho'okupu（ほ'おくぷ）．【虚弱な幼児などを）発育させる】ho'okino（ほ'おきの）．

はつおん【発音】ho'opuka 'ana（ほ'おぷか_'あな）．hopuna（ほぷな）．hopuna 'ōlelo（ほぷな_'おれろ）．puana（ぷあな）．

はつおんする【発音する】ho'opuka（ほ'おぷか）．

はつが【発芽】kupu, kupukupu（くぷ，くぷくぷ）．'ōmaka（'おまか）．'ōmu'o（'おむ'お）．polapola（ぽらぽら）．
【発芽を促進させる】ho'okupu（ほ'おくぷ）．

はつがする【発芽する】māliko（まりこ）．mu'o（む'お）．'ōliko（'おりこ）．'ōmaka（'おまか）．
【発芽させる】ho'oilo（ほ'おいろ）．ho'okupu（ほ'おくぷ）．

ハツカネズミ【二十日鼠】'iole li'ili'i（'いおれ_り'いり'い）．

はっかさせる【発火させる】hō'ā（ほ'あ）．

はっかん【発汗，発汗作用】hou（ほう）．

はっきょうした【発狂した】'ā'ā（'あ'あ）．

はっきりあらわれた【(考えなどが) はっきり現われた】mohala（もはら）．

はっきりあらわれている【(木目のように) はっきり表われている】māhelahela（まへらへら）．

はっきりさせる【(物事を) 〜】ho'omāla'e（ほ'おまら'え）．

はっきりした【(物事が) はっきりした】holo（ほろ）．mōakaaka, moakaka（もあかあか，もあかか）．
【(声などが) はっきりしない】hinihini（ひにひに）．

【はっきり話す】ho'omaopopo（ほ'おまおぽぽ）.

【はっきり分かる】'ike pono（'いけ_ぽの）.

ばっきん【罰金】ho'opa'i（ほ'おぱ'い）.〔用例〕（刑事上の）宣告，判決，処刑．'Ōlelo ho'opa'i. uku（うく）. uku ho'opa'i（うく_ほ'おぱ'い）.

【罰金を科する】ho'ouku（ほ'おうく）.

バックする【（車などが）back する】ne'e hope（ね'え_ほぺ）.

【（車などを）back させる】ho'one'e hope（ほ'おね'え_ほぺ）.〔用例〕自動車をバックさせる. Ho'one'e hope i ke ka'a.

はっくつする【発掘する】hua'i（ふあ'い）.

バックパック【backpack】'eke kua（'えけ_くあ）. デイパック, リュックサックも同様.

バックル【buckle】'ūmi'i（'ūみ'い）.

はづくろい【羽繕い】wae（わえ）.

はっけんする【発見する，発見者】'imi ā loa'a（'いみ_ā_ろあ'あ）.

はつご・ういご【初子】hiapo（ひあぽ）. makahiapo（まかひあぽ）.

はっこうさせる【（パン種を入れて）発酵させる】ho'ohū（ほ'おふū）.

【発酵した】hō'awa'awa（ほ'あわ'あわ）.

はっこうする【（許可書などを）発行する】ho'opuka（ほ'おぷか）.

はっこうにん【発行人】luna ho'opuka（るな_ほ'おぷか）.

はっこうぶつ【（新聞などの日刊）発行物】puka lā.

バッジ【badge】pihi（ぴひ）.

はっせいする【発生する】ēwe（えヴぇ）.

【（煙・かすみなどが）発生する】pūnohu（ぷのふ）.【（相手に権利が）発生する】lilo（りろ）.

バッタ【～】'ūhini（'うひに）. 'ūhini lele（'ūひに_れれ）.〈逐語〉空を飛ぶコオロギ.

はったつ【発達】ho'omohala（ほ'おもはら）.

【発達しだす】'ōpu'u（'ōぷ'う）.

【（少女の）発達しだした胸】'ōpu'u（'ōぷ'う）.

はったつさせる【（十分）発達させる】ho'omakua（ほ'おまくあ）.

はってん【発展】ho'omohala（ほ'おもはら）.

【（徐々に）発展［発達］した】mohala（もはら）.

ぱっとあかるい【ぱっと明るい】li'oli'o（り'おり'お）.

【（稲妻・電光などが）ぱっと光る】lapa uila（らぱ_ういら）.

バットのたぐい【bat の類】lā'au pa'i kinipōpō（らあう_ぱ'い_きにぽぽ）.〔スポーツ〕ボールを打つための棒；野球・クリケットなどのバット, テニスラケット, 卓球のラケット, パドル, スティックなどあらゆる種類の球を打つための用具.

【バットを振る, バットを振る人（バッター）】hili（ひり）.

はづな【端綱】kaula lio（かうら_り

お）．牛馬の面懸おもがいに結びつけてある綱．〈逐語〉馬綱．**pūnuku**（ぷぬく）．

ハッピーニューイヤー【Happy New Year**】Hapenuia**（はぺぬいあ）．

バッファローグラス【buffalo grass**】'aki'aki haole**（'あき'あき_はおれ）．〔植物〕Stenotaphrum secundatum：米国中部平原の牧草の一種．

はつめいのさい【発明の才】loea（ろえあ）．

はでなふく【派手な服】kāhiko（かひこ）．

はでなもの【派手な物】kāhiko（かひこ）．

はでにそうしょくした【派手に装飾した】ulumāhiehie（うるまひえひえ）．

ハト【鳩】manu kū（まぬ_くー）．〔鳥〕〈逐語〉クークーと鳴く鳥．
【ハトが（クークー）鳴く】**nū**（ぬー）．**nūnū**（ぬーぬー）．

はとう【波頭】'ako'ako．

はとば【波止場】uapo（うあぽ）．

パドリングをはじめるばしょ【paddling を始める場所**】kūlana nalu**（くーらな_なる）．〔サーフィン〕波がふくれ上がり，サーフィンをする人が波をかいて競争を始める場所．一般には，砕け波の最も遠い地点を言う．**kūlana he'enalu** とも呼ばれる．

パドル【paddle**】hoe**（ほえ）．⇒かい【櫂】．

はな【花】pua（ぷあ）．特に果樹の花．
【花が咲く・花が開く】**pua**（ぷあ）．**kauhola**（かうほら）．**makala**（まから）．**mōhalu**（もはる）．
【花の栽培】**ulu pua**（うる_ぷあ）．
【花をつける】**hua**（ふあ）．
【(思春期が過ぎたばかりの若者のように) 花盛りの】**mohala**（もはら）．

はな【鼻】ihu（いふ）．
【(大きなとがった) 鼻】**'o'oma**（'お'おま）．
【(豚などが) 鼻で地を掘る】**naku**（なく）．
【鼻にしわを寄せる】**ihu 'e'eke**（いふ_'え'えけ）．〔仕草〕軽蔑を示す．
【鼻をぐずぐずいわせる】**hūpēkole**（ふーぺーこれ）．
【(馬などが) 鼻を鳴らす】**pī**（ぴー）．
【鼻糞】**hūpē**（ふーぺー）．
【鼻声で話す】**ihu hānuna**（いふ_はーぬな）．
【鼻筋】**pou**（ぽう）．
【鼻笛】**hano**（はの）．
【鼻水，鼻水をたらした】**hūpēkole**（ふーぺーこれ）．

はなし【話】hūhā（ふーはー）．
【話を始める】**ho'owala'au**（ほ'おわら'あう）．
【話上手な人】**kākā'ōlelo**（かーかー'おーれろ）．**kuku'i 'ōlelo**（くく'い_'おーれろ）．〈逐語〉つながる話．
【話好きな】**'ama**（'あま）．
【(電話が) 話し中の，(電話が) 話し中で】**pa'a**（ぱ'あ）．

はなしあう【話し合う】kama'ilio（かま'いりお）．**pāpā'ōlelo**（ぱーぱー'おーれろ）．

ハナショウガ【花生姜】'awapuhi（'あ

はなす

わぷひ．〔植物〕Zingiber zerumbet.

はなす【話す】ha‘i（は‘い）．‘ī（‘ī）．‘ōlelo（‘おれろ）．pēia（ぺいあ）．pēlā（ぺら）．pua‘i（ぷあ‘い） puka（ぷか）．wala‘au（わら‘あう）．

【（ごうまんな態度で）話す，（きびきびと）話す】kalalī（からり）．

【（人が話す前に）話す】lele ‘ē（れれ_‘え）．

【話す人】ha‘i‘ōlelo（は‘い‘おれろ）．

【話されたこと】wahi（わひ）．〔文法〕この場合の wahi は所有詞 a, o で作られた属格が後に続き，その他のマーカーや動詞は後に来ない．〔用例〕誰がそう言ったのですか．Wahi a wai? 言い伝えによれば．Wahi a kahiko.

はなす【離す】ka‘awale（か‘あわれ）．ku‘u（く‘う）．

【離して置いてある】kau ‘oko‘a（かう_‘おこ‘あ）．

はなぞの【花園】mahi pua（まひ_ぷあ）．māla pua（まら_ぷあ）．ulu pua（うる_ぷあ）．

はなたば【花束】pōkē（ぽけ）．〔仏語：bouquet〕．pūpū（ぷぷ）．

【花束を作る】pōkē（ぽけ）．

はなつ【（束縛から）放つ】kala（から）．

【放つ】weke（うぇけ）．

【（束縛から）放たれた】puhemo（ぷへも）．

バナナ【banana（の全種）】mai‘a（まい‘あ）．iholena（いほれな）．〔植物〕人気があり，ありふれた自生のバナナの種類．

【（乾燥した）バナナの葉】lauhulu（らうふる）．

【バナナの幹】pū mai‘a（ぷ_まい‘あ）．

【バナナの葉芽ようが】‘ōpu‘u mai‘a（‘おぷ‘う_まい‘あ）．バナナの根茎．バナナの茎衣はかま．バナナの葉鞘ようしょうも ‘ōpu‘u mai‘a と言う．

はなばたけ【花畑】mahi pua（まひ_ぷあ）．

はなび【花火】kao（かお）．kao lele（かお_れれ）．

【花火を打ち上げる】ho‘opahū（ほ‘おぱふ）．

はなやかなあかいろの【華やかな赤色の】pūnono（ぷのの）．

はなよめ【花嫁】wahine male（わひね_まれ）．wahine mare. は異形．

はなれて【離れて】‘ē（‘え）．

【離れている】ka‘awale（か‘あわれ）．

はにかみの【～】wiwo（ヴぃヴぉ）．

【はにかみ屋の】hilahila（ひらひら）．ho‘ohilahila（ほ‘おひらひら）．

パニック【panic】haunaele（はうなえれ）．

【パニックを引き起こす】ho‘ohaunaele（ほ‘おはうなえれ）．

バニラ【vanilla】wanila（わにら）．〔植物〕アメリカ熱帯地方産ラン科のつる植物，バニラ豆．〔英語〕．

バニラエッセンス【vanilla essence】wanila（わにら）．〔香味料〕バニラの実から取った香味料．

はね【（鳥の）羽，羽毛】hulu（ふる）．

【羽が伸びる】‘ōhulu（‘おふる）．

【羽を束に縛る】‘uo（‘うお）．

【羽を（くちばしで）整える】wae（わえ）.

はねかす【（水・泥などを）撥ねかす】pakī（ぱきー）.

はねさせる【跳ねさせる】hoʻoliʻō（ほʻおりーʻおー）.

はねまわる【跳ね回る】lapalapa（らぱらぱ）.

ハネムーン【honeymoon】mahina meli（まひな_めり）.

はねる【跳ねる】ʻanapau（ʻあなぱう）. kūkū（くーくー）. lele（れれ）.

ははあ【〜】āhā（あーはー）.〔間投詞〕驚き・喜び・勝利・あざけり・皮肉などを表す叫び.

パパイヤ【papaya】hēʻī（へーʻいー）. mīkana（みーかな）.〔植物〕Carica papaya：熱帯アメリカ原産の小高木.

パパイヤドリ【papaya bird】〔鳥〕.⇒マシコドリ【猿子鳥】.

はは・ははおや【母親】makuahine（まくあひね）.〈逐語〉女親.〔用例〕母国語. ʻŌlelo makuahine.

【母の叔父・叔母】kupuna（くぷな）. 複数形は kūpuna（くーぷな）.

【母の叔父】kupuna kāne（くぷな_かね）.

【母の叔母】kupuna wahine（くぷな_わひね）.

【母鳥と雛ひな】kīnana（きーなな）. 鶏や小鳥などの母鳥とそのひな.

はばたく【（鳥が）羽ばたく】ʻupaʻi（ʻうぱʻい）.

はば【幅】laulā（らうらー）.

【幅の狭い】ʻololī（ʻおろりー）. olomio（おろみお）.【（門の開放など）幅の狭い】lāʻiki（らーʻいき）. 幅［lāʻā］と小さい［iki］の短縮形.

【幅の広い】ākea（あーけあ）. pālaha（ぱーらは）.

【（浜辺全体に広がるような）幅の広い波】lauloa（らうろあ）.

【（サンゴ礁・溶岩層・岩礁などの）幅の広い平地】laupapa（らうぱぱ）.

はびこる【（つる・木の根などが）蔓延る】ʻakolo（ʻあころ）.

パピルス【papyrus】kaluhā（かるはー）.〔植物〕Cyperus papyrus：カミガヤツリ；ナイル川流域のカヤツリグサ科の水生植物.

ハブ【hub】pūkuʻi（ぷーくʻい）. 車輪の中央部の車軸と結合している部分. 和名はこしき（轂）.【ハブキャップ】uhi pūkuʻi（うひ_ぷーくʻい）.

バプテスト【Baptist】⇒せんれいしこうしゃ【洗礼施行者】.

バプテズム【baptism】⇒せんれい【洗礼】.

はブラシ【歯 brush】palaki niho（ぱらき_にほ）.

はへん【破片】hamu（はむ）. hapa（はぱ）. hunahuna（ふなふな）. māmala（まーまら）. moku（もく）. mokuna（もくな）.

パホイホイようがん【パホイホイ溶岩】⇒パーホエホエようがん【パーホエホエ溶岩】.

はま【浜】kahakai（かはかい）.

【（波乗りをする人などが）浜に上がる】pae（ぱえ）.〔用例〕浜に向って

317

はまき

波に乗る．Pae i ka nalu.
【浜へ打ち寄せられた】pae（ぱえ）．
【浜へ吹き流された】pae（ぱえ）．
はまき【葉巻き】kīkā（き̄か̄）．〔英語：cigar〕．
ハマグリ【蛤】paua（ぱうあ）．
ハマジンチョウ【浜沈丁】〔植物〕⇒ナイオ．
はみ【馬銜】hao waha（はお_わは）．馬の口にはめる轡くつわのはみ．〈逐語〉口の鉄．
ハム【ham】hame（はめ）．pua'a hame（ぷあ'あ_はめ）．〔食品〕豚のもも肉の塩漬けを薫製にしたもの．
はめられたいし【(外壁などにある組み合わせて) 嵌められた石】niho（にほ）．
はもの【刃物】pahi（ぱひ）．
【刃物で切る】kaha, kahakaha（かは, かはかは）．
はやあしでかける【(馬などが) 早足で駆ける】holopeki（ほろぺき）．〈逐語〉駆け足の歩調．kūkū（く̄く̄）．holo kūkū（ほろ_く̄く̄）．
【早足で駆けさせる】holo kūkū（ほろ_く̄く̄）．
はやあしのししゃ【(首長に雇われている) 早足の使者】kūkini（く̄きに）．その速さに賞金がかけられた．
はやい【早い・速い】'āwiki（'あうぃき）．'āwikiwiki（'あうぃきうぃき）．'āwīwī（'あうぃ̄うぃ̄）．holo（ほろ）．kāholo（か̄ほろ）．wawe（わヴぇ）．wiki（うぃき）．wikiwiki（うぃきうぃき）．

はやいながれ【(増水した川などの) 速い流れ】kīpalalē（き̄ぱられ̄）．
はやく【早く・速く】hikiwawe（ひきヴぁヴぇ）．wawe（ヴぁヴぇ）．
【(水の流れのように) 速く移動する】mio（みお）．
【(特に) 早く消える】olomio（おろみお）．
【速くしゃべる】'ai kepakepa（'あい_けぱけぱ）．
【速く進む】olomio（おろみお）．
【速く流れる】kikī（きき̄）．
【速く走る】holo pahe'e（ほろ_ぱへ'え）．
はやさ【早さ】miki（みき）．
はやしことば【囃子言葉】'uhe'uhene（'うへ'うへね）．〔間投詞〕はやし言葉，あいの手に使う．'eā, 'eā 'eā, eā, eā eā（'え̄あ, 'えあ_'えあ, え̄あ, え̄あ_え̄あ）なども同様．
はやまってはなす【早まって話す】lele 'ē（れれ_'え̄）．
はやめる【早める】ho'ohikiwawe（ほ'おひきヴぁヴぇ）．ho'okāholo（ほ'おか̄ほろ）．
はやりめ【流行り目】maka 'ula'ula（まか_'うら'うら）．
はやりやまい【流行り病】ahulau（あふらう）．
はら【腹】ke'ahakahaka（け'あはかはか）．'ōpū（'お̄ぷ̄）．【(動物の) 腹】'api（'あぴ）．
【腹一杯食べる】ho'opiha（ほ'おぴは）．
【腹が (ゴロゴロ) 鳴る】nakulu（な

くる）．
【腹がみたされた】**māʻona**（まʻあな）．
【腹の立つこと】**nāuki**（なうき）．
【腹の減った】**pōloli**（ぽろり）．
バラ【薔薇，バラ色の】**loke**（ろけ）．**roke, rose.** は異形．〔植物〕〔英語：rose〕．
【（ありふれた小さな赤い）バラ】**loke lani**（ろけ_らに）．**roselani.** は異形．loke lani はマウイ島の島花．本来はピンク色のバラ．しかし今日稀少なため小さな赤いバラが代用品となっている．
【庚申こうしんバラ】**loke lau**（ろけ_らう）．〔植物〕Rosa chinensis, viridiflora 科．別名，グリーン・ローズ，長春花．
【（オーヘロベリーのような）バラ色の】**ʻōhelohelo**（ʻおへろへろ）．
【バラ色の頬の】**nono**（のの）．
パライエ〔ハワイ〕**palaʻie**（ぱらʻいえ）．〔遊戯〕日本の剣玉けんだまに似た遊びで，棒の先端の輪の上へ球をのせる遊び．ココナッツの小葉数本を棒状に編み，一方の端を輪にする．またココナッツの若葉のつけ根にある布のような葉鞘ようしょうで球を作り，柔軟性のある棒にひもでぶらさげる．時には，歌を歌いながら体でリズムをとって揺れている球を輪の上にのせる；この遊びをする．
パラダイス【paradise】**palekaiko**（ぱれかいこ）．**paredaiso.** は異形．
はらばっていく【腹這って行く】**kolo, kokolo, kolokolo**（ころ，こころ，ころころ）．
【腹這って行かせる】**hoʻokolo**（ほʻおころ）．
パラパラ〔ハワイ〕**palapala.** 請求書・証書・許可状・証明書・手紙・パンフレット・令状などすべての書類．昔は palapala とは聖書または学問のことであった．
ばらばらに【～】**liʻiliʻi**（りʻいりʻい）．
【ばらばらにする】**weke**（うぇけ）．
ばらまく【散蒔く】**lū heleleʻi**（るー_へれれʻい）．【（砂や塩などを）散蒔く】**kāpī**（かーぴー）．
【散蒔かれた】**laha, lahalaha**（らは，らはらは）．
はり【（家の）梁】**ʻoa**（ʻおあ）．
はり【（植物の）針［とげ］】**kala**（から）．
はり【針】**kui**（くい）．【（大きな）針】**kui kele**（くい_けれ）．**kukū**（くくー）．【（レイを作るとき花などに糸を通すための）針】**mānai**（まーない）．
【針に糸を通す】**ʻuo**（ʻうお）．
【針の（鋭い）先端】**maka kui**（まか_くい）．
【針の目［穴］】**maka**（まか）．
【針目】**humu**（ふむ）．
はりがね【針金】**uea**（うえあ）．〔英語：wire〕．
ばりき【馬力】**ikaika lio**（いかいか・りお）．
はりさきのとがった【針先の尖った】**huini**（ふいに）．
はりつけだい【磔台】**ʻolokeʻa**（ʻおろけʻあ）．

ハリモモチュウシャクシギ【ハリモモ中杓鷸】kioea（きおえあ）．〔鳥〕Numenius tahitiensis：米国アラスカ産のシギ；ポリネシアなどで越冬する．

ハリヤード【halyard】kaula huki pe‘a（かうら_ふき_ペ‘あ）．〔海語〕帆桁・帆・旗などを所定の位置に揚げる索．

はる【春】la‘a ulu（ら‘あ_うる）．〈逐語〉発育の季節．

はるかえんぽう【遥か遠方】ai loa, aia i loa（あい_ろあ，あいあ_い_ろあ）．

はるかに【遥かに】hala loa（はら_ろあ）．lilo（りろ）．〔用例〕はるか上に．luna lilo.
【遥か向うに】waho（わほ）．〔所格の名詞〕．しばしば，i, ‘o, ma- の後に続く．

はれあがる【（天候が）晴れ上がる】ho‘ola‘e（ほ‘おら‘え）．〈比喩〉気分が晴れやかになる．【（雨が）晴れ上がる】mao（まお）．

はれあがる【（水膨れなどが）腫れ上がる】ho‘olapa（ほ‘おらぱ）．

パレード【parade，パレードで行進する】ka‘i huaka‘i（か‘い_ふあか‘い）．⇒こうしん【行進】．

はれた【腫れた】pehu（ぺふ）．

はれつしたはれもの【破裂した腫物】pūhā（ぷは）．

はれつする【破裂する】pahū（ぱふ）．pohā（ぽは）．pūhā（ぷは）．

はれになる【晴れになる】ho‘okāla‘e（ほ‘おから‘え）．

はれのちょうこうをしめす【晴れの徴候を示す】ho‘omākahakaha（ほ‘おまかはかは）．

はれる【（雨などが）晴れる】mākahakaha（まかはかは）．
【（空が）晴れた】a‘ia‘i（あ‘いあ‘い）．

ばろく【馬勒】kaula waha（かうら_わは）．面懸おもがい・轡くつわの総称．〈逐語〉口の鎖．

ハワイ【ハワイ，ハワイの，ハワイ人，ハワイ語，ハワイ島，ハワイ諸島】Hawai‘i（はわい‘い）．
【ハワイ人】kanaka Hawai‘i（かなか_はわい‘い）．複数形は kānaka Hawai‘i（かなか_はわい‘い）．
【ハワイ人の家】kauhale（かうはれ）．⇒カウハレ．

ハワイオオバン【ハワイ大鷭】‘alae kea（‘あらえ_けあ）．〔鳥〕Fulica americana alai：沼地や池にいる；くちばしと前頭部の盾板たていたの白い部分以外は灰色がかった黒色．⇒ハワイバン【ハワイ鷭】．

ハワイカオグロミツスイ【ハワイ顔黒蜜吸い】kioea（きおえあ）．〔鳥〕Chaetoptila angustipluma：キバネミツスイ属．⇒ハワイミツスイドリ【ハワイ蜜吸鳥】．

ハワイカモ【ハワイ鴨】koloa（ころあ）．〔鳥〕Anas wyvillana.

ハワイカラス【ハワイ烏・鴉】‘alalā（‘あらら）．〔鳥〕Corvus tropicus.

ハワイガン【ハワイ雁】nēnē（ねね）．〔鳥〕Branta sandvicenis. ハワイ州鳥．

ハワイクイナ【ハワイ水鶏】⇒モホ．

ハワイコミミズク【ハワイ小木菟】pueo（ぷえお）．〔鳥〕トラフズク属

のフクロウ；黄褐色でしまがあり，頭の両側に短い耳のような羽毛がある．

ハワイシロハラミズナギドリ【ハワイ白腹水薙鳥】 'ua'u（'うあ'う）．〔鳥〕Pterodroma phaeopygia sandwichensis：ミズナギドリ科．

ハワイセイタカシギ【ハワイ背高鷸】 ae'o（あえ'お）．〔鳥〕Himantopus mexicanus knudseni.
kukuluae'o（くくるあえ'お）．〔鳥〕Himantopus himantopus.

ハワイツグミ【ハワイ鶇】 'oma'o（'おま'お）．〔鳥〕Phaeornis obscurus obscurus.

ハワイネズミ【ハワイ鼠】 'iole（'いおれ）．〔動物〕Rattus exulans.

ハワイのかみがみ【ハワイの神々】 akua（あくあ）．
【ハワイの4大神】Kāne, Kū, Lono, Kanaloa. ⇒カーネ．クー．ロノ．カナロア．

ハワイノスリ【ハワイノスリ】 'io（'いお）．〔鳥〕Buteo solitarius：ワシタカ科ノスリ属の一種；一般的にはタカと呼ばれている．

ハワイバン【ハワイ鷭】 'alae（'あらえ）．〔鳥〕Gallinula chloropus sandvicensis：この鳥の鳴き声は縁起が悪いと信じられている．
'alae 'ula（'あらえ_'うら）．〔鳥〕Gallinula chloropus sandvicensis：くちばしの先端は黄色いが，くちばしから前頭部の盾板たていたにかけて赤い．
【ハワイバンが（ガーガー・カーカーと）鳴く】nēnē（ねね）．ho'onēnē（ほ'おねね）．

ハワイミツスイドリ【ハワイ蜜吸鳥】
'amakihi（'あまきひ）．〔鳥〕Loxops virens のグループ：小さなハワイミツスイドリ．
'apapane（'あぱぱね）．〔鳥〕Himatione sanguinea：スズメ目ハワイミツスイ科の鳴き鳥の総称；種類によってくちばしの形が異なる；ハワイ諸島原産．
nuku pu'u（ぬく_ぷ'う）．〔鳥〕Hemignathus lucidus lucidus. H. I. hanapepe, H. I. affinis：現在大変珍しいハワイミツスイドリのグループ．〈逐語〉弓形に曲がったくちばし．
palila（ぱりら）．〔鳥〕Psittirostra bailleui. P. kona：ハワイ諸島原産；灰色・黄色・白色の鳥で絶滅寸前である．

ハワイやどりぎ【ハワイ宿木・寄生木】
hulumoa（ふるもあ）．〔植物〕Korthalsella 種：円柱または平たい緑の茎を持ち，小さな目立たない葉と花をつける低木．

ハワイりょうり【ハワイ料理】 nā mo'a o Hawai'i（なー_も'a_お_はわい'い）．
'aina o Hawai'i（'あいな_お_はわい'い）．⇒たべもの【食べ物】，りょうり【料理】．
《アイ・パア》 'ai pa'a（'あい_ぱ'あ）．水と混ぜないで固いかたまりのまますりつぶし料理されたタロイモ．しばしばティーリーフ[lau kī]に包まれ保存される．〈比喩〉困難な問題．〈逐語〉固い食べ物．

《ポイ・マイア》poi maiʻa（ぽい_まいʻあ）．熟したバナナをすり潰し，水を加えてどろどろにしたもの．

《ラウラウ》laulau．ティー・リーフやバナナの葉で包まれた料理．葉の中には豚肉・牛肉・塩を振った魚またはタロイモの若葉などが入っており，地下かまどで焼いたり，蒸したり，または網などで焼いたりして料理される．

《ラーワル》lāwalu（らーわる）．ティー・リーフ（ニオイシュロランの葉）で巻かれ，木炭の上で焼かれた魚や肉．このように料理する．

はわせる【這わせる】hoʻokolo（ほʻおころ）．

はん【（印刷の）版】paʻi ʻana（ぱʻい_ʻあな）．

パン【pan：ポルトガル語】palaoa（ぱらおあ）．pelena（ぺれな）．berena．は異形．
【パンの一塊かたまり】ʻomoʻomo palaoa（ʻおもʻおも_ぱらおあ）．
【パン一切れ】pāpaʻa palaoa（ぱぱʻあ_ぱらおあ）．
【パン焼き用の浅い金属製の容器】ʻoma（ʻおま）．

バン【鷭】⇒ハワイバン【ハワイ鷭】．

はんい【範囲】kahaapo（かはあぽ）．mahele（まへれ）．

はんえい【反映】akakū（あかくー）．

はんえい【繁栄】pono（ぽの）．
【繁栄をもたらす】hoʻowaiwai（ほʻおわいわい）．

はんえいさせる【繁栄させる】hoʻo-kūʻonoʻono（ほʻおくーʻおのʻおの）．

はんえん【半円，半円形の】pōʻai hapalua（ぽーʻあい_はぱるあ）．
【半円形のもの】piʻo（ぴʻお）．pōʻai hapalua（ぽーʻあい_はぱるあ）．

ハンカチーフ【handkerchief】hainakā（はいなかー）．hinakā（ひなかー）．〔英語〕．

はんき【半期】hapa makahiki（はぱ_まかひき）．

はんきょう【反響】wawā（わわー）．
【反響音】nakulu（なくる）．

はんきょうする【反響する】kuolo（くおろ）．nākolo（なーころ）．nākolokolo（なーころころ）．
【（音声・楽器などを）反響させる】ualo（うあろ）．walo（わろ）．

バンクスハゴロモノキ【～】haʻikū（はʻいくー）．〔植物〕Grevillea banksii：カーヒリフラワーとも呼ばれる．

パンケーキ【pancake】palaoa palai（ぱらおあ_ぱらい）．

はんけつ【判決】kauoha（かうおは）．ʻōlelo hoʻoholo（ʻおーれろ_ほʻおほろ）．
【判決を下す】kau（かう）．

はんけん【版権】ponokope（ぽのこぺ）．
【（…の）版権を取得する】hoʻopaʻa kuleana（ほʻおぱʻあ_くれあな）．ponokope（ぽのこぺ）．

はんこう【反抗】pepeiao kuli（ぺぺいあお_くり）．
【反抗して戦う】kē（けー）．
【反抗して殴る】keʻehi（けʻえひ）．

【反抗（心）をかき立てる】ho'okū'ē
（ほ'おく'え）. ho'okū'ē'ē（ほ'おく
'え'え）.
　【反抗的な】ho'olana（ほ'おらな）.
はんこうする【（法の権力に）反抗する】
　kipi（きぴ）.
ばんごうをつけた【番号を付けた】helu
　（へる）.
はんざい【犯罪，犯罪の，犯罪性の】
　kalaima（からいま）. karaima. は異形.
　〔英語：crime〕.
　【犯罪事件】hihia kalaima（ひひあ_
　からいま）.
ばんざい【（喝采などの発声の）万歳】
　hipahipa（ひぱひぱ）.〔英語：hip〕
　〔用例〕王様のために万歳三唱.
　'Ekolu hipahipa no ka mō'ī.
ハンサムな【handsome な】makalapua
　（まからぷあ）. nohea（のへあ）.
ばんさん【晩餐】pā'ina（ぱ'いな）. 晩
　餐を伴う小さなパーティー.
はんじもの【判じ物】nane（なね）.
　'ōlelo nane（'おれろ_なね）.
はんしゃ【（鏡などによる）反射】akakū
　（あかく）.
はんしょくする【繁殖する】ho'oulu
　（ほ'おうる）. māhua, māhuahua
　（まふあ, まふあふあ）.
　【繁殖させる】ho'omāhua（ほ'おま
　ふあ）. ho'opulapula（ほ'おぷらぷ
　ら）.
はんしょくのほうほう【繁殖の方法】
　kumu ho'olaha（くむ_ほ'おらは）.
はんしょくりょくのある【繁殖力のあ
　る】hānau（はなう）.

はんしんはんじん【半神半人】kupua
　（くぷあ）.〔文化〕kupua は超自然の幾
　つもの形を持ち，超自然の力を発揮
　する半神半人.
はんせん【帆船】moku pe'a（もく_ぺ'あ）.
　《1本マストの帆船；スループ型帆船》
　moku kia kahi（もく_きあ_かひ）.
　《2本マストの帆船；スクーナー船，
　ブリッグ型帆船》moku kia lua（も
　く_きあ_るあ）.
　《3本マストの帆船；バーク型帆船》
　moku kia kolu（もく_きあ_こる）.
はんそうする【帆走する】holo（ほろ）.
　ho'oholo（ほ'おほろ）.【（目的なし
　に）帆走する】auhele（あうへれ）.
　【（頻繁に）帆走する】ho'okelekele
　（ほ'おけれけれ）.
　【帆走させる】ho'oholo（ほ'おほろ）.
はんそうでとうちゃくした【帆走で到着
　した】kele, kelekele（けれ, けれけれ）.
　〔用例〕帆走で到着できる港. Awa
　kele.
ハンセンびょう【Hansen 病】lēpela（れ
　ぺら）. lepera. は異形.〔英語：lep-
　rosy〕. ma'i Pākē（ま'い_ぱけ）.〈逐語〉
　中国の病気.
　【ハンセン病患者，ハンセン病にか
　かった】lēpela（れぺら）. lepera.
　は異形.
はんたい【反対】kū'ē（く'え）. kū'ē'ē
　（く'え'え）.
　【反対の】kū'ē（く'え）.〈逐語〉立場
　が異なる.
　【反対の傾向を示した】'auwaepa'a
　（'あうわえぱ'あ）.

はんたいする【(最後にきて断固として)反対する】ke'ehi（け'えひ）.
【反対させる】ho'okū'ē（ほ'おくˉ'えˉ）.
【(堅固に)反対した】'auwaepa'a（'あうわえぱ'あ）.〈逐語〉堅いあご.

パンダナス【pandanus】hala（はら）. pū hala（ぷˉ_はら）.〔植物〕Pandanus adoratissimus. などタコノキ属の植物の総称.
【(雄性の)パンダナスの木の花】hīnano（ひˉなの）.
【(特に編むために使われる)パンダナスの葉】lau hala（らう_はら）.
【パンダナスの実】āhui hala（あˉふい_はら）.

はんだんりょく【判断力】'ike（'いけ）. 'ike'ike（'いけ'いけ）. 見たり聞いたりする判断力.

はんだんをあやまる【判断を誤る】kuhi hewa（くひ_ヘヴぁ）.

パンツ【pants】lole wāwae（ろれ_ヴぁˉヴぁえ）.〔服飾〕ズボン.

パンティ【panty】lole wāwae（ろれ_ヴぁˉヴぁえ）. palema'i（ぱれま'い）.

はんていしょ【(仲裁裁判などの)判定書】palapala ho'okō（ぱらぱら_ほ'おこˉ）.

はんてんのある【斑点のある】kikokiko（きこきこ）. pulepule（ぷれぷれ）.

バンド【band】hui puhi 'ohe（ふい_ぷひ_'おへ）.〔音楽〕楽隊.

はんとう【半島】'anemoku（'あねもく）.〈逐語〉近い島.

はんとしごとの【半年ごとの】hapa makahiki（はぱ_まかひき）.

ハンドバッグ【handbag】'eke pa'a lima, 'eke'eke pa'a lima（'えけ_ぱ"あ_りま, 'えけ'えけ_ぱ"あ_りま）. paiki（ぱいき）.

ばんにん【番人】kū uaki（くˉ_うあき）.

パンのき【パンの木】'ulu（'うる）.〔植物〕Artocarpus altilis：パンノキ；太平洋諸島原産のクワ科の木.
【(雄性の)パンの木の花】ule'ulu（うれ'うる）.〈逐語〉パンの木の陰茎.

ハンバーグ・ステーキ【Hamburg steak】'i'o pipi i wili 'ia（'い'お_ぴぴ_い_うぃり_'いあ）. 牛肉のひき肉も同様.〈逐語〉ひいた牛肉.

はんぷ【帆布】⇒ぼうすいふ【防水布】.

パンフレット【pamphlet】palapala（ぱらぱら）.

はんぶん【半分】hapalua（はぱるあ）.

ばんぺい【番兵】koa kia'i（こあ_きあ'い）. 見張り兵.

ハンマー【hammer】hāmale（はˉまれ）. hamare. は異形.

はんもした【繁茂した】kūpuku（くˉぷく）.

はんもしているようす【繁茂している様子】lanipō（らにぽˉ）.

はんもんする【煩悶する】'iniki（'いにき）.

パンや【パン屋】hale kū'ai palaoa（はれ_くˉ'あい_ぱらおあ）.

はんらん【反乱】kipi（きぴ）.
【反乱を起こす】ho'okipi（ほ'おきぴ）.

はんらんする【(川などが)氾濫する】'olo'olo（'おろ'おろ）. waikahe（わ

いかへ）．
はんれい【判例】ho'opi'i（ほ'おぴ'い）．
はんろんのじゅんびができた【（激しい）反論の準備が出来た】ho'okīkē（ほ'おきīけ）．

ひ

ひ【（暦の上の）日】lā（らー）．〔用例〕今日．Kēia lā.
ひ【（日光の）日［陽］】lā（らー）．〔用例〕日の出から日没まで（1日または人の一生）．Mai ka lā hiki ā ka lā kau.
【陽が昇る】puka（ぷか）．
【日が照っている】pā'ana a ka lā（ぱ'あな_あ_かーらー）．'ōlali（'ōらり）．
【日に晒さらす】ho'olā（ほ'おらー）．kaula'i lā（かうら'い_らー）．
【日に焼けた】pāpa'a lā（ぱーぱ'あ_らー）．
【日に焼けた皮膚】'ili pāpa'a, 'ili pāpa'a lā（'いり_ぱーぱ'あ, 'いり_ぱーぱ'あ_らー）．
【日の入り】lā kau（らー_かう）．napo'o 'ana o ka lā（なぽ'お_'あな_おーかーらー）．
【日の出】lā hiki（らー_ひき）．pukana lā（ぷかなーらー）．puka 'ana o ka lā（ぷか_'あな_おーかーらー）．
ひ【火】'ā（'ā）．'a'ā（'あ'ā）．ahi（あひ）．nāhi（なーひ）．nā ahi の短縮形．
【火が広がる】ka'ulī（か'うりー）．〔様相〕火などが「すー」という音では い広がる．
【火であぶる・火で焼く】'ōlani（'ōらに）．
【火による破壊】pau ahi（ぱう_あひ）．
【火の上で料理する】lala（らら）．
【火の中で燃える】ahi（あひ）．
【火のように真赤になる】pua ahi, puahi（ぷあ_あひ, ぷあひ）．
【火を消した】pio（ぴお）．
【火を消す】ho'opio（ほ'おぴお）．pau ahi（ぱう_あひ）．
【火を消す仕事】'oihana kinai ahi（'おいはな_きない_あひ）．〈逐語〉消火作業または消火部門．
【火を点ける】hō'ā（ほー'あ）．ho'a'ā（ほ'あ'ā）．hō'ā ahi（ほー'ā_あひ）．puhi（ぷひ）．【火を点ける，火を点ける人，火を点ける物】kuni ahi（くに_あひ）．
【（ランプなどに）火を灯ともす】hō'ā（ほー'あ）．kuni ahi（くに_あひ）．
【火を燃やす】pulupulu ahi（ぷるぷる_あひ）．〈比喩〉短気な，かんしゃく持ちの．
【（危険の例えの）火の穴】luaahi（るああひ）．〔用例〕そこは火の穴だ（危険だ）．He luaahi aku ia.
【（地獄の例えの）火の穴】ki'o ahi（き'お_あひ）．
【（火山などから噴出［排出］した）火の玉】pōhāhā ahi（ぽーははー_あひ）．【火の玉】pōpōahi（ぽーぽーあひ）．
ひあい【悲哀】'ū（'ū）．
ひあたりのよい【日当たりのよい】lā（らー）．

ひいた【(重い物・足などを) 引いた】kō（こ）.
ピー【P】pī（ぴ）.〔英語〕文字の「P」.
ピーカケ〔ハワイ〕pīkake（ぴかけ）. ⇒マツリカ【茉莉花】.
ピーナッツ【peanut】pineki（ぴねき）.
ビーバー【beaver】piwa（ぴヴァ）. biwa. は異形.〔英語・動物〕.
ピーピーなく【～鳴く】'io, 'io'io（'いお, 'いお'いお）.
ビーフ・ジャーキー【jerked beef】pipi kaula（ぴぴ_かうら）.〔食品〕塩味をつけて乾燥させた牛肉. 火であぶってから食べる.〈逐語〉縄牛肉.
ビーフステーキ【beefsteak】pipi palai（ぴぴ_ぱらい）.
ピーマン【pimiento】pimeneko（ぴめねこ）.〔英語〕.
ビール【beer】pia（ぴあ）. bia. は異形.〔英語〕.
ひえ【冷え】lī（り）.
ひえた【冷えた】maka'ele'ele（まか'えれ'えれ）.
ひえびえする【冷え冷えする】hu'ihu'i（ふ'いふ'い）. pūanuanu（ぷあぬあぬ）.
ビオラ【viola（の類）】wiola（ヴぃおら）. viola. は異形.〔楽器〕ビオラはバイオリン族の4弦の楽器で, バイオリンよりやや大きい.
ひかえめな【控え目な】ūpē（うぺ）.
ひかえめに【控え目に】'au'a（'あう'あ）.
ひかえる【控える】kē（け）.〔用例〕断食する. Kē 'ai.

ひかき【火掻き】kope ahi（こぺ_あひ）.
【火掻きで灰をかく】kope（こぺ）.
ひかく【比較】mana'o ho'ohālikelike（まな'お_ほ'おほりけりけ）.
ひかくする【比較する】ho'ohālike.（ほ'おほりけ）. ho'ohālikelike（ほ'おほりけりけ）.
ひかげの【日陰の】'ōmalu（'おまる）.
ヒカゲノカズラ【日陰の葛】wāwae-'iole（ヴぁヴぁえ'いおれ）.〔植物〕Lyccpodium cernuum：ヒカゲノカズラ属の植物の総称；ハワイではクリスマスの花輪などに使われるこけのようなつる植物.
ひがさ【日傘】māmalu（ままる）.
ひがし【東】hikina（ひきな）.
【東の, 東の太陽】lā hiki（ら_ひき）.
びかする【美化する】ho'onani（ほ'おなに）.
ひかせる【曳・引かせる】ho'ohuhuki（ほ'おふふき）. ho'okauwō（ほ'おかううぉ）.
ひかちゅうしゃ【皮下注射】pahu kui（ぱふ_くい）.〈逐語〉針を突き通すこと.
ぴかぴかする【(星などが) ピカピカする】a'ia'i（あ'いあ'い）.
ひかり【光】ao（あお）. hulali（ふらり）. hūlalilali（ふらりらり）. malama（まらま）.
【光などの振動】hulili（ふりり）.
【光を放つ】pua（ぷあ）.
【(精神的な) 光を生じさせる】ho'omālamalama（ほ'おまらまらま）.

ひかりかがやく【光り輝く】a'ia'i（あ'いあ'い）. lino, linolino（りの、りのりの）. 'ōlino（'おりの）. 'ōlinolino（'おりのりの）.【(油などによって) 光り輝く】lali（らり）.

ひかる【光る】'anapa（'あなぱ）. ho'ohinuhinu（ほ'おひぬひぬ）. hulali（ふらり）. hūlalilali（ふらりらり）. la'e, la'ela'e（ら'え、ら'えら'え）. lino, linolino（りの、りのりの）. mālamalama（まらまらま）.【(光を発してまたは反射して) 光る、(発光体・反射物が) 光る】'alohi（'あろひ）. 'ālohilohi（'あろひろひ）.【(ピカピカ[キラキラ]) 光る】'anapa（'あなぱ）. hoaka（ほあか）. 'imo, 'imo'imo（'いも、'いも'いも）. liko（りこ）.【(稲妻などぴかっと) 光る】'ōlapa（'おらぱ）.
【(油などでぴかぴか) 光らせる】ho'olali（ほ'おらり）.

びかんをそこなう【美観を損なう，〜物】kīnā（きな）.

ひきあげる【引き上げる】hāpai（はぱい）.【(重い物を) 引き上げる】'unu（'うぬ）.

ひきあみ【引き網】hukilau（ふきらう）.〈逐語〉引く網. lau（らう）.
【引き網で漁をする】hukilau（ふきらう）.
【引き網の (端に並んで) しばりつける葉】'aulau（'あうらう）.〔漁〕葉はティーリーフ[lau kī]など.

ひきうける【引き受ける】lawe（らヴぇ）.

ひきおこす【引き起こす】ho'oulu, ho'ūlu（ほ'おうる、ほ'うる）.

ヒキガエル【蟇蛙】poloka（ぽろか）.

ひきがねをひく【引き金を引く】⇒じゅう【銃で撃つ】.

ひきさかれた【引き裂かれた】nahae（なはえ）.

ひきさく【(歯などで) 引き裂く】'ai kepa（'あい_けぱ）. 'ai kepakepa（'あい_けぱけぱ）.【(布・紙・着物などを) 引き裂く】hae（はえ）. hahae（ははえ）. mahae, māhaehae（まはえ、まはえはえ）.〔用例〕二つに引き裂く. Mahae lua. nahae（なはえ）.

ひきしお【引き潮】kai emi（かい_えみ）. 潮が引いている海.〈逐語〉衰える海. kai he'e（かい_へ'え）. kai ho'i（かい_ほ'い）.〈逐語〉引きかえす海. kai make（かい_まけ）.〈逐語〉滅びる海. kai malo'o（かい_まろ'お）.〈逐語〉乾いた海. 礁がたくさん現われている時のような干潮時.

ひきしめる【(船上の網などを) 引き締める】'u'u（'う'う）.

ひきずる【引きずる】kolo（ころ）.
【(重い物・足などを) 引きずった】kō（こ）.
【(重い物を努力して) 引きずって行く】alakō（あらこ）.

ひきださせる【引き出させる】ho'ounuhi（ほ'おうぬひ）.

ひきだし【抽斗】pahu 'ume（ぱふ_'うめ）. 鏡付きの寝室用たんすも同様.

ひきだす【引き出す】unuhi（うぬひ）. 銀行からお金を引き出すも同様.

ひきちぎられる【(2つに)引き千切られる】moku（もく）.

ひきつけ【引き付け】⇒ほっさ【発作】.

ひきつける【引き付ける】alaʻume（あらʻうめ）. ʻume（ʻうめ）. hōnēnē（ほねね）.
【引き付けること】ʻumena（ʻうめな）.
【引き付けられた】laka（らか）.【(強く)引き付けられた】papau（ぱぱう）.

ひきつな【引き綱】pāloa（ぽろあ）.【(船・車などを引っ張るための)引き綱】hekau（へかう）.
【引き網を引く】kolo（ころ）.

ひきつらせる【(寒さなどで顔や手などをくり返し)引き攣らせる】ʻiniʻiniki, īnikiniki（ʻいにʻいにき, いにきにき）. 時には歌の中で īnisinisi（いにしにし）とも歌われる.

ひきとめる【引き止める】ʻauʻa（ʻあうʻあ）. kāohi（かおひ）.

ひきなみがとおざかる【(岸から返す)引き波が遠ざかる】miki（みき）.

ひきぬく【(花・雑草などを)引き抜く】pōʻalo（ぽʻあろ）.

ひきのばし【(写真の)引き伸ばし】kiʻi hoʻolele（きʻい_ほʻおれれ）.

ひきのばす【(声や音を)引き延ばす】aeae（あえあえ）.

ひきはがす【(かさぶたなどを)引き剥がす】mahiki, māhikihiki（まひき, まひきひき）.

ひきはらう【引き払う】waiho（わいほ）.

ひきふね【曳船】⇒タグボート. ふね【船】.

ひきよせる【(重い物を)引き寄せる】kauō（かうお）.【(人を)引き寄せる】hōnēnē（ほねね）. ʻume（ʻうめ）.【(毛髪などをまとめて)引き寄せる】ʻunu（うぬ）.
【(人を)引き寄せること】ʻumena（ʻうめな）.

ひきり【火鑽り・火切り】hiʻa（ひʻあ）. 溝火鑽りなどで火を起こすこと.
【燧を鑽る】kākā（かか）. 火打ち石を刃金などで打ち, 火を発すること.
【火鑽り棒】ʻau lima（ʻあう_りま）. 〔道具〕摩擦によって火をおこす時に使う棒.
【(溝)火鑽り】ʻaunaki（ʻあうなき）. 〔道具〕火をおこす時に使う溝のある板.

ひきわけ【(勝負などの)引き分け】paʻi（ぱʻい）.

ひきわたす【(…の力で)引き渡す】kauoha（かうおは）.

ひく【(算数の)引く】hoʻolawe（ほʻおらヴぇ）.【(記号の)[－]】kaha hoʻolawe（かは_ほʻおらヴぇ）.
【引き算】hoʻolawe（ほʻおらヴぇ）.

ひく【(人目を)惹く】hōnēnē（ほねね）.

ひく【引く・曳く】alaʻume（あらʻうめ）. hoʻohuhuki（ほʻおふふき）. huki（ふき）. huhuki（ふふき）. kolo（ころ）. ue（うえ）. ʻume（ʻうめ）.【(重い物を)曳く】kauō（かうお）. 〔用例〕役牛(複数). Pipi kauō.【(重い物・足などを)引く】kō（こ）.

【引くための綱［紐ひも］】kaula huki（かうら_ふき）.
ひくい【低い】ha'a（は'あ）. ha'aha'a（は'あは'あ）. pāpapa（ぱぱぱ）. pepe（ぺぺ）.
　【（身分・地位などの）低いこと】ha'aha'a（は'あは'あ）.
ひくくおもおもしいれんぞくおんをたてる【（地震などが）低く重々しい連続音を立てる】nei（ねい）.
ひくくおりまげる【低く折り曲げる】hālala（はらら）.
びくともしない【〜】maka koa（まか_こあ）.〈逐語〉勇敢な目.
ひぐれ【日暮れ】mōlehu（もれふ）.〈比較〉（骨を焼いた）灰［lehu］.
ひげ【卑下】ha'aha'a（は'あは'あ）.
ひげ【髭・鬚・髯】'umi'umi（'うみ'うみ）.
ひこう【飛行】kaulele（かうれれ）. leina（れいな）.
　【飛行機】mokulele（もくれれ）.
ひこうする【飛行する】kaulele（かうれれ）.
　【飛行させる】ho'ohe'e（ほ'おへ'え）.
ひこうしょうねんしゅうようじょ【非行少年収容所】home ho'opa'a（ほめ_ほ'おぱ'あ）.
びこうをすぼませる【鼻孔を窄ませる】mōkio（もきお）.〔仕草〕水に潜った後に鼻孔などを窄ませたり、縮ませること.
ひざ【膝】kuli, kukuli（くり, くくり）. 'ūhā（'うは）.
　【膝が弱いにもかかわらず歩く】kulipe'e（くりぺ'え）.
　【膝を折る】ho'okeke'e（ほ'おけけ'え）.
　【膝をつく】kuli, kukuli（くり, くくり）.
　【膝を曲げて踊る踊り】ha'a（は'あ）.
ひざからしたのほね【膝から下の骨】kano（かの）.
ひじ【肘】ku'eku'e（く'えく'え）. ku'eku'e lima（く'えく'え_りま）.
　【（注意を引くため）ひじでそっと突く】kuke（くけ）.
　【肘で突く［押す］】ho'oku'eku'e（ほ'おく'えく'え）.
　【（無理矢理に人混みを通りぬける時のように）肘や肩で押し合う】kuke kū（くけ_くー）.
ひじかけいす【肘掛け椅子】noho kālele（のほ_かれれ）.
ひじからさきのほね【肘から先の骨】kano（かの）.
ひじよりさきのうでのぶぶん【肘より先の腕の部分】kū'au lima（くー'あう_りま）.
ひしゃく【柄杓, 柄杓で汲む】kī'o'e（きー'お'え）. ココナッツの殻で作られたひしゃく［スプーン］.
ぴしゃりとうつ【ぴしゃりと打つ】ho'opa'i（ほ'おぱ'い）.
ひじょう【非常】⇒とても【〜】などを参照.
ひじょうな【非常な】pākela（ぱけら）.
ひじょうに【非常に】'ino（'いの）. loa（ろあ）. wale nō（われ_のー）.
　【非常に高い】'ale'o（'あれ'お）.
　【非常に欲しがる】leho（れほ）.

make'e（まけ'え）.
【非常に満足した】hia'ai'ono（ひあ'あい'おの）.
【非常に喜んでいる】hia'ai'ono（ひあ'あい'おの）.

びしょうへん【微小片】huna（ふな）.

ビショップはくぶつかん【Bishop 博物館】Hale hō'ike'ike o Kamehameha（はれ_ほ'いけ'いけ_お_かめはめは）.

ビジョナデシコ【美女撫子】ponimō'ī li'ili'i（ぽにも'い_り'いり'い）.〔植物〕Dianthus barbatus：ヨーロッパ原産のナデシコ属の多年草；多数の花をつけ，色は赤・ピンク・白などさまざまある．別名アメリカナデシコ．

びしょぬれにする【びしょ濡れにする】ho'opē（ほ'おぺ）.
【びしょ濡れにした】pē（ぺ）.
【（水しぶきなどによって）びしょ濡れになった】kilihē（きりへ）.
【びしょ濡れの】pulu pē（ぷる_ぺ）.〈比喩〉酔っぱらい．

ピジンえいご【Pidgin 英語】namu pa'i 'ai, namu pa'i kalo（なむ_ぱ'い_'あい，なむ_ぱ'い_かろ）.〔言語〕中国・メラネシア・西アフリカなど多くの地域で使われた［使われている］，英語をもとにして中国語・インドネシア語・アフリカ諸語などの単語あるいは文法を取り入れた商業用の補助言語．〈逐語〉堅いポイ［poi］の戯言ﾞごと，堅いタロイモ［kalo］の戯言．

ピストル【pistol：拳銃】pū（ぷ）. pūpanapana（ぷぱなぱな）.

ひぜん【皮癬】kāki'o（かき'お）.〔病理〕犬・牛など動物の疥癬かいせん．

ひそかにみはる【（敵意を持って人・場所・敵などを）密かに見張る】makākiu（まかきう）.

ひだ【襞】'alu（'ある）. 'āpikipiki（'あぴきぴき）. 'opi（'おぴ）.〔服飾〕衣服の縫いひだ［タック］，シャーリング．

ひたい【額】lae（らえ）.〈比喩〉人格上の特徴，精神的な特徴，感情的な特徴．

ヒタキ【鶲】'elepaio（'えれぱいお）.〔鳥〕Chasiempis sandwichensis sandwichesis：ハワイ島にいるヒタキ．C. sandwichensis sclateri：カウアイ島にいるヒタキ．C. sandwichensis gayi：オアフ島にいるヒタキ．

ひたす【（手などを水の中に）浸す】ho'olu'u（ほ'おる'う）.【（パン切れなどを汁に）浸す】penu（ぺぬ）.

ひたむきな【直向きな】lilo（りろ）.

ひだり【左，左側】hema（へま）.

ひだりて【左手，左利きの】lima hema（りま_へま）.

ひたん【悲嘆】mānewanewa（まねヴぁねヴぁ）. uē（うえ）.
【悲嘆（などの嘆き声）】pihe（ぴへ）.
【（極端な）悲嘆を表す】ho'omānewanewa（ほ'おまねヴぁねヴぁ）.

ひたんさせた【悲嘆させた［苦しめた］】kena（けな）.

ひちゃくしゅつし【非嫡出子】po'o lua（ぽ'お_るあ）.〔家族関係〕婚姻関係にない男女から生まれた子供．

ひつ【櫃】pahu（ぱふ）.

ひつう【悲痛】mānewanewa（まねヴぁねヴぁ）．'ū（'ū）．
【悲痛な思いをさせる】ho'olu'ulu'u（ほ'おる'うる'う）．ho'omāna'ona'o（ほ'おまな'おな'お）．
ひっかく【引っ掻く】mahole（まほれ）．
【(ガリガリ)引っ掻く】walu（わる）．
ひつぎ【柩】pahu kupapa'u（ぱふ_くぱぱ'う）．〈逐語〉死体箱．
ひっきちょう【筆記帳】kālana kākau（か̄らな_か̄かう）．1枚ずつはがして使う便箋びんせん帳．
ひっきようぐ【筆記用具】kānana（か̄なな）．
ひっくりかえす【引っ繰り返す】ho'ohiolo（ほ'おひおろ）．kahuli（かふり）．kula'i（くら'い）．loli, loliloli（ろり, ろりろり）．'ōpe'a（'お̄ぺ'ぁ）．pelu（ぺる）．
【(完全に)引っ繰り返す】huli pau（ふり_ぱう）．
【(逆様に)引っ繰り返す】huli pū（ふり_ぷ̄）．
【(波の中で)引っ繰り返す】luma, luma'i（るま, るま'い）．
【引っ繰り返した】hiolo（ひおろ）．
ひっくりかえる【ひっくり返る】kaka'a（かか'ぁ）．
びっくりぎょうてんする【〜仰天する】lī'ō（り̄'お̄）．
びっくりする【〜する】kāhāhā（か̄は̄は̄）．
【びっくりさせた】kūnāhihi（く̄な̄ひひ）．pi'oloke（ぴ'おろけ）．
【びっくりさせる】ho'olī'ō（ほ'おり̄'お̄）．ho'omaka'u（ほ'おまか'う）．ho'opīhoihoi（ほ'おぴ̄ほいほい）．ho'opū'iwa（ほ'お̄ぷ'いヴぁ）．ho'oweli（ほ'おうぇり）．
【びっくりした】pū'iwa（ぷ̄'いヴぁ）．puoho（ぷおほ）．
びっこ【跛】'o'opa（'お'おぱ）．
【跛の】'o'opa（'お'おぱ）．
【跛の人】'o'opa（'お'おぱ）．
【跛の振りをする】hō'o'opa（ほ̄'お'おぱ）．
【跛を引かせる】ho'one'e（ほ'おね'え）．
【跛を引く】'o'i（'お'い）．oia（おいぁ）．'o'opa（'お'おぱ）．ne'e（ね'え）．
びっこになる【跛になる】'o'opa（'お'おぱ）．
【跛にさせる】hō'o'opa（ほ̄'お'おぱ）．
ひっこむ【引っ込む】mene（めね）．
ひっこんだところ【引っ込んだ所】po'opo'o（ぽ'おぽ'お）．
ヒツジ【羊】hipa（ひぱ）．
【羊の足の肉】'ūhā hipa（'う̄は̄_ひぱ）．
【羊の毛】hulu hipa（ふる_ひぱ）．
【羊の肉】⇒マトン．
【羊の番犬】'īlio hipa（'い̄りお_ひぱ）．
【羊の群れ】kumu hipa（くむ_ひぱ）．pu'ā hipa（ぷ'あ̄_ひぱ）．
ヒツジかい【羊飼い】kahu hipa（かふ_ひぱ）．
ひつじゅひん【必需品】pono（ぽの）．
ひっせき【筆跡】lima kākau（りま_か̄か

う）．**pūlima**（ぷりま）．

ひつぜんの【必然の】**pono**（ぽの）．

ひったくる【引っ手繰る】**kāʻili**（かʻいり）．**poʻi**（ぽʻい）．

ぴったりしたおび【ぴったりした帯】**pūʻali**（ぷʻあり）．

ぴったりつく【ぴったり付く】**pili**（ぴり）．**pili pū**（ぴり_ぷ）．

ひっつかむ【引っ掴む】**kāʻili**（かʻいり）．

ビット【bit】**wili**（うぃり）．bit：ドリルなどの刃．

ひっぱっていく【引っ張って行く】**kolo**（ころ）．

ひっぱる【引っ張る】**alaʻume**（あらʻうめ）．**huki**（ふき）．【（沢山の人で）引っ張る，（頻繁に）引っ張る，（綱引き試合のようにぐいと）引っ張る】**huhuki**（ふふき）．**hukihuki**（ふきふき）．【（重い物を）引っ張る】**kauō**（かうお）．

ひっぱれ【引っ張れ】**hōlina**（ほりな）〔英語：haul in!〕．

ひづめ【蹄】**māiʻuʻu**（まいʻうʻう）．

ひつようがある【（…する）必要がある】**ahona**（あほな）．

ひつようとされるもの【必要とされる物】**make**（まけ）．

ひてい【否定】**hōʻole**（ほʻおれ）．**hōʻole ʻana**（ほʻおれ_ʻあな）．

ひていけい【否定形】**hōʻole**（ほʻおれ）．**kino hōʻole**（きの_ほʻおれ）．

〔文法〕「…がなかったら，…がなければ，…でない」などの否定形は ʻaʻole で作る．〔用例〕彼は来なかった．ʻAʻole ʻo ia i hele mai.

〔文法〕「もうない（存在しない）」などの否定形は ʻaʻohe で作る．〔用例〕お金はないよ．ʻAʻohe kālā.

〔文法〕ʻole は前の語を否定する．〔用例〕良くない［従って悪い］．Maikaʻi ʻole.

〔文法〕mai は強く否定する（否定の命令形）．〔用例〕食べてはいけない．Mai ʻai ʻoe. わたしを忘れないで．Mai poina ʻoe iaʻu.

びていこつ【尾てい骨】**kīkala**（きから）．

ひていする【否定する】**hoʻonele**（ほʻおねれ）．**ʻole**（ʻおれ）．**hōʻole**（ほʻおれ）．

ひでり【日照り，日照り続き】**maloʻo**（まろʻお）．

びてん【美点】**hemolele**（へもれれ）．

ひと【人】**kama**（かま）．**kanaka**（かなか）．複数形は **kānaka**（かなか）．**kino**（きの）．**mea**（めあ）．mea は他の語と複合して使われる．〔用例〕フラダンサー．Mea hula.

【人との距離を保つ】**hoʻomamao**（ほʻおままお）．

【（情報や知識を）人に求める】**noiʻi**（のいʻい）．

【人の心を捕らえるような】**punihei**（ぷにへい）．〔用例〕人の心を捕らえるような物語り．Moʻolelo punihei.

【人の集団】**poʻe**（ぽʻえ）．

【（人の仲を裂くような意地の悪い）人，このようなことをする】**ʻāpiki**（ʻあぴき）．

【人を動かす】**hōʻeleu**（ほʻえれう）．

【(特に子供達に歌われる) 人をからかう歌，人をいじめる歌】ahahana（あははな）．ahana（あはな）．

【人を感動させる】walohia（わろひあ）．

【人を使用する】ho'olimalima（ほ'おりまりま）．

【人を引き付ける】hie（ひえ）．hiehie（ひえひえ）．

【人を引き付けるもの】'ume（'うめ）．

ひとあたりのよい【人当たりのよい】aulike（あうりけ）．

ひとかげのない【人影のない】ka'awale（か'あわれ）．

ひとかじり【一齧り】'a'aki（'あ'あき）．

ひとかみ【一噛み】'a'aki（'あ'あき）．

ひとくい【人食い】'ai kanaka（'あい_かなか）．

ひどくきむずかしいたいどをとる【酷く気難しい態度をとる】ho'okamalani（ほ'おかまらに）．

ひとくぎり【一区切り】pale（ぱれ）．

ひとくちにこまかくきった【一口に細かく切った】weluwelu（うぇるうぇる）．

ひどくぶさほうな【酷く不作法な】kekē niho（けけ‾_にほ）．

ひとくみ【(トランプ札の) 一組】pu'u pepa（ぷ'う_ぺぱ）．

ひとくみにする【一組にする】⇒いっしょ【一緒】．

ひとさしのさかな【一刺しの魚】kāili（か‾いり）．

ひとさしゆび【人差指】lima kuhi（りま_くひ）．〈逐語〉指し示す指．mana-mana kuhi（まなまな_くひ）．

ひとしい【等しい】'ālike（'あ‾りけ）．kaulike（かうりけ）．like, likelike（りけ，りけりけ）．

ひとしくする【等しくする】ho'ohālike（ほ'おほ‾りけ）．ho'ohālikelike（ほ'おほ‾りけりけ）．kaulike（かうりけ）．ho'okaulike（ほ'おかうりけ）．

ひとそろい【(婦人服の) 一揃い】pa'a-lole（ぱ'あろれ）．スーツなども同様．

ひとたば【一束】pūpū（ぷ‾ぷ‾）．

ひとつ【一つ】kahi（かひ）．'ekahi（'えかひ）．'akahi（'あかひ）．〔数詞〕．⇒いち【1・一】，本文末「数詞・数字」を参照．

【(たった) 一つ，(たった) 一つの】ho'okahi（ほ'おかひ）．

【(ただ) 1人，(ただ) 1人で，(ただ) 1人の】ho'okahi（ほ'おかひ）．

【一つ，一つずつ，1人ずつ】kuakahi（くあかひ）．

【一人だけの】kuakahi（くあかひ）．

【(もう) 一つ，(いま) 一つ】kekahi（けかひ）．

ひとつかみ【一掴み】poho lima（ぽほ_りま）．

ひとつしかない【(ただ) 一つしかない】kū kahi（く‾_かひ）．

ひとつづき【一続き】mo'o（も'お）．

ひとつにまとまった【一つに纏まった】papau（ぱぱう）．

ひとつの【一つの】he（へ）．〔文法・不定冠詞〕．he は通常，句の始めに使い，「一つの (1人の)…です」となる．〔用例〕これは1本の鉛筆です．He penikala kēia．「一つの…を持ってい

る」の場合は，所有詞を伴う．〔用例〕私は1冊の本を持っています．He puke koʻu. ⇒かんし．
ヒトデ【海星（一般）】ʻōpeʻapeʻa（ʻōpeʻapeʻa）．
ひとにぎり【一握り】poho lima（ぽほ_りま）．
ひとびと【人々】poʻe（ぽʻえ）．
【人々と寂しさを晴らす】hoʻo-laukanaka（ほʻおらうかなか）．
ひとふし【（腸詰めなどの）一節】paukū（ぱうくー）．
ひとまき【一巻】ʻōwili（ʻōうぃり）．pōkaʻa（ぽかʻあ）．
ひとめ【一目】ʻalawa（ʻあらわ）．
ひとめをしのんだ【人目を忍んだ】peʻe（ぺʻえ）．
ひとめをしのんで【人目を忍んで】malū（まるー）．
ひとめをひくようにそうしょくする【人目を引くように装飾する】hoʻoulu-māhiehie（ほʻおうるまーひえひえ）．
ひとり【独り［1人］，～でいる】kau-kahi（かうかひ）．〈比較〉一緒[kaulua]．kūhaʻo（くーはʻお）．
【1人で立っている】kū kahi（くー_かひ）．
【1人にする】hoʻokahi（ほʻおかひ）．〔用例〕たった1人で住む．Noho hoʻokahi.
ひとりっこ【1人っ子】hua kahi（ふあ_かひ）．kama kahi（かま_かひ）．
ひとりでにとぶ【ひとりでに飛ぶ［はねる・移動する］】lele wale（れれ_われ）．

ひとりぼっちの【独りぼっちの】mehameha（めはめは）．
ヒナ〔ハワイ〕Hina．女神の名前．
ヒナギク【雛菊】makalika（まかりか）．
ひなたにつるす【日向に吊るす】kaulaʻi（かうらʻい）．日向で乾かすように吊るす．
ひなたぼっこする【日向ぼっこする】lala（らら）．
ひなどり【雛鳥】pūnua（ぷーぬあ）．羽の生えたてのひな鳥，巣立ちしたばかりのひな鳥．
ひなん【非難】ʻaʻahuā（ʻあʻあふあー）．ʻāhewa（ʻあーへヴぁ）．halahala（はらはら）．hoʻolawehala（ほʻおらヴぇはら）．
【非難するように話す】ʻaʻahuā（ʻあʻあふあー）．
ひなんじょ【避難所】pūnana（ぷーなな）．puʻuhonua（ぷʻうほぬあ）．
ひなんする【非難する】ʻāhewa（ʻあーへヴぁ）．hoʻāhewa（ほʻあーへヴぁ）．hoʻohewa（ほʻおへヴぁ）．hoʻomaʻewa（ほʻおまʻえヴぁ）．hoʻonele（ほʻおねれ）．huhū（ふふー）．ʻimi hala（ʻいみ_はら）．nema（ねま）．nemanema（ねまねま）．
【非難された】maʻewa, māʻewaʻewa（まʻえヴぁ，まーʻえヴぁʻえヴぁ）．
ひなんする【避難する】hoʻāho（ほʻあーほ）．
ひにくな【皮肉な】ʻaikola（ʻあいこら）．kīkoi（きーこい）．kīkoʻolā（きーこʻおらー）．
ひにん【否認】hōʻole（ほーʻおれ）．

ひにんする【否認する】'ole（'おれ）. hō'ole（ほ̄'おれ）.

ひねった【捻った】keke'e（けけ'え）.

ひねる【捻る】'ōmilo（'お̄みろ）. wili（うぃり）.【(センニットの撚り糸などを)捻る】milo（みろ）.

ひのあな【火の穴】⇒ひ【火】.

ひのいり【日の入り】⇒ひ【日】.

ひのしだい【火熨斗台】papa 'aiana（ぱぱ_'あいあな）. アイロン台も同様.

ひのたま【(火山などから噴出[排出]した)火の玉】⇒ひ【火】.

ひので【日の出】⇒ひ【日】.

ひばなをだしている【火花を出している】liko（りこ）.

ひはん【批判】kē（け̄）.
【批判に(大いに)敏感な】lili（りり）. 特に愛する人を批判された時に感じる怒りと精神的な激痛.
【批判すること】nema（ねま）. nemanema（ねまねま）.

ひはんする【批判する】ho'ohalahala（ほ'おはらはら）. kē（け̄）.

ひび【皹・罅】māwae（ま̄わえ）.
【(皿などに)ひびが入った】nahā（なは̄）.
【ひびが入る】māwae（ま̄わえ）.
【(暑さによって地面などに)ひびが入る】naka（なか）.
【ひびを入れる】ho'onahā（ほ'おなは̄）.

ひびく【響く】olo kani（おろ_かに）.

ひひょうか【(特にフラダンスの)批評家】kē（け̄）.

ひひょうする【批評する】kē（け̄）. kūhalahala（く̄はらはら）.
【批評すること】nema（ねま）. nemanema（ねまねま）.

ひひょうの【批評の】nema（ねま）. nemanema（ねまねま）.

ひふ【皮膚】'ili（'いり）.
【皮膚が固くなった】⇒たこ【胼胝】.
【(刺激で)皮膚がムズムズする】pu'upu'u mane'o（ぷ'うぷ'う_まね'お）.

びふう【微風】ahe（あへ）. makani（まかに）. 'ōnini（'お̄にに）.

びぶんし【微分子】huna（ふな）.

ひぼしにする【日干しにする】ho'olā（ほ'おら̄）.

ひぼしれんが【日干し煉瓦】pōhaku lepo（ぽ̄はく_れぽ）.

ひぼんな【非凡な】'e'epa（'え'えぱ）. 奇跡的な力をもった人間など.

ヒマ【蓖麻】lā'au 'aila（ら̄'あう_'あいら）.〈逐語〉油の植物. pā'aila（ぱ̄'あいら）.〔植物〕Ricinus communis：トウゴマも同様.；その実からヒマシ油（蓖麻子油）を採る. インド原産.
【ヒマの実】kolī（こり̄）.
【ヒマシ油】'aila ho'onahā（'あいら_ほ'おなは̄）.〈逐語〉下剤油. kolī（こり̄）. 'aila kolī（'あいら_こり̄）.〈逐語〉ヒマの実油.

ひまどる【隙取る・暇取る】kali（かり）.

ひまなじかん【(くつろいだ)暇な時間】nanea（なねあ）. ⇒たいくつな【退屈な】.
【暇な時間がある】luana（るあな）.

ヒマワリ【向日葵】pua nānā lā（ぷあ_な̄な̄_ら̄）.〈逐語〉太陽を眺める花.

nānālā（ななら）.〔植物〕キク科ヒマワリ属の総称.
ひまをつぶす【暇を潰す】ho'olalau（ほ'おららう）.
ひまん【肥満】'ōpū nui（'おぷ_ぬい）.
ひみつきょうさいくみあいの【秘密共済組合の】hui malū（ふい_まる）.
ひみつけっしゃ【秘密結社】hui malū（ふい_まる）. フリーメイスンのようなすべての秘密同業者組合.
ひみつにあう【秘密に会う】hui malū（ふい_まる）.
ひみつにする【秘密にする】hūnā（ふな）.
ひみつにはなす【秘密に話す】ho'onamu（ほ'おなむ）.
ひみつのかいぎ【（緊急に招集されたような）秘密の会議】'aha iki（'あは_いき）.
ひめい【悲鳴】kani（かに）.
【悲鳴を上げる】alawī（あらうぃ）.
ヒメジ【〜】weke（うぇけ）.〔魚〕食用魚として昔からたくさん捕獲されているヒメジの数種類. weke 'a'ā（うぇけ_'あ'あ）.〔魚〕Mulloidichthys somoensis：ヒメジ科の熱帯・亜熱帯産の海魚.〈逐語〉（色合いの）けばけばしい. kūmū（くむ）.〔魚〕Parupe-neus porphyreus：ヒメジの一種.【ヒメジの稚魚】'āhuluhulu（'あふるふる）. 'oama（'おあま）.
ひも【紐】aho（あほ）. kaula（かうら）.【（ココナッツの樹皮や人間の髪の毛で編んだ）紐】'aha（'あは）.【（ヒョウタンの水がめを支える）紐】'aha hāwele（'あは_ほうぇれ）.【（靴などの）紐】lī（り）.
【紐で縛る】lī（り）.
【（レイやキャンドルナッツなどを）紐に通す】hili（ひり）.
【紐を編む】hō'aha（ほ'あは）.
【紐を結ぶ】kaula lī（かうら_り）. 靴やコルセットのひもを結ぶことなど.
【紐状のもの】hili（ひり）.
びもうじょうの【微毛状の】weuweu（ヴぇうヴぇう）.
ひやかす【冷かす】'aka'aka（'あか'あか）. pāhenehene（ぱへねへね）.
ひゃく【百】hanele（はねれ）. haneri. は異形.〔英語：hundred〕.
ビャクダン【白檀】'iliahi（'いりあひ）.〔植物〕Santalum種：ハワイに生息するビャクダンの全種
ヒャクニチソウ【百日草】pua pihi（ぷあ_ぴひ）.〔植物〕百日草の全種（特にZinnia elegans）.
ひゃくぶん【百分，百分率】pakeneka（ぱけねか）.〔英語：percent〕.
ひゃくまん【100万，100万個，100万人】miliona（みりおな）.〔英語：million〕.
ひゃくまんちょうじゃ【百万長者】'ona miliona（'おな_みりおな）.〈逐語〉百万ドルの所有者.
ひやけ【日焼け】'ai lā（'あい_ら）.
【（太陽によって）日焼けした】mo'a（も'あ）. nono（のの）.
【（太陽で）日焼けして火脹れになった】'ōwela（'おうぇら）.
ひやす【冷やす】ho'ohu'ihu'i（ほ'おふ

'いふ'い）.

ビヤホール【beer hall】hale inu pia（はれ_いぬ_ぴあ）.〈逐語〉ビールを飲む家.

びやぽん【琵琶笛】nī'au kani（にー'あう_かに）.〔楽器〕口琴；薄い木片とココナッツの葉の中肋で作られる.〈逐語〉音を立てるココナッツの葉の中肋.

ピューター【pewter】piula（ぴうら）.〔英語〕錫すずの合金.

ヒューというおと【ヒューという音】⇒おと【音】,◆擬音語を参照.

ひゆてきな【比喩的な】ho'onanenane（ほ'おなねなね）.

ひゆてきないみ【比喩的な意味】mana'o ho'onalonalo（まな'お_ほ'おなろなろ）.

ひゆてきなことば【比喩的な言葉】'ōlelo ho'onalonalo（'おれろ_ほ'おなろなろ）.

ひょう【表】papa helu（ぱぱ_へる）.

ひょう【雹】huahekili（ふあへきり）.〈逐語〉雷の実.⇒あられ【霰】.

びょう【秒】kekona（けこな）.sekona.は異形.〔英語：second〕時間の単位.

びょう【鋲】kui（くい）.kui hao（くい_はお）.mākia（まーきあ）.
【鋲の（鋭い）先端】maka kui（まか_くい）.

ひょうい【憑依】haka（はか）.

びょういん【病院】hale ma'i（はれ_ま'い）.haukapila（はうかぴら）.〔英語：hospital〕.

びょうき【病気, 病気の, 病気で, 病人】ma'i（ま'い）.

【病気が一層悪くなる】ho'olawehala（ほ'おらヴぇはら）.

【病気が回復した】polapola（ぽらぽら）.

【病気が回復する】pohala（ぽはら）.

【病気が治る】'īnana（'いーなな）.病人が元気に生活したり, 活動できるようになる.

【病気にかかっている期間】kau ma'i（かう_ま'い）.

【病気をいやす】ola（おら）.ho'ōla（ほ'おーら）.

【病気を治療する】ma'i ola（ま'い_おら）.ho'ōla（ほ'おーら）.

【病気を治療するための礼拝の場所】heiau ho'ōla（へいあう_ほ'おーら）.

ひょうぎいいんかい【評議委員会】'aha'ōlelo nui（'あは'おーれろ_ぬい）.

ひょうぎしゅうかい【評議集会】'aha kūkā（'あは_くーかー）.

ひょうけつ【（陪審の）評決】'ōlelo ho'oholo（'おーれろ_ほ'おほろ）.

ひょうけつしょ【（陪審員の）評決書】palapala ho'okō（ぱらぱら_ほ'おこー）.

ひょうし【（音楽の）拍子】pana（ぱな）.mahele（まへれ）.〔音楽〕.
【拍子を取る】pana（ぱな）.

ひょうし【表紙】'ili（'いり）.

ひょうじする【表示する】hō'ike（ほー'いけ）.

びょうじゃくそうな【病弱そうな】mamae（ままえ）.

びょうじゃくな【病弱な】ma'awe,

mā'awe'awe（ま'あヴぇ, ま'あヴぇ'あヴぇ）. 'owali（'おわり）.

ひょうしょう【表彰】hō'ailona（ほ'あいろな）.〔用例〕勝利の象徴, 優勝記念品（トロフィーなど）. Hō'ailona lanakila.

びょうしんの【病身の】'ōma'i（'おま'い）. 'ōma'ima'i（'おま'いま'い）.

ひょうだい【(新聞の論説などの) 表題】po'o'ōlelo（ぽ'お'おれろ）.

ヒョウタン【瓢箪】ipu（いぷ）.〔植物〕Lagenaria siceraria：ヒョウタンの一般名称. hue（ふえ）. pōhue（ぽふえ）.《(フラダンスに使われるような) ヒョウタンを打つ音》kūkū（くく）.《ヒョウタン製の太鼓》ipu pa'i（いぷ_ぱ'い）.《ヒョウタン製の水入れ, 水がめ》hue（ふえ）. hue wai（ふえ_わい）.《(中央の回りがくぼんだ) ヒョウタン製の水がめ》hue wai pū'ali（ふえ_わい_ぷ'あり）.《(砂時計のような形をした) ヒョウタン製の水がめ》hue wai pueo（ふえ_わい_ぷえお）. ipu pueo（いぷ_ぷえお）.《ヒョウタン製の容器》hōkeo（ほけお）.《ヒョウタンの太鼓の上部》heke（へけ）. 踊りの時使用する二つのヒョウタンをつなぎあわせたものの上の部分.《ヒョウタン笛》hōkio（ほきお）. hōkiokio（ほきおきお）. ipu hōkiokio（いぷ_ほきおきお）.

ひょうちゅう【標柱】kia（きあ）.

ひょうてんをあたえる【(等級や成績の) 評点を与える】kaha, kahakaha（かは, かはかは）.

びょうどうにする【平等にする】ho'okaulike（ほ'おかうりけ）.

ひょうはくした【漂白した】kuakea（くあけあ）.【漂白した木綿地】ke'oke'o wai（け'おけ'お_わい）

ひょうはくする【漂白する】ho'oke'o（ほ'おけ'お）. ho'okuakea（ほ'おくあけあ）. kuakea（くあけあ）.

ひょうひ【(動物などの) 表皮】'ili luna（'いり_るな）.

ひょうめいする【表明する】hō'ike（ほ'いけ）.

ひょうめん【表面】alo（あろ）. 'ili（'いり）.【(水などの) 表面】'iliwai（'いりわい）.【表面に印を付ける】kaha, kahakaha（かは, かはかは）. 尖ったものやざらざらしたもので, 擦ったり・引っかいたり・引き裂いたりして…の表面を痛めつける [傷つける].

ひょうりゅうする【(船などが) 漂流する】auhele（あうへれ）. īkā（いか）. lana hele（らな_へれ）.

ひょうろんする【評論する】kē（け）. kūhalahala（くはらはら）.【評論すること】nema（ねま）. nemanema（ねまねま）.

ひよくな【(土壌など) 肥沃な】momona（ももな）. nakele（なけれ）.

ひよけぼう【(婦人用) 日除け帽】pāpale

‘o‘oma（ぽぱれ_‘お‘おま）.〈逐語〉フレアー（のある）帽子.

ピヨピヨなく【（ひな鳥が）ピヨピヨ鳴く】kio（きお）.

ひよめき【（乳幼児の）顖門】manawa（まなわ）. 脈拍に連れて動く前頭部または後頭部. また, ひよめきの位置にある大人の頭のてっぺん. pūniu（ぷにう）.

ひょろながい【（植物などの）ひょろ長い】līlā（りら）.

ひらいた【（石などの）平板】pōhaku（ぽはく）.

ひらいた【（花弁が）開いた】mohala（もはら）.

ひらいたりゆるめたりする【（指などを）開いたり弛めたりする】‘a‘ama（‘あ‘あま）.

ひらいている【（戸などが）開いている】hāmama（はまま）.

ヒラウチワサボテン【平団扇仙人掌】pānini（ぱにに）.〔植物〕Opuntia megacantha：ハワイのありふれた野生のサボテン；その実は食用になる.〈逐語〉かきねの壁.

ひらおよぎ【平泳ぎ】‘au umauma（‘あう_うまうま）.

【平泳ぎで泳ぐ】‘au umauma（‘あう_うまうま）.

ひらかれた【開かれた】holahia（ほらひあ）.〔文法〕-hia は受動態, 命令形を作る接尾辞.

ひらく【開く】hāmama（はまま）. hola（ほら）. ‘uehe（‘うえへ）.

【（羽などが）開く】hohola（ほほら）.

【（花びらなどが）開く】pōhala（ぽはら）.

ひらけ【開け】Holahia!（ほらひあ）.〔文法〕-hia は受動態, 命令形を作る接尾辞.

ひらたい【平たい】papa（ぱぱ）.

ひらたいものでうつ【平たいもので（ピシャリと）打つ】pa‘i（ぱ‘い）.

ひらてでうつ【平手で（ピシャリと）打つ】pa‘i（ぱ‘い）. ho‘opa‘i（ほ‘おぱ‘い）.

ひらなべ【平鍋】pā（ぱ）.〔文法〕冠詞は ka でなく ke を使う.

ヒラマメ【平豆】pī（ぴ）.

ピラミッドかたのもの【pyramid 型のもの】pū‘o‘a（ぷ‘お‘あ）.

ピリ〔ハワイ〕pili.〔植物〕Heteropogon contortus：家の屋根葺きとして使われた草.

【ピリ草で屋根をふいた家】hale pili（はれ_ぴり）.

ピリオド【（記述記号の）period [.]】kiko ho‘omaha（きこ_ほ‘おまは）.〈逐語〉休んでいる句読点. kiko kahi（きこ_かひ）.〈逐語〉一個の小点.

ひりひりする【～】lili‘u（りり‘う）.〔感覚〕生傷に塩が入った時のような痛み.

ひりひりするのど【ヒリヒリする喉】pu‘upau（ぷ‘うぱう）.

ビリヤード【billiard, ビリヤードをする】pahupahu（ぱふぱふ）.

ひりょう【肥料】pela（ぺら）. 特に腐敗させた肉.

【肥料をやる】ho‘opulu（ほ‘おぷる）.

びりょう【微量】huna（ふな）．

びりょう【鼻梁】pou（ぽう）．

ヒル【蛭】koʻe（こʻえ）．omo koko（おも_ここ）．

ひるがえる【（旗などが）翻る】kōwelo, koelo（こｳぇろ，こえろ）．

ヒルガオ【昼顔（科の植物）】hunakai（ふなかい）．〔植物〕Ipomea stolonifera, 異名 I. acetosaefolia：ヒルガオ科の一種．pōhuehue（ぽふえふえ）．〔植物〕Ipomoea pescaprae：ヒルガオ科の一種．brasiliensis の変種．

ひるすぎ【昼過ぎ】ʻāluna awakea（ʻあな_あヴぁけあ）．

ひれ【鰭】lā（らー）．〔用例〕背ひれ．Kua lā.

ひれつな【卑劣な】ʻaikola（ʻあいこら）．

ひれふす【（首長の前に）平伏す】moe（もえ）．

ヒロ【人名】Hilo．有名なポリネシアの海洋探険家．

ひろ【尋】anana（あなな）．〔計量〕両手を広げた長さ．5尺，または6尺．⇒ファゾム．

ひろい【広い】laulā（らうらー）．moana（もあな）．

ひろう【疲労】luhi（るひ）．
【疲労の原因となる】hoʻomāluhiluhi（ほʻおまるひるひ）．

ひろうした【疲労した】luhi, luhiluhi（るひ，るひるひ）．māluhiluhi（まるひるひ）．【（きつい仕事などで）疲労した】kena（けな）．
【疲労させる】luhi, luhiluhi（るひ，るひるひ）．māluhiluhi（まるひるひ）．

ビロード【天鵞絨】weleweka（ヴぇれヴぇか）．ベルベットも同様．

ひろがり【広がり】kīkoʻo（きこʻお）．

ひろがる【広がる】hoʻolaulā（ほʻおらうらー）．mahola（まほら）．ulu（うる）．【（枝などが）広がる】pūnohu（ぷのふ）．
【広がること】ʻaʻai（ʻあʻあい）．
【広がった】moana（もあな）．
【広がっている】moana（もあな）．

ひろくしられている【広く知られている】laulā（らうらー）．

ひろくなる【広くなる】hoʻolaulā（ほʻおらうらー）．

ひろくふきゅうさせる【広く普及させる】hoʻolaha（ほʻおらは）．

ひろげた【広げた】laha, lahalaha（らは，らはらは）．pālaha（ぱらは）．

ひろげる【（シーツを）広げる】hāliʻi（はりʻい）．【（腕などを）広げる】hela（へら）．【（タパ布・マット・羽などを）広げる】hola（ほら）．hohola（ほほら）．kauhola（かうほら）．【（マットなどを床に）広げる】hoʻomoana（ほʻおもあな）．【（折り畳んだ物などを）広げる】lole（ろれ）．
【広げられた】holahia（ほらひあ）．〔文法〕hola の受動態．
【広げろ】Holahia!（ほらひあ）．〔文法〕hola の命令法．

ひろさ【広さ】kīkoʻo（きこʻお）．

ひろば【広場】kuea（くえあ）．〔英語：square〕．〔用例〕トマス広場．Kamaki Kuea.

ひろびろした【広々した】ākea（あけー

あ）．〈比喩〉心の広い．laha, lahalaha（らは，らはらは）．laulā（らうらː）．moana（もあな）．pālaha（ぱらは）．

ひろめた【広めた】laha, lahalaha（らは，らはらは）．

ピン【（一般的な）pin】kui（くい）．mākia（まきあ）．pine（ぴね）．〔英語〕．【（ネクタイピンなどの）ピン】kui ʻōmou（くい_ʻōもう）．
【ピンで止める】pine（ぴね）．〔英語〕．

びん【瓶】ʻōmole（ʻōもれ）．
【瓶の栓】pani ʻōmole（ぱに_ʻōもれ）．

ひんい【品位】kapukapu（かぷかぷ）．

ピンクいろ【pink色】ʻākala（ʻāから）．《オーヘロベリーのようなピンク色》ʻohelohelo（ʻōへろへろ）．《夕焼け雲のような白とピンクの間のほのかな色》puakea（ぷあけあ）．【ピンク色にする】hoʻōhelohelo（ほʻōへろへろ）．

ひんこうのただしい【品行の正しい】maikaʻi（まいかʻい）．

ひんこうほうせいな【品行方正な】hoʻopono（ほʻōぽの）．

ひんこん【貧困】ʻilihune（ʻいりふね）．【貧困に打ち拉ひしがれた】ʻilikole（ʻいりこれ）．【貧困にする】hoʻonele（ほʻōねれ）．【貧困になる】hoʻoneo（ほʻōねお）．【貧困な】hune（ふね）．ʻilihune（ʻいりふね）．〈逐語〉ちっぽけな皮膚．ʻōlohe（ʻōろへ）．

ひんし【品詞】ʻano hua ʻōlelo（ʻあの_ふあ_ʻōれろ）．

びんしょうな【敏捷な】mikiʻala（みきʻあら）．

びんせんちょう【便箋帳】⇒ひっきちょう【筆記帳】．

ぴんとはる【ぴんと張る】hoʻomālō（ほʻōまろ）．
【ぴんと張った】mālō（まろ）．

ひんば【牝馬】⇒ウマ【馬】．

ひんぱんに【頻繁に】alapine（あらぴね）．pinepine（ぴねぴね）．【頻繁に遊ぶ】paʻapaʻani（ぱʻあぱʻあに）．【頻繁に通過する】māʻaloʻalo（まʻあろʻあろ）．

びんぼう【貧乏】ʻilihune（ʻいりふね）．〈逐語〉ちっぽけな皮膚．【貧乏にさせる】hōʻilikole（ほːʻいりこれ）．【貧乏な】nele（ねれ）．ʻōlohe（ʻōろへ）．【（非常に）貧乏な】ʻilikole（ʻいりこれ）．〈逐語〉すり切れた皮膚．

ひんもく【品目】ikamu（いかむ）．itamu．は異形．〔英語：item〕．

びんわんな【敏腕な】mākaukau（まかうかう）．

ふ

プア・ケニケニ〔ハワイ〕pua kenikeni〔植物〕Fagraea berteriana：南太平洋産の低木；香りのよい花はレイに使われる．

ファゾム【fathom】anana（あなな）．〔計量〕海や鉱山で用いる長さの測量単位6フィート．約1.8m．1尋ひろ．

ふあん【不安】hopohopo（ほぽほぽ）．【不安にさせる】ho'ohopohopo（ほ'おほぽほぽ）．
【(精神的に) 不安になる】ku'ia（く'いあ）．

ファンタジー【fantasy】moemoeā（もえもえあ）．

ふあんていな【不安定な】'ae'a（'あえ'あ）．ewa（えヴぁ）．ho'ōpe'a（ほ'おぺ'あ）．kāhulihuli（かふりふり）．lewa, lelewa, lewalewa（れヴぁ, れれヴぁ, れヴぁれヴぁ）．māewa（まえヴぁ）．naka（なか）．

ファン・ベルト【fan belt】⇒かわ【皮】．

ブイ【buoy】mouo（もうお）．漁業用の網についている浮きも同様．

ふいご【吹子】'ōpū makani（'おぷ_まかに）．〈逐語〉風の腹．

フィジー【Fiji, フィジー諸島, フィジー人, フィジー語】Pīkī（ぴき）．〔英語〕南太平洋の英連邦内の独立国．

ふいにおそう【(黙って) 不意に襲う】ānehe（あねへ）．

ふいにほうもんする【ふいに訪問する】kipa wale（きぱ_われ）．招かれないのに, または歓迎されないのに入り込む．

ふいのはっせい【不意の発生】kāhāhā（かほほ）．びっくり・驚異・不満など不意の発生．

フィリピン【Philippine, フィリピン群島, フィリピン人, フィリピン語】Pilipino（ぴりぴの）．Filipino．は異形．〔英語〕．

フィンガーボール【finger bowl】ipu holoi lima（いぷ_ほろい_りま）．〈逐語〉手を洗う容器．po'i wai holoi（ぽ'い_わい_ほろい）．

プーイリ〔ハワイ〕pū'ili（ぷ'いり）．〔楽器〕竹の先を切り割いて作られた踊りに使われる打楽器．

プーキアヴェ〔ハワイ〕pūkiawe（ぷきあヴぇ）．〔植物〕1．自生の低木（Styphelia・Cyathodes の全種および変種）．2．トウアズキ［Abrus precatorius］．

ブーツ【boots, (腰の丈まである) ブーツ】kāma'a lō'ihi（かま'あ_ろ'いひ）．〈逐語〉背の高いくつ．

プーニウ〔ハワイ〕pūniu（ぷにう）．〔楽器〕ココナッツの殻に魚の皮を張って作られた, ひざにつけて[はさんで] たたく小さな太鼓．

プープー・ニイハウ〔ハワイ〕pūpū Ni'ihau（ぷぷ_に'いはう）．〔貝〕Columbella と Leptothyra：光沢のある小さな貝．ニイハウ島では momi または momi-o-kai という名前で知られている；レイに使われる．

ブーム【boom】kewe（けヴぇ）．ボートなどを吊るす舷側の腕架．

プール【pool】⇒ビリヤード．

プール【(泳ぐ) pool】pūnāwai 'au'au（ぷなわい_'あう'あう）．

ふういん【封印】kuni（くに）．

ふういんする【封印する】kila（きら）．sila．は異形．〔英語：seal〕．
【封印された】kila（きら）．sila．は異形．〔英語：seal〕．

ふううがつよい【風雨が強い, 風雨が猛

ふかいかなしみ

烈な】kūpiki'ō（くぴき'ぉ）．〈比喩〉精神的に乱した．

ふううにさらされた【風雨に晒された】lele（れれ）．

ふうけいをみる【風景を見る】māka'ika'i（まか'いか'い）．
【風景を見せる】ho'omāka'ika'i（ほ'ぉまか'いか'い）．

ふうさい【風采】maka（まか）．

ふうしゃ【風車】wili makani（うぃり_まかに）．

ふうしゅう【風習】loina（ろいな）．lula（るら）．rula．は異形．〔英語：rule〕．

ふうせつ【風説】lono（ろの）．

ふうせんだま【風船玉】pāluna（ぱるな）．baluna．は異形．〔英語：balloon〕．

ふうたい【（オルガンなど送風楽器の）風袋】'ōpū makani（'ぉぷ_まかに）．

ふうとう【封筒】wahī leka（わひ_れか）．

ふうふ【夫婦】pa'a male（ぱ'ぁ_まれ）．

ふうぼうガラス【風防ガラス】pale makani（ぱれ_まかに）．

ふうみのない【風味のない】ānea（あねあ）．

ふうみのよい【風味の良い】'ono（'ぉの）．

ふうろう【封蝋】kēpau kāpili palapala（けぱう_かぴり_ぱらぱら）．

ふうん【不運】pō'ino（ぽ'いの）．pakalaki（ぱからき）．〔英語：unlucky〕．

ふえ【笛】⇒はな【鼻笛】，びやぼん【琵琶笛】，ヒョウタン《ヒョウタン笛》．
【笛を吹く】hōkio（ほきお）．hōkiokio（ほきおきお）．

ふえいせいにした【不衛生にした】pilo（ぴろ）．

フエダイ【笛鯛】'ōpakapaka（'ぉぱかぱか）．〔魚〕Pristipomodes microlepis．'ula'ula（'うら'うら）．〔魚〕Etelis marshi．赤色のフエダイの一種．

フェリーボート【ferry boat】wa'apā（わ'ぁぱ）．〈逐語〉板カヌー．

ふえる【増える】māhua, māhuahua（まふあ，まふあふあ）．ulu（うる）．【（益々）増えること】'a'ai（'ぁ'あい）．

プエルトリコ【Puerto Rico，プエルトリコの，プエルトリコ人】Pokoliko（ぽこりこ）．Poto Riko．は異形．〔英語・地理〕西インドの島．

ふおんにする【不穏にする】hō'oni（ほ'ぉに）．

フカ【鱶】⇒サメ【鮫】．〔魚〕フカは大型のサメ類の俗称，特に関西以西でいうことが多く，山陰地方ではワニ，ワニザメともいう．

ふかい【（霧などが）深い】'a'aki（'ぁ'あき）．

ふかい【（技能や知識など）深い】li'u（り'う）．

ふかいうみ【深い海】kai hohonu（かい_ほほぬ）．

ふかいかなしみ【深い悲しみ】mānewanewa（まねヴぁねヴぁ）．'ū（'う）．〔用例〕深い悲しみを受けた．Noho 'ū．

343

ふかいさら【(肉汁が十分入る)深い皿】ipu kai（いぷ_かい）. pā（ぱ）.【(楕円形の木製の)深い皿】kāloa（かろあ）.

ふかいな【不快な】hoʻopailua（ほʻおぱいるあ）. ukiuki（うきうき）.

ふかいにかんじる【不快に感じる】mānaʻonaʻo（まなʻおなʻお）.

ふかいのかんとうし【不快(感を表す)間投詞】⇒かんとうし【間投詞】.

ふかかいな【不可解な】āiwa, āiwaiwa（あいヴぁ, あいヴぁいヴぁ）. hoʻonanenane（ほʻおなねなね）. pāhaʻohaʻo（ぱはʻおはʻお）.

ふかかいなことをする【不可解なことをする】hoʻonane（ほʻおなね）.

ふかくかなしむ【深く悲しむ】auwē（あうう̄ぇ）. auē（あうえ）. manawahua（まなわふあ）. ʻū（ʻう）.

ふかさ【深さ】lalo（らろ）. 〔所格の名詞〕. しばしばiまたはmaが先に付く. また独立した単語として使われることもある.

ふかざら【深皿】⇒ふかいさら【深い皿】, イプ・カイ.

ふかする【付加する】hoʻohui（ほʻおふい）.【付加された】koe（こえ）.

ぶかっこうな【不格好な】paʻewa（ぱʻえヴぁ）. pepeʻe（ぺぺʻえ）.

ふかっぱつな【不活発な】heha（へは）. pū（ぷ）.

ふかのうな【不可能な】hiki ʻole（ひきʻおれ）.

ふかみのある【(知的な)深みのある】hohonu（ほほぬ）.

ふかんぜんな【不完全な】ʻewa（ʻえヴぁ）. hape（はぺ）.

ふぎ【不義】moekolohe（もえころへ）.【不義［不貞］を犯す】moe ipo（もえ_いぽ）.

ふきげんな【不機嫌な】ʻaʻaka（ʻあʻあか）. kekē niho（けけ_にほ）. mumule（むむれ）. nauki（なうき）. nāukiuki（なうきうき）. nāuki（なうき）. nuha（ぬは）. nunuha（ぬぬは）.

ふきげんにさせる【不機嫌にさせる】hoʻonuha（ほʻおぬは）.

ふきげんにした【不機嫌にした】uluhua（うるふあ）.

ふきげんにする【不機嫌にする】hoʻoukiuki（ほʻおうきうき）.

ふきつな【不吉な】pahulu（ぱふる）. hoʻopahulu（ほʻおぱふる）.

ふきでもの【吹き出物】huehue（ふえふえ）. puʻu（ぷʻう）.【吹き出物だらけの】puʻupuʻu（ぷʻうぷʻう）.

ふきとる【(布で)拭き取る】kāwele（かヴぇれ）.

ふきゅう【(木材や布地などの)腐朽, 腐朽した】popopo（ぽぽぽ）.

ふきょう【布教】mikiona（みきおな）. misiona. は異形. 〔英語：mission〕.

ぶきような【無器用な】hemahema（へまへま）.

ふきわら【(屋根の)葺き藁】ako（あこ）.

ふきん【布巾】kāwele（かヴぇれ）.

ふきんとうな【不均等な】ana 'ole (あな_'おれ).

ふく【服】lole (ろれ). ⇒コート, シャツ, ホロクー, ムウムウ.
【服を着る】komo (こも). lole (ろれ).

ふく【(息を・水を) 吹く】puhi (ぷひ).

ふく【(布で皿などを) 拭く】ka'a malo'o (か'あ_まろ'お). 【(涙などを軽くおさえて) 拭く】penu (ぺぬ).

ふく【(代わり・予備の) 副】hope (ほぺ). 〔用例〕代理官. Hope po'o.

フグ【河豚(の一種)】'o'opu hue ('お'おぷ_ふえ). 〔魚〕Arothron meleagris と Chilomycterus affinus：ミゾレフグ, イシガキフグ.

ふくいん【福音】'euanelio ('えうあねりお). 'ōlelo maika'i ('おれろ_まいか'い). 〔キリスト教〕イエスの説いた救いについての教え.
【福音主義者】'euanelio ('えうあねりお). ewanelio. は綴りの異形.

ふくいんぐんじん【復員軍人】⇒たいえきぐんじん【退役軍人】.

ふくかん【副官】hope po'o (ほぺ_ぽ'お). lukānela (るかねら). lutanela. は異形. 〔英語：lieutenant〕.

ふくし【副詞】ha'inale'a (は'いなれ'あ). kōkuaha'ina (こくあは'いな). 〔文法〕日本語でいう副詞の多くはハワイ語では動詞として扱う. また多くの動詞が副詞の意味を含んでいる. 〔用例〕静かに風が吹く. Ahe. 静かに動く. Hani. (雲や大きな巻き波などが) 完全に覆う. Po'ipū.

ふくじ【(西洋) 服地】'a'a lole ('あ'あ_ろれ).

フクシア【fuchsia】kulapepeiao (くらぺぺいあお). 〔植物〕Fuchsia magellanica：美しい花をたらしたように咲かせる鑑賞用植物.

ふくしゃ【複写】lua (るあ).

ふぐしゃ【不具者】'o'opa ('お'おぱ).

ふくしゅう【復習】ha'awina ho'i hope (は'あヴぃな_ほ'い_ほぺ). 〈逐語〉前に戻る学課.

ふくしゅう【復讐】pa'i (ぱ'い). pāna'i (ぱな'い).
【復讐の機会をねらう】ho'opāna'i (ほ'おぱな'い).

ふくしょくぶつ【副食物】⇒イーナイ.

ふくすう【複数】helunui (へるぬい). 〔文法〕3人以上, 2人は双数.
《複数を示すマーカー》mau (まう). 〔用例〕わたしの子供たち. Ka'u mau keiki.
《複数を示す接尾辞》-kou (こう). 我々 [kākou], 我々に [mākou], あなた方 ['oukou], 彼等に [lākou].
《複数を表す単語》po'e (ぽ'え). 〔用例〕婦人達. Ka po'e wāhine. 家々. Po'e hale.

ふくせい【複製】lua (るあ).

ふくだいとうりょう【副大統領】hope pelekikena (ほぺ_ぺれきけな). 〔英語：president〕. ⇒プレジデント.

ふくつう【(鈍い) 腹痛】nalulu (なる). 【(急激な) 腹痛】'ūmi'i ('うみ'い).
【腹痛を引き起こす】ho'onalulu (ほ

ふくつの【不屈の】pa'akikī（ぱ'あきき）.

ふぐになった【（手・足を切って）不具になった】mu'umu'u（む'うむ'う）. 手や足をなくした人，切断手術を受けた人. mumuku（むむく）.

ふぐの【不具の】'ālina（'ありな）. hapaku'e（はぱく'え）. kīnā（きな）.

ふくぶ【腹部】'api（'あぴ）.〔身体〕人体の骨盤と肋骨との間のやわらかい部分. ke'ahakahaka（け'あはかはか）.

ふくもきかん【服喪期間】ka'akūmākena（か'あくまけな）.

ふくらはぎ【脹脛】'olo（'おろ）. 'olo'olo wāwae（'おろ'おろ_ヴぁヴぇ）.

ふくらませる【（風船などを）膨らませる】hō'olopū（ほ'おろぷ）.【（帆などを）膨らます】poho（ぽほ）.【（パン種を入れて）膨らませる】ho'ohū（ほ'おふ）.

ふくり【福利】pōmaika'i（ぽまいか'い）.

ふくリーダー【assistant leader】iwi 'ao'ao（いヴぃ_'あお'あお）. フラダンスの一座の副リーダー.

ふくれあがる【（寄せ波のように）膨れ上がる】ho'ē'e（ほ'え'え）.【（イースト菌や発酵させた poi などが）膨れ上がる】hū（ふ）.
【膨れ上がった】pu'upu'u（ぷ'うぷ'う）.

ふくれる【脹れる】pehu（ぺふ）.

【膨れた】pehu（ぺふ）. pōhuku（ぽふく）.【（食事をしている人の頬などが）膨れた】'olopū（'おろぷ）.【（風の中で帆などが）膨れた】'olopū（'おろぷ）.

ふくろ【袋】'a'a（'あ'あ）. pū'olo（ぷ'おろ）.

ふけいなことをいう【（神や神聖な物に）不敬なことを言う】kūamuamu（くあむあむ）.

ふけつ【不潔】'eka（'えか）. haumia（はうみあ）.
【不潔にした】pilo（ぴろ）.
【不潔［不衛生］にする】ho'ohaumia（ほ'おはうみあ）.
【不潔な】hau'eka（はう'えか）. kāpulu（かぷる）. pe'a（ぺ'あ）.
【（ひどく）不潔な】pelapela（ぺらぺら）.【（目などが）不潔な】ueka（うえか）.

ふこう【不幸】pō'ino（ぽ'いの）. pōpilikia（ぽぴりきあ）.
【不幸をもたらす】ho'opahulu（ほ'おぱふる）.
【不幸な】make（まけ）.

ふこうへいの【不公平の】poholalo（ぽほらろ）.

ふこく【布告】kuahaua（くあはうあ）.

ふこくする【布告する】kala（から）.

ぶこつな【無骨な】nukunuku（ぬくぬく）.

ふさ【（バナナやブドウなどの）房】'āhui（'あふい）. hui（ふい）. huhui（ふふい）.【（藤の花などの）房】pōpō（ぽぽ）.

ふさかざり【房飾り［飾り房］】lepe, lepelepe（れぺ，れぺれぺ）．〔服飾〕すそのへりやふさ飾り．
【ふさ［飾りふさ］で飾った】ku‘uwelu（く‘ううぇる）．lepelepe（れぺれぺ）．

ふざい【浮材】ama（あま）．〔カヌー〕舷外浮材（カヌーなどにつける安定用の浮材）．

ふさぐ【（穴などを）塞ぐ】‘āpani（‘あぱに）．【（道などを）塞ぐ】‘āke‘ake‘a（‘あけ‘あけ‘あ）．【（船の隙間・割れ目などを）塞ぐ】‘ōkomo（‘おこも）．【塞ぐもの】kī‘amo（きー‘あも）．

ふざけさわぐ【ふざけ騒ぐ】‘anapau（‘あなぱう）．

ぶさほう【無作法】pākīkē（ぱきけ）．【無作法に答える】pākīkē（ぱきけ）．【無作法な】kīkoi（きこい）．pākīkē（ぱきけ）．

ぶざまな【（人・動作など）無様な】hāwāwā（はわわ）．hemahema（へまへま）．

ふさわしい【相応しい】kohu（こふ）．

ふし【（竹またはサトウキビなどの）節】pona（ぽな）．puna（ぷな）．【節のある木】pū（ぷー）．〔植物〕バナナ，パンダナスなど葉柄を茎に巻き付ける木をいう．

ふし【（韻律の）節】paukū（ぱうくー）．

ふし【（文章の）節】hopuna ‘ōlelo（ほぷな ‘おれろ）．

ぶじ【無事】maluhia（まるひあ）．

ふしあながいっぱいの【（板など）節穴が一杯の】‘ālualua（‘あるあるあ）．

ふしぎな【不思議な】ha‘oha‘o（は‘おは‘お）．kamaha‘o（かまは‘お）．kupaianaha, kupanaha（くぱいあなは，くぱなは）．

ふしぎなこうどうをする【不思議な行動をする】ho‘okalakupua（ほ‘おからくぷあ）．

ぶしつけな【不躾な】kīkoi（きこい）．

フジツボ【富士壷】pī‘oe（ぴー‘おえ）．〔貝〕フジツボ・エボシガイなどの総称．

ふじゆう【不自由】pilikia（ぴりきあ）．

ぶじゅつのどうじょう【武術の道場】pā lua（ぱー_るあ）．〔伝統文化〕ボクシング，レスリングなどの格闘技，やりやこん棒，石投げ器などを使った武術を習う道場．

ふしょうじきな【不正直な】‘āpiki（‘あぴき）．

ふしょうじきにふるまう【不正直に振る舞う】poholalo（ぽほらろ）．

ぶしょうな【不精［無精］な】kāpulu（かぷる）．lola（ろら）．loma（ろま）．molowā（もろわー）．pualena（ぷあれな）．

ふしょく【腐食】‘a‘ai（‘あ‘あい）．【（歯が虫歯になるような）腐食】popopo（ぽぽぽ）．

ぶじょく【侮辱】laipila（らいぴら）．〔英語：libel〕．

ふしょくする【腐食する】‘a‘ai（‘あ‘あい）．
【腐食した】popopo（ぽぽぽ）．

ぶじょくする【侮辱する】hō‘ino, ho‘o‘ino（ほー‘いの，ほ‘お‘いの）．

ふじん

laipila（らいぴら）.
【侮辱された】ma'ewa, mā'ewa'ewa（ま'えヴぁ, まーえヴぁ'えヴぁ）.
ふじん【婦人, 婦人の】wahine（わひね）. ⇒じょせい【女性】.
【(既婚婦人の姓・姓名に付けて)…婦人】wahine（わひね）.〔用例〕ミセス・アオキ. Aoki wahine.
ふじんかんしゅ【(女子刑務所の) 婦人看守】māka'i wahine（まかーい_わひね）.
ふしんじんの【不信心の】'aiā（'あいあー）.
ふしんにおもう【不審に思う】kānalua（かーなるあ）.
ふせい【不正】ke'e, ke'eke'e（け'え, け'えけ'え）.
【不正な】poholalo（ぽほらろ）.
【不正の】hewa（へヴぁ）.
ふせいかくな【不正確な】hape（はぺ）. hewa（へヴぁ）. pa'ewa（ぱ'えヴぁ）.
ふせいじつにふるまう【不誠実に振舞う】ho'okamani（ほ'おかまに）.
ふせいとん【不整頓】mōkākī（もーかーきー）.
ふせぐ【防ぐ】kūpale（くーぱれ）.
ぶそうしたぐんたい【武装した軍隊】pū'ali koa（ぷーあり_こあ）.
ふそく【不足】pōkole（ぽーこれ）.
ふぞくぶつ【付属物】manamana（まなまな）.
ふぞろいの【不揃いの】piki（ぴき）.〔用例〕長さが不揃いの羽で作られたレイ. Lei piki.
ふた【蓋】pani（ぱに）. po'i（ぽ'い）. uhi（うひ）.【(容器などの) 蓋, コルクの栓】'omo（'おも）.

【蓋をする】po'i（ぽ'い）.〔文法〕冠詞は ka でなく ke を使う.
【蓋を取る】hu'e（ふ'え）.
ブタ【豚】pua'a（ぷあ'あ）.
【豚がキーキーいう】wī（うぃー）.
【豚が (ブウブウ) 鳴く】nū（ぬー）. nūnū（ぬーぬー）.
【豚の胃】'ōpū pua'a（'おーぷー_ぷあ'あ）.
【豚の神様】⇒カマ・プアア.
【豚の脂肪】'aila pua'a（'あいら_ぷあ'あ）.
【豚の腸】'ōpū pua'a（'おーぷー_ぷあ'あ）.
【豚の肉】pua'a（ぷあ'あ）.
【(特に装飾品として身に付けられた) 豚の歯】niho pua'a（にほ_ぷあ'あ）.
ブタごや【豚小屋】pā（ぱー）.
ブダイ【武鯛】uhu（うふ）.〔魚〕ブダイ科の魚の総称；歯の形がオウムのくちばしに似て体の色が美しい；おもに熱帯産.
ふたご【双児】māhoe（まーほえ）. māhana（まはな）.
ふたござ【双児座】Kamāhana（かまーはな）.〈逐語〉双児.〔ギ神〕カストルとポリュデウケスの双児の兄弟が双子座の2星になったとされている.
ふたたび【再び】hou（ほう）.〔用例〕再び行う, アンコール. Hana hou.
ふたつ【二つ】〔数詞〕. ⇒に【2・二】, 本文末「数詞・数字」を参照.
【二つとない】loa'a（ろあ'あ）. lua 'ole（るあ_'おーれ）.

【(道路など) 二つに枝分かれしたもの】mana lua（まな_るあ）.
【二つに分けられた】hapalua（はぱるあ）.
【二つの同じもの】kaulua（かうるあ）.

ふたん【負担】ko'iko'i（こ'いこ'い）. luhi, luhiluhi（るひ, るひるひ）.
【負担を増す】ho'okau（ほ'おかう）.

ふち【縁】ka'e（か'え）. kihi（きひ）. lihi, lihilihi（りひ, りひりひ）. nihi（にひ）.【(布・着物の) 縁】pelu（ぺる）.

ぶちきる【ぶち切る】kākā（かか）.

ふちゃくする【付着する】pili（ぴり）. pilina（ぴりな）.

ふちゅうな【不忠な】'āpiki（'あぴき）.

ふちょうわな【不調和な】kohu 'ole（こふ_'おれ）.

ふつうでない【普通でない】'ano 'ē（'あの_'え）. mea 'ē（めあ_'え）.

ふつうの【普通の】a'e nei（あ'え_ねい）. ma'amau（ま'あまう）.

ふつか【二日】Hoaka（ほあか）.〔ハワイ暦〕1ヶ月の2番目の日.
【二日酔い】poluea（ぽるえあ）.

ふっかつ【復活】ala hou（あら_ほう）.
【復活祭 (の期間)】Pakoa（ぱこあ）.

ふっかつする【復活する】ala hou（あら_ほう）.

ぶつかる【〜】pā（ぱ）.

ぶっきらぼうな【〜】kekē（けけ）. ke'eke'e（け'えけ'え）. nukunuku（ぬくぬく）.
【(脅かしが通じないかも知れないと思いながらも) ぶっきらぼうな】kekē niho（けけ_にほ）.

フック【(洋服などをかける) hook】huka（ふか）.〔英語〕.

ふっこう【復興】ho'opulapula（ほ'おぷらぷら）.〔用例〕国家の復興. Ho'opulapula lāhui. ハワイ人の復興のために与えられた自作農場地. 'Āina ho'opulapula.

ふっこうする【復興する】ho'opulapula（ほ'おぷらぷら）.

ふっとうする【沸騰する】ho'olapa（ほ'おらぱ）. huahua'i（ふあふあ'い）. lapalapa（らぱらぱ）. pi'ipi'i（ぴ'いぴ'い）. pua'i（ぷあ'い）.
【沸騰する水】wai pipi'i（わい_ぴぴ'い）.

ふっとうによりじょうはつした【沸騰により (水が) 蒸発した】miki（みき）.

フットボール【football】kinipōpō peku（きにぽぽ_ぺく）.〈逐語〉蹴る球.

ぶつぶついう【〜言う】kunukunu（くぬくぬ）. nakulu（なくる）. namunamu（なむなむ）. nuku（ぬく）.

ぶつぶつこうかんする【物々交換する】kū'ai（く'あい）.

ふてい【不貞】moekolohe（もえころへ）.
【不貞を犯す】moekolohe（もえころへ）.
【不貞の】manuahi（まぬあひ）. moekolohe（もえころへ）.

ふていかんし【不定冠詞】pilimua maopopo 'ole（ぴりむあ_まおぽぽ_'おれ）.〔文法〕ハワイ語の不定冠詞は he (単数), nā (複数) である. He

349

の用法の一つに日本語の「〜です」,「〜があります」に相当する文を作る．〔用例〕これは本です．He puke kēia. わたしは日本人です．He Kepanī au.

プディング【pudding】⇒プリン．

ふてきとうな【不適当な】kūpono 'ole（くぽの_'おれ）．

ふてん【付点】kiko（きこ）．音符または休止符の右側につけて2分の1だけ音，または休みをを長くする符号．

ふとい【太い】mānoa（まのあ）. nui（ぬい）．

ふとう【埠頭】uapo（うあぽ）．〔英語：wharf〕．

ブドウ【（1粒または房の）葡萄】hua waina（ふあ_わいな）．〈逐語〉ワイン果実．
【葡萄の房】huhui waina（ふふい_わいな）．
【葡萄を栽培する，〜人】mahi waina（まひ_わいな）．
【葡萄絞り器】kaomi waina（かおみ_わいな）．
【葡萄酒】waina（わいな）．〔英語：wine〕．
【葡萄畑】mahi waina（まひ_わいな）．

ふどうさんぶっけん【不動産物件】'āina kū'ai（'あいな_く'あい）．

ふどうする【（旗などが空中に）浮動する】pulelo（ぷれろ）. welo（うぇろ）．

ブドウだん【葡萄弾】pōkā lū（ぽか_る）．〔兵器〕弾子をブドウの房のように詰めた砲弾．対人兵器として暴徒の鎮圧にも使われた．

ふどうとく【不道徳】'aiā（'あいあ）．

ふどうとくな【不道徳な】'aiā（'あいあ）. kolohe（ころへ）．

ふどうの【不動の】kūpa'a（くぱ'あ）. pa'a（ぱ'あ）．

ふとくする【太くする】ho'omānoa（ほ'おまのあ）．

ふとった【太った】'a'alina（あ'ありな）. momona（ももな）. newe（ねヴぇ）. newenewewe（ねヴぇねヴぇヴぇ）. 'ōpū nui（'おぷ_ぬい）．
【太った人】'ōpū nui（'おぷ_ぬい）．〈逐語〉大きい腹．

フトモモ【蒲桃】'ōhi'a loke（'おひ'あ_ろけ）．〔植物〕Eugenia jambos.〈逐語〉バラの 'ōhi'a.

ふとらせる【太らせる】ho'omomona（ほ'おももな）．

ふとる【（病後）太る】ho'opolapola（ほ'おぽらぽら）．

ふなだいく【船大工】kamanā kāpili moku（かまな_かぴり_もく）．〈逐語〉船を接合する大工．

ふなたび【船旅】huaka'i（ふあか'い）．

ふなに【船荷】ukana（うかな）．

ふなのり【船乗り】holokai（ほろかい）．
【船乗りの】'aukai（'あうかい）．

ふなよい【船酔い】luea（るえあ）. poluea（ぽるえあ）．
【船酔いの】poluea（ぽるえあ）．

ふなれなひと【（場所や習慣などに）不慣れな人】malihini（まりひに）．

ふにあいな【不似合いな】kohu 'ole（こふ_'おれ）．

ふにんの【(女性などが) 不妊の】pā (ぱ).
ふね【船】moku (もく).
　【船が (陸地または他船から) 少し離れている】kālewa (かれヴぁ).
　【船が停泊する】kū (く).
　【船が揺れる】'aui ('あうい).
　【船で行く】'aukai ('あうかい). holoholo (ほろほろ).
　【船で進む】'au ('あう).
　【船に乗り込む】e'e moku (え'え_もく).
　【船に酔った】poluea (ぽるえあ).
　【船の飾り】manu (まぬ). 〔カヌー〕船首, 船尾につけた飾りもの.
　【船のマスト [mast]】kia (きあ).
　【船を造る】kāpili moku (かぴり_もく).
　【船を引っ張る】kolomoku (ころもく).
ふねんしょうせいの【不燃焼性の】pale ahi (ぱれ_あひ).
ふはい【腐敗】pilau (ぴらう). popopo (ぽぽぽ).
　【腐敗した臭い】pelekunu (ぺれくぬ).
ふはいする【腐敗する】palahū (ぱらふ).
　【腐敗した】pilau (ぴらう). popopo (ぽぽぽ).
ふひょう【浮標】mouo (もうお).
ふひょう【譜表】ko'oko'o (こ'おこ'お).
ふびょうどうな【不平等な】ana 'ole (あな_'おれ).
ふひんこうな【不品行な】kīkoi (きこい).
ぶぶん【部分】hapa (はぱ). paukū (ぱうく). 【(切断された) 部分】mokuna (もくな). 【(体の) 部分】mahele (まへれ).
　【部分に切り離す】mahele (まへれ). paukū (ぱうく).
ふぶんりつ【不文律】kānāwai ma'amau (かなわい_ま'あまう).
ふへい【不平】halahala (はらはら). kē (け).
　【不平を言う】ho'ohalahala (ほ'おはらはら). hū (ふ). kunukunu (くぬくぬ). namunamu (なむなむ). 'ū ('う).
　【不平を言わない】leo 'ole (れお_'おれ). 〈逐語〉音声のない.
ふへんかし【(ハワイ語の) 不変化詞】⇒マーカー.
ふへんの【不変の】mau (まう).
ふほうに【不法に】malū (まる).
ふほうにしんにゅうする【(他人の土地や家宅に) 不法に侵入する】komo hewa (こも_へヴぁ).
ふぼのおじ [おば] のようにみなす【(本当は血縁がない人を愛情のあまりに) 父母の叔父 [叔母] のように看做す】ho'okupuna (ほ'おくぷな).
ふまんがましくいう【不満がましく言う】'ōhumu ('おふむ).
ふみぐわ【踏鍬】'ō'ō ('お'お). 'ō'ōpē ('お'おぺ).
ふみこえる【踏み越える】'a'e ('あ'え).
ふみすすむ【(ぬかるみや草原の中などを) 踏み進む】naku (なく).

ふみつける【踏み付ける】hehi（へひ）. 'e'ehi（'え'えひ）. ke'ehi（け'えひ）.

ふみつぶす【踏み潰す】ke'ehi（け'えひ）. hehi（へひ）.

ふみならしたじめん【踏み均した地面［床］】ke'ehana（け'えはな）.

ふむ【踏む】'a'e（'あ'え）. 'a'e'a'e（'あ'え'あ'え）. kaomi（かおみ）. ke'ehi（け'えひ）.

ふめいりょうなことば【（語呂合わせと詩的な引用文による）不明瞭な言葉】'ōlelo ho'onalonalo（'おれろ_ほ'おなろなろ）.

ふもうの【不毛の】kō'ā（こ'あ）. 'ōlohe（'おろへ）. pōka'o（ぽか'お）.【不毛の地】mānā（まな）.

ふやす【増やす】ho'omāhua（ほ'おまふあ）. ho'onui（ほ'おぬい）.

ふゆ【冬】ho'oilo, ho'īlo（ほ'おいろ, ほ'いろ）. kau anu（かう_あぬ）.《植物がなかなか育たなかったり，枯れたりする季節》la'a make（ら'あ_まけ）.〈逐語〉死んだ季節.

ふゆう【富裕】pōkeokeo（ぽけおけお）. waiwai（わいわい）.
【富裕な】kū'ono'ono（く'おの'おの）. lako（らこ）. pōkeokeo（ぽけおけお）. pōmaika'i（ぽまいか'い）. ponopono（ぽのぽの）.

ふゆかいな【不愉快な】pailua（ぱいるあ）. pelapela（ぺらぺら）.

ふゆかいにゴロゴロなる【（むかむかしている胃などが）不愉快にゴロゴロ鳴る】'ōlapa（'おらぱ）.

ブヨ【蚋】pōnalo（ぽなろ）.〔昆虫〕ハエ目（双翅そうし目）ブユ科.

ふようせいのある【浮揚性のある】'ālana（'あらな）. 'ālewa, 'ālewalewa（'あれヴぁ, 'あれヴぁれヴぁ）. lana, lanalana（らな, らならな）.

フラ〔ハワイ〕hula. フラダンス, フラダンスの踊り手, フラダンスを踊る.〔用例〕現代フラダンス. Hula 'auana. 古典フラダンス. Hula kahiko.
《フラ・イリイリ》hula 'ili'ili（ふら_'いり'いり）. 水の作用でなめらかになった小石をカスタネットのように使って踊るフラダンス.
《フラ・ウリーウリー》hula 'ulī 'ulī（ふら_'うりー'うりー）. 'ulī'ulī（マラカスのようなものに鳥の羽をつけた物, また時には羽がつかない物）を振って踊るフラダンス.
《フラ・クイ・モロカイ》hula ku'i Moloka'i（ふら_く'い_もろか'い）. モロカイ島の古典的な動きの速い踊り.
《フラ・コーレア》hula kōlea（ふら_これあ）. kōlea鳥（チドリ）をまねしてひざを曲げて踊るフラダンス.
《フラフラ》hulahula. 一団となって踊るフラダンス.
《フラダンスのスタジオ, 一座, 一団》pā hula（ぱ_ふら）.
《フラダンスを踊るために確保された場所》pā hula（ぱ_ふら）.
《胸をピシャリと打ちながら踊るフラダンス》pa'i umauma（ぱ'い_うまうま）.
《フラダンス教授の家・部屋》hālau（はらう）.

フライパン【frying pan】pā palai（ぱ_ぱらい）.〔文法〕冠詞は ka でなく ke を使う.

フライホイール【fly-wheel】huila nui.（ふいら_ぬい）. ミシンなどのはずみ車.

プライヤー【pliers】'ūpā 'ūmi'i（'ūぽ_'ūみ'い）.〔工具〕.

フライようあぶら【フライ用油】'aila palai（'あいら_ぱらい）.

プラグ【plug】kī'amo（きˉ'あも）.

ぶらさがりゆれるあそび【ぶら下がり揺れる遊び】⇒レレ・コアリ.

ぶらさがる【ぶら下がる，ぶら下がった】lewa, lelewa, lewalewa（れヴぁ, れれヴぁ, れヴぁれヴぁ）.

ぶらさげた【ぶら下げた】wele（うぇれ）.

ブラシ【brush】hulu'ānai（ふる'ˉあない）. たわしまたはペンキ用のはけ. palaki（ぱらき）.
【ブラシで払い除ける】pe'ahi（ぺ'あひ）.
【ブラシをかける】palaki（ぱらき）.

ブラジャー【brassiere】kāliki waiū（かˉりき_わいūˉ）.〈逐語〉乳房用コルセット. pale waiū（ぱれ_わいūˉ）.

プラスきごう【plus 記号, 正符号の＋】hui（ふい）. kahahui（かはふい）.〈逐語〉結合印.

フラダンサー【hula dancer】mea hula（めあ_ふら）.

フラダンス⇒フラ.

ぶらつく【〜】ki'ihele（きˉ'いへれ）. kualana（くあらな）. māka'ika'i（まˉ

か'いか'い）.〔用例〕あちこちぶらつく. Māka'ika'i hele. uene（うえね）.
【ぶらつく人】ki'ihele（きˉ'いへれ）.

ブラッドハウンド【bloodhound】'īlio hanu kanaka（'ˉいりお_はぬ_かなか）. 英国産の警察犬.〈逐語〉人間をかぎ出す犬.

フラフラ〔ハワイ〕hulahula. ⇒フラ.

ふらふらして【〜】'ona（'おな）. pūniu（ぷˉにう）.

ぶらぶらしてすごす【ぶらぶらして過ごす】ho'olalau（ほ'おららう）.

ぶらんこ【〜】〔遊具〕koali, kowali（こあり, こわり）.
【ぶらんこを漕ぐ】koali, kowali（こあり, こわり）.〔用例〕ぶらんこに乗る. Lele koali.

フランス【France, フランス人, フランス人の, フランス語の, フランス文化の】Palani（ぱらに）. Farani. は異形.

ブランデー【brandy】palani（ぱらに）. barani. は異形.〔英語〕.

フランネル【frannel】huluhulu（ふるふる）.（毛織の厚い肌着などの）フランネル製品.

フリース【fleece】huluhulu（ふるふる）.〔服飾〕軟らかい毛羽のある生地.

プリーツ【pleat】'āpikipiki（'ˉあぴきぴき）.

ブリーフケース【brief case】'eke pa'a lima, 'eke'eke pa'a lima（'えけ_ぱ'あ_りま, 'えけ'えけ_ぱ'あ_りま）.

ふりうごかす【振り動かす】ho'onaue（ほ'おなうえ）.

【(フラダンスをしていて腰を）振り動かす】ho‘olewa（ほ‘おれヴぁ）.

ふりかかる【降り掛かる】ili（いり）. 悲しみ・責任・幸福・祟りなどが降り掛かる.

ふりかける【(小麦粉などを）振り掛ける】kānana（かなな）.

ブリッグ【brig】kia lua（きあ_るあ）. 2本マストの帆船の一種.

ふりなけいやく【不利な契約】makehewa（まけへヴぁ）.

ふりはらう【(ほこりなどを）振り払う】kuehu（くえふ）.【(悲しみなどを）振り払う】lū, lūlū（るー, るるー）.

ふりまわす【(戦闘用のこん棒などを脅して）振り回す】kāki‘i（かき‘い）.

ふりゅうさせる【材木などを）浮流させる】ho‘āu（ほ‘あう）.

プリン【pudding】haupia（はうぴあ）. ココナッツクリームで作ったお菓子のプリン. 昔はアロールート（くずの一種）で固まらせていたが現在はコンスターチを用いる. kūlolo（くーろろ）. 摺り下ろしたタロイモとココナッツミルクを混ぜて焼いた［蒸した］プリン.

フリンジ【fringe】lepe（れぺ）. 洋服を飾る房.
【フリンジ（ふさ）で飾った】lepelepe（れぺれぺ）.

ふるい【篩】⇒ストレーナー.

ふるい【(タパ・マット・衣類など）古い】‘āleuleu（‘あれうれう）.

ふるい【(年代の）古い】kahiko（かひこ）.

【古い習わしに従って考える［行なう・話す］】ho‘okahiko（ほ‘おかひこ）.

【古い時代】kumupa‘a（くむぱ‘あ）.

フルーツパイ【fruit pie】pai hua（ぱい_ふあ）.

フルート【flute】‘ohe（‘おへ）. ‘ohe puluka（‘おへ_ぷるか）.〈逐語〉フルート竹. puhi ‘ohe（ぷひ_‘おへ）.

ふるえ【(熱による）震え】ānea（あねあ）.

ふるえる【(ぶるぶる）震える】ha‘alulu（は‘あるる）. naka（なか）.【声が震える】naue, nauwe（なうえ, なうゎぇ）.

ふるえるおと【(風で葉などが）震える音】kapalili（かぱりり）.

ふるぎ【古着】‘āleuleu（‘あれうれう）.

ブルドッグ【bulldog】‘īlio pulu（‘いーりお_ぷる）.

プルメリア【plumeria（の総称）】melia（めりあ）.〔植物〕. hae Hawai‘i（はえ_はわい‘い）はプルメリアの一種.

ふれあい【(人々の）触れ合い】ho‘ohui（ほ‘おふい）.

プレアデス【pleiades】Makali‘i（まかり‘い）.〔天文〕プレアデス星団. 和名, 昴 すばる.〔ギ神〕アトラスの7人の娘で, オリオンの追跡をのがれるために星になったと言われる.

ぶれいな【無礼な】kīko‘olā（きーこ‘おらー）. pākīkē（ぱーきーけー）.【(年長者に対し）無礼な】ho‘oki‘eki‘e（ほ‘おき‘えき‘え）.

《無礼な仕草》昔のハワイでは背中の

後ろで両手を交差することは無礼な仕草とされた．これは 'ōpe'a kua（'ōぺ'あ_くあ）と言い，漁師または冒険を始める人に，不運を招くと思われていた．

ブレーキ【（車などの）brake】peleki（ぺれき）．〔英語〕．

【ブレーキをかける】peleki（ぺれき）．

プレジデント【president】ikū lani（いくー_らに）．pelekikena（ぺれきけな）．palekikena, paresidena, peresidena. は異形．〔英語〕．大統領は大文字ではじめる．

プレスする【press する】⇒あっする【圧する】．

ブレスト【breaststroke】'au umauma（'あう_うまうま）．〔水泳〕平泳ぎ．

ブレスレット【bracelet】apo lima（あぽ_りま）．

プレゼント【present】makana（まかな）．

フレット【fret】wā（わー）．〔楽器〕ウクレレやギターなどの弦楽器のフレット．

ふれる【触れる】pā（ぱー）．

フロア【floor：床】papahele（ぱぱへれ）．

ふろうにん【浮浪人】kauwā（かうわー）．

ふろおけ【風呂桶】ipu 'au'au（いぷ_'あう'あう）．

フロート【（カヌーの）float】ama（あま）．iama（いあま）．

プロテスタント【Protestant, プロテスタントの】Hō'olepope（ほー'おれぽぺ）．〔宗教〕．〈逐語〉ローマ教皇拒否者．

ブロンド【blonde】melemele（めれめれ）．

ふろのみず【風呂の水】wai 'au'au（わい_'あう'あう）．

ふん【（時間単位の）分】minuke（みぬけ）．minute. は異形．〔英語：minute〕．

ふん【糞】⇒はいしゅつぶつ【排出物】．

ぶん【文】māmala'ōlelo（まーまら'おーれろ）．〈逐語〉言葉の破片．

ふんか【噴火】lua'i（るあ'い）．pele（ぺれ）．

【噴火口】lua（るあ）．lua pele（るあ_ぺれ）．〈逐語〉火山の穴．

ぶんかえいゆう【文化英雄】Kaha'i（かは'い）．

ふんかする【噴火する】lua'i（るあ'い）．

ぶんかつ【分割】ho'omoku（ほ'おもく）．pu'unaue, pu'unauwe（ぷ'うなうえ，ぷ'うなううぇ）．

ぶんかつする【分割する】paukū（ぱうくー）．pu'unaue, pu'unauwe（ぷ'うなうえ，ぷ'うなううぇ）．【（土地などを）分割する】kālai（かーらい）．

ぶんかつばらい【分割払い】uku hapa（うく_はぱ）．uku manawa（うく_まなわ）．

【分割払いで払う】uku manawa（うく_まなわ）．

ぶんかんきんむ【文官勤務】hana kīwila（はな_きーヴぃら）．

ふんきさせる【奮起させる】'eu'eu（'えう'えう）．ho'āla（ほ'あーら）．hō'eu（ほー'えう）．hō'oni（ほー'おに）．ho'oulu, ho'ūlu（ほ'おうる，ほ'ūる）．pai（ぱい）．

【奮起させた】hō'eu'eu（ほー'えう'え

う）．ulu（うる）．

ぶんきしたもの【分岐したもの】mana lua（まな_るあ）．

ぶんきてん【（道の）分岐点】mana（まな）．

ぶんけ【分家】muʻo（むʻお）．

ふんげき【憤激】hae（はえ）．
【憤激をかきたてる】hoʻohahana（ほʻおははな）．

ぶんこぼん【文庫本】puke pakeke（ぷけ_ぱけけ）．

ふんさいき【粉砕機】wili（うぃり）．
【（砂糖製造工場などの）粉砕機】nau（なう）．

ふんさいする【粉砕する】hoʻonahā（ほʻおなは）．
【（石造建築などが小片に）粉砕した】nahā（なは）．

ふんしゅつこう【（噴水・ポンプなどの）噴出口】nuku（ぬく）．

ふんしゅつする【噴出する】huaʻi（ふあʻい）．luaʻi（るあʻい）．
【（ダムから流れ落ちる水のように）噴出した】momoku（ももく）．

ふんすい【噴水】kiʻo wai（きʻお_わい）．

ぶんすう【分数】hakina（はきな）．〔数学〕．

ふんだ【（小道・細道などを）踏んだ，踏み固めた】meheu（めへう）．

ぶんたい【分隊】pūʻulu kaua（ぷʻうる_かうあ）．

ふんどし【褌】malo（まろ）．
【褌を締める】hume（ふめ）．hume-hume（ふめふめ）．

ぶんぱいする【分配する】kaʻana（かʻあな）．mahele（まへれ）．
【（…の間で平等に）分配する】hoʻokaʻana（ほʻおかʻあな）．】
【分配した】laha, lahalaha（らは，らはらは）．

ふんばる【踏ん張る】hoʻokoʻokoʻo（ほʻおこʻおこʻお）．

ふんべつさかりの【分別盛りの】oʻo（おʻお）．

ぶんべつのある【分別のある】nihi（にひ）．

ぶんぽう【文法】piliʻōlelo（ぴりʻおれろ）．〈逐語〉言葉の関係．
【文法を教える［教わる］】aʻo piliʻōlelo（あʻお_ぴりʻおれろ）．〈逐語〉文法教育．⇒おしえる．

ぶんぼうぐ【文房具】kānana（かなな）．lako kākau（らこ_かかう）．

ふんまつ【粉末】paoka, pauka, paula（ぱおか，ぱうか，ぱうら）．paoda, pauda. は異形．〔英語：powder〕．

ぶんよさん【分与産】haʻawina（はʻあヴぃな）．

ぶんり【分離】ʻokina（ʻおきな）．palena（ぱれな）．

ぶんりする【分離する】hele（へれ）．hoʻokaʻawale（ほʻoʻかʻあわれ）．hōʻokoʻa（ほʻおこʻあ）．
【分離させる】hoʻokaupale（ほʻおかうぱれ）．

ぶんりょう【分量】nui（ぬい）．

ぶんるいする【分類する】hoʻonohonoho（ほʻおのほのほ）．māwae（まわえ）．

へ

へ【(…) へ】**iā**（いあ̄）．⇒マーカー．〔用例〕ワイキキへ行く．Hele iā Waikīkī．

ヘアクリップ【hair clasp】**'umi'i lauoho**（'うみ'い_らうおほ）．

ヘアネット【hairnet】**'upena lauoho**（'うぺな_らうおほ）．

ヘアピース【hairpiece】**ohoku'i**（おほく'い）．〈逐語〉加えた髪の毛．

ヘアピン【hairpin】**kui lauoho**（くい_らうおほ）．

ヘアブラシ【hairbrush】**palaki lauoho**（ぱらき_らうおほ）．

へい【(鉄・煉瓦・石の)塀，塀を造る】**pā**（ぱ̄）．【(家の)塀】**pā hale**（ぱ̄_はれ）．

ヘイアウ〔ハワイ〕**heiau**．〔宗教〕キリスト教以前の礼拝の場所．
《古代の神殿(ヘイアウ)の塔》**'anu'u**（'あぬ'う）．
《雨乞をしたヘイアウ》**heiau ho'oulu ua**（へいあう_ほ'おうる_うあ）．
《豊作を祈願してその年初めてとれた果物が捧げられたヘイアウ》**heiau ho'oulu 'ai**（へいあう_ほ'おうる_'あい）．
《大漁を祈願して魚が捧げられたヘイアウ》**heiau ho'oulu i'a**（へいあう_ほ'おうる_い'あ）．
《人間のいけにえが捧げられたヘイアウ》**heiau po'o kanaka**（へいあう_ぽ'お_かなか）．

へいおん【平穏】**kuapapa**（くあぱぱ）．**lulu**（るる）．**maluhia**（まるひあ）．
【平穏である】**noho aloha**（のほ_あろは）．
【平穏で安全な場所】**pu'uhonua**（ぷ'うほぬあ）．
【平穏な】**la'i**（ら'い）．**ho'ola'i**（ほ'おら'い）**lino, linolino**（りの，りのりの）．**mālie**（まりえ̄）．**malu**（まる）．
【平穏な状態】**malu**（まる）．
【平穏な時を過ごす】**ho'onanea**（ほ'おなねあ）．
【平穏に】**mālie**（まりえ̄）．

へいかいしき【閉会式】**'ailolo**（'あいろろ）．

へいきこうじょう【兵器工場】**hale koa**（はれ_こあ）．

へいきんの【平均の】**waena**（わえな）．

へいさする【閉鎖する】**pani**（ぱに）．
【閉鎖するもの(障碍物)】**pu'upā**（ぷ'うぱ̄）．

へいし【兵士】**koa**（こあ）．**pū'ali**（ぷ̄'あり）．⇒ほへい【歩兵】．

へいじつ【平日】**lā hana**（ら̄_はな）．

へいしゃ【兵舎】**hale koa**（はれ_こあ）．

へいせい【平静】**la'i**（ら'い）．**maluhia**（まるひあ）．
【平静な状態】**malu**（まる）．
【平静にさせる】**ho'omaluhia**（ほ'おまるひあ）．
【平静にする】**ho'omaluhia**（ほ'おまるひあ）．
【(心の)平静を保つ】**ho'omalu**（ほ

へいたんでない【平坦でない】napa（なぱ）．'ōpu'upu'u（'おぷ'うぷ'う）．

へいたんな【平坦な】'iliwai（'いりわい）．

へいち【平地】kula（くら）．

へいのようにかこまれた【(草木などで)塀のように囲まれた】paia（ぱいあ）．

へいみん【平民】maka'āinana（まか'あいなな）．

へいめん【平面】papa（ぱぱ）．

へいめんず【(家などの)平面図】ki'i（き'い）．

へいわ【平和，平和な】laule'a（らうれ'あ）．

へいわじょうやくをむすぶ【平和条約を結ぶ，停戦条約を結ぶ】ho'oku'ikahi（ほ'おく'いかひ）．

へぇーどこに【〜】'auhea ho'i（'あうへあ_ほ'い）．〔間投詞〕無視や冷淡さの含みを伴なう．

ベーカリー【bakery：パン屋】hale kū'ai palaoa（はれ_くー'あい_ぱらおあ）．

ベーキングパウダー【baking powder】hū（ふ）．⇒イーストきん【yeast 菌】

ベーコン【bacon】'i'o pua'a uahi（'い'お_ぷあ'あ_うあひ）．〈逐語〉燻製にした豚肉．

ページ【page：頁】'ao'ao（'あお'あお）．

ベール【(顔や頭などを覆う) veil】pale uhi（ぱれ_うひ）．uhi（うひ）．

へこます【凹ます】hanapēpē（はなぺーぺー）．

へこんだ【凹んだ】mino（みの）．

へさき【舳先】ihu（いふ）．〔用例〕カヌーの舳先．Ihu wa'a.

ベスト【vest】pūliki（ぷりき）．〔服飾〕チョッキも同様．

ペスト【pest, pestilence】ahulau（あふらう）．〔病理〕伝染病の一つ．

へそ【臍】piko（ぴこ）．〈比喩〉外陰部，生殖器．〔用例〕あなたのおへその具合はどうですか．Pehea kō piko? おどけたあいさつだが，裏の意味があるので使わない人もいた．

へそのお【臍の緒】ēwe（えヴぇ）．wewe（ヴぇヴぇ）．'iewe（'いえヴぇ）．piko（ぴこ）．

へだてる【隔てる】ka'awale（か'あわれ）．

へたな【下手な】pāhemahema（ぱへまへま）．

ペチコート【petticoat】palekoki（ぱれこき）．〔英語〕．

ぺちゃんこのはなの【ぺちゃんこの鼻の】'ūpepe（'うぺぺ）．

ペチュニア【petunia】pekunia（ぺくにあ）．〔植物・英語〕Petunia xhybrida：ペチュニア，ツクバネアサガオ；熱帯アメリカ原産のペチュニア［ツクバネアサガオ］属の植物の総称．

ベッド【bed】moe（もえ）．kahi moe（かひ_もえ）．wahi moe（わひ_もえ）．

ベッドカバー〔和製英語〕⇒ベッドスプレッド．

ベッドスプレッド【bed-spread】hāli'i moe（はーり'い_もえ）．kapa moe（かぱ_もえ）．kīhei（きーへい）．uhi moe（うひ_もえ）．

ペットネーム【pet name】⇒なまえ【名前】.

ペットをかっているひと【petを飼っている人】kahu（かふ）. 犬・猫・豚またはその他のペットを飼っている人.〔用例〕彼のお供. Kona kahu. 犬の飼い主. ʻO ka ʻīlio kahu.

べつにさせる【別にさせる】hōʻokoʻa（ほʻおこʻあ）.

べつの【別の】ʻē aʻe（ʻえ＿あʻえ）. ʻokoʻa（ʻおこʻあ）.

べつべつのそんざいをかくりつする【別々の存在を確立する】hoʻokaʻawale（ほʻおかʻあわれ）.

ぺてん【～】ʻāpiki（ʻあぴき）.【ぺてんに掛ける】ʻāpuka（ʻあぷか）.【ぺてんの】hoʻopunipuni（ほʻおぷにぷに）. ʻāpiki（ʻあぴき）.

へど【反吐】⇒はく【吐く】.

べとべとする【～】ʻālikalika（ʻありかりか）. lina（りな）.【（油などによって）べとべとする】lali（らり）.

べとべとの【～】kelekele（けれけれ）.

ペトログリフ【petroglyph】kiʻi pōhaku（きʻい＿ぽはく）. 先史時代に描かれた岩石線画〔彫刻〕.

ペニス【penis】ule（うれ）.〔用例〕割礼を行なったペニス. ule kahe.【ペニスの先端】pōheo（ぽへお）.

ヘビ【蛇】moʻo（もʻお）. naheka（なへか）. nahesa. は異形.

ベビー【baby】pēpē（ぺぺ）.〔英語〕. ⇒にゅうじ【乳児】.

へへえ【～】āhā（あは）.〔間投詞〕驚き・喜び・勝利・あざけり・皮肉などを表す叫び.

ぺぺケ（ぺぺケシステム）【pepeke, pepeke system】ハワイ語（ポリネシア語）の文型（語順）を研究・体系化したもの. 文の型をタコ［heʻe, 古代ポリネシア語で feke］になぞらえていることから pepeke という. 文法用語もハワイ語化している. ⇒しゅご【主語】, じゅつご【述語】, しょゆうこうぶん【所有構文】.

へぼうた【（子供達に歌われる人をからかう［いじめる］）へぼ歌】ahahana（あははな）. ahana（あはな）.

へま【～】hemahema（へまへま）. lalau（ららう）. 人・動作などがぶざまな, また技量不足なこと.

ヘム【hem】huʻa lole（ふʻあ＿ろれ）.〔服飾〕洋服の縁縫い, すその折り返し.

へや【部屋】lumi（るみ）. rumi. は異形.〔英語：room〕.

ヘラ〔ハワイ〕hela. フラダンスのステップ.

ベラ【遍羅（の総称）】hīnālea（ひなれあ）.〔魚〕小型から中型の大きさであざやかな色のベラ：ベラ科ソメワケベラ属の魚. hīnālea lauwili（ひなれあ＿らうゐり）: Thalassoma duperreyi. hīnālea lauhine（ひなれあ＿らうひね）: Thalassoma ballieui. hīnālea nukuʻiʻiwi（ひなれあ＿ぬくʻいʻいヴぃ）: Gomphosus varius.

【（その他）遍羅（の呼び名）】ʻakilolo（ʻあきろろ）.〔魚〕Gomphosus varius.；種類は hīnālea luahine などを含む. laenihi（らえにひ）.〔魚〕頭高

へらす

のベラ科の魚の一般名称（ヒラベラ属など）．lolo（ろろ）．〔魚〕hīnālea'akilolo〔黄色の尾をしたベラ〕の短縮形．

へらす【減らす】ho'ēmi, ho'oemi（ほ'ぇみ，ほ'おえみ）．
【減らした】akaku'u（あかく'う）．

べらべらしゃべる【べらべら喋る】hauwala'au（はうわら'あう）．

ヘラヤガラ【箆矢柄】nūnū（ぬぬ）．〔魚〕Aulostomus chinensis：口先が長く管状．

ベランダ【veranda】lānai（らない）．

へり【縁】ka'e（か'え）．kapa（かぱ）．複数形は kapakapa（かぱかぱ）．kihi（きひ）．kūkulu（くくる）．lihi, lihilihi（りひ，りひりひ）．nihi（にひ）．【（タロイモ畑などの）縁】pae（ぱえ）．【（布・着物の）縁】pelu（ぺる）．

ヘリオトロープ【heliotrope】kīpūkai（きぷかい）．〔植物〕海辺に生息する向日性植物．Heliotropium curassavicum.

ベルト【（ズボンなどの）belt】a'apūhaka（あ'あぷはか）．apo（あぽ）．kā'ai（か'あい）．kuapo（くあぽ）．kuapo 'ōpū（くあぽ_'おぷ）．【ベルトを締める】kuapo（くあぽ）．

ヘルニア【hernia】pu'ulele（ぷ'うれれ）．

ベルベット【velvet】weleweka（ヴぇれヴぇか）．〔英語〕．

ヘルメット【helmet, 鳥の羽で作られたヘルメット, ヘルメットを冠る】mahiole（まひおれ）．

ペレ〔ハワイ〕Pele．〔神話〕火山の女神．
【ペレの髪の毛】lauoho-o-Pele（らうおほ-お-ぺれ）．溶岩が急冷して髪の毛のような形になった火山ガラス．
【ペレの涙】waimaka-o-Pele（わいまか-お-ぺれ）．水滴状になった火山ガラス．

ペン【（ペン先およびペン軸を含めて）pen】peni（ぺに）．〔英語〕．

へんあいをしめす【偏愛を示す】kapakahi（かぱかひ）．

へんかさせる【変化させる】ho'ohuli（ほ'おふり）．loli, loliloli（ろり，ろりろり）．

へんかんのじき【変換の時期】huliau（ふりあう）．

ペンキ【paint,（…に）ペンキを塗る】pena（ぺな）．

べんきょうする【勉強する】ho'opa'a（ほ'おぱ'あ）．

へんきょうな【偏狭な，偏狭な人】loko hāiki（ろこ_はいき）．

べんご【（裁判などにおける）弁護】'ao'ao kūpale（'あお'あお_くぱれ）．

へんこうする【変更する】loli, loliloli（ろり，ろりろり）．

べんごし【弁護士】loio（ろいお）．

へんさいする【返済する】pāna'i（ぱな'い）．uku（うく）．

へんさいするぎむがある【返済する義務がある】'ai'ē（'あい'え）．

へんじ【返事】pane（ぱね）．
【返事をしない】ho'omū（ほ'おむ）．
【返事をする】eō（えお）．

へんじする【(「はい」と) 返事する】ō (お).

へんした【(一方に) 偏した】kapakahi (かぱかひ).

へんしつする【変質[容]する】kū ā (く_あ).

へんしゅうする【編集する】ho'oponopono (ほ'おぽのぽの). 〔用例〕編集者, 管理者. Luna ho'oponopono.

べんじょ【(室内にある) 便所】lumi ho'opaupilikia (るみ_ほ'おぱうぴりきあ).

へんしん【変身】⇒キノ・ラウ.

べんせい【鞭声】⇒むち【鞭】.

ペンダント【pendant】'olo ('おろ).
【(王族の象徴である鯨の歯の) ペンダント】niho palaoa, lei palaoa (にほ_ぱらおあ, れい_ぱらおあ). 人毛で編まれたひも [wili oho] の先端に付くこのペンダントはもとは鯨の歯で作られていた. 後にセイウチの牙でも作られた. 石製や木製の物もまれにある.

ベンチ【bench】noho (のほ). papa noho (ぱぱ_のほ).

ペンチ【pincher】'ūpā 'ūmi'i ('うぱ_'うみ'い). プライヤー [pliers] も同様.

へんとうせん【扁桃腺】pu'u (ぷ'う).

へんな【変な】'ano 'ē ('あの_'え). pa'ewa (ぱ'えヴぁ).

べんぴ【便秘】kūkaepa'a (く̄かえぱ'あ). 〈逐語〉堅い排出物.

べんべつする【弁別する】ho'oka'a-wale (ほ'おか'あわれ).

へんぽうする【返報する】pāna'i (ぱな'い).

へんれいする【返礼する】pāna'i (ぱな'い).

ほ

ほ【(カヌーなどの) 帆】lā (ら̄). pe'a (ぺ'あ).
【帆の作成, 帆を縫う】humu pe'a (ふむ_ぺ'あ).
【帆などをピンと張る】ho'omālō (ほ'おま̄ろ).

ほあんかん【保安官】ilāmuku (いら̄むく). luna māka'i (るな_ま̄か'い). māka'i nui (ま̄か'い_ぬい).

ホイ〔ハワイ〕hoi. ⇒カシュウイモ【何首烏藷】.

ポイ〔ハワイ〕poi. 〔食べ物〕加熱処理したタロイモをどろどろになるまでたたき潰し, 水で薄めて作られるハワイ人の重要な食べ物. まれにタロイモの代わりにパンの木の実も使われる. ⇒タロイモ.

ホイールキャップ【hubcap】⇒ハブキャップ.

ホイスト【hoist】kāmau (か̄まう). 2人ずつ組んで4人でやるトランプ遊びの一種.

ポイ・マイア〔ハワイ〕poi mai'a (ぽい_まい'あ). 〔食べ物〕熟したバナナをすり潰し, 水を加えてどろどろにしたもの.

ぼいん・ぼおん【母音】woela (ヴぉえら). leokani (れおかに). 〈逐語〉声に出された音. hua leo kani (ふあ_

ほう

れお_かに).　huapalapala leo kani (ふあぱらぱら_れお_かに).

ほう【方】'ao'ao ('あお'あお).

ぼう【棒】ko'oko'o (こ'おこ'お). lā'au (らあう). pahu (ぱふ).【(歩行用・武器としての) 棒】'au ('あう).
【棒で突つく】ku'i, ku'iku'i (く'い, く'いく'い).
【棒を持って踊る，棒を持って踊る踊り】kālā'au (か̄ら̄'あう).

ぼうえい【防衛】kūpale (く̄ぱれ).

ぼうえきがいしゃ【貿易会社】hui kālepa (ふい_か̄れぱ).

ぼうえきしょうにん【貿易商人】kālepa (か̄れぱ).

ぼうえきふう【貿易風】Moa'e (もあ'え). Noe (のえ).

ホウオウボク【鳳凰木】'ohai 'ula ('おはい_'うら).〔植物〕Delonix regia：マダガスカル原産のマメ科の木.

ぼうがい【妨害［碍］】'āke'ake'a ('あ̄け'あけ'あ). ālai (あ̄らい).
【(全ての) 妨害を解除する】ku'upau (く'うぱう).

ぼうがいする【妨害する】'āke'ake'a ('あ̄け'あけ'あ). ālai (あ̄らい).

ぼうかぐ【防火具】pale ahi (ぱれ_あひ).

ぼうかんする【傍観する】nānā maka (な̄な̄_まか). 手助けをしようとせずにただ眺める.

ほうき【箒】pūlumi (ぷ̄るみ). burumi. は異形.〔英語：broom〕.【(ココナッツの葉の中肋を束ねて，一方の端を結んで作った) 箒】nī'au kāhili (に̄'あう_か̄ひり). nī'au pūlumi (に̄'あう_ぷ̄るみ).

ほうきする【放棄する】waiho (わいほ).

ほうきゅう【俸給】uku hana (うく_はな).

ぼうぎょ【防御［禦］】pale (ぱれ). kūpale (く̄ぱれ).

ぼうぎょぶつ【(盾などの) 防御物】pālulu (ぱ̄るる). uhikino (うひきの).

ぼうけんてきな【冒険的な】'a'a ('あ'あ).

ぼうけんてきにこころみる【冒険的に試みる】hō'a'ano (ほ̄'あ'あの).

ほうこ【宝庫】waihona kālā (わいほな_か̄ら̄). waihona dala. は異形.

ぼうご【防護】māmalu (ま̄まる).【防護物】mea kia'i (めあ_きあ'い).

ほうこう【芳香，芳香性の】'a'ala ('あ'あら).〈比喩〉高い身分の，高貴な.【芳香で満たした】pē (ぺ̄).

ほうこう【方向 (を示す語［マーカー］)】hunekuki (ふねくき). ha'inale'a kuhikuhi (は'いなれ'あ_くひくひ).〔文法〕場所と向きを示す語. aku：話し手から離れる. mai：話し手に向う. a'e：上に向う. iho：下に向う.

ぼうこう【膀胱】'ōpū ('お̄ぷ̄). 'ōpū mimi ('お̄ぷ̄_みみ).〈逐語〉尿腹. pu'umimi (ぷ'うみみ).

ぼうこうする【暴行する】lawelawe lima (らヴぇらヴぇ_りま).

ほうこうてんかんのちてん【方向転換の地点】huliau (ふりあう). kahana

（かはな）.

ほうこうをかえる【（紙・布の裁断などで）方向を変える】ho'oke'e, ho'oke'eke'e（ほ'おけ'え, ほ'おけ'えけ'え）.

ほうこく【報告】lono（ろの）.

ほうこくしょ【報告書】palapala hō'ike（ぱらぱら_ほ'いけ）.
【報告書を公表する】ha'ilono（は'いろの）.

ぼうし【帽子】pāpale（ぱぱれ）.【（縁無し）帽子】pāpale kapu（ぱぱれ_かぷ）.
【帽子に飾るレイ】⇒レイ.
【帽子の（山の中央の）折り目】kohe（こへ）.
【帽子のフレア：flare】'o'oma（'お'おま）.
【帽子の前部がフレアになる様に, 顔の両側の帽子の縁を折り畳む】hō'o'oma（ほ'お'おま）.
【帽子のリボン：ribbon】kā'ei pāpale（か'えい_ぱぱれ）.
【帽子をかぶる】pāpale（ぱぱれ）.
【帽子を（あいさつのために）取る[持ち上げる]】wehe（ヴぇへ）.

ぼうしする【防止する】kāohi（かおひ）.

ぼうじまのめんぷ【棒縞の綿布】kinamu（きなむ）.〔英語：gingham〕.

ほうしゅう【報酬】makana（まかな）. uku（うく）.
【報酬を与える】ho'opāna'i（ほ'おぱな'い）. uku（うく）.

ぼうじょうのかたまり【（石けんや金などの）棒状の塊】'aukā（'あうか）.

【棒（状の）石鹸】'aukā kopa（'あうか_こぱ）.〈逐語〉棒状の石けんのかたまり.

ぼうしょくの【暴食の】'ālunu（'あるぬ）.

ぼうすいふ【防水布, 防水帆布】kapolena（かぽれな）.〔英語：tarpaulin〕.

ほうせき【宝石】pōhaku maika'i（ぽはく_まいか'い）.

ほうそう【疱瘡】pu'upu'u li'ili'i（ぷ'うぷ'う_り'いり'い）.⇒てんねんとう【天然痘】.

ほうそうざいりょう【包装材料, 包装した商品】laulau（らうらう）.

ほうたいをする【（傷口などに）包帯をする】wahī（わひー）.

ぼうたかとび【棒高跳び】lele lā'au（れれ_らー'あう）.
【棒高跳びをする】lele lā'au（れれ_らー'あう）.

ほうだん【砲弾】pōkā（ぽか）.

ほうちする【放置する】ho'owaiho（ほ'おわいほ）.

ぼうちょう【膨張】hū（ふー）.
【膨張させる】ho'olopū（ほ'おろぷー）. ho'omāhua（ほ'おまふあ）.

ほうていにもちこまれたそしょう（じけん）【法廷に持ちこまれた訴訟（事件）】hihia（ひひあ）.

ほうてん【法典】kumukānāwai（くむかーなわい）.

ほうどう【報道】nū（ぬー）.
【報道員】'āha'ilono（'あーは'いろの）.

ぼうどう【暴動】haunaele（はうなえれ）. kipi（きぴ）. 'olohani（'おろは

ほうのう

に）．
【暴動を起こす】ho'ohaunaele（ほ'おはうなえれ）．hō'olohani（ほ'おろはに）．
ほうのう【（特に自由意志による）奉納】'ālana（'あらな）．mōhai aloha（もはい_あろは）．【（神への）奉納】hai（はい）．haina（はいな）．kaumaha（かうまは）．
【（家・教会・カヌー・魚取りの網などの）奉納の祝宴】'aha'aina ho'ola'a（'あは'あいな_ほ'おら'あ）．
【奉納のための祈り】pule ho'ola'a（ぷれ_ほ'おら'あ）．
ほうのうする【奉納する】kaumaha（かうまは）．ho'ola'a（ほ'おら'あ）．〔用例〕カヌーを奉納する．Ho'ola'a wa'a．
ぼうはてい【防波堤】pale kai（ぱれ_かい）．pani kai（ぱに_かい）．
ほうひ【（陰茎の）包皮】'ili 'ōmaka（'いリ_'おまか）．
ぼうふうせつび【防風設備】pālulu makani（ぱるる_まかに）．防風塀など．
ぼうふうの【暴風の，暴風雨の】'ino, 'ino'ino（'いの，'いの'いの）．pikipiki'ō（ぴきぴき'お）．
【暴風（雨）の時期】manawa 'ino（まなわ_'いの）．
ぼうふうりん【防風林】kūmakani（くまかに）．
ほうふな【豊富な】huahua（ふあふあ）．
ぼうへき【防壁】pani kai（ぱに_かい）．
ほうほうがわかる【方法が分かる】

mākaukau（まかうかう）．
ほうむちょうかん【法務長官】loio kuhina（ろいお_くひな）．
ほうめんする【放免する】ho'oku'u（ほ'おく'う）．
【放免した】puhemo（ぷへも）．
ほうもんする【訪問する】kipa（きぱ）．
ほうようする【抱擁する】kūwili, kūwiliwili（くうぃり，くうぃりうぃり）．hō'alohaloha（ほ'あろはろは）．kaunu（かうぬ）．
ほうりつ【法律，法，法律上の】kānāwai（かなわい）．〔用例〕刑法．Kānāwai kalaima．市民法．Kānāwai kīwila．州議会，立法機関．'Aha kau kānāwai．
【法律に従う】kānāwai（かなわい）．
【法律を押しつける】ho'okānāwai（ほ'おかなわい）．
【法律を制定する】kau（かう）．
【法律を無視する】pale（ぱれ）．
ほうりつか【法律家】loio（ろいお）．
〔英語：lawyer〕
【法律家の役を務める】loio（ろいお）．ho'oloio（ほ'おろいお）．
ぼうりょくによる【暴力による】lima ikaika（りま_いかいか）．
ボウリング【bowling】pahe'e 'ulu（ぱへ'え_'うる）．'ulu maika（'うる_まいか）．⇒マイカ．
【ボウリングの球】'ulu（'うる）．
ほうる【放［抛］る】ho'olei（ほ'おれい）．kiola（きおら）．nou（のう）．
【放る人】nou（のう）．
ボウル【bowl】⇒どんぶり【丼】．
ほうれい【法令】⇒ほうりつ【法律】．

ほうろうしゃ【放浪者】'ae'a ('あえ'あ). 'ae'a hauka'e ('あえ'あ_はうか'え). kuewa (くえヴぁ).

ほうろうする【放浪する】'ae'a ('あえ'あ). 'auana ('あうあな). kuewa (くえヴぁ).

ほえごえ【吠え声】⇒うなり【唸り】.

ほえる【(動物などが) 吠える】oho (おほ). wōwō (うぉうぉ).
【(犬などが) 吠える】'aoa ('あおあ). hae (はえ).
【(ライオンなどが) 吠える】halulu (はるる). kūwō, kūō (く̄うぉ, く̄お).
【吠えさせる】ho'ohae (ほ'おはえ).

ほお【頬】papālina, pāpālina (ぱぽりな, ぽぽりな).
【頬が弛む, 頬が垂れ下がる】'olo ('おろ).

ボーイ【boy】'ā'īpu'upu'u ('ā'いぷ'うぶ'う). 給仕も同様.

ホークフィッシュ【hawkfish】⇒ゴンベ.

ホース【hose】'ili ('いり). 'iliwai ('いりわい). 'ohe wai ('おへ_わい).

ポーチ【porch】lānai (らない). 〔建築〕家のそばにある屋根だけの建物.

ホーポエ〔ハワイ〕Hōpoe (ほぽえ). ハワイ島のプナというところで火山の女神ペレによって, 岩に変容させられたフラダンサー.

ホーラニ〔ハワイ〕Hōlani (ほらに). 神話の〔架空の〕場所の名前.

ボールがみ【board 紙】pepa mānoanoa (ぺぱ_まのあのあ). 板紙も同様.

ホオジロザメ【頬白鮫】niuhi (にうひ). 〔魚〕Carcharodon carcharias.

ほおひげ【頬髯】'umi'umi ('うみ'うみ).
【頬髯を剃る】kahi 'umi'umi (かひ_'うみ'うみ).

ほおぼね【頬骨】ā (ā).

ほか【(…の) 外, 外に, 外にも】kekahi (けかひ). ho'i (ほ'い). kahi (かひ). na'e (な'え).

ほかの【外の】'ē a'e ('ē_あ'え).
【(…と) 外の人】mā (ま). 〔マーカー〕⇒マーカー.
【外の代わりをする物】pani (ぱに).
【外の場所】ha'i (は'い).
【(誰か) 外の人と間違える】kuhi hewa (くひ_ヘヴぁ).
【外のものを待ち続ける】'apa ('あぱ).

ほかんしておくばしょ【(物を) 保管して置く場所】waihona (わいほな).

ほかんしゃ【保管者】mālama (まらま).

ポキ〔ハワイ〕⇒ポケ.

ぼきかかり【簿記係】pūkipa (ぷきぱ). 〔英語:bookkeeper〕.

ボクサー【boxer】ku'i lima (く'い_りま). moko, mokomoko (もこ, もこもこ).

ポケ〔ハワイ〕poke (ぽけ). 〔料理〕魚などを, スライス, ぶつ切りした料理. しばしば「ポキ」と発音される.

ぼくし【(教会の) 牧師】kahu (かふ). kahu 'ekalekia (かふ_'えかれきあ). ekalesia. は異形. kahuna (かふな). 複数形は kāhuna (か̄ふな). kahuna pule (かふな_ぷれ). 〈逐語〉祈

袴の熟練者.

ホクシャ【fuchsia】⇒フクシア.

ぼくじょう【牧場】kula（くら）.

ボクシング【boxing, ボクシングをする】ku'iku'i（く'いく'い）. moko, mokomoko（もこ, もこもこ）.

ほくせいふう【北西風】Kiu（きう）.

ぼくそう【牧草】weuweu（ヴぇうヴぇう）.

ほくとう【北東】hikina 'ākau（ひきな_'あかう）.

ほくとうぼうえきふう【北東貿易風】A'e（あ'え）.

ほくとしちせい【北斗七星】Kī'aha（きー'あは）.〔天文・現代語〕大熊座の7星.

ぼくふ【牧夫［牧童］】kahu pipi（かふ_ぴぴ）.

ぼくようけん【牧羊犬】'īlio hipa（'いーりお_ひぱ）.

ほくろ【黒子】kūkaenalo（くーかえなろ）. 幼い頃には, ハエの沈着物だと信じられた.〈逐語〉はえのふん. pu'u（ぷ'う）.

ほげい【捕鯨】'ō koholā（'おー_こほらー）.【捕鯨船】moku 'ō koholā（もく_'おー_こほらー）.〈逐語〉鯨を刺し通す船.

ほげた【帆桁】kewe（けヴぇ）. lā'au lalo（らー'あう_ろろ）.〈逐語〉下方の棒.【(船外浮材の)帆桁】'iako（'いあこ）.

ポケット【pocket】'a'a（'あ'あ）. 'eke（'えけ）.

ほけん【保険】ho'opa'a（ほ'おぱ'あ）. 'inikua（'いにくあ）.〔英語：insurance〕.【(財産に)保険をかける】ho'opa'a waiwai（ほ'おぱ'あ_わいわい）.【保険会社】hui ho'opa'a（ふい_ほ'おぱ'あ）.【保険証券】palapala ho'opa'a（ぱらぱら_ほ'おぱ'あ）. palapala 'inikua（ぱらぱら_'いにくあ）.

ほご【保護】lulu（るる）. mālama（まーらま）. malu（まる）. pale（ぱれ）.【(…の)保護下に置く】ho'omalu（ほ'おまる）.

ほごする【保護する】ho'omalu（ほ'おまる）. ho'omaluhia（ほ'おまるひあ）. ho'omāmalu（ほ'おまーまる）. ho'omoamoa（ほ'おもあもあ）. mālama（まーらま）. pūlama（ぷーらま）.

【保護されている】ola（おら）.

【保護されている状態】ho'ōla（ほ'おーら）.

【保護した】māmalu（まーまる）.

ほごするひと【保護する人】lulu（るる）.

ほごするもの【保護するもの】lulu（るる）. pālulu（ぱーるる）. 風よけ, 日除け板, カーテンのような自然現象から保護するすべての物.

ほこうしゃ【歩行者】hele wāwae（へれ_ヴぁーヴぁえ）.【歩行者専用の道】ala hele wāwae（あら_へれ_ヴぁーヴぁえ）.

ぼこく【母国】'āina hānau（'あーいな_はーなう）.

【母国語】'ōlelo makuahine（'おーれろ_

ほごしゃ【保護者】mea kia'i（めあ_きあ'い）.
ほこり【誇り】ha'aheo（は'あへお）.【誇る】akena（あけな）. ha'anui（は'あぬい）. ho'okano（ほ'おかの）.
ほこり【埃】ehu（えふ）. 'ehu（'えふ）.【埃を振り払う】kuehu（くえふ）.
ほごりょう【保護領】panalā'au（ぱなら'あう）.
ホサナ【Hosanna】hōkana（ほかな）. hosana. は異形.〔ギリシャ語・間投詞〕神を賛美する叫び［言葉］.
ほし【星】hōkū（ほく）.
ぼし【母指・拇指】manamana nui（まなまな_ぬい）.
ほしあがった【干し上った】ka'e'e（か'え'え）.
ほしいもの【欲しい物】make（まけ）. makemake（まけまけ）.
ほしがる【(非常に・とても) 欲しがる】leho（れほ）. make'e（まけ'え）.【欲しがるものを全て与える】ho'o-mā'ona（ほ'おま'あな：ほ'おま'おなとは発音しない）.
ほしくさ【干し草】mau'u malo'o（まう'う_まろ'お）. 馬草, 藁ゎら, あらゆる干し草.
ほじする【保持する】pa'a（ぱ'あ）. paepae（ぱえぱえ）.
ほしにく【干し肉】pipi kaula（ぴぴ_かうら）.
ほしブドウ【干葡萄】hua waina malo'o（ふあ_わいな_まろ'お）.〈逐語〉乾いたブドウの実. waina malo'o（わいな_まろ'お）.〈逐語〉乾いたブドウ.
ほしょうする【保証する】ho'opa'a（ほ'おぱ'あ）.
ほじる【(歯・鼻などを) ほじる】'ōhiki（'おひき）.
ホスト・ホステス【host, hostess】haku hale（はく_はれ）. ⇒しゅじん【主人】.
ほぞあな【ほぞ穴】kohe（こへ）.
ほそい【細い】āewa（あえヴぁ）. awe（あうぇ）. loio（ろいお）. mio（みお）. 'ololī（'おろり）.【(糸のように) 細い】wele（うぇれ）.
【細い毛】heu（へう）.
【(木・金属に彫った) 細い溝】'a'ali（'あ'あり）.
【細い道】kuamo'o（くあも'お）.
ほそう【舗装】kīpapa（きぱぱ）.
【舗装道路】nini（にに）.
ほそうする【舗装する】kīpapa（きぱぱ）.
ほそながい【細長い】āewa（あえヴぁ）. loio（ろいお）. wīwī（ヴぃヴぃ）.
ほそながいみぞをつくる【細長い溝を造る】ho'āwāwa（ほ'あわわ）.
ほそながくさく【細長く裂く】hō'uiki（ほ'ういき）.
ほそみち【細道】ala（あら）. ala 'ololī（あら_おろり）. kuamo'o（くあも'お）.
【(傾斜の急な) 細道】alapi'i kū（あらぴ'い_く）.
ボタン【button】pihi（ぴひ）.
【ボタンを掛ける】pihi（ぴひ）.〔文法〕冠詞は ka でなく ke を使う.
【ボタンホール：buttonhole】puka

pihi（ぷか_ぴひ）．ボタン穴．
【ボタンホールステッチ：buttonhole stitch】humu puka pihi（ふむ_ぷか_ぴひ）．

ボタンインコ【牡丹鸚哥】manu aloha（まぬ_あろは）．〔鳥〕ボタンインコ属のインコの総称；大きさは15cm前後；愛情が深く雌雄ほとんど離れないことで有名；愛玩用；アフリカ産．

ぼち【墓地】ilina（いりな）．pā ilina（ぱ_いりな）．教会に付属しない墓地，墓地の区画．

ほちょう【歩調】peki（ぺき）．〔英語：pace〕．

ぼっき【(陰茎の)勃起】kano（かの）．

ほっきょく【北極】Wēlau 'Ākau（うぇらう_'あかう）．

ほっきょくせい【北極星】Hōkū-pa'a（ほくぱ'あ）．〈逐語〉不動の星．Kio-pa'a（きおぱ'あ）．〈逐語〉固定した突出物．

ホック【(洋服などの) hook, ホックで留まる】lou（ろう）．

ほっさ【発作】huki（ふき）．(ひきつけ・脳卒中による発作・てんかんの発作など) あらゆる種類の発作．
【発作を起こす】huki（ふき）．
【発作的に】ka'apā（か'あぱ）．

ほっしんでひふがむずむずする【発疹で皮膚がムズムズする】pu'upu'u mane'o（ぷうぷう_まね'お）．

ほっする【欲する】make（まけ）．makemake（まけまけ）．日常会話では，mamake がよく使われる．

ほっそりした【細っそりした】hune,
hunehune（(ふね，ふねふね）．lahi, lahilahi（らひ，らひらひ）．wele（うぇれ）．wīwī（ヴぃヴぃ）．

ほったん【発端】kinohi（きのひ）．kumu（くむ）．maka（まか）．
【発端を作る】ho'okumu（ほ'おくむ）．

ぼっとうして【没頭して】nanea（なねあ）．

ぼっとうしている【没頭している】papau（ぱぱう）．

ホットケーキ【hotcake】palaoa palai（ぱらおあ_ぱらい）．

ぽっぱつする【勃発する】pohā（ぽは）．

ポップコーン【popcorn】kūlina pohāpohā（くりな_ぽはぽは）．

ボディーガード【bodyguard】kia'i kino（き
あ'い_きの）．

ボディーサーフィン【body surfing, ボディーサーフィンをする】he'e umauma（へ'え_うまうま）．kaha, kahakaha（かは，かはかは）．kaha nalu（かは_なる）．サーフボードを使わずに波乗りすること．

ホテル【hotel】hōkele（ほけれ）．hotele．は異形．〔英語〕．

ほどう【歩道】ala hele wāwae（あら_へれ_ヴぁヴぁえ）．【(特に舗装した)歩道】alanui hele wāwae（あらぬい_へれ_ヴぁヴぁえ）．

ほどく【解く】wehe（ヴぇへ）．
【解かせる】ho'owehe（ほ'おうぇへ）．

ほとんど【殆ど】'ane'ane（'あね'あね）．mai（まい）．koe（こえ）．

ほとんどえきたいの【(水っぽいポイ[poi]のように) 殆ど液体の】kale,

kakale（かれ，かかれ）．
ほとんどりょうりしていない【殆ど料理していない】maka loa（まか_ろあ）．
ほにゅうする【（赤ん坊に）哺乳する】'ai waiū（'あい_わいう）．
ほにゅうどうぶつ【哺乳動物】'ōpe'ape'a（'おぺ'あぺ'あ）．pe'a（ぺ'あ）．
ほにゅうびんのちくび【哺乳びんの乳首】omo（おも）．omo waiū（おも_わいう）．
ホヌアウラ〔ハワイ〕honua'ula（ほぬあ'うら）．〔植物〕サトウキビの一種：葉とさやがむらさき色をしているサトウキビの原種［manulele］の突然変異種で濃い赤茶色をしている．
ほね【骨】iwi（いヴぃ）．【（人間の）骨】iwi kanaka（いヴぃ_かなか）．【（皮・木などに小さな穴をあけるのに用いる）骨で作ったきり】kui iwi（くい_いヴぃ）．
【骨の折れる】māluhiluhi（まるひるひ）．ho'omāluhiluhi（ほ'おまるひるひ）．
ほねおりしごと【骨折り仕事，飽き飽きして骨の折れる仕事】pa'u（ぱ'う）．
ほねばった【骨張った】iwiiwi（いヴぃいヴぃ）．
ホノ〔ハワイ〕hono．〔儀式〕ロノ［Lono-i-ka-'ou-ali'i］と言う神を奉る儀式［kapu loulu］の中の一番最後の儀式．聖職者［kahuna］が１時間程祈り続ける間，首長たちはその場所に座り続ける．⇒ロノ．
ホノ〔ハワイ〕Hono-．湾，入江，峡谷，絶壁を意味する Hono- はハワイの地名に多く使われている．〔用例〕：Honolulu, Honokōhau, Honomanu, Honoli'i.
ほのお【炎】ula ahi（うら_あひ）．
ほのかなこうせん【仄かな光線】hilo（ひろ）．
ほのかにかがやく【仄かに輝く】'uiki, 'uwiki（'ういき，'ううぃき）．
ほのぐらい【仄暗い】poahi（ぽあひ）．poehi（ぽえひ）．
ホノホノ，ホノホノククイ〔ハワイ〕⇒チヂミザサ【縮み笹】．
ほのめかす【仄めかす】ho'oloko（ほ'おろこ）．
ホノルル〔ハワイ〕Honolulu．ハワイ諸島の州都名．〈逐語〉保護されている湾．
ほへい【歩兵，歩兵部隊】kaniwāwae（かにヴぁヴぁえ）．〈逐語〉足の音．koa hele wāwae（こあ_へれ_ヴぁヴぁえ）．〈逐語〉足で行く兵士．pū'ali kaua ka'i wāwae（ぷ'あり_かうあ_か'い_ヴぁヴぁえ）．〈逐語〉徒歩で進む戦争軍隊．⇒へいし【兵士】．
ほぼ【粗・略】'ane'ane（'あね'あね）．mai（まい）．⇒マーカー．
ほほう【～】āhā（あほ）．〔間投詞〕驚き・喜び・勝利・あざけり・皮肉などを表す叫び．
ほほえむ【微笑む，微笑み】mino'aka（みの'あか）．〈逐語〉うれしそうなくぼみ．
【微笑ませる】ho'omino'aka（ほ'おみの'あか）．
ほめそやす【誉［褒］めそやす】ho'o-

nani（ほ'おなに）. mililani（みりらに）.

ほめたたえる【誉［褒］め称える】pai（ぱい）.

ほめちぎる【誉［褒］めちぎる】mailani（まいらに）.

ぼやけた【～】'āwe'awe'a（'あヴぇ'あヴぇ'あ）.

ほゆうする【保有する】pa'a（ぱ'あ）.

ボラ【鯔】'ama'ama（'あま'あま）.〔魚〕Mugil cephalus. 完全に成長した'ama'ama を 'anae（'あなえ）と呼ぶ.

ほらあな【洞穴】ana（あな）. lua（るあ）.

ホラガイ【法螺貝】'olē（'おれ）.〔貝〕Charonia tritonis：大きな海産巻貝の総称；腹足類動物の殻；笛に使われるものもある.【（大きなトリトンの）法螺貝】pū（ぷ）.〔貝〕Charonia tritonis：ギリシャ神話に出て来る半人半魚の海神であるトリトンが, 吹いて波を静めたということからこう呼ばれる.【（小さめの）法螺貝】pū 'olē'olē（ぷ_'おれ'おれ）.

ホラガイのラッパ【法螺貝の喇叭】pū puhi（ぷ_ぷひ）.

ほらばなしをする【法螺話をする】pālau（ぱらう）.

ボラボラ【Borabora 島】Polapola（ぽらぽら）. ⇒タヒチ.

ほりおこす【（地・畑などを）掘り起こす】'eli（'えり）. 'ali（'あり）.【（先の尖った道具で）掘り起こす, 掘り返す】ho'okipi（ほ'おきぴ）.

ほりけずる【（カヌーを作るために丸太などを）掘り削る】pao（ぱお）.

ほりすすむ【掘り進む】po'a（ぽ'あ）.

ほりだしもの【掘り出し物】makepono（まけぽの）.

ほりだす【掘り出す】hua'i（ふあ'い）.

ほりつける【（石・木などに）彫りつける】kaha, kahakaha（かは, かはかは）.

ほりぬきいどのみず【掘抜き井戸の水】wai 'ale'ale（わい_'あれ'あれ）.

ほりぬく【掘り抜く】pao（ぱお）. po'a（ぽ'あ）.

ポリネシア【Polynesia】Polenekia（ぽれねきあ）.〔英語・地理〕太平洋中西部の小諸島の総称.
【Polynesian, ポリネシア人, ポリネシア語】Polenekia（ぽれねきあ）.〔英語〕.

ほりゅうする【保留する】'au'a（'あう'あ）. pa'a（ぱ'あ）. ho'opa'a（ほ'おぱ'あ）.

ほりょ【捕虜】pio（ぴお）.
【捕虜にする】ho'opa'ahao（ほ'おぱ'あはお）. ho'opio（ほ'おぴお）.

ほる【掘る】pō'alo（ぽ'あろ）. 'eli（'えり）.

ボルト【bolt, ボルトで締め合わせる】mākia（まきあ）. pine（ぴね）.

ポルトガル【Portugal】Pokukala（ぽくから）. Potugala. は異形.

ポルトガルの【Portuguese, ポルトガル（人・語）の, ポルトガル人, ポルトガル語】Pukikī（ぷきき）.〔用例〕ポルトガルの甘味のあるパン. Palaoa Pukikī.

ホルン【horn】pū puhi（ぷ_ぷひ）.〔楽器〕

ほれている【惚れている】nipo（にぽ）. niponipo（にぽにぽ）.

ほれぼれするような【惚れ惚れするような】ho'ohie（ほ'おひえ）. māhie, māhiehie（まひえ，まひえひえ）. ho'omāhie（ほ'おまひえ）.

ぼろきれ【〜切れ〔屑〕】welu（うぇる）.

ホロクー〔ハワイ〕holokū（ほろくー）. 丈の長いワンピースの洋服；一般にはヨークがついており，後ろのすそを引きずっている．宣教師の女性の丈の長いホームドレスをまねて作られた．

ぼろくずのやま【〜屑の山】pu'u welu（ぷう_うぇる）.

ほろびる【滅びる】make（まけ）. 【滅びさせる】ho'omake（ほ'おまけ）.

ほろぼした【滅ぼした】kapakū（かぱくー）.

ぼろぼろの【〜の】welu（うぇる）.

ホロムー〔ハワイ〕holomū（ほろむー）. 〔現代用語〕丈が長く，体にぴったりした洋服；holokū と mu'umu'u を組み合わせたもので，すそは引きずらない．

ホワイトジンジャー【white ginger】'awapuhi ke'oke'o（'あわぷひ_け'おけ'お）. 〔植物〕Hedychium coronarium：ショウガ属の植物の一種；白い花が咲く．

ほん【本】puke（ぷけ）. buke. は異形．〔英語：book〕．〔用例〕雑誌. puke heluhelu.

ぼん【(物を載せる)盆】pā halihali（ぱー_はりはり）. 〔文法〕冠詞は ka でなく ke を使う．

ほんい【本位】kūlana pa'a（くーらな_ぱ'あ）. 貨幣制度の価値基準．

ほんけ【本家】mua（むあ）.

ほんごく【本国】kulāiwi（くらーいヴぃ）. 'āina hānau（'あいな_はーなう）.

ほんしつ【本質】'ano（'あの）. 〔文法〕冠詞は ka でなく ke を使う．'ōuli（'ōうり）.

ポンチョ【poncho：スペイン語】kīpuka（きーぷか）. 〔服飾〕南米の民族衣装．現在はコートとして着用．

ほんど【本土】'āina makua（'あいな_まくあ）. 【(合衆国の)本土】loko（ろこ）. 〔用例〕私は本土に行ったことがあります．I loko aku nei au.

ポンド【pound】paona（ぱおな）. 〔単位〕1ポンドは約453グラム．

ほんとうに【本当に】'i'o（'い'お）. maoli（まおり）. 〔用例〕実に結構だ．Maika'i maoli.

ほんとうの【本当の】'i'o（'い'お）. maoli（まおり）. 【本当の評価】mana'o maoli（まな'お_まおり）.

ボンネット【bonnet】pāpale 'o'oma（ぱーぱれ_'お'おま）. 〔服飾〕婦人・子供用の帽子，つけひもをあごの下で結ぶ．

ほんの【〜】wale nō（われ_のー）. 〔用例〕ほんの2つ．'Elua wale nō. 【ほんの小さい】'anali'i（'あなり'い）.

ほんのう【本能】'ike hānau（'いけ_はーなう）. 〈逐語〉出生知識.

ほんぶん【本分】pono（ぽの）.
ほんものの【本物の】maoli（まおり）.
ほんやく【翻訳】unuhina（うぬひな）.
【翻訳者】mahele ʻōlelo（まへれ_ʻおれろ）. mea unuhi（めあ_うぬひ）.
ほんやくする【翻訳する】mahele ʻōlelo（まへれ_ʻおれろ）. unuhi（うぬひ）.
【翻訳させる】hoʻounuhi（ほʻおうぬひ）.
ぼんやりした【〜】ʻāweʻaweʻa（ʻあヴぇʻあヴぇʻあ）. lipo（りぽ）. niniu（ににう）. nipo（にぽ）. niponipo（にぽにぽ）.
ほんらいのじょうたい【本来の状態】pono（ぽの）.

ま

まぁ【〜】ʻā（ʻあ）.〔間投詞〕.
【まぁひどい】auē（あうゑ̄）. auwē（あうう̄ぇ）.〔間投詞〕迷い・恐怖・軽べつ・同情・愛情などを表すために使われる.
【軽い非難や驚きの叫び】kā（か̄）.〔間投詞〕.〔用例〕まぁ, あなたったら. ʻO ʻoe kā!
【人に呼びかけたり, 呼びかけに応じたりする発声】ūi（うい）.〔間投詞〕.
マーウイ〔ハワイ〕Māui（まうい）.〔民話〕太陽をわなで捕らえた半神半人であり, また神話における文化英雄.
マーカー【(印, 印をつける) marker】māka（まか）.〔英語〕.
【(ハワイ語文法用語の) マーカー】māka（まか）.〔英語〕. hunahuna ʻōlelo（ふなふな_ʻおれろ）. hune, huna（ふね, ふな）.〔用例〕強調のマーカー. Hune ʻaʻau. 名詞化するマーカー. Hune kiʻa. など.
《広義のマーカー（ズ）》名詞や動詞などについて格などの属性, 程度や方向性や時制などを指示する文法上の機能を有する語. 代名詞・指示詞・所有詞・冠詞・方向を示す語・接続詞などと, 狭い意味でのマーカー.
《狭い意味のマーカー》英文法（日本語訳）などに相当する語がなくこれまで不変化詞（英語の particle の訳）とされていた語. 主なマーカーを次

に示す．a, ā, aʻela, ai, ʻami, ana, ʻana, anei, auanei, e, ē, hoʻi, i, ia, iā, ʻia, iho, iholā, iho nei, ʻino, kā, kau, lāā, ma, mā, mai, maio, mau, nā nei, nō, o, ʻo ʻoe, ʻo...ia , paha, pū, ua, ua...ala, ua...lā, ua...nā, ua...nei, wahi, wale.

マーガレット【marguerite】**makalika**（まかりか）．〔英語・植物〕．

マーケット【market】**mākeke**（まけけ）．〔英語〕．〔用例〕スーパーマーケット．Mākeke nui.

マーシャルしょとう【Marshall 諸島】**Mākala**（まから）．〔英語・地理〕北太平洋のサンゴ島．

マーナ〔ハワイ〕**māna**（まな）．〔醱酵〕アワ酒を造るためのアワの根や薬として使われるココナッツやククイナッツなどを嚙み砕いた固まり．

マーマキ〔ハワイ〕**māmaki**（ままき）．〔植物〕小さな自生の木．Piptrus 種：この木の樹皮からきめの粗いタパ布が作られる．

マーマネ〔ハワイ〕**māmane**（ままね）．〔植物〕Sophora chrysophylla：自生のマメ科の木．

マーマラ〔ハワイ〕**Māmala**（ままら）．〔地名〕ホノルル港の古い名前．

マーマラ・ホエ〔ハワイ〕**Māmala-hoe**（ままら-ほえ）．〔法令〕婦人・子供・病人・老人など，すべての人々の安全を保証した「割れた櫂かぃ」というカメハメハ1世が定めた有名な法律の名前．Māmala hoa. はつづりの異形．

まいあがる【（グンカン鳥のように）舞い上がる】**kīkaha**（きかは）．

【（埃などが）舞い上がる】**kū**（くー）．**kukū**（くくー）．

【（驚かされた鳥などが）舞い上がる】**oho**（おほ）．

まいあがるたか【舞い上がる鷹】**ʻiolana**（ʻいおらな）．

マイカ〔ハワイ〕**maika**．〔遊戯〕ボウリングに似たハワイの昔の遊び，この遊びに使われた石．

【マイカゲームをする】**ʻulu maika**（ʻうる_まいか）．

まいそう【埋葬】**kanu**（かぬ）．

まいそうする【埋葬する】**kanu**（かぬ）．

まいつきのけんきん【毎月の献金】**mahina hou**（まひな_ほう）．〔宗教〕組合教会員によって毎月の第1日曜日に行われる献金．

まいてつくったもの【（毛糸など球の形に）巻いて作った物】**pōkaʻa**（ぽかʻあ）．

まいにち【毎日】**I kēlā me kēia lā**（い_けら_め_けいあ_らー）．〔用例〕毎週〔年〕．I kēlā me kēia pule/makahiki.

マイル【mile】**mile**（みれ）．〔英語・約1,609.3m〕

マイレ〔ハワイ〕**maile**．〔植物〕Alyxia olivaeformis：自生のてんじょう（纏繞）植物；他のものに巻きついて成長する植物．光沢のある香りのよい葉をつけ，装飾やレイによく用いられる．

【（大きな葉をつける）マイレ】**maile lau nui**（まいれ_らう_ぬい）．〈逐語〉大きな葉の maile．

【（幅の狭い尖った葉をつける）マイ

レ】maile lau liʻi（まいれ_らう_りʻい）.〈逐語〉小さな葉の maile.

マウイ〔ハワイ〕Maui.〔地理〕マウイ島；ハワイ諸島の1つの島の名前.

マウスピース【mouthpiece】waha ʻōlelo（わは_ʻおれろ）.

マウナ・ロア〔ハワイ〕Mauna Loa.〔地理〕ハワイ島にある山の名前およびモロカイ島にある山と村の名前.〈逐語〉長い山.

マウナロア〔ハワイ〕maunaloa.〔植物〕蔓植物；特に花の咲くものは，手の込んだ美しいレイに使われる.

マウヌ〔ハワイ〕⇒くろまじゅつ【黒魔術】.

まえかがみになる【前屈みになる】ʻalu（ʻある）. oi（おい）.

まえだて【（兜ゕぶとなどの）前立て】hoaka（ほあか）.

まえ（に・へ）【前（に・へ）】mua（むあ）.〔所格の名詞〕マーカーの i, ma- を伴い，i mua, mamua と表記する〔用例〕前へ進め.I mua! Mamua! 家の前に.Mamua o ka hale.
【（時間的に）前に】mua（むあ）.
【前に置く】hau（はう）. waiho（わいほ）.
【（今にも倒れそうに）前に傾く】pōhina（ぽひな）.
【前に述べた】ua（うあ）.
【前に横たえる】hau（はう）.

まおう【魔王】Kākana（かかな）. Satana. は異形.〔英語：Satan〕.

マオマオ〔ハワイ〕maomao.〔魚〕Abudefduf abdominalis：スズメダイ科；ハワイの固有種. mamo, mamamo, mao とも言う.

マカジキ【真梶木・旗魚】aʻu（あʻう）.〔魚〕.

まかす【（競技などで）負かす】hoʻōhule（ほʻおふれ）.

まがった【曲がった】ʻaʻapi（ʻaʻあぴ）. kiwi（きヴぃ）. naha（なは）. napa（なぱ）. pāuma（ぱうま）. piʻo（ぴʻお）.

まがっている【曲がっている】ʻewa（ʻえヴぁ）. hōʻewa（ほʻえヴぁ）. paʻewa（ぱʻえヴぁ）. pepeʻe（ぺぺʻえ）.【（口などが）曲がっている】ʻūkeʻe（ʻうけʻえ）.

マカヒキ〔ハワイ〕makahiki.〔年中行事〕10月半ば頃に始まり，約4ヶ月間開かれる昔の祭り. 戦いを禁止し，スポーツや宗教的祝祭を行った催し.

マカリイ〔ハワイ〕Makaliʻi（まかりʻい）.〔ハワイ暦〕ハワイの（暦の上の）月の名前；集合名詞的に夏の6ヶ月間.

まがりやすい【曲がり易い】nape（なぺ）.

まがる【曲がる】kīkeʻe（きけʻえ）. kīkeʻekeʻe（きけʻえけʻえ）.〔用例〕たくさんの曲がり角のある道. Alanui kīkeʻekeʻe.

まかれたたば【巻かれた束】kūkaʻa（くかʻあ）. 編むために用意されたパンダナスの葉のように巻かれた束.

まかれたもの【（マットなど）巻かれた物】ʻōkaʻa（ʻおかʻあ）.

まかれる【（マットなどが）巻かれる】

'ōka'a ('ōka'a).
まき【薪】wahie（わひえ）.
まきあがった【（髪の毛など縮れて）巻き上がった】'āpi'i（あぴ'い）.
まきあげる【（バナナの葉などを枯らして）巻き上げる】kūpola（くぽら）.【（マットなどを）巻き上げる】wili（うぃり）.【（金品を）巻き上げる】pākaha（ぽかは）.
まきがい【巻貝】pū（ぷ）.
【巻貝のふた】pani pūpū（ぱに_ぷぷ）.
まきげ【巻き毛】milo（みろ）.【（頭髪などの）巻き毛】wili（うぃり）.
まきげの【巻き毛の】'āpi'i（あぴ'い）. pi'ipi'i（ぴ'いぴ'い）.
まきこむ【（大きな布で体などを）巻き込む】uhi（うひ）.
まきこんだ【（悪事などに人を）巻き込んだ】punihei（ぷにへい）.
まきじゃく【巻き尺】lula（るら）. rula. は異形.〔英語：ruler〕.
まきちらす【（灰などを）蒔き散らす】lū, lūlū（る、るる）. lū helele'i（る_へれ'い）.【（埃や泥などを）蒔き散らす】kaiehu（かいえふ）.
まきつく【巻き付く】koali, kowali（こあり、こわり）.
まきつける【巻き付ける】'ōwili（'ōうぃり）.
まきひげ【（植物の）巻き鬚】'umi'umi（'うみ'うみ）.
まく【（種子を）蒔く】ho'ohelele'i（ほ'おへれれ'い）.
まく【（帯などを）巻く】'a'a（'あ'あ）.

【（布地やタパ布の束などをくるくる）巻く】kūka'a（くか'あ）. 'ōwili（'ōうぃり）.【（毛糸などを球の形になるように）巻く】pōka'a（ぽか'あ）.
マグカップ【mug】kī'aha（き'あは）.
まくら【枕】'aki（'あき）. 'ope'ope（'おぺ'おぺ）. uluna（うるな）.
【枕カバー】pale uluna（ぱれ_うるな）.
【（クッションなどを）枕として使用する】uluna（うるな）.
マグロ【鮪】'ahi（'あひ）.〔魚〕マグロの総称：特に黄色いひれのマグロ属のキハダ（Thunnusalbacares）.
まげやすい【曲げ易い】hō'alu'alu（ほ'ある'ある）. napa（なぱ）.
まける【負ける】make（まけ）.
まげる【（体などを）曲げる】ho'okeke'e（ほ'おけけ'え）. wili（うぃり）.【L字型に）曲げる】wili（うぃり）.
【（不満または嫌いで）口を一方に曲げる[ひねる]】hō'ūke'e（ぽ'うけ'え）.
まご【孫】mo'opuna（も'おぷな）. 兄弟の孫も同様.〔用例〕彼の孫. Kāna mo'opuna.
【孫[mo'opuna]であると主張する】ho'omo'opuna（ほ'おも'おぷな）.
【孫息子】mo'opuna kāne（も'おぷな_かね）.
【孫娘】mo'opuna wahine（も'おぷな_わひね）.
まごつかせる【～】ha'oha'o（は'おは'お）. ho'onanenane（ほ'おなねなね）. pāha'oha'o（ぽは'おは'お）.

まごまごしてあるく【まごまごして歩く】hōkai（ほかい）．

まさかりのえ【鉞の柄】ʻau koʻi（ʼあう＿こʻい）．

まさつする【摩擦する】hē（ヘ）．lomi（ろみ）．

まさる【（…に）勝る】ʻoi（ʻおい）．hōʻoi（ほ̄ʻおい）．kela, kelakela（けら，けらけら）．hoʻokela（ほʻおけら）．pākela（ぱ̄けら）．poʻokela（ぽʻおけら）．

マシコドリ【猿子鳥】manu-ʻai-mīkana, manu-ʻai-papaia（まぬʻあいみ̄かな，まぬʻあいぱぱいあ）．メキシコマシコ，バライロマシコ，パパイアドリ．〈逐語〉パパイアを食べる鳥．〔鳥〕Carpodacus mexicanus frontalis：北米南部・メキシコ産の小鳥；雄は額・喉・胸・腰が赤い．

まじない【（骨折やねんざを治す）呪い】lāʻau kāhea（ら̄ʻあう＿か̄へあ）．〈逐語〉呼ぶ薬．

まじゅつ【（悪霊の力を借りて行なう）魔術】ʻanāʻanā（ʻあな̄ʻあな̄）．【（普通の）魔術】kalakupua（からくぷあ）．⇒くろまじゅつ【黒魔術】．

まじゅつし【魔術師】kahuna（かふな）．複数形は kāhuna（か̄ふな）．【（普通の）魔術師】hoʻokalakupua（ほʻおからくぷあ）．⇒くろまじゅつ【黒魔術】．

まじりけのない【混じり気のない】aʻiaʻi（あʻいあʻい）．

まずい【（飲食物などが）不味い】ānea（あ̄ねあ）．mala（まら）．

ますいやく【麻酔薬】lāʻau hoʻohiamoe（ら̄ʻあう＿ほʻおひあもえ）．

マスカットじゅう【musket 銃】pū poʻohiwi（ぷ̄＿ぽʻおひヴぃ）．マスカット銃・マスケット銃：先込め，無腔旋，台尻付き，燧石式．ナポレオン戦争時代．1777年式．日本のゲベール銃はこの1777年式のこと．

マスクメロン【musk melon】⇒カンタループメロン．

まずしい【貧しい，貧しい人】hune（ふね）．ʻilihune（ʻいりふね）．〈逐語〉ちっぽけな皮膚．

まぜる【交・雑・混ぜる】ʻāwili（ʻあ̄うぃり）．hoʻohuikau（ほʻおふいかう）．hui pū（ふい＿ぷ̄）．kake（かけ）．
【（ポイまたは粉などを）混ぜる】hoʻowali（ほʻおわり）．⇒ポイ．
【（ソースや肉汁を）混ぜる】kākele（か̄けれ）．
【（原料などを）混ぜる】paʻi（ぱʻい）．
【混ぜた】ʻāwili（ʻあ̄うぃり）．

また【（人体の）股】kapakapa（かぱかぱ）．kumuhele（くむへれ）．〈逐語〉歩行の源．
【（木の枝のように）叉に分れたもの】manamana（まなまな）．
【股のつけね】⇒そけい【鼠径】．

また【（…も）また】hoʻi（ほʻい）．kahi（かひ）．kekahi（けかひ）．laʻa（らʻあ）．〔用例〕その上このような．E laʻa me kēia.

マダガスカルシタキソウ【madagascar シタキソウ】pua hōkū hihi（ぷあ＿ほ̄

く_ひひ）．〔植物〕Hoya bicarinata：トウワタ科の常緑・つる性の高木で芳香性の花をつける．

マダガスカル・ジャスミン【madagascar jasmin】⇒マダガスカル・シタキソウ．

マダコ【真蛸】he'e pū loa（へ'え_ぷ_ろあ）．Octopus ornatus：八腕形目マダコ科の一種．〈逐語〉頭の長いタコ．

またせておく【待たせておく】ho'olohi（ほ'おろひ）．

またせる【待たせる】ho'okali（ほ'おかり）．

またたき【（光の）瞬き】'amo（'あも）．'imo, 'imo'imo（'いも，'いも'いも）．

またたく【瞬く】'amo（'あも）．

または【又は】a i 'ole（あ_い_'おれ）．〔接続詞〕．

まだらのある【斑のある】pulepule（ぷれぷれ）．

まだらもよう【斑模様】kalakoa（からこあ）．クロトンの葉のように様々な色でまだらにした．

まち【町】kaona（かおな）．〔英語：town〕．kūlanakauhale（くーらなかうはれ）．

まちかど【街角】huina alanui（ふいな_あらぬい）．

まちがい【間違い】lalau（ららう）．pa'ewa（ぱ'えヴぁ）．hāwāwā（はーヴぁーヴぁー）．

まちがった【間違った】pa'ewa（ぱ'えヴぁ）．

まちがったそうぞうをする【間違った想像をする】kuhi hewa（くひ_へヴぁ）．

まちがってきる【（裏返しに着るなど）間違って着る】komo hewa（こも_へヴぁ）．

まちがってしんにゅうする【（他人の土地や家宅に）間違って侵入する】komo hewa（こも_へヴぁ）．

まちぶせ【待ち伏せ】moemoe（もえもえ）．

まちぶせする【待ち伏せする】moe（もえ）．
【待ち伏せしている】moemoe（もえもえ）．

マツ【松】paina（ぱいな）．〔英語：pine：植物〕松の木とあらゆる種類の針葉樹；硬質樹木．

まつ【待つ】alia（ありあ）．〔文法〕通常は命令形で「ちょっとお待ちなさい」のように使われる．'emo（'えも）．kali（かり）．〔用例〕わたしはここであなたを待っています。Ke kali nei au iā 'oe.
【待つこと】'emo（'えも）．

まっかな【真っ赤な】'ena'ena（'えな'えな）．

まっくろ【真っ黒】'elekū（'えれくー）．

まつげ【睫毛・睫】huluhulu（ふるふる）．lihilihi（りひりひ）．

マッコウクジラ【抹香鯨】palaoa（ぱらおあ）．

マッサージし【massage 師】lomilomi（ろみろみ）．

マッサージをする【massage をする】lomi（ろみ）．

まっすぐいく【真直ぐ行く】kaha loa（かは_ろあ）．角を曲ってからどこま

まっすぐな

でもまっすぐ行く．

まっすぐな【真直ぐな】kūpono（クーぽの）．mālō（まーろ）．〔用例〕姿勢のよい身体．Kino mālō. nī'au（ニー'あう）．【（髪の毛などの）真直ぐな】kālole（かーろれ）．

まっすぐにする【（綱などを）真直ぐにする】ho'omālō（ほ'おまーろ）．

まっすぐにのびる【（前方に）真直ぐに伸びる】kāmoe（かーもえ）．

まったく【全く】nō（のー）．⇒マーカー．'oko'a（'おこ'あ）．pau（ぱう）．pū（ぷー）．〔用例〕まさに等しい．Like pū. わたしもまた．'O au pū.

まったくなにもない【全く何もない】'ole wale（'おれ_われ）．

まったくひとしい【全く等しい，全く同じ】like pū（りけ_ぷー）．

まったん【末端】'ēlau（'えーらう）．nuku（ぬく）．wēlau（ウェーらう）．【（綱・棒・籘製の杖などの）末端】po'o（ぽ'お）．〔文法〕冠詞は ka でなく ke を使う．

マッチ【match】ahi（あひ）．ahipele（あひぺれ）．kūkaepele（クーかえぺれ）．lepopele（れぽぺれ）．

マッチばこ【match 箱】poho ahi（ぽほ_あひ）．

マット【mat】moena（もえな）．【（積み重ねた）マット】kūmoena（クーもえな）．【マットなどが拡がった】kūmoena（クーもえな）．【マットの編み始めになる V 字形に折りたたまれた細長い葉の呼び名】

kūmoena（クーもえな）．【（パンダナスで作られた）マットの角】kohe（こへ）．【マットの角を形作るためにパンダナスマットの材料を折り曲げる】ho'okohe（ほ'おこへ）．

マットレス【（寝台の）mattress】pela moe（ぺら_もえ）．

まつび【末尾】'okina（'おきな）．

まつやに【松脂】kēpau（ケーぱう）．

まつり【（お）祭り】ho'olaule'a（ほ'おらうれ'あ）．古代では makahiki.【（お）祭り気分の】mele（めれ）．【（お）祭りらしい】ulumāhiehie（うるまーひえひえ）．【（お）祭りらしく装飾した】uluwehi（うるヴェひ）．

マツリカ【茉莉花】pīkake（ピーかけ）．〔植物〕Jasminum sambac：香りのよい低木；小さな白い花はレイに使われ，またジャスミン茶に用いられる．

まど【窓，窓口】pukaaniani, pukāniani（ぷかあにあに，ぷかーにあに）．puka hale（ぷか_はれ）．【窓などがガタガタ鳴ること】nakeke（なけけ）．⇒おと【音】．

まどう【惑う】lalau（ららう）．

まとにむける【（銃などを）的に向ける】lena（れな）．

まとめて【纏めて】pau pū（ぱう_ぷー）．

まとめておくこと【（レイのように糸に通して）まとめておくこと】kuina（くいな）．

まどわす【惑わす】ho'ohala（ほ'おはら）．ho'olalau（ほ'おららう）．

ho'owalewale（ほ'おわれわれ）.
マトン【mutton】'i'o hipa（'い'お_ひぱ）. 羊肉.
マナ〔ハワイ〕mana.〔解説〕超自然的な力，神のような力，物や人に内在することもあるとされる非人格的・超自然的な力，奇跡的な力.
【マナを分け与える】ho'omanamana（ほ'おまなまな）.
まないた【俎板】papa ku'i 'ai（ぱぱ_く'い_'あい）. papa 'oki'oki（ぱぱ_'おき'おき）.
まなぶ【学ぶ】a'o（あ'お）.
まにあわせのあばらや【間に合わせの荒屋】pāpa'i（ぱぱ'い）.
まぬがれさせる【(人を悩み・困惑などから)免れさせる】ho'ōla（ほ'おら）.
まぬけ【間抜け】hepa（へぱ）.
マネージャー【manager】luna ho'ohana（るな_ほ'おはな）.
まねく【招く】kono（この）. pāheahea（ぽへあへあ）.
マハタ【真羽太】hāpu'u（はぷ'う）.〔魚〕Epinephelus quernus：ハタ科マハタ属の海産魚.
まばらな【疎らな】kaka'ikahi（かか'いかひ）.
まひした【麻痺した】lōlō（ろろ）.
まぶしい【眩しい】lino, linolino（りの，りのりの）. li'oli'o（り'おり'お）. 'ōlino（'おりの）. 'ōlinolino（'おりのりの）.
まぶた【目蓋・瞼】'alu（'ある）. hu'alu（ふ'ある）. kuapo'imaka（くあぽ'いまか）. lihilihi（りひりひ）. pani（ぱ
に）. 'ūpo'i maka（'うぽ'い_まか）.【(指で)まぶたを閉じた】helei（へれい）.
マヘレ〔ハワイ〕mahele.〔制度〕1848年に行なわれた「大マヘレ」として知られる土地分割法律.
まほう【魔法】kalakupua（からくぷあ）. 不思議なまたは超自然的な力に支配された.
【魔法使い】ho'okalakupua（ほ'おからくぷあ）.
まぼろしをみる【幻を見る】akakū（あかく）.
ままおや【継親】kōlea（これあ）.〔用例〕継母. makuahine kōlea. 継父. makua kāne kōlea.
マメ【豆(科の植物)】pōhue（ぽふえ）.〔植物〕Canavalia sericea.
マメににたもの【豆に似たもの】pī（ぴ）.
マメダオシ【豆倒し】⇒ネナシカズラ【根無葛】.
まめつさせる【摩滅させる】hoana（ほあな）.
まもなく【間もなく】auane'i（あうあね'い）. eia aku（えいあ_あく）.
まもりがみ【守り神】'ānela（'あねら）.
まもりのげんじゅうな【守りの厳重な】papa'a（ぱぱ'あ）.
まもる【守る】kūpale（くぱれ）.
まやく【麻薬】lā'au ho'ohiamoe（ら'あう_ほ'おひあもえ）.
まゆ【(蚕などの)繭】lohelohe（ろへろへ）.
まゆ・まゆげ【眉・眉毛】hulu ku'emaka（ふる_く'えまか）. ku'emaka,

まよう

ku'eku'emaka（く'えまか，く'えく'えまか）．
【眉を顰ひそめる】ho'okeke'e（ほ'おけけ'え）．ho'oku'emaka, ho'oku'eku'emaka（ほ'おく'えまか，ほ'おく'えく'えまか）．pukupuku（ぷくぷく）．

まよう【迷う】lalau（ららう）．

まよなか【真夜中】aumoe（あうもえ）．kulu aumoe（くる_あうもえ）．

まよわせる【迷わせる】hō'ae'a（ほ'あえ'あ）．ho'olalau（ほ'おららう）．

マライフトモモ【馬来蒲桃】'ōhi'a 'ai（'おひ'あ_'あい）．〔植物〕Eugenia malaccensis.〈逐語〉食べられる 'ohi'a．

マリーゴールド【marigold】'ōkole'oi'oi（'おこれ'おい'おい）．〔植物〕マリーゴールドは園芸用名称．和名の千寿，万寿は開花期の長さによる．〈逐語〉突き出た尻．アフリカン・マリーゴールド（千寿菊）．フレンチ・マリーゴールド（万寿菊）．
【ポット・マリーゴールド】mele-kule（めれくれ）．〔植物〕Calendula officinalis. 別名トウキンセンカ（唐金盞花）．

マルアジ【丸鯵】'ōpelu（'おぺる）．〔魚〕Decapterus maruadsi：マグロやマカジキなどの餌として使われる．

まるい【丸い】mole（もれ）．molemole（もれもれ）．poepoe（ぽえぽえ）．popohe（ぽぽへ）．

まるきぶね【丸木船】wa'a（わ'あ）．ho'opoe（ほ'おぽえ）．

まるくした【丸くした】poe（ぽえ）．poepoe（ぽえぽえ）．

まるくする【丸くする】ho'opoe（ほ'おぽえ）．丸いかっこうに形作る．

まるといし【丸砥石】hoana（ほあな）．hoana ka'a（ほあな_か'あ）．

まるのみ【丸鑿】'o'oma（'お'おま）．〔工具〕長円形の形をしたのみ．

まるまるとした【（月など）丸々とした】poepoe（ぽえぽえ）．

まるまるとふとった【丸々と太った，丸々とした】newe（ねヴぇ）．newenewewe（ねヴぇねヴぇヴぇ）．pōkeokeo（ぽけおけお）．pu'ipu'i（ぷ'いぷ'い）．

まるやきにする【（豚などを）丸焼きにする】kālua pa'a（かるあ_ぱ'あ）．

まれな【稀な】kaka'ikahi（かか'いかひ）．laha 'ole（らは_'おれ）．

まれに【稀に】kaka'ikahi（かか'いかひ）．

まわす【回す】ka'a（か'あ）．'ōmilo（'おみろ）．wili（うぃり）．【（こまなどを）回す】ho'oniniu（ほ'おににう）．【（電話のダイヤルを）回す】wili（うぃり）．

まわりにたつ【回りに立つ】kūpuni（くぷに）．

まわる【回る】ka'apuni（か'あぷに）．〔用例〕わたしたちは世界一周旅行をした．Ua hele māua i ke ka'apuni honua.【くるくる［ぐるぐる］回る】ka'anini（か'あにに）．niu（にう）．niniu（ににう）．'ōka'a（'おか'あ）．poahi（ぽあひ）．pōniu（ぽにう）．
【（ダンスでくるくる）回る】kūwili,

kūwiliwili（くうぃりり，くうぃりうぃり）．
まんいんの【満員の】kukū（くく）．
まんえつする【（1人）満悦する】ha'anui（は'あぬい）．
マングース【mongoose】manakuke（まなくけ）．〔英語・動物〕インド産，毒蛇の天敵として有名．'iole manakuke（'いおれ_まなくけ）も同様．
マングローブ【mangrove】kukuna-o-ka-lā（くくなおかラ）．マングローブの花の萼がくはレイなどに使われる．〔植物〕Bruguiera gymnorhiza：紅樹．海岸で多数の不定根を出してからみ合った茂みをつくる．〈逐語〉太陽の光線．
まんげつ【満月】mahina piha（まひな_ぴは）．mahina poepoe（まひな_ぽえぽえ）．〈逐語〉丸い月．
【満月の夜】Akua（あくあ）．〔ハワイ暦〕月の14日目の夜．Hoku（ほく）．〔ハワイ暦〕月の15日目の夜．〔用例〕満月（15日目の夜）の月．Mahina o Hoku. Māhea-lani（マへあらに）．〔ハワイ暦〕月の16日目の夜．月は欠けはじめる．
マンゴー【mango】manakō（まなこ）．〔植物〕Mangifera indica.〔英語〕．
マンジュギク【万寿菊】'ōkole'oi'oi（'オこれ'おい'おい）．⇒マリーゴールド．
まんぞくする【満足する】ho'olaule'a（ほ'おらうれ'あ）．luana（るあな）．【満足させる】ho'ohoihoi（ほ'おほいほい）．ho'olaule'a（ほ'おらうれ'あ）．

ulumāhiehie（うるマひえひえ）．
【満足した】ho'omaika'i（ほ'おまいか'い）．
【（とても）満足した】hia'ai'ono（ひあ'あい'おの）．
まんぞくな【満足な】mā'ona（マ'あな：但し mā'ana とは書かない）．
まんぞくに【満足に】maika'i（まいか'い）．
まんぞくなときをすごす【満足な時を過ごす】ho'onanea（ほ'おなねあ）．
まんちょう【満潮】kai apo（かい_あぽ）．〈逐語〉囲まれている海．kai piha（かい_ぴは）．kai ulu（かい_うる）．〈逐語〉水位の増している海，成長する海．
マント【（肩）mantle】'ahu（'あふ）．⇒コート．【（鳥の羽で作られた）マント】'ahu 'ula（'あふ_'うら）．
マンドリン【mandolin】kīkā Pukikī（キか_ぷきき）．〈逐語〉ポルトガルのギター．
まんなかの【真ん中の】konuwaena, waenakonu（こぬわえな，わえなこぬ）．waena（わえな）．しばしば i, ma-, mai の後に続く．
まんりき【万力】'ūmi'i（'うみ'い）．

み

み【身】kino（きの）．⇒からだ【体・身体】．しんたい【身体】．
【身に着けている】komo（こも）．
【（羽のマントなどを）身に着ける】uhi（うひ）．

み

【(飛び掛かろうとする猫のように) 身を屈める】pupue（ぷぷえ）.
【(怒って) 身を引く】oi（おい）.
【身を楽にする】hōʻolu（ほʻおる）.
【身をよじる】hoʻokekeʻe（ほおけけʻえ）.

み【実】hua（ふあ）.
【(大きな) 実】hua nui（ふあ_ぬい）.

みいだそうとする【見出そうとする】ʻimi（ʻいみ）.

ミートボール【meat ball】pipi hoʻopoe（ぴぴ_ほʻおぽえ）.

みうけする【(賠償金を払って) 身請けする】hoʻōla pānaʻi（ほʻおら_ぱなʻい）.
【(賠償金を払って) 身請けした】ola pānaʻi（おら_ぱなʻい）.

みうけにん【身請け人】hoʻōla pānaʻi（ほʻおら_ぱなʻい）.

みえないところにはいる【見えない所に入る [沈む]】napoʻo（なぽʻお）. nāpoʻopoʻo（なぽʻおぽʻお）.

みえなくなる【見えなくなる】nalo（なろ）. palemo（ぱれも）.
【見えなくさせる】hoʻonalonalo（ほʻおなろなろ）.
【見えなくした】nalowale（なろわれ）.
【見えなくなった】nalo（なろ）.

みえる【見える】kū（く）.
【(覆い隠している物を除いて) 見えるようにする】ʻuehe（ʻうえへ）.

みおろす【(絶壁などを) 見下ろす】kiaʻi（きあʻい）.

みかいじんのちょうこく【未開人の彫刻】⇒いわ【岩に描かれた線画】.

みがかれた【(丸く) 磨かれた】nemo, nemonemo（ねも, ねもねも）.

みがきあげる【(滑らかに) 磨き上げる】hoʻonemo（ほʻおねも）.
【(心身ともに) 磨き上げた】huali（ふあり）.【(油などですべすべに) 磨き上げた】hinu（ひぬ）. kaekae（かえかえ）.

みがきをかける【磨きをかける】hoʻohinuhinu（ほʻおひぬひぬ）. kaekae（かえかえ）.

みがく【磨く】kaekae（かえかえ）. kuai（くあい）. kuolo（くおろ）. palaki（ぱらき）.

みかけ【見掛け】kohu（こふ）. nāna-ina（なないな）.

みかげいし【御影石】māpala（まぱら）. māpela（まぺら）. mabela. は異形.〔英語：marble〕.

みかたとなる【味方となる】hoʻomakamaka（ほʻおまかまか）.

みかづき【三日月】hoaka（ほあか）.〔ハワイ暦〕月の2日目の月.
【(月など) 三日月形をした】hoaka（ほあか）. kewe（けヴぇ）.

ミカン【蜜柑】ʻalani Pākē（ʻあらに_ぱけ）.〔植物〕Citrus reticulata cv. 'deliciosa'.〈逐語〉中国産オレンジ.

みかんせいの【(道路など) 未完成の】ʻālualua（ʻあるあるあ）.

みぎ【右】ʻākau（ʻあかう）.

みぎききの【右利きの, 右利きの人】lima ʻākau（りま_ʻあかう）.

みぎて【右手】lima ʻākau（りま_ʻあかう）.

みくびる【見縊る】ho'oūpē（ほ'おう_ぺ）. wahāwahā（わほわほ）.

みぐるしい【見苦しい】pupuka（ぷぷか）.

ミクロネシア【Micronesia, ミクロネシアの, ミクロネシア語, ミクロネシア人】Maikonekia, Maikonikia（まいこねきあ, まいこにきあ）.〔英語・地理〕西太平洋上の諸島群.

みこんふじん【未婚婦人】kāne 'ole（か̄ね_'おれ）. wahine kāne 'ole（わひね_か̄ね_'おれ）.

ミサ【Mass】meka（めか）. mesa. は異形.〔用例〕ミサの礼拝. Pule meka.

みさき【岬】lae（らえ）.

みさげはてた【見下げ果てた】'aikola（'あいこら）.

みじかい【短い, 短いこと】pōkole（ぽ̄これ）.

みじかくきる【短く切る】pahu（ぱふ）.【短く切った】muku, mukumuku（むく, むくむく）. あらゆる短く切ったもの.
【短く切り落とす】'ōmuku（'お̄むく）.

みじかくする【短くする】'unu（'うぬ）.【短くした】muku（むく）. mukumuku（むくむく）. mu'umu'u（む'うむ'う）.
【短くなる】pu'e'eke（ぷ'え'えけ）.

みじめさ【惨めさ】ho'oneo（ほ'おねお）.

みじめな【惨めな】māino（ま̄いの）.

みじゅくな【未熟な】holina（ほりな）. 'ōpiopio（'お̄ぴおぴお）. pāhemahema（ぱ̄へまへま）.

みじゅくの【未熟の】maka（まか）.

みしらぬところへいく【見知らぬ所へ行く】hele malihini（へれ_まりひに）.

ミシン【(sewing) machine】kāwiliwili humuhumu（か̄うぃりうぃり_ふむふむ）. 足踏みミシン；足よりもむしろ手で動かす. mīkini humuhumu（み̄きに_ふむふむ）. 電動ミシン.

みず【水, 水のような】wai（わい）.
【（ホースで）水を掛ける】kikī wai（きき̄_わい）.
【水っぽい】kale, kakale（かれ, かかれ）.【（ポイなどが）水っぽい】wali（わり）. ⇒ポイ.
【水っぽく作る】ho'okalekale（ほ'おかれかれ）.
【（ひょいと）水に沈める】luma, luma'i（るま, るま'い）.
【水の精】mo'o（も'お）.
【（小海老を取る網などを）水の中に突っ込む】lu'u（る'う）.
【水の中に潜る】lu'u（る'う）.
【（ホースなどから）水がほとばしる】kikī（きき̄）.
【水を入れる容器】ipu wai（いぷ_わい）.
【水を汲くみ上げる, 水を汲み上げる人】huki wai（ふき_わい）.
【水を汲くみ出す】kā（か̄）.〔カヌー〕カヌーからあかを汲み出す. カヌーのあかかくみ出し人［器］. kā wa'a（か̄_わ'あ）も同様.
【水を加える】ho'oholo（ほ'おほろ）. poi などに水を加える.
【水をすくって呑むときの両手の形】

みずあびする

kī'apu（きーあぷ）.
【（土地に）水を注ぐ，（土地を）水で浸す】ho'oma'ū（ほーおまーう）.
【水を流す】ho'oholo（ほーおほろ）. トイレの水をどっと流すなど.
【水を飲みたがる】'ono wai（ーおの_わい）.
【（ホースや水鉄砲で）水を発射する】kikī wai（きーきー_わい）.
【（洗浄器などで）水を噴出させる】kī（きー）. kīkī（きーきー）.
【（指などで）水をまき散らす】pī（ぴー）.

みずあびする【水浴びする】'au'au（ーあうーあう）.

みずあびをさせる【水浴びをさせる】hō'au'au（ほーーあうーあう）.

みずあびをするちかくにあるこや【水浴びをする近くにある小屋】hale 'au'au（はれ_ーあうーあう）.

みずうみ【湖】loko（ろこ）. moana（もあな）.

みずおけ【水桶】kapu wai（かぷ_わい）.

みずがめ【水瓶】hue（ふえ）. 水を貯えて置くための，くびれのあるすべての容器. ⇒ヒョウタン【瓢箪】.

みずからかくれる【自ら隠れる】pe'e（ぺーえ）.

ミズカラシ【水辛子】lēkō（れーこー）.〔植物〕Naturtium microphyllum.

みずからたのしむ【自ら楽しむ】luana（るあな）.

みずぎわ【水際】'ae kai（ーあえ_かい）.〔地形〕海と陸が接する地点.

みすごす【見過ごす】kā'alo, kā'alo'alo（かーーあろ, かーーあろーあろ）. kaha, kahakaha（かは, かはかは）.

みずさきあんないにん【水先案内人】pānānā（ぱーなーなー）. pailaka（ぱいらか）.〔英語〕.

みずさし【水差し】kī'aha（きーーあは）. pika wai（ぴか_わい）.
【水差しの口】nuku（ぬく）.

みずしぶき【（霧のように細かい）水〜】lelehuna, lelehune（れれふな, れれふね）.
【水しぶきを（上に）跳ね飛ばす】kuehu（くえふ）.

ミスター【mister】mī, mika（みー, みか）〔英語〕.〔用例〕ミスター・アオキ，青木様. Mī Aoli, Mika Aoki.

みずたまり【水溜り】hāpuna（はーぷな）. kāheka（かーへか）. 特に潮溜り：入江になっていて海水に浸る形状の所へ，波が打ち寄せてできる岩場の水たまり. ki'o wai（きーお_わい）.【（小さな）水溜り】kūki'o（くーきーお）.〈逐語〉立ち止まっている水たまり.

みずたる【水樽】pahu wai（ぱふ_わい）.

みすてられたひと【見捨てられた人】kauwā（かうわー）. ⇒しゃかいののけもの【社会の除け者】.

みすてる【見捨てる】ha'alele（はーあれれ）. ho'owaiho（ほーおわいほ）.

みずばん【水番】kahu wai（かふ_わい）. 水の権利と分配を管理する人.

みずぶくれにする【水膨れにする】ho'olopū（ほーおろぷー）.

みずぶくれになった【(仕事によって手が)水膨れになった】'olopū（'おろぷ）.

ミスプリント【misprint, ミスプリントする】pa'i hewa（ぱ'い_ヘヴぁ）.

みずみずしくしげった【水々しく茂った(美しい緑の草木)】uluwehi（うるヴぇひ）.

みずもれがする【水漏れがする】kulu, kulukulu（くる, くるくる）.

みせ【店】hale kū'ai（はれ_く'あい）.

みせいじゅくなひと【未成熟な人】'ōpu'u（'おぷ'う）.

みせいねんしゃのあつまり【未成年者の集まり】'ao'ao kū'ē（'あお'あお_く'え）.

みせかけをよそおう【見せ掛けを装う】ho'okohu（ほ'おこふ）. kohu（こふ）.

みせびらかす【見せびらかす】ho'okelakela（ほ'おけらけら）. ⇒こじする【誇示する】.

みせられる【魅せられる】ho'opuni（ほ'おぷに）. kaunu（かうぬ）. nēnē（ねね）. ho'onēnē（ほ'おねね）.

みせる【(展示品などを)見せる】hō'ike（ほ'いけ）. ho'onānā（ほ'おなな）.
【(姿などを)見せる】'uehe（'うえへ）.

みぞ【(石材・木材・金属などの表面に刻んだ)溝】'ali（'あり）. 'a'ali（'あ'あり）. nao（なお）.【丸のみで彫った)溝】'o'oma（'お'おま）.
【溝のある】nao（なお）.

みぞ【(水を流す)溝】'auwai（'あうわい）. hā（は）.
【溝やどぶを形成する】hā（は）.
【溝を作る】ho'owaha（ほ'おわは）.

みたした【満たした】komo（こも）.
【満たした水】wai pipi'i（わい_ぴぴ'い）.

みたす【満たす】ho'opiha（ほ'おぴは）. ho'opihapiha（ほ'おぴはぴは）.

みだす【乱す】ho'okake（ほ'おかけ）.

みたま【御霊】kōkua（こくあ）.

みち【(人・動物に踏まれて自然にできた)道】ala（あら）.【(行き止まりの)道】ala muku（あら_むく）.
【(幅の広い)道】alanui（あらぬい）. 大通り, ハイウェイも同様.【(細い)道】kuamo'o（くあも'お）.
【道に迷う】hele hewa（へれ_ヘヴぁ）. hili（ひり）.
【(他の人が通れるように)道を開ける】kukaha（くかは）. 道をあける時のように横［斜交い］に立つ.
【道をそれる】'aui（'あうい）. hili（ひり）.
【道をふさがれた】pupū（ぷぷ）.
【(思い違いをしていて)道を踏み誤る】lalau hewa（ららう_ヘヴぁ）.

みちしお【満ち潮】⇒まんちょう【満潮】.

みちすじ【(輸送のための)道筋】ala hele（あら_へれ）.

みちた【満ちた】piha（ぴは）. pihapiha（ぴはぴは）.

みちびく【導く】alaka'i（あらか'い）. ka'i（か'い）.

みつあみ【三つ編み, 三つ編みにした】ka'ā kolu（か'あ_こる）.

みつくち【三つ口】kūlepe, ʻūlepe（くれぺ，ʻうれぺ）．兎唇としん，口裂唇ともいう．

みつけだす【見つけ出す】loaʻa（ろあʻあ）．

みつご【3つ子（の1人）】pūkolu（ぷこる）．

みっこくしゃ【密告者】pekapeka（ぺかぺか）．

みっしゅうした【（植物など）密集した】kūkini（くきに）．【（人・動物・物で）密集した】pupupu（ぷぷぷ）．

ミツスイドリ【蜜吸鳥】ʻiʻiwi, ʻiwi（ʻいʻいヴぃ，ʻいヴぃ）．〔鳥〕Vestiaria coccinea：主だったハワイの島々に見られる深紅色の蜜吸鳥；この鳥の羽は広範囲にわたって羽細工に使われた．【（黒色の）ミツスイ鳥】ʻōʻō（ʻōʻō）．〔鳥〕Moho nobilis：黒い羽の中にある小数の黄色い羽だけ使って，ケープやヘルメットが作られたため，初期のハワイ人に大変尊ばれた；別個の種類はカウアイ島・オアフ島・モロカイ島・ハワイ島のそれぞれの島に存在した；現在は珍しいカウアイ島の種類を除いてすべて絶滅した．雄鳥は ʻaʻā と言う．
【キコシクロ（黄腰黒）ハワイミツスイ】mamo（まも）．〔鳥〕Drepanis pacifica：尾の上と下にあるわずかな黄色の羽は，最高級なケープなどを作るために使われた．

みっせいした【（植物など）密生した】lanipō（らにぽ）．

みつぞろい【（男子服の）三つ揃い】paʻalole（ぱʻあろれ）．pūkolu（ぷこる）．

みっちゃくせいの【密着性の】pili（ぴり）．

みっつ【三つ】〔数詞〕．⇒さん【3・三】，本文末「数詞・数字」を参照．

ミツバチ【蜜蜂】nalo meli（なろ_めり）．〔昆虫〕〈逐語〉蜂蜜のハエ．
【蜜蜂の巣】pūnana meli（ぷなな_めり）．waihona meli（わいほな_めり）．
【蜜蜂の巣箱】pahu meli（ぱふ_めり）．

みつろう【蜜蝋】kūkaenalo（くかえなろ）．ろうそくの原料．

みてあるく【（確かな方針もなくあちこち）見て歩く】auhele（あうへれ）．

みてごらん【見てごらん】aia hoʻi（あいあ_ほʻい）．〔間投詞〕．

みてわかる【見て分かる】ʻike maka（ʻいけ_まか）．

みとめる【（提案などを）認める】ʻāpono（ʻあぽの）．
【認められる】maopopo（まおぽぽ）．〔文法〕loaʻa 型の動詞．
【認められた】holo（ほろ）．

みどりいろ【緑色】maʻo（まʻお）．maʻomaʻo（まʻおまʻお）．【（植物などの）緑色】ʻomaʻo（ʻおまʻお）．uli（うり）．
【緑色にする，緑色に彩色する】hoʻomaʻomaʻo（ほʻおまʻおまʻお）．hoʻouli（ほʻおうり）．

みどりにおおわれたちたい【緑に覆われた地帯】kuauli（くあうり）．〈逐語〉緑の背景．

みどりのはをかまどにしく【緑の葉を竈に敷く】kāmakamaka（かまかまか）.

みなと【港】awa（あわ）. awa kū moku（あわ_くー_もく）.〈逐語〉船の港.

みなみ【南，南方】hema（へま）.
【（風が）南からの】lalo（らろ）.
【南へ進む】iho（いほ）.

みなみアメリカ【南アメリカ，南アメリカの】'Amelika Hema（'あめりか_へま）.

みなみかぜ【南風，南風が吹く】Kona（こな）. 南から吹く風すべての呼び名.

みなみじゅうじせい【南十字星】Hōkū-ke'a（ほくー_け'あ）. Kape'a（かぺ'あ）. Kaulu（かうる）. Newa, Newe（ねヴぁ，ねヴぇ）. Hānai-a-ka-malama（ほないあかまらま）.〈逐語〉月の養子.

みなもと【源】kula（くら）. maka（まか）.
【（家系などの）源にさかのぼる】ho'omalo'o（ほ'おまろ'お）.

みなれない【見慣れない】'ano 'ē（'あの_'えー）. 'ano hou（'あの_ほう）. malihini（まりひに）.

みにくい【醜い】mā'ino'ino（まー'いの'いの）. pupuka（ぷぷか）.

みにくくした【醜くした】kīnā（きーなー）.

みにくくする【醜くする】hō'ino'ino（ほー'いの'いの）.

みね【峰】lapa（らぱ）.

みのがす【見逃す】kaha, kahakaha（かは，かはかは）.

みのけがよだつ【身の毛が弥立つ】'ōkala（'ーおから）. māna'ona'o（まーな'おな'お）. weliweli（うぇりうぇり）.

みはり【見張り】kia'i（きあ'い）. kū uaki（くー_うあき）.
【見張りを置く】ho'okia'i（ほ'おきあ'い）.
【見張りを立たせる】kū uaki（くー_うあき）.

みぶり【身振り，身振りで示す】kuhi, kuhikuhi（くひ，くひくひ）.

みぶるいする【身震いする】ha'alulu（は'あるる）. manene（まねね）. naue, nauwe（なうえ，なうウぇ）.

みぶるいするような【身震いするような】pūanuanu（ぷーあぬあぬ）.
【身震いするような恐怖感】lī（りー）.

みぶんしょうめいしょ【身分証明書】palapala hō'ike pilikino（ぱらぱら_ほー'いけ_ぴりきの）. palapala kuhikuhi kino（ぱらぱら_くひくひ_きの）.

みぼうじん【未亡人】wahine kāne make（わひね_かーね_まけ）.〈逐語〉死んだ夫の女性.

みみ【耳】pepeiao（ぺぺいあお）. ⇒ ぎょうざ【餃子】.
【耳が聞こえないこと［人］】pepeiao kuli（ぺぺいあお_くり）.
【耳が遠い】kuli（くり）. ho'okuli（ほ'おくり）.
【耳が遠い人】kuli（くり）.
【耳が遠い人のふりをする】ho'okuli（ほ'おくり）.
【（情報など）耳に入る】'ike（'いけ）.

'ike'ike ('いけ'いけ).

【耳の痛み】pepeiao 'eha (ぺぺいあお_'えは).

【耳を貸さないこと】pepeiao kuli (ぺぺいあお_くり).

【耳を貸す】ho'olono (ほ'おろの). maliu (まりう).

【耳を傾ける】hāliu (ほーりう). ho'olono (ほ'おろの). lohe pepeiao (ろへ_ぺぺいあお).

【(聞くために) 耳を澄ます】ho'olohe (ほ'おろろへ).

みみあか【耳垢 [耳くそ]】kokuli (こくり).

みみかざり【耳飾り】kulapepeiao (くらぺぺいあお).

ミミズ【蚯蚓】ko'e (こ'え).

みみっちい【～】pī (ぴー).

みみなれないげんご【耳慣れない言語】'ōlelo 'ē ('おーれろ_'えー).

みもだえする【身悶えする】ka'anini (か'あにに). 落ち着きのない子供やかんしゃく持ちの人などが身悶えする. ueue (うえうえ).

みゃくがうつ【脈が打つ】'api ('あぴ). 'api'api ('あぴ'あぴ).

みゃくはく【脈拍】a'alele (あ'あれれ). 〈逐語〉はねる静脈. pana (ぱな). 〔用例〕脈を取る. Nānā i ka pana.

みゃくをうつ【脈を打つ】pana (ぱな).

ミユビシギ【三指鷸】hunakai (ふなかい). 〔鳥〕Calidris alba：砂浜に住む小形のシギ；後ろ指がない；ハワイへ来る冬の渡り鳥. 〈逐語〉海のあわ (引く波の後ろ近くを追って飛ぶ鳥の性質からこう呼ばれる).

みよ【見よ】aia ho'i! (あいあ_ほ'い). eia ho'i! (えいあ_ほ'い). 〔間投詞〕.

みょうな【妙な】'ano 'ē ('あの_'えー). 'āpiki ('あーぴき). 'ē ('えー). kupaianaha, kupanaha (くぱいあなは, くぱなは).

みらい【(時制の) 未来】wā e hiki mai ana (わー_え_ひき_まい_あな). 〔文法〕未完了の表現 e+動詞+ana で未来を表す.

ミル〔ハワイ〕Milu.〔神話〕あの世, あの世の支配者：ハワイの神話にある邪悪な振る舞いをした古代の支配者の名前に由来する.

みる【見る】'ike, 'ike'ike ('いけ, 'いけ'いけ). 〔用例〕あなたにお目にかかれてわたしは幸せです. Hau'oli nō au e 'ike iā 'oe. nānā (なな). 〔用例〕あなた, テレビを見て. E nānā aku 'oe i ke kīwī!

【(よく) 見る】'i'ike ('い'いけ).

【見ること】'ikena ('いけな). 'imina ('いみな).

ミルク【milk】waiū (わいうー).

【ミルクの缶詰】waiū kini (わいうー_きに).

ミロ〔ハワイ〕milo.〔植物〕Thespesia populnea：12mの高さになる木. 通常, 岸辺近くに生育する日よけ用の木. その美しい木から器が作られる.

みわくする【魅惑する】ho'opunihei (ほ'おぷにへい).

【魅惑した】ona (おな).

みわくてきな【魅惑的な】kaekae (か

えかえ). ma'ema'e (ま'えま'え). māhie, māhiehie (まひえ, まひえひえ). ho'omāhie (ほ'おまひえ). makahehi (まかへひ). nanea (なねあ). onaona (おなおな). punihei (ぷにへい). 〔用例〕魅惑的な物語. Mo'olelo punihei. 'ume ('うめ).

みをむすぶ【実を結ぶ】hua (ふあ). ho'ohua (ほ'おふあ).
【実を結ばない】hua 'ole (ふあ_'おれ).

みんしゅしゅぎ【民主主義, 民主主義の, 民主主義者, 民主主義政体】kemokalaka (けもからか). demokarata. は異形.〔英語：democracy〕.

みんぞく【民族】lāhui (らふぃ). lāhui kanaka (らふぃ_かなか).
【民族を構成する】ho'olāhui (ほ'おらふぃ).

みんないっしょに【皆一緒に】puwalu, pualu (ぷわる, ぷある).

む

む【無】'ole ('おれ).〔用例〕永遠の愛（終わりのない愛）. Aloha pau 'ole.

ムー〔ハワイ〕Mū (む).〔伝説〕カウアイ島に伝わる伝説上の人たち.

ムウムウ〔ハワイ〕mu'umu'u (む'うむ'う).〔服飾〕ゆるみのある婦人用のドレス. 昔はヨークが省略され, 時には袖が短かったので mu'umu'u（短くした）と呼ばれた.〈比較〉ホロクー [holokū]. ムームーは日本語化における表記.

むえきな【無益な】makehewa (まけへヴぁ). 'ole loa ('おれ_ろあ).
【無益な虐殺】luku wale (るく_われ).
【無益な破壊, 無益に破壊する】luku wale (るく_われ).

むかえる【(喜んで[好意をもって])迎える】heahea (へあへあ).

むがく【無学】na'aupō (な'あうぽ).〈逐語〉闇夜の精神. pō (ぽ).
【無学の】na'aupō (な'あうぽ).〈比較〉聡明な [na'auao]. ho'ona'aupō (ほ'おな'あうぽ). hūpō (ふぽ). pō (ぽ).

むかしの【昔の】kahiko (かひこ).〔用例〕昔の物語. Mo'olelo kahiko.
【昔のことを話す】ho'okahiko (ほ'おかひこ).

むかちの【無価値の】lapuwale (らぷわれ).

むかつかせる【嘔つかせる】liliha (りりは).〈比喩〉嫌悪けんぉを感じた. ひどくいやな.

むかつき【〜】pailua (ぱいるあ).

むかつどうの【無活動の】mania (まにあ). palaka (ぱらか). pū (ぷ).

むかんけいに【(…とは)無関係に】'oko'a ('おこ'あ).

むかんしん【無関心】nānā maka (なな_まか). nānā 'ole (なな_'おれ).
【無関心な】manakā (まなか). palaka (ぱらか).

むきだしの【剥き出しの】nemo, nemo-nemo (ねも, ねもねも).

むきをかえてすすむ【向きを変えて進む】pe'a（ペ'あ）.

むきをかえる【向きを変える】ho'oke'e, ho'oke'eke'e（ほ'おけ'え, ほ'おけ'えけ'え）. huli（ふり）. hulihuli（ふりふり）.

むく【（外皮を）剥く】ihi（いひ）.

むくちな【無口な】'ekemu（'えけむ）.

むくちの【無口の, 無言の】mumule（むむれ）.

ムクロジ【無患子】a'e（あ'え）.〔植物〕種々の自生のムクロジ科の植物：Sapindus saponaria f. inaequalis とZanthoxylumの全種.

むげんの【無限の】palena 'ole（ぱれな_'おれ）.

むこ【婿】hūnōna kāne（ふのな_かね）.〔比較〕嫁. hūnōna wahine.

むこうがわへ【（…の）向う側へ】luna（るな）.

むこうずね【向こう脛】lapawāwae（らぱヴぁヴぁえ）.

むこうにする【無効にする】ho'opau（ほ'おぱう）. pale（ぱれ）.

むこうの【（法律上）無効の】mea 'ole（めあ_'おれ）.

むこうみずの【向こう見ずの】'a'ano（'あ'あの）.

むごんですわっている【（会合などで）無言で座っている】kaiāmū（かいあむ）.

むざいとにんていする【（裁判で）無罪と認定する】ho'āpono（ほ'あぽの）.

むざいにする【（法廷で被告を）無罪にする】ho'opuka（ほ'おぷか）.

むざいをもうしわたす【無罪を申し渡す】kalahala（からはら）.〈逐語〉罪を許す.

むさくな【無策な】'ae'a（'あえ'あ）.

むし【虫】⇒こんちゅう【昆虫】.
【虫などがチューチュー・チイッチイッと鳴く】nēnē（ねね）. ho'onēnē（ほ'おねね）.

むしする【無視する】ho'owaiho（ほ'おわいほ）.【（助けなどを）無視する】huli kua（ふり_くあ）.【（訓令・警告・危険などを）無視する】ho'okanane'o（ほ'おかなね'お）.

むしにくわれた【虫に食われた】ānea（あねあ）. huhu（ふふ）.

むしのくった【虫の食った】ane（あね）. nono（のの）.

むしばむこと【蝕むこと】'a'ai（'あ'あい）.

むじひ【無慈悲】māino（まいの）.
【無慈悲な】aloha 'ole（あろは_'おれ）. hainā（はいな）. hana 'ino（はな_'いの）. loko 'ino（ろこ_'いの）. māino（まいの）.
【無慈悲な人】loko 'ino（ろこ_'いの）.

むしぶろ【蒸し風呂】pūlo'ulo'u（ぷろ'うろ'う）.
【蒸し風呂に入る】pūholo（ぷほろ）.

むしむしする【蒸し蒸しする】ikiiki（いきいき）.〔気候〕息苦しいほどの暑さと湿気；強烈な不快.

むしめがね【虫眼鏡】aniani ho'onui 'ike（あにあに_ほ'おぬい_'いけ）.〈逐語〉見えるものを大きくするガラ

ス.

むしやきにする【蒸し焼きにする】'oma（'おま）. pūholo（ぷほろ）.【蒸し焼きにした】'oma（'おま）.

むじょうな【無情な】kā'i'ī（かー'いー'いー）. mākonā（まーこなー）.

むじょうなふるまいをする【無情な振る舞いをする】ho'omākonā（ほ'おまーこなー）.

むしりとる【(鶏などから羽を)毟り取る】unuunu（うぬうぬ）.

むす【蒸す】māhu（まーふ）. pūholo（ぷほろ）.

むすうの【無数の】kuakini（くあきに）.

むすうのかみ【無数の神［霊］】kini akua（きに_あくあ）.

むずかしいかおをする【難しい顔をする】maku'e（まく'え）.

むすこ【息子】keiki（けいき）. keiki kāne（けいき_かーね）.

むすびつけてない【結び付けてない】hemo（へも）.

むすびつける【結び付ける】'a'a（'あ'あ）. kūkulu（くーくる）. lawa（らヴぁ）. ma'a（ま'あ）. mūki'i（むーき'い）. naki（なき），nāki'i（なーき'い）. nāki'iki'i（なーき'いき'い）. pūki'i（ぷーき'い）.

むすぶ【結ぶ】hāki'i（はーき'い）. hele（へれ）. hīki'i（ひーき'い）. hīki'iki'i（ひーき'いき'い）. hoa（ほあ）. lino, linolino（りの，りのりの）. niki（にき）. nikiniki（にきにき）. nīki'i（にーき'い）.

むずむずする【～】ho'omane'o（ほ'おまね'お）.

むすめ【娘】kaikamahine（かいかまひね）. 複数形は kaikamāhine（かいかまーひね）.

むぜいの【無税の】manawale'a（まなわれ'あ）.

むせんつうしん【無線通信】'ōlelo uea 'ole（'おーれろ_うえあ_'おれ）.

むせんでんしん【無線電信】uea 'ole（うえあ_'おれ）.

むせんでんわ【無線電話】uea 'ole（うえあ_'おれ）.

むぞうさにはいる【無造作に入る】komo wale（こも_われ）.

むだ【無駄】'uha（'うは）.【無駄だ】makehewa（まけへヴぁ）.【無駄な企て】makehewa（まけへヴぁ）.【無駄な努力】ho'opau manawa（ほ'おぱう_まなわ）.【(食べ物を)無駄にする】ahu 'ai（あふ_'あい）.

むだぐちをきく【無駄口をきく】pekapeka（ぺかぺか）. waha nui（わは_ぬい）.【無駄口をきく人】holoholo'ōlelo（ほろほろ'おーれろ）. pekapeka（ぺかぺか）. waha nui（わは_ぬい）.

むだばなしをする【無駄話をする】hauwala'au（はうわら'あう）. holoholo'ōlelo（ほろほろ'おーれろ）. kalekale（かれかれ）.

むち【鞭】uepa（うえぱ）.【鞭のぴしゃりという音，鞭の音が鳴り響く】kohā（こはー）.

むち【無知，無知の】pō（ぽ）.
【無知にさせる】ho'ona'aupō（ほ'おな'あうぽ）.

むちうち【鞭打ち】hili（ひり）.

むちつじょ【無秩序，無秩序な】kīpalalē（きぱられ）.
【無秩序なやり方で広がる】kīpalalē（きぱられ）.

むちゅうである【夢中である】papau（ぱぱう）.

むちゅうにさせる【夢中にさせる】ho'opupule（ほ'おぷぷれ）.
【夢中にさせた】ona（おな）.

むちゅうにした【夢中にした】lilo（りろ）.

むちゅうになった【夢中になった】lilo loa（りろ_ろあ）.

むっつ【六つ】〔数詞〕．⇒ろく【6・六】，本文末「数詞・数字」を参照．

むっつりする【～】ho'onuha（ほ'おぬは）.
【むっつりした】mumule（むむれ）. nuha（ぬは）. nunuha（ぬぬは）.

むとんちゃくな【無頓着な】kāpulu（かぷる）.

むなぎ【（屋根ふき材料の）棟木】'aho（'あほ）. kauhuhu（かうふふ）. kaupoku（かうぽく）. ke'a（け'あ）.

ムナグロ【胸黒】kōlea（これあ）．〔鳥〕Pluvialis dominica：チドリの一種；背は黒色で金紋がある渡り鳥の一種．〈比喩〉くり返して言う，誇る．
【ムナグロが鳴く】kolekolea（これこれあ）.

むね【胸】poli（ぽり）. umauma（うまうま）.
【胸が気持ち悪くなるような】ho'opailua（ほ'おぱいるあ）.
【胸のときめき，胸の動悸】kapalili（かぱりり）．喜びまたは心配ごとによる～．

むのうりょく【無能力】hāwāwā（はわわ）.

むひの【無比の】loa'a（ろあ'あ）. lua'ole（るあ_お'れ）.

むぼうなうんてん【無謀な運転】holo pupule（ほろ_ぷぷれ）．車など向こう見ずに速度を増す．

むやみにほしがる【無闇に欲しがる】puni（ぷに）.

むら【村】kaona（かおな）．〔英語：town〕．kūlanakauhale（くらなかうはれ）．〈逐語〉複数の家がある場所．

むらがっているばしょ【忙しい人たちの）群がっている場所】pūnana（ぷなな）.

むらがる【（鳥獣が）群がる】pū'ā（ぷ'あ）. pū'ulu（ぷ'うる）．【（蠅・蜂・蚊などが）群がる】mumulu（むむる）.

むらさきいろ【（赤味掛かった特に濃い）紫色】poni（ぽに）.
【紫色の】poni（ぽに）.

ムラサメモンガラ【斑目紋殻（カワハギ）】⇒モンガラカワハギ．

むらのない【（色などが）斑のない】pa'a（ぱ'あ）.

むりょうで【無料で，無料の】manuahi（まぬあひ）.

むりょうでのる【無料で乗る】kau wale

むりょうの【無料の】manawale'a（まなわれ'あ）.
むりょくにする【無力にする】lilo（りろ）.
むれ【(人・動物の)群れ】'au（'あう）. huihui（ふいふい）.【(鳥獣の)群れ】pū'ā（ぷ'ā）.
【群れ(を表す語)】⇒たくさんの.
【(魚などが)群れをなして進む】kū（く）.
【(コバエなどが)群れをなして飛び回る】mumuhu（むむふ）. pōnalo（ぽなろ）.

め

め【芽】liko（りこ）. maka（まか）. mu'o（む'お）. 'ōmu'o（'おむ'お）.
【芽が出る】oho（おほ）.
【芽を出させる】ho'oulu（ほ'おうる）.
【芽を出す】ēwe（えヴぇ）. ilo, iloilo（いろ, いろいろ）. kupu, kupukupu（くぷ, くぷくぷ）. liko（りこ）.
【(通例バナナが)芽を出す】pōhuli（ぽふり）.
【芽を摘む】'ōmaka（'おまか）. 'ōmu'o（'おむ'お）.

め【目】maka（まか）. puka（ぷか）.
【目がくらむ】pōniu（ぽにう）.
【目が覚めて】ala（あら）.
【目が覚める】ala（あら）.
【目が回る】niu（にう）. niniu（ににう）.
【目に入る】'ike（'いけ）. 'ike'ike（'いけ'いけ）.
【目に見える】kūmaka（くまか）.
【(生地など)目の粗い】'ōkala（'おから）.
【目の痛み［赤み］を引き起こす】ho'omākole（ほ'おまこれ）.
【目のけいれん】'iwi（いヴぃ）.
【目の肥えた】kamawae（かまわえ）.〈逐語〉選択する人.
【目の中に何かが入る】pula（ぷら）.
【目の中の埃, 目の中の塵】pula（ぷら）.
【(打撲傷による)目のまわりの黒あざ】maka uli（まか_うり）.
【目もくらむばかりの光】hulili（ふりり）.
【(びっくり仰天して)目を大きく開く】līʻō（り'お）.
【目をくらました】li'oli'o（り'おり'お）.
【目を半分つむって見ること】pipī（ぴぴ）.

メアジ【目鯵】akule（あくれ）.〔魚〕Selar crumenophthalmus：体型はマアジに似ているが目が大きい；太平洋・インド洋の熱帯および米国大西洋岸に分布する.
【メアジの稚魚】halalū（はらる）.

めい【姪】kaikamahine（かいかまひね）. 複数形は kaikamāhine（かいかまひね）.
【姪の子供】mo'opuna（も'おぷな）.

めいかい【(思考や解釈の)明快】mālamalama（まらまらま）.

めいかくな【明確な】maopopo（まおぽぽ）．mōakaaka, moakaka（もあかあか，もあかか）．明解，明晰も同様．

めいきん【鳴禽】manu mele（まぬ_めれ）．〔鳥〕スズメ亜目メイキン類の鳥の総称；特にカナリア．

めいし【名詞】ha'iinoa（は'いいのあ）．ha'inoa（は'いのあ）．kikino（ききの）．〔文法〕名詞には普通名詞，固有名詞，所格の名詞がある．人称代名詞，指示詞は広義のマーカーとして扱う．
《固有名詞》ha'iinoa pili kahi（は'いいのあ_ぴり_かひ）．
《所格の名詞》i'oa henua（い'おあ_へぬあ）．
《普通名詞》kikino（ききの）．ha'iinoa laulā（は'いいのあ_らうらー）．mea'a kikino（めあ'あ_ききの）．〔文法〕普通名詞には後天的所有とされるA-型（アー型）と，先天的所有のO-型（オー型）がある．

めいしか【名詞化】ki'a hopuna'ōlelo（き'あ_ほぷな'おれろ）．ki'a pepeke（き'あ_ぺぺけ）．〔文法〕名詞化にはマーカー 'ana を使ったものと，名詞化の接尾辞 -na を使ったものがある．〔用例〕わたしの会社訪問．Ko'u hele 'ana aku i ke ke'ena. 食べる ['ai] → 食べ物 ['aina]．

めいしんてきな【迷信的な】ho'omanamana（ほ'おまなまな）．

めいずる【命ずる】kēnā（けなー）．

めいせい【名声】kaulana（かうらな）．

【名声を確立する】kūkulu（くーくる）．

めいそう【瞑想】akakū（あかくー）．

めいてい【酩酊】'ona lama（'おな_らま）．

めいはくにする【明白にする】ho'ākaaka（ほ'あーかあか）．

めいぼ【名簿】papa inoa（ぱぱ_いのあ）．

めいめいする【命名する】hea（へあ）．kapa（かぱ）．⇒なづける【名付ける】．

めいよ【名誉】hanohano（はのはの）．ho'ohanohano（ほ'おはのはの）．
【名誉を与える】ho'ohanohano（ほ'おはのはの）．ho'onani（ほ'おなに）．
【名誉を与えた】hanohano（はのはの）．
【名誉を傷つける［毀損きそんする］】ho'omā'ino'ino（ほ'おまー'いの'いの）．
【名誉を傷つけられた】mā'ino'ino（まー'いの'いの）．

めいりょうな【明瞭な】akaaka, akaka（あかあか，あかか）．

めいりょうに【明瞭に】le'a（れ'あ）．maopopo（まおぽぽ）．

めいりょうにする【明瞭にする】ho'omaopopo（ほ'おまおぽぽ）．

めいりょうにせつめいする【明瞭に説明する】ho'omāla'e（ほ'おまーら'え）．

めいれい【命令】kauoha（かうおは）．leo, leleo（れお，れれお）．'ōlelo kauoha（'おーれろ_かうおは）．
【命令を無視する】pale（ぱれ）．

めいれいする【命令する】kauoha（かうおは）．'ōlelo kauoha（'おーれろ_かうおは）．

めいれいほう【命令法】kauoha（かうおは）.〔文法〕ハワイ語の命令法は，「命令または義務を表すマーカー」eを動詞の前に置き表す.〔用例〕行きなさい. E hele!
〔文法〕命令法を表す接尾辞. **-a**（あ）. **-lia**（りあ）. **-mia**（みあ）. これらは受動態も表す.

めいわくなこうい【迷惑な行為】pilikia（ぴりきあ）.

めうし【雌牛】pipi wahine（ぴぴ_わひね）.

メーンスル【main sail】pe'a nui（ぺ'あ_ぬい）.〔帆船〕主帆.

めかくしする【目隠しする】ho'opouli（ほ'おぽうり）. makapō（まかぽ）.

メカジキ【眼梶木・眼旗魚】a'u（あ'う）.〔魚〕.

メカニック【mechanic】mekanika（メカニカ）〔英語〕.

めがね【眼鏡】makaaniani（まかあにあに）.〈逐語〉水晶のような目.
めがねをかける【眼鏡を掛ける】kāpili（かぴり）.

メキシコ【Mexico, メキシコの, メキシコ人】Mekiko（めきこ）.〔英語〕.

めくばせする【目配せする】'āwihi（'あうぃひ）.

めぐる【(…を)巡る】anapuni（あなぷに）. ka'apuni（か'あぷに）. pō'ai（ぽ'あい）.

めざましどけい【目覚まし時計】uaki ho'āla（うあき_ほ'あら）.

めざめ【目覚め】alana（あらな）.

メシア【Messiah】Mekia（めきあ）. Mesia. は異形.〔聖書〕救世主・キリスト.

めじるし【目印】hō'ailona（ほ'あいろな）.

めすうま【雌馬】lio wahine（りお_わひね）.

めすになったばかり【(一人前の)雌になったばかり(で子を産んだことのない)】ohi（おひ）.

めすぶた【雌豚】pua'a wahine（ぷあ'あ_わひね）.

めずらしい【珍しい】'ano 'ē（'あの_'え）. 'ano hou（'あの_ほう）. laha 'ole（らは_'おれ）. malihini（まりひに）.

めだたせるようにする【目立たせるようにする】ho'ohie（ほ'おひえ）.

めだたないじょうたい【目立たない状態】malu（まる）.

めだつ【目立つ】kū kahi（く_かひ）.

めだった【目立った】hie（ひえ）. hiehie（ひえひえ）. ko'iko'i（こ'いこ'い）.

めたてをする【(のこぎりの)目立てをする】ho'onihoniho（ほ'おにほにほ）.

めだま【目玉】⇒がんきゅう【眼球】.

メタル【metal】mekala（めから）. metala. は異形.〔英語〕.

メダル【medal】mekala（めから）. medala. は異形.〔英語〕.

めつき【目付き】maka（まか）.

めったにない【滅多にない】kaka'ikahi（かか'いかひ）.

メニュー【menu】papa kuhikuhi mea'ai（ぱぱ_くひくひ_めあ'あい）. **papa ka 'aina**（ぱぱ_か_'あいな）.

メフネ〔ハワイ〕Menehune.〔伝説〕夜間に池・道路・神殿などを建造するために働いた小柄な人達，伝説上の一族．仕事が一夜で終えなければ，未完成のままにしておいた．

めばえる【芽生える】kupu（くぷ）．

めまい【目眩】luea（るえあ）．maka-pōuli（まかぽうり）．〈逐語〉やみ夜の目．mania（まにあ）．newa（ねヴぁ）．niniu（ににう）．poluea（ぽるえあ）．pōniu（ぽにう）．
【（頭をぐるぐる回すことによって生じる）目眩】loloka‘a（ろろか‘あ）．
【目眩がして】mania（まにあ）．pōniu（ぽにう）．niniu（ににう）．pūniu（ぷにう）．
【目眩がする】makapōuli（まかぽうり）．newa, newanewa（ねヴぁ，ねヴぁねヴぁ）．pōniu（ぽにう）．
【目眩を起こさせる】ho‘oniniu（ほ‘おににう）．

メモようし【memo 用紙】pepa kahakaha（ぺぱ_かはかは）．

メモリアルデー【Memorial Day】Lā Kau Pua（ら_かう_ぷあ）．戦没将兵記念日．南北戦争以後の戦死者の墓を花などで飾る；南部諸州を除き法定休日（もとは5月30日今は5月の最後の月曜日）．〈逐語〉花を供える日．

めやに【目脂】piapia（ぴあぴあ）．
【目脂が着いている目】maka piapia（まか_ぴあぴあ）．

メラネシア【Melanesia, メラネシアの，メラネシア人】Melanikia（めらにきあ）．〔英語・地理〕オーストラリア大陸の北−北東に位置する群島．

メリークリスマス【Merry Christmas：クリスマスおめでとう】Mele Kalikimaka（めれ_かりきまか）．

メリーゴーランド【merry-go-round, メリーゴーランドの馬】lio lā‘au（りお_らう）．〔用例〕メリーゴーランドに乗る．Holo lio lā‘au.

メレ・マイ〔ハワイ〕mele ma‘i（めれ_ま‘い）．〔歌〕首長などの出生に起源を発する彼［彼女］の生殖器に敬意を表わして歌われる歌．

メレメレ〔ハワイ〕Melemele．〔天文〕星の名前．男女の双児星のうちの男．

メロン【melon】⇒カンタループメロン．ipu（いぷ）．ipu ‘ai maka（いぷ_‘あい_まか）．〈逐語〉生で食べるメロン．

めんきょしょう【免許証】laikini（らいきに）．〔英語：license〕．palapala ‘ae（ぱらぱら_‘あえ）．【（運転）免許証】laikini ka‘a（らいきに_か‘あ）．

めんじょう【（あらゆる種類の）免状】palapala ho‘ohanohano（ぱらぱら_ほ‘おはのはの）．

めんしょくする【免職する】ho‘oku‘u（ほ‘おく‘う）．ho‘opau（ほ‘おぱう）．

めんじょされる【免除される】pakele（ぱけれ）．

めんじょする【（借金などを）免除する】makala（まから）．

めんぜいの【免税の】manawale‘a（まなわれ‘あ）．

めんぜん【面前】alo（あろ）．

めんどう【面倒】hōkai（ほかい）．
【面倒を見る】mālama（まらま）．

moamoa（もあもあ）.

めんどり【雌鳥】moa wahine（もあ_わひね）.〈逐語〉女の鶏.

メンバー【member】lālā（らら）.

めんぷ【綿布】kalakoa（からこあ）.〔英語：calico〕捺染 なっせんされた木綿生地.

めんぼう【麺棒】lāʻau hoʻokaʻa（らʻあう_ほʻおかʻあ）.

めんよう【緬羊】hipa（ひぱ）.ヒツジの別称.

も

も【喪】makena（まけな）.paumākō（ぱうまこ）.⇒ふくもきかん【服喪期間】.

モアノ〔ハワイ〕moano.〔魚〕Parupeneus multifasciatus と P. chrysery-dros：ヒメジ科の魚の二種.

モイ〔ハワイ〕moi.〔魚〕Polydactylus sexfilis：ツバメコノシロ属の魚.

もうける【儲ける】puka（ぷか）.hoʻopuka（ほʻおぷか）.

もうしぶんない【申し分ない】ahona（あほな）.kaekae（かえかえ）.pololei（ぽろれい）.
【申し分ないものにする】hoʻopaʻa（ほʻおぱʻあ）.

もうじょうの【毛状の】huluhulu（ふるふる）.

もうはつをかんぜんにかりとる【毛髪を完全に刈り取る】hoʻōhule（ほʻおふれ）.

もうふ【毛布】huluhulu（ふるふる）.

kapa moe（かぱ_もえ）.

もうもく【盲目，盲目の，盲目の人】makapō（まかぽ）.〈逐語〉夜の目.
【盲目にさせる】hoʻomakapō（ほʻおまかぽ）.
【盲目のふりをする】hoʻomakapō（ほʻおまかぽ）.

もうれつにとっしんする【猛烈に突進する】leleʻino（れれʻいの）.〈逐語〉悪を飛ばす.

もえあがる【（ぱっと）燃え上がる】ʻōlapa（ʻおらぱ）.
【燃え上がった】unoʻo（うのʻお）.

もえがら【燃え殻】pula lānahu（ぷら_らなふ）.

もえたつ【（突然に）燃え立つ】ʻōlapa（ʻおらぱ）.

もえている【燃えている】ʻā（ʻあ）.makawela（まかうぇら）.

もえやすいもの【燃え易い物】pulu（ぷる）.〔文法〕冠詞は ka でなく ke を使う.

もえる【燃える】ʻā（ʻあ）.ʻaʻā（ʻあʻあ）.

もえるようないろ【燃えるような色】⇒ いろ【色】.

モーカプ〔ハワイ〕Mōkapu（もかぷ）.〔地名〕〈逐語〉禁忌地区. mō は moku の略.

モーター【motor】mīkini（みきに）.

もがく【～】ʻāpuʻepuʻe（ʻあぷʻえぷʻえ）.〔文法〕冠詞は ka でなく ke を使う. kaʻanini（かʻあにに）.naku（なく）.neʻe（ねʻえ）.

モキハナ〔ハワイ〕mokihana.〔植物〕

397

Pelea anisata：カウアイ島だけに見られる自生の木．その小さな堅いしその香りのする果実は，レイに使われる．

もくげきする【目撃する，目撃者】'ike maka（'いけ_まか）．

もくざい【木材】lā'au（ら̄'あう）．

もくじ【目次】papa kuhikuhi（ぱぱ_くひくひ）．

もくしつの【木質の［木製の］】lā'au（ら̄'あう）．

もくずい【木髄，木の髄質】iho（いほ）．

もくせい【木星】'Iao（'いあお）．日の出前に見える木星．lupika（いうぴか）．lupita．は異形．〔英語：Jupiter〕．

もくせん【木栓】kui lā'au（くい_ら̄'あう）．

もくたん【木炭】lānahu（ら̄なふ）．nānahu（な̄なふ）．【（木材などを）木炭にする】ho'o-nānahu（ほ'お な̄なふ）．

もくてき【目的】mākia（ま̄きあ）．【目的なしに行く】hele wale（へれ_われ）．

もくひょう【目標】māka（ま̄か）．

もくようび【木曜日】Pō'ahā（ぽ̄'あは̄）．略記はＰ４．『Māmaka Kaiao』ではPo'ahā（ぽ'あは̄）を採用．〈逐語〉第４番目の日．

モクレン【木蓮】mikinolia（みきのりあ）〔植物〕Magnolia grandiflora.

もくろく【目録】helu（へる）．papa helu（ぱぱ_へる）．papa inoa（ぱぱ_いのあ）．【（財産などの）目録】helu waiwai（へる_わいわい）．

もけい【模型】ana（あな）．

もし【～】ūi（う̄い）．〔間投詞〕．

もじ【文字】hua（ふあ）．

もしくは【若しくは】a i 'ole（あ_い_'おれ）．〔接続詞〕．

もじどおりのいみ【文字通りの意味】mana'o maoli（まな'お_まおり）．

もしも…ならば【～】i（い）．〔接続詞〕．inā（いな̄）．〔接続詞〕もしも…ならば，…とすれば．〔用例〕もしもあなたが行くならば，私も一緒に行きます．Inā 'oe hele, e hele nō au me 'oe. ke（け）．〔接続詞〕．〔用例〕もしもあなたが行くならば，私も行きます．Ke hele 'oe, hele au.

もしも…ならば…だろうに【～】inā+句+inā．〔用例〕もしも金がたくさんあったなら，もっと作業がはかどるだろうに．Inā he nui ke kālā, inā ua holomua ka hana.

もしもし【～】hūi（ふ̄い）．〔間投詞・現代用語〕．

もじもじする【～】pīhole（ぴ̄ほれ）．

もじゃもじゃの【～】ākepakepa（あけぱけぱ）．

もぞうの【模造の】ku'i（く'い）．

もたれる【凭れる】kālele（か̄れれ）．支えなどにもたれる．

もちあげる【持ち上げる】hāpai（は̄ぱい）．hi'ilawe（ひ'いらヴぇ）．pai（ぱい）．

もちいて【（…を）用いて】loko（ろこ）．

もちこたえる【持ち堪える】pa'a（ぱ'あ）．

もちつづける【持ち続ける】pa'a（ぱ'あ）．ho'opa'a（ほ'おぱ'あ）．

もちにげする【持ち逃げする】lawe-lawe（らヴぇらヴぇ）.
もちぬし【持ち主】'ona（'おな）.〔英語：owner〕.
もちはこびかのうな【持ち運び可能な】lawe（らヴぇ）.
もちはこぶ【持ち運ぶ】lawe lima（らヴぇ_りま）.〔用例〕ハンドブック，案内書，手引書．Puke lawe lima.
もつ【(料理用の臓)物】⇒ぞうもつ【臓物】.
もっこうきり【木工錐，（らせん形）木工錐】wilipua'a（うぃりぷあ'あ）.
もつこと【(所帯や一族を)持つこと】āewa（あえヴぁ）.
もっていく【持って行く，持って来る】lawe（らヴぇ）.〔用例〕持って行く．Lawe aku. 持って来る．Lawe mai.
もっている【持っている】loa'a（ろあ'あ）.
もっと【〜】hou（ほう）.〔用例〕アンコール．Hana hou.
モットー【motto】mākia（まきあ）.
もっともよい【最も良い】'oi（'おい）.〔用例〕マウイ島が最もよい．Maui nō ka 'oi. hō'oi（ほ'おい）. po'okela（ぽ'おけら）.
もつれ【縺れ】hihia（ひひあ）.
もつれる【縺れる】hihi（ひひ）. miko（みこ）.
【縺れさせた】hihia（ひひあ）. pohihihi（ぽひひひ）.
【縺れさせる】hihi（ひひ）. ho'ohihi（ほ'おひひ）. ho'ohihia（ほ'おひひあ）.
【縺れた】kā'ekā（かぇか）.
もてなしのよいいえ【持て成しの良い家】hale kipa（はれ_きぱ）.
もてなしのよいゆうじん【持て成しの良い友人】hale kipa（はれ_きぱ）.
もてなす【持て成す】heahea（へあへあ）. 何度も招いて温かくもてなす．客や他人を温かくもてなす．もてなしの良い．
もと【(源の)元】kula（くら）.
もどす【戻す】ho'iho'i（ほ'いほ'い）. pua'i（ぷあ'い）.
もとどおりにする【元通りにする】ho'iho'i（ほ'いほ'い）.
もどる【戻る】ho'i hope（ほ'い_ほぺ）. ho'i hou（ほ'い_ほう）.
もの【(…の)物，…する物，…した物】mea（めあ）. mea. は mea kia'i〔防護物〕のように他の語と複合して使われる．
【物を言う】'ōlelo（'おれろ）. pua'i（ぷあ'い）. puka（ぷか）.
ものいみ【物忌み】kapu（かぷ）. ⇒カプ.
ものうい【物憂い】mamae（まあまえ）. nipo（にぽ）. niponipo（にぽにぽ）.
ものおとひとつしない【物音一つしない】ku'inehe（く'いねへ）.
ものおぼえがはやい【物覚えが早い】'a'apo（'あ'あぽ）.
ものかげ【物陰】aka（あか）. ho'oaka（ほ'おあか）. māmalu（まある）.
ものがたり【物語】ka'ao（か'あお）. mo'olelo, mo'o'ōlelo（も'おれろ，も'お'おれろ）.

【物語をする】kuku'i 'ōlelo（くく'い_'おれろ）.

ものごい【物乞い】kau'īpuka（かう'いぷか）. まるで食物をめぐんで欲しいかのように, 家のドアのあたりをぶらぶら歩く；その様にする人. 〈逐語〉ドアのところに置かれた.

ものともせず【(…を) 物ともせず】loko（ろこ）.

ものほしつな【物干綱】kaula kaula'i lole（かうら_かうら'い_ろれ）. 〈逐語〉衣服を乾かす綱.

ものやわらかな【(口調など) もの柔らかな】pahē（ぱへ）.

モホ〔ハワイ〕moho. 〔鳥〕ハワイクイナ. Pennula sandwichensis：クイナ科；短い羽と細い体, 長い脚と足指を持ち泣き声が鋭い；水辺・草原・森林にすむ絶滅した飛べない鳥.

もめごとをひきおこす【揉め事を引き起こす】huā（ふあ）.

もも【腿】'ūhā（'うほ）.

もも【桃, 桃の木】piki（ぴき）. 〔英語：peach〕Prunus persica.

ももいろ【桃色】'ākala（'あから）.

もや【靄】noe（のえ）.
【靄のかかった】pōhina（ぽひな）.

もやす【燃やす】hō'ā（ほ'あ）. kuni（くに）. puhi（ぷひ）.

もようをつける【(タパに) 模様を付ける】kākau（かかう）.
【(更紗のように) 模様を付けた】kīnohinohi（きのひのひ）.

もよおしもの【催し物】pea（ぺあ）. fea. は異形. 〔英語：fair〕.

もらいご【貰い子】hānai（ほない）.

もらうことをねがっている【貰うことを願っている】make'e（まけ'え）.

もり【(捕鯨用の) 銛】hāpuna（ほぷな）. 〔英語：harpoon〕.

もりあがっているもの【(吹き出物から丘に至るまで全ての) 盛り上がっている物】pu'u（ぷ'う）.

もりつち［もりど］【(サツマイモなどの根元の) 盛り土】ho'āhua（ほ'あふあ）. pu'e（ぷ'え）.
【盛り土する】pu'e（ぷ'え）.

モルモット【guinea pig】⇒テンジクネズミ（天竺鼠）.

モルモンきょうと【Mormon 教徒】Molemona（もれもな）. Moremona. は異形. 〔英語〕.

もれる【(水が) 漏れる, 漏れること】liu（りう）.

もろい【脆い】pōhae（ぽはえ）.

モロカイ〔ハワイ〕Moloka'i（もろか'い）. 〔地理〕モロカイ島：ハワイ諸島の1つの島.

もん【門】pani（ぱに）. pani puka（ぱに_ぷか）. puka（ぷか）.

モンガラカワハギ【紋殻皮剥ぎ】humuhumu（ふむふむ）. 〔魚〕モンガラカワハギ：体高の高い側扁した魚；おもに熱帯地方の海に産し第1背びれに太いとげがある.
【タスキモンガラカワハギ（襷紋殻皮剥ぎ）, ムラサメモンガラカワハギ（斑目紋殻皮剥ぎ）】humuhumu-nukunuku-ā-pua'a（ふむふむぬくぬくあぷあ'あ）. 〔魚〕Rhinecanthus

aculeatus, R. rectangulus.〈逐語〉豚のような鼻［くち先］をした humuhumu：**humuhumu umauma lei**（ふむふむ_うまうま_れい）．〔魚〕humuhumu の一種（Balistes bursa）．〈遂語〉胸にレイをかけた humuhumu．

モンキー【monkey】**keko**（けこ）．

もんだい【（悩みなどの）問題】**pilikia**（ぴりきあ）．【（試験などの）問題】**nīnau**（になう）．

もんばん【門番】**mālama hale**（まらま_はれ）．

や

や【矢】**pua**（ぷあ）．【（細くて短い）矢】**ihe ʻō**（いへ_ʻお）．【（掛かりのある）矢】**ihe laumeki, ihe laumaki**（いへ_らうめき，いへ_らうまき）．【矢を射る】**kīkoʻo**（きこʻお）．

やぁ【～】**hūi**（ふい）．〔間投詞・現代用語〕**ūi**（うい）．

ヤーウェ⇒エホバ．

ヤード【yard】**iā**（イア）．〔単位〕1ヤード約 0.914m. 3 フィート．**iwilei**（いヴぃれい）．〔単位〕鎖骨［iwilei］から腕を伸ばした中指の先までの寸法．

やえいする【野営する】**hoʻomoana**（ほʻおもあな）．【（兵隊を）野営させる】**hoʻokahua**（ほʻおかふあ）．

やえいち【野営地】**kahua**（かふあ）．**moana**（もあな）．

やえざきの【八重咲きの】**pupupu**（ぷぷぷ）．

やがて【～】**auaneʻi**（あうあねʻい）．

やかましい【喧しい】**ʻikuwā**（ʻいくわ）．**wā**（わ）．

やかましいおと【（ジャンジャン・ガンガン）喧しい音】**kulikuli**（くりくり）．特に不快で非音楽的な物音．

やかましくのべたてる【喧しく述べ立てる】**wā**（わ）．

やかんがっこう【夜間学校】⇒がっこう【学校】．

ヤギ【山羊】**kao**（かお）．**kūnānā**（く

なな）．

【（子）ヤギ】kao keiki（かお_けいき）．

【（野生の）ヤギ】kao hihiu（かお_ひひう）．

やきあみ【（肉などを焼く）焼き網】hao hakahaka（はお_はかはか）．

やきいも【焼き芋】'ao（'あお）．〔食品〕乾燥してから焼いたタロイモまたはサツマイモ．

やきいん【（馬などに押す）焼き印】hao（はお）．

【焼き印を押す】kuni（くに）．〔用例〕焼き金，焼き印．Hao kuni.

やきかぼちゃ【焼きカボチャ】ipu kālua（いぷ_かるあ）．

やきこがした【焼き焦がした】pāpa'a（ぱぱ'あ）．

やきすぎた【焼き過ぎた】ahulu（あふる）．'ā wale（'あ_われ）．pāpa'a（ぱぱ'あ）．

やきにく【焼肉】loke（ろけ）．roke．は異形．〔英語：roast〕．〔用例〕ローストビーフ．Pipi loke.

やきもち【妬きもち】lili（りり）．

やきゅうをする【野球をする】kinipōpō（きにぽぽ）．

やく【焼く】hō'ā（ほ'あ）．kuni（くに）．【（肉・魚などを）焼く】kō'ala（こ'あら）．puhi（ぷひ）．【（残り火でサツマイモなどを）焼く】pūlehu（ぷれふ）．

【焼いた，焼いた肉のひと切れ】'ōhinu（'おひぬ）．

やくいんをにんめいする【役員を任命する】ho'oluna（ほ'おるな）．

やくざいし【薬剤師】kāwili lā'au（かヴぃり_らあう）．

やくしゅをまぜる【薬種を混ぜる】kāwili lā'au（かヴぃり_ら'あう）．

やくそう【薬草】lau nahele（らう_なへれ）．

やくそくをはたす【（行政上の）約束を果たす】ho'okō（ほ'おこ）．

やくにたたない【（比喩的に）役に立たない】āelo（あえろ）．

やくにたつ【（人の）役に立つ】lawelawe（らヴぇらヴぇ）．

やくにん【役人】noho 'oihana（のほ_'おいはな）．

やくぶん【（物語や原典の）訳文】mana（まな）．

やくめ【役目】hana（はな）．

やくをつとめる【（…の）役を務める】noho（のほ）．

やけい【（建物などの）夜警】kia'i（きあ'い）．kia'i pō（きあ'い_ぽ）．〈逐語〉夜の見張り．kū uaki（く_うあき）．māka'i pō（まか'い_ぽ）．

やけこげた【焼け焦げた】uno'o（うの'お）．

やけた【（火炎で部分的に）焼けた】uno'o（うの'お）．

やけている【焼けている】'ā（'あ）．makawela（まかうぇら）．

ヤゴ【～】lohelohe（ろへろへ）．〔昆虫〕トンボの幼虫．水中に生息．

ヤコウボク【夜香木】kūpaoa（くぱおあ）．〔植物〕Cestrum nocturnum．とその他の強い香りのする植物．Eperomia

種や Railliardia 種など.

やさい【野菜】'ai（'あい）. mea ulu（めあ_うる）.

やさしい【(心など)優しい】lokomaika'i（ろこまいか'い）.【(音楽や声など)優しい】nahenahe（なへなへ）.【(口調の)優しい】pahē（ぱへ̄）.

やさしいことばでなっとくさせる【優しい言葉で納得させる】malimali（まりまり）.

やさしいたいどでちゅうこくする【優しい態度で忠告する】kaukau（かうかう）.

やさしいめ【優しい目】maka wai（まか_わい）.

やさしさ【優しさ】lokomaika'i（ろこまいか'い）.

ヤシ【椰子】pāma（ぱ̄ま）.〔植物〕ヤシ科の植物の総称.〔英語：palm〕.
【ヤシの実の果汁】wai niu（わい_にう）.
【ヤシの実を(おろし金で)すりおろす】wa'u niu（わ'う_にう）.

やしなう【(子供を)養う】hānai（は̄ない）.

やじるし【(符号の)→など】⇒さんしょうふ【参照符】.

やす【(魚を突く)やす】ihe pakelo（いへ_ぱけろ）.

やすい【安い】emi（えみ）. ho'ēmi（ほ'え̄み）.

やすむ【休む】malolo（まろろ）.【(当分の間仕事を)休む】ho'omalolo（ほ'おまろろ）.

やすめのごうれい【(軍隊などの)休めの号令】hō'olu'olu（ほ̄'おる'おる）.

やすらかな【安らかな】kaulana（かうらな）.

やせいにする【野生にする】ho'ohae（ほ'おはえ）.

やせいの【(動物や植物など)野生の】'āhiu（'あ̄ひう）. hae（はえ）. hihiu（ひひう）.
【野生のパパイア：papaya】hē'ī（へ̄'い̄）.〔植物〕.

やせこけた【痩せこけた】iwiiwi（いヴぃいヴぃ）. po'opo'o（ぽ'おぽ'お）.

やせた【痩せた】hakahaka（はかはか）.

やたらな【〜】kīko'olā（き̄こ'おら̄）.

やっかいな【厄介な】luhi, luhiluhi（るひ, るひるひ）.

やつぎばやに【矢継ぎ早に】'āma'amau（'あ̄ま'あまう）.

やっつ【八つ】〔数詞〕. ⇒はち【8・八】, 本文末「数詞・数字」を参照.

やっとこ【鋏】'ūpā 'ūmi'i（'う̄ぱ̄_'う̄み'い）.

やっとの【〜】'ane'ane（'あね'あね）.

やつれた【窶れた】hakahaka（はかはか）.

やといぬし【雇い主】haku（はく）.
【雇い主として振舞う】ho'ohaku（ほ'おはく）.

やとう【夜盗】wāwahi hale（わ̄わひ_はれ）.

ヤドカリ【宿借】unauna（うなうな）.〔生物〕ヤドカリ科・ホンヤドカリ科などの十脚類の総称.

やどなし【宿無し】kauwā（かうわ̄）.

ヤドリギ【寄生木】kaumahana（かうまはな）.〔植物〕自生のヤドリギ.

ハワイヤドリギ[hulu moa]とも呼ばれる.
やぬし【家主】haku hale（はく_はれ）.
やね【屋根】kaupoku（かうぽく）.
【屋根を（草で）葺く】ako（あこ）.
やねふきざい【屋根葺き材】pili（ぴり）. ⇒ピリ.
【屋根を葺く材料のヤシの葉】ka'a lau niu（か'あ_らう_にう）.
やばんこうい【野蛮行為】luku wale（るく_われ）.
やばんな【野蛮な】mākaha（まかは）.
やぶってとおる【(…を) 破って通る】wāhi（わひ）.
やぶにらみの【薮睨みの】maka 'āhewa（まか_'あへヴぁ）.
やぶる【破る】ho'olepe（ほ'おれぺ）. mahae, māhaehae（まはえ, まはえはえ）. nahae（なはえ）.
【(規則などを) 破る】pale（ぱれ）.
【(禁忌を) 破る】'a'e（'あ'え）. 'a'e'a'e（'あ'え'あ'え）.〈比喩〉圧迫した.
やぶれめ【破れ目】nahae（なはえ）.
やぶれる【破れる】pūhā（ぷは）.
【破れた】nahae（なはえ）. pōhae（ぽはえ）.
【破れた破片】welu（ヴぇる）.
やま【(物を積み重ねた) 山】ahu（あふ）. paila（ぱいら）.〔英語：pile〕.
【山積みにした】pu'upu'u（ぷ'うぷ'う）.
【山積みの紙】pu'u pepa（ぷ'う_ぺぱ）.
やま【山】kuahiwi（くあひヴぃ）. 高い丘も同様.

【山, 山の多い, 山ばかりの】mauna（まうな）.
【山に登る】e'e kuahiwi（え'え_くあひヴぃ）.
【山の背】hiwi（ひヴぃ）. kualapa（くあらぱ）.
【山の頂上】piko（ぴこ）.
【山の中を旅する】hele mauna（へれ_まうな）.
【山の方にある［いる］】uka（うか）.〔用例〕高地にいる人達, 山に住む人々. Kō uka.
やまくずれ【山崩れ】hiolo（ひおろ）.
やまもりにする【山盛りにする】kuapapa（くあぱぱ）.
【山盛りにした】kūāhua（くあふあ）. pōhuku（ぽふく）. pu'u（ぷ'う）.
ヤマアサ【山麻】⇒オオハマボウ【大浜朴】.
ヤムイモ【yam芋 (の一種)】pi'a（ぴ'あ）.〔植物〕Dioscorea pentaphylla：ヤマノイモ属のつる植物. uhi（うひ）.〔植物〕Dioscorea alata：ヤマノイモ属のつる植物の総称；ヤマノイモ・ナガイモ・トコロなど.
やめさせる【(禁忌などを) 止めさせる】ho'onoa（ほ'おのあ）.
【止めさせられる】'ōmu'o（'おむ'お）.
やめた【止めた】muku（むく）. mukumuku（むくむく）.
やめる【止める】ho'opau（ほ'おぱう）. ho'ōki（ほ'おき）. oki（おき）. waiho（わいほ）.
【止めろ】uoki!（うおき）. uwoki!（ううぉき）.

ヤモリ【守宮】mo'o（も'お）.〔爬虫類〕.
やや【稍・漸】'ano（'あの）.【用例】やや良い. 'Ano maika'i.
やり【槍・鎗・鑓】ihe（いへ）.【短い槍】'ēlau（'えらう）. ihe pahe'e（いへ_ぱへ'え）.【鋭い槍】ihe 'ō（いへ_'お）.【槍騎兵の用いる槍】ihe pakelo（いへ_ぱけろ）.【剣術の槍】kākā lā'au（かか_らー'あう）.【（顎あご・かかり・逆刺さかとげのある）槍】laumeki（らうめき）.
【槍を投げる】'ō'ō ihe（'お'お_いへ）.
【槍投げの競技】'ō'ō ihe（'お'お_いへ）.
やりだし【（カヌーの）遣出】ihu wa'a（いふ_わ'あ）. 舳先から出た帆柱.【遣出】maka ihu（まか_いふ）.〈逐語〉船首の先端.
やりだす【遣り出す】ho'omaka（ほ'おまか）.〔用例〕初心者. Mea ho'omaka.
やりとおす【（屈せずに）遣り通す】kāmau（かーまう）. noke（のけ）. nokenoke（のけのけ）.
やりとげる【（屈せずに）遣り遂げる】oia（おいあ）.
やりとり【（ものの）遣り取り】kū'ai（くー'あい）.【（お返し, 仕返しの）遣り取り】pāna'i（ぱな'い）.
やりのさき【槍の先】maka ihe（まか_いへ）.
やれやれ【～】aia lā（あいあ_らー）.〔間投詞〕.
やわらいだ【（深い悲しみなど）和らいだ】mao（まお）.
やわらかい【柔らかい】awe（あうぇ）. ho'okalekale（ほ'おかれかれ）.

kaekae（かえかえ）. lina（りな）. nolu（のる）. 'olu（'おる）. palupalu（ぱるぱる）.
【柔らかい毛】heu（へう）.
【（音の）柔らかい】aheahe（あへあへ）.
【（果物など押してみて）柔らかい】milu（みる）.
【（織り目の細かい布切れなど）柔らかい】nahenahe（なへなへ）.
【（地面などが）柔らかい】nakele（なけれ）.
やわらかくこわれやすい【（卵の殻のように）柔らかく壊れ易い】malule（まるれ）.
やわらかくする【柔らかくする】hō'ae（ほー'あえ）. ho'owali（ほ'おわり）.
やわらかくてほとんどくさっている【（果物など）柔らかくてほとんど腐っている】pahē（ぱへー）.
やわらかなかしパン【柔らかな菓子パン】palaoa li'ili'i（ぱらおあ_り'いり'い）.
やわらげる【（神経・感情を）和らげる】ho'oma'alili（ほ'おま'ありり）.【（痛みを）和らげる】ho'omāmā（ほ'おまま）. ho'onā（ほ'おなー）.【（苦労・悲しみを）和らげる】ho'omāmā（ほ'おまま）.
やんだ【（雨が）止んだ】mao（まお）.

ゆ

ゆいごん【遺言】kauoha（かうおは）.【遺言書】palapala ho'oilina（ぱらぱら_ほ'おいりな）.

【遺言状】palapala kauoha（ぱらぱら_かうおは）.

ゆいごんしっこうしゃ【遺言執行者】kahu waiwai（かふ_わいわい）.〈逐語〉富や財産の保管者.

ゆうえきな【有益な】makepono（まけぽの）.

ゆうかいしゃ【誘拐者】'aihue kanaka（'あいふえ_かなか）.

ゆうかいする【誘拐する】'aihue kanaka（'あいふえ_かなか）.

ゆうかしょうけん【有価証券】waiwai ho'opa'a（わいわい_ほ'おぱ'あ）.

ゆうがた【夕方, 夕方になる】ahiahi（あひあひ）.
【夕方近く】āluna ahiahi（'あるな_あひあひ）.

ユーカリ【eucalyptus（の木の全種）】palepiwa（ぱれぴヴぁ）.〈逐語〉熱を防ぐ.〔薬理〕ユーカリの葉は解熱剤として, またスチームバスに使われていたのでそう呼ばれた.

ゆうかん【勇敢】koa（こあ）.
【勇敢で辛抱強い】ho'omanawanui（ほ'おまなわぬい）.
【勇敢な】ho'onakoa（ほ'おなこあ）. kila, kilakila（きら, きらきら）. koa（こあ）. wiwo 'ole（ヴぃヴぉ_'おれ）.

ゆうき【勇気】koa（こあ）.
【勇気づける】hō'eu（ほ'えう）. hō'eu'eu（ほ'えう'えう）.
【勇気のある】hō'eu'eu（ほ'えう'えう）.
【勇気を持つ】ho'āho（ほ'あほ）.

ゆうぎ【遊技】kemu（けむ）.〔英語：game〕. pā'ani（ぱ'あに）.
【遊戯などをする】pā'ani（ぱ'あに）.

ゆうけんしゃ【有権者】mea koho（めあ_こほ）.

ゆうこうかんけい【友好関係】noho aloha（のほ_あろは）.

ゆうこうせいぶんのすくない【有効成分の少ない】mahū（まふ）.

ゆうこうてきな【友好的な】launa（らうな）.

ゆうざいとはんけつする【有罪と判決［宣告］する】'āhewa（'あへヴぁ）. ho'āhewa（ほ'あへヴぁ）.

ゆうざいのはんけつ【有罪の判決】'āhewa（'あへヴぁ）.

ゆうし【勇士】koa（こあ）. me'e（め'え）.

ゆうじょう【友情】laule'a（らうれ'あ）.
【友情と堅い決意を守る】ho'olaule'a（ほ'おらうれ'あ）.
【友情のこもった贈り物】makana aloha（まかな_あろは）.
【友情の復活に努める】ho'okāmaka-maka（ほ'おかまかまか）.

ゆうしょうしゃ【優勝者】po'okela（ぽ'おけら）.

ゆうしょく【夕食】'aina ahiahi（'あいな_あひあひ）.

ゆうじん【友人】hoa（ほあ）. hoa like（ほあ_りけ）. 同じ地位［身分］の友人. hoaaloha（ほああろは）.〔文法〕hoa + aloha の複合語で, hoaloha（ほあろは）と短く発音される. lua（るあ）.

ゆうする【有する】kō（こ）.

ゆうせいしょう【郵政省】'oihana leka（'おいはな_れか）.

ゆうせい［ゆうおん］の【有声［有音］の】kani（かに）.

ゆうたい【郵袋】'eke leka（'えけ_れか）. 'eke leta. は異形.

ゆうだいな【雄大な】kilakila（きらきら）.

ゆうだちがふる【夕立ちが降る】nāulu（なうる）.

ユウナ【右納】⇒オオハマボウ【大浜朴】.

ゆうのうの【有能の】mākaukau（まかうかう）.

ゆうびな【優美な】lahi, lahilahi（らひ，らひらひ）.〔用例〕あなたの上品で美しい頬. Kou pāpālina lahilahi.

ゆうびんかわせ【郵便為替】pila kīko'o hale leka（ぴら_きこ'お_はれ_れか）.

ゆうびんきって【郵便切手】po'oleka（ぽ'おれか）. uku leka（うく_れか）. uku leta. は異形.

ゆうびんきょく【郵便局】hale leka（はれ_れか）.〈逐語〉手紙の家.

ゆうびんきょくちょう【郵便局長】luna leka（るな_れか）.〈逐語〉手紙役員.

ゆうびんはいたつにん【郵便配達人】, 郵便物や手紙を運ぶ. lawe leka（らヴぇ_れか）.

ゆうびんぶくろ【郵便袋】⇒ゆうたい【郵袋】.

ゆうびんりょうきん【郵便料金】uku leka（うく_れか）. uku leta. は異形.

ゆうふくな【裕福な】pōkeokeo（ぽけおけお）.

ゆうべんか【雄弁家】kākā'ōlelo（かか'おれろ）. 言葉を使うことに熟達した人.

ゆうめい【有名】kaulana（かうらな）.
【有名な場所】pana（ぱな）.
【有名にする】ho'okaulana（ほ'おかうらな）.
【有名になる】kaulana（かうらな）.

ゆうやけ【夕焼け】aka'ula（あか'うら）.〈逐語〉赤い影. alaula（あらうら）.〈逐語〉燃え立つような赤い道.

ゆうよをもとめる【猶予を求める】ho'opōmaika'i（ほ'おぽまいか'い）.

ゆうれい【幽霊】akua lapu（あくあ_らぷ）. lapu（らぷ）. pahulu（ぱふる）. 'uhane（'うはね）.
【幽霊の出る，幽霊などがある場所に出る】lapu（らぷ）. ho'opahulu（ほ'おぱふる）.

ゆうわく【誘惑，誘惑者［物］】ho'owalewale（ほ'おわれわれ）.
【誘惑に負けない】ho'oko'oko'o（ほ'おこ'おこ'お）.

ゆうわくする【誘惑する】ho'opunihei（ほ'おぷにへい）. ho'owalewale（ほ'おわれわれ）.

ゆえに【故に】mea（めあ）. no ka mea（の_か_めあ）.〔接続詞〕.

ゆか【（バスや屋内などの）床】'oneki（'おねき）.〔英語：deck〕. papahele（ぱぱへれ）.

ゆかいな【愉快な】hoihoi（ほいほい）. le'a, le'ale'a（れ'あ，れ'あれ'あ）.

ゆがめた【歪めた】napa（なぱ）.

ゆがんだ【歪んだ】'a'api（'あ'あぴ）. napa（なぱ）.【(口などが) 歪んだ】'ūke'e（'ｳｹ'え）.

ゆき【雪】hau（はう）. hau kea（はう_けあ）.
【雪のように白い】uakea（うあけあ）.

ゆげがでる【湯気が (噴き) 出る】māhu（まふ）.

ゆけつ【輸血】ho'okomo koko（ほ'おこも_ここ）.

ゆさぶらせる【揺さ振らせる】ho'onaue（ほ'おなうえ）.

ゆさぶる【揺さぶる】lū, lūlū（る, るる）.

ゆし【油脂】hinu（ひぬ）. 'aila（'あいら）.〔英語：oil〕.

ゆすってあるく【(肥満のため体を) 揺すって歩く】'olo（'おろ）.

ゆする【揺する, (子供などを) 揺り動かす】ho'oluli（ほ'おるり）.

ゆせいの【油性の, 油質の】hinu（ひぬ）.

ユダヤじん【ユダヤ人, ユダヤの】lukaio（いうかいお, ゆかいお）. ludaio. は異形. ヘブライ人.〔ギリシャ語：Iudaios〕.

ゆだんのない【油断のない】maka'ala（まか'あら）.

ゆだんのならない【油断のならない】'epa（'えぱ）.

ゆっくり【ゆっくり, ゆっくりと】mālie（まりえ）.
【ゆっくり歩く】ka'i（か'い）. 一列や行列して, または子供が歩く練習をする時のようにゆっくりと歩く［一定の足どりで進む］.
【(雲のように空間の中を) ゆっくり動く】kūlewa（ｸれｳﾞぁ）.
【ゆっくり進む】ho'olohi（ほ'おろひ）.
【ゆっくりを意味する接頭辞】aka-（あか）. ⇒せっとうじ【接頭辞】.

ゆでる【茹でる】paila（ぱいら）. baila. は異形.〔英語：boil〕.

ゆび【指】lima（りま）.
【指で回転させる】lōmilo（ろみろ）.
【指で測る】apo（あぽ）.
【(子供を懲らしめるために) 指をパチンと鳴らす】pana（ぱな）.

ゆびかんせつ【指関節】pu'u（ぷ'う）. pu'upu'u（ぷ'うぷ'う）.【(特に指の付け根の) 指関節】'ōku'eku'e（'ｵｸ'えｸ'え）. 'ōpu'upu'u（'ｵぷ'うぷ'う）.

ゆびぬき【(裁縫用) 指貫】komo（こも）. komo humuhumu（こも_ふむふむ）.〈逐語〉裁縫指輪.

ゆびわ【指輪】apo（あぽ）. komo（こも）.

ゆぶね【湯船】kapu 'au'au（かぷ_'あう'あう）.

ゆみがた【弓形, (虹などが) 弓形になる】pi'o（ぴ'お）.

ゆみなりにまげる【弓なりに曲げる】lena（れな）.

ゆみや【弓矢】ke'a（け'あ）. pana（ぱな）.
【弓矢を射る】ke'a（け'あ）. pana

pua（ぱな_ぷあ）.

ゆめ【夢，夢を見る】moeʻuhane（もえʻうはね）.〈逐語〉霊魂睡眠.

ゆらいする【(…に) 由来する】no（の）. ⇒マーカー.

ユリ【ユリ (の全種)】līlia（リりあ）.〔英語：lily〕.〔植物〕

ゆりいす【揺り椅子】noho paipai（のほ_ぱいぱい）.

ゆりうごかす【揺り動かす】kulana（くらな）. lū, lūlū（る，るる）.

ゆりかご【揺籃】moe paipai（もえ_ぱいぱい）.〈逐語〉揺れるベッド.

ゆるい【(結び目などが) 緩い】mōhalu（もはる）.

ゆるしをもとめるいのり【赦しを求める祈り】kāmakamaka（かまかまか）.

ゆるす【許す】kala（から）.〔用例〕私をお許しください．E kala mai iaʻu.

ゆるむ【緩む】puhalu（ぷはる）.【(結び目などが) 緩む】ʻalu（ʻある）.【緩むこと】ʻāluna（ʻあるな）.

ゆるめたりする【(指などを開いたり) 弛めたりする】ʻaʻama（ʻあʻあま）.

ゆるめる【緩める】hōʻalu（ほʻある）. hōʻalu ʻalu（ほʻあるʻある）. hoʻomōhalu（ほʻおもはる）. kala（から）. makala（まから）. wehe（ヴぇへ）.

ゆるんだ【弛・緩んだ】ʻaluʻalu（ʻあるʻある）. hōʻaluʻalu（ほʻあるʻある）. mōhalu（もはる）. pūʻalu（ぷʻある）. puhalu（ぷはる）.

ゆれうごく【(木の枝や海の小さな渦などが) 揺れ動く】āewa（あえヴぁ）.

ゆれた【(船などが激しく) 揺れた】kāhulihuli（かふりふり）.

ゆれる【揺れる】haʻalulu（はʻあるる）. kaʻalele（かʻあれれ）. kāhulihuli（かふりふり）. kulana（くらな）. lewa, lelewa, lewalewa（れヴぁ，れれヴぁ，れヴぁれヴぁ）. naue, nauwe（なうえ，なううぇ）. ue（うえ）.
【(草木などが) 揺れる】holu nape（ほる_なぺ）.
【(海草・髪の毛・葉のように何かに固着しているものが) 揺れる［振れる］】māewa（まえヴぁ）.
【(フルーツゼリーなどが) 揺れる】naka（なか）.
【(パタパタと) 揺れる，(木の葉などチラチラと) 揺れる】nape（なぺ）. napenape（なぺなぺ）.
【(前後に) 揺れる】lewa, lelewa, lewalewa（れヴぁ，れれヴぁ，れヴぁれヴぁ）.
【(地面が) 揺れる】naue, nauwe（なうえ，なううぇ）.
【(でこぼこの道を走る車が，がたがた) 揺れること】ʻakūkū（ʻあくく）.
【揺れる原因となる】hoʻokūkū（ほʻおくく）.

ゆをつかわせる【湯を使わせる】hōʻauʻau（ほʻあうʻあう）.

よ

よあけ【夜明け】wanaʻao（わなʻあお）.【(特に夜の暗闇に差し込むような) 夜明けの光】maliʻo（まりʻお）.

【夜明けの陽光】alaula（あلاうら）.
【夜が明ける】wana'ao（わな'あお）.
よあけまえのくらやみ【夜明け前の暗闇】pawa（ぱヴぁ）.
よい【良い】maika'i（まいか'い）. よい状態, よい生活状態, よい健康状態.
よい【酔い】'ona（'おな）.
【酔い潰れた】kūpouli（くぽうり）.
よって【酔って】'ona（'おな）.
よわせること【酔わせること】'ona（'おな）. hō'ona（ほ'おな）.
【(全ての) 酔わせる飲み物】lama（らま）. rama. は異形.
【(特に) 酔わせる物を飲む】kāmau（かまう）.
ようい【用意】mākaukau（まかうかう）.
【用意の出来た】kū（く）. liuliu（りうりう）. mākaukau（まかうかう）.
よういする【用意する】mākaukau（まかうかう）. ho'omākaukau（ほ'おまかうかう）.
【用意させる】ho'oliuliu（ほ'おりうりう）.
よういにおどろいた【容易に驚いた】maka'u wale（まか'う_われ）.
よういにはらをたてない【容易に腹を立てない】ka'alolohi（か'あろろひ）.
ようが【葉芽】liko（りこ）.
ようがん【溶岩】'a'ā（'あ'ā）. ⇒アアようがん【アア溶岩】. pāhoehoe（ぽほえほえ）. ⇒パーホエホエようがん【～溶岩】lua'i pele（るあ'い_ぺれ）. pōhaku pele（ぽはく_ぺれ）.

【(でこぼこの凝固した) 溶岩】'ā pele（'ā_ぺれ）.
ようがんりゅう【溶岩流】'ā pele（'ā_ぺれ）. pele（ぺれ）.
ようき【容器】kula（くら）. 〔用例〕ガソリン用のドラム缶. Kula kakalina. poho（ぽほ）.
【容器の総称】⇒イプ.
ようぎ【容疑】huoi（ふおい）. ho'ohuoi（ほ'おふおい）.
ようきな【陽気な】le'a, le'ale'a（れ'あ, れ'あれ'あ）.
【陽気な騒ぎ】'aka'aka（'あか'あか）.
ようきにする【陽気にする】ho'ohau'oli（ほ'おはう'おり）.
ようきゅうする【要求する】koi, koikoi（こい, こいこい）.【(昇進・昇級を) 要求する】pi'ikoi（ぴ'いこい）.
ようきゅうにおうずる【要求に応ずる】kani（かに）.
ようきゅうぶつ【要求物】koi, koikoi（こい, こいこい）.
ようぎょ【養魚】pua（ぷあ）.
ようさい【要塞】pāpū（ぱぷ）. pu'ukaua（ぷ'うかうあ）.
ようし【養子】hānai, keiki hānai（はない, けいき_はない）.
【(子供などを) 養子［養女］にする】ho'omakua（ほ'おまくあ）. lawe hānai（らヴぇ_はない）. ho'okama（ほ'おかま）.〔姻族〕愛する子供または成人を養子［養女］にする, しかし特別な面倒を見る必要はない.
【養子になった】hānai（はない）.
ようし【容姿】kino（きの）.

【容姿の整った】nohea（のへあ）. u'i（う'い）.

ようじ【（木・プラスチックの）楊枝】'ōhiki niho（'おひき_にほ）.

ようじ【幼時】wā kamali'i, wā li'ili'i（わ_かまり'い, わ_り'いり'い）. wā 'u'uku（わ_'う'うく）.〈逐語〉小さな時期.

ようしゃ【容赦】huikala（ふいから）.
【容赦を請う】ho'okāmakamaka（ほ'おかまかまか）.

ようしゃする【容赦する】kala（から）. kalahala（からはら）.

ようしょう【（ココナッツの葉のつけ根にある布のような）葉鞘】'a'a lole（'あ'あ_ろれ）. 'a'amo'o（'あ'あも'お）. 'a'a niu（'あ'あ_にう）.

ようじんぶかい【用心深い】akahele（あかへれ）. maka'ala（まか'あら）. makākiu（まかきう）. nihi（にひ）.
【用心深い目】maka kilo（まか_きろ）.

ようすい【羊水】nalu（なる）.

ようする【要する】ahona（あほな）.

ようせいする【養成する】ho'okahuna（ほ'おかふな）. すべての職業における熟練者を養成する.

ようせつする【溶接する】ho'opa'a hao（ほ'おぱ'あ_はお）.

ようちえん【幼稚園】papa mālaa'o（ぱぱ_まらあお）. ⇒がっこう【学校】.

ようちゅう【（蚊などの）幼虫】naio（ないお）.

ようちん【葉沈】pulu（ぷる）.

ようともない【用途もない】'ole wale（'おれ_われ）.

ような【（…の）様な】mehe（めへ）.
《…のようなを意味する接頭辞》pe-, pē-（ぺ, ペ）. ⇒せっとうじ【接頭辞】.

ように【（…のする）様に】me（め）.
【（まるで…であるかの）様に】mehe（めへ）.

ようにんする【容認する】'āpono（'あぽの）. ho'āpono（ほ'あぽの）.

ようねんじだい【幼年時代】wā kamali'i, wā li'ili'i（わ_かまり'い, わ_り'いり'い）. wā 'u'uku（わ_'う'うく）.

ようひし【羊皮紙】'ili palapala（'いり_ぱらぱら）.

ようひんてん【洋品店】hale kū'ai lole（はれ_くー'あい_ろれ）.

ようぼう【容貌】helehelena（へれへれな）.
【容貌の整った】kūmū（くむ）.

ようまく【羊膜】nalu（なる）.〔解剖〕爬虫類・鳥類・哺乳類の幼胚を包む膜.

ようみゃく【葉脈】a'a（あ'あ）.

ようむいん【用務員】pūlumi hale（ぷるみ_はれ）.

ようもう【羊毛】hulu（ふる）.〔英語：wool〕. huluhulu（ふるふる）. ⇒ひつじ.

ヨーク【yoke】kua（くあ）.〔服飾〕洋服の肩の部分, スカートの上部などに装飾と補強を兼ねてつける切り替え布.

ヨーロッパ【Europe, ヨーロッパの】

'Eulopa（'えうろぱ）. Europa. は異形.〔英語〕.

よかく【与格】'aui pa'ewa（'あうい_ぱ'えヴぁ）.〔文法〕「…に」と与格を示すマーカーは i/iā である. no/nā は「…のために」である.

よきしない【予期しない】'ano'ai（'あの'あい）.

よくしつ【浴室】lumi 'au'au（るみ_'あう'あう）.〈逐語〉洗う部屋.

よくしられている【よく知られている】kama'āina（かま'あいな）.

よくせい【抑制】malu（まる）.【（全ての）抑制を解除する】ku'upau（く'うぱう）.

よくせいする【抑制する】kāohi（かおひ）.【（思考や感情などを）抑制する】kaomi（かおみ）.【（欲望などを）抑制する】'umi（'うみ）.【抑制されない】'āhiu（'あひう）.【抑制されないで】mōhalu（もはる）.

よくそう【浴槽】kapu 'au'au（かぷ_'あう'あう）.

よくとくずくの【欲得尽くの】puni kālā（ぷに_から）.

よくないことがおこる【良くないことが（人に）起る［生ずる］】lo'ohia（ろ'おひあ）.

よくないしゅみの【良くない趣味の】kohu 'ole（こふ_'おれ）.

よくにて【よく似て】'ālike（'ありけ）.

よく【欲】'ālunu（'あるぬ）.【欲の深い】puni kālā（ぷに_から）. puni waiwai（ぷに_わいわい）.【欲張りの】make'e（まけ'え）.

よくぼう【欲望】'ano'i（'あの'い）. i'ini（い'いに）. make（まけ）. makemake（まけまけ）. 日常会話では, mamake（ままけ）がよく使われる. 'upu（'うぷ）.【（強い）欲望】li'a（り'あ）.【欲望を引き起こす】hō'ono'ono（ほ'おの'おの）.【（…の）欲望を欲しいままさせる】pai（ぱい）.

よくみがなる【よく実が成る】hua nui（ふあ_ぬい）.

よける【除ける】'alo（'あろ）. 'a'alo（'あ'あろ）.

よけん【（本能的）予見】pu'uone（ぷ'うおね）.

よげん【予言】wānana（わなな）.

よげんしゃ【予言者】kāula（かうら）.〔宗教〕預言者も kāula. kilo（きろ）. kuhikuhipu'uone（くひくひぷ'うおね）.【（女性の）予言者】kāula wahine（かうら_わひね）. キリスト教以外の宗教で祭式を執行する女の聖職者.【（空を観察することにより, 未来の予言をする）予言者】kilo lani（きろ_らに）.

よげんする【予言する】wānana（わなな）.【（災害を）予言する】ho'oilo-ilo（ほ'おいろいろ）.【（空を観察して未来を）予言する】kilo（きろ）.

よこ【横（に）】nihi（にひ）. lihi（りひ）.【（他の人が通れるように道をあける時のように）横に立つ】kūkaha（くかは）.

【(物が) 横に立っている】nihi（にひ）. lihi（りひ）.
【横になる】kāmoe（かもえ）.
【横へ押しやる】hoʻokē（ほʻおけ）.
【横へ飛ぶ】lele ʻaoʻao（れれ_ʻあおʻあお）.
【(侮辱するように) 横を向く】oi（おい）.

よこいと【横糸】kāmoe（かもえ）. マットの横の撚り糸が水平に置かれることからそう呼ばれる.

よこぎ【(十字架などの) 横木】mana（まな）.

よこぎのあるじゅもく【(はしごなどに使われる) 横木のある樹木】lāʻau kuʻi（らʻあう_ _くʻい）.

ヨコシマクロダイ【横縞黒鯛】mū（む）. 〔魚〕Monotaxis grandoculis：フエフキダイ科.

よごす【汚す】hoʻohaumia（ほʻおはうみあ）. hōkaʻe, hoʻokaʻe（ほかʻえ, ほʻおかʻえ）. hoʻopala（ほʻおぱら）. kāpala（かぱら）.
【汚すこと】haumia（はうみあ）.
【汚した】haumia（はうみあ）.

よこたえる【横たえる】hoʻomoe（ほʻおもえ）.

よこたわる【横たわる】moe（もえ）.

よこながのいえ【(カヌーをしまっておく) 横長の家】hālau（はらう）.

よこの【横の】aʻe（あʻえ）.

よこめでぬすみみる【横目で盗み見る】maka kihi（まか_きひ）.

よこめでみる【横目で見る】makaʻē（まかʻえ）.

よごれ【汚れ】pala（ぱら）. paʻu（ぱʻう）.【(漆喰しっくい・油などの) 汚れ】kāpala（かぱら）.

よごれしごと【汚れ仕事, 汚れ仕事をする】hana lepo（はな_れぽ）.

よごれた【汚れた】ʻeka（ʻえか）. hauʻeka（はうʻえか）. hawa（はわ）. mā（ま）. pelapela（ぺらぺら）.
【(多少) 汚れた】ʻōlepolepo（ʻおれぽれぽ）.
【汚れた服】lole holoi（ろれ_ほろい）. 〈逐語〉洗う服.

よじょうぶつ【余剰物】koena（こえな）.

よじる【(糸などを) 捩る】milo（みろ）.
【(痛みなどで身を) 捩る】kaʻawili（かʻあヴぃり）.
【(ちぢれ毛など) 捩れた】ʻāpiʻipiʻi（ʻあぴʻいぴʻい）.

よす【止す】waiho（わいほ）.

よせ【止せ】uoki! uwoki!（うおき, ううぉき）.

よせなみ【寄せ波】nalu（なる）.

よだれ【涎】ʻae（ʻあえ）.
【涎を垂らす, 涎を流す】hāʻae（はʻあえ）.
【(準備されている食物をじっと見ているうちに) 涎を垂らす】meʻo, meʻomeʻo（めʻお, めʻおめʻお）.

よだれかけ【涎掛け】pale（ぱれ）.

よち【(本能的) 予知】puʻuone（ぷʻうおね）.

よっきゅうする【欲求する】iʻini（いʻいに）.

よっつ【四つ】〔数詞〕. ⇒し【4・四】,

よって

よん【4・四】,本文末「数詞・数字」を参照.
よって【(…に) よって】loko (ろこ). ma o (ま_お). na (な). ⇒マーカー.
よつであみのぼう【四手網の棒】kuku (くく).
よっぱらい【酔っ払い】pulu pē (ぷる_ぺ). ⇒よい【酔い】.
よづり【夜釣り,夜釣りに行く】lamalama (らまらま).
よていひょう【予定表】papa kuhikuhi (ぱぱ_くひくひ). papa hō'ike (ぱぱ_ほ'いけ).
よはく【余白】hakahaka (はかはか).
よばん【夜番】māka'i pō (まか'い_ぽ).
よびごえ【呼び声】eō (えお). ⇒おおごえ【大声】.
よびにやる【呼びに (人を) 遣る】ki'i (き'い).【呼びに (人を) 遣った】ho'oki'i (ほ'おき'い).
よびひん【予備品】koe (こえ).
よぶ【呼ぶ】pāheahea (ぺあへあ).
よふけ【夜更け】kulu aumoe (くる_あうもえ).
よぶんの【余分の】koe (こえ).
よほうする【予報する】ho'oiloilo, hoīloilo (ほ'おいろいろ,ほいろいろ). wānana (わなな).
よみがえる【蘇る・甦る】ala hou (あら_ほう). ola hou (おら_ほう).
よむ【読む】heluhelu (へるへる).【読むことを教える [教わる]】a'o heluhelu (あ'お_へるへる).
よめ【嫁】hūnōna wahine (ふのな_わひね).〔用例〕婿. hūnōna kāne.
よやくしておく【予約しておく】ho'opa'a (ほ'おぱ'あ).
よりあわせる【撚り合わせる】hilo (ひろ). lino, linolino (りの,りのりの). lōmilo (ろみろ).
よりいと【撚り糸】awe (あうぇ).
よりおおきい【より大きい】kā'eu'eu (か'えう'えう).
よりかからせる【寄り掛からせる】kau (かう).
よりしたに【より下に】iho (いほ).〔文法〕方向を示す語 [マーカー].〔用例〕下る,降りる. Hele iho.
よりすくないかず【より少ない数・量・額】hapa 'u'uku (はぱ_'う'うく).
よりそう【(共に) 寄りそう】pūku'i (ぷく'い).
よりよい【より良い】aho (あほ).〔文法〕常にeの後に使われる.〔用例〕その方が良い. E aho ia. ahona (あほな).
よる【夜】pō (ぽ).〔用例〕もう遅い時間だ (夜になっていなくともよい). Ua pō. 私達は夜まで働いた. Ua hana māua ā pō ka lā.
【夜が明ける】ao (あお).
【夜を過ごす】hō'aumoe (ほ'あうもえ).
よるおそく【夜遅く (真夜中ごろ)】aumoe (あうもえ).〈逐語〉寝る時刻.
よるさきサボテン【夜咲きサボテン】pānini-o-ka-puna-hou (ぱにに-お-か-ぷな-ほう).〔植物〕Hylocereus

undatus：熱帯アメリカ産サボテン；芳香のある大きな花を夜開く．〈逐語〉Ka-puna-hou サボテン（プナホウスクールの有名な垣根にちなむ）．

よるのぎょうれつ【夜の行列［行進］】huakaʻi pō（ふあかʻい_ぽ）．〔伝承〕ʻoiʻo（ʻおいʻお）と呼ばれる亡霊たちの夜の行列［行進］．

よれ【（糸・綱などの）縺れ・捩れ，捩れる】miko（みこ）．

よれば【（…に）よれば】wahi（わひ）．通常，所有を表すaまたはo, ko, kōを含む所有詞が後に続き，その他のマーカーや動詞は後に来ない．

よろこばしい【喜ばしい】kāʻeuʻeu（かʻえうʻえう）．ʻoli（ʻおり）．ʻoliʻoli（ʻおりʻおり）．hauʻoli（はうʻおり）．〔用例〕新年明けましておめでとうございます．Hauʻoli Makahiki Hou. 誕生日おめでとうございます．Hauʻoli lā hānau.

よろこばせる【喜ばせる】hoʻohauʻoli（ほʻおはうʻおり）．hoʻoleʻa, hoʻoleʻaleʻa（ほʻおれʻあ，ほʻおれʻあれʻあ）．

よろこび【喜び】hauʻoli（はうʻおり）．hia（ひあ）．leʻa, leʻaleʻa（れʻあ，れʻあれʻあ）．ʻoli（ʻおり）．ʻoliʻoli（ʻおりʻおり）．
【喜びの叫び】ʻū（ʻū）．
【喜びを与える】hōʻoli（ほʻおり）．

よろこぶ【喜ぶ】leʻa, leʻaleʻa（れʻあ，れʻあれʻあ）．

よろこんだ【喜んだ】hoihoi（ほいほい）．

よろこんでいる【喜んでいる】ohohia（おほひあ）．

よろしい【宜しい】hiki, hiki nō（ひき，ひき_の）．kū（く）．ʻoia hoʻi ha!（ʻおいあ_ほʻいʻは）．

よろめく【～】kaʻalele（かʻあれれ）．kulana（くらな）．newa（ねヴぁ）．newanewa（ねヴぁねヴぁ）．

よろよろあるく【（病気の人などが…伝いに）よろよろ歩く】kulipeʻe（くりぺʻえ）．

よわい【弱い】ʻaʻaiole（ʻあʻあいおれ）．nāwali（なわり）．nāwaliwali（なわりわり）．pūlewa（ぷれヴぁ）．

よわいもの【弱い者】ʻaʻaiole（ʻあʻあいおれ）．〈比喩〉天寿を全うせず死にかけている人々のような．

よわきにさせる【弱気にさせる】hoʻomake（ほʻおまけ）．

よわめる【弱める】hoʻomalule（ほʻおまるれ）．hoʻonāwali（ほʻおなわり）．【（怒り・愛情・興奮などが）弱まった】maʻalili（まʻありり）．

よわよわしい【弱々しい】aheahe（あへあへ）．hinihini（ひにひに）．malule（まるれ）．nāwali（なわり）．nāwaliwali（なわりわり）．ʻōmali（ʻおまり）．ʻowali（ʻおわり）．pūlewa（ぷれヴぁ）．
【弱々しい振りをする】hoʻonāwali（ほʻおなわり）．

よわよわしくする【弱々しくする】hoʻomalule（ほʻおまるれ）．hoʻonāwali（ほʻおなわり）．

よわよわしくなる【（痛みによって）弱々しくなる】mamae（ままえ）．

よん【4・四】〔数詞〕. hā（はー）. 'ehā（'えはー）. 'ahā（'あはー）. ⇒し【4・四】，本文末「数詞・数字」参照.

よんきの【4期の［に］】hapahā（はぱはー）.

よんじゅうまん【400,000，四十万】lehu（れふ）.

よんせだいへだたった【4世代隔たった】kualua（くあるあ）.

よんせん【4,000，四千】kini（きに）.【4,000の】mano（まの）.【4,000の4,000倍】manomano（まのまの）.

よんひゃく【400，四百の】lau（らう）.

ら

ラーオー〔ハワイ〕lā'ō（らー'おー）.〔魚〕約1.3cmの大きさで，あざやかな緑がかった色の魚.

ラーナイ〔ハワイ〕lānai（らーない）. 建物のベランダやポーチ.

ラーナイ〔ハワイ〕Lāna'i（らーな'い）.〔地理〕ラーナイ島（ハワイ諸島の1島）.

ラーワル〔ハワイ〕lāwalu（らーわる）. ⇒ハワイりょうり【ハワイ料理】を参照.

ラード【lard】'aila pua'a（'あいら_ぷあ'あ）.

ライオン【lion】liona（りおな）.〔英語〕.〔用例〕ライオンズクラブ. Hui Liona.

らいきゃく【来客】malihini（まりひに）.【(来)客のように振る舞う】ho'omalihini（ほ'おまりひに）.

ライス【rice】laiki（らいき）. raisi. は異形.〔英語〕.

らいはい【礼拝】⇒れいはい【礼拝】.

ライフガード【lifeguard】kia'i ola（きあ'い_おら）. 水泳場の人命救護員.

ライフセーバー【lifesaver】⇒ライフガード.

ライフルじゅう【rifle銃】laipela（らいぺら）. raifela. は異形.〔英語〕.

ライムエード【limeade】wai lemi（わい_れみ）.

らいめい【雷鳴】kili, kikili（きり，ききり）.

ラウラウ〔ハワイ〕laulau. ⇒ハワイりょうり【ハワイ料理】.

ラグーン【lagoon】kai kohola（かい_こほら）. loko kai（ろこ_かい）.

らくえん【楽園】palekaiko（ぱれかいこ）. paredaiso. は異形.〔英語：paradise〕.
【（ハワイの伝説上の）楽園】Pali-uli（ぱりうり）.〈逐語〉緑の絶壁.

らくじつ【落日】lā kau（らー_かう）.

ラクダ【駱駝】kāmelo（かーめろ）.〔英語：camel〕.

らくたんした【落胆した】ma'ule（ま'うれ）.

らくな【楽な，気楽な】hikiwale（ひきヴぁれ）. mōhalu（もーはる）.
【楽にさせる】ho'omōhalu（ほ'おもーはる）.

らさいるいどうぶつ【裸鰓類動物】loli（ろり）：ウミウシの類，ナマコ〔Holothuria 種〕.

ラジオ【radio】lekiō（れきおー）.〔英語〕.
【ラジオ放送，ラジオ放送番組】ho'olele leo（ほ'おれれ_れお）.
【ラジオ放送局】kahua ho'olele leo（かふあ_ほ'おれれ_れお）.〈逐語〉声を飛ばすための場所.

らしんぎ【羅針儀】pānānā（ぱなーなー）.

らしんばこ【羅針箱】pahu pānānā（ぱふ_ぱなーなー）.

らしんばん【羅針盤】pahu（ぱふ）. pānānā（ぱなーなー）.

ラズベリー【raspberry】'ākala（'あーから）.〔植物〕Rubus hawaiiensis と R. macraei.

らせん【螺旋】kolū（こるー）.〔英語：screw〕.

らたいの【裸体の】kohana（こはな）.

らっか【落下】helele'i, helelei（へれれ'い，へれれい）.

らっかせい【落花生】pineki（ぴねき）.〔英語：peanut〕.

ラッパ【（巻貝の）喇叭】pū ho'okani（ぷー_ほ'おかに）.

ラッパバナ【喇叭花（の一種）】ipu kula（いぷ_くら）.〔植物〕ラッパバナ属の一種. Solandra hartwegi.〈逐語〉金きんの器.

ラテンの【Latin：ラテン語，ラテン語の，ラテン系の，ラテン系の人】Lākina（らーきな）. Latina. は異形.〔英語〕.

ラナラナ〔ハワイ〕lanalana.〔カヌー〕フロートを舷外材に縛りつける装飾的なセンニットのようなひも，縄.

ラバ【騾馬】hoki（ほき）.〈比喩〉子供の生めない.〔英語：horse〕. miula（みうら）. piula（ぴうら）.〔英語：mule〕.

ラブソング【love song】mele ho'oipoipo（めれ_ほ'おいぽいぽ）.

ラマのき【ハワイ・植物】⇒こくたん【黒檀】.

ラムしゅ【rum酒】lama（らま）. rama. は異形.

ラン【蘭】'okika（'おきか）.〔英語：orchid・植物〕温帯・熱帯地方に生育し，通例華麗な花をつける.

らんおう【卵黄】kauwō melemele（かうをー_めれめれ）.

らんざつな【乱雑な】kīpalalē（きーぱら

らんし【卵子】hua（ふあ）.

ランタナ【lantana】lākana（らかな）.〔英語・植物〕Lantana camara：クマツヅラ科ランタナ属の熱帯植物の総称.

ランタン【lantern：手提げランプ】ipu kukui hele pō（いぷ_くくい_へれ_ぽ）.〈逐語〉夜出かけるための明り. kukui hele pō（くくい_へれ_ぽ）.

らんとう【乱闘】mokomoko（もこもこ）.

ランドシェル【land shell】kāhuli（かふり）.〔軟体動物〕陸貝［Philonesia 種］：森林・渓谷地帯に生息する貝の総称.【ランドシェルが鳴く】kolekolea（これこれあ）. kāhuli（かふり）という陸貝が鳴く．ハワイの人はこの貝が鳴くと信じている．

ランニングステッチ【running stitch】humu ho'oholoholo, humuhumu ho'oholoholo（ふむ_ほ'おほろほろ, ふむふむ_ほ'おほろほろ）．短い一様な針目で，くり返し裏表に針を通していく縫い方．【ランニングステッチを刺す】ho'oholoholo（ほ'おほろほろ）.

らんぱく【卵白】kauwō ke'oke'o（かううぉ_け'おけ'お）.

ランプ【lamp】ipu kukui（いぷ_くくい）. kukui（くくい）. lama（らま）.【（火屋ほやがついてない）ランプ】kumuipukukui（くむいぷくくい）.【ランプの芯】'uiki, 'uwiki（'ういき, 'ううぃき）.【ランプの火屋ほや】'omo ipukukui

（'おも_いぷくくい）. 'omo だけでもランプの火屋.

ランプ・シェード【lamp shade】pālulu kukui（ぱるる_くくい）.

らんぼうにおす【乱暴に押す】kē（けー）.

らんぼうにこうどうする【（びっくりした動物のように）乱暴に行動する】lī'ō（りー'おー）.

らんぼうもの【（弱い者いじめの）乱暴者】'a'ano（'あ'あの）.

り

リーダー【leader：指導者】alaka'i（あらか'い）.

リーダー【reader：読本】a'o heluhelu（あ'お_へるへる）. puke heluhelu（ぷけ_へるへる）.

リープウプウ〔ハワイ〕līpu'upu'u（りーぷ'うぷ'う）.〔植物〕食用の緑色の海草.

リーペエ〔ハワイ〕līpe'e（りーぺ'え）. līpe'epe'e. は繰り返し語.〔植物〕食用の赤い海草類のいくつかの原産種. Laurencia parvipapillata, L. dotyi, L. succisa.

リーポア〔ハワイ〕līpoa（りーぽあ）.〔植物〕人気のある 2 種類の食用の茶色い海草. Dictyopteris plagiograma と D. australis.

りえき【利益［利息・利得］】kuwala, kuala（くわら, くあら）. loa'a（ろあ'あ）. puka（ぷか）.【利益がない】makehewa（まけへヴぁ）.

【(…の) 利益のため】pono（ぽの）.
【(名誉などを) 利益のために売る】ho'okamakama（ほ'おかまかま）.
【利益を得る】puka（ぷか）.
りかいする【理解する】'ike, 'ike'ike（'いけ, 'いけ'いけ）. ho'omaopopo（ほ'おまおぽぽ）.
【理解させられる】maopopo（まおぽぽ）.〔文法〕loa'a 型の動詞. ⇒どうし【動詞】.〔用例〕わたしはその文書（の内容）を理解している. Maopopo ia'u ka palapala.
【理解しようとして注意を払う】ho'omaopopo（ほ'おまおぽぽ）.
りかいできない【理解出来ない】'e'epa（'え'えぱ）.
りかいできないげんご【理解出来ない言語】'ōlelo 'ē（'おれろ_'え）.
りかいのある【理解のある】kuano'o（くあの'お）.
りかいりょくのない【理解力のない】hūpō（ふぽ）.
りきせつする【力説する】ho'oko'iko'i（ほ'おこ'いこ'い）. kālele mana'o（かれれ_まな'お）.
りきりょうのある【力量のある】lehua（れふあ）.
りくあげする【陸揚げする】pae（ぱえ）.
りくがい【陸貝（の一種）】pololei（ぽろれい）.〔貝〕Lamellaxis. ランドシェル.
りくがめ【陸亀】⇒かめ【亀】.
りくぐん【陸軍】kaua（かうあ）.
【陸軍裁判所】⇒さいばんしょ【裁判所】.

【陸軍士官学校】⇒がっこう【学校】.
【陸軍指揮官】pūkaua（ぷかうあ）.
【陸軍少佐】mekia（めきあ）〔英語：major〕.
【陸軍大将】pūkaua（ぷかうあ）.
りくち【陸地】'āina（'あいな）. uka（うか）. しばしば i, ma- または o などのマーカーの後に続く.
りくつっぽい【理屈っぽい】wahapa'a（わはぱ'あ）.〈逐語〉固い口.
りくのほうへ【(海から見て) 陸の方へ】uka（うか）.
りこう【利口】akamai（あかまい）. loea（ろえあ）.
【利口な】akamai（あかまい）. loea（ろえあ）. no'eau（の'えあう）. no'iau（の'いあう）.
りこん【離婚】'oki male（'おき_まれ）. 'oki mare. は異形.〈逐語〉結婚を切る.
りこんする【離婚する】'oki（'おき）. hō'oki（ほ'おき）. 'oki male（'おき_まれ）. 'oki mare. は異形.
りし【利子】uku ho'opane'e（うく_ほ'おぱね'え）.
【利子を受ける】puka（ぷか）.
りしゅうしょうめい【(大学などの) 履修証明】hua（ふあ）.
りせいのある【理性のある】aokanaka（あおかなか）.
りそく【利息, 利息を払う】uku ho'opane'e（うく_ほ'おぱね'え）.
りちぎな【律儀】na'au pono（な'あう_ぽの）.
りっこうほしゃ【立候補者】moho（もほ）. 政治活動への志願者.

りっこうほする【(行政官職などに) 立候補する】alualu（あるある）. holo（ほろ）.

りっしょうする【立証する】hō‘oia‘i‘o（ほ‘おいあ‘い‘お）.

りったい【(幾何学の) 立体】pa‘a（ぱ‘あ）. pa‘a‘ili（ぱ‘あ‘いり）.〔用例〕4面体. pa‘aili hā. (hā：4. このように面の数を伴う).

りっぱな【(かなり) 立派な】kohu pono（こふ_ぽの）.

りっぽうふ【立法府】‘aha‘ōlelo kau kānāwai（‘あは‘おれろ_かう_かなわい）.

りとく【利得】puka（ぷか）.

りにゅうさせる【離乳させる】ukuhi（うくひ）.
【離乳させること】ukuhina（うくひな）.

リボン【ribbon】lipina, lipine（りぴな, りぴね）. ribina, ribine. は異形.〔英語〕.

りゃくだつする【(…から) 略奪する】pākaha（ぱかは）. pōā（ぽあ）.

りゆう【理由】kumu（くむ）. mea（めあ）.【(正当な) 理由】kuleana（くれあな）.
【理由なく置く】kau wale（かう_われ）.
【理由もなく死ぬ】make wale（まけ_われ）.

りゅう【龍】mo‘o（も‘お）.

りゅういする【留意する】ho‘omaliu（ほ‘おまりう）. nānā（なな）.

りゅうき【隆起】ho‘olapa（ほ‘おらぱ）.【隆起部】nao（なお）.

りゅうきする【隆起する】ho‘olapa（ほ‘おらぱ）.
【(うね状に) 隆起した】lapa（らぱ）.

りゅうけつ【流血】kahe koko（かへ_ここ）.

りゅうこうせいかんぼう【流行性感冒】palū（ぱる）.〔病理〕インフルエンザ.

りゅうこうせいじかせんえん【流行性耳下腺炎】‘ā‘īpahāha（‘ā‘いぱほは）. ‘auwaepahāha（‘あうわえぱほは）.〔病理〕俗称「おたふくかぜ」.

りゅうこうびょう【流行病】ahulau（あふらう）.

りゅうざん【(人工) 流産】milo（みろ）.

りゅうざんする【流産する】poholo（ぽほろ）.
【流産させる】‘ōmilo（‘おみろ）.

りゅうし【(埃などの) 粒子】pula（ぷら）.

りゅうせい【流星】hōkū lele（ほく_れれ）. すべての移動する星. hōkū welowelo（ほく_うぇろうぇろ）.〈逐語〉流れる星.

りゅうどう【流動】au（あう）.
【流動する海】kai holo（かい_ほろ）.

りゅうどうせいの【流動性の】wai（わい）.

リュックサック【rucksack：独語】⇒バックパック.

リューマチ【rheumatism】lumakika（るまきか）. rumatika. は異形.〔英語・病理〕.

りょう【量】pu‘u（ぷ‘う）.

【量を2倍にする】⇒いっしょ【一緒】.

りょううでをくむ【両腕を組む】'ōwili（'おぅぃり）.

りょうがえ【両替え】keni（けに）.

りょうがわのある【両側のある】alolua（あろるあ）.〔形状〕渓谷の反対側にある絶壁のように他の一方に面していること.

りょうきん【料金】uku（うく）.

りょうけん【猟犬】'īlio hahai holoholona（'いりお_ははい_ほろほろな）.【（鳥猟用）猟犬】'īlio hahai manu（'いりお_ははい_まぬ）.

りょうし【猟師】kono, kono manu（この，この_まぬ）. lawai'a（らヴぇい'あ）.

りょうじ【領事】kanikela, kanikele（かにけら，かにけれ）.〔英語：consul〕

りょうしゅうしょ【領収書】likiki（りきき）.〔英語：receipt〕. palapala ho'oka'a（ぱらぱら_ほ'おか'あ）. pila 'ai'ē（ぴら_'あい'え）. bila 'ai'ē. は異形.

りょうせいの【両性の】māhū（まふ）.

りょうてをくむ【両手を組む】'ōwili（'おぅぃり）.

りょうど【領土，領土の】kelikoli（けりこり）. teritori. は異形.〔英語：territory〕.

りょうり【料理】mo'a（も'あ）. ⇒ハワイりょうり.
【料理をしない（で生の）】maka（まか）.
【料理をする人】⇒かまど【竈の番をする，〜人】.

りょうりする【料理する】ho'omo'a（ほ'おも'あ）. kuke（くけ）.〔英語：cook〕.

りょうりてん【料理店】hale 'aina（はれ_'あいな）.

りょうりにん【料理人】kuke（くけ）.〔英語：cook〕.

りょかく【（船などの）旅客】'ōhua（'おふあ）.
【旅客を運ぶ】lawe 'ōhua（らヴぇ_'おふあ）.

りょかくうんそうぎょうしゃ【旅客運送業者】lawe 'ōhua（らヴぇ_'おふあ）.

りょかん【旅館】hale kipa（はれ_きぱ）.

りょこう【旅行】huaka'i（ふあか'い）. huaka'i hele（ふあか'い_へれ）.
【旅行して回る】holo puni（ほろ_ぷに）. 船や乗り物で旅行して回る.
【旅行に（他の人を）連れて行く】ho'omāka'ika'i（ほ'おまか'いか'い）.

りょこうする【旅行する】ka'ahele（か'あへれ）. …の所々方々に旅行する. ka'apuni（か'あぷに）. huaka'i（ふあか'い）.

りょこうしゃ【旅行者】holomoku（ほろもく）. kama hele（かま_へれ）.
【（木陰・岩など）旅行者が休む場所】o'io'ina（お'いお'いな）.

りょこうなかま【旅行仲間】hoa hele（ほあ_へれ）.

りょだん【旅団】pū'ali koa（ぷ'あり_こあ）.

りんけいのもの【輪形の物】lina（りな）.
リンゴ【林檎】'āpala（'あぱら）.〔英語：apple〕.
リンゴしゅ【林檎酒】kika（きか）. sida. は異形.〔英語：cider〕.
りんじゅうのことば【臨終の言葉】hanu pau（はぬ_ぱう）. あえぎながら言う最後の短い言葉.
りんしょくな【吝嗇な】⇒けちな【～】.
りんじん【隣人】hoa noho（ほあ_のほ）.
りんせつする【隣接する】a'e（あ'え）.【（山などが）隣接すること】hono（ほの）.
りんりがく【倫理学，～を学ぶ】huli kanaka（ふり_かなか）.

る

ルアー【lure】pā（ぱ）. ⇒ぎじえ.
るいじ【類似】'ano like（'あの_りけ）.【類似の】like, likelike（りけ，りけりけ）.【類似を示す】ho'okū（ほ'おくう）.
るいじしている【（性格またはタイプの）類似している】'ano like（'あの_りけ）.
るいじした【類似した】hālike（はりけ）. hālikelike（はりけりけ）. like, likelike（りけ，りけりけ）.
るいべつする【類別する】ho'onohonoho（ほ'おのほのほ）.
ルーアウ〔ハワイ〕lū'au（るう'あう）. ハワイ式の宴会.
ルート【route：進路】ala hele（あら_へれ）.
ルーム【room：部屋】lumi（るみ）. rumi. は異形.〔英語〕.

れ

レイ〔ハワイ〕lei. 頭や首につけられる花輪，花の冠；花・葉・貝・鯨くじらの骨［歯］・羽・紙などで作られた首かざり；ビーズ，じゅず玉；頭や首につけられるすべての装飾品；冠.〈比喩〉最愛の子供［妻・夫・恋人・弟・妹］.
《頭につけられるレイ》lei po'o（れい_ぽ'お）.
《王のレイ，首長のレイ，王冠》lei ali'i（れい_あり'い）.
《貝のレイ》pūpū（ぷぷ）. lei pūpū（れい_ぷぷ）.
《ククイナッツ［キャンドルナッツ］のレイ》lei kukui（れい_くくい）.
《羽のレイ》lei hulu（れい_ふる）.〈比喩〉最愛の子供または大好きな人.
《主にパンダナス［hala］の翼果よくかで作られるレイ》lei hala（れい_はら）.
《マイレ［maile］など首にかけられるすべてのレイ；ネクタイ，スカーフ，えり巻き》lei 'ā'ī（れい_'あ'い）.〈逐語〉首のレイ.〈比喩〉最愛の人（特に夫［妻］と子供）.
《レイを作るため，花などに通されたひも》kaula lei（かうら_れい）.〈逐語〉レイのひも. ⇒カーリー.
【レイを売る［吊るす］】kau lei（か

う_れい）．レイを売るために吊るす．
【レイをかける】lei（れい）．ho'olei（ほ'おれい）．自分にまたは他の人にレイをかける．人・頭に冠を戴かせる．
【レイを作る［人］】kui lei（くい_れい）．

れい【礼】 mahalo（まはろ）．
【礼を述べる】mililani（みりらに）．

れい【（数詞の）0・零】 'ole（'おれ）．⇒ゼロ【zero,（アラビア数字の）0】，本文末「数詞・数字」を参照．

れい【霊】 'uhane（'うはね）．wailua（わいるあ）．
【霊（の状態になった）体】kino wailua（きの_わいるあ）．⇒死人，死体．
【霊を呼び出す，霊を呼び起こす】kapakapa（かぱかぱ）．

れいかん【霊感】 ulu（うる）．
【（入会させ）霊感を与える】ulu（うる）．ho'oulu（ほ'おうる）．

れいぎただしい【礼義正しい，礼義正しい振る舞い】 pono（ぽの）．waipahē（わいぱへ）．

れいぎただしくすわっている【礼義正しく座っている】 noho pono（のほ_ぽの）．

れいきゅうしゃ【霊柩車】 ka'akupapa'u（か'あくぱぱ'う）．

れいこくな【冷酷な】 mākonā（まこな）．

れいこん【霊魂】 ea（えあ）．

レイシ【茘枝】 laikī（らいきー）．〔英語：litch・植物〕中国原産のムクロジ科の常緑小高木．果実はライチー．

れいじょう【令状】 palapala（ぱらぱら）．【（逮捕状・拘引状などの）令状】palapala ho'okō（ぱらぱら_ほ'おこー）．

れいぞうこ【冷蔵庫［箱］】 pahu hau（ぱふ_はう）．

れいはい【（教会の）礼拝】 haipule（はいぷれ）．pule（ぷれ）．
【礼拝の集会】anaina ho'omana（あないな_ほ'おまな）．
【礼拝の場所】heiau（へいあう）．キリスト教以前の礼拝の場所．⇒ヘイアウ．【（大きな）礼拝の場所】luakini（るあきに）．〔儀式〕統治する首長が祈り，人間のいけにえが捧げられた大きなヘイアウ．
【礼拝の日】lā ho'āno（らー_ほ'あの）．

れいはいする【礼拝する】 ho'omana（ほ'おまな）．【（教会で）礼拝をする】haipule（はいぷれ）．pule（ぷれ）．

れいはいどう【礼拝堂】 ke'ena kapu（け'えな_かぷ）．

れいはいにさせた【（スポーツで）零敗にさせた】 'ōhule（'おーふれ）．

れいばい【霊媒，霊に取りつかれた人】 haka（はか）．

れいばいじゅつ【霊媒術】 'ike pāpālua（'いけ_ぱーぱーるあ）．透視力の恩恵を受け霊と交信する．

レインコート【（ティーリーフ［lau kī］で出来た）raincoat】 ahu la'ī（あふ_らー'いー）．kuka 'aila（くか_'あいら）．〈逐語〉油を塗った上着．kuka ua（くか_うあ）．〈逐語〉雨の上着．kukaweke（くかうぇけ）．コート［kuka］と荒

レインボウ

天の時に水夫が用いる防水帽〔英語：sou'wester〕の組み合わせによる語型．

レインボウ【rainbow：虹】ānuenue（あぬえぬえ）．

レース【（レース編みの）lace】lihilihi（りひりひ）．
【手編みレース・クローセ編みをすること】lihilihi hana lima（りひりひ_はな_りま）．

レース【race】heihei（へいへい）．徒競走・カヌーレース・競馬などの競走．

レーズン【raisin】waina maloʻo（わいな_まろʻお）．〈逐語〉乾いたブドウ．

れきし【（記録としての）歴史】moʻolelo（moʻおれろ）．

レコードばん【record 盤】pā hoʻokani（ぱ_ほʻおかに）．

レストハウス【rest house】hale hoʻomaha（はれ_ほʻおまは）．

レストラン【restaurant】hale ʻaina（はれ_ʻあいな）．

レスリング【wresling】レスリングをする．hākōkō（ほここ）．

レタス【lettuce】lekuke（れくけ）．〔英語〕．

れつ【列，（縦に並んだ人〔物〕の）列】laina（らいな）．〔英語：line〕．lālani（ららに）．pae（ぱえ）．
【列を作る】hoʻopae（ほʻおぱえ）．

れっしゃ【列車】kaʻaahi（かʻああひ）．

レッドジンジャー【red ginger】ʻawapuhi ʻulaʻula（ʻあわぷひ_ʻうらʻうら）．〔植物〕Alpinia purpurata：ショウガ属の植物の一種；赤い花が咲く．

レバー【liver】ake（あけ）．【（食用の生）レバー】ake maka（あけ_まか）．

レビき【レビ記：Leviticus】ʻOihana kahuna（ʻおいはな_かふな）．〔聖書〕旧約聖書にあるレビ記（レビ族や司祭およびユダヤ教の儀式・祭式に関する律法が書いてある）．

レフア〔ハワイ〕lehua．〔植物〕オーヒア〔ʻōhiʻa〕の木（Metrosideros macropus と Metrosideros collina.）に咲く花．オーヒアの木は人気のある自生の木．レフアは，歌や伝説の中で有名なハワイ島の島花．〈比喩〉勇士，大切な友人〔身内〕，恋人，熟練者．〔用例〕レフアの花に飲ませる雨．Ka ua kani lehua．⇒カニレフア．

レフア〔ハワイ〕Lehua．〔地理〕ニイハウ島の西方にある小さな島の名前．

レポーター【reporter】ʻāhaʻilono（ʻあはʻいろの）．

レモネード【lemonade】wai lemi（わい_れみ）．〈逐語〉レモンの水．

レモン【lemon：檸檬】lemi（れみ）．ライム果も lemi．〔用例〕レモネード，ライムエード．Wai lemi．

レモンジュース【lemon juice】wai lemi（わい_れみ）．〈逐語〉レモンの水．

レレア〔ハワイ〕lelea．〔儀式〕首長がアワ酒を飲んでいる時，司祭が唱える神への祈り．その結果，アワ酒のエキスが神に飛んで行くと信じられた．

レレ・コアリ〔ハワイ〕lele koali．〔遊戯〕コアリ〔koali：ツタの一種〕にぶら下がって揺れること．ハワイ古来のスポーツの一種．

れん【（詩の）連】paukū（ぱうくー）．通例，有韻の詩句4行以上から成るもの．

れんあいをする【恋愛をする】moe ipo（もえ_いぽ）．

れんが【煉瓦】pōhaku lepo（ぽーはく_れぽ）．

れんがつみしょくにん【煉瓦積み職人】hamo puna（はも_ぷな）．

れんごう【連合】hui（ふい）．pilina（ぴりな）．
【連合の】alu（ある）．

れんごうする【連合する】hui（ふい）．hui pū（ふい_ぷー）．〔用例〕アメリカ合衆国．'Amelika Huipū．pili（ぴり）．
【連合した】hui 'ia（ふい_'いあ）．ku'ikahi（く'いかひ）．

れんさ【連鎖】kaula（かうら）．

れんさいものにする【（新聞などに掲載される小説のように）連載物にする】pane'e（ぱね'え）．

レンズマメ【lentil】pāpapa（ぱーぱぱ）．〔植物〕豆類の一種，ヒラマメも同様．

れんぞく【連続】mo'o（も'お）．
【連続的な】helu（へる）．

れんたい【連隊】pū'ali koa（ぷー'あり_こあ）．

れんだする【連打する】'āku'iku'i（'あーく'いく'い）．ku'i pehi（く'い_ぺひ）．

れんぽうぎかい【連邦議会】'aha'ōlelo lāhui（'あは'ōれろ_らーふい）．〔政治〕アメリカ合衆国の議会；国民議会．

れんぽうぎかいぎじろく【連邦議会議事録】mo'olelo 'aha'ōlelo lāhui（も'おれろ_'あは'ōれろ_らーふい）．〈逐語〉国家の立法上の議事録．

れんぽうさいこうさいばんしょ【連邦最高裁判所】⇒さいばんしょ【裁判所】．

れんぽうほあんかん【連邦保安官】⇒ほあんかん【保安官】．mākala（まーから）．〔英語：marshal〕．

れんらくせん【連絡船】wa'apā（わ'あぱー）．

ろ

ろ【炉】umu（うむ）．

ろう【蝋】pīlali（ぴーらり）．

ろうぎんする【朗吟する，朗唱する】kuku'i 'ōlelo（くく'い_'ōれろ）．

ろうくをひきおこす【労苦を引き起こす】'imi hana（'いみ_はな）．

ろうごく【牢獄】hale pa'ahao（はれ_ぱ'あはお）．

ろうしゃ【聾者】kuli（くり）．pepeiao kuli（ぺぺいあお_くり）．

ろうしゅつ【漏出】nono（のの）．

ろうじょ【老女，老婦人】luahine, luwahine（るあひね，るわひね）．
【老女になる】luahine, luwahine（るあひね，るわひね）．
【老女［老婦人］のようにふるまう，老婦人のような着物を着る】ho'o-luahine（ほ'おるあひね）．

ろうじん【老人】kahiko（かひこ）．複数形は kāhiko（かーひこ）．kaniko'o（かにこ'お）．歩くのに杖がいるぐらい年老いた老人．〈逐語〉杖の音．'elemakule（'えれまくれ）．男性の老人'elemakule に対し，老女は luahine,

luwahine.
【老人になる】'elemakule（'えれまくれ）.

ろうそく【蝋燭】ihoiho（いほいほ）. ihoiho kukui（いほいほ_くくい）. 【蝋燭の芯】'uiki, 'uwiki（'ういき, 'ううぃき）.

ろうそくたて【蝋燭立て】ipu kukui（いぷ_くくい）. kumuipukukui（くむいぷくくい）.

ろうづけする【（銀を）鑞付けする】ku'i kālā（く'い_か̄ら̄）. ku'i dala. は異形.

ろうどう【労働】hana（はな）. limahana（りまはな）. luhi, luhiluhi（るひ, るひるひ）.
【労働する】lawehana（らヴぇはな）.

ろうどうくみあい【労働組合】uniona（うにおな）.〔英語：union〕.

ろうどうさい【労働祭】Lānui o nā Limahana（ら̄ぬい_お_な̄_りまはな）. 〈逐語〉労働者たちの休日. 9月第1月曜日で法定休日.

ろうどうしゃ【労働者】lawehana（らヴぇはな）. limahana（りまはな）. pa'ahana（ぱ'あはな）.

ろうねんの【老年の】'elemakule（'えれまくれ）.【（頬がたるんだような）老年の】kū'olo（く̄'おろ）.

ろうばいさせる【狼狽させる】pohihihi（ぽひひひ）.

ろうひする【浪費する】ho'oneo（ほ'おねお）.【（金・時間などを）浪費する】lū, lūlū（る, るる）.

ろうひてきな【浪費的な】'uha（'うは）.

ろうへい【老兵】koa kahiko（こあ_かひこ）.

ろうれい【（非常な）老齢】puaaneane, puaneane（ぷああねあね, ぷあねあね）.

ろうれんなふなのり【老練な船乗り】'īlio 'aukai（'ī りお_'あうかい）.

ロープ【rope】kaula（かうら）.【（船で用いる麻などの糸で編んだ）ロープ】'aha（'あは）.【（集合的に）ロープ】'aha'aha（'あは'あは）.
【ロープを作る】hō'aha（ほ̄'あは）.

ローラー【（全ての木製の）roller, 麺めん棒】lā'au ho'oka'a（ら̄'あう_ほ'おか'あ）. lola（ろら）.〔英語〕.

ロールパン【roll】palaoa li'ili'i（ぱらおあ_り'いり'い）.

ろかき【濾過器】⇒ストレーナー.

ろく【6・六】ono（おの）. 1.〔数詞〕ono は数を数える場合には接頭辞'e-をつけ, 'eono（'えおの）と使う. 接頭辞'a-をつけた, 'aono（'あおの）は第六, 六番目などの序数詞となる. なお助数詞（個, 人, 列目, 番目）は文脈による. 2. 接辞となり六を表す.〔用例〕土曜日. Pō'aono.〈逐語〉6回目の夜. P6と書くこともある.

ろくがつ【6月】lune（いうね）.〔英語：June〕.

ろくざい【（舷外材または舷外浮材などの）肋材】lālā（ら̄ら̄）.

ろくせだいへだたった【6世代隔たった】kuahā（くあは̄）.

ロザリオ【rosary：〔カトリック〕祈りのじゅず】kolona（ころな）. korona. は異形. lei kolona（れい_ころな）. lei korona. は異形. 〈逐語〉冠のレイ.

ロシア【Russia】**Lukia**（るきあ）. **Rusia.** は異形.〔英語〕. ロシア連邦（1991年成立）も Lukia.
【ロシアの，ロシア人，ロシア語】**Lukia**（るきあ）. **Lūkini**（るきに）.〔英語：Russian〕.

ろしゅつする【露出する】**ho'ohā-mama**（ほ'おはまま）.
【露出させる】**hua'i**（ふあ'い）.
【露出した】**ānea**（あねあ）.

ろせん【路線】**ala hele**（あら_へれ）.

ロッキングチェアー【rocking chair】**noho paipai**（のほ_ぱいぱい）.

ろっこつ【肋骨】**iwi 'ao'ao**（いヴぃ_'あお'あお）.

ロノ〔ハワイ〕**Lono.**〔神話〕ハワイの4大神の一人. 豊かな実りの守り神. 収穫祭の間，ロノの偶像が島の各地を巡回した.

ロバ【驢馬】**hoki**（ほき）. **kēkake**（けかけ）. **miula**（みうら）. **piula**（ぴうら）.

ロベリア【lobelia】**pōpolo**（ぽぽろ）.〔植物〕ハワイ固有のロベリア（Cyanea solanacea）：キキョウ科ミゾカクシ属の草木の総称.

ロロ〔ハワイ〕**lolo.**〔儀式〕修行の修了などの時に行われた宗教儀式. この儀式では，いけにえの動物の脳を食べた. このことから推して，熟練者とか熟練したという意味を持つ.

ろんぎ【論議】**'ōlelo kūkā**（'おれろ_くか）.

ろんぎする【論議する】**kīkē'ōlelo**（きけ'おれろ）. **'ōlelo kūkā**（'おれろ_くか）. **paio**（ぱいお）.

ろんきょ【論拠】**kumu**（くむ）.

ろんせついいん【論説委員】**luna ho'oponopono**（るな_ほ'おぽのぽの）.

ろんそう【論争】**kaua paio**（かうあ_ぱいお）. **pa'apa'a**（ぱ'あぱ'あ）.
【論争の言葉】**pi'ipi'i 'ōlelo**（ぴ'いぴ'い_'おれろ）.
【論争を引き起こす】**ho'okū'ē'ē**（ほ'おくｰ'えｰ'えｰ）.

ろんそうする【論争する】**ho'opa'apa'a**（ほ'おぱ'あぱ'あ）.

ろんだい【論題】**kumumana'o**（くむまな'お）.

わ

わ行

わ【輪】pōʻai（ぽʻあい）.

ワイキーキー〔ハワイ〕Waikīkī（わいきき）.〔地名〕〈逐語〉噴出する水. かつて Waikīkī 地区は湿地帯だったことからこう呼ばれた.

ワイシャツ【white shirt（の転とも）】pālule（ぱるれ）.

ワイ・プヒア〔ハワイ〕Wai Puhia.〔地名〕オアフ島のヌウアヌ渓谷にある「さかさま」滝の名前.

ワイン【wine】waina（わいな）.

ワイングラス【wineglass】kīʻaha inu waina（きʻあは_いぬ_わいな）.

ワウ〔ハワイ〕waʻu（わʻう）.〔生活用具〕タイラガイやその他の貝などを擦こする［削けずる・剥はがす］道具［器具］.

ワオ〔ハワイ〕wao.〔風土〕地形は険しくないが，森林におおわれた地域の一般名称．人の住まない所もある.

わかい【若い】ʻōpiopio（ʻおぴおぴお）.

わかい【和解】ʻuao（ʻうあお）.
【和解して打ち解ける】hoʻolōkahi（ほʻおろかひ）.

わかいさせる【和解させる】hoʻokuʻikahi（ほʻおくʻいかひ）. hoʻomalu（ほʻおまる）. ʻuao（ʻうあお）.

わかさ【若さ，若い時の発育】ohi（おひ）.〔用例〕若鶏．Ohi moa.

わかった【分［判］かった】hiki, hiki nō（ひき，ひき_の）.〔文法〕nō は強調.

わかっていない【分［判］かっていない】naʻaupō（なʻあうぽ）.

わかば【若葉】ʻao（ʻあお）. 特にタロイモの若葉. liko（りこ）.〈比喩〉特に首長の子供・子孫，若者.
【若葉が出る】oho（おほ）.

わがままな【我儘な】hukihuki（ふきふき）.

わかめ【若芽】ʻao（ʻあお）. 特にタロイモの若芽. ilo, iloilo（いろ，いろいろ）.
【若芽が出る】oho（おほ）.

わかもの【若者】ʻōpiopio（ʻおぴおぴお）.
【若者の活力，若者の美しさ】uʻi（うʻい）.

わがや【我が家】home（ほめ）.〔英語：home〕

わかりやすい【分かり易い】mōakaaka, moakaka（もあかあか，もあかか）.
【（見て）分かり易い】akaaka, akaka（あかあか，あかか）.

わかれた【分かれた】ʻokoʻa（ʻおこʻあ）.

わかれている【分かれている】kaʻawale（かʻあわれ）. kau ʻokoʻa（かう_ʻおこʻあ）.

わかわかしい【若々しい】ʻōpiopio（ʻおぴおぴお）. uʻi（うʻい）.【（女性などの）若々しい】kaekae（かえかえ）.

わかわかしくする【若々しくする，若々しく振る舞う】hoʻōpio（ほʻおぴお）.

わきが【腋臭】hohono（ほほの）.

わきかえる【沸き返る】hū（ふ）.

わきでる【湧き出る】wai（わい）.

わきのした【腋の下】ʻēʻē（ʻえʻえ）.

napoʻo（なぽʻお）. nāpoʻopoʻo（なぽʻおぽʻお）. pōʻaeʻae（ぽʻあえʻあえ）.

わきへおく【脇へ置く】hoʻokaʻawale（ほʻかʻあわれ）.

わきへおす【脇へ押す】kaupale（かうぱれ）. わきへぐい（ぐいぐい）と押す.

わきへそれる【脇へ逸れる】kihi（きひ）.

わきへよける【脇へ避ける［除ける］】kāpae（か̄ぱえ）. hoʻolala（ほʻおらら）. kīkaha（き̄かは）.

わきみず【湧き水】pūnāwai（ぷ̄な̄わい）. wai māpuna（わい_ま̄ぷな）. wai puna（わい_ぷな）.

わくせい【惑星】hōkū ʻaeʻa（ほ̄く̄_ʻあえʻあ）.〈逐語〉さまよう星. hōkū lewa（ほ̄く̄_れヴぁ）.〈逐語〉移動する星.

わけておく【分けておく】kaʻawale（かʻあわれ）.

わけのわからないおしゃべり【訳の分からないお喋り】hiohio（ひおひお）. namu（なむ）.
【訳の分からないおしゃべりをする】namu（なむ）. hoʻonamu（ほʻおなむ）.

わけまえ【（貯えなどの）分け前】mahele（まへれ）.

わけもなくいかった【訳も無く怒った】huhū wale（ふふ̄_われ）.

わけもなくさる【訳もなく去る】waiho wale（わいほ_われ）.

わけもなくとぶ【訳もなく飛ぶ［はねる・移動する］】lele wale（れれ_われ）.

わける【分ける】kaʻana（かʻあな）. hoʻokaʻana（ほʻおかʻあな）. puʻunaue, puʻunauwe（ぷʻうなうえ, ぷʻうなううぇ）.

わごう【和合】lōkahi（ろ̄かひ）.
【和合をもたらす】hoʻolōkahi（ほʻおろ̄かひ）.
【和合して】lōkahi（ろ̄かひ）.

ワシ【鷲】ʻaeko（ʻあえこ）. aeto. は異形.〔鳥〕.

ワシントン【（首都の）Washington, ワシントン州】Wakinekona（わきねこな）. Wasinetona. は異形.〔英語〕.

わずか【僅か】huna（ふな）. iki（いき）. wahi（わひ）.
【僅かな】kūpihipihi（く̄ぴひぴひ）. lihi, lihilihi（りひ, りひりひ）.
【僅かな空間】kauwahi（かうわひ）.
【僅かな時間を（自ら）楽しむ】luana iki（るあな_いき）.
【僅かな物】mea iki（めあ_いき）.〔用例〕ほんのわずかで. He mea iki.
【僅かながらある】kauwahi（かうわひ）.
【僅かに】iki（いき）.
【僅かの】liʻiliʻi（りʻいりʻい）. nāhi（な̄ひ）.

わずらっている【患っている】ʻōmaʻi（ʻお̄まʻい）. ʻōmaʻimaʻi（ʻお̄まʻいまʻい）.

わすれる【忘れる】poina（ぽいな）.〔用例〕わたしを忘れないで. Mai poina ʻoe iaʻu.
【忘れた】nalowale（なろわれ）.

poina（ぽいな）．

わだい【話題】po'omana'o（ぽ'おまな'お）．

わたげ【綿毛】huluhulu（ふるふる）．草の茎などにあるやわらかな毛．

わたし【（人称代名詞の）私】一人称の人称代名詞は以下である．単数，複数（3人以上）の他に双数（2人）がある．格はマーカーで示す．

わたし（は／が，を，に）【わたし（は／が）】au（あう）．wau（ヴぁう）．〔一人称・単数　主格〕．〔用例〕わたしは先生です．'O au ke kumu. わたしは日本人です．He Kepanī au.

【わたしを，わたしに】a'u（あ'う）．〔一人称・単数・対格・与格〕．対格，与格のマーカーiāと連結してia'uとなる．〔用例〕彼はわたしと一緒に住んでいる．Noho 'o ia me a'u. わたしにください．Hā'awi mai ia'u. この ia'u には「わたしが…の間，わたしが…の時に，わたしは…やいなや」の意味もある．

わたしたちふたり（は／が，を，に）〔文法〕双数，複数には聞き手を含む，聞き手を含まないの別がある．

【わたしとあなたの2人（は／が，を，に）】kāua（かーうあ）．〔一人称・双数・主格・対格・与格・聞き手を含む〕．

【わたしたち2人（は／が，を，に）】māua（まうあ）．〔一人称・双数・主格・対格・与格・聞き手を含まない〕．

わたしたち（3人以上）（は／が，を，に）【わたしたち（は／が，を，に）】kākou（かこう）．〔一人称・複数・主格・対格・与格・聞き手を含む〕．

【わたしたち（（は／が，を，に）】mākou（まこう）．〔一人称・複数・主格・聞き手を含まない〕．

わたし（の，のもの）・わたしたち（の，のもの）〔文法〕属格は所有詞を使うが，所有の対象によりA-型，O-型，Kのない所有詞となる．

【わたし（の，のもの）】ka'u（か'う）．〔一人称・単数・属格・A-型〕．a'u（あ'う）．

【わたし（の，のもの）】ko'u（こ'う）．〔一人称・単数・属格・O-型〕．o'u（お'う）．

ku'u（く'う）．上記の ko'u と ka'u は ku'u に置きかえることができるが，自分を含め所有の対象が愛すべき人（もの）である場合に限られる．

わたしたちふたり（の，のもの）【わたしたち2人（の，のもの）】kā kāua（かーかうあ）．kō kāua（こーかうあ）．〔一人称・双数・属格・聞き手を含む．kā：A-型．kō：O-型〕．

【わたしたち2人（の，のもの）】kā māua（かーまうあ）．kō māua（こーまうあ）．〔一人称・双数・属格・聞き手を含まない．kā：A-型．kō：O-型〕．

わたしたち（3人以上）（の，のもの）【わたしたち（3人以上の，3人以上のもの）】kā kākou（かーかこう）．kō kākou（こーかこう）．〔一人称・複数・属格・聞き手を含む．kā：A-型．

kō：O-型〕.

【わたしたち（の，のもの）】**kā mākou**（か̄_まこう）. **kō mākou**（こ_まこう）.〔一人称複数・属格・聞き手を含まない. kā：A-型. kō：O-型〕.

わたしのために【わたしのために】**na'u**（な'う）. **no'u**（の'う）.〔文法〕「わたしによって」と使われることもある.

わたしじしん【わたし自身】⇒じしん【…自身】.

わたしは…とおもった【私はそう思った（しかしそうではなかった）】**kainō, kainoa**（かいのー，かいのあ）.〔用例〕あなたは行ってしまったと思った. Kainō ua hele 'oe.

わたす【（品物などを）渡す】**ho'ouna**（ほ'おうな）.

わたのき【（自生の）綿の木】**ma'o**（ま'お）.〔植物〕Gossypium sandvicens. **pulupulu haole**（ぷるぷる_はおれ）.〔植物〕Gossypium barbadense.

わたりおん【渡り音】**'ōlali**（'ōらり）.〔文法〕auē, auwē などであるが，w の渡り音は表記しない方向にある.〔用例〕時計 [uaki, uwaki] は uaki と表記.

わな【罠】**hei**（へい）. **hele**（へれ）. **pahele**（ぱへれ）. **'ūpiki**（'ūぴき）.【罠が掛かる】**miki**（みき）.〔様相〕鉄製のわなの両側が同時にはね返る.【罠で捕らえる】**hei**（へい）. **hele**（へれ）. **ho'ohei**（ほ'おへい）. **pahele**（ぱへれ）. **ho'opahele**（ほ'おぱへれ）. **kā**（か̄）.
【罠に掛かる】**miko**（みこ）.
【罠に掛ける】**hei**（へい）. **hele**（へれ）. **ho'ohei**（ほ'おへい）. **pahele**（ぱへれ）.
【罠に掛けた】**punihei**（ぷにへい）.
【罠の rope】⇒なげなわ【投げ縄のロープ（rope）】

わにあしの【鰐足の，O脚の】**naha**（なは）.

わびる【詫びる】**mihi**（みひ）.

わめきたてる【喚き立てる】**nuku**（ぬく）.

わめく【喚く】**'alalā**（'あららー）.

わらいごえ【笑い声】**'aka'aka**（'あか'あか）.

わらいたのしむ【笑い楽しむ】**mele**（めれ）.〔英語：merry〕.〔用例〕メリークリスマス，クリスマスおめでとう. Mele Kalikimaka.

わらう【笑う】**'aka**（'あか）. **'aka'aka**（'あか'あか）. **henehene**（へねへね）. **ho'ohenehene**（ほ'おへねへね）. **hō'aka'aka**（ほー'あか'あか）.⇒あざわらう.
【笑うこと】**'aka**（'あか）.

ワラジムシ【草鞋虫】**pokipoki**（ぽきぽき）.

わらわせる【笑わせる，笑いを引き起こす】**hō'aka'aka**（ほー'あか'あか）. **ho'omāke'aka**（ほ'おまーけ'あか）.

わりあてる【割り当てる】**ho'ouku**（ほ'おうく）.

わる【割る】**pu'unaue**（ぷ'うなうえ）.【（記号の）[÷]】**kaha pu'unaue**（か

は_ぷ'うなうえ).
【割り算】pu'unaue（ぷ'うなうえ).
わる【割る】nahā（な $\overline{\text{は}}$）. ho'onahā（ほ'おな $\overline{\text{は}}$）.
【(棒などを) 割る】ha'i, haki（は'い, はき).
わるい【悪い】'ino, 'ino'ino（'いの, 'いの'いの).
【悪い考え】mana'o 'ino（まな'お_'いの).
【悪い観念】mana'o 'ino（まな'お_'いの).
【悪い性質】manawa 'ino（まなわ_'いの).
わるいことをさせる【(誰かに) 悪いことをさせる】ho'ohewa（ほ'おヘヴぁ).
わるがしこい【悪賢い】'āpiki（'あぴき).
わるくち【悪口】lawe 'ōlelo（らヴぇ_'おれお). lohe 'ōlelo（ろへ_'おれお).
【悪口を言う】amu（あむ). amu-amu（あむあむ). 'a'ana（'あ'あな). hō'ino'ino（ほ'いの'いの). kūamuamu（くあむあむ).
わるちえ【悪知恵】ma'alea（ま'あれあ).
わるふざけをする【悪ふざけをする】ho'okolohe（ほ'おころへ).
【悪ふざけをする人】kolohe（ころへ).
われめ【割れ目】ha'i（は'い). māwae（まわえ). weke（うぇけ).
【(壁・岩などの) 割れ目】kū'ono（く'おの).
【(爆発のあとの) 割れ目】'oā（'お $\overline{\text{あ}}$）.
【(…に) 割れ目を作る】wāhi（わひ).
われる【割れる】māwae（まわえ).
われわれ【我々】⇒わたしたち. 代名詞の「我々, 我々の」などはすべて「わたしたち」を参照.
わん【湾】Hana-（はな). Hono-（ほの). ⇒ホノ. kū'ono（く'おの).
【湾を形成する】ho'okū'ono（ほ'おく'おの).
わんきょく【湾曲】'auina（'あういな). 'auwina（'あうぅぃな).
【湾曲した】kiwi（きヴぃ). naha（なは). pāuma（ぱうま). pi'o（ぴ'お).
わんきょくそく【湾曲足】kuku'e（くく'え).
わんきょくぶ【(道路や海岸に沿った) 湾曲部】hālawa, kālawa（はらヴぁ, からヴぁ).
わんぱくこぞう【腕白小僧】kupu'eu（くぷ'えう).
わんぱくな【腕白な】kolohe（ころへ).
ワンピース【one-piece (dress)】⇒ドレス.
わんりょくによる【腕力による】lima ikaika（りま_いかいか).

数詞・数字

◆一部の数詞にはアクセントユニット記号（ここでは［.］を使用）をつけたが一語つづりである．漢数字も表記．

1【いち・一・壱】**kahi**（かひ）．**ʻekahi**（ʻえかひ）．**ʻakahi**（ʻあかひ）．⇒いち【1・一】．

1 がつ【1月】**ʻIanuali**（ʻいあぬあり）．**Ianuari.** は異形．〔英語：January〕．

2【に・二・弐】**lua**（るあ）．**ʻelua**（ʻえるあ）．**ʻalua**（ʻあるあ）．⇒に【2・二】．

2 かける 2【2×2】**pālua**（ぱ̄るあ）．

2 がつ【2月】**Pepeluali**（ぺぺるあり）．〔英語：February〕．

2 けたのすうじ【2桁の数字】10の位の数字［ʻumi～kana.iwa］+ **kūmā** + 1〜9 で表す．1語つづりである．〔用例〕11．ʻumikūmākahi．23．iwakāluakūmākolu．34．kanakolukūmāhā．99．kanaiwakūmāiwa．

3【さん・三・参】**kolu**（こる）．**ʻekolu**（ʻえこる）．**ʻakolu**（ʻあこる）．⇒さん【3・三】．

3 がつ【3月】**Malaki**（まらき）．〔英語：March〕．

3 ぶんの 1【3分の1，3分の1の部分】**hapakolu**（はぱこる）．

3 ぼんマストのふね【3本mastの船】**kia kolu**（きあ_こる）．

4【し・四・肆】**hā**（は̄）．**ʻehā**（ʻえは̄）．**ʻahā**（ʻあは̄）．⇒し【4・四】．

4 がつ【4月】**ʻApelila**（ʻあぺりら）．**Aperila.** は異形．〔英語：April〕．

4 せだいへだたった【4世代隔たった】**kualua**（くあるあ）．

4 ぶんの 1【4分の1，4分の1の部分】**hapahā**（はぱは̄）．

5【ご・五・伍】**lima**（りま）．**ʻelima**（ʻえりま）．**ʻalima**（ʻありま）．⇒ご【5・五】．

5 がつ【5月】**Mei**（めい）〔英語：May〕．

5 セント【5cents】**hapaʻumi**（はぱʻうみ）．

5 ぶんの 1【5分の1，5分の1の部分】**hapalima**（はぱりま）．

6【ろく・六・陸】**ono**（おの）．**ʻeono**（ʻえおの）．**ʻaono**（ʻあおの）．⇒ろく【6・六】．

6 がつ【6月】**Iune**（いうね）．〔英語：June〕．

7【しち・七・漆】**hiku**（ひく）．**ʻehiku**（ʻえひく）．**ʻahiku**（ʻあひく）．⇒しち【7・七】．

7 がつ【7月】**Iulai**（いゆらい）．〔英語：July〕．

7 ねん【7年】**hepekoma**（へぺこま）．**hebedoma.** は異形．〔ギリシャ語〕．

8【はち・八・捌】**walu**（わる）．**ʻewalu**（ʻえヴぁる）．**ʻawalu**（ʻあわる）．⇒はち【8・八】．

8 がつ【8月】**ʻAukake**（ʻあうかけ）．〔英語：August〕．

8 ぶんの 1【8分の1，8分の1の部分】**hapawalu**（はぱわる）．

9【きゅう・く・九・玖】**iwa**（いヴぁ）．**ʻeiwa**（ʻえいヴぁ）．**ʻaiwa**（ʻあいヴぁ）．⇒きゅう【9・九】．

数字・数字

9 がつ【9月】**Kepakemapa**（けぱけまぱ）.〔英語：September〕.
0【れい・零・ゼロ】**'ole**（'おれ）.⇒ゼロ【zero,（アラビア数字の）0】，れい【（数詞の）0・零】.
10【じゅう・十・拾】**'umi**（'うみ）.
10 ぶんの 1【10分の1，10分の1の部分】**hapa'umi**（はぱ'うみ）.
10 のくらい【10の位】**kana**（かな）. 通常，30～90の間で使われる.【20, 20個（の），20人（の）】**iwa·kālua**（いわか̄るあ）.【30, 30個（の），30人（の）】**kana·kolu**（かなこる）.【40, 40個（の），40人（の）】**kana·hā**（かなは̄）.【50, 50個（の），50人（の）】**kana·lima**（かなりま）.【60, 60個（の），60人（の）】**kana·ono**（かなおの）.【70, 70個（の），70人（の）】**kana·hiku**（かなひく）.【80, 80個（の），80人（の）】**kana·walu**（かなわる）.【90, 90個（の），90人（の）】**kana·iwa**（かないヴぁ）.
10 がつ【10月】**'Okakopa**（'おかこぱ）. **Okatopa**. は異形.〔英語：October〕.
10 セント【10cent】**kenikeni**（けにけに）.〔通貨〕米・カナダの10セント白銅貨. 小銭の意もあり.
11 がつ【11月】**Nowemapa**（のうぇまぱ）.〔英語：November〕.
12 がつ【12月】**Kēkēmapa**（け̄け̄まぱ）. **Dekemaba**. は異形.〔英語：December〕.
24 ばんめのひ【24番目の日】⇒カーロア.
25 セント【25cents】**hapahā**（はぱは̄）.
25 ばんめのひ【25番目の日】⇒カーロア.
26 ばんめのひ【26番目の日】⇒カーロア.
40【数詞】**ka'au**（か'あう）. 40（の），40個（の），40人（の）. **'iako**（'いあこ）.
40 まん【400,000】**lehu**（れふ）.
50 セント【50cents】**hapalua**（はぱるあ）.
100【100】**hanele**（はねれ）. **haneri**. は異形.〔英語：hundred〕.
100 まん【1,000,000, 100万個, 100万人】**miliona**（みりおな）.〔英語：million〕.
400【400, 400の】**lau**（らう）.
1000【1,000, 1,000の, 1,000個（の），1,000人（の）】**kaukani**（かうかに）. **tausani**. は異形.〔英語：thousand〕.
4000【4,000】**kini**（きに）.
4000 の【4,000の】**mano**（まの）. 4,000の4,000倍. **manomano**（まのまの）.

《ハワイ語について》

I. ハワイ語とは
◆ ハワイ語とハワイ語の特徴

　私達日本人にとって、ホノルル、ワイキキ、アラモアナなどの地名には皆さん親しみもありまた思い出もある事と思います。これがハワイ語なのです。

　ハワイ語は、ポリネシア語の仲間ですが、どのような民族によってハワイに定着したのか、簡単に歴史をさかのぼってみましょう。

　ハワイ語はインドネシア・マライ半島などの東南アジアを拠点とした民族が東へと移動し、ミクロネシア、メラネシアに移り住み、さらに東のポリネシアへと移住したことによって生まれたとされております。移動の過程では、フォルモッサ（台湾）、さらに日本語にも影響を与えております。

　カヌーによる移住を続けた彼らは、ハワイへは紀元500年から800年の間にマルケサス諸島の人達が最初に住み着いたと言われています。

　その後、300年から500年経った紀元1100年から1300年の間に、ソシエテあるいはタヒチ諸島から移住して来た人達は先住のマルケサス人達を征服し、北へ北へと追いやってしまいました。

　ポリネシア語は、ポリネシア人が太平洋に移住して以来、外界との交流もなく、太平洋諸島との交流に留まっていたため、余り大きな変化もなく近代まで伝承されてきました。この西頂点のニュージーランド、南頂点のイースター島、北頂点のハワイ諸島を結ぶ三角地帯が一つの言語圏であったというのは驚異なことで、このことからして、かつて大きな大陸「ムー大陸」があったという伝説が生まれたのかも知れません。

　長い歴史の中で文字を持たないハワイ人たちは、口から口へと語り継ぎ、何代にもわたって音声言語だけの生活をしてきました。そして彼らの生活におけるハワイ語は、神や自然と深い関わり合いを持っていたと言われています。

　そのハワイ語は西洋人との出会いによって大きな変化をしました。

　1820年、キリスト教布教のために初めてハワイに上陸したのは、ボストンからの宣教師たちでした。彼らは教えを広めたい一心でハワイ語を修得し、読み書きのないハワイ語を音声言語から文字に書き表わす方法をとりました。そ

れ以後、書き言葉としてのハワイ語は、政治を始め新聞や書物など社会関係の文書にも広く使われるようになりました。

しかし1893年1月17日、ハワイ王制は終止符を迎え、1898年ハワイ諸島はアメリカ合衆国に併合されました。さらに、1959年3月12日、ハワイの州昇格法案が是認されたことにより、同年8月21日アイゼンハワー大統領が最終大統領宣言書を発布し、ハワイはアメリカ合衆国の50番目の州となったのです。このような歴史の中で、1948年最後のハワイ語新聞「カ・ホク・オ・ハワイ」（ハワイの星）も廃刊となり、ハワイ語は急速に衰退の一途をたどりました。

ハワイではハワイ語を話せる人が少なくなり、英語で話される会話の中に時々使われる程度になりました。しかし、このような現状を危機とし、古い文化や芸術を大切にすると共に、ハワイ語を勉強する人が増えているのも事実です。ハワイ語は現在でも生き続けています。ハワイの現地には「カメハメハスクール」のように子供たちにハワイ語を教えるスクールもあります。ハワイ大学には、ハワイ語の講座もあります。そして新しい言葉も作られています。

◆ 現在のハワイ語

ハワイ語が書き言葉として文字で表されるようになるまでには様々な土地で、様々な人々から言葉を採取し、研究者が整理したものが現在のハワイ語の基になっています。それらの言葉には現在も同じような意味でハワイの島々全域で使われている言葉もあれば、かつては使われていた、あるいは使われていたかも知れないという言葉（使い方）もあります。ハワイ語の辞典には、歴史的経過を持った（日本語でいえば古語とか江戸時代の言葉使いなど）多くの事例・用例ものっています。

ナイロンやアルカリなどの化学、天文、科学用語をはじめ、mile［マイル：英語］→ mile［みれ：ハワイ語］など、度量衡用語のハワイ語化もあります。新商品はもとより、国名、地名、食物、軍事、コンピュータ用語もハワイ語化されております。ベースボールやフットボールに関する用語もハワイ語化されております。ただ、本書では、語彙数を無闇に増やすことは避けて基本的なものに留めています。

ハワイ語について

◆ 発音で見る日本語とハワイ語

　ハワイ語は日本語と同じように必ず母音（A、E、I、O、U）で言葉を終わります。これは日本語とハワイ語だけの特徴です。日本人には非常に発音しやすい言葉です。発音でハワイ語と日本語と違うところは、ハワイ語には濁音（ガ行、ザ行、ダ行、バ行）がありません。反対にワ行にはヴァ、ヴィ、ヴェがあります。子音には声門閉鎖音（オキナ［'］）があります。

　ハワイ語の特徴をまとめてみますと次のようになります。
① サモア語、タヒチ語、マオリ語などと共にポリネシア語に属します。
② 音節がすべて母音で終わります。日本語の「ん」に相当する音がありません。
③ 母音は一つずつ発音されます。
④ 子音の連続がありません。
⑤ 清音が主となっています。（他のポリネシア言語にはザ行の濁音のあるものがあります）。
⑥ 子音の脱落が多く見受けられます。
⑦ 声門閉鎖音［'］（ハワイ語：オキナ、英語：グロッタルストップ）があります。
　このほかに間投詞、オノマトペ（擬音語）、繰り返し語（畳語）が多いことも特徴で日本語と共通しています。

　なお、日本語にも薩摩、京、陸奥や津軽では違いがあるのと同様、ハワイ語にも各島や地域によっていろいろな違いがあります。

◆ ハワイ語の言葉と文章

　文の型は日本語と同じくいろいろありますが、特に受身の表現が多くあります。また動詞の中に初めから受身の意味を持っている動詞があります。日本語には受身の表現のない言葉（事柄）もありますので、ここは注意を要します。動詞を使った文の語順は「述語＋主語」の順が原則です。動詞に現在、過去、未来を示す活用はありません。マーカーとの組み合わせで時制を表します。

　名詞の格変化（曲用）もありません。日本語の名詞にも曲用はありませんが、「花が咲く」、「枝を切る」の「が、を」などの格助詞がその役割を担っています。ハワイ語ではこれらの文法的機能は「マーカー」が担っています。他に、

日本語にはない品詞に冠詞があります。

　これらのハワイ語の特徴と注意すべき点について解説をいたします。詳しくは巻末に掲げた参考書などを参照してください。文法は原則だけを述べておりますので、例外があることも心得ておいてください。またアクセントとストレスを使い分けていないなど厳密さより分かりやすさを重視した表現を一部とっております。

　また、今日では手書きより、パソコンなどで文を作ることが主になっておりますので、パソコンでハワイ語を書く際の留意点、機種による限界も合わせて記述しました。

II. ハワイ語の発音とアクセント
◆　ハワイ語のアルファベットと読み

　英語のアルファベットは 26 文字ですが、ハワイ語表記で使われるアルファベットは次の 12 文字です。他にオキナ（'okina:ハワイ語、glottal stop:英語、声門閉鎖音）の記号［'］と、長音記号のカハコー［ ¯ ］を使います（kahakō:ハワイ語、macron:英語）。

A, a	'ā（'あ）.	**N, n**	nū（ぬ）.
E, e	'ē（'え）.	**O, o**	'ō（'お）.
H, h	hē（へ）.	**P, p**	pī（ぴ）.
I, i	'ī（'い）.	**U, u**	'ū（'う）.
K, k	kē（け）.	**W, w**	wē（ヴぇ）.
L, l	lā（ら）.	**'**	'okina（'おきな）.
M, m	mū（む）.		

　B, C, D, G, Q, X, Z は借用語［外来語］を表わす際に使われます。例. **kula/gula**（くら）.〔英語：gold（金）〕。

　V は W に V の音があり、ハワイ語表記には必要としませんが、これも借用語を表わす際に使われます。また、W と V の発音を明確にするために使う場合もあります。

　文字が入ったため、元の音が変化したり統合されたりしました。**F** は **H** に統合されましたので、H で始まる語には F に近い音もあります。**R** は **L** に統合さ

れました。

　注意を要するのは **S** と **T** で、**T** は個人所有のニイハウ島では現在も使用されていますが、一般的には **K** に変化しています。ただし、古くから使われている言葉の中には T で始まる言葉もあり、歌などは K を T の発音で歌うこともあります。例えばポリネシア語のタパ布［tapa］はハワイ語ではカパ［kapa］に変化しますが、そのままタパと使われたり、おじいちゃん、おばあちゃんはクークー［kūkū］ですが、通常はツツー［tūtū］と発音されています。

　S も同様です。例えば、悪寒［'īnikiniki（'いにきにき）］は歌の中で'īnisinisi（'いにしにし）と歌われることもあります。

　J, Y もハワイ語表記に使われませんが、ヨーロッパではこの２字はかつては I で表記したため借用語に名残りがあります。例．**Iune**（いうね）．〔英語：June（六月）〕。

◆　**母音と子音の発音**

　ここでハワイ語の音素を説明するために使っている日本語や英語の例は、もちろん近似的なものにすぎません。また発音表記は「ひらがな」書きに［・］および［－］を付けております。

▼　**母音**：Vowels（V）：woela, leokani, hua leo kahi

　母音には短母音と長母音の二種類があります。ハワイ語の母音は「純」母音であって、わたり音はありません。母音には " a, e, i, o, u " があり、日本語の「あ・え・い・お・う」のように発音しますが、u（う）だけはもっと口をとがらせて発音します。「ヒョットコのお面を思い浮かべて下さい。英語の例では［moon］を発音するときの唇を十分に円めた［oo］に同様の音です。

▽　**二重母音**：Diphthongs（D）：huēwoela

　二重母音の " ae, ai, ao, au, ei, eu, oi, ou, iu " は「あえ、あい、あお、あう、えい、えう、おい、おう、いう」と発音しますが１音節です。アクセントの位置も変わります。

　　　kéiki（けいき）　　　　　　子供

　勘違いしてならないのは、母音が続くものすべてが二重母音ではないということです。ia［例．**hiamoe**（ひあもえ）：眠る］は二重母音ではありません。

▽　**長母音**：Long Vowels（V̄）：(woela) kō

長音記号・カハコー（kahakō, 英語：macron）［ ‾ ］の付いている母音"ā, ē, ī, ō, ū"は、その音を少し伸ばして「あー、えー、いー、おー、うー」と発音します（日本語の長音よりは少し短く伸します）。

▽ **二重長母音**：Long Diphthongs（D̄）

二重長母音には"āe, āi, āo, āu, ēi, ōu"があります。

▽ **母音のあいまい化**（曖昧化）

二重母音の一つが曖昧に発音される場合がいくつかあります。まず、［a］の後に［i］または［u］が続いた場合、母音の曖昧化がみられ［e］または［o］に同化してしまうことがあります。例えば、**ikaika**（いかいか：強い）は、**ikeika**（いけいか）に、**mau**（まう：不変の、安定した）は **mou**（もう）となります。

また、二重母音が長音化して二語が一語に短縮される場合があります。例えば、植物の kī（ニオイシュロラン）の葉 ［lau］は、

　　　lau kī（らう・きー）　　→　　**lākī**（らーきー）　　となります。

▼ **わたり音について**

わたり音は母音と母音の間に［y］や［w］の音が入るものです。日本語で「いう・言う・iu」は「ゆう・yuu, yū」と発音されるようなものです。

y はハワイ語では使いませんので、表記されておりません（発音される場合があります）。

　　Iune（いうね，ゆね）：六月

　　Iulai（いうらい，ゆらい）：七月

日本語で自分のことを「わたし」と言い、早口やくだけた言い方では「あたし」というように［w］を含んだ語の扱いです。特に［uw］と続く語はポケット辞書などでは削除される方向にあります。

　　uē, uwē（うえー，ううぇー）：泣く

　　uaki, uwaki（うあき，うわき）：時計

▼ **子音**：consonants ： koneka, leokanipū, hua leo hui, hua palapala leo hui

子音には "h, k, l, m, n, p, w, ［ʻ］" があり、日本語の発音と同じように、h はハ行、k はカ行、l はラ行、m はマ行、n はナ行、p はパ行の発音をします。

ハワイ語について

[ʻ] は 声門閉鎖音のオキナです。

w は前に来る母音によって発音が変わります。w の前に o または u が来る場合はワ行、e または i が来る場合はヴァ行の発音をします。

また w の前に a が来る場合と、語の冒頭に w が来る場合は、ワ行の発音でもヴァ行の発音でもよいのです。この w と v はともに w の近似音、v の近似音のいずれも使ったりします。

〔例〕 **ʻowali**（ʻおわり）　　　　弱々しい・虚弱な
　　　puwalu（ぷわる）　　　　協力的な
　　　hewa（へヴァ）　　　　　誤り
　　　iwi（いヴぃ）　　　　　　骨
　　　Hawaiʻi（はわいʻい・はヴぁいʻい）　　ハワイ
　　　wahine（わひね・ヴぁひね）　　　　女性

英語の [**V/v**] 由来の語はおおむねヴァ行の音でよいでしょう。

〔例〕 vinegar［食酢］　→　**wīneka**（ヴィーねか）
　　　violin［ヴァイオリン］　→　**waiolina**（ヴぁいおりな）

〔参考〕日本語に転訛した英語の [**V/v**] にはワ音になった語もあります。
　　　virnish　→　　ワニス（塗料のニス）
　　　virusi　→　　ウィルス，ヴィールス

この w の発音については諸説がありますが、日本人がハワイ語を学習する場合は、前記のような説明に従い、ハワイ人がルールを決めたらそれに従うのがよいと思われます。

▽ 子音の一つ ʻオキナ（声門閉鎖音）： Glottal stop ：ʻokina, ʻuʻina

声門閉鎖音 ʻオキナは日本語の発音にはありません。ハワイ語に独特の子音として多く見られます。しかし強いて言えば、日本語の「待って」や「行って」のような小さな「っ」を発音する時のように、音が詰まる発音です。また、**ʻala**（ʻあら：香り）などのように語の冒頭に声門閉鎖音記号が来る場合は、発音する前にのどを軽く閉めてから記号の付いている文字を発音すると良いでしょう。声門閉鎖音は、音が詰まるまたは途切れるように発音される音ということで、ハワイ語では ʻokina（切る・砕ける・声が変わる）と呼ばれます。

〔例〕
　　a'e（あ'え，アッエ）：上の方へ　　　**ma'i**（ま'い，マッイ）：病気
　　ki'i（き'い，キッイ）：彫像　　　　　**ku'i**（く'い，クッイ）：突き砕く
　　ka'u（か'う，カッウ）：私の物　　　　**pua'a**（ぷあ'あ，プアッア）：豚

◆　アクセント：accent：kālele, kālele leo, ko'iko'ina
1. アクセントは通常、最後から 2 番目の音節に付けられます。ただし、1 （単）音節にはすべて付けられます。
2. 二重母音の"ae, ai, ao, au, ei, eu, oi, ou, iu"は、常に最初の母音にアクセントが付きます。
　　また複合語であるため、表記では二重母音のように見えるものもあります。特に注意を必要とする場合にはアクセントユニット記号を付けます。
3. 母音の上に付くカハコー［ ¯ ］は、音を少し伸ばす機能を持っています。
　　※カハコーのついた音にはアクセントがおかれます。
4. アクセントが 2 つ以上ある場合は、最後のアクセントを強く発音します。makùa.híne にあるアクセントユニットマークは、本来書く場合には付けません。また、マークの［ ´ ］は［ ` ］より強く発音します。

〔用例〕それぞれ、C：子音、V：母音、V̄：長母音、D：二重母音、を示します。

1 音節語	CV̄	**kū**（く̄）：直立した
2 音節語	CVCV	**húla**（ふ́ら）：フラダンス
3 音節語	CVCVCV	**mahálo**（まは́ろ）：ありがとう
4 音節語	CVVCVV	**lèoléo**（れ̀おれ́お）：声高に話す
5 音節語	CVCVV.CVCV	**makùa.híne**（まくあひね）：母親
二重母音	CDCV	**kéiki**（け́いき）：子供
	CDCV	**'áina**（'あ́いな）：食事
	CVCDCV	**Hanáuma**（はな́うま）：ハナウマ湾

◆　表記上の決め事
◇　［ , . ? ! ］などの記述記号は英語と同様です。
◇　カハコーについて
1) カハコーのあるなし
　　haumāna ［生徒］はテキストによっては haumana とカハコーがつかない語

で統一してあったり、単数は haumana、二人以上は haumāna としている本（例えばバイブル）があります。本書では主に haumāna としております。

3) カハコーは長音符（Macron [¯]）ですが、カハコーのついた音にはいわゆるアクセント（ストレス）がおかれます。

hiamoe（眠る）は hiamōe と聞こえますが、カハコーは付けません。同じく manawa（…のとき）も manāwa と聞こえますがカハコーは付けません。ハワイ語は後から２番目の音節にアクセントがおかれるための誤った表記です。

3) カハコーの付け方：パソコン入力上での注意事項

①ユニコード［unicode］では「ラテン文字拡張 A」に "Ā/ā, Ē/ē, Ī/ī, Ō/ō, Ū/ū" が定義されています。ただフォント（文字組）にデザインがあるとは限りません。②フォント（文字組）に "Ā/ā, Ē/ē, Ī/ī, Ō/ō, Ū/ū" がない場合は、ラテン文字にマクロン［¯］を合わせ作ります。その際［i］だけは点の付かない［ı］に［¯］を付け［ī］とします（Waikīkī など）。

◇ オキナについて

オキナ［ʻokina］の記号［ʻ］（起こしのシングルクォート）はユニコードの 00002000（一般的な句読点）にあります。

◇ 大文字表記について

人名、国名は大文字で始めます。曜日は大文字にする必要はないとされていますが、これも大文字で書いた方が無難でしょう。

◇ 一語か二語に別れるか

一語でつづるのか二語に分けるかの問題です。例を hoa（友人）にとりますと、「親しい友」には hoa aloha と hoaaloha（ほあろはと発音）、hoaloha が混在しています。日本でいう学生寮にあたる hale noho haumāna におけるルームメイト（同じ部屋に住む学生）hoalumi は一語でつづります。

また大学は kulanui で一語ですが、幼稚園（小学校）は kula kamaliʻi と二語でつづります。こう言った複合語は一語でつづる方向にあると言えます。

なお幼稚園は papa mālaaʻo とも言います。Pūnana Leo はハワイ語で幼児教育を行う幼稚園の名前です。

反対に三人称単数を表わす ʻoia は文法的に考えて ʻo ia と分ける方がベターであると考えられています。

III. 日本語の品詞とハワイ語との対応

　日本語の文法（国文法）では、言葉を名詞、代名詞、動詞、助動詞、形容詞、副詞、接続詞、間投詞、助詞などに類別しています。ハワイ語ではこれとは異なった分け方をしています。ちなみに品詞のことを英語では"Part of speech"と言います。

　ハワイ語の単語はベース（ベイセズ）：BASES (content words：meaʻa) とマーカー（マーカーズ）：MARKERS (grammatical words：hune, māka) の二つのカテゴリーに大別されます—これまでは、名詞、動詞などの内容語［content words］と、語彙的な意味よりも文法的な関係を示す語［function words］に大別し、国文法や日本語訳のある文法用語で分類できるものは、冠詞、疑問詞、指示詞などと分類し、分類できないものは不変化詞・小辞［particle］と呼んできました。

　ベースの語は名詞、所格の名詞、動詞、所在を示す動詞などです。文法的な機能を持つマーカーは、代名詞、指示詞、所有詞、冠詞などで、国文法や日本語訳のないものは「（…を示す）マーカー［語］」としています。「マーカー」とだけ使っている場合はこの狭い意味でのマーカーのことです。なお、前置詞という言い方は文法的な役割があいまいですので本書ではなるべく使わないようにしています。

　このように、日本語にあってハワイ語にないもの（品詞）とその逆。日本語でもハワイ語でも同じ意味で（同じように）使われながら名前の違うもの、馴染みのないものもあります。

◆　形容詞：ハワイ語では動詞（状態動詞、スティティブ動詞）として扱います。

　日本語（国文法）では名詞の性質・ありさまを修飾する語を形容詞としていますが、ハワイ語では名詞のありさま、状況を示す動詞として扱います。日本語で「美しい花」は「形容詞＋名詞」で、　修飾語＋被修飾語　ととらえますが，ハワイ語では「pua［花］＋ nani［美しい状態にある］」と考えるわけです。前の語を次の語が説明・補足していくととらえるわけです。

　このように日本語の形容詞はハワイ語ではスティティブ動詞として扱いま

す。よく「ハワイ語の語順は、『被修飾語＋修飾語』が原則」と言われますが、修飾語とは日本語の形容詞という意味で言っているのです。

◆ 副詞：日本語では動詞や形容詞などを修飾する語を副詞と呼んでいますが、ハワイ語では形容詞と同じく副詞も動詞として扱います。ただ動詞に関わる修飾語という意味で副詞と使った場合もあります。また副詞の意味を含んでいる動詞も多くあります。

◆ 名詞：名詞の多くは複合語［合成語］になっています。
　複合語は「名詞＋名詞の状況」（日本語的には「被修飾語＋修飾語」）の順になるのが原則です。地名のワイキキは［Wai.kīkī］（水＋噴き出る）で「噴き出る水」です。また「名詞＋名詞」の複合語もあります。水＋目［wai.maka］の「＋」は日本語の助詞「の」に相当しますが、これは「水の目」ではありません。正しくは「目（の）水」で、ワイマカは「涙」のことです。
　中には、カイマナヒラ［Kaimana-hila］のような山の名前もあります。多分英語のダイヤモンドヘッドが先に命名され、それのハワイ語訳として「ダイヤモンド［Kaimana］ ＿ 丘［Hila］」としたのでしょう。その昔ダイヤモンドヘッドはハワイ語では［Lae.'ahi］（おでこ＋マグロの）と呼ばれ、後には［Lē.'ahi］と変化しているのでより分かり難くしています。

▼ アクセントユニット記号について
　複合語の素(もと)になった（構成している）それぞれの単語を示すためにアクセントユニット記号が使われることがあります。表記には［.］や［-］を用います。アクセントユニット記号が表示された単語でも原則一語です。ハワイを代表する魚の humuhumu.nukunuku.ā.pua'a （ふむふむ.ぬくぬく.あ.ぷあ'あ）もアクセントユニット記号を示すと発音が分かりやすくなります。星の名前などにあるハイフンもアクセントユニット記号で一語として扱います。

▼ 名詞の格──O-型（オー型）の名詞とA-型（アー型）の名詞
　名詞には格変化（曲用）はありません。格はマーカーで示します。日本語の格助詞が対応しています。性（西洋語などにある男性名詞、女性名詞といった性）もありません。
　特に重要なのは名詞にO-型とA-型があり、属格（所有格）を作るマーカー

［所有詞］が異なることです。
　　　　O-型―先天的・生得的（birthright）な所有：神、王、両親他。
　　　　A-型―後天的（one's achievments）な所有：夫、妻、子供他。
　O-型、A-型により［o］の付く所有詞［o/kō/koʻu,..］を使うか、［a］の付く所有詞［a/kā/kaʻu,..］を使うかが決まります。
　なお、O-型は「O-words」、「o-class」。A 型は「A-words」（エイワーズ）、「a-class」とも呼びます。大文字小文字には意味はありません。A（あ）はハワイ語のアルファベットの発音です。

◆　助詞：日本語に特有な品詞で文法的な役割を担っています。
　ハワイ語ではマーカーが日本語の助詞の役割を担っています。マーカーと日本語の助詞との対応をとればハワイ語はほぼ理解できます。
〔用例〕助詞とハワイ語のマーカーとの対応例―名詞の格と日本語の格助詞
　　（日本語の格助詞が名詞の後ろに付くのに対し、ハワイ語では名詞の前にきます）。

主格：主語　　　　　　　　～は、～が　　　　　　　　　　ʻo
　　　但し、「～が」は「わたしはその本 が 欲しい」と対格で使われることもあります。
呼格：呼びかけ　　　　　　「よぉ、やぁ」といった呼び掛け　E/Ē
対格：英語の直接目的格　　　～を、～へ　　　　　　　　　　i/iā
属格：所有の格　　　　　　　～の、～のもの　　　　　　　　⇒所有詞
与格：英語の間接目的格　　　～に　　　　　　　　　　　　　i/iā
奪格：原因、離奪などを示す格　～から、～で　　　　　　　　mai, me
　　　受身の場合の動作主　　　によって、～から　　　　　　e

　マーカー［e］は呼び掛けたり、受身の動作主を示したり、また命令形にも使われますが、使う位置など使われ方が異なりますので間違えることはありません。

◆　所有詞：日本語の格助詞「…の、によって」に相当する語。
　所有詞はハワイ語において所有関係を示す語で日本語の格助詞「…の」に相当します。本書では possessive の訳語として所有詞と表記しております。語頭

にKの付くものをK所有詞（K-possessives）、Kの付かないものをKのない［Kの落ちた］所有詞（K-less possessives）・ゼロ所有詞（Zero possessives）と呼んでいます。またNの付くものをN所有詞（N-possessives）と呼んでおります。所有詞は、所有するものによりA-型、O-型を使い分けます。
〔用例〕「プアレイの家」：英語の［of］、英語の［'s］に相当する文。

  ka   hale   o   Pualei   英語の［of］に相当
  冠詞   家   …の プアレイ（人名）
  kō   Pualei   hale   英語の［'s］に相当
  …の プアレイ 家

〔用例〕「わたしの先生の子供」、「あなたの生徒のカヌー」という二重所有。

  <u>わたしの先生</u> の 子供。 ke keiki a kaʻu kumu
          kā kaʻu kumu keiki
  <u>あなたの生徒</u> の カヌー。 ka waʻa o kāu haumāna
          kō kāu haumāna waʻa

◆ 代名詞：ハワイ語では広義のマーカーに類別します。

 代名詞には、人称代名詞、所有代名詞、疑問代名詞、不定代名詞、指示代名詞などがあります。人称代名詞と所有代名詞の特徴的な点を述べます。

 人称代名詞には、1）一人称、二人称、三人称の別があります。「わたし」、「あなた」、「彼［彼女］」（性による違いはありません）です。2）単数、複数のほかに、二人を表す「双数」があります。3）双数には「わたしと聞き手であるあなた」の二人と「わたし達二人（聞き手を含まない）の別。複数にも「聞き手」を含む（包含的）、含まない（排他的）の別があります。

 属格の代名詞は、代行するものによりA-型、O-型を使い分けます。

◆ 所格の名詞：「まえ・うしろ」といった、場や位置関係を表わす語です。

 地名とは別にハワイ語には場所を示すことば（名詞）があります。英語で［locative noun］と呼んでいる言葉です。空間的および時間的な場や位置関係を表わす語です。所格の名詞は数多くあり、「前・後ろ」、「上・下」、「中・外」「海側・山側」など対にして覚えるとよいでしょう。所格の名詞は場所を示すマーカー［i, ma-］に続き「…に、…へ」となり、［o］を伴い「…の、…から」

となります。
〔用例〕自動車（の中）に乗る。

    Kau i luna o ke ka'a.
    乗る 〜に 中 〜の 冠詞＋車

※ loko〔中〕でなく luna〔上〕を使うのは、日本語でいうところの、「馬に乗る、船に乗る」というのと同じ感覚です。

◆ 動詞：アクティブ動詞、ステイティブ動詞があり、それぞれに I 型、II 型があります。

ハワイ語の動詞は日本語の形容詞の一部、副詞の一部などを含んでいます。ハワイ語の動詞には単数、複数による違い、性別による違いはありません。活用がありませんので、命令形、使役形、能動態・受動態、時制などは、マーカーなどによって示されます。また英語の be 動詞および have に相当する語がありません。これらは、マーカー he（ヘ）を使った文。所有詞を使った所有構文で作ります。

ハワイ語の動詞は大きく二つに類別されます。アクティブ動詞（active verb）とステイティブ動詞（stative verb）です。さらに関わる語（関係者：participant）が動作を行うもの（actor）だけの I 型。目的語（goal）を持つ II 型に分類されます。自動詞、他動詞という言い方にほぼ重なります。なおアクティブ動詞はしばしばアクションと呼ばれます。

A-I	nonō	いびきをかく
A-II	'ai	食べる
S-I	nui	大きい
S-II	maopopo	理解する

アクティブとステイティブでは 'a'ole を使った否定形において、人称代名詞・人名の移動が起こる／起こらないなどの違いが生じます。

▼ 「所在を表す動詞」：「あります，おります」という動詞です。

日本語に対応する品詞名はありません。英語で［existential］と呼んでいます。自ラ変動詞の「あり、おり、はべり、いまそがり」にあたります。「近くにあります」は［eia］、「話し手から離れて（遠くに）あります」は［aia］です。［he］などをこちらに含める考えもあります。

〔用例〕「ここにあります」、「そこにあります」という文。

  そこに少年がいます。   Aia ke keiki kāne.
  ネコはどこにいますか。   Aia i hea ka pōpoki?
  ここにネコがいます。   Eia ka pōpoki.
  ネコはいすの上にいます。   Aia ka pōpoki maluna o ka noho.

▼ loaʻa 型の動詞："hiki, lilo, loaʻa, maopopo, ola, paʻa" などは主客が入れ替わる動詞です。

 ハワイ語には「…られる、…される」という最初から受身の意味になっている動詞があります。loaʻa 型の動詞と言われます（loaʻa はしばしば loʻa と発音される）。この型の動詞は文型とともに、日本語（英語）に訳す時の対応が問題となります。日本語では受身では表現しない事柄があるからです。

 能動態で訳すことが多く、主客（主語と目的語）が入れ替わります。

〔用例〕わたしは理解しています。

  Maopopo iaʻu.   わたし<u>を</u> → わたし<u>は</u>

◆ 指示詞：英語で［Demonstratives］と呼ばれる言葉です。

 指示詞は「これ」「それ」「あれ」、「ここ」「そこ」「あそこ」、「こちら」「そちら」「あちら」などを指す語にあたります。代名詞として使われると指示代名詞になります。これは方向を示す語［directionals］と混同して扱われているケースがあります。「指示」と言う言葉が方向も示しているためでしょうか。

◆ 冠詞：ハワイ語に特有の品詞で日本語には冠詞はありません。

 ハワイ語には定冠詞と不定冠詞とがあります。定冠詞は ka と ke です。不定冠詞は he（単数）と nā（複数）ですがこの定義はあいまいです。wahi や kahi も冠詞とする説もあります。nā はまた Nui nā,…「…はたくさんあります」と慣用句的に使われます。この冠詞という言葉も前置詞と同じく文法的な役割を表してはいません。

◆ 前置詞：前置詞という言い方は言葉の前に置かれる語というだけで文法的な役割が不明ですので、本書ではなるべく使わないようにしています。英文の文法書でも名詞の前に置かれ、名詞の格を表すマーカーを前置詞と呼んでおり

ますがハワイ語の場合、所有詞の kō, kā なども指している場合もあり統一されておりません。

◆ 接続詞：日本語、ハワイ語とも同じような使い方をします。ハワイ語では接続詞句となり、さらに慣用句となっているものもあります。

◆ 間投詞（感嘆詞、感動詞）：日本語、ハワイ語ともに間投詞はたくさんあります。

◆ 接辞：接頭辞、接尾辞は動詞を名詞化したり、使役型にするなどします。本文の中でもかなりふれています。

◆ 数詞・数字：数詞の用法は英語と同じになっています。10進法です。かつては4の倍数が大きな意味を持っていたと言われています。数詞、暦、色、風をはじめとする天候に関する言葉などはハワイの文化を知る上で大切です。かつては海の色、風の匂い、波の形などを観察して太平洋をカヌーで航海したと言われています。もちろん星の動きや太陽の高さなども使いました。

◆ 方向を示す語［マーカー］：日本語に対応する文法用語がありません。
　ハワイ語には方向を示す言葉があります。この英語の［directionals］には日本語の訳がありませんでした。本書では、方向詞、指揮詞、「方向を示す語［マーカー］」としております。
　　　mai ：話し手に向かう
　　　aku ：話し手から離れる
　　　aʻe ：上に、上がる方向
　　　iho ：下に、下がる方向

◆ （狭い意味の）マーカーと不変化詞：
　ハワイ語はベース［BASES］（content words：内容語）とマーカー（ズ）［MARKERS］（grammatical words：文法的な関係を示す語）の二つのカテゴリーに大別されると述べました。この広い意味でのマーカーを国文法や日本語

訳のある文法用語で類別してきました。

　その他のマーカーも名詞や動詞などについて格などの属性や、程度や方向、時制（動詞には限らない）などを指示する文法上の機能を有する語です。日本語の助詞と対応がとれる語が多くあります。またマーカーは、強弱や程度なども表現しますので、副詞に相当するものもあります。ハワイ語の文法とはマーカーの機能・役割であると言ってもよいほどです。

　マーカーは表記が一定せず（ā→a）、接辞として他の語と結合したりしますので難しく感じられますが、動詞と結びついた形、名詞との関係、慣用句になっているものとして整理していけばよいと思います。

◆　くり返し語（畳語）：品詞名ではありません。

　ハワイ語にはくり返し語が多くあります。くり返すことにより強調や連続性を表わしますが、繰り返しても意味の変わらないもの、元の語と関連のないもの（薄いもの）もあります。特に元の語に複数の意味がある時にはその中の一部の意味だけとなる場合があります。接頭辞の hoʻo-、mā- はくり返えしません。

amu：ののしる →	amuamu：ののしる
ʻapi：動悸がする →	ʻapiʻapi：息切れ
ʻapi：人体の柔らかい部分 →	ʻapiʻapi：弾力のある
hema：左側、南方 →	hemahema：無器用な、熟知していない
kae：廃物、軽蔑して扱った →	kaekae：磨きあげた、柔らかい
helu：（数を）数える →	heluhelu：読む
holo：走る、乗る →	holoholo：楽しむために出かける
lau：植物の葉 →	laualau：ラウラウ（葉で巻いた料理）
māʻalo：通り抜ける →	māʻaloʻalo：通り抜ける
make：欲望、欲しがる →	makemake, mamake：欲望、欲しがる makeは余り使われない。
ʻolu：涼しい →	ʻoluʻolu：涼しい、心地よい
pono：正しい →	ponopono：整えた hoʻoponopono：正しくする

◆ カオナ〔ハワイ：kaona〕：裏の意味、二重の意味

　ハワイ語は一つの言葉に多くの意味を持ちます。

　例えば、Hala（はら）という言葉は、「パンダナスの木」の他に「罪」、「死ぬ」という意味もあることから、歌の中にこの語がある場合は双方の意味を踏まえて内容を解釈する必要があります。

　それとは別に表向きの意味とは異なる裏の意味を持つ言葉があります。これは「軽々しく言うことでない」、「言うことはタブーである」といったこと、性的な隠語などの表現なども辞書には載っておりません。このような「二重の意味、裏の意味」をカオナ［kaona］と言い、宗教的、禁忌的な意味を含む古代の詩と、快楽的な裏の意味を持つ現代の詩などに多く見られます。日本で生まれ育ったわたしたちにとってカオナを理解することはとても難しいことだと思います。

　しかし、どの言語でもダブルミーニングを持つ語はあります。例えば、雨、霧、露など、水に関わる語は、日本の古典などにもある男女の仲の「しっぽり濡れて……」などと共通する意味があるようです。先ずはカオナにとらわれず言葉（音も）を選び詩や手紙を書いてみましょう。Mai hilahila です。

　また歌の中で「間」をとったり、リズムを整える言葉として 'ea, 'ea'ea, lā などがあります。

　それぞれの言語には固有の文法があり、文法用語があります。ハワイ語は主にアメリカ人の宣教師の方々や学者によって整理されてきました。そして西洋語の文法用語をハワイ語化しました。現在はハワイ大学やビショップ財団などハワイの人々が中心になってハワイ語に取り組んでいます。新しく文法用語も定めています。このため文法用語が複数あったりします。本書ではハワイ語になっている文法用語はなるべく多く本文に取り入れました。反対に日本語に相当する語のないもの、馴染みの薄い用語は一部英語のママ使っていたり「…の動詞」、「…を意味するマーカー」などと使っています。

IV. ハワイ語で表現をする
◆ 日本語の文とハワイ語の文―平叙文の原則

　ハワイ語の語順の原則は　述語＋主語　の順です。目的語などは主語の後に

続き「述語＋主語＋目的語」となります。この語順の違いは、日本人にとっては余り問題ではありません。日本語の助詞に相当するマーカーがあるからです。「わたしは　ワイキキへ　行った」でも「行った　わたしは　ワイキキへ」でも意味が通じるからです。

　　（日本語）　　わたしは　　　　ワイキキへ　　　行った。
　　（ハワイ語）　Ua hele［行った］au［わたしは］　i Waikīkī［ワイキキへ］。
となります。

※ 変えられない語順：日本語でも「へ東京」とはいわないように、"Waikīkī i"とは言いません。「冠詞＋名詞」、「日本語の助詞に相当するマーカー＋名詞」といった語順は一定の決まりがあります。また 修飾語＋被修飾語 の原則があります。

▼ **動詞を使った文と語順**──同じ語が動詞にも名詞にも使われることがありますが、位置とマーカーによって間違えることはありません。動詞に多く使われる語、また主に名詞に使われる場合が多い語があります。

　　　　動詞 1)　　＋　　　主語になる語 2)　＋　　　目的語 3)＋

1) 時制はマーカーで示します。主語（英語：actor）だけの動詞はⅠ型。目的語（英語：goal）を持つ動詞はⅡ型。
2) 主格を示すマーカー［'o］が前に置かれることもあります。
3) 対格、与格であることを示すマーカーが前に置かれます。

〔用例〕わたしは学校に行きました。　　　学校（建物・校舎）：hale kula
　　　（完了）　行く　　わたしは　　～に　　（冠詞）　学校（勉強）
　　　　Ua　　hele　　au　　　i　　　ke　　kula.

「行きました」と言う過去を述べましたので、過去を示す完了のマーカー［ua］が動詞の前についています。時制は動詞とマーカーの組み合わせで示します。三つの基本的な時制を次に示します。日本語の動詞の活用──終止形、未然形、已然形（文語）とは時制のとらえ方が異なります。

　Ua＋動詞：動作などが完了している。
　E＋動詞＋ana：物事や動作がまだ未完了の段階にある。
　Ke＋動詞＋nei：動作が現在行われている。

〔用例〕時制の例
　　　わたしは学校に行きました。　　　　　Ua hele au i ke kula.

　　　　わたしは学校に行くつもりです。　　　E hele ana au i ke kula.
　　　　わたしは学校に行くところです。　　　Ke hele nei au i ke kula.
▼　アクティブ動詞とスティティブ動詞を使った文とその否定形
〔用例１〕動詞（述語）＋主語（動作主）の文
　　　　わたしは聞きます。　　Lohe au.　　　　　lohe：アクティブ
　　　　わたしは見ます。　　　'Ike au.　　　　　'ike：アクティブ
　　　　彼女は利口です。　　　Akamai 'o ia.　　　akamai：スティティブ
　　　　わたしは快適です。　　Maika'i au.　　　　maika'i：スティティブ
〔用例２〕動詞（述語）＋K-WORD＋主語（動作主）の文
　　　　（その）本は良い。（冠詞入り）　　Maika'i ka puke.
　　　　この本は良い。（指示詞入り）　　　Maika'i kēia puke.
　　K-WORD：kで始まる文法的な機能を持つ語をK-WORD（Kワード）と
　　　呼んでいます。
◇　否定形：否定は〔'a'ole〕を入れて否定します。文頭は大文字になります。
　　アクティブ動詞の否定文は、代名詞および人名は移動し'a'oleに続きます。
スティティブにはこの移動がありません。上記〔用例１〕と比較して下さい。
〔用例〕ハワイ語を先にしてあります（時制）
　　　　'A'ole au lohe.　　　　　　わたしは聞きません。［代名詞が移動する］
　　　　'A'ole au 'ike.　　　　　　わたしは見ません。［代名詞が移動する］
　　　　'A'ole akamai 'o ia.　　　　彼女は利口ではありません。
　　　　'A'ole maika'i au.　　　　　わたしは快適ではありません。
〔他の用例〕会話文にしてあります。
　　　　Makemake 'oe i wai?（➚）あなたは水を欲しいですか。
　　　　'Ae. Makemake au i wai.　　はい。わたしは水を欲しいです。
　　　　'A'ole. 'A'ole makemake au i wai.
　　　　　　　　　　　　　　　　　いいえ。わたしは水はいりません。
▽　関連〔'ole〕はその前の語を否定します。
　　　　hilahila 'ole―恥知らず
　　　　aloha pau 'ole ―終わりのない愛（永遠の愛）
　　　　loa'a 'ole―得られない
　　　　he mea 'ole―気にしない、たいしたことではない。

ハワイ語について

▼ 「AはBです」という文その1：マーカー［he］を使った「…です」、「…があります」という文です。くだけた言い方では「…だ」となります。

he を使った文の語順

He [1]　＋　名詞（B）　＋　修飾語 [2]　＋　指示詞（A）[3]
He　　　　　puke　　　　　hou　　　　　　kēia.
（です）　　　本　　　　　　新しい　　　　　これは

これは新しい本です。

1) この he は、「…です」、「…があります」の「です、あります」に相当します。
2) 名詞に対する修飾語です。日本語では形容詞ですが、ハワイ語ではステイティブ動詞です。
3) 指示詞などがあるときは主語になります。

〔用例〕修飾語をかえた例です。
　　これは良い本です。　He puke maikaʻi kēia.（です・本・良い・これは）

〔用例〕指示代名詞の位置関係です。
　　これは 本です。（話し手の近くにある場合）　He puke kēia.
　　あれは 本です。　　　　　　　　　　　　　　He puke kēlā.
　　（話し手、聞き手からともに離れている場合）
　　あれは 本です。（聞き手の近くにある場合）　He puke kēnā.

〔用例〕B、A を他の語にします。
　　わたしは日本人です。　He Kepanī au.（です・日本人・わたしは）

〔用例〕否定は ʻaʻole（否定する語、いいえ、…でない）を付けます。否定される語（A）が ʻaʻole に続きます。
　　これは よい本では ありません。　　ʻAʻole kēia he puke maikaʻi.
　　わたしは 日本人では ありません。　ʻAʻole au he Kepanī.

会話では he は主に肯定形で使います。
　　　　彼はハワイ語の先生ですか。　　　　He kumu ʻōlelo Hawaiʻi ʻo ia?
　　　　いいえ、彼は日本語の先生です。　　ʻAʻole, he kumu ʻōlelo Kepanī ʻo ia.

▼ 「AはBです」という文その2：同一性を表わす文です。
　マーカー he を使った文との違いは A と B の中身が同じであることです。日

本語（英語）にするときにAとBを入れ替えても意味は変わりません。前の語が強調されるのですが、日本語訳がぎこちなくなります。

 'o を使った文の語順

  'O [1]　　　+　　　名詞+修飾語（B）[2]　+　　　名詞+修飾語（A）

  'O　　　　　　　　au　　　　　　　　　　　ke kumu.

  （マーカー）　　　わたし　　　　　　　　　先生

1) 'o は「同一性を表わす文において強調したい語を明確にするマーカー」です。マーカー he と同じように「…です」に相当すると説明している文法書もあります。

2) 人称代名詞や人名は、多くの場合マーカー'o に続きます。

「先生（A）はわたし（B）です」ですが、「わたしが，先生なのです」とわたしに重点が置かれます。

〔用例〕

  日本語の先生はわたしです。　　　　　'O au ke kumu 'ōlelo Kepanī.

  彼女の名前はプアレイです。　　　　　'O Pualei kona inoa.

   ［kona:彼の／彼女の］

〔用例〕名詞 B を疑問詞や普通名詞に置き換えます。

  先生は誰ですか。　　　　　　　　　　'O wai ke kumu?

  彼女の名前は誰だれですか。　　　　　　'O wai kona inoa?

  あれは学校です。　　　　　　　　　　'O ka hale kula kēlā.

〔用例〕否定文は 'a'ole を使います。「A は B では ありません」

1) 否定される語（A）が 'a'ole に続きます。但し人称代名詞などのときは移動しないなど一定しません。

2) 人名以外のときはマーカー'o が落ちます。

 日本語の先生は わたしでは ありません。

    'A'ole ke kumu 'ōlelo Kepanī au.

 彼女の名前は プアレイでは ありません。

    'A'ole kona inoa 'o Pualei .

 あれは 学校では ありません。

    'A'ole kēlā ka hale kula.

 クリアナのおばは リリアナでは ありません。

ハワイ語について

<u>'A'ole kō Kuliana 'anakē</u> 'o Liliana.
［Kuliana は Julianna, Juliette. Liliana は Lilian より転訛］

◆ 疑問文はイントネーション（インフレクション）の違いによる疑問文と疑問詞を使った疑問文があります。

▼ 疑問文－1：イントネーションの違いによる疑問文。
　　あなたは学校に行きましたか。　　　　Ua hele 'oe i ke kula?

　　イントネーションによる疑問文は平叙文と全く同じです。いわゆる「はい、いいえ」で答えられる疑問文はイントネーションで表現します。語尾を上げて（調子を変えて）問い掛けますが、アクセントのところで述べたようにハワイ語は後ろから2番目の音節にアクセントがありますので、語尾が下がって聞こえることがあります。

〔用例〕疑問文にする時は語尾を上げます
　　これは本ですか。　　　　　　　　　He puke kēia?（　↗　）
　　これは本です。　　　　　　　　　　He puke kēia.
　　はい。これは本です。　　　　　　　'Ae. He puke kēia.
　　いいえ。これは本ではありません。　'A'ole. 'A'ole he puke kēia.

1) 「はい、いいえ」で答えられる疑問文は語尾を上げます。疑問詞（疑問代名詞）を使う疑問文は上げる場合も平坦な場合もあります。これは英語と同じです。返事としての「はい」は［'ae］、「いいえ」は［'a'ole］です。

2) 'a'ole anei?—He puke kēia, 'a'ole anei?「これは本では <u>ないでしょうか</u>」と、気を使った言い方もあります。

◆ 疑問文－2：疑問詞を使った疑問文。
　　疑問詞を使った疑問文は、答えになる文を先に作ってから考えましょう。

〔用例〕「何ですか」と物を問う：aha?
　　これは本です。　　　　　　　　　He <u>puke</u> kēia.
　　これは何ですか。　　　　　　　　He <u>aha</u> kēia?

〔用例〕「何というお名前ですか」と人に尋ねる：wai?
　　わたしの名前（姓）はキムラです。　'O <u>Kimula</u> ko'u inoa 'ohana.
　　あなたの名前は誰ですか。　　　　　'O <u>wai</u> kou inoa 'ohana?

文—23

〔用例〕「何時ですか」と数などを問う：'ehia?
  6時です。   Hola 'eono.
  何時ですか。   Hola 'ehia?
〔用例〕「調子はどうですか」と状況などを問う：pehea?
  ちょっと疲れ気味です。 Māluhiluhi au.
  気分はいかがですか。   Pehea 'oe?

◆ 命令文

命令文は命令のマーカー［e］を使って作ります。
〔用例〕あなたは学校に行きなさい。 E hele 'oe i ke kula.
▼「しなければならない」と義務を表わすときの動詞［pono］を使った表現。
〔用例〕二つの形があります。
  わたしは行かなければならない。 Pono au e hele.
            Pono ia'u ke hele.
▼ マーカー［mai］を使った禁止の表現があります。禁止の命令形などとも呼ばれるものです。
  恥ずかしがらないで。   Mai hilahila!
▼ 使役文
 命令文［命令形］と同じくマーカー［e］を使います。また動詞に接頭辞［hoʻo-］接尾辞［-lia, -mia］などを付けて使役形を作ります。
〔用例〕皆さん、（一緒に）行きましょう。 E hele kākou.

◆ 感動文

日本語と同じく間投詞（感嘆詞・感動詞）はたくさんあります。慣用句となっているものも多くあります。

◆ 受身（受動態）の形：

ハワイ語は訴えたい語（句）・強調したい語（句）を前に持ってきます。そのため受身の表現が非常に多くあります。「そのバナナは彼によって食べられた」と受身にしてバナナを強調します。日本語では受身の表現をしない言葉（事柄）があるため能動態で訳すときがあります。受身は、

1) 主語と目的語を入れ替えます。
2) マーカー［'ia］を動詞の後に置きます。
3) 動作主はマーカー［e］で示します。

〔用例〕わたしはバナナを食べた。→バナナはわたしによって食べられた。

　　　（完了）　食べた　わたし<u>は</u>　<u>を</u>　（冠詞）バナナ
　　　Ua　　'ai　　au　　<u>i</u>　　ka　mai'a.
　　　食べられた　　　（冠詞）　バナナ<u>は</u>　<u>によって</u>　わたし
　　　Ua　　'ai + 'ia　　ka　　mai'a　　<u>e</u>　　a'u.

〔用例〕受動態の否定形

　　　バナナはわたしによって食べられなかった。
　　　　'A'ole i 'ai 'ia ka mai'a e a'u.　過去時制のマーカー［ua］→［i］

▼ loa'a 型の動詞を使った文：動詞が受身の意味を持っています。多くは能動態で訳しますので主語と客語（目的語）が入れ替わります。ola［助けられる］を例に取り上げます。

〔用例〕王は神に助けられた。→神は王を助けた。

　　　Ua　　ola　　ka　　mō'ī　　i　　ke　Akua.
　　　助けられた　（冠詞）　王は→を　を→は　（冠詞）　神
　　　　　　　　　　　　主語→目的語　　目的語→主語

神を主語にした能動態とした方が適切とされることから「神は王を助けた」と訳します。これはマーカー［i］が「対格・与格」を示すほかに loa'a 型の動詞の場合は「動作主を表わす」という機能も持っていることを意味します。

〔用例〕他の loa'a 型の動詞：主語と目的語が入れ替わります。

　　　Loa'a ka i'a i ka pōpoki.　　魚がネコを→ネコが魚をとった。
　　　Maopopo ka 'ōlelo Hawai'i iāia.
　　　　　　　　　　　　ハワイ語が彼を→彼はハワイ語を理解している。

代名詞は動詞の次に移動します。
　　　Maopopo ia'u ka 'ōlelo Hawai'i.
　　　　　　　　　　　わたしはハワイ語を理解しています。

◆ 文を接続する二つの形：接続詞によるものと、従属文［節・句］によるものがあります。

▼ 接続詞による文の接続—「また：a me, しかし：akā, そこで：no laila, または：ai'ole」などの接続詞を使って続けます。

〔用例〕ニイハウ島には、学校、教会、そして家々があるだけです。

  Aia ka hale kula, ka hale pule, <u>a me</u> nā hale noho wale nō ma Ni'ihau.

昼間は学校にいます。しかし、夜は子供たちと一緒に家に戻ります。

  I ka lā, noho au ma ke kula. <u>Akā</u> i ka pō, ho'i au i ka hale me nā keiki.

わたしはキモ（が来るの）を待っているのです、
  そこであれこれ準備しているのです。

  Ke kali nei au iā Kimo, <u>no laila</u> e hana ana au i kēlā me kēia mea.

（その人は）女性ですか、男性ですか。Wahine <u>ai'ole</u> kāne 'o ia?

▼ 従属文［節・句］によるもの（英語で relative clause ハワイ語で kāhulu pepeke などと呼ばれています）。

大きく二つのパターンがあります。1）一つは前の文の目的語が次の文の主語になる形で、2）他は前の文の目的語と次の文の目的語が一致する形です。

〔パターン1〕「①わたしは、『②（男は）わたしのバックを盗んだ』、<u>男を</u> 見た」→「わたしはわたしのバッグを盗んだ男を見た」（完了形）

① Ua 'ike au i ke kanaka.
  （完了）　見る　　わたしは　　を　（冠詞）　男＝目的語

② Ua 'aihue ke kanaka i ko'u 'eke.
  （完了）　盗む　（冠詞）男は＝主語　　　を　　わたしのバッグ

前の文①の目的語＝男：ke kanaka が、次の文②の主語となっています。この二つの文を統合して一つの文にする場合は②の文を従属節にして共通の語 ke kanaka を削除いたします。時制は他の動詞句と同様マーカー［ua］が［i］に変わります。

 Ua 'ike au i ke kanaka i 'aihue i ko'u 'eke.
 見た　　わたしは　を　　　男　　　盗んだ　　を　わたしのバッグ
   主語　　　　　　　　　目的語・従属文の主語

語順と時制は次になります。

 名詞 [1]　＋　時制 [2]　＋　動詞（句）[3]　＋　時制　＋　句の目的語 [4]

1) 前の文の目的語の名詞で、従属節の主語になります。
2) 時制は次のとおりで、動詞句をはさみ込みます。いずれも（…に相当）。

文—26

i＋動詞　　　　　　過去型　　　　　e＋動詞 は不定形
　　　e＋動詞＋nei　　　現在形
　　　e＋動詞＋ana　　　未来形／現在進行形
　3）動詞句の中の受身を示すマーカー［'ia］、方向を示すマーカー［aku］などの語順は、原則どおり。

〔パターン 2〕「①彼女たちは、『②プアレイは 公園で 遊んでいた』、公園に行った」→「彼女たちはプアレイが遊んでいた公園に行った」（完了形）

　①　Ua　　　hele　　　lākou　　　i　　　ka　　　pāka.
　　　（完了）　行く　　彼女たちは　へ　　（冠詞）　公園＝目的語
　②　Ua　　　pā'ani　　'o　　　Pualei　　i　　　ka pāka.
　　　（完了）　遊ぶ　　（マーカー）プアレイは　で　　公園＝目的語

前の文①の目的語＝公園：ka pāka は、次の文②でも目的語となっています。この二つの文を統合して一つの文にする場合は②の文を従属節にして共通の目的語 ka pāka を「『プアレイが遊んでいたところ』 の 公園」と所有形にします。時制は他の動詞句と同様マーカー［ua］が［i］に変わり、マーカー［ai］を動詞［pā'ani］の後ろに続けます。

　　Ua hele　　　lākou　　　i　　　ka　　　pāka
　　行った　　　　彼女たちは　へ　　（冠詞）　公園＝目的語
　　　　a　　　　Pualei　　　i　　　pā'ani　　ai
　　　　の　　　プアレイが　（完了）　遊ぶ　　ところ＝目的語

従属句の語順と時制は次になります。

　名詞 1)　＋　時制 2)　＋　動詞（句）3)　＋　時制 4)＋　句の目的語 5)

　1）従属句の主語で目的語の所有者になります。
　2）時制は次のとおりで、動詞句をはさみ込みます。いずれも（…に相当）。
　　　i＋動詞＋ai　　　完了型（過去）
　　　e＋動詞＋ai　　　未来形
　　　e＋動詞＋nei　　現在形
　　　e＋動詞＋ana　　現在進行形／不定形
　3）動詞句の中の受身［'ia］、方向を示すマーカー［aku］などの語順は、原則どおり。
　4）時制に関係する ai, nei, ana が「…するところ」と目的語に対応します。

前方照応のマーカーと呼んでいます。
  5) 間接目的語に相当する語がくることがあります。
〔用例〕ペテロはかつてイエスが彼に語った言葉を思い出した。（マタイ 26-75）
　　　　Ā hoʻomanaʻo ihola ʻo Petero i ka mea a Iesu i ʻōlelo mai ai iāia.

◆ **分岐の表現**：「もし…ならば、…となる」という表現。
　分岐を示す語として i, inā があります。時制のマーカーを付けて，inā+e（未来）， inā+i（過去）と使います。inā he という「もしも…だったら、…となるだろうに」と願望を表わす表現もあります。
〔用例〕
　　　　あなたは海水浴をするなら，病気にはならない．　　inā+e（未来）
　　　　　Inā e ʻauʻau kai ʻoe, ʻaʻole maʻi.
　　　　もし海水浴をしたならば，病気にはならなかった．　inā+i（過去）
　　　　　Inā i ʻauʻau kai ʻoe, ʻaʻohe maʻi.
　　　　休日であれば、よいのに。　　　　Inā he lānui, maikaʻi ia.
　　　　雨の日であるならば、終日家で過ごすだろう。
　　　　　　　　　　　　　　　　　　Inā he lā ua, noho paʻa i ka home.
▼ 「もし…だったら、…をする」：Ke を使った表現
　Ke の使い方の一つです。この ke は未来に対して使われます。また疑問文には使われません。
　　　　寒ければ中へ入る。　　　　Ke anu, komo mai i loko.
　　　　暑ければ外へ行く。　　　　Ke wela, hele aku i waho.
　　　　終わったら、知らせる。　　Ke pau, hōʻike mai.
▼ 「…であった時、…であった」：I ka manawa/I ka wā
　文型というよりイディオム（慣用句）としてとらえたらよいでしょう。
　　　　人々が反対したので、よい結果は得られなかった。
　　　　　　　　　　　I ka manawa i kūʻē ai ka poʻe, pōmaikaʻi ʻole.
　　　（わたしが）勉強をしていた頃、全ての人は好意的であった。
　　　　　　　　　　　I ka wā i ʻimi naʻauao ai, lokomaikaʻi ka poʻe apau.
▼ 直接的でない遠回しな言い方として使われる語の［paha］を使った表現。
　paha は pēlā や ʻaʻole の後に続けてよく使われますが、単独で文や節の始め

文—28

には使われません。
〔用例〕
　　　　２または３．　　　　　　　'Elua ā 'ekolu paha.

◆ **所有構文**：「…を持っています」という文（英語の have を使った文）。
〔用例〕いずれにも所有詞が使われます。
　　　　わたしはえんぴつを持っています。　He penikala ka'u.
　　　　わたしは風をひいています。　　　　He anu ko'u.
　　　　プアレイは３人の子供を持っています。
　　　　　　　　　　　　　　　　　　　　　'Ekolu keiki a Pualei.
　　　　あなたはたくさんの荷物を持っています。
　　　　　　　　　　　　　　　　　　　　　Nui loa kāu mau pū'olo.

☆ **語順のまとめ**：動詞のある文型の語順の原則。
　時制・方向・受身・強調などはそれぞれの「マーカー」で示しますが、一定の語順があります。
　　　時制[1] ＋ 動詞 ＋ 　副詞[2] ＋ 受動態[3] ＋ 方向詞[4] 　＋ 時制[5] ＋ 強調
　1) 時制のマーカー Ua, E, ke は文の頭にきます。
　2) 副詞：動詞に対する修飾語として副詞という品詞名を使いました。mau, mua, paha, wale などです。動詞の後ろになります。
　3) 受身のマーカー〔'ia〕の位置です。
　4) aku, mai, ae, iho など方向を示すマーカーの位置です。
　5) E アクション ana、Ke アクション nei など、文頭の時制を示すマーカーとのセットです。

☆ **否定形（文）のまとめ**：
　1) 否定形はマーカー〔'a'ole〕を使って作ります。〔'a'ohe〕を使うものもあります。'A'ole は通常文頭に位置します。
　2) アクティブ動詞の場合は人名、代名詞が 'a'ole に続きます。
　3) 動詞につく時制のマーカーが変わります。完了の場合は〔ua〕→〔i〕。
〔用例〕わたしは学校に行きました。わたしは学校へ行きませんでした。
　　　　Ua hele aku au i ke kula.　　'A'ole au i hele aku i ke kula.

　　　　　　　　　　　'aʻole の後ろに代名詞　　ua → i
　お金はもうありません。　　　　　　'Aʻohe kālā.
　冷蔵庫にはもう食べ物はありません。'Aʻohe meaʻai i ka pahu hau.

　文法などを簡潔に述べましたが、どの言葉でも文脈で分かる場合は主語や目的語を省いたりします。特に歌詞などは、倒置法を使ったりする詩独自の表現方法に基づいて作られておりますので、文法にあてはめることは難しい仕事になります。特に古典についてはハワイの歴史や文化を知ることが大切です。

V. ハワイの太陰暦―（ハワイの暦月と日本の太陰暦）
◆ハワイの暦
　月は約 29.5 日周期で形を変えるため、月の満ち欠けは暦に使われます。月の満ち欠けを元にした暦では 30 日または 29 日を 1 ヵ月をとし、12 カ月で 1 年とするものが多いのです。ただ、ハワイの月のはじまり（ハワイ語で言う月齢）は日本と異なります。また混同して使われていますので、表を参考にしてください。

　日本では朔（月齢 0：月と太陽の視黄経の差 0°）を月の始めの 1 日としていますが、ハワイでは 30 日となり 1 日ずれています。

　そのため「満月」という表現は共通でも十五夜の「15」とか三日月の「3」と数字が付くものには月齢との対応が必要となります。「十五夜」「三日月」には注意をしてください。"Kāloa Kū Kahi" などはハワイ暦での 24 番目の日となります。また 7 日から 10 日の **ʻOle**（ʻおれ）の付く 4 日間は "nā ʻOle" と言い、漁業や種蒔き、また重要なことを始めるにはよくないとされました。何故ならば ʻole には「無、何もない」という意味があるためです。

ハワイの太陰暦

ハワイ暦（太陰暦）		月の形	日本の太陰暦	
1 日	Hilo.	日本では見ることは難しい		2 日
2 日	Hoaka.	英語の crescent	三日月	3 日
3 日	Kū Kahi.			4 日
4 日	Kū Lua.			5 日
5 日	Kū Kolu.			6 日
6 日	Kū Pau.			7 日
7 日	'Ole Kū Kahi.	上弦の月		8 日
8 日	'Ole Kū Lua.	上弦の月		9 日
9 日	'Ole Kū Kolu.	上弦の月		10 日
10 日	'Ole Kū Pau.			11 日
11 日	Huna.			12 日
12 日	Mōhalu.			13 日
13 日	Hua.			14 日
14 日	Akua.	満月　英語の full moon	望	15 日
15 日	Hoku.	満月　英語の full moon	望	16 日
16 日	Māhealani.	月が欠けはじめる		17 日
17 日	Kū lua.			18 日
18 日	Lāʻau Kū Kahi.			19 日
19 日	Lāʻau Kū Lua			20 日
20 日	Lāʻau Pau.			21 日
21 日	'Ole Kū Kahi.	下弦の月		22 日
22 日	'Ole Kū Lua.	下弦の月		23 日
23 日	'Ole Pau.	下弦の月		24 日
24 日	Kāloa Kū Kahi.			25 日
25 日	Kāloa Kū Lua.			26 日
26 日	Kāloa Pau.			27 日
27 日	Kāne.			28 日
28 日	Lono.			29 日
29 日	Mauli.			30 日
30 日	Muku.	月は全く見えない	新月・朔	1 日

※上弦の月、満月、下弦の月はおおよその日です。

《本書の構成について》

表記法について

　本書の表記法に関しては凡例、「発音・アクセント」等でも触れましたが、その他の表記の基準については以下のとおりです。

I. 文体について

　凡例と本文は「である調」（，．を使用）。前書き、後書き部分は「ですます調」（、。を使用）で統一してあります。

II. 用字例について

　用字例は原則として国会用字例（横書き）に準じておりますが、例外もあります（例．酋長，禁忌，比喩など）。かな漢字のどちらでもよいものは前後のつながりによりました。専門性の強い用語も同様です。数字は横書きの原則によっています。

III. 横書き文の基準によっております

　本書は横書きの和欧文です。横書き文は歴史が浅く、本格的に使われ始めてからまだ数十年しかたっておりません。英和辞典などは以前から横書きであると言われるかも知れませんが、日本語の訳の部分に関しては縦書きを前提に記述されております。横書き文で一番の問題点は漢数字を使うか算用数字を使うかですが、概数、固有名詞、歴史的名数、熟語、習慣的に漢数字を使うもの、和語、日本の紙幣、その他幾つかの例を除き原則的に算用数字を使うこととなっております。しかし、「三角定規」と「3角形」のように判断に迷うところがあります。縦書きよりも横書き数字の方が難しいとも言えます。なお近年は縦書き文でも算用数字を使う傾向があります。

IV. 【　】内の漢字表記について

　【　】内はJISの1種、2種で記述してありますが、人称代名詞の「あなた，わたし」、「こそあど」と言われる指示詞、熟字訓の一部の語はかな表記をしております（おもちゃ［玩具］、クイナ［水鶏］、クラゲ［水母を使用］、コミミズク［小木菟］、たいまつ［焚松→松明］などは漢字表記にしてあります）。また【　】外では、ナマコ（海鼠）などと記述したところがあります。

本書の構成について

《指示詞》三人称の指示詞、あれ［彼］、かれ［彼］、それ［彼れ・其れ］と派生語。話し手の近くのものを示す、この［此の］と派生語。話し手から離れて聞き手の近くにあるものを指す、その［其の・夫］と派生語。疑問を示す、どれ［何れ］。

《熟字訓》あばた［痘痕］、イカ［烏賊］、いたずら［悪戯］、イルカ［海豚］、うちわ［団扇］、おしろい［白粉］、おもちゃ［玩具］、クラゲ［海月・水母］、クモ［蜘蛛］、さまよう［彷徨う］、しぶき［飛沫］、せむし［傴僂］、たこ［胼胝］、ダニ［壁蝨］、つわり［悪阻］、トンボ［蜻蛉］、ナマコ［海鼠］、にきび［面皰］、ぬかるみ［泥濘］、ネジ［螺子］（熟字訓ではありません）、バッタ［飛蝗］、びっくり［吃驚］、ぼろ［檻褸］など。

V　その他

— 品詞の対応について：見出し語は名詞と動詞を主にしました。日本語の辞典・辞書は名詞を柱に形容詞、副詞、動詞、複合語などで構成していきますが、ハワイ語には形容詞はありません。ハワイ語の多くは名詞としても動詞としても使いますが、名詞としては余り使われない語もあります。そのため形容詞形が見出し語になったり（対応するハワイ語は動詞）、「〜する」という動詞形が見出しになっております。なお、名詞化の接尾辞などでハワイ語を作ることは行いませんでした。

— 外来語語尾の音引きは、以前は省略する傾向にありましたが、最近また付けるようになりつつあります。例えばadobe（日干し煉瓦）は「アドービ」でなく「アドビ（ー）」としました。

— ハイフォネーションは、アクセントユニットおよび2音節以上残るようにいたしました。英語はホモグラフに注意しましたが、ラテン語は活用語尾などでハイフォネーションしました。オーファンに関しては割り切らざるを得ませんでした。

— 文の形では、メレなどの歌詞とも絡み、文と節および句の区別はあいまいなままで進めたところもあります。文の形はペペケにもっと触れるべきかこれは悩ましいことで、ハワイ語（教育）の動きを見据えながらの今後の大きな課題です。

— 情報の共有化という観点では、組版は T_EX や ROFF といったソフトで行なうのも一考と思われます。Fontの充実が待たれるところです。

総見出し語数、出典・参考文献等について

◆ **総見出し語数**

　本書の総見出し語数は派生語を除き約 9,000 語です。対応するハワイ語は『Pocket Hawaiian Dictionary』に記載されている語、入手しやすいハワイ語の文法書などで取り上げられている語に日常生活に関わりのある語を加えました。

　新しいハワイ語が現在も生まれ続けていることは前に述べました。参考文献に紹介してあります『Māmaka Kaiao』は新しくハワイ語の仲間入りをした言葉の辞典です。反対に学術用語などの中には定義が変わったり、用語が統一されることにより使われなくなる言葉もあります。

◆ **参考文献**

　参考文献などは次にまとめてあります。ハワイ語の参考文献は他にもありますが、ここにはハワイの書店などで比較的入手しやすい本を中心に記載いたしました。フラやメレなど、ハワイの文化に親しみ、歴史に触れることも大切です。

◆ **引用について**

　ハワイ語の出典、引用は参考文献の他に、古典・現代のメレやカメハメハスクールからインターネットで提供されている案内や番組も参考にいたしました。語の引用先は特別なものを除き明記いたしておりません。

第 4 刷りについて

　近年「本」の製作方法が大きく変わり、印刷のたびに、コンピューターデータから直接刷版を作成しております。そのため従来の版と刷の関係があいまいになっております。本書も企画段階からは十数年が経ました。刷りの度に誤植などは直してまいりましたが、今回大幅なシステム変更、組版ソフトのバージョンアップのため一部見出し語の表記、および辞書順の移動をともなう紙面の変更をおこないました。作成趣旨の変更、内容の見直しではありませんので、改訂ではなく、4 刷としております。

出典・参考文献

ABC 順に記載してあります。

『ハワイ語-日本語辞典』 西沢佑訳（千倉書房） ISBN 978-4-8051-0615-0
　Pocket Hawaiian Dictionary の日本語訳（訳者は NEW Pocket Hawaiian Dictionary の執筆に参画）。古代ポリネシア語も記載されております。

A DICTIONARY OF HAWAIIAN LEGAL LAND-TERMS ： Paul F. Nahoa Lucas. (Published by Native Hawaiian Legal Corporation. Distributed by University of Hawai'i Press). ISBN 0-8248-1636-6.

Ancient Hawai'i ： words and images by HERB KAWAINUI KĀNE. (The Kawainui Press). Soft Cover: ISBN 0-943357-02-0　Hard Cover: ISBN 0-943357-03-9
　神話時代も含めたハワイの歴史、ハワイの生活・文化、外洋航海が述べられております。

HAWAIIAN DICTIONARY ： Mary Kawena Pukui, Samuel H. Elbert. (University of Hawai'i Press). ISBN 0-8248-0703-0
　ハワイ語の大辞書で、もっとも充実しています。PPN（古代ポリネシア語）などの語源も示されております。

Hawaiian Grammar ： Samuel H. Elbert, Mary Kawena Pukui. (University of Hawai'i Press). ISBN 0-8248-2489-X

Ka Lei Ha'aheo ： Alberta Pualani Hopkins. (University of Hawai'i Press). ISBN 0-8248-1259-X
　ハワイ語の文法書で訳本も出ております（大学書林）。訳本では Teacher's Guide の内容は本体にまとめられております。

Lua-Art of the HAWAIIAN WARRIOR ： Richard Kekumuikawaiokeola Paglinawan, Mitchell Eli, Moses Elwood Kalauokalani, Jerry Walker. (BISHOP MUSEUM PRESS). ISBN 01-58178-028-1
　古代から現代に続くハワイの格闘技、武器について述べられております。

Māmaka Kaiao ： Kōmike Hua'ōlelo Hale Kuamo'o, 'Aha Pūnana Leo. (University of Hawai'i Press). ISBN 0-8248-2803-8

NEW Pocket Hawaiian Dictionary ： Mary Kawena Pukui, Samuel H. Elbert. Esther T. Mookini, 西沢佑, (University of Hawaii Press). ISBN 0-8248-1392-8

ハワイ語について

『Hawaiian Dictionary』のダイジェスト版。

ʻŌLELO NOʻEAU： MARY KAWENA PUKUI. (BISHOP MUSEUM PRESS). ISBN 0-910240-92-2

副題には"HAWAIIAN PROVERBS & POETICAL SAYING"とあります。ハワイの格言集です。ハワイ語で書かれております。

PLACE NAMES OF HAWAII： Mary Kawena Pukui, Samuel H. Elbert & Esther T. Mookini. (University of Hawaiʻi Press). ISBN 0-8248-0524-0

ハワイの地名辞典です。アクセントユニット記号が入っていますので地名の由来が分かります。

Pocket Hawaiian Grammar： Albert J. Schütz, Gary N. Kahāhoʻomalu Kanada, Kenneth William Cook. (ISLAND HERITAGE PUBLISHING). ISBN:1-59700-176-7

pepekeなどの用語も載っている文法（文法用語）のハンドブックです。「文法（文法用語）の解釈・提唱者」が示されています。

SPOKEN HAWAIIAN： Samuel H. Elbert. (University of Hawaiʻi Press). ISBN 0-870022-216-3

ハワイ語学習の教科書。教室形式による対話型になっています。

The Echo of Our Song　Chants & Poems of the Hawaiians： Mary K. Pukui & Alfons L. Korn. (The University Press of Hawaii). ISBN 0-8248-0668-9

The VOICES of EDEN： Albert J. Schütz. (University of Hawaiʻi Press). ISBN 0-8248-1637-4

ハワイ語の歴史が述べられております。

Treasury of Hawaiian Words in ONE HUNDRED AND ONE CATE-GORIES： Harold Winfield Kent. (Published by the Masonic Public Library of Hawaii. Distributed by the University of Hawaii Press). ISBN 0-8248-1604-8

ハワイ語（文化・歴史）を101の分野に分け記述してあります。

出版社などについて

- 版（年）により"University of Hawaii Press"と"University of Hawaiʻi Press"の違いがあります。また"The University Press of Hawaiʻi"があります。
- クロス版とペーパーバック版ではISBN番号は異なります。手許の本のものを記載いたしました。

著者略歴

1973 年	10 月	フラダンス教師　プアナニ・内盛氏に師事
1979 年	3 月	「エレガント・フラ・イン・ジャパン」主宰
1979 年	4 月	玉川髙島屋 S.C コミュニティークラブたまがわ「フラダンス美容の会」講師
1979 年	10 月	早川洋舞塾ハワイアン・ダンス・プロ・クラス入門
1979 年	10 月	「手話ダンス」創作・ボランティア活動開始
1981 年	4 月	日本橋髙島屋スタジオ 5「ハワイアン・ダンス美容サークル」講師
1981 年	8 月	フラダンス教師　Mr. Walter Laymance に師事
1981 年	10 月	「日本手話ダンス友の会」主宰
1988 年	3 月	ハワイ大学名誉教授　Dr. Samuel H. Elbert に師事
1992 年	9 月	『New Pocket Hawaiian Dictionary』（ハワイ大学出版局）編纂に参画
1999 年	4 月	「埼玉県立坂戸ろう学校」特別非常勤講師　手話ダンス指導
2000 年	6 月	「Mapuana Hula Studio」主宰
2001 年	12 月	「日本手話ダンス友の会」から「日本手話ダンスクラブ」に名称変更
2004 年	6 月	山口智子著『反省文　ハワイ』（ロッキング・オン）ハワイ語監修
2006 年	4 月	「西沢佑　手話ダンスアカデミー」主宰
2014 年	1 月	「オハナクラブ」主宰

著　書　　『西沢佑のやさしい手話ダンス』　1985 年大揚社
　　　　　『ハワイ語－日本語辞典』　1990 年千倉書房
　　　　　『西沢佑の手話ダンスの世界　No.1』　2003 年大揚社
　　　　　『西沢佑の手話ダンスの世界・DVD 版 1』　2007 年 Y's BOX

日本語－ハワイ語辞典

平成21年6月15日　初版発行
平成26年8月5日　第4刷発行

著　者 ©　　西沢　　佑
発行者　　　千倉　成示

発行所　　株式会社　千倉書房
　　　　〒104-0031　東京都中央区京橋2－4－12
　　　　電　話　03（3273）3931㈹
　　　　URL　http://www.chikura.co.jp/

著作者　　西沢　　佑（有限会社 Y's BOX）
　　　　　URL　http://www.ysbox.jp/
　　　　　　　info@ysbox.jp
編集者　　田中　文雄（有限会社ミュートス）
　　　　　URL　http://www.mtos.jp/
　　　　　　　mtos@momo.so-net.ne.jp
印　刷　　株式会社　双文社
製　本　　株式会社　中條製本工場
　　　　　ISBN 978-4-8051-0920-5
　　　　　定価はカバーに表示してあります

JCOPY　〈（社）出版者著作権管理機構委託出版物〉
本書の無断複写は著作権法上での例外を除き禁じられています。
複写される場合は、そのつど事前に、（社）出版者著作権管理機構（電話03-3513-6969、FAX03-3513-6979、e-mail:info@jcopy.or.jp）の許諾を得てください。